中国专利诉讼详解

规则 与 案例

知识产权出版社

全国百佳图书出版单位

—北京—

图书在版编目（CIP）数据

中国专利诉讼详解：规则与案例／刘庆辉著. —北京：知识产权出版社，2024.4
ISBN 978 - 7 - 5130 - 9325 - 5

Ⅰ.①中… Ⅱ.①刘… Ⅲ.①专利侵权—民事诉讼—研究—中国 Ⅳ.①D923.424

中国国家版本馆 CIP 数据核字（2024）第 060592 号

责任编辑：刘 睿 邓 莹 刘 江　　　　　责任校对：潘凤越
封面设计：乾达文化　　　　　　　　　　责任印制：刘译文

中国专利诉讼详解
——规则与案例
刘庆辉　著

出版发行：	知识产权出版社有限责任公司	网　　址：	http：//www.ipph.cn
社　　址：	北京市海淀区气象路 50 号院	邮　　编：	100081
责编电话：	010 - 82000860 转 8346	责编邮箱：	dengying@ cnipr.com
发行电话：	010 - 82000860 转 8101/8102	发行传真：	010 - 82000893/82005070/82000270
印　　刷：	三河市国英印务有限公司	经　　销：	新华书店、各大网上书店及相关专业书店
开　　本：	720mm×1000mm　1/16	印　　张：	27.75
版　　次：	2024 年 4 月第 1 版	印　　次：	2024 年 4 月第 1 次印刷
字　　数：	550 千字	定　　价：	168.00 元

ISBN 978 - 7 - 5130 - 9325 - 5

前　言

　　我的主要业务领域之一是知识产权法，而专利诉讼又是其中的一个重点。十几年来，我先后审理和代理了大量的专利授权确权行政案件和专利侵权案件，在各种场合做过几十次专利授权确权行政诉讼和专利侵权诉讼方面的发言和讲座，对专利法有了较深的认识和理解，也积累了不少办案经验和心得。近年来，我一直希望在自己以前出版的专著《发明和实用新型专利授权确权的法律适用——规则与案例》《中国专利侵权诉讼指引》的基础上，进行全面更新，撰写一本更全面地阐述中国专利诉讼的专著，把我国专利授权确权行政诉讼和专利侵权诉讼方面的内容整理成一个体系化的框架，供读者学习和研究中国专利诉讼之用。出于这种想法，我在繁忙的工作之余，开启了本书的写作，历经数月，终于完成书稿。

　　本书是专利法的解释论著作，最大特色是立足于司法实务，运用法律解释学、专利法理论研究和案例分析相结合的方法，详细阐述专利授权确权行政案件和专利侵权案件的处理思路，阐述司法实践中的裁判规则，并对重要的司法案例进行分析和研究。一方面，本书运用法律解释学深入阐释专利法条文的精神、意旨；另一方面，通过众多司法案例介绍审判实践中的新观点、新动态和新精神。专利法条文的阐述，体现了本书的理论性；司法案例的讲解，体现了本书的实践性。本书对于专利审查、司法审判及理论研究都具有重要的参考意义。

　　需要特别说明的是，本书的写作有两个视角：一个是法官的视角，另一个是律师的视角。我以前在北京市高级人民法院知识产权审判庭担任法官，审理知识产权案件（包括专利案件）若干年，辞职后作为执业律师也处理了大量的知识产权案件（包括专利案件），积累了较为丰富的审判和代理经验。在本书写作过程中，我努力尝试将两个视角和两类经验结合起来写作，希望这样写出来的东西更有可读性和可操作性。

　　本书分上、下两编。上编共八章，涉及八个专题，包括程序问题和实体问题，是目前专利行政诉讼中争议较多的领域。其他相对比较简单、实践中争议不多的领域，本书并未涉及。程序部分包括专利行政诉讼概述、专利复审程序的司法审查、专利无效宣告程序的司法审查。实体部分包括专利权利要求的解释、专利申请文件和专利文件的修改、说明书和权利要求书、独立权利要求的必要技术特征以及创造性。基本内容如下：

第一章是"专利行政诉讼概述"。这一部分主要概述专利行政诉讼的一些基本制度和重要的程序性问题。

第二章是"专利复审程序的司法审查"。专利复审程序中的问题是行政诉讼中争议较大的一个问题。一方面，国家知识产权局专利复审部门希望通过依职权审查工作，提高专利审查效率。另一方面，专利申请人则希望严格控制专利复审部门的审查范围。本章从《专利法》和《专利法实施细则》的条文分析出发，对专利复审程序的性质以及复审实践中的问题作深入分析。

第三章是"专利无效宣告程序的司法审查"。专利审判实践中暴露出来的专利无效宣告程序的问题并不少见，争议也很大，主要问题是当事人请求原则、听证原则和依职权审查等。《专利审查指南》既规定了当事人请求原则，又规定了依职权审查原则。当事人请求和依职权审查是什么关系？二者都成为原则，是否会有冲突？本章结合实践中的问题，对当事人请求原则和依职权审查的关系进行探讨。

第四章是"专利权利要求的解释"。现代专利法是一个"名为权利要求的游戏"。❶ 权利要求的解释是专利审查和审判工作的核心，专利授权确权程序的主要工作就是审查权利要求的合法性，而审查权利要求的合法性的前提是解释和确定权利要求的内容。本章对此进行深入论述，详细分析和论述我国专利授权确权程序中的权利要求解释规则。

第五章是"专利申请文件和专利文件的修改"。早些年，"修改是否超范围"是争议较大的问题，许多此类案件涌入法院。专利授权程序中说明书和权利要求书的修改规则是否一致？修改后的权利要求是否可以扩大保护范围？《专利审查指南》严格限制专利确权程序中权利要求的修改方式是否合法合理？本章结合《专利法》第33条和2010年《专利法实施细则》第69条的规定，对专利授权程序中专利申请文本的修改和专利确权程序中专利文件的修改规则进行深入阐述。

第六章是"说明书和权利要求书"。说明书和权利要求书的关系是《专利法》中的一个核心问题。说明书的记载应当达到何种程度才符合《专利法》的规定？权

---

❶ Giles S. Rich. Extent of the Protection and Interpretation of Claims—American Perspective [J]. 21 Int'l Rev. Indus. Prop. & Copyright L., 1990 (21): 499. 转引自：闫文军. 专利权的保护范围——权利要求解释和等同原则适用 [M]. 北京：法律出版社，2007：前言 1.

利要求在说明书的基础上可以抽象概括到何种程度？如何判断说明书和权利要求书是否符合《专利法》的规定？本章对这些问题作深入的探讨。

第七章是"独立权利要求的必要技术特征"。近年来，涉及"独立权利要求是否缺少必要技术特征"的案件并不鲜见，这一问题争议也很大。本章借助最高人民法院的案例，对此作深入的阐述。

第八章是"创造性"。专利创造性的判断，是专利审查和司法审判中最复杂的一项工作。发明创造到底有没有创造性？是否显而易见？如何判断专利权利要求是否具备创造性？这些问题非常复杂，争议很大。本章从创造性的概念、创造性的判断方法和"三步法"的具体适用等方面出发，并结合最高人民法院的典型案例，进行深入的阐述。

本书下编是关于专利侵权诉讼的内容，共九章，除了第九、第十章，从第十一章开始，基本按照专利侵权案件的审理模块和流程依次展开。

发明或实用新型专利侵权案件的审理工作大致可以分为七大模块：（1）确定原告据以起诉的专利权利要求并对其内容进行解释；（2）确定被告的行为类型；（3）确定被告实施的技术方案；（4）判断被告实施的技术方案与原告主张的专利权利要求的技术方案是否相同（"相同侵权"的认定）；（5）判断被告实施的技术方案与原告主张的专利权利要求的技术方案是否等同（"等同侵权"的认定）；（6）判断被告的抗辩是否成立；（7）确定侵权责任。法官审理案件时，通常按照上述七大模块依次作业。下编的章节安排也大致按照上述模块依次展开，这样既方便读者学习和研究，也便于实务人员参考和借鉴。基本结构和内容如下：

第九章是"专利侵权诉讼制度概述"。本章从宏观上论述中国专利侵权诉讼的基本制度，为后续章节的展开奠定基础。中国的专利侵权诉讼制度是由一系列的法律规范、法律原则及实践惯例构建起来的一套复杂的制度。本章并不涉及全部制度的细节，而是选择审判制度、案件管辖制度、技术事实查明机制三个最基础、最根本和最重要的制度进行阐述。

第十章是"专利侵权诉讼的模块与流程"。一个专利侵权案件貌似很复杂，但当我们以模块化的思维来看待它，将其分解为若干模块后，处理起来就轻松多了。本章根据法官审理专利侵权案件的思路和流程将案件分解为若干模块，阐述模块化思维的意义，为后续各章节的论述做好铺垫。

第十一章是"起诉的权利基础：专利权利要求"。原告起诉后，法官首先要固定原告据以起诉的专利权利要求，然后解释权利要求的内容，为后续"相同侵权"的认定、"等同侵权"的认定奠定基础。本章主要阐述权利要求的效力、权利要求的保护范围和解释等内容。

第十二章是"被诉侵权行为"。侵权诉讼中，应当先固定被诉侵权行为，并根据行为作用的对象固定被诉的技术方案，再判断该技术方案是否落入权利人主张的权利要求的保护范围。因此，固定被诉侵权行为是非常重要的一个环节。被诉侵权行为可能是直接侵犯专利权的行为，例如制造、许诺销售、销售、使用、进口专利产品的行为，也可能是间接侵犯专利权的行为，包括教唆行为、帮助行为。本章分别阐述直接侵权行为、间接侵权行为和拟制的侵权行为。

第十三章是"被诉侵权的技术方案"。根据《专利法》第11条的规定，未经专利权人许可，不得为生产经营目的实施其专利。如何判定被告是否实施了专利权人的专利？实践中，对这个问题的判断就转化为被告实施的技术方案与权利人的专利技术方案是否相同或者实质相同的问题。本章论述如何提炼和固定"被诉侵权产品的技术方案"以及被诉的方法技术方案。

第十四章是"'相同侵权'的认定"。固定原告据以主张的权利要求技术方案和被诉侵权的技术方案后，接下来就是判断"相同侵权"是否成立。所谓"相同侵权"，是指被诉侵权技术方案包含与权利要求限定的一项完整技术方案记载的全部技术特征相同的对应技术特征。本章阐述"相同侵权"的认定方法和规则。

第十五章是"'等同侵权'的认定"。如果被诉侵权技术方案没有落入权利要求的文义保护范围，法官还应当审查其是否落入权利要求的等同保护范围，这就涉及"等同侵权"的认定。本章阐述"等同侵权"制度的由来、弊端、认定规则及限制等问题。

第十六章是"抗辩"。法官在进行"相同侵权"的认定、"等同侵权"的认定之后，紧接着就要审查被告的抗辩是否成立。本章详细阐述各种抗辩类型，包括专利权效力抗辩、滥用专利权抗辩、不侵权抗辩、不视为侵权的抗辩、现有技术抗辩及抵触申请抗辩、合法来源抗辩、不停止侵权抗辩等。

第十七章是"民事责任"。如果被诉侵权技术方案落入权利要求的保护范围，被告的抗辩也不成立，则进入案件审理的最后一个环节——确定侵权责任。根据我国法律的有关规定，侵权责任主要包括停止侵害、赔偿损失。本章阐述两种责任的构成，重点阐述赔偿损失的确定方法。

以上大致介绍了本书的篇章结构和主要内容。需要说明的一点是，本书主要聚焦发明和实用新型专利诉讼，外观设计专利与发明和实用新型专利差别巨大，故本书不涉及外观设计专利诉讼的内容。

本书的阅读群体包括专利审查员、法官、律师、专利代理师、企业法务人员以及专利法研究人员等。

目　　录

上编　专利行政诉讼

第一章　专利行政诉讼概述

第一节　专利行政诉讼制度

一、专利行政诉讼

专利申请人向国家知识产权局提出发明、实用新型或外观设计专利申请后，国家知识产权局经审查认为专利申请不符合授权条件的，作出驳回决定。申请人提出复审的，国家知识产权局经审查认为复审请求不成立的，作出复审请求审查决定书，驳回请求人的复审请求。申请人不服复审请求审查决定书的，可以向法院提起行政诉讼。此类案件被称为专利授权行政案件。[1]

对于已经授权的专利，任何人认为专利不符合授权条件的，可以向国家知识产权局提出无效宣告请求，国家知识产权局经审查作出无效宣告审查决定书后，无效请求人或者专利权人不服的，均可以向法院提起诉讼。目前的司法实践中，这类诉讼以国家知识产权局为被告，按行政诉讼的模式处理。这类案件被称为专利确权行政案件。[2]

从法理上来说，专利确权行政案件是无效请求人和专利权人之间就专利权效力发生的纠纷，本质上属于平等民事主体之间就权利效力发生的纠纷，国家知识产权局根据《专利法》的规定居中裁决，对专利权是否有效作出决定，其角色类似于法院。所以，把不服国家知识产权局作出的专利无效审查决定书提起的诉讼当作行政

---

[1]　2020 年 9 月 10 日发布的《最高人民法院关于审理专利授权确权行政案件适用法律若干问题的规定（一）》第 1 条第 1 款。
[2]　2020 年 9 月 10 日发布的《最高人民法院关于审理专利授权确权行政案件适用法律若干问题的规定（一）》第 1 条第 2 款。

诉讼对待，并不十分科学，也不符合法理。不过，本书的主要目的不是讨论理论问题，而是聚焦专利诉讼中的实务问题，故对此不做过多讨论。

实践中，上述两类诉讼被统称为专利授权确权行政诉讼。

本书所称专利行政诉讼，特指专利授权确权行政诉讼，即当事人不服国家知识产权局作出的复审请求审查决定书或者无效宣告请求审查决定书，向法院提起的行政诉讼。

二、专利行政诉讼的当事人

专利申请人不服国家知识产权局作出的驳回复审请求审查决定书，向法院提起行政诉讼的，专利申请人是原告，国家知识产权局是被告。

专利无效程序中的当事人不服国家知识产权局作出的无效宣告审查决定书，向法院提起行政诉讼的，起诉人是原告，国家知识产权局是被告，另一方当事人是第三人。

如果专利无效程序中的专利权人和无效请求人都不服国家知识产权局作出的无效宣告审查决定书，向法院提起行政诉讼的，通常会被作为两个独立的案件予以立案。两个案件中，起诉人是原告，国家知识产权局是被告，另一方当事人是第三人。这两个案件有可能合并审理，也可能分开审理。

三、专利行政诉讼案件的管辖

专利行政诉讼案件由被告（国家知识产权局）住所地的法院专属管辖。根据目前的法律和司法解释的有关规定，当事人不服国家知识产权局作出的复审请求审查决定书或无效宣告请求审查决定书提起的行政诉讼，一审由北京知识产权法院审理，二审由最高人民法院知识产权法庭审理。

四、两审终审制度

我国专利行政诉讼实行两审终审制度，一审由北京知识产权法院审理，二审由最高人民法院知识产权法庭审理，最高人民法院作出的二审判决为生效判决，具有执行力。通常来说，专利授权确权行政诉讼案件经过二审，就终结了。

当然，我国还有申请再审制度。当事人对二审判决仍然不服的，还可以向最高人民法院申请再审，由该院民事审判第三庭负责审查。这个程序被称为申请再审审查程序。最高人民法院民事审判第三庭经审查，认为当事人的再审请求有事实和法律依据的，作出行政裁定书，提起再审，此后进入再审程序，经审理后作出再审判决书；认为当事人的再审请求没有事实和法律依据的，作出裁定书，驳回当事人的再审请求。

当事人对于最高人民法院作出的驳回再审请求的裁定书或者再审判决书仍然不服的，还可以依法向最高人民检察院申请抗诉。最高人民检察院经审查，决定向最高人民法院提起抗诉的，最高人民法院应当受理，并由该院民事审判第三庭对案件进行再次审理。抗诉程序结束后，所有的法律救济程序用尽，案件彻底终结。

第二节　重要诉讼程序问题

专利授权确权行政诉讼程序，相对来说比较简单，需要重点关注的问题包括起诉材料、起诉期限、举证责任、新证据和司法审查范围等，下面逐一介绍。

一、起诉材料

当事人不服国家知识产权局作出的复审请求审查决定书或者无效宣告请求审查决定书，提起诉讼的，应当向北京知识产权法院递交行政起诉状和国家知识产权局作出的专利复审请求审查决定书或者专利无效宣告请求审查决定书。专利复审请求审查决定书或者专利无效宣告请求审查决定书是证明国家知识产权局违法的证据。其中，行政起诉状的末尾需要当事人签名、盖章。法人起诉的，需要盖公司印章，并由法定代表人亲笔签名或盖签名章。

当然，当事人起诉时还需要提交主体资格手续材料，法人需要提交营业执照、法定代表人证明书、法定代表人的身份证复印件等；自然人需要提交身份证复印件。

二、起诉期限

《专利法》第41条第2款规定，专利申请人对国务院专利行政部门的复审决定不服的，可以自收到通知之日起3个月内向人民法院起诉。

《专利法》第46条第2款规定，对国务院专利行政部门宣告专利权无效或者维持专利权的决定不服的，可以自收到通知之日起 3 个月内向人民法院起诉。

2010 年《专利法实施细则》第 4 条第 3 款规定，国务院专利行政部门邮寄的各种文件，自文件发出之日起满 15 日，推定为当事人收到文件之日。❶

《专利审查指南 2010》第五部分第六章 2.3.1 节规定，通过邮寄、直接送交和电子方式送达的通知和决定，自发文日起满 15 日推定为当事人收到通知和决定之日。对于通过邮寄的通知和决定，当事人提供证据，证明实际收到日在推定收到日之后的，以实际收到日为送达日。《专利审查指南 2023》对此项有所修订，但内容大致相同。

上述法律规定看似简单，司法实践中如何确定起算日、如何判断是否超出起诉期限却是一个复杂的问题。

（1）在（2020）最高法知行终 192 号行政纠纷案中，被诉决定的发文日为 2019 年 4 月 4 日，国家知识产权局以挂号信的形式于 2019 年 4 月 8 日送达当事人张文发送公司。张文发送公司同年 7 月 18 日向一审法院提起诉讼。一审法院根据张文发送公司实际收到被诉决定的日期，认定其起诉超出法定期限，据此裁定驳回其起诉。张文发送公司不服，提起上诉，认为本案起诉期限应当自被诉决定发文日向后推 15 日起算，故其向一审法院提起本案诉讼并未超出 3 个月的起诉期限。最高人民法院认为，在能够查明当事人实际收到文件之日的情况下，应以实际收到日为准计算行政诉讼起诉期限及其起算日。本案中，鉴于在案证据能够证明张文发送公司实际收到被诉决定的日期，因此，张文发送公司起诉超出法定行政起诉期限。

（2）在（2019）最高法行再 122 号行政纠纷案中，被诉决定的发文日为 2016 年 9 月 27 日，国家知识产权局以挂号信的形式将被诉决定邮寄给当事人在无效阶段的代理人，挂号信于 2016 年 9 月 30 日妥投，且显示由本人签收。当事人于 2017 年 1 月 9 日起诉。最高人民法院认为，2010 年《专利法实施细则》第 4 条第 3 款规定，国务院专利行政部门邮寄的各种文件，自文件发出之日起满 15 日，推定为当事人收到文件之日。本案中，被诉决定发文日为 2016 年 9 月 27 日，根据上述规定可推定当事人于 2016 年 10 月 12 日收到被诉决定，当事人于 2017 年 1 月 9 日起诉，并未超过起诉期限。

（3）在（2019）最高法知行终 141 号行政纠纷案中，被诉决定的发文日为 2019 年 3 月 19 日，由国家知识产权局专利复审委员会通过电子文件的形式送达当事人新活公司委托的专利代理机构，后者于 2019 年 3 月 20 日通过电子邮件的形式将被诉决

---

❶ 2023 年修订的《专利法实施细则》对此款规定有所修订，即修订后的第 4 条第 4 款："国务院专利行政部门邮寄的各种文件，自文件发出之日起满 15 日，推定为当事人收到文件之日。当事人提供证据能够证明实际收到文件的日期的，以实际收到日为准。"

定发送至新活公司的企业邮箱。新活公司于同年 7 月 3 日向一审法院提起诉讼。最高人民法院认为，在能够查明当事人实际收到文件之日的情况下，应以实际收到日为准，确定行政相对人知道或者应当知道行政行为作出之日，并据此计算行政诉讼起诉期限及其起算日。本案中，在案证据能够证明新活公司实际收到被诉决定的日期，新活公司对此亦予以认可。因此，新活公司起诉超出法定起诉期限。

（4）在（2021）最高法知行终 278 号行政纠纷案中，被诉决定的发文日为 2020 年 4 月 7 日，国家知识产权局以电子送达的方式向叶某微送达，并于 2020 年 4 月 14 日向叶某微发送手机短信，提醒其于 15 日内下载被诉决定。叶某微于 2020 年 7 月 11 日以邮寄起诉的方式向一审法院提起行政诉讼。一审法院经审查后于 2020 年 7 月 15 日以电话及手机短信方式告知叶某微，其起诉已经超出起诉期限。叶某微向法院表示其实际收到被诉决定的日期为 2020 年 4 月 29 日，起诉状的递交日期为 2020 年 7 月 11 日，未超出法定的 3 个月期限。

一审法院认为，被诉决定于 2020 年 4 月 7 日到达专利申请人的电子申请系统，根据《电子签名法》第 11 条的规定，该文件到达受送达人特定系统的日期为该数据电文的接收时间，故按照《专利法》第 41 条第 2 款的规定，专利申请人对被诉决定不服，可以自收到被诉决定之日起 3 个月内，即于 2020 年 7 月 7 日前向原审法院提起诉讼。专利申请人直至 2020 年 7 月 11 日才向原审法院提起诉讼，已超过起诉期限。

最高人民法院认为：

专利授权确权行政案件起诉期限的起算点是收到被诉决定之日。在案证据能够证明行政相对人实际收到被诉决定时间的，以实际收到之日为准；在案证据难以证明行政相对人实际收到被诉决定时间的，或者国家知识产权局对于行政相对人实际收到被诉决定的时间另有规定或约定，且该规定或约定有利于行政相对人，也不违反法律、行政法规禁止性规定的，为保护行政相对人的信赖利益，可以根据具体案情对"收到有关决定之日"作出有利于行政相对人的解释。

本案中，国家知识产权局在以电子文件形式发送被诉决定的情形下，虽然根据《电子签名法》第十一条第二款"收件人指定特定系统接收数据电文的，数据电文进入该特定系统的时间，视为该数据电文的接收时间"规定，起诉期限的起算点原则上应为被诉决定电子文件进入收件人叶某微指定的特定系统之日。但是，国家知识产权局颁布了《关于专利电子申请的规定》，该规定第九条第二款载明"对于专利电子申请，国家知识产权局以电子文件形式向申请人发出的各种通知书、决定或者其他文件，自文件发出之日起满 15 日，推定为申请人收到文件之日"。同时，叶某微与国家知识产权局签订的《专利电子申请系统用户注册协议》中明确以该规定为依据。因此，根据《电子签名法》第十一条第三款"当事人对数据电文的发送时间、接收时间另有约定的，从其约定"和第三十五条"国务院或者国务院规定的部门可以依据本法制定政务活动和其他社会活动中使用电子签名、数据电文的具体办法"等规定，本案被诉决定电子送达时间应适用《关于专利电子申请的规定》第九条第二款的规定，同时结合叶某微对国家知识产权局有关行政行为的合理信赖予以确定。

根据审理查明的事实，国家知识产权局于 2020 年 4 月 7 日向专利申请人电子申请客户端发送被诉决定，并于 2020 年 4 月 14 日向专利申请人发送短信，提醒其于 15 日内下载被诉决定。该发送短信行为属具体行政行为的过程性行为，不构成独立的行政行为，应认定属于本案专利复审决定行政行为的组成部分。在对被诉决定送达时间存在多种理解的情形下，为保护行政相对人的信赖利益，充分保障其诉权行使，宜作出有利于行政相对人的解释，认定本案期限利益归于专利申请人，即应以被诉决定发出后国家知识产权局专门发送短信提醒日加 15 日即 2020 年 4 月 29 日作为计算专利申请人提起行政诉讼期限的起点。专利申请人于 2020 年 7 月 11 日向原审法院提起诉讼未超过三个月起诉期限，且符合《行政诉讼法》第四十九条所规定的起诉条件，本案应当立案受理。原审法院以专利申请人的起诉超过法定期限为由不予立案，有所不当。❶

从上述案例可以看出，司法实践中对于判断起诉是否超出法定期限，是一个比较复杂的问题。不过，我们仍然可以从上述案例中总结出以下几点：

（1）对于"收到通知之日"有多种解释可能的，为保护行政相对人合理的信赖利益，一般应当作出有利于行政相对人的解释。

（2）对于以邮寄形式送达的决定，在案证据能够证明当事人实际收到被诉决定时间的，以实际收到日为准，例如，如果能够证明当事人的签收日期，则以签收日期为准；当事人实际收到时间难以确定的，以发文日加 15 日作为起算点，例如，仅能证明代理人的签收日期而无法证明当事人的收到日期，则以发文日加 15 日作为起算点。

（3）对于以电子形式送达的决定，在案证据能够证明当事人实际收到被诉决定（包括自行通过电子申请系统下载、收到代理机构转发的邮件）的时间的，以实际收到之日为准；实际收到被诉决定的时间难以确定的，以发文日加 15 日作为起算点，如发文后国家知识产权局又发送了通知短信，则以发送短信通知之日加 15 日作为起算点。

---

❶　（2021）最高法知行终 278 号行政判决书。

三、举证责任

《行政诉讼法》第 34 条规定："被告对作出的行政行为负有举证责任，应当提供作出该行政行为的证据和所依据的规范性文件。"据此，在专利授权确权行政案件中，原告只需证明国家知识产权局作出了复审请求审查决定书或无效请求审查决定书（被诉决定），国家知识产权局应当提交证据证明被诉决定合法。

在专利授权行政诉讼案件中，国家知识产权局通常要提交涉案专利申请文本、对比文件及公知常识性证据等材料来证明被诉决定合法。

在专利确权行政诉讼案件中，国家知识产权局通常要提交涉案专利文本、行政程序中无效请求人提交的无效请求理由书及证据材料、专利权人提交的意见陈述书及证据等材料来证明被诉决定合法。

根据《行政诉讼法》第 34 条的规定，国家知识产权局对被诉决定的合法性承担证明责任，即国家知识产权局应当对被诉决定的程序合法性和实体认定的合法性承担举证责任。就实体认定而言，国家知识产权局认定专利（申请）不符合《专利法》规定的授权条件，比如，权利要求没有新颖性、创造性，应当就该项认定承担举证责任和说理的义务，这似乎是没有争议的。但是，专利（申请）不符合授权条件，这是一个否定性事实，通常来说，对"否定性事实"则难以举证，因此，实践中对于国家知识产权局的举证责任并不苛求，只要国家知识产权局提交了被诉决定所依据的证据，尽到初步说理的义务，举证证明责任就完成了。专利申请人（专利权人）如果不同意被诉决定的认定，认为其专利申请（专利权）符合授权条件，则应当举证证明或者说明理由，否则要承担不利后果。

四、新　证　据

凡是专利复审或无效程序中没有出现而在诉讼程序中首次出现的证据，被称为新证据。

《最高人民法院关于审理专利授权确权行政案件适用法律若干问题的规定（一）》（法释〔2020〕8 号）第 29 条规定："专利申请人、专利权人在专利授权确权行政案件中提供新的证据，用于证明专利申请不应当被驳回或者专利权应当维持有效的，人民法院一般应予审查。"

根据上述规定，专利申请人、专利权人在专利授权确权一审、二审以及再审行政案件中都可以提交新证据。这是因为如果不允许其提交新证据用于证明专利申请不应当被驳回或者专利权应当维持有效，其再也没有救济机会。所以，为了确保实体上的公平和正确，可以在一定程度上牺牲程序上的效率，允许专利申请人、专利权人在诉讼程序中提交新证据。

《最高人民法院关于审理专利授权确权行政案件适用法律若干问题的规定（一）》第30条规定："无效宣告请求人在专利确权行政案件中提供新的证据，人民法院一般不予审查，但下列证据除外：（一）证明在专利无效宣告请求审查程序中已主张的公知常识或者惯常设计的；（二）证明所属技术领域的技术人员或者一般消费者的知识水平和认知能力的；（三）证明外观设计专利产品的设计空间或者现有设计的整体状况的；（四）补强在专利无效宣告请求审查程序中已被采信证据的证明力的；（五）反驳其他当事人在诉讼中提供的证据的。"

根据上述规定，无效宣告请求人在诉讼程序中通常不得提交新证据。主要有两个原因：（1）确保程序上的效率，避免程序拖延；（2）无效宣告请求人即使因丧失提交新证据的机会而面临不利后果，后续还可以另行提起无效宣告请求。

第30条同时规定了例外情形，其中第（一）（二）（三）种情形涉及公知常识、惯常设计、本领域技术人员或者一般消费者的知识水平和认知能力以及设计空间等，这些本来就是本领域普通技术人员或者一般消费者应当知晓的，法官判案时立足于本领域普通技术人员或者一般消费者的视角，对此也应当知晓，所以允许专利无效请求人提出相关的证据是理所应当的。

五、司法审查范围

《行政诉讼法》第6条规定："人民法院审理行政案件，对行政行为是否合法进行审查。"专利授权确权诉讼目前被作为行政诉讼对待，因此，法院审理专利授权确权行政案件，对国家知识产权局作出的被诉决定是否合法进行审查。

被诉决定的合法性体现在两个方面：一是程序上合法；二是实体认定上合法。这是专利授权确权行政诉讼的司法审查范围。

（一）程序合法性的审查

程序合法性的审查，即审查国家知识产权局作出被诉决定是否违反法定程序，主要审查国家知识产权局是否违反请求原则和听证原则，以及对证据的认定是否合法。

《专利审查指南2010》第四部分第一章第2.3节规定："复审程序和无效宣告程序均应当基于当事人的请求启动。请求人在专利复审委员会作出复审请求或者无效宣告请求审查决定前撤回其请求的，其启动的审查程序终止；但对于无效宣告请求，专利复审委员会认为根据已进行的审查工作能够作出宣告专利权无效或者部分无效的决定的除外。请求人在审查决定的结论已宣布或者书面决定已经发出之后撤回请求的，不影响审查决定的有效性。"

《专利审查指南2010》第四部分第一章第2.5节规定："在作出审查决定之前，应当给予审查决定对其不利的当事人针对审查决定所依据的理由、证据和认定的事实陈述意见的机会，即审查决定对其不利的当事人已经通过通知书、转送文件或者口头审理被告知过审查决定所依据的理由、证据和认定的事实，并且具有陈述意见的机会。在作出审查决定之前，在已经根据人民法院或者地方知识产权管理部门作出的生效的判决或者调解决定变更专利申请人或者专利权人的情况下，应当给予变更后的当事人陈述意见的机会。"

《专利审查指南2023》保留了上述规定。

上述规定分别涉及请求原则和听证原则。简言之，请求原则要求合议组围绕当事人的请求、事实和理由进行审查，除了《专利审查指南2010》规定的依职权审查的情形，原则上不得超出当事人的请求、事实和理由的范围进行审查。被诉决定违反请求原则的，属于严重程序违法的情形，依法应当撤销。听证原则要求合议组在作出对当事人不利的决定之前，应当听取其意见陈述。被诉决定违反听证原则的，是否撤销，不能一概而论。法院通常不会仅仅因为被诉决定违反听证原则就予以撤销，而是指出和纠正被诉决定的错误，并给予当事人陈述意见的机会，然后审查被诉决定的实体认定是否正确，如果实体认定正确就维持被诉决定的结论。

2020年9月10日，最高人民法院发布《关于审理专利授权确权行政案件适用法律若干问题的规定（一）》（以下简称《专利授权确权规定（一）》），根据第23条第5项的规定，如果国家知识产权局在审查过程中，主动引入当事人未主张过的公知常识，未听取当事人意见就作出对当事人不利的决定的，属于《行政诉讼法》第70条第3项规定的"违反法定程序的"情形，依法应当撤销。这与早些年的司法不同，应当引起注意。

（二）实体合法性的审查

实体合法性的审查，即审查被诉决定中"决定的理由"和"决定"是否符合《专利法》的有关规定。如果被诉决定符合《专利法》的有关规定，则驳回原告的诉讼请求，否则就撤销被诉决定。实体合法性的审查是司法审查的重点，后续章节将围绕《专利法》中的核心条款进行阐述，此处暂不展开。

第二章 专利复审程序的司法审查

第一节 专利复审的法律性质

根据《专利法》第 41 条第 1 款的规定，专利申请人对国务院专利行政部门作出的驳回专利申请的决定不服的，可以向国务院专利行政部门请求复审。这是我国《专利法》确立的专利复审制度。

《专利审查指南 2010》第四部分第二章"1. 引言"进一步规定："复审程序是因申请人对驳回决定不服而启动的救济程序，同时也是专利审批程序的延续……专利复审委员会可以依职权对驳回决定未提及的明显实质性缺陷进行审查。"

从上述规定来看，复审既是救济程序，也是专利审批程序的延续，这一定性落实到实务中，往往引起较大的争议。实务中常见的问题是，复审的客体是什么？复审的范围有多大？其中，争议最大的是"明显实质性缺陷"审查。❶

例如，在赢创德固赛有限责任公司（以下简称赢创德固赛公司）与国家知识产权局专利复审委员会"表面改性的沉淀二氧化硅"发明专利申请复审行政纠纷案中，❷ 国家知识产权局原审查部门驳回该发明专利申请的依据是其权利要求 1－31 的修改不符合《专利法》第 33 条的规定，但是在复审阶段，专利复审委员会认定该发明专利申请不符合《专利法》第 23 条第 3 款关于创造性的规定，并据此维持专利局作出的驳回决定（以下简称驳回决定）。赢创德固赛公司提起行政诉讼，认为专利复审委员会应当审查驳回决定是否正确，不应当审查驳回决定未提及的第 23 条第 3 款的问题。专利复审委员会认为其依据《专利审查指南 2010》的规定，可以依职权审

---

❶ "明显实质性缺陷"是《专利审查指南 2010》明确提到的一个概念，意指专利申请中存在的明显不符合《专利法》和 2010 年《专利法实施细则》规定的授权条件的缺陷。

❷ 北京市第一中级人民法院（2011）一中知行初字第 2876 号行政判决书；北京市高级人民法院（2012）高行终字第 1486 号行政判决书及最高人民法院（2014）知行字第 2 号行政裁定书。

查专利申请是否具有驳回决定未提及的"明显实质性缺陷"。该案历经一审、二审和最高人民法院申诉审查，反映出各方当事人在专利复审这一问题上的严重认识分歧。

过去若干年，上述类型的案件在实务界引起了广泛的争议。这给我们提出了新的问题——在法律解释论上，我们应当如何认识专利复审制度，如何界定复审的审查客体及范围？

关于专利复审的法律性质和功能定位，学界的认识并不相同。一种观点认为复审是救济程序。❶ 另一种观点认为复审既有救济的性质，也有续审的性质。❷ 还有一种观点认为，复审是行政监督程序。❸

法律研究，一般可以区分为解释论研究和立法论研究。解释论研究法律是什么及如何适用法律的问题。立法论研究法律应当如何的问题。❹ 讨论我国专利复审的法律性质，应当站在解释论的角度，从现行立法规定中总结和提炼。

一、专利复审是救济程序

根据《专利法》第 41 条和 2010 年《专利法实施细则》第 63 条（现为 2023 年《专利法实施细则》第 67 条）的规定进行解释，专利复审应当是救济程序。

（1）根据《专利法》第 41 条的规定进行分析，专利复审是救济程序。《专利法》第 41 条规定，专利申请人对驳回决定不服的，可以自收到通知之日起 3 个月内，向国务院专利行政部门请求复审。该条规范旨在对专利申请人可能受到的损害在行政机关内部提供救济，因此，专利复审是救济程序。

（2）根据 2010 年《专利法实施细则》第 63 条的规定进行分析，专利复审也是救济程序。2010 年《专利法实施细则》第 63 条第 1 款规定："专利复审委员会进行复审后，认为复审请求不符合专利法和本细则有关规定的，应当通知复审请求人，要求其在指定期限内陈述意见。期满未答复的，该复审请求视为撤回；经陈述意见或者进行修改后，专利复审委员会认为仍不符合专利法和本细则有关规定的，应当作出维持原驳回决定的复审决定。"第 2 款规定："专利复审委员会进行复审后，认为原驳回决定不符合专利法和本细则有关规定的，或者认为经过修改的专利申请文件消除了原驳回决定指出的缺陷的，应当撤销原驳回决定，由原审查部门继续进行

---

❶ 尹新天. 中国专利法详解［M］. 北京：知识产权出版社，2011：452 - 456.

❷ 汤宗舜. 专利法教程［M］. 北京：法律出版社，2003：143 - 145；李扬. 知识产权法基本原理［M］. 北京：中国社会科学出版社，2010：469.

❸ 文希凯. 专利法教程［M］. 北京：知识产权出版社，2011：205 - 206.

❹ 李扬. 知识产权法基本原理［M］. 北京：中国社会科学出版社，2010：169.

审查程序。"对上述法条进行整体解释，亦可得出专利复审是救济程序的结论。

2010 年《专利法实施细则》第 63 条第 1 款规定："……经陈述意见或者进行修改后，专利复审委员会认为仍不符合专利法和本细则有关规定的，应当作出维持原驳回决定的复审决定。"其中，"专利复审委员会认为仍不符合专利法和本细则有关规定"，结合省略号之前的内容进行理解，是指"专利复审委员会认为复审请求仍不符合专利法和本细则有关规定"。由于复审请求是针对驳回决定及其理由提出的，复审请求所涉的法律条款必然是驳回决定所依据的法律条款。因此，"复审请求仍不符合专利法和本细则有关规定"，应当理解为复审请求仍不符合驳回决定所依据的《专利法》及其实施细则的有关规定。基于此，复审应当围绕驳回决定是否符合《专利法》及其实施细则的有关规定以及经过修改的专利申请文件是否消除原驳回决定指出的缺陷进行审查。

综上，对《专利法》第 41 条及 2010 年《专利法实施细则》第 63 条的规定作整体的解释，专利复审是救济程序，复审的审查范围原则上是复审请求人的复审请求和理由及其所针对的驳回决定的相关认定，国务院专利行政部门应当依据复审请求人的请求和理由，对驳回决定的事实认定、法律适用等进行审查。如果复审请求成立、驳回决定是错误的，应当撤销驳回决定；如果复审请求不成立、驳回决定是正确的，应当维持驳回决定。

二、专利复审也是专利审批程序的适当延续

《专利审查指南 2010》第四部分第二章之"1. 引言"规定："复审程序是因申请人对驳回决定不服而启动的救济程序，同时也是专利审批程序的延续。因此，一方面，专利复审委员会一般仅针对驳回决定所依据的理由和证据进行审查，不承担对专利申请全面审查的义务；另一方面，为了提高专利授权的质量，避免不合理地延长审批程序，专利复审委员会可以依职权对驳回决定未提及的明显实质性缺陷进行审查。"

《专利审查指南 2010》第四部分第二章第 4.1 节规定："除驳回决定所依据的理由和证据外，合议组发现审查文本中存在下列缺陷的，可以对与之相关的理由及其证据进行审查，并且经审查认定后，应当依据该理由及其证据作出维持驳回决定的审查决定：（1）足以用在驳回决定作出前已告知过申请人的其他理由及其证据予以驳回的缺陷。（2）驳回决定未指出的明显实质性缺陷或者与驳回决定所指出缺陷性质相同的缺陷。"

上述两种情形是复审程序中可以突破驳回决定所依据的理由和证据进行延伸审

查的范围。

《专利审查指南 2023》进一步扩大了延伸审查的范围，包括以下四种情形：（1）不符合《专利法实施细则》第 11 条的规定；（2）足以用在驳回决定作出前已告知过申请人的其他理由及其证据予以驳回的缺陷；（3）与驳回决定所指出缺陷性质相同的缺陷；（4）驳回决定未指出的其他明显实质性缺陷。❶

根据上述规定，专利复审似乎具有双重性质，即具有救济和续审的双重性质。

笔者认为，专利复审原则上是救济程序，应当围绕请求人的复审请求及其理由以及驳回决定所依据的事实和理由进行审查，以决定驳回决定及其理由是否成立。同时，为了提高专利审查效率，避免程序空转，允许复审部门超出驳回决定所依据的事实和理由进行适度的延伸审查，具有现实合理性。但是，延伸审查要适度，不能不受限制。

关于这一问题，最高人民法院知识产权法庭的裁判观点值得关注。在财团法人"国家"卫生研究院（以下简称卫生研究院）与国家知识产权局发明专利申请驳回复审行政纠纷案❷中，国家知识产权局实质审查部门驳回涉案专利申请的理由为《专利法》第 33 条。在驳回复审程序中，卫生研究院修改了权利要求。国家知识产权局复审部门向卫生研究院发出了一次复审通知书，卫生研究院针对该复审通知书陈述意见并再次修改权利要求。针对再次修改后的权利要求，国家知识产权局复审部门引用最接近的现有技术即对比文件 1，认定涉案申请权利要求 1 与对比文件 1 的区别为：（1）权利要求 1 为热治疗装置；（2）还设有一固合基座组件的平台；（3）收纳处至少沿弯曲结构的半径方向可延展。在此基础上，国家知识产权局复审部门直接以涉案专利申请不具备创造性为由作出被诉决定，维持了原驳回决定。

最高人民法院认为：

国家知识产权局复审部门在复审程序中一般仅针对驳回决定所依据的理由和证据进行审查。但是，基于审查效率及听证原则的要求，如果复审部门发现审查文本存在足以用在驳回决定作出前已告知过申请人的其他理由及其证据予以驳回的缺陷，亦可以对与之相关的理由及其证据进行审查。因此，复审程序的审查对象原则上限于驳回决定所依据的理由和证据以及驳回决定作出前已告知过申请人的其他理由及证据。《专利审查指南》第四部分第二章第 4.1 节的相关规定具有合理性。❸

从上述论述来看，最高人民法院认可《专利审查指南 2010》第四部分第二章第 4.1 节规定的依职权审查的第一种情形，即专利申请文本具有"足以用在驳回决定

---

❶ 《专利审查指南 2023》第四部分第二章 "4.1 理由和证据的审查"。

❷ 最高人民法院（2019）最高法知行终 5 号行政判决书。

❸ 最高人民法院（2019）最高法知行终 5 号行政判决书。

作出前已告知过申请人的其他理由及其证据予以驳回的缺陷"的，专利复审部门可以依职权审查。

基于此，最高人民法院也认可专利复审具有一定的续审的性质。但是，续审的范围限于原专利实审部门在驳回决定作出前已告知过申请人的其他理由及证据，而不包括原专利实审部门未涉及的"明显实质性缺陷"的情形，这一点特别值得关注。

第二节　专利复审中的问题

一、基本概况

由于《专利审查指南 2010》第四部分第二章明确规定专利复审部门可以依职权对驳回决定未提及的专利申请中的"明显实质性缺陷"进行审查，专利复审部门在很多复审案件中强调专利审查程序效率，强调依职权审查，而对复审的救济性质重视不够。在下文列举的诸多案件中，专利复审部门均未针对复审请求人的请求和理由，审查驳回决定的事实认定及法律适用是否正确，就依职权审查驳回决定未提及的专利申请中的"明显实质性缺陷"。

表 1 是专利复审部门依职权审理专利申请的"明显实质性缺陷"的部分案例。❶

从表 1 可以发现：

（1）专利复审部门引入了新的事实和理由维持驳回决定。例如，在第 30895 号驳回复审决定中，驳回决定依据的理由是专利申请的修改不符合《专利法》第 33 条的规定，而专利复审部门未审查该驳回决定是否正确，就直接引入《专利法》第 22 条第 3 款关于创造性的规定进行审查，并以专利申请不符合该条规定为由（变更驳回决定的理由）维持驳回决定。

（2）专利复审部门依职权进行"明显实质性缺陷"审查的范围相当宽泛。由于《专利审查指南 2010》的"复审"部分未对"明显实质性缺陷"的范围进行明确界定，专利复审部门在实践中对"明显实质性缺陷"的掌握一度相当宽松，如表 1 所示，几乎任何法条都属于"明显实质性缺陷"审查的范围。

---

❶　复审决定号是指专利复审部门作出的专利复审案件的决定号，驳回法条是指专利局审查并驳回专利申请所依据的法条，复审法条是指专利复审部门审查并据以作出复审决定所依据的法条。例如，法 22.3 是指《专利法》第 22 条第 3 款，细则 20.1 是指 2010 年《专利法实施细则》第 20 条第 1 款，其他类推。

表 1　专利复审部门审理的"明显实质性缺陷"部分案例

复审决定号	驳回法条	复审法条	复审结论
第 30895 号	法 33	法 22.3	维持
第 19069 号	法 22.4	法 33	维持
第 22835 号	细则 20.1	细则 2.1	维持
第 35410 号	法 26.4	法 26.3	维持
第 12024 号	法 22.4	法 26.3	维持
第 16532 号	法 25.1（2）	法 33	维持
第 22393 号	法 22.3	细则 20.1	维持
第 17826 号	法 25.1（2）	细则 2.2	维持
第 33278 号	法 22.3	法 22.3	引入新证据维持
第 17592 号	法 22.3	法 26.4	维持
第 20532 号	法 22.3	细则 2.1	维持
第 32638 号	法 22.3	法 33	维持

总结复审实践中的问题，以下几个方面值得注意：

（1）复审的法律定位。前文已述，依据《专利法》和 2010 年《专利法实施细则》的有关规定，复审是救济程序；但是，依据《专利审查指南 2010》的有关规定，复审既是救济程序，也是专利审批程序的延续，具有救济和续审的双重性质。实践中，专利复审部门往往直接依据《专利审查指南 2010》的有关规定进行复审，在不少复审案件（见表 1）中没有围绕复审请求人的请求和理由进行审查，而是直接依职权审查驳回决定未提及的专利申请的其他缺陷。

（2）复审的客体。《专利审查指南 2010》规定，专利复审请求的客体是驳回决定。❶ 由于复审请求的客体是驳回决定，复审是针对复审请求而言，因此，复审的客体也应当是驳回决定。依据 2010 年《专利法实施细则》第 63 条进行解释，也能得出这一结论。对此，《专利审查指南 2010》第四部分第二章之"1. 引言"也明确规定，"专利复审委员会一般仅针对驳回决定所依据的理由和证据进行审查"。但是，在不少复审案件中，专利复审部门根本不审查驳回决定是否合法，而是变更审查客体，直接对驳回决定未提及的专利申请中的其他"明显实质性缺陷"进行审查，并以专利申请具有"明显实质性缺陷"为由，维持驳回决定。

（3）复审的范围。根据 2010 年《专利法实施细则》第 63 条的规定，复审范围

---

❶ 《专利审查指南 2010》第四部分第二章之"2.1 复审请求客体"。

应当是驳回决定的事实认定及法律适用。对此,《专利审查指南2010》第四部分第二章之"4.1 理由和证据的审查"规定,"在复审程序中,合议组一般仅针对驳回决定所依据的理由和证据进行审查"。但是,《专利审查指南2010》的该项规定同时指出,专利复审部门还可以对驳回决定未提及的专利申请中的其他"明显实质性缺陷"进行审查。实践中,专利复审部门往往对2010年《专利法实施细则》第63条的规定重视不足,直接依据《专利审查指南2010》的前述规定,依职权引入相关理由进行审查。而且,由于《专利审查指南2010》的"复审"部分未对"明显实质性缺陷"的范围进行界定,专利复审部门在实践中对"明显实质性缺陷"范围的掌握相当宽松。

二、依职权审查

《专利审查指南2010》第四部分第二章之"1. 引言"与第4.1节规定了专利复审部门可以依职权进行审查的两种情形。

(一)早些年的司法意见

早些年,法院对于上述两种依职权审查的情形通常是认可的。争议较大的是专利申请的"明显实质性缺陷"究竟是指什么缺陷。

对此,《专利审查指南2010》的"初步审查"部分有明确规定。根据相关规定,在初步审查程序中,发明专利申请的"明显实质性缺陷"是指专利申请是否明显属于2008年《专利法》第5条、第25条规定的情形,是否不符合2008年《专利法》第18条、第19条第1款、第20条第1款的规定,是否明显不符合2008年《专利法》第2条第2款、第26条第5款、第31条第1款、第33条或者2010年《专利法实施细则》第17条、第19条的规定。实用新型专利申请的"明显实质性缺陷",是指专利申请是否明显属于2008年《专利法》第5条、第25条规定的情形,是否不符合2008年《专利法》第18条、第19条第1款、第20条第1款的规定,是否明显不符合2008年《专利法》第2条第3款、第22条第2款或第4款、第26条第3款或第4款、第31条第1款、第33条或2010年《专利法实施细则》第17—22条、第43条第1款的规定,是否依照2008年《专利法》第9条规定不能取得专利权。外观设计专利申请的"明显实质性缺陷"是指专利申请是否明显属于2008年《专利法》第5条第1款、第25条第1款第6项规定的情形,或者不符合2008年《专利法》第18条、第19条第1款的规定,或者明显不符合2008年《专利法》第2条第4款、第23条第1款、第27条第2款、第31条第2款、第33条,以及2010年《专利法实施细则》第 43 条第 1 款的规定，或者依照 2008 年《专利法》第 9 条规定不能取得专利权。

但是，《专利审查指南 2010》的其他章节（包括"复审请求的审查"部分）并未对专利申请的"明显实质性缺陷"予以明确界定。那么，专利复审程序中专利申请的"明显实质性缺陷"是指什么缺陷，这在实践中引发很大的争议。

第一种观点认为，专利复审程序中的"明显实质性缺陷"与专利申请初步审查程序中的"明显实质性缺陷"应当同样对待，范围一致。例如，在前述赢创德固赛公司与专利复审委员会发明专利申请驳回复审纠纷一案中，一审法院认为：

《专利审查指南》第一部分第一章第 1 节中规定，发明专利申请文件的明显实质性缺陷审查，包括专利申请是否明显属于《专利法》第五条、第二十五条的规定，或者不符合《专利法》第十八条、第十九条第一款的规定，或者明显不符合《专利法》第三十一条第一款、第三十三条或者《专利法实施细则》第二条第一款、第十八条、第二十条的规定。《专利审查指南》第一部分第一章第 7 节中列举的"明显实质性缺陷的审查"包括根据《专利法》第五条、第二十五条、第三十一条第一款、第三十三条的审查，根据《专利法实施细则》第二条第一款、第十八条、第二十条的审查。上述规定均未明确包括《专利法》第二十二条第三款有关创造性的内容。虽然上述规定均属于针对发明专利申请的初步审查，但根据《专利法实施细则》第五十三条的规定，对发明专利申请进行实质审查时仍需根据《专利法》第五条、第二十五条、第三十一条第一款、第三十三条，《专利法实施细则》第二条第一款、第二十条第一款进行审查。因此，在有关"明显实质性缺陷的审查"的规定中并不包括审查创造性问题的前提下，专利复审委员会认为在审查驳回决定是否合法时，主动审查涉案专利申请是否具备创造性的问题属于"明显实质性缺陷"没有法律依据，不予支持。另外，被告以节约当事人的时间、避免案件在实审程序和复审程序二者之间来回振荡为由，主张其复审审查范围的合理性亦缺乏法律依据，不予支持。❶

第二种观点认为，专利复审程序不同于专利初审程序，两个程序中专利申请的"明显实质性缺陷"应当作不同对待，范围并不一致。例如，在上述赢创德固赛公司与专利复审委员会"表面改性的沉淀二氧化硅"发明专利申请复审行政纠纷案中，北京市高级人民法院认为：

《专利审查指南》中未明确规定"明显实质性缺陷的审查"的适用范围，但是由于其作为专利复审委员会在复审程序中可以进行依职权原则超出驳回决定所依据的理由和证据范围进行审查的例外情形，故有必要对"明显实质性缺陷的审查"进

---

❶ 北京市第一中级人民法院（2011）一中知行初字第 2876 号行政判决书。

行相应界定。由于复审程序系基于专利申请人对驳回决定不服而启动，同时在发明专利申请过程中，国务院专利行政部门对发明专利申请将进行初步审查和实质审查，而在前述二个审查阶段均可能出现由于发明专利申请不符合相关法律、法规规定而予以驳回的情形，专利申请人亦可以因不服驳回决定而申请复审，因此"明显实质性缺陷的审查"具体的适用范围必然会因驳回决定审查范围的不同而产生差异。

在发明专利申请中设定初步审查，主要是因为发明专利申请在进行实质审查过程中周期相对较长，如果在实质审查结束后再行公布发明专利申请的内容，可能会造成对同一领域、同一技术问题的重复研究、投资与申请的几率增大，不利于经济整体的发展，也不能有效发挥专利制度的作用，因此需要在授予发明专利之前公布发明专利申请内容。由此，发明专利申请初步审查主要是对其申请文件形式是否符合《专利法》及《专利法实施细则》、所提交的其他与发明专利申请有关的其他文件形式、是否履行相关缴费义务等进行审查，原则上并不涉及实质问题的审查。另一方面，发明专利申请的实质性审查是在初步审查的基础上，对发明专利申请文件进行更为深入和全面的审查，特别是就申请保护的发明进行现有技术检索，并审查要求保护的发明是否具备新颖性、创造性和实用性等，最终决定是否授予专利权，当然在此审查过程中对初步审查的内容也必然会予以涉及。正是基于初步审查与实质审查本身的审查范围、方式、内容的差异，其所对应的复审程序也必然存在区别，由此基于上述不同所涉及的"明显实质性缺陷的审查"范围也必然存在差异。

虽然一审判决试图对"明显实质性缺陷的审查"范围进行界定，但是其所引述《专利审查指南》第一部分第一章第1节和第7节的内容均系以初步审查为基础的"明显实质性缺陷的审查"的规定，而本案所涉及的系在实质性审查阶段不服驳回决定而产生的复审程序，应当以在实质性审查阶段的"明显实质性缺陷的审查"进行界定，一审判决将发明专利初步审查与实质审查中的"明显实质性缺陷的审查"范围进行等同界定缺乏依据，专利复审委员会此部分上诉请求具有事实及法律依据，最高人民法院予以采纳。

发明专利申请实质审查中应当予以驳回的情形由《专利法实施细则》第五十三条进行了规定，但是专利复审委员会在复审程序中不能简单以上述规定为依据而随意对"明显实质性缺陷的审查"范围进行界定；而应当依据个案的具体情况，以避免审级损失、遵循当事人请求为其基本原则，以依职权审查为例外，对"明显实质性缺陷的审查"适用进行严格限定，从而保障专利申请人的合法权益，确保复审程序的基本属性。❶

---

❶ 北京市高级人民法院（2012）高行终字第1486号行政判决书。

对于上述两种观点，最高人民法院民三庭似乎都不完全认同，对第一种、第二种观点进行了适度平衡，提出了第三种观点，认为：

关于涉案专利权利要求 1 的创造性判断是否属于"明显实质性缺陷"情形的问题。《专利审查指南》在"发明专利申请的初步审查"部分列举了属于"明显实质性缺陷"的各种情形，包括是否属于完整的技术方案、是否违反法律或社会公德等情形，都属于本领域技术人员无需深入调查证实或无需技术比对即可判定的情形，但是发明创造的创造性评价并不包括其中。《专利审查指南》在"实质审查"以及"复审与无效请求的审查"部分并未对"明显实质性缺陷"的情形作出具体规定。虽然初步审查与实质审查、复审无效审查阶段的"明显实质性缺陷"的审查范围不应当完全一致，但在上述三个阶段中的"明显实质性缺陷"情形的性质应当相同。因此，在"实质审查"以及"复审与无效请求的审查"阶段对"明显实质性缺陷"的审查，应当依照《专利审查指南》在初步审查部分列举情形的性质，根据个案的具体情形判断。《专利审查指南》所列举的初审阶段"明显实质性缺陷"在"实质审查"以及"复审与无效请求的审查"阶段当然也属于"明显实质性缺陷"。

对本技术领域的技术人员来说，发明创造的创造性是指其相对于现有技术是非显而易见的，是否具备创造性是授予发明创造专利权的必要条件。评价创造性时，不仅要考虑发明创造的技术方案本身，而且还要考虑发明创造所属的技术领域以及所解决的技术问题和所产生的技术效果，因此，不宜将《专利审查指南》列明的"明显实质性缺陷"扩大解释到创造性。专利复审委员会的再审申请理由不成立，不予支持。

关于本案是否属于专利复审委员会依职权审查的情形的问题。依据《专利审查指南》，专利复审委员会一般仅针对驳回决定所依据的理由和证据进行审查，也可以不受当事人请求的范围和提出的理由、证据的限制而依职权审查。《专利审查指南》同时明确规定了可以依职权审查的情形，即足以用在驳回决定作出前已告知过申请人的其他理由及其证据予以驳回的缺陷；驳回决定未指出的明显实质性缺陷或者与驳回决定所指出的缺陷性质相同的缺陷。可见，专利复审委员会依职权审查专利申请属于例外，应当严格依据法律、法规及规章的相关规定进行。涉案申请的创造性评价在此前的驳回决定中并未涉及，同时也不属于"明显实质性缺陷"，因此本案显然不属于专利复审委员会可以依职权审查的情形。❶

笔者认为，上述三种观点都有一定道理，但是，第二种、第三种观点会面临以下几个方面的挑战和质疑：第一，对初步审查程序和复审程序中的"明显实质性缺

---

❶ 最高人民法院（2014）知行字第 2 号行政裁定书。

陷"作不同对待，缺乏明确的法律依据。第二，对初步审查程序和复审程序中的
"明显实质性缺陷"作不同对待，也缺乏合理性。为什么要对《专利审查指南2010》
中的同一个概念作不同的解释？作相同的解释会导致严重的不合理，以至于必须作
不同的解释吗？第三，对初步审查程序和复审程序中的"明显实质性缺陷"作不同
对待，无疑将鼓励专利复审部门扩大解释复审程序中"明显实质性缺陷"的范围，
不利于控制复审的审查范围。

根据法律解释的一般原理，同一部法律中的同一概念，如无特别说明，原则上
应作同一解释，❶ 除非作同一解释将导致明显不合理的结果。对同一法律概念作同一
解释，可以确保法律概念的一致性，确保执法标准的统一，避免混乱。《专利审查指
南2010》只在第一章的"初步审查"部分对"明显实质性缺陷"进行了明确界
定，第四章的"复审"部分提到"明显实质性缺陷"，但没有专门予以界定，亦
未指出其与"初步审查"部分的"明显实质性缺陷"有何不同，故从法律解释学
的角度，初审程序和复审程序中的"明显实质性缺陷"应当作相同界定。这样解
释，既符合法律解释学的一般原理，也有利于控制复审范围，确保复审的稳定性，
避免专利复审部门随意扩大解释"明显实质性缺陷"的范围。因此，如果专利复
审部门有依职权审查的权力并在复审程序中主动审查驳回决定未指出的"明显实
质性缺陷"，就应当严格按照《专利审查指南2010》的前述规定进行，不得任意
扩大"明显实质性缺陷"的范围。而且，在进行"明显实质性缺陷"的审查时，
应当遵照正当程序原则，充分保障复审请求人的程序利益，给予复审请求人充分
陈述意见的机会。

（二）最高人民法院近年来的司法意见

针对专利复审部门依职权审查的问题，最高人民法院（2019）最高法知行终5
号行政判决书值得关注。这是最高人民法院知识产权法庭成立后作出的涉及国家知
识产权局专利复审部门依职权审查的裁判文书，代表该法庭的裁判意见。该判决
认为：

关于复审程序的审查对象。原则上，国家知识产权局复审部门在复审程序中一
般仅针对驳回决定所依据的理由和证据进行审查。但是，基于审查效率及听证原则
的要求，如果复审部门发现审查文本存在足以用在驳回决定作出前已告知过申请人
的其他理由及其证据予以驳回的缺陷，亦可以对与之相关的理由及其证据进行审查。
因此，复审程序的审查对象原则上限于驳回决定所依据的理由和证据以及驳回决定

---

❶　梁慧星. 民法解释学［M］. 北京：中国政法大学出版社，1995：215.

作出前已告知过申请人的其他理由及证据。《专利审查指南》第四部分第二章第4.1节的相关规定具有合理性。

从上述判决内容来看，最高人民法院只认可《专利审查指南2010》第四部分第二章第4.1节规定的依职权审查的第一种情形，并不认可专利复审部门可以就专利实审部门没有指出过的"明显实质性缺陷"进行审查。可见，最高人民法院知识产权法庭对于依职权审查的态度有所收紧，这是新的司法动态，值得关注。

三、请求原则和听证原则

《专利审查指南2010》第四部分第一章第2.3节规定："复审程序和无效宣告程序均应当基于当事人的请求启动。请求人在专利复审委员会作出复审请求或者无效宣告请求审查决定前撤回其请求的，其启动的审查程序终止；但对于无效宣告请求，专利复审委员会认为根据已进行的审查工作能够作出宣告专利权无效或者部分无效的决定的除外。请求人在审查决定的结论已宣布或者书面决定已经发出之后撤回请求的，不影响审查决定的有效性。"

《专利审查指南2010》第四部分第一章第2.5节规定："在作出审查决定之前，应当给予审查决定对其不利的当事人针对审查决定所依据的理由、证据和认定的事实陈述意见的机会，即审查决定对其不利的当事人已经通过通知书、转送文件或者口头审理被告知过审查决定所依据的理由、证据和认定的事实，并且具有陈述意见的机会。在作出审查决定之前，在已经根据人民法院或者地方知识产权管理部门作出的生效的判决或者调解决定变更专利申请人或者专利权人的情况下，应当给予变更后的当事人陈述意见的机会。"

以上是《专利审查指南2010》关于请求原则和听证原则的规定。

专利复审程序基于请求人的复审请求而启动，基于请求人撤回请求而终止，这一点容易理解和判断，争议不大，复审程序中违反请求原则的例子也很少见。

听证原则相对复杂一些，什么时候应当给予陈述意见的机会，什么时候不给予陈述意见的机会，往往争议较大。最高人民法院（2019）最高法知行终5号行政纠纷案比较典型，下面以该案为例进行论述。

该案中，国家知识产权局实质审查部门驳回涉案申请的理由为2008年《专利法》第33条。在驳回复审程序中，复审请求人卫生研究院修改了权利要求。国家知识产权局复审部门向卫生研究院发出了一次复审通知书，卫生研究院针对该复审通知书陈述意见并再次修改权利要求。针对再次修改后的权利要求，国家知识产权局复审部门引用最接近的现有技术即对比文件1，认定涉案申请权利要求1与对比文件

1 具有三个区别，在此基础上，直接以涉案申请不具备创造性为由作出被诉决定，维持了原驳回决定。卫生研究院认为国家知识产权局复审部门变更了理由，且未给予其再次陈述意见的机会，违反法定程序。

对此，最高人民法院指出：

第一，关于复审程序的审查对象。原则上，国家知识产权局复审部门在复审程序中一般仅针对驳回决定所依据的理由和证据进行审查。但是，基于审查效率及听证原则的要求，如果复审部门发现审查文本存在足以用在驳回决定作出前已告知过申请人的其他理由及其证据予以驳回的缺陷，亦可以对与之相关的理由及其证据进行审查。因此，复审程序的审查对象原则上限于驳回决定所依据的理由和证据以及驳回决定的作出前已告知过申请人的其他理由及证据。《专利审查指南》第四部分第二章第4.1节的相关规定具有合理性。

第二，关于根据新理由或者证据作出复审决定的条件与程序。在复审程序中，由于申请人修改专利申请等原因，国家知识产权局复审部门可能需要引入新理由或者证据作出复审决定。此时，根据听证原则和正当程序原则，国家知识产权局复审部门应当发出"复审通知书"通知申请人，给予其陈述意见和修改的机会，而不能直接变更理由作出维持原驳回决定的复审决定。一般而言，复审决定所针对的权利要求、对比文件、法律理由等相对于驳回决定发生变化的，均属引入新理由或者证据。此时，国家知识产权局复审部门原则上应在作出复审决定前发出复审通知书通知申请人，给予其陈述意见和修改的机会。《专利审查指南》第四部分第二章4.3节规定，针对一项复审请求，根据专利法实施细则第六十二条的规定，有下列情形之一的，合议组应当发出复审通知书（包括复审请求口头审理通知书）或者进行口头审理：……（4）需要引入驳回决定未提出的理由或者证据。该规定明确要求当复审决定需要引入新的理由或者证据时，应当发出复审通知书，符合正当程序，可以作为参照。

第三，关于国家知识产权局未再次发出复审通知书并基于创造性评价直接作出维持驳回决定是否程序违法。卫生研究院提起驳回复审申请时提交了权利要求全文替换页，克服了国家知识产权局实质审查部门驳回决定中认定的修改超范围问题。在收到国家知识产权局复审部门发出的关于涉案申请不具有创造性的复审通知书后，卫生研究院再次修改了权利要求，并增加了被诉决定所认定的新的区别特征（3）即"收纳处至少沿弯曲结构的半径方向可延展"。对增加区别特征（3）之后的权利要求是否具有创造性，国家知识产权局复审部门并未再次听取卫生研究院的意见，而是迳行对创造性进行评判并据此维持驳回决定，原则上属于引入新的理由或者证据。国家知识产权局复审部门本应再次发出复审通知书，给予卫生研究院再次修改或者陈述理由的机会。但是，基于国家知识产权局在实质审查期间已经对包含该区别特征的技术方案的新颖性引用同一对比文件进行过评述、新颖性评价与创造性评价的关系以及该区别特征（3）的相对独立性等因素，本案符合足以用在驳回决定作出前已告知过申请人的其他理由及其证据予以驳回的缺陷的情形，因而不属于引入新事实或者证据作出复审决定的情形，不构成程序违法。首先，关于《第一次审查意见通知书》的评价。在作出被诉决定前，国家知识产权局实质审查部门在《第一次审查意见通知书》中已经对包含上述区别特征（3）的权利要求1结合同一对比文件进行了评价。《第一次审查意见通知书》同样引用了对比文件1，指出权利要求1-3，9，10，12，21，24-26，29，30，36不具备专利法第二十二条第二款规定的新颖性，权利要求4-8，11，13-20，22，23，27，28，31-35不具备专利法第二十二条第三款规定的创造性。在评价权利要求1的新颖性时，该通知书明确指出"（对比文件1）定位结构70使医疗工具沿其长度方向插入或缩回移动，且还可以垂直于工具的长度方向的偏航轴和/或俯仰轴旋转而使得医疗工具以任意角度插入病人身体，即可以沿拱形结构31的半径方向延伸的路径"。可见，对于被诉决定认定的区别特征（3），国家知识产权局实质审查部门在实质审查阶段已结合同一篇对比文件进行了评述，认定其不具备新颖性。其次，关于新颖性评价与创造性评价的关系。虽然国家知识产权局实质审查部门在《第一次审查意见通知书》中对涉及区别特征（3）的相关技术方案评价为不具有新颖性，但鉴于创造性的要求高于新颖性的要求，根据举轻以明重的解释原则，该通知书实质隐含了对区别特征（3）不能给相关技术方案带来创造性的判断。最后，关于上述区别特征（3）的特点。卫生研究院新增加的区别特征（3）"收纳处至少沿弯曲结构的半径方向可延展"具有相对的独立性，其与区别特征（1）和区别特征（2）的结合并没有给相关技术方案带来整体技术效果的提升。

综上，被诉决定与实质审查阶段《第一次审查意见通知书》均引用的同一篇对比文件，且《第一次审查意见通知书》已经隐含作出了区别特征（3）不能给相关技术方案带来创造性的意见。因此，被诉决定所针对的修改后的权利要求符合"足以用在驳回决定作出前已告知过申请人的其他理由及其证据予以驳回的缺陷"，不属于引入新理由或者证据的情形。卫生研究院关于本案存在"需要引入驳回决定未提出的理由或者证据"应当再次给予其二次陈述意见机会的主张缺乏依据，不予支持。原审法院仅以国家知识产权局实质审查部门就对比文件1在审查程序中对卫生研究院进行了告知且卫生研究院对此发表了意见为由，认定涉案申请相对于对比文件1不具备创造性的问题属于"足以用在驳回决定作出前已告知过申请人的其他理由及其证据予以驳回的缺陷"，理由虽失于粗疏，但结论正确。必须强调的是，虽然本院本着实质性解决纠纷的原则，基于本案具体情况对被诉决定予以维持，但是并不意味着国家知识产权局复审部门的处理毫无瑕疵。国家知识产权局复审部门作出被诉决定之时，实际上并未意识到实质审查部门在实质审查阶段已经基于同一对比文件对区别特征（3）进行了评价，而是在被诉决定作出后才认识到这一问题，程序确有瑕疵。在处理类似案件时，如因申请人的修改等原因导致复审决定所针对的权利要求、对比文件、法律理由等相对于驳回决定发生变化的，国家知识产权局复审部门应审慎对待，根据正当程序原则给予申请人陈述意见或者修改的机会。❶

根据上述案例，我们可以总结出以下两点：

（1）如果复审程序中引入了新的事实和理由，在作出对复审请求人不利的决定之前应当给予其陈述意见的机会。比如，在创造性评价中，如果复审部门在复审决定中引入新的对比文件，则在作出复审决定之前要给予复审请求人陈述意见的机会。

（2）如果复审部门以实审部门在驳回决定作出前已告知过申请人的其他理由及其证据驳回复审请求的，由于实审部门已经就该等理由和证据告知过申请人，给予其陈述意见的机会，复审部门则不必再次给予其对该等理由和证据陈述意见的机会，原因在于复审部门没有引入新的事实和理由。

---

❶　最高人民法院（2019）最高法知行终 5 号行政判决书。

第三章　专利无效宣告程序的司法审查

第一节　专利无效宣告程序

一、专利无效宣告程序是准司法裁决程序

专利无效宣告程序，即确认专利权效力的程序。

《专利法》第45条规定："自国务院专利行政部门公告授予专利权之日起，任何单位或者个人认为该专利权的授予不符合本法有关规定的，可以请求国务院专利行政部门宣告该专利权无效。"第46条规定："国务院专利行政部门对宣告专利权无效的请求应当及时审查和作出决定，并通知请求人和专利权人。宣告专利权无效的决定，由国务院专利行政部门登记和公告。对国务院专利行政部门宣告专利权无效或者维持专利权的决定不服的，可以自收到通知之日起三个月内向人民法院起诉。人民法院应当通知无效宣告请求程序的对方当事人作为第三人参加诉讼。"《专利审查指南2010》第四部分第三章之"1.引言"亦规定："无效宣告程序是专利公告授权后依当事人请求而启动的、通常为双方当事人参加的程序。"

根据上述规定，专利无效宣告程序是由国务院专利行政部门根据专利无效请求人的请求和理由对专利权的效力进行审查的裁决程序。无效请求人和专利权人为对抗的双方当事人，国务院专利行政部门居中裁决。这种"两造对抗"、国务院专利行政部门居中裁决的程序类似司法程序，故可称为准司法裁决程序。

二、专利无效宣告程序的审查范围

根据《专利审查指南2010》第四部分第三章第4.1节规定："在无效宣告程序

中，专利复审委员会通常仅针对当事人提出的无效宣告请求的范围、理由和提交的证据进行审查，不承担全面审查专利有效性的义务。"

无效请求人向国家知识产权局请求宣告某专利无效的，应当明确请求宣告哪个专利的哪几项权利要求无效，还要提出所依据的法律条款以及具体的证据、事实。国家知识产权局须将无效请求人提交的有关材料转交专利权人，提示专利权人进行答辩。然后，国家知识产权局围绕无效请求人的请求、事实和理由，以及专利权人的答辩意见进行审查。

此外，《专利审查指南2010》也规定了国家知识产权局可以依职权审查的七种情形。

根据最高人民法院（2019）最高法知行终134号行政判决的裁判精神，无效程序中的请求原则为专利行政部门的审查行为限定了审查内容和范围，《专利审查指南2010》明确列明了可以依职权审查的七种情形，除此之外不得超出请求人的请求、事实和理由进行审查。据此，如果国家知识产权局的审查范围超出请求人的请求、事实和理由以及《专利审查指南2010》明确列举的七种依职权审查的情形，构成超范围审理，违反请求原则。

第二节 专利无效宣告程序中的问题

一、请求原则

根据《专利审查指南2010》的有关规定，请求原则是指专利权无效宣告程序应当基于无效请求人的请求启动，并基于无效请求人的撤回请求而终止，专利无效审查部门不得依职权启动和终止专利权无效宣告程序。但是，请求原则有时也受到一定的限制。例如，无效请求人在专利无效审查部门作出无效宣告请求审查决定前撤回其请求，专利无效审查部门认为根据已进行的审查工作能够作出宣告专利权无效或者部分无效的决定的，可以不终止审查程序。无效请求人在审查决定的结论已宣布或者书面决定已经发出之后撤回请求的，不影响审查决定的有效性。

对请求原则的理解，不能过于狭义，其含义并不仅指专利无效程序基于无效请求人提出的请求而启动，基于无效请求人的撤回请求而终止。下面通过最高人民法院的两个案例来进一步理解请求原则的含义。

在（2019）最高法知行终 134 号案中，最高人民法院认为：

无效程序中的请求原则除了指无效程序因请求人的请求而启动外，更重要的是为专利行政部门的审查行为限定了内容和范围，即不得超过请求人提交的证据和主张的理由。请求人主张的无效宣告理由，应当像《专利审查指南》以举例方式要求的一样，具体、详细。一方面，《专利审查指南》要求请求人结合所提交的证据具体说明无效宣告理由，且无效理由应达到以下示例所体现的具体程度：对于发明或者实用新型专利需要进行技术方案对比的，需要具体描述涉案专利和对比文件中相关技术方案，并进行比较分析；若无效宣告理由涉及专利法第二十二条第三款且提交有多篇对比文件的，还应当指明与请求宣告无效的专利最接近的对比文件，并说明多篇对比文件与专利方案之间是单独对比还是结合对比；如果是结合对比且存在两种或者两种以上结合方式的，还应当说明所主张的最主要的结合方式。另一方面，《专利审查指南》又通过列明可依职权引入审查内容的七种情形这一方式明确排除了专利行政部门在除此以外的其他情况下依职权选择、调整审查内容的可能性。综合以上两方面的规定，专利行政部门在无效程序中的审查内容或范围得以确定。至于请求理由仅言及专利法及其实施细则条款项、而非结合证据所作之具体说明的情况，《专利审查指南》进一步规定此种请求理由未达到足够明确的标准，且若在限期内仍无法明确的，将被视为未提出无效宣告申请，由此排除了请求理由不够具体而给专利行政部门职权范围留出的活动空间。请求理由达到《专利审查指南》规定的具体、详细标准后，专利行政部门的审查内容或范围应严格以该请求理由为限。

本案中，张某义作为无效宣告请求人，其在无效程序和本院庭审过程中，坚持主张对比文件 6 中的"磨料喷嘴 8"公开了本专利"紧压件 3"这一技术特征，即坚持主张"磨料喷嘴 8"与"紧压件 3"之间的对应关系，并要求在此基础上进行对比。根据请求原则，专利复审委员会仅应审查张某义的上述主张是否成立，而不应当在张某义未提出主张的情况下，依职权将对比文件 6 中的"磨料喷嘴 8"与"混合管 7"相结合，再与本专利中的"砂水混合嘴 2"相对应，并进一步评价了本专利"砂水混合嘴 2"这一技术特征的创造性。技术特征的划分、结合、对应关系等，均会给整体技术方案的创造性判断带来直接影响，专利复审委员会根据其自身理解改动了无效宣告请求人主张的部件对应关系，超出了张某义请求审查的范围，违反了请求原则。如果专利复审委员会发现张某义关于证据组合方式或特征对应关系的主张或陈述确实存在明显错误，也应以口头或书面方式向其释明，询问其是否变更主张，并听取专利权人的意见，再针对张某义听取释明后最终确定的请求理由进行审查、作出决定。专利复审委员会在作出被诉决定过程中，更改了张某义无效宣告请求理由中的技术特征具体对应关系，违反了请求原则，超越了其职权范围，构成程序不当，且可能对专利权人产生不利后果，影响其实体权利。因此，被诉决定依法应予撤销。

在（2019）最高法知行终 143 号案中，最高人民法院认为：

国家知识产权局在进行专利无效宣告审查时应当遵循请求原则，即原则上应当根据当事人提出的无效宣告请求的范围、理由和提交的证据进行审查。在上述审查指南的"审查范围"部分另专门规定了可以依职权进行调查的七类情形。……《专利审查指南 2010》关于可以依职权进行调查的七类情形并无概括式授权的兜底性规定。……在本次无效宣告程序中，中惠公司作为无效宣告请求人，其并没有将涉案光盘作为证据向国家知识产权局提交……国家知识产权局在本次无效宣告审查过程中主动引入光盘，目的并非判断涉案专利所采用的技术手段是否属于公知常识，而是为了证明中惠公司提交的证据 8 所记载的对比文件来源于涉案光盘，进一步证明中惠公司提交的证据 7 内容的真实性及公开时间早于涉案专利申请日。可见，国家知识产权局在本次无效宣告审查过程中主动引入涉案光盘，明显违反了《专利审查指南 2010》关于审查应当遵循当事人请求的原则规定及可以依职权进行调查的例外规定。

结合《专利审查指南 2010》的有关规定和上述案例，我们可以从以下几个方面来把握请求原则的含义：

（1）专利权无效宣告程序应当基于无效请求人的请求启动，并基于无效请求人的撤回请求而终止，专利无效审查部门不得依职权启动和终止专利权无效宣告程序。

（2）请求原则划定了专利无效审查部门的审查范围，即不得超出请求人提交的证据和主张的具体的理由进行审查，否则就违反请求原则。但是，专利无效审查部门依据《专利审查指南 2010》规定的七种依职权审查的情形进行审查，不违反请求原则。

（3）专利无效审查部门超出《专利审查指南 2010》规定的七种依职权审查的情形进行审查的，违反请求原则。

二、听证原则

听证原则，是指专利无效审查部门在作出审查决定之前，应当给予审查决定对其不利的当事人针对审查决定所依据的理由、证据和认定的事实陈述意见的机会，即审查决定对其不利的当事人已经通过通知书、转送文件或者口头审理被告知过审查决定所依据的理由、证据和认定的事实，并且具有陈述意见的机会。在作出审查决定之前，在已经根据人民法院或者地方知识产权管理部门作出的生效的判决或者调解决定变更专利申请人或者专利权人的情况下，应当给予变更后的当事人陈述意见的机会。

对被诉决定的作出是否违反请求原则和听证原则的判断，有先后顺序。如果被诉决定的作出违反请求原则，则构成严重程序违法，是否还要判断被诉决定的作出是否违反听证原则已不重要。如果被诉决定的作出符合请求原则，则有必要进一步判断被诉决定的作出是否违反听证原则。

判断被诉决定的作出是否违反听证原则的核心是专利无效审查部门作出不利于专利权人的决定之前，是否就具体的事实和理由听取其意见陈述。如果没有听取意见，则违反听证原则。

实践中，比较常见的问题是，听证到何种程度才满足听证原则？比如，专利无效审查部门引入公知常识证据但没有听取当事人意见的，是否违反听证原则？

在（2020）最高法知行终 258 号行政纠纷案中，奥奇公司主张，国家知识产权局没有将曲某宁在口头审理之后提交的公知常识性证据即附件 8－10 转递给奥奇公司，被诉决定的作出违反了听证原则。对此，最高人民法院认为：

可专利性的判断主体为所属领域的普通技术人员，公知常识性证据属于该主体应当掌握的内容，其客观存在且已为该主体所知悉。本专利权利要求 1 的化合物通式 Ⅰ 中的 5α 位是甲基还是氢，奥奇公司已在口头审理过程中作出意见陈述和争辩。国家知识产权局亦给予其在口头审理后三个工作日内提交公知常识性证据和发表意见的机会，且奥奇公司在口头审理中明确表示公知常识性证据的真实性由国家知识产权局代为核实。专利审查程序除了确保公开、公平、公正，还需兼顾审查效率，故不意味着专利审查过程中出现的任何材料均需转递当事人并发表意见。国家知识产权局基于曲某宁在口头审理之后提交的公知常识性证据作出被诉决定，并不存在违反听证原则的情形。

三、依职权审查的特殊问题

在涉及专利创造性判断的案件中，基于无效请求人请求的范围和提出的理由、证据，专利复审部门是否可以依职权变更证据组合方式？例如，将"证据 1（最接近的现有技术）＋证据 2"的组合方式变更为"证据 2（最接近的现有技术）＋证据 1"。

根据《专利审查指南 2010》的规定，创造性的判断一般适用"三步法"：第一步，确定最接近的现有技术；第二步，确定发明的区别技术特征和发明实际解决的技术问题；第三步，判断要求保护的发明对本领域技术人员来说是否显而易见，即现有技术中是否给出将上述区别特征应用到该最接近的现有技术以解决其存在的技术问题（发明实际解决的技术问题）的启示，这种启示会使本领域的技术人员在面对所述技术问题时，有动机改进该最接近的现有技术并获得要求保护的发明。

下述情况，通常认为现有技术中存在上述技术启示：（1）所述区别特征为公知常识，例如，本领域解决该重新确定的技术问题的惯用手段，或教科书或者工具书等中披露的解决该重新确定的技术问题的技术手段；（2）所述区别特征为与最接近的现有技术相关的技术手段，例如，同一份对比文件其他部分披露的技术手段，该技术手段在该其他部分所起的作用与该区别特征在要求保护的发明中为解决该重新确定的技术问题所起的作用相同；（3）所述区别特征为另一份对比文件中披露的相关技术手段，该技术手段在该对比文件中所起的作用与该区别特征在要求保护的发明中为解决该重新确定的技术问题所起的作用相同。

证据组合方式的变更，对于"三步法"中第二步、第三步的适用极可能产生重大的影响。"三步法"的第二步是"确定发明的区别技术特征和发明实际解决的技术问题"。将最接近的现有技术由证据 1 记载的技术方案变更为证据 2 记载的技术方案之后，由于最接近的技术方案不同，发明相对于最接近的现有技术的区别技术特征也不同，由此导致重新确定的发明实际解决的技术问题亦可能不同。发明实际解决的技术问题不同，会导致"三步法"中第三步的判断结论不同。因此，将"证据 1 + 证据 2"的组合方式变更为"证据 2 + 证据 1"的组合方式之后，适用"三步法"极可能得出不同的结论。如果专利复审部门未征得双方当事人同意，未给予各方当事人陈述意见的机会，就依职权变更证据组合方式，并作出审查决定，则违反了《专利审查指南 2010》明确规定的当事人请求原则和听证原则，背离了居中裁决的中立角色。当然，如果专利复审部门认为"证据 1 + 证据 2"的组合方式审查起来不方便，在征得当事人同意后，依职权变更证据组合方式为"证据 2 + 证据 1"，并给予当事人陈述意见的机会，然后作出审查决定，则不违反请求原则。

总结一下，如果专利复审部门征得当事人的同意，将"证据 1 + 证据 2"的组合方式变更为"证据 2 + 证据 1"的组合方式，并给予当事人陈述意见的机会，这种做法并无不当，应当允许；否则，在未征得当事人同意并未给予陈述意见的机会的情况下，依职权变更证据组合方式，则违反当事人请求原则和听证原则，构成严重的程序违法。

第四章　专利权利要求的解释

本章及后续章节涉及专利授权确权行政诉讼中的实体性审查问题，即判断被诉决定对专利申请或专利权的审查认定是否符合《专利法》的有关规定。其中，专利权利要求内容的确定是首要问题，只有把专利权利要求的内容确定后，才能适用《专利法》第 22 条、第 26 条第 3—4 款等对专利权利要求的合法性进行判断。本章讨论专利权利要求的解释。

专利权利要求是一组语言符号，表达专利申请人或专利权人要求保护的权利范围。专利权利要求的作用不言而喻，正如美国联邦巡回上诉法院（the United States Court of Appeals for the Federal Circuit，CAFC）前首席法官里奇（Rich）所言，现代专利法是一场名为"权利要求的游戏"。[1] 由于权利要求由语言符号组成，而语言符号具有多义性、歧义性，因此，权利要求的解释对于理解权利要求的内容、划定专利权的边界，具有十分重要的意义。我国《专利法》仅在第七章"专利权的保护"第 64 条原则性地规定"说明书及附图可以用于解释权利要求的内容"。根据其文义，该条规定似乎只适用于专利侵权程序。在专利授权程序和专利确权程序[2]中，是否需要解释权利要求？如果需要，应当如何解释权利要求？《专利法》、《专利法实施细则》和《专利审查指南》均无明确规定。即使可以类推适用《专利法》第 64 条的规定，在专利侵权程序、专利授权程序及专利确权程序中，权利要求的解释方法和标准是否应当有所不同？对此，实践中存在很多争议。研究这些问题，既能丰富权利要求解释的理论，又有重要的实践意义。

本章首先考察美国和欧洲专利局的权利要求解释规则，然后重点论述我国的权利要求解释规则。

---

[1] Giles S. Rich. Extent of the Protection and Interpretation of Claims—American Perspective [J]. Int'l Rev. Indus. Prop. & Copyright L.，1990（21）：499. 转引自：闫文军. 专利权的保护范围——权利要求解释和等同原则适用 [M]. 北京：法律出版社，2007：前言 1.

[2] 专利确权程序即专利无效宣告程序，二者同义，本书在不同的章节可能交叉使用两个概念。

第一节 美国的专利权利要求解释规则

他山之石，可以攻玉。我们先考察美国的专利权利要求解释规则。

美国在专利权利要求解释的问题上实行"双轨制"，即美国专利商标局（United States Patent and Trademark Office，USPTO）进行的行政程序及相应的司法审查程序中适用"最宽合理解释"标准，在美国联邦法院审理的专利侵权案件中则适用"推定专利权有效"规则。

一、USPTO 的行政程序及相应司法审查程序适用"最宽合理解释"标准

（一）"最宽合理解释"标准的含义

专利权利要求解释的"最宽合理解释"标准源自美国，英文为"Broadest Reasonable Interpretation"，是指专利审查员在专利审查程序中对权利要求进行解释时，应当对权利要求的术语（term）尽可能地作出宽泛且合理的解释，只要这种解释与说明书的描述一致，并且与本领域技术人员阅读专利文件之后得出的理解一致即可。例如，对于权利要求中记载的技术特征"地板"，如果没有明确限定其材质，即使说明书的实施例公开的是木板，也不应当然受此限制，如果塑料地板同样能实现发明目的，就可以将权利要求中的"地板"解释为涵盖塑料地板。

"最宽合理解释"标准有两个要素：一为"最宽"，二为"合理"。"最宽"一词容易引人误解，让人误以为应当对权利要求的术语作出"最宽"的解释，其实不然。"最宽"解释的前提是"合理"，即要在"合理"的限度内作出"最宽"的解释。合理性的要求体现在：（1）解释应当与专利说明书保持一致，不能超出说明书的记载毫无限制地作出最宽解释，即专利说明书有特别限定的，应遵从其特别限定；（2）权利要求的术语在专利说明书中没有特别限定的，应当采用该术语的通常含义（ordinary and customary meaning）；（3）对权利要求的解释应当与本领域技术人员的理解保持一致。❶因此，"最宽合理解释"的精髓不是"最宽"解释，而是在"合

---

❶ In re Morris, 127 F. 3d, at 1054; Joel Miller. Claim Construction at the PTO——The "Broadest Reasonable Interpretation"［J］. J. Pat. & Trademark Off. Soc'y, 2006（88）：279 –288.

理"的限度内作出最宽的解释，即在不超出专利说明书的记载和本领域技术人员对专利文件的正常理解的前提下，对权利要求作出尽量宽泛的解释。

上文提到，权利要求的术语在专利说明书中没有限定的，应当采用该术语的通常含义。什么是权利要求术语的通常含义？是脱离专利文件，仅依赖本领域的教科书和词典等外部证据确定术语的通常含义，还是应当在专利文件语境下确定术语的通常含义？对此，美国的《专利审查程序手册》（*Manual of Patent Examining Procedure*，MPEP，相当于我国的《专利审查指南》）中明确提到："在最宽合理解释标准中，权利要求的文字必须给予通常含义，除非该含义和说明书不一致。术语的通常含义，是指在发明作出时所属领域的普通技术人员所给予该术语的普通、惯常之义。术语的通常含义可以通过一系列资料予以证明，包括权利要求文字本身、说明书、附图和在先技术。但是，最佳的资料是说明书。"据此，权利要求术语的通常含义的确定，不能脱离专利文件，尤其不能脱离专利说明书。❶ 即权利要求中的术语的通常含义，是指在发明作出时本领域普通技术人员阅读权利要求书、说明书和附图之后对该术语所能理解的普通、惯常之义，通常含义的确定不能脱离权利要求书、说明书和附图而仅依靠外部证据。

USPTO 采取"最宽合理解释"标准已有上百年的历史。在过去的八十多年里，法院从未质疑该做法。1932 年，CAFC 的前身——海关和专利上诉法院（CCPA），在 In re Horton 案❷中第一次明确认可"最宽合理解释"作为专利申请的审查标准。1981 年，CCPA 在 In re Reuter 案❸中再次认可将"最宽合理解释"作为再颁（reissue）申请的审查标准。1984 年，CAFC 在 In re Yamamoto 案❹中认可"最宽合理解释"作为再审查（reexamination）的标准。

在法院确认"最宽合理解释"标准之后，USPTO 将该解释标准明确规定于 MPEP 中。MPEP 在"可专利性"一章中专节规定"最宽合理解释"标准，开宗明义地指出：在专利审查过程中，必须对权利要求作出与说明书相一致的"最宽合理解释"，即不能仅根据专利权利要求的字面语言进行解释，而应在专利说明书的视野内由本领域普通技术人员给予"最宽合理解释"。MPEP 还特别强调了两点：（1）采取"最宽合理解释"标准的道理是，申请人在审查过程中有机会修改权利要求，从而降低权利要求在授权后获得比其正当边界更宽解释的可能性。（2）"最宽合理解释"并非最宽可能的解释（broadest possible interpretation），而必须以合理为限，

---

❶ MPEP Rev. 07. 2015，November 2015，at 2100 – 2137.

❷ In re Horton，58 F. 2d 682.

❸ In re Reuter，651 F. 2d 751.

❹ In re Yamamoto，740 F. 2d 1569.

术语的含义必须与其在本领域的通常含义保持一致（除非专利说明书给出特别定义），并且必须与专利说明书及附图中的用法保持一致，此外，"最宽合理解释"还必须与本领域普通技术人员能够达到的认识一致。❶

（二）"最宽合理解释"标准的适用范围

如前所述，在美国，专利权利要求的解释并不是采用单一标准，而是实行双轨制。USPTO 在专利审查（examination）及授权后的再颁、再审查等程序中适用"最宽合理解释"标准；近年来，CAFC 在专利授权后的多方复审程序中（Inter Partes Review，IPR）也采用该标准，但引发了很多争议，最终美国联邦最高法院在 Cuozzo 案中一锤定音，明确 IPR 程序中可以适用"最宽合理解释"标准。法院在专利侵权程序中则有限制地适用"推定专利权有效"原则，即权利要求的术语在说明书中有限定的，采其限定之义，无限定的则采其所属技术领域的通常含义，并不作"最宽合理解释"。❷

美国之所以贯彻双轨制，是因为 USPTO 和法院的审查理念不同，前者是专利审查的质疑主义，后者是授权后的专利权推定有效主义，从而导致前者的解释标准是"最宽合理解释"，后者的解释标准是"推定专利权有效"原则下的"普通含义"（ordinary meaning）。

双轨制具有一定的合理性。在专利授权程序及授权后的再颁、再审查程序中，专利申请人（专利权人）对权利要求享有较大的修改自由，因此，应当采用"最宽合理解释"标准对权利要求进行解释，以促使专利申请人对权利要求进行修改、完善，消除权利要求中文字的模糊性，准确地界定其保护范围。例如，在授权程序中，专利申请人与审查员通常要对权利要求的撰写反复沟通，为了确保专利申请人获得的专利保护范围与其实际的技术贡献相适应，审查员通常会对权利要求进行"最宽合理解释"，即只要与专利说明书的记载和所属技术领域的通常理解不矛盾，就要对权利要求的术语作出最宽泛的解释，进而在较大范围内检索现有技术，挑战专利申请技术方案的可专利性，迫使专利申请人修改权利要求并将其限定在合理的保护范围内。以前文提到的"地板"为例，如果现有技术中公开了塑料地板的发明，就可以用来挑战上述权利要求（"地板"）的可专利性，迫使专利申请人将权利要求中的"地板"修改为木地板，以清楚准确地界定其专利保护范围。

在 USPTO 的专利审查程序中采用"最宽合理解释"标准，具有多方面的好处：

---

❶ MPEP "2111 Claim Interpretation; Broadest Reasonable Interpretation" [J]. Rev. 2015 (11)：7.

❷ PHILLIPS v. AWH CORP. 415 F. 3d 1311 – 1327.

（1）可以促使专利申请人进一步修改和完善其撰写的专利要求书，消除权利要求中的模糊用语，提高权利要求的公示价值；（2）可以促使专利申请人准确界定权利要求的保护范围，将权利要求限定在与其技术贡献相适应的合理保护范围；（3）可以降低专利授权后社会公众对权利要求的信息解读成本。权利要求的解释是一种信息处理工作，需要付出成本。❶ 一个好的制度应当尽量降低信息处理成本。如果权利要求中的语词具有宽泛的含义，在专利侵权程序中要准确地界定其保护范围，则要详细地阅读说明书，采用说明书的内容来限定权利要求中语词的含义，这种复杂的解释工作需要耗费较多的人力和时间成本。如果在授权时，权利要求书中采用了与说明书限定含义一致的语词，使得权利要求的字面含义和说明书限定的含义基本一致，则可以显著地降低授权后权利要求的解读成本，有效提升权利要求的公示作用。

与行政程序中适用"最宽合理解释"标准不同，法院在专利侵权程序中有限制地适用"推定专利权有效"原则，即根据权利要求本身、说明书和附图、审查历史档案等内部证据确定权利要求中术语的含义，必要时也可以采用专家证言、发明人证词、词典、论文等外部证据，解释权利要求中的术语，尽量朝着维持专利权有效的方向进行解释，不能对权利要求作出宽泛的解释。❷ 这样解释有两个好处：（1）确保已授权的权利要求不超出其正当范围，不妨碍社会公众的行为自由；（2）尽量合理地解释权利要求以维持其有效，避免宽泛解释导致权利要求动辄被法院认定为无效。但是，"推定专利权有效"原则并不是绝对的，而是有限制的。CAFC 全席审理 PHILLIPS v. AWH 案后澄清如下：只有法院穷尽了权利要求解释的所有可用手段之后，发现权利要求的含义仍然模棱两可，才能朝着维持专利权有效的方向解释权利要求，如果权利要求只有唯一合理的解释，就不能为了维持专利权有效而将权利要求按照不同于其明确意思的方向解释。❸

（三）"最宽合理解释"标准的正当性依据

为什么 USPTO 在专利审查程序中适用"最宽合理解释"标准？即"最宽合理解释"标准的正当性依据是什么？对此，美国学者认为主要有以下三个方面的理由：❹

（1）采用"最宽合理解释"标准，专利审查员可以扩大现有技术的检索范围并挑战权利要求的可专利性，促使专利申请人将权利要求修改至合适的保护范围，防

---

❶ 陈文煊. 专利权的边界——权利要求的文义解释与保护范围的政策调整 [M]. 北京：知识产权出版社，2014：39 – 69.

❷ PHILLIPS v. AWH CORP. 415 F. 3d 1311 – 1319.

❸ PHILLIPS v. AWH CORP. 415 F. 3d 1327.

❹ Joel Miller. Claim Construction at the PTO—The "Broadest Reasonable Interpretation" [J]. J. Pat. & Trademark Off. Soc'y, 2006，88：288 – 289.

止将现有技术纳入专利保护范围。为了确保专利申请人获得的权利保护范围与其技术贡献相一致，专利审查员应当始终以"挑刺"的眼光对待权利要求，尽量扩大现有技术检索范围，挑战权利要求的可专利性，迫使专利申请人作出合适的修改。采用"最宽合理解释"标准可以实现这一政策目标。

（2）在专利审查程序中，专利申请人充分享有修改权利要求的机会，一旦专利审查员指出权利要求涵盖范围过宽的问题，专利申请人可以自由地修改，因此，"最宽合理解释"标准并不会损害专利申请人的利益，并无不公。"最宽合理解释"标准之所以适用于 USPTO 的很多审查程序，主要是因为专利申请人对权利要求享有修改的自由。相反，如果专利申请人没有修改权利要求的自由或者自由受到严格的限制，适用"最宽合理解释"标准就面临缺乏正当性的质疑。例如，在 Cuozzo 案中，CAFC 的纽曼（Newman）法官不同意适用"最宽合理解释"标准的一个重要理由是，IPR 程序中权利人修改权利要求的自由受到了严格的限制。[1]

（3）采取"最宽合理解释"标准，可以督促专利申请人修改权利要求，消除文字表达的模糊性，提高权利要求文字的精确性。权利要求的术语难免具有多义性、歧义性，保护范围不够清晰，"最宽合理解释"标准可以促使专利申请人作出合适的修改，提高权利要求的确定性和公示价值。

尽管美国的主流观点认为"最宽合理解释"标准具有正当性，但也有人提出挑战，认为该标准存在很多问题，应当取消"双轨制"，统一权利要求的解释标准。[2]

（四）"最宽合理解释"标准的适用方法

根据美国 MPEP 的规定，在专利审查程序中适用"最宽合理解释"标准，具体的适用方法如下：

第一步，判断权利要求中的术语对所属技术领域的技术人员来说是否有通常含义，如果有通常含义，则进入第二步，判断专利说明书中是否对该术语明确作出特别定义。如果有特别定义，则采用特别的定义；如果没有特别定义，则采用所属技术领域的通常含义。

回到第一步，如果权利要求的术语在其所属技术领域并无通常含义，则同样进入第二步，判断专利说明书中是否对该术语明确作出特别定义。如果有特别定义，则采用特别的定义；如果没有特别定义，则适用"最宽合理解释"标准作出尽量宽泛的解释，并以权利要求不符合《美国专利法》第 112 条（b）项以及说明书没有

---

[1]　In re Cuozzo Speed Technologies, LLC 793 F. 3d 1287（Fed. Cir. 2015）.

[2]　Dawn – Marie Bey, Christopher A. Cotropia. The Unreasonableness of The Patent Office's "Broadest Reasonable Interpretation" Standard [J]. AIPLA Q. J., 2009（37）：285 .

提供清楚的支持为由驳回该权利要求。

图1为"最宽合理解释"标准的适用方法。

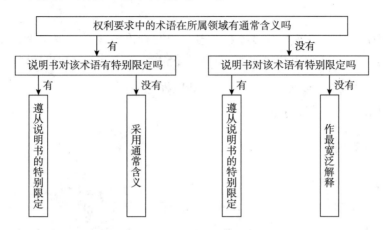

图1　"最宽合理解释"标准的适用方法

上述"最宽合理解释"标准的适用方法看似复杂，其实可以采用更简化的方式来表述其规则：专利说明书对权利要求中的术语有特别定义的，采用特别定义；无特别定义的，采用本领域技术人员阅读专利文件后所知晓的通常含义；既无特别定义，又无通常含义的，则采用宽泛的解释。

需要指出的是，上述"最宽合理解释"标准不适用于功能性特征的解释。对于功能性特征，美国专利法有专门的解释规则，即采用说明书披露的实施方式及等同方式确定功能性特征的含义。❶

（五）IPR 程序中是否应当适用"最宽合理解释"标准

1. IPR 程序的定义

多方复审程序（Inter Partes Review，IPR），是 2011 年 Leahy‐Smith 美国发明法案（AIA）所设立的一个新程序，于 2012 年 9 月 16 日正式生效，其允许任何第三方提出 IPR 申请，通过引用现有技术文献来挑战一项已授权专利的有效性，由 USPTO 专利审理与诉愿委员会（PTAB）进行审查。❷ IPR 是美国国会为了克服联邦地区法院审理专利侵权和无效案件效率低、成本高等弊端而专门设计的由 USPTO 代替法院对专利权效率问题进行审理的裁决程序，旨在提高专利无效案件的审理速度，降低审理成本。IPR 一经推出，很快就成了专利权人的噩梦，大量专利被宣告无效。业

---

❶　35 U. S. C. A. § 112（f）.

❷　35 U. S. C. A. § 311.

内人士普遍认为，IPR 无效概率高的重要原因就是 PTAB 采用了"最宽合理解释"标准，如果改为法院的"专利权推定有效"原则，则专利权被宣告无效的概率会大大降低。

IPR 程序中是否应当适用"最宽合理解释"标准，业界争议很大。在 CAFC 审理的 Cuozzo 案中，法官出现了严重的意见分歧。不过，美国联邦最高法院于 2016 年 6 月 20 日针对该案发布终审判决，认定 IPR 程序中可以适用"最宽合理解释"标准。❶ 下面结合该案进行讨论。

2. Cuozzo 案的争论

（1）基本案情。❷

Cuozzo 公司拥有美国第 6778074 号"速度限制指示器和显示速度及相关速度限制的方法"专利（以下简称涉案专利）。Garmin 公司针对涉案专利权利要求 10、14 和 17 向 USPTO 的 PTAB 申请启动 IPR 程序。PTAB 启动了 IPR 程序，并在该案中采用"最宽合理解释"标准解释涉案权利要求，最终认定权利要求 10、14 和 17 相对于现有技术不具备创造性。在审理过程中，PTAB 还拒绝了 Cuozzo 公司修改权利要求的动议。Cuozzo 公司向 CAFC 提出上诉。该案的核心争议是专利权利要求的"最宽合理解释"标准是否适用于 IPR 程序。

（2）CAFC 的判决意见。

【多数法官意见】

CAFC 的克莱文杰（Clevenger）法官和戴克（Dyk）法官支持 PTAB 在 IPR 程序中采用"最宽合理解释"标准对涉案权利要求进行解释。其主要理由如下：❸

第一，美国发明法案的条文中虽然没有明确权利要求的"最宽合理解释"标准是否可以适用于 IPR 程序，但是，该法案将具体审查规则的制定权授予了 USPTO。USPTO 据此颁布了 37 C. F. R. §42. 100（b）规则，根据该规则，对一个有效期内的专利的权利要求进行解释应当根据说明书的内容，采用"最宽合理解释"标准。

第二，USPTO 在各类审理程序中适用"最宽合理解释"标准已有一百多年，这些程序包括审查、异议、再颁以及再审查等，只要争议是针对有效期内的专利，法院对此也表示赞成。国会在制定美国发明法案时非常清楚"最宽合理解释"标准是权利要求解释的主导规则，没有任何迹象表明国会有意改变 USPTO 适用了一百多年的权利要求解释标准。因此，完全可以推定国会隐含地采纳了"最宽合理解释"

---

❶ http：//www. supremecourt. gov/opinions/15pdf/15 – 446_ihdk. pdf.

❷ In re Cuozzo Speed Technologies, LLC 793 F. 3d 1271 – 1272（Fed. Cir. 2015）.

❸ In re Cuozzo Speed Technologies, LLC 793 F. 3d 1272 – 1283（Fed. Cir. 2015）.

标准。

第三，在 IPR 程序中，虽然专利权人修改权利要求的自由受到限制，但是，根据《美国专利法》第 316（d）（1）、316（d）（3）条的规定，专利权人可以对权利要求进行修改，只要不扩大专利权的保护范围即可。该案中，Cuozzo 公司对权利要求的修改要求被拒绝，主要原因在于其修改扩大了专利权的保护范围，而这种修改限制在采取"最宽合理解释"标准的其他授权后程序中也同样存在。

第四，不能因为 IPR 程序是裁决程序而不是审查程序，就认为国会不赞成在 IPR 程序中采纳长期适用的"最宽合理解释"标准。"最宽合理解释"标准适用与否，并不取决于裁决程序和审查程序之间的不同，异议程序在某种意义上也是裁决程序，同样适用"最宽合理解释"标准。因此，可以认为国会在制定美国发明法案时隐含地采纳了权利要求解释的"最宽合理解释"标准。

第五，即使国会在美国发明法案中未隐含采纳权利要求解释的"最宽合理解释"标准，根据《美国专利法》第 316 条的规定，USPTO 也可以针对 IPR 程序制定审查规章，因此 USPTO 根据其颁布的 37 C. F. R. § 42. 100（b）规则，在 IPR 程序中适用"最宽合理解释"标准是合理的。

概括起来，多数意见的核心理由主要有两点：第一，美国国会在通过美国发明法案时隐含地采纳了"最宽合理解释"标准；第二，即使美国国会未隐含采纳"最宽合理解释"标准，《美国专利法》第 316 条也授权 USPTO 在审查规章中采纳该标准。

【少数法官意见】

纽曼法官持少数意见，认为"最宽合理解释"标准不适用于 IPR 程序。其主要理由如下：[1]

第一，美国发明法案建立 IPR 程序的目的是授权 USPTO 采取类似于法院的多方当事人程序，对专利无效案件进行快速审理，以代替法院解决专利的效力问题。国会无意于让 USPTO 的裁决机构采取不同于法院的权利要求解释标准，也没有立法记录表明国会有意让 USPTO 通过对权利要求采取更宽的解释，使得权利要求比在法院程序中更容易被宣告无效。

第二，专利权利要求在无效案件中必须与在侵权案件中一样得到正确的解释。《美国专利法》和在先判例都没有授权，也无法忍受在无效程序中对权利要求作出比在侵权程序中更宽的解释。美国发明法案不可能指望 USPTO 的 PTAB 在专利无效的裁决程序中放弃正确的权利要求解释规则，而采用未经定义的"最宽解释"，对权利

---

[1] In re Cuozzo Speed Technologies, LLC 793 F. 3d 1283 - 1291（Fed. Cir. 2015）.

要求的有效性作出决定。"最宽合理解释"是专利审查程序中的权宜之计，不是权利要求解释的通用法则。专利申请审查程序中适用"最宽合理解释"标准的原因在于，申请人和审查员可以互动并界定发明方案，使之区别于现有技术。在审查程序中宽泛地解释权利要求，其目的在于限制或澄清申请人拟定的权利要求，而不是拓宽权利要求的范围。对拟定的权利要求作出最宽合理解释，可以减小权利要求被授权后获得超出正当范围的权利边界的可能性，这有利于社会公众利益。而且，在专利被授权之前的审查程序中，申请人容易对权利要求进行修改，故"最宽解释"对申请人并非不公平。"最宽解释"有助于专利申请人和审查员在审查程序中确定权利要求的范围。这个阶段所谓的"解释"并不是无效程序或侵权程序中据以确定专利权范围的权利要求解释。相反，在专利授权后的无效裁决程序中，对已授权的权利要求采用"最宽解释"，无法限制或澄清权利要求的范围。

第三，"最宽合理解释"标准适用的条件是专利申请人（专利权人）对权利要求享有充分的修改机会，但是，在 IPR 程序中，专利权人修改权利要求的自由受到严格的限制，明显区别于专利审查程序和授权后的复审程序。由于修改自由受到严格限制，因此，IPR 程序应当适用美国联邦地区法院的权利要求解释规则，而不是"最宽合理解释"标准。

第四，IPR 程序既不是专利审查程序，也不是专利复审程序，而是一个审理和裁决程序，其本质是诉讼。由于 IPR 程序是代替美国联邦地区法院对专利效力问题作出决定的裁决程序，所以 PTAB 在解释权利要求时必须适用法院适用的权利要求解释规则。如果 PTAB 适用"最宽合理解释"标准，则有损于美国发明法案立法目的的实现，就无法实现取代美国联邦地区法院对专利效力问题进行裁决的目标。

概括起来，少数派意见的核心理由主要是：第一，IPR 程序是 USPTO 代替美国联邦地区法院审理专利无效案件的裁决程序，应当适用美国联邦地区法院所适用的权利要求解释规则；第二，在 IPR 程序中，专利权人对权利要求的修改自由受到极其严格限制，与专利审查、再颁及再审查程序中专利申请人（专利权人）享有的修改自由完全不可同日而语，适用"最宽合理解释"标准，缺乏正当性。

（3）美国联邦最高法院的判决意见。

美国联邦最高法院 8 位大法官❶一致认为，USPTO 的 PTAB 在 IPR 程序中适用"最宽合理解释"标准是适当的，主要理由如下：

①《美国专利法》第 316 条（a）（4）项明确规定美国专利商标局（USPTO）应该主导 IPR 程序，包括建立和管理相关的法规和原则。由于《美国专利法》并未明

---

❶ 正常情况下，美国联邦最高法院有 9 位大法官，但该院在作出 Cuozzo 案判决时，有 1 位大法官去世，仅有 8 位大法官。

确指明 USPTO 在 IPR 程序中应当适用何种权利要求解释规则，而根据在先判例 Chevron U. S. A. Inc.，当法律条文不明确时，相关的行政部门可以根据法律条文的意图和文义合理地制定规则，USPTO 针对 IPR 程序制定的规则（包括权利要求解释适用"最宽合理解释"标准），是对其享有的规则制定权的合理运用。

② IPR 不像是一种司法程序而更像是一种专门化的行政程序，美国国会设立 IPR 程序的目的不仅要解决当事人之间与专利相关的争议，也要保护"专利垄断应当限制在合法范围"的公众利益。

③ IPR 程序中适用"最宽合理解释"标准可有效地避免权利要求范围过于宽泛，从而使专利保护范围更加清楚明确，进而有利于保护公众利益。

④ 在 IPR 程序中适用"最宽合理解释"标准对专利权人并非不公平，因为专利权人在 IPR 程序中拥有至少一次修改权利要求的机会，并且在此前的行政程序中拥有多次修改机会。

（4）本书的评论。

"最宽合理解释"标准适用的一个正当性依据是专利申请人（专利权人）对权利要求享有较充分的修改自由。反对在 IPR 程序中适用"最宽合理解释"标准的一个最有力的理由是专利权人享有的修改权利要求的机会受到了严格的限制。但是，这一说法可能有所夸张。《美国专利法》关于 IPR 程序中权利要求的修改规则，体现于第 316 条。根据第 316 条（d）（1）项之规定，专利权人可以提出一次动议（motion）来修改权利要求，修改方式可以是：①删除受到挑战的权利要求；②用一定合理数目的权利要求替代受到挑战的权利要求。根据第 316 条（d）（2）项之规定，在专利权无效请求人和专利权人为了实质性推进第 317 条项下的"争议"程序而共同提出要求的情况下，或者 USPTO 制定的规则允许的情况下，专利权人还享有额外的动议修改权利要求的机会。根据第 316 条（d）（3）项之规定，对权利要求的修改不得扩大保护范围或者引入新的技术信息（new matter）。❶ 由此可以看出，在 IPR 程序中，专利权人享有的修改权利要求的机会虽然受到一定的限制，但修改自由度还是较大的。诚如美国联邦最高法院在 Cuozzo 案中所言，在 IPR 程序中，专利权人拥有至少一次修改权利要求的机会，并且在此前的专利审查行政程序中拥有多次修改机会，适用"最宽合理解释"标准对专利权人并非不公平。

二、专利侵权程序中适用"推定专利权有效"规则

美国联邦法院在专利侵权程序中解释涉案专利权利要求时并不适用"最宽合理

---

❶ 35 U. S. C. A. § 316.

解释"标准，而是适用"推定专利权有效"规则，即在专利说明书的语境下，尽量朝着维持专利权有效的方向进行合理的解释，并不作"最宽合理解释"。❶

尽管在民事侵权程序中，法院适用"推定专利权有效"规则，但在具体的解释技术上，仍然存在差别，即使是美国联邦巡回上诉法院内部，不同的合议庭也会因为采用不同的解释方法而导致解释结论不同。自从 Markman 案和 Cybor Corp 案以来，美国法院存在两种解释方法论：第一种解释方法是通常含义优先（The first methodology relies heavily on the ordinary and customary meaning of claim terms, often from dictionaries），即对权利要求的术语，优先考虑其通常含义，通常根据词典、教科书等外部证据来确定其含义；第二种方法是说明书语境含义优先（The second methodology relies on interpreting claim terms in the patent specification's context），即对权利要求中的术语，优先采用其语境限定的含义，即采用专利说明书、附图及专利审查历史档案等内部证据来确定其含义。❷ 这两种解释技术的核心区别是外部证据优先还是内部证据优先，第一种方法是外部证据优先，第二种方法是内部证据优先，仅当内部证据不足以确定权利要求的含义时才求助于外部证据。❸ 由于多年以来存在两种解释方法的区别，导致裁判标准不统一。2005 年，美国联邦巡回上诉法院全席审理了 PHILLIPS v. AWH 案，重新明确了民事侵权中的权利要求解释规则。❹

（1）"推定专利权有效"原则。一般情况下，应当朝着维持专利权有效的方向解释权利要求，但是，如果权利要求只有唯一合理的解释，就不能为了维持专利权有效而将权利要求按照不同于其明确意思的方向解释，不得为了维持专利权有效而向权利要求中增加限定特征。对此，美国联邦巡回上诉法院指出：我们承认权利要求应朝着维持专利权有效的方向解释，但是，我们并没有不分青红皂白地运用该原则。我们不认为有效性分析是权利要求解释的常规武器，相反，我们将该原则局限于以下情形：法院穷尽了权利要求解释的所有可用手段之后，发现权利要求仍然模棱两可。只有在实际可行的情况下才能朝着维持有效的方向解释权利要求，这里，"实际可行"以可靠的解释原则为基础并且不得修改或忽视权利要求的明确用语。如果权利要求只有唯一合理的解释，我们就不能为了维持有效而将权利要求按照不同于其明确意思的方向解释。不得为了维持有效而向权利要求中增加限定特征。在这些案例中，我们主要看以下结论是否合乎情理：专利局将不会授予无效的专利，因此，应当以维持专利权有效的方式解决权利要求用语的含糊。

---

❶　PHILLIPS v. AWH CORP. 415 F. 3d 1311 – 1327.

❷　Stephanie ann yonker, Post – Philips Claim Construction: Questions Unresolved. 47 IDEA 301 2006 – 2007.

❸　内部证据，是指专利权利要求书、说明书、审查历史档案等；外部证据是指所属技术领域的技术词典、教科书、专家证人证言等。

❹　PHILLIPS v. AWH CORP. 415 F. 3d 1311 – 1327.

（2）内部证据优先于外部证据，即权利要求书、说明书及审查历史档案对权利要求的解释作用优先于词典、教科书、专家证人证言等，只有当内部证据不足以解释、确定权利要求的含义时，才需要借助外部证据。

（3）说明书及附图应当用于解释权利要求，但是不得不当地限制权利要求的保护范围。

三、两种解释规则的共通之处

专利审查行政程序和专利侵权案件中适用的解释规则虽然不同，但存在以下共同之处：

（1）无论是在 USPTO 进行的行政程序及相应的司法审查程序，还是美国联邦法院进行的专利侵权程序中，在理解或者解释专利权利要求时，都应当结合权利要求书、说明书及附图进行，不能对权利要求进行孤立的理解，不能离开权利要求书、说明书及附图等内部证据，确定权利要求的含义。在 USPTO 进行的行政程序及相应的司法审查程序中，尽管对权利要求的解释适用"最宽合理解释"标准，但也得结合权利要求书、说明书及附图，站在本领域技术人员的视角进行解释。在专利侵权程序中，不应当对权利要求的文字进行"最宽合理解释"，而通常应当根据权利要求的语境对权利要求的文字进行合理的解释（通常是限缩性解释）。

（2）解释专利权利要求时应当始终站在本领域技术人员的角度进行，所作的解释结果应当与本领域技术人员的正常理解保持一致，所作的解释结果不能脱离本领域技术人员的认识水平。

四、参考意义和注意事项

毫无疑问，美国经过长期的实践所总结、确立的权利要求解释规则对我国具有重要的参考意义。但是，我们在参考时应当考虑两国专利制度的差别，不应简单照搬。

（1）美国的权利要求解释的"双轨制"做法可供我们参考。"双轨制"的做法是由专利审查程序和专利侵权程序中权利要求解释的不同目标所决定的。专利授权程序中权利要求解释的重要目标是确保权利要求的公示价值和授权专利质量，故应当以挑错的眼光对待专利申请的权利要求。专利侵权程序中权利要求解释的目标是合理确定专利权的保护范围，为专利权人作出的真正技术贡献提供应有保护。因此，两个程序中的权利要求解释规则和标准应当略有区别，"双轨制"的做法具有合理性。我们在专利授权程序和侵权程序中也可以实行略有不同的解释规则，在授权程序中参考和借鉴"最宽合理解释"标准，在专利侵权程序中采用"推定专利权有效"的解释规则。在专利授权程序中采用"最宽合理解释"标准，有利于督促专利申请人修改、完善权利要求，消除权利要求中文字的模糊性，提高专利授权的质量。在专利侵权程序中应当采用"推定专利权有效"的解释规则，有利于将权利要求的保护范围限定在合理的范围内，避免将公有领域的不是专利权人的技术贡献纳入其保护范围。

（2）在参考"最宽合理解释"标准时，应当注意其适用前提——专利申请人（专利权人）对权利要求享有较充分的修改自由。适用"最宽合理解释"标准的一个正当性依据是专利申请人（专利权人）对权利要求享有较充分的修改自由。在美国，无论是专利审查、再颁、再审查，还是 IPR 程序，专利申请人（专利权人）都享有较充分的修改权利要求的机会。即使是在修改自由受到一定限制的 IPR 程序中，修改自由度也仍然较大。❶ 因此，我国在参考美国法的"最宽合理解释"标准时，一定要注意其适用条件和注意事项，要考虑专利申请人（专利权人）修改权利要求的机会大小，如果修改机会大，则可以参考；否则就不应参考。在我国的专利授权程序中，由于专利申请人对权利要求享有较充分的修改自由，因此可以参考"最宽合理解释"标准。但是，在专利确权程序中，专利权人修改权利要求的自由受到非常严格的限制，比美国 IPR 程序中受到的限制要严格得多，参考"最宽合理解释"标准就缺乏合理性。根据《国家知识产权局关于修改〈专利审查指南〉的决定》（2017），专利确权程序中，修改权利要求书的具体方式一般限于权利要求的删除、技术方案的删除、权利要求的进一步限定、明显错误的修正。其中，"权利要求的进一步限定"是指在权利要求中补入其他权利要求中记载的一个或者多个技术特征，以缩小保护范围。❷ 尽管修正后的《专利审查指南》对专利确权程序中修改权利要求的具体方式的限制有所放宽，但仍然非常严格，不能将说明书中的隐含之义补入权利要求。如果我们在专利确权程序中参考美国的"最宽合理解释"标准，则可能会使权利要求被解释得宽泛而动辄被宣告无效。因此，我们在专利确权程序中不应参考美国的"最宽合理解释"标准。

（3）"最宽合理解释"标准的适用应当考虑权利要求的上下文、说明书及附图的限定作用。无论是 USPTO 还是美国法院，在解释权利要求时，均要考虑权利要求的上下文、说明书及附图的限定作用。例如，尽管 USPTO 在专利审查程序中采用"最宽合理解释"标准，但对于权利要求中的术语，其含义的确定应当优先考虑说明

---

❶　35 U. S. C. A. § 316.
❷　《国家知识产权局关于修改〈专利审查指南〉的决定》（2017）（局令第 74 号）第八节。

书的记载，只有说明书没有特别限定的，才采用其所属领域技术人员阅读专利文件后知晓的通常含义。也就是说，无论权利要求的字面含义是否清楚，都应当考虑说明书记载的内容，不能脱离说明书和附图对权利要求进行孤立的理解，不能因为权利要求的字面含义清楚而无视说明书及附图的内容对权利要求解释的作用。

第二节　欧洲专利局的权利要求解释规则

欧洲专利局是负责落实《欧洲专利公约》的专利审查、异议等程序的机构。欧洲专利局的权利要求解释规则对我们同样有借鉴意义，本节对此作简要介绍。

欧洲专利局进行权利要求解释所依据的法律条款是《欧洲专利公约》第 69 条。该条规定："欧洲专利或专利申请的保护范围由权利要求决定，说明书及附图应当用于解释权利要求。"❶ 据此，在确定专利申请的保护范围即权利要求的含义时，应当结合说明书及附图进行，而不能脱离说明书及附图，对权利要求进行孤立的理解。

在长期的审查实践中，欧洲专利局根据上述法律规定形成很多涉及权利要求解释的判例。《欧洲专利局上诉委员会判例法》在"权利要求的解释"的"一般原则"一节中写道："所属技术领域技术人员在解释专利权利要求时，应排除那些不合逻辑或在技术上讲不通的解释，他应该怀着强烈的整体意识（即以建设性而非割裂性的心态），考虑专利的全部公开内容，作出合乎技术常理的解释；解读专利权利要求应抱着乐于理解之心，而非刻意误解之心。"❷ 其中明确提到要"考虑专利的全部公开内容，作出合乎技术常理的解释"。这就表明，解释和确定权利要求的内容，不能对权利要求进行孤立的理解，而应当考虑专利申请文件的全部公开内容，包括说明书、附图等。例如，在 T1599/06 案例中，欧洲专利局上诉委员会强调，必须根据专利申请的上下文并且以所属领域技术人员的公知常识为背景来阅读、理解和确定权利要求中的术语的含义。《欧洲专利局上诉委员会判例法》还提到，上诉委员会主张使用说明书和附图来解释权利要求以确定权利要求的可专利性（包括发明创造的新颖性、创造性以及权利要求的清楚性等），这是一般原则。只有在个别的案例中，上诉委员

---

❶　原文为："The extent of the protection conferred by a European patent or a European patent application shall be determined by the claims. Nevertheless，the description and drawings shall be used to interpret the claims."［EB/OL］.［2023 - 11 - 05］. http：//www. epo. org/law - practice/legal - texts/html/epc/2016/e/ar69. html.

❷　欧洲专利局上诉委员会. 欧洲专利局上诉委员会判例法［M］. 6 版. 北京同达信恒知识产权代理公司，主持翻译. 北京：知识产权出版社，2016：260. 该书英文版 *Case Law of the Boards of Appeal of the European Patent Office* 第 7 版、第 8 版的相关内容基本保持不变，可参见第 8 版第 287 页的相关内容。

会才强调要限制说明书和附图在解释权利要求中的作用。❶

综合来看，欧洲专利局确定的基本解释规则是：以所属领域普通技术人员的视角，根据专利申请文件的上下文，对权利要求作出合乎技术常理的解释。在解释的过程中，当然要考虑说明书和附图的内容，不能对权利要求进行孤立的理解。

第三节 专利权利要求解释的基本理论

一、权利要求解释的含义

我国《专利法》第64条第1款规定："发明或者实用新型专利权的保护范围以其权利要求的内容为准，说明书及附图可以用于解释权利要求的内容。"由于该条规定位于第七章"专利权的保护"，故一般被认为是侵权程序中确定专利权利要求保护范围的解释规则。

除了第七章，我国《专利法》其他章节并未规定专利权利要求解释的规则。因此，随之而来的问题是，在专利授权确权程序中是否需要解释权利要求？有一种观点认为，权利要求解释是为了确定专利权的保护范围，只有专利侵权程序中才需要解释权利要求并确定专利权的保护范围，专利授权确权程序中应当审查专利权利要求的可专利性，而不是确定其保护范围，故不应当适用《专利法》第64条第1款的规定解释权利要求，而应当对权利要求进行通常含义上的理解，确定权利要求的技术内容。该观点特别区分了专利侵权程序中对权利要求的解释和专利授权确权程序中对权利要求的理解，认为"解释"和"理解"的内涵不同，适用的法律规则应当不同，具体的解释（理解）方法亦应当不同——侵权程序中应当适用《专利法》第64条第1款的解释规则，授权确权程序中应当适用"本领域通常含义的理解"规则。❷持有这种观点的人不在少数。这说明大家对于什么是专利权利要求解释、专利授权确权程序中是否需要解释专利权利要求等问题，还存在不同的认识。因此，有必要对这些问题进行讨论。

---

❶ 欧洲专利局上诉委员会. 欧洲专利局上诉委员会判例法［M］. 6版. 北京同达信恒知识产权代理公司，主持翻译. 北京：知识产权出版社，2016：262.

❷ 崔哲勇. 对专利授权确权审查程序中权利要求的理解［J］. 知识产权，2016（10）.

（一）什么是权利要求解释

专利权利要求是采用语言文本表达的技术方案，根据该技术方案确定专利权的保护范围。我们可以从以下几个维度来认识权利要求：首先，权利要求是一种语言文本；其次，权利要求表达一个或若干个技术方案；再次，权利要求表达的技术方案由说明书公开的技术内容概括而来；最后，权利要求确定专利权的保护范围。由于权利要求是通过语言文本来表达技术方案，因此，如何理解权利要求中的语言文本及其所表达的技术方案的真实含义，就成为权利要求的解释问题。所谓权利要求解释，是指对权利要求的载体——语言文本进行解释，确定其所表达的技术方案的客观含义，并据此确定专利权的保护范围。权利要求解释的对象是其载体——语言文本，解释的目标是确定其表达的技术方案的客观含义并借此确定其保护范围。

（1）权利要求是一种语言文本。语言文本，不经解释，无法确定其真实的含义，这是不言自明的道理。法律文本只有经过解释，才能确定其表达的规范含义。合同文本只有经过解释，才能确定其表达的合意。权利要求作为一种语言文本，当然也需要经过解释，才能确定其表达的客观含义。权利要求的解释，就是理解并确定权利要求的语言文本及其所表达的技术方案的真实、客观含义的过程。

（2）权利要求采用语言文本的形式表达一个或若干个技术方案。权利要求表达的技术方案是什么含义？不同的人有不同的理解。为了确定技术方案的含义，当然需要解释。权利要求表达的技术方案是在说明书和附图公开的技术内容的基础上作出的提炼和概括。我国《专利法》第26条第3—4款对权利要求书和说明书的关系作出了明确规定。鉴于二者之间的法定关系，权利要求中记载的技术方案不是孤立的，而是和整个专利申请文件或专利文件（包括权利要求书、说明书、附图等）联系在一起的，专利文件构成权利要求的语言环境（语境）。因此，理解和确定权利要求表达的技术方案，应当结合权利要求的语言文字及其所在的语境，作出客观、合理的解读，这一解读的过程即为解释。一方面，权利要求表达的技术方案应当通过权利要求书本身来理解，这是因为权利要求书的上下文构成技术方案的最小语境，对技术方案的理解不能脱离该最小语境。另一方面，说明书及附图构成权利要求表达的技术方案的更大的语境，对权利要求的理解和解释不能脱离说明书及附图，不能对权利要求进行孤立的理解，否则就违反了《专利法》第26条第3—4款关于权利要求与说明书之间关系的规定。

（3）权利要求解释的对象是语言文本，解释的目标是确定权利要求的语言文本所表达的技术方案的真实含义。权利要求解释是一项有目的的思维活动，其目的是确定权利要求所表达的技术方案的真实含义。权利要求能否获得授权？其保护范围多大？这些都是由权利要求的语言文本所表达的技术方案决定的。因此，确定权利要求中的技术方案的真实含义，具有十分重要的意义。我们解释权利要求，唯一的目标就是确定权利要求所表达的技术方案的真实含义，只要其技术方案确定了，权利要求的保护范围也就确定了。尽管权利要求解释看上去有些玄乎，相关的论著亦不少见，但总结起来，就是一句话，通过权利要求的语境资料确定权利要求所表达的技术方案的真实含义。

（二）专利授权确权程序中是否需要解释权利要求

在专利授权确权程序中，专利审查员审查权利要求是否可以授予专利，应当首先确定权利要求所表达的技术方案的含义。专利审查员应当如何确定权利要求所表达的技术方案的含义？是将权利要求置于权利要求书、说明书及附图的语境下进行解读，确定权利要求所表达的技术方案的含义？还是仅仅对权利要求本身的文本进行解读并确定其含义？这就涉及权利要求和说明书的关系。

前文已述，权利要求表达的技术方案是在说明书和附图公开的技术内容的基础上作出的提炼和概括，我国《专利法》第26条第3—4款对权利要求书和说明书之间的关系作出了明确规定，因此权利要求中记载的技术方案不是孤立的，而是与整个专利文件（包括权利要求书、说明书、附图等）联系在一起的，专利文件构成权利要求的语境。理解和确定权利要求表达的技术方案，必须将权利要求放在权利要求书、说明书及附图构成的语境下进行。如果脱离说明书和附图等语境资料，对权利要求进行孤立的理解，既违背了《专利法》第26条第3—4款关于权利要求与说明书之间关系的规定，也违背了权利要求是在说明书公开的技术内容的基础上的提炼和概括的基本事实，而且极可能偏离权利要求所表达的由专利文件语境所限定的真正的技术方案。这种孤立理解所得到的技术方案是一个抽象、宽泛和没有语境限定的"技术方案"，与权利要求所表达的由语境限定的技术方案并不是一回事。

结合权利要求书、说明书、附图等语境资料解读和确定权利要求所表达的技术方案，这一过程即为权利要求解释。因此，在专利授权确权程序中，为了确定权利要求所表达的技术方案，当然要对权利要求进行解释，解释的过程中当然需要运用权利要求书、说明书、附图等语境资料。

如果说授权确权程序中不需要解释权利要求，不应当适用《专利法》第64条第1款"说明书及附图可以用于解释权利要求的内容"的规定，而只需要对权利要求进行"本领域通常含义的理解"，那就意味着割裂权利要求与说明书之间的法定关系，对权利要求进行孤立、抽象的理解。这种脱离权利要求书、说明书及附图等语境资料的所谓的"本领域通常含义的理解"，实际上就是一种外部证据优先于内部证据的解释方法。这种理解权利要求的方法是不合理的，也是美国明确否定的。美国的 MPEP 明确提到："在最宽合理解释标准中，权利要求的文字必须给予通常含义，除非该含义和说明书不一致。术语的通常含义，是指在发明作出时所属领域的普通技术人员所给予该术语的普通、惯常之义。术语的通常含义可以通过一系列资料予以证明，包括权利要求文字本身、说明书、附图和在先技术。但是，最佳的资料是说明书。"❶ 由此可见，"本领域通常含义的理解"，应当是本领域技术人员通篇阅读权利要求书、说明书及附图等专利文件后所理解的通常含义，而不应当是脱离权利要求书、说明书及附图等专利文件而仅由外部证据确定的通常含义。

总之，由于权利要求是在说明书公开的技术内容的基础上的提炼和概括，权利要求书和说明书之间存在《专利法》第 26 条第 3—4 款规定的关系，权利要求的解读必须置于权利要求书、说明书及附图的语境下进行。无论是专利侵权程序，还是专利授权确权程序，都应当适用《专利法》第 64 条第 1 款 "说明书及附图可以用于解释权利要求的内容" 的规定，运用权利要求书、说明书及附图等语境资料，对权利要求进行解释，并确定其所表达的技术方案的真实含义。只有确定权利要求所表达的技术方案的真实含义，在专利授权确权程序中才能对权利要求的可专利性进行审查，否则可专利性审查就会出现错误。

（三）适用哪些法律条款时需要解释权利要求

专利授权的条件非常多，如权利要求清楚、权利要求得到说明书支持、说明书公开充分、新颖性、创造性等。在适用哪些法律条款时需要解释权利要求？下面分别进行说明。

在适用《专利法》第 22 条判断专利权利要求是否具备新颖性、创造性时，首先需要固定权利要求所表达的技术方案，接下来才能将其与现有技术进行比较。因此，毫无疑问，在适用新颖性、创造性条款时需要解释权利要求的内容。

在适用《专利法》第 26 条第 3—4 款时，也需要解释权利要求。《专利法》第 26 条第 3 款规定："说明书应当对发明或者实用新型作出清楚、完整的说明……"该款规定中的 "发明或实用新型" 是指权利要求所表达的技术方案，因此，在适用这一款规定时，首先需要解释权利要求，固定其表达的技术方案，然后再判断说明书是否充分公开了该技术方案。《专利法》第 26 条第 4 款规定："权利要求书应当以说明书为依据，清楚、简要地限定要求专利保护的范围。" 如何判断权利要求是否清楚？是否满足 "以说明书为依据" 的要求？毫无疑问，首先需要解释权利要求、固

---

❶ MPEP Rev. 07. 2015，November 2015，at 2100 - 2137.

定权利要求所表达的技术方案，然后才能作出判断。对此，最高人民法院（2021）最高法知行终987号行政判决书明确指出，在专利授权确权程序中应当基于对权利要求的同一解释，判断专利权利要求是否符合《专利法》和《专利法实施细则》有关条款的规定。可见，最高人民法院认为，无论适用哪个法条判断专利权利要求的合法性，都应当解释权利要求。

以上只是举例说明，并非穷尽式列举。概括起来，凡是需要固定权利要求的内容的《专利法》条款，在适用时都需要解释权利要求。

二、权利要求解释遵循的法律政策

在专利授权程序中，需要解释和确定权利要求的含义，以判断权利要求是否符合专利授权条件；在专利确权程序中，需要解释和确定权利要求的含义，以判断授权的权利要求是否真的符合专利授权条件，从而决定是否维持其权利效力；在专利侵权程序中，需要解释和确定权利要求的含义，以确定权利要求的保护范围。三个不同的程序中，都需要解释和确定权利要求的含义。但是，在不同程序中，解释权利要求的标准和规则是否应当一致？这是一个极有争议的话题。

有的观点认为三个程序的目标不同，权利要求解释的规则和标准应当不同。实践中，美国即采用不同的解释规则，USPTO的专利审查程序及有关的诉讼程序适用"最宽合理解释"标准，专利侵权程序中适用"推定专利权有效"的规则。

相反的观点则认为三个程序中权利要求解释的目标都是要确定权利要求的真实含义，解释规则和标准应当统一。例如，美国有的研究人员即认为美国的"双轨制"权利要求解释标准存在很多问题，应当统一权利要求的解释规则。[1]

上述观点都有一定的道理，没有绝对的正确或者绝对的错误。笔者认为，在讨论具体的权利要求解释规则之前，应当首先确定权利要求解释所需遵循的法律政策，即以什么样的法律政策来指导权利要求解释。法律政策是指导法律解释和适用的宏观政策精神，在适用法律的过程中，即使是适用完全相同的法律条文，不同的法律政策也可能影响法律适用的结果。因此，不同的法律政策对权利要求解释标准和规则会产生一定的影响。在专利授权和确权程序中，行政审查行为和司法裁判行为的目标不同，权利要求解释遵循的法律政策亦应当有所不同。

---

[1] Dawn-Marie Bey, Christopher A. Cotropia. The Unreasonableness of The Patent Office's "Broadest Reasonable Interpretation" Standard [J]. AIPLA Q. J., 2009 (37): 285.

（一）专利授权程序中权利要求解释应当遵循的法律政策

在专利授权程序中，专利申请审查和相应的司法诉讼的终极目标是确定专利申请是否应当授予专利权。在这个阶段，确权授权专利的质量、权利要求的公示价值，降低本领域技术人员解读权利要求的信息处理成本，是权利要求解释应当追求的目标。因此，专利审查员应当尽量以挑错的眼光对待专利申请，并通过审查中的互动程序促使专利申请人尽量修改、完善权利要求，以实现权利要求本身表达的技术含义和说明书中表达的技术含义相一致，从而提高权利要求的公示价值。在这个阶段，尽管说明书及附图可以用于帮助理解（解释）和确定权利要求的含义，但不应当过分强调说明书和附图对权利要求的含义的限定作用，而应当相对弱化说明书及附图的限定作用。理由有二：（1）在授权阶段，专利审查员应当通过审查程序帮助专利申请人完善权利要求的撰写质量，以确权授权专利的质量，因此在解释和确定权利要求的含义时，应当相对弱化说明书和附图对权利要求的限定作用，尽量通过修改专利申请文本的方式将说明书中限定的含义直接写入权利要求中；（2）在专利授权程序中，专利申请人享有比较充分的修改权利要求的机会，应当配合专利审查员尽量完善权利要求的文本。在此情形下，相对弱化说明书和附图对权利要求的限定作用，既有利于完善权利要求文本，对专利申请人亦无不公，是合理的。

概括起来，在专利授权程序中，解释权利要求的基本法律政策是：在专利申请人享有比较充分的修改权利要求的机会的前提下，应当相对弱化说明书和附图在权利要求解释中的作用，鼓励专利申请人修改和完善权利要求文本，以此提高专利的授权质量。

（二）专利确权程序中权利要求解释应当遵循的法律政策

在专利确权程序中，由于授权专利经过了国家知识产权局的审查，发明专利经过了形式审查和实质审查，实用新型专利经过了形式审查，专利权人对国家知识产权局的审查和授权行为产生了信赖，对于这种信赖利益，如果没有特别的反对理由，应当尽量予以保护。因此，专利确权程序中的权利要求解释，应当考虑专利权人的信赖利益保护，不能动辄宣告授权专利无效，这是其一。其二，专利确权程序中的权利要求的解释，还应当考虑专利权人修改权利要求的机会和自由。由于专利权人在专利确权程序中修改权利要求的自由度很小，如果动辄以权利要求不符合专利授权条件而宣告其无效，对专利权人显然是不公平的。在专利授权程序中，由于专利申请人享有比较充分的修改权利要求的自由，因此，专利审查员以挑错的眼光对待权利要求是合适的。但是，在专利确权程序中，专利权人修改权利要求的自由度受到严格的限制，专利审查员再以挑错的眼光对待已授权的权利要求，显然不合适。专利审查员应当以爱惜的眼光对待已授权的权利要求，尽量利用说明书及附图限定权利要求的含义、朝着维持专利权效力的方向解释权利要求。这样做的理由是：（1）授权专利经过专利行政部门的审查，专利权人对审查和授权结果产生一定的信赖，对于这种信赖利益如果没有充分的理由不应当剥夺；（2）采用说明书及附图对权利要求进行限缩性的解释，缩小了权利要求表面上宽泛的含义，这种解释方法和结果不会侵蚀社会公众的公有领域，不会对社会公众造成不公；（3）在专利确权程序中，由于专利权人修改权利要求的机会受到严格的限制，如果过分强调权利要求文字表面上的公示价值，而忽视说明书和附图对权利要求的限定作用，就会使已授权的权利要求面临动辄被宣告无效的极大威胁，这对专利权人是很不公平的。

（三）专利侵权程序中权利要求解释应当遵循的法律政策

在专利侵权程序中，权利要求解释的目标是正确识别发明人的发明创造，合理确定权利要求的保护范围。在这一阶段，应当根据"保护范围和贡献大小相一致"的基本专利法法理，通过一定的权利要求解释方法，合理确定专利权的保护范围，既要使专利权人的真正技术贡献得到应有的保护，又不能将专利权的保护范围拓展到其真正的技术贡献之外。如何识别专利权人的真正技术贡献呢？那就要认真、仔细阅读专利说明书，看看说明书公开的真正的发明创造是什么。因此，在侵权程序中，一定要强化说明书和附图对权利要求文字含义的限定作用，要将隐藏在说明书字里行间的含义读入权利要求，要对权利要求作出合乎发明目的的解释。原则上，除了不能用说明书中的实施例不合理地限制权利要求的保护范围，说明书中其他的内容都可能对权利要求的保护范围产生限制作用。

概括起来，在专利侵权程序中，解释权利要求的基本法律政策是，确保专利权的保护范围不超出其真正的技术贡献范围，为此要强化说明书和附图对权利要求文字含义的限定作用，对权利要求作出合乎发明目的的解释。

综上所述，由于三个程序中权利要求解释应当遵循的法律政策不同、目标不同，因此，权利要求解释的规则也应当有所差异，不能完全一致，否则就无法实现权利要求解释的法律政策目标。

三、"时机论"与"语境论"

（一）"时机论"

"时机论"是指对专利权利要求的解释应当限定时机（条件），当权利要求的文字含义清楚时，不应当采用相关权利要求、说明书及附图等资料对权利要求进行解释，否则会破坏权利要求的公示作用；只有当权利要求的文字含义不清楚、有争议时，才应当采用相关权利要求、说明书及附图等资料对权利要求进行解释，以确定权利要求的含义。❶ 由于权利要求的解释附带了前提条件——"时机"，只有权利要求的文字含义不清楚、存在争议时才需要解释权利要求，否则不需要解释权利要求，因此，这种观点可以简称为"时机论"。

早些年，专利权利要求解释"时机论"在实践中司空见惯。例如，在精工爱普生株式会社诉国家知识产权局专利复审委员会、郑某俐、佛山凯德利办公用品有限公司、深圳市易彩实业发展有限公司发明专利权无效行政纠纷案中，专利复审委员会向最高人民法院提交的再审答辩意见中明确提出："权利要求保护范围的解释应该严格把握解释时机，以权利要求不清楚或者没有明确的唯一含义为前提。本领域对于'记忆装置'具有通常的理解，其含义明确，因此精工爱普生对'记忆装置'的解释不符合解释时机的要求。"❷

最高人民法院早年也表达过类似的观点。在宁波市东方机芯总厂诉江阴金铃五金制品有限公司侵犯专利权纠纷案中，最高人民法院认为：

在确定专利权的保护范围时，既不能将专利权保护范围仅限于权利要求书严格的字面含义上，也不能将权利要求书作为一种可以随意发挥的技术指导。确定专利权的保护范围，应当以权利要求书的实质内容为基准，在权利要求书不清楚时，可以借助说明书和附图予以澄清，对专利权的保护可以延伸到本领域普通技术人员在阅读专利说明书和附图后，无需经过创造性劳动即能联想到的等同特征的范围。既要明确受保护的专利技术方案，又要明确社会公众可以自由利用技术进行发明创造的空间，把对专利权人提供合理的保护和对社会公众提供足够的法律确定性结合起来。根据这一原则，发明或者实用新型专利权的保护范围不仅包括权利要求书中明确记载的必要技术特征所确定的范围，而且包括与该必要技术特征相等同的特征所确定的范围，即某一特征与权利要求中的相应技术特征相比，以基本相同的手段，实现基本相同的功能，达到基本相同的效果，对于本领域的普通技术人员来说无需经过创造性的劳动就能联想到的。❸

最高人民法院明确提到"在权利要求书不清楚时，可以借助说明书和附图予以澄清"，隐含之义是，当权利要求清楚时，不需要借助说明书和附图予以澄清。由此可

❶ 最高人民法院（2010）知行字第53-1号行政裁定书中专利复审委员会的再审答辩意见；也有其他作者发文支持"时机论"，此处不再列举。
❷ 最高人民法院（2010）知行字第53-1号行政裁定书。
❸ 最高人民法院（2001）民三提字第1号民事判决书。

见，最高人民法院在该案中隐含表达了"时机论"——在权利要求书不清楚时，可以借助说明书和附图予以澄清；在权利要求书清楚时，无需借助说明书和附图予以澄清。

北京法院采"时机论"的判决亦不少见。例如，在"带液晶显示驱动器的 8 位微控制器"实用新型专利无效行政纠纷案中，北京市高级人民法院认为：

权利要求是用来限定专利权的权利边界的，只有当权利要求不清楚时，才允许用说明书对权利要求进行解释，但不允许对权利要求进行限缩，以防止专利权人获得不当利益。涉案专利权利要求 1 保护的是一种带液晶显示驱动器的微控制器，本领域技术人员对"控制器"术语的理解不会产生歧义，因此不存在用说明书对权利要求进行解释的时机，同时，涉案专利权利要求 1 并未限定"控制器"的功能与公知的"控制器"有何区别，对比文件 2 已经披露了"LCD 控制器"，故原审法院认定对比文件 2 中"LCD 控制器"相当于涉案专利权利要求 1 的"控制器"是正确的。❶

这段判决理由明确采纳了权利要求解释"时机论"的观点。

（二）"语境论"

"语境论"是指在确定专利权利要求的含义和保护范围时，应当参考权利要求书、说明书及附图、专利审查历史档案等语境资料（亦称内部证据），必要时也应当参考所属领域的教科书、词典等外部证据。专利权利要求非经解释，其含义不可能清楚，因此，解释不应当限定时机。❷

最高人民法院在"墨盒案第二季"中表达了"语境论"的观点，认为：

说明书的内容构成权利要求所处的语境或者上下文，只有结合说明书的记载，才能正确理解权利要求的含义。在这一意义上，说明书乃权利要求之母，不参考说明书及其附图，仅仅通过阅读权利要求书即可正确理解权利要求及其用语的含义，在通常情况下是不可能的。权利要求的解释就是理解和确定权利要求含义的过程。在这个过程中，必须结合说明书及其附图才能正确解释权利要求。专利复审委员会关于权利要求的解释应严格把握解释时机，以权利要求不清楚或者没有明确的唯一含义为前提的主张，既违背文本解释的逻辑，又不符合权利要求解释的实践，无法赞同。❸

在该案中，最高人民法院对专利复审委员会提出的专利权利要求解释"时机论"

---

❶　北京市高级人民法院（2014）高行（知）终字第 1545 号行政判决书。

❷　陈文煊. 专利权的边界——权利要求的文义解释与保护范围的正常调整 ［M］. 北京：知识产权出版社，2014：168 –171；刘庆辉. 基于语境主义的专利权利要求解释 ［J］. 电子知识产权，2016（7）.

❸　最高人民法院（2010）知行字第 53 –1 号行政裁定书。

明确予以否定。

北京市高级人民法院在 2016 年审结的纳幕尔杜邦公司诉专利复审委员会发明专利申请驳回复审行政纠纷案中，也非常明确地表达了"语境论"的观点。该判决认为：

在专利授权程序中，对于权利要求中的术语，应当结合权利要求书、说明书及附图等内部证据和所属技术领域的教科书、技术词典等外部证据，作出合理的解释，确定其真实的含义，并坚持内部证据优先于外部证据的解释规则。具体按照下列规则进行解释：当权利要求中的术语在所述技术领域有通常含义，在说明书中也有特别限定，如果该特别限定是清楚的，所属技术领域的技术人员能够明白其特别限定的含义的，则应当采用说明书中的特别限定来确定该术语的含义；如果说明书中没有特别限定，或者特别限定不清楚，所属技术领域的技术人员无法明白其特别限定的具体含义的，则应当采用所述技术领域的通常含义。如果该术语在所属技术领域没有通常含义，在说明书中也没有特别限定，或者特别限定不清楚的，则可以对该术语作"最宽泛的解释"，并认定权利要求得不到说明书的支持。❶

该段判决理由显然是"语境论"的观点。

四、对"时机论"的评价

（一）"时机论"的核心思想

"时机论"认为，当权利要求本身的含义清楚时，不需要采用说明书及附图对权利要求进行解释，而只需要对权利要求进行通常含义上的理解。

权利要求不经解释，其本身的含义会清楚吗？通常来讲，只有站在所属技术领域的普通技术人员的视角，采用所属技术领域的公知常识，利用所属技术领域人员所具有的通常认识来理解权利要求时，才可能认为权利要求本身的含义是清楚的。否则，权利要求本身的含义不太可能是清楚的。因此，"时机论"的本质是脱离说明书语境、根据公知常识性所理解的通常含义来确定权利要求的含义。即当权利要求中的术语在所属技术领域具有普遍接受的通常含义时，采用通常含义，而不采用说明书中的限定（包括特别限定和隐含限定）来解释该术语的含义。只有当术语缺乏通常含义或者所属技术领域技术人员对术语的含义有争议时，才采用说明书来解释和确定该术语的含义。即"时机论"的核心思想是根据公知常识所理解的通常含义

---

❶ 北京市高级人民法院（2016）京行终 5347 号行政判决书。

优先于说明书限定的含义。

（二）"时机论"不合理

（1）"时机论"强调权利要求的解释存在时机，缺乏合理性。"时机论"认为，当权利要求本身的含义清楚时，不需要解释权利要求，而只需要采用通常含义对权利要求作出正确的理解，只有权利要求本身的含义不清楚时才需要解释权利要求。该观点刻意区分权利要求的解释和权利要求的理解，认为"解释"和"理解"不同，其合理性存疑。解释权利要求的过程即理解权利要求的过程，理解权利要求的过程当然需要解释权利要求。"解释"和"理解"是同一思维过程，根本无法区分。

专利权利要求采用语言文本的形式表达一个或若干个技术方案。这个语言文本表达什么含义，确定了什么技术方案，无疑需要解释才能确定，不经解释不可能对其作出正确的理解。解释的过程中需要参考各种资料，包括权利要求书、说明书等内部证据，也包括所属领域的技术词典、教科书等外部证据。对权利要求仅仅进行孤立的理解，既不借助于内部证据，也不借助于外部证据，不可能确定其表达的真实含义。

正如上文所述，只有站在所属技术领域的普通技术人员的视角，采用所属技术领域的公知常识，利用所属技术领域所具有的通常认识来理解权利要求时，才可能认为权利要求本身的含义是清楚的。此时，"时机论"者并非没有解释权利要求，而是利用公知常识性的外部证据或者已固化于其头脑中的公知常识对权利要求进行了解释。

（2）"时机论"割裂了权利要求和说明书的关系。我国《专利法》第26条第3—4款对权利要求书和说明书之间的关系作出了明确的规定，要求说明书应该充分公开发明的技术方案，使得所属技术领域的技术人员能够实现；权利要求书应当以说明书为依据，清楚、简要地限定要求专利保护的范围。事实上，权利要求书是在说明书的基础上概括的技术方案，与说明书具有不可分割的"血肉联系"。鉴于权利要求和说明书之间的关系，在确定权利要求的含义时，如果不参考权利要求书、说明书及其附图，在通常情况下不可能对权利要求作出正确的理解。

（3）"时机论"不符合语言文本解释的基本规则。任何语言文字表达的真实含义，都不能离开具体的语境，不同语境中的语言文字，具有不同的含义。脱离语境的语言文字，其含义是模糊的、不确定的。因此，要确定语言文字表达的真实含义，必须在其具体的语境下去理解。专利权利要求是一种语言文本，要确定其真实含义及保护范围，就必须透过其所在的语境去理解，而不能脱离其语境仅根据其字面含义确定。脱离专利权利要求的具体语境，对权利要求进行孤立的、字面含义的理解，不符合语言文本解释的基本规则。

（4）"时机论"无法确定权利要求真正表达的技术方案。权利要求是在说明书公开的技术信息的基础上提炼和概括的技术方案，"说明书是权利要求之母"❶。因此，权利要求所表达的真正的技术方案，并非仅仅由权利要求本身决定，而是由权利要求、其他相关的权利要求及说明书等专利申请文件的语境限定的。要对权利要求作出正确的理解，确定其所表达的真正的技术方案，应当透过整个专利申请文件的语境进行理解。如果脱离具体的语境，权利要求就成了一个孤立的语言文本，其字面含义趋于宽泛、抽象、模糊，极可能偏离权利要求记载的由专利申请文件语境所限定的真正的发明技术方案，变成一个含义宽泛、没有语境限定的"技术方案"，这一"技术方案"与权利要求记载的真正的发明技术方案极有可能不同。根据"时机论"确定的技术方案通常并不是权利要求真正表达的技术方案。"时机论"的观点会曲解专利发明人的意思，也会曲解权利要求真正表达的技术方案。

以"具有宽视野的潜水面罩"实用新型专利权无效行政诉讼案为例（以下简称潜水面罩案），❷ 涉案专利权利要求1中有一技术特征"镜片"，权利要求对"镜片"并无明确的特别限定，但是，根据涉案专利说明书及附图，涉案专利的背景技术中，既有采用平面镜片也有采用曲面镜片的，但要实现涉案专利的目的，克服背景技术中存在的缺陷，涉案专利的技术方案必然要采用平面镜片的技术特征。这一点能够从专利说明书及其附图中得到毫无疑义的解释。因此，涉案权利要求中的"镜片"应当仅指平面镜片，曲面镜片所构成的技术方案不在涉案专利的保护范围内。按照"时机论"的观点，涉案权利要求中的"镜片"一词本身的含义是清楚的，此时不需要结合说明书进行理解，可以指任意类型的"镜片"。但是，任意类型的"镜片"构成的技术方案显然不是专利发明人作出的技术贡献和要求保护的技术方案，基于发明目的，发明人作出的技术贡献是平面镜片构成的技术方案，曲面镜片构成的技术方案显然不是发明人作出的技术贡献，也不是其意图保护的技术方案。"时机论"的观点会曲解权利要求真正表达的技术方案。

（5）"时机论"的本质是外部证据所证明的通常含义优先的权利要求解释规则，不合理。说明书是发明人的技术词典，发明人当然可以而且有权利在其说明书中对权利要求中的术语进行界定，即使该术语在所属领域有通常含义，发明人也可以在说明书中重新进行界定。因此，理解权利要求应当坚持说明书的特别定义优先、内部证据优先的规则。如果坚持外部证据所证明的通常含义优先的解释规则，就剥夺

❶ 最高人民法院（2010）知行字第53-1号行政裁定书。
❷ 北京市第一中级人民法院（2002）一中行初字第523号行政判决书；北京市高级人民法院（2003）高行终字第38号行政判决书。

了发明人利用说明书定义其发明的权利和自由，背离了"说明书是发明人的技术词典"的基本认识，显然不合理。

（三）域外经验：专利权利要求解释坚持"语境论"

1. 美国经验

美国的 MPEP 在"可专利性"一章中专节规定专利权利要求解释的方法为"最宽合理解释"，即不能仅仅根据专利权利要求的字面语言进行解释，而应在专利说明书的视野内由本领域普通技术人员给予最宽合理解释。根据"最宽合理解释"标准的适用方法，对于权利要求中的术语，如果说明书有特别限定的，按照限定的含义进行理解；说明书无限定的，按照所属技术领域的普通技术人员阅读整个专利文件后获得的通常含义确定；既无特别限定的含义，又无通常含义的，才作"最宽泛的解释"。❶ 据此，专利审查员在确定专利权利要求的含义时，必须结合说明书等专利文件进行解释，以确定其特别的含义或者通常的含义或者最宽泛的含义，而不是脱离说明书对权利要求进行孤立的、片面的理解。

2. 欧洲专利局的经验

欧洲专利局也采用"语境论"的解释规则。《欧洲专利公约》第 69 条规定："欧洲专利或专利申请的保护范围由权利要求决定，说明书及附图应当用于解释权利要求。"据此，在确定专利申请的保护范围即权利要求的含义时，应当结合说明书及附图进行，而不能脱离说明书及附图，对权利要求进行孤立的理解。另外，《欧洲专利局上诉委员会判例法》在"权利要求的解释"的"一般原则"一节中写道："所属技术领域技术人员在解释专利权利要求时，应排除那些不合逻辑或在技术上讲不通的解释，他应该怀着强烈的整体意识（即以建设性而非割裂性的心态），考虑专利的全部公开内容，作出合乎技术常理的解释；解读专利权利要求应抱着乐于理解之心，而非刻意误解之心。"❷ 其中明确提到要"考虑专利的全部公开内容，作出合乎技术常理的解释"。该书还提到，上诉委员会主张使用说明书和附图来解释权利要求以确定权利要求的可专利性（包括发明创造的新颖性、创造性以及权利要求的清楚性、简洁性等），这是一般原则。只有在个别的案例中，上诉委员会才强调要限制说

---

❶　MPEP "2111 Claim Interpretation; Broadest Reasonable Interpretation" Rev. 07. 2015，November 2015.

❷　欧洲专利局上诉委员会. 欧洲专利局上诉委员会判例法 ［M］. 6 版. 北京同达信恒知识产权代理公司，主持翻译. 北京：知识产权出版社，2016：260.

明书和附图在解释权利要求中的作用。❶ 由此可见，欧洲专利局在解释权利要求时，要考虑专利公开的全部内容，包括说明书及附图的内容。这种解释规则显然体现了"语境论"的思想。

（四）最高人民法院在"墨盒案第二季"中明确否定了"时机论"

最高人民法院在"墨盒案第二季"中，针对专利复审委员会提出的权利要求解释时机问题，进行了明确的阐述，认为：

权利要求由语言文字表达形成，通过记载解决技术问题的必要技术特征的方式来描述和反映发明的技术方案，清楚、简要地表述请求保护的范围。任何语言只有置于特定语境中才能得到理解。同时，基于语言表达的局限性和文字篇幅的限制，权利要求不可能对发明所涉及的全部问题表述无遗，需要通过说明书对要求保护的技术方案的技术领域、背景技术、发明内容、附图及具体实施方式等加以说明。为此，专利法明确规定了权利要求书和说明书之间的关系，要求说明书应该充分公开发明的技术方案，使得所属技术领域的技术人员能够实现；权利要求书应当以说明书为依据，清楚、简要地限定要求专利保护的范围。在专利法的上述法定要求下，说明书记载的上述内容对于理解权利要求含义更是不可或缺，两者具有法律意义上的密切关联性。说明书的上述内容构成权利要求所处的语境或者上下文，只有结合说明书的记载，才能正确理解权利要求的含义。在这一意义上，说明书乃权利要求之母，不参考说明书及其附图，仅仅通过阅读权利要求书即可正确理解权利要求及其用语的含义，在通常情况下是不可能的。权利要求的解释就是理解和确定权利要求含义的过程。在这个过程中，必须结合说明书及其附图才能正确解释权利要求。专利复审委员会关于权利要求的解释应严格把握解释时机，以权利要求不清楚或者没有明确的唯一含义为前提的主张，既违背文本解释的逻辑，又不符合权利要求解释的实践。❷

上文表述非常明显，最高人民法院明确否定权利要求解释"时机论"，坚持"语境论"。

（五）专利授权程序中不能适用"时机论"

专利授权程序中适用"时机论"的权利要求解释规则，会极大地损害专利申请

---

❶ 欧洲专利局上诉委员会. 欧洲专利局上诉委员会判例法［M］. 6 版. 北京同达信恒知识产权代理公司，主持翻译. 北京：知识产权出版社，2016：262.

❷ 最高人民法院（2010）知行字第 53 - 1 号行政裁定书.

人的利益，使得本来可以授权的专利申请无法获得授权。按照"时机论"的观点，在权利要求本身的字面含义清楚时，应当忽视专利说明书和附图的语境限定作用，仅对权利要求本身进行孤立的理解，由此确定的权利要求的保护范围脱离了语境的限定，更加宽泛，进而导致权利要求不具备新颖性、创造性等法定条件，而无法获得授权。

（1）说明书可以对权利要求中的术语进行明确的特别限定，限定的含义可能不同于其文字表面上的含义。这种情况下适用"时机论"的权利要求解释规则，显然是错误的。根据普遍承认的权利要求解释规则，内部证据对权利要求的解释作用优先于外部证据，说明书中特别限定的含义优先于通常含义，因此，对于权利要求中的术语，应当优先采用说明书中特别限定的含义。例如，权利要求中的术语为"镜片"，说明书对该术语进行了特别的限定，明确陈述为"权利要求中的镜片是指平面镜片"，在此情况下，应当将权利要求中的"镜片"理解为"平面镜片"，而不应当理解为全部类型的镜片。

（2）说明书也可能对权利要求中的术语进行隐含的限定。在此情况下，也不能根据"时机论"认定权利要求不符合授权条件并直接驳回专利申请。例如，在上述潜水面罩案中，按照"时机论"的观点，涉案权利要求中的"镜片"二字本身的含义应当是清楚的，包括任意类型的"镜片"，故不必结合说明书进行理解，可以径直将其确定为包括任意类型的"镜片"。这样的话，由于现有技术中已经公开了曲面镜片的技术方案，权利要求相比于现有技术中的曲面镜片构成的技术方案就缺乏新颖性，从而无法获得授权。但是，根据涉案专利的发明目的，专利发明人作出的真正的技术方案是平面镜片构成的技术方案，曲面镜片构成的技术方案恰恰是其要克服的技术缺陷，而不是其作出的技术贡献，也不是其意图保护的技术方案。基于整个专利文件的语境，说明书对"镜片"实际上进行了隐含的限定，仅指"平面镜片"，因此，涉案权利要求记载的技术方案应当仅指平面镜片构成的技术方案，该技术方案相对于现有技术中曲面镜片构成的技术方案具备新颖性、创造性。此时，专利审查员合适的做法是适用"语境论"的解释规则，将权利要求中的"镜片"理解为"平面镜片"，并要求专利申请人将权利要求中的"镜片"修改为"平面镜片"。如果专利审查员适用"时机论"的解释规则，将权利要求中的"镜片"理解为所有类型的镜片，并据此认定权利要求不符合授权条件，直接驳回专利申请，则显然不合适。

（六）专利确权程序中不能适用"时机论"

专利确权程序中适用"时机论"的权利要求解释规则，会使已授权的权利要求面临动辄被宣告无效的极大风险，对专利权人非常不利，也极不公平。（1）说明书对权利要求中的术语作出特别限定的，应当采用特别限定的含义，而不能适用"时机论"的规则，仅对权利要求进行孤立的理解。（2）说明书对权利要求中的术语有隐含限定的，应当采用隐含限定之义，适用"时机论"的规则会造成不公平、不合理的后果。还以上述潜水面罩案为例进行说明。涉案权利要求对其中的术语"镜片"未予限定，但是，根据涉案专利的发明目的，专利发明人作出的真正的技术方案是平面镜片构成的技术方案，曲面镜片构成的技术方案恰恰是其要克服的技术缺陷，而不是其作出的技术贡献，也不是其意图保护的技术方案。基于整个专利文件的语境，说明书对"镜片"进行了隐含的限定，仅指"平面镜片"，因此，涉案权利要求中的"镜片"应当仅指"平面镜片"。由于专利权人在专利确权程序中修改权利要求的自由受到严格的限制，无法将权利要求中的"镜片"修改为"平面镜片"，在此情况下适用"时机论"的解释规则，将涉案权利要求中的"镜片"理解为任意类型的镜片，并宣告涉案专利权利要求无效，是不公平、不合理的。专利发明人作出了技术贡献——由平面镜片构成的技术方案，该技术方案应当受到保护。如果一方面不给予专利权人修改权利要求的机会，另一方面又要适用"时机论"的解释规则，对权利要求进行宽泛的字面含义的理解，相当于从两头把专利权人卡死了，专利权人既无法进行限缩性的修改，又不能进行限缩性的解释，只有死路一条。该案中，一审、二审法院均不同意专利复审委员会的解释方法，而是适用"语境论"的解释规则，采用说明书中的隐含限定之义，将权利要求中的"镜片"理解为"平面镜片"，从而撤销了专利复审委员会作出的无效宣告决定。

五、"语境论"的合理性

上文分析表明，"时机论"具有多方面的缺陷，不合理。对专利权利要求的解释，应当坚持"语境论"，即采用语境主义的认识论来解释权利要求。

（一）语境主义是解释专利权利要求的认识论基础

语境主义是哲学上的一种认识论，它强调动作、说话或表达所发生的语境的作用，认为只有结合语境才能理解动作、说话或表达的具体含义。语境主义者认为，在知识的认识路径上，不是简单地探求知识文本的字面含义，而是要将语言文本置于具体的语境下去获取客观的知识。❶ 它的基本观点是：语言所表达的命题的含义取

---

❶　王娜. 语境主义知识观：一种新的可能［J］. 哲学研究，2010（5）.

决于说话者所处的语境，由于语言具有语境依赖性，不同语境中的同一语言表达可能具有不同的含义。例如，一个女孩子娇嗔地对其男朋友说："我打死你"，其含义绝不是真的要打死男朋友，而是男女朋友之间的撒娇、玩笑话，甚至是甜言蜜语。但是，如果一个暴徒一边施暴一边叫嚣"我打死你"，其意思就是要把施暴对象往死里打。可见，同样一句话"我打死你"，在不同的语境下具有完全不同的含义。因此，对于语言文本的理解，应当将其置于具体的语境下来解读。脱离语境，不可能获得对语言文本的真正认识。目前，语境主义的认识论已经渗入语言学❶、哲学❷、政治学❸、历史学❹以及法学❺等多种学科的研究中，极大地丰富了相关学科的研究视角和理论。

专利权利要求由语言文字构成，如何解释专利权利要求，确定其真实的含义，当然可以而且应当借鉴语境主义的认识论。基于语境主义的认识论，专利权利要求表达的技术方案必须透过其所在的语境去理解，不能脱离其语境仅根据其字面含义确定。脱离具体语境，对专利权利要求进行孤立的、字面含义的理解，不符合人类探求知识的认识规律，违背了语境主义的认识论，是不可取的。专利权利要求的解释，应当坚持语境主义的认识论方法，这是一个基本的前提。不管专利权利要求的解释应当参考哪些资料，采用何种具体的解释技术和方法，都应当坚持语境主义的方法和进路，脱离语境去讨论专利权利要求的含义，犹如追求水中月、镜中花，其方法是错误的，结论是不可靠的。

（二）语境的含义、构成及对专利权利要求的限定作用

语境，即语言交流环境，既包括语言因素，如书面语言的上下文、口语中的前言后语等；也包括非语言因素，如人际交流的时间、地点、场合、时代、交际对象以及社会、文化背景、自然环境等。❻ 前者称为狭义的语境或语言性语境；后者称为广义的语境或非语言性语境。❼ 语境的主要作用表现为：（1）语境对语义具有制约的功能，即语境可以限定语词的含义；（2）语境可以排除歧义，语词难免具有多种

---

❶ 宫铭."语言学转向"和"语境主义"——罗蒂新实用主义文学理论研究 [J]. 曲靖师范学院学报，2011 (2).

❷ 王娜. 语境主义知识观：一种新的可能 [J]. 哲学研究，2010 (5).

❸ 邱国兵. 西方政治思想研究的方法论选择——文本中心主义与语境主义的争论：以马基雅维里为例 [J]. 上海行政学院学报，2006，7 (2).

❹ 王芳. 昆廷·斯金纳的"历史语境主义"探讨 [J]. 历史教学问题，2008 (5).

❺ 蔡琳. 裁判的合理性：语境主义还是普遍主义？[J]. 法律方法，2009，9 (2).

❻ 常俭. 浅论语境的功能 [J]. 逻辑与语言学习，1991 (4).

❼ 曾绪. 浅论语境理论 [J]. 西南科技大学学报（哲学社会科学版），2004，21 (2).

含义，而通过具体的语境可以排除语词的歧义。❶

专利权利要求的语境是指狭义的语境，即权利要求的语言性语境，主要由专利文件、专利审查历史档案及同族专利文件等构成。其中，专利文件——权利要求书、说明书及附图等构成权利要求的最小语境。权利要求语境的作用主要表现为两个方面：（1）限定权利要求中语词的含义。权利要求的字面含义往往比较宽泛和含糊，但由于权利要求是在说明书公开的技术发明的基础上概括的技术方案，与说明书具有不可分割的千丝万缕的联系，我们界定权利要求的保护范围不是根据其字面含义宽泛地确定其保护范围，而是要基于权利要求的语言文本和其所在的语境确定权利要求的保护范围。因此，语境对权利要求具有限定作用。（2）语境可以排除权利要求中语词的歧义。任何一种语言，其语词含义往往都不是唯一的，容易让人产生歧义，在权利要求的撰写水平不够高的情况下，权利要求中的语词具有歧义更是经常发生的现象。对歧义的排除、澄清只能借助说明书及附图等进行。

现以上述潜水面罩案予以说明。涉案专利权利要求包括技术特征"镜面：是由正向镜片与两侧的侧向镜片以粘合方式结合而成"。权利要求对"镜片"的形状并无明确限定，对此，可有两种解释：一种为采用权利要求中"镜片"的字面含义，包括平面镜片和曲面镜片；另一种为结合权利要求的上下文、说明书及附图等语境资料解释"镜片"的含义。专利复审委员会采取第一种解释方法，认为涉案专利权利要求中的"镜片"这一技术术语本身不能排除"镜片"形状为"曲面"的情况。一审法院则认为，虽然涉案权利要求对"镜片"并无限定，但根据说明书的记载，涉案专利的背景技术中，既有采用平面镜片也有采用曲面镜片的，但要实现涉案专利的目的，克服背景技术中存在的缺陷，涉案专利的技术方案必然要采用平面镜片的技术特征，这一点能够从专利说明书及其附图中得到毫无疑义的解释。因此，专利权利要求中的技术特征"镜片"仅指平面镜片，曲面镜片所构成的技术方案不在涉案专利的保护范围内。专利复审委员会仅依据涉案专利权利要求字面记载的技术特征"镜片"，就认为"镜片"既包括平面镜片也包括曲面镜片，而没有引入专利说明书及其附图对专利权利要求进行解释，缺乏法律依据。二审法院基本同意一审法院的意见。❷

专利复审委员会仅基于权利要求中"镜片"的字面含义进行解读，认为"镜片"既包括"平面镜片"也包括"曲面镜片"，这种解释割裂了权利要求和说明书之间的联系，忽视了说明书作为语境的限定作用，违反了语境主义的认识论。一审、

---

❶ 常俭. 浅论语境的功能［J］. 逻辑与语言学习，1991（4）.

❷ 北京市第一中级人民法院（2002）一中行初字第523号行政判决书；北京市高级人民法院（2003）高行终字第38号行政判决书。

二审法院并没有仅基于权利要求中"镜片"的字面含义进行解释，而是在考虑涉案专利的背景技术、技术方案、技术效果的基础上对"镜片"的含义进行解释，这一解释符合语境主义的认识论，无疑是正确的。

（三）"语境论"的基本思想

所谓"语境论"，亦可以称为"语境主义"解释方法，❶ 是指在确定权利要求的含义时，应当首先结合权利要求书、说明书、附图等内部证据（语境资料），必要的时候也应当结合所属技术领域的教科书、技术词典等外部证据，对权利要求作出合理的解释。在解释权利要求时应当首先从内部证据开始，而不是从外部证据开始。当内部证据足以确定权利要求的含义时，不需要采用外部证据；只有当内部证据不足以确定权利要求的含义时，才有必要借助外部证据来解释权利要求。当采用内部证据的解释结论与采用外部证据的解释结论发生冲突时，应当坚持内部证据优先于外部证据的解释规则。❷ "语境论"的核心思想是内部证据优先于外部证据、权利要求中的术语的语境限定的含义优先于其通常含义。

（四）"语境论"的合理性

1. 语言文本的"语境论"解释规则决定了专利权利要求的解释应当坚持"语境论"

专利权利要求是一种语言文本，表达专利发明人要求保护的技术方案和权利范围。由于语言文字具有多义性、歧义性，不同的人对于同一语言文字可能会有不同的理解。语言学的研究表明，语言文字和文本的含义依赖于其语境（上下文），对于任何语言文字和文本的理解，都不能脱离具体的语境。❸ 同样的语言文字和文本，在不同语境下，可能有不同的含义。只有将语言文字和文本置于其具体的语境，才有可能真正理解其所表达的真实含义。脱离具体的语境，对其进行孤立的理解，不可能确定其所表达的真实含义。

无论是文学作品、法律文本、合同文本，还是专利权利要求，只要是语言文本，就应当将其置于具体的语境下进行解读，才能确定其表达的真实含义。例如，对于文学作品的某一段落，如果仅仅进行孤立的解读，很难理解其表达的真正含义，只有将该段落置于整个文学作品的上下文语境下，进行整体的解读，才有可能确定其

---

❶ 刘庆辉. 基于语境主义的专利权利要求解释［J］. 电子知识产权，2016（7）.

❷ 北京市高级人民法院（2016）京行终 5347 号行政判决书。

❸ 宫铭."语言学转向"和"语境主义"——罗蒂新实用主义文学理论研究［J］. 曲靖师范学院学报，2011（2）；王娜. 语境主义知识观：一种新的可能［J］. 哲学研究，2010（5）.

表达的真实含义。又如，对于合同文本的某一条款的理解，如果仅仅进行孤立的解读，也很难得出正确的结论，唯有将其置于整个合同文本的上下文语境中，才有可能作出正确的理解。

对专利权利要求的理解或解释，同样应当坚持"语境论"，即将权利要求置于权利要求书、说明书的语境下去理解，才有可能确定其所表达的技术方案的真实含义。专利权利要求的外在表现形式是语言文字，对于其中的语言文字，如果拆开来看，每个文字及符号都是有含义的，但是这些文字、符号组合在一起，表达什么含义，仁者见仁，智者见智。权利要求中的语言文字、符号难免具有多种含义，有的情况下甚至有歧义，要排除其歧义，确定其真实含义，就必须结合其上下文即权利要求书、说明书等构成的具体语境来进行整体的解读。否则，抛开权利要求书、说明书等语境资料，仅对权利要求进行孤立的理解，不可能得出正确的结论，即使得出正确的结论，也是巧合。

2. 权利要求与说明书的关系决定了权利要求解释应当采用"语境论"

我国《专利法》第26条第3—4款对权利要求书和说明书之间的关系作出了明确的规定，要求说明书应该充分公开发明的技术方案，使得所属技术领域的技术人员能够实现；权利要求书应当以说明书为依据，清楚、简要地限定要求专利保护的范围。在实务中，专利发明人在撰写专利申请文件时，通常先撰写说明书，在说明书中公开专利技术方案、实施例等内容，然后再将其中的技术方案总结、概括出来，记载在权利要求书中。说明书是发明人定义其发明的技术词典，是权利要求之母。因此，发明人有权利在说明书中对权利要求中术语的含义作出限定，即使该术语在所属技术领域有通常含义，发明人也可以重新定义。对此，《专利审查指南2010》也有明确规定："权利要求的保护范围应当根据其所用词语的含义来理解。一般情况下，权利要求中的用词应当理解为相关技术领域通常具有的含义。在特定情况下，如果说明书中指明了某词具有特定的含义，并且使用了该词的权利要求的保护范围，由于说明书中对该词的说明而被限定得足够清楚，这种情况也是允许的。"❶

由于说明书是发明人定义其发明的技术词典，说明书与权利要求之间存在法定的关系，因此，说明书记载的内容构成权利要求所处的语境，对于理解权利要求的含义不可或缺，只有结合说明书的记载，才能正确理解权利要求的含义，如果不参考权利要求书、说明书及其附图，在通常情况下不可能对权利要求作出正确的理解。

---

❶　《专利审查指南2010》第二部分第二章第3.2.2节。

3. 参考美国和欧盟的经验，我们应当采用"语境论"的解释规则

首先，美国采用"语境论"的解释规则。美国专利商标局的 MPEP 在"可专利性"一章中专节规定专利权利要求解释的方法为"最宽合理解释"，即不能仅仅根据专利权利要求的字面语言进行解释，而应在专利说明书的视野内由所属技术领域的普通技术人员给予最宽合理解释。根据"最宽合理解释"标准的适用方法，对于权利要求中的词语，如果说明书有特别限定的，按照特别限定的含义进行理解；说明书无特别限定的，按照所属技术领域的普通技术人员阅读整个专利申请文件后获得的通常含义确定；既无特别限定的含义，又无通常含义的，才做"最宽泛的解释"。❶ 据此，专利审查员在确定专利申请权利要求的含义时，必须结合说明书等专利申请文件进行解释，以确定其特别的含义或者普通的含义或者最宽泛的含义，而不是脱离说明书对权利要求进行孤立的、片面的理解。美国联邦巡回上诉法院在审理授权确权案件中，和美国专利商标局一样，对权利要求的解释也适用"最宽合理解释"标准，坚持"语境论"的解释规则。

其次，欧洲专利局也采用"语境论"的解释规则。《欧洲专利公约》第 69 条规定："欧洲专利或专利申请的保护范围由权利要求决定，说明书及附图应当用于解释权利要求。"据此，在确定专利申请的保护范围即权利要求的含义时，应当结合说明书及附图进行，而不能脱离说明书及附图，对权利要求进行孤立的理解。另外，《欧洲专利局上诉委员会判例法》在"权利要求的解释"的"一般原则"一节中写道："所属技术领域技术人员在解释专利权利要求时，应排除那些不合逻辑或在技术上讲不通的解释，他应该怀着强烈的整体意识（即以建设性而非割裂性的心态），考虑专利的全部公开内容，作出合乎技术常理的解释；解读专利权利要求应抱着乐于理解之心，而非刻意误解之心。"❷ 其中明确提到要"考虑专利的全部公开内容，作出合乎技术常理的解释"。该书还提到，上诉委员会主张使用说明书和附图来解释权利要求以确定权利要求的可专利性（包括发明创造的新颖性、创造性以及权利要求的清楚性、间接性等），这是一般原则。只有在个别的案例中，上诉委员会才强调要限制说明书和附图在解释权利要求中的作用。❸

---

❶ MPEP 2111 – Claim Interpretation；Broadest Reasonable Interpretation.

❷ 欧洲专利局上诉委员会. 欧洲专利局上诉委员会判例法［M］. 6 版. 北京同达信恒知识产权代理公司，主持翻译. 北京：知识产权出版社，2016：260. 该书英文版 *Case Law of the Boards of Appeal of the European Patent Office* 第 7 版、第 8 版的相关内容基本保持不变，可参见第 8 版第 287 页的相关内容. 相关版本可从欧洲专利局的官网"http：//www. epo. org/index. html"下载.

❸ 欧洲专利局上诉委员会. 欧洲专利局上诉委员会判例法［M］. 6 版. 北京同达信恒知识产权代理公司，主持翻译. 北京：知识产权出版社，2016：262.

4. 最高人民法院在"墨盒案"中明确认为在专利授权确权程序中应当结合权利要求书、说明书及附图对权利要求的含义进行解释

在"墨盒案"中，最高人民法院明确认为，在专利授权确权程序中，说明书记载的内容对于理解权利要求的含义不可或缺，通常情况下，仅仅通过阅读权利要求书而不参考说明书及其附图，不可能正确理解权利要求及其用语的含义。权利要求的解释就是理解和确定权利要求含义的过程。在这个过程中，必须结合说明书及其附图才能正确解释权利要求。❶ 该判决确认的解释规则即为"语境论"，这一解释规则合法合理，应当坚持、发扬。

（五）专利授权、确权和侵权程序中"语境论"的适用标准应当有所不同

本书反复强调，任何情况下，权利要求的解释都应当贯彻语境主义的认识论，坚持"语境论"，没有例外。这是否意味着专利授权程序、无效程序和侵权程序中应当坚持一致的解释标准？笔者认为，在不同的程序中，根据专利申请人（专利权人）对权利要求的修改空间和可能性的大小差异，解释标准可以有所不同，授权程序中语境的限定作用应当小一些，无效程序和侵权程序中的语境的限定作用应当大一些。

权利要求的解释、语境的分析、语义的确定，等等，这些都是人际沟通的信息处理。信息处理需要成本，一个好的制度应当尽量降低信息处理成本。语境的限定作用越大，语境分析和语义确定等工作就越复杂，信息的解读成本就越高。从降低社会运作成本的角度讲，专利申请人应当尽量提高专利文本的撰写质量，消除权利要求中语词的模糊含义和歧义，尽量做到权利要求文本的字面含义与其语境限定的含义相一致，从而降低授权后权利要求文本的信息解读成本。但是，到了侵权程序阶段，从推定专利权有效性的角度出发，应当遵从权利要求的语境对权利要求的含义进行限定，平衡好专利权人的利益和社会公众的行为自由。因此，从授权程序到侵权程序，语境的限定作用应当是逐渐增强的。

在专利审查授权阶段，专利申请文本还处于可修改的阶段，专利申请人完全可以从说明书中提取内容对权利要求作出进一步限定，所以，为了消除权利要求文字记载的模糊性，降低专利授权后社会公众的信息解读成本，专利审查员应当督促专利申请人尽量明确权利要求中文字记载的含义，消除其模糊含义，提升其精确性，使权利要求的字面含义尽量趋近于其语境限定的含义。因此，在这个阶段，专利审查员不应过于强化语境对权利要求的限定作用，而是要相对弱化语境的限定作用，

---

❶　最高人民法院（2010）知行字第53-1号行政裁定书。

提醒专利申请人尽量修改和完善权利要求文本。对此，可以参照美国的做法，在专利说明书的视野内对权利要求的词语给予"最宽合理解释"，即在说明书的基础上，对权利要求的词语给予合理的最宽泛的解释。专利申请人为了克服最宽合理解释所可能带来的权利要求不符合授权条件的危险，则应当尽量修改权利要求中的语词，使语词的字面含义与说明书语境确定的含义保持一致。例如，在上文的潜水面罩案中，涉案专利权利要求中的"镜片"没有限定形状，可包括平面镜片和曲面镜片，但是结合说明书能确定其仅为平面镜片，平面镜片构成的技术方案才是发明人的技术贡献。因此，权利要求中的"镜片"的真正含义是指"平面镜片"。在专利申请审查阶段，为了提高权利要求文字含义的精确性，专利审查员应当弱化说明书、附图等语境资料的限定作用，对权利要求中的"镜片"作宽泛的解释，即解释为包括平面镜片和曲面镜片，并对专利申请人的发明创造进行"语境论"的解释，理解为平面镜片构成的技术方案，在此基础上认定权利要求得不到说明书公开的由平面镜片构成的技术方案的支持，从而要求专利申请人将权利要求中的"镜片"修正为"平面镜片"。如此一来，权利要求中的文字记载和说明书公开的发明内容完全匹配，可以显著降低后续专利确权程序和侵权程序中权利要求的解释成本，减少争议。但是，专利审查员不应当对权利要求中的"镜片"作出宽泛的理解并据此驳回专利申请。

在专利确权程序中，专利权人对专利权利要求还有一些修改机会，但是修改机会远远小于授权阶段，因此语境的限定作用要尽量大一些，以免脱离语境的权利要求解释导致权利要求不符合专利有效性条件。通过语境的限定作用，使权利要求的保护范围限制在一个合理的范围，避免那些对现有技术作出贡献的权利要求动辄被宣告无效。根据《国家知识产权局关于修改〈专利审查指南〉的决定》（2017），专利确权程序中，修改权利要求书的具体方式一般限于权利要求的删除、技术方案的删除、权利要求的进一步限定、明显错误的修正。其中，"权利要求的进一步限定"是指在权利要求中补入其他权利要求中记载的一个或者多个技术特征，以缩小保护范围。❶ 尽管修正后的《专利审查指南》对专利确权程序中修改权利要求的具体方式的限制有所放宽，但仍然非常严格，不能将说明书中的隐含之义补入权利要求。因此，对权利要求的解释、语境的限定作用的掌握，应当充分考虑上述情况。通常情况下，如果专利权人对权利要求中的某一语词有修改机会，审查员应当予以指出，建议专利权人进行修改，此种情况下就应当放松语境的限定作用。相反，如果专利权人没有修改机会，则应当严格遵从语境的限定作用。

---

❶ 《国家知识产权局关于修改〈专利审查指南〉的决定》（2017）（局令第 74 号）第八节。

在专利侵权程序中，为了确保专利权人和社会公众之间的利益平衡，不妨害社会公众的行为自由，应当最大化权利要求的语境限定作用。一般情况下，在确保专利权人的专利权得到有效保护的前提下，应当最大化社会公众的行为自由。因此，在侵权程序中，绝对不能脱离权利要求的语境、仅根据权利要求的字面含义确定权利要求的保护范围，相反，应当严格遵从语境限定原则，利用权利要求的语境限定权利要求的保护范围，使权利要求的保护范围保持在合理的范围，不损害社会公众的行为自由。在此阶段，说明书及附图、专利审查历史档案、同族专利文件等资料均应当用于限定权利要求的保护范围。还以上文的潜水面罩案为例，尽管涉案权利要求中的"镜片"没有限定形状，但是，结合说明书及附图能够毫无疑义地确定，平面镜片构成的技术方案才是发明人作出的技术贡献。基于专利权保护范围与技术贡献相一致的专利法理，由平面镜片构成的技术方案才是发明人应当享有的专利权保护范围，因此，在侵权程序中应当将镜片解释为平面镜片。

《美国专利法》实践中对权利要求的解释实行"双轨制"，在 USPTO 的专利审查和有关的诉讼程序中采用"最宽合理解释"标准，在专利侵权程序中采用有限的"推定专利权有效"原则，其正当性依据是，前一个程序中专利申请人享有较为充分的修改权利要求的自由，后一个程序中专利权人没有修改权利要求的自由。这一"双轨制"的做法，实际上也是根据专利申请人（专利权人）对权利要求有无修改机会，在前一程序中弱化权利要求语境的限定作用，在后一程序中强化语境的限定作用，与笔者的前述观点是相通的。

总结起来，权利要求的语境限定作用应当与专利申请人（专利权人）对专利权利要求享有的修改自由呈正比例关系，修改自由越大，限定作用越小，没有修改自由的，限定作用最大。从授权程序到专利确权程序，专利申请人（专利权人）享有的修改自由度趋小，语境的限定作用就应当趋大，到专利侵权程序，语境的限定作用最大。鉴于我国目前专利确权程序中，专利权人享有的修改机会和空间非常有限，因此专利确权程序中权利要求的语境限定作用和侵权程序中应当大致相仿。

（六）"语境论"下的语境分析方法

我国《专利法》第 64 条规定，"说明书及附图可以用于解释权利要求的内容"，但是《专利法》、《专利法实施细则》和《专利审查指南》均无关于专利权利要求解释的具体规则和操作方法，导致实践中容易出现两种倾向：一是不顾专利权利要求书和说明书的语境限定作用，仅以专利权利要求本身的字面含义宽泛地界定权利要求的保护范围，在上文的潜水面罩案中，专利复审委员会的解释方法即为显著的例子。二是把专利说明书中具体实施例的内容读入专利权利要求，不当地限缩权利要求的保护范围。例如，在"反射式萨格奈克干涉仪型全光纤电流互感器"发明专利权无效行政诉讼案中，专利复审委员会第 14794 号决定在对涉案专利权利要求 1 中的"全光纤电流互感器"进行界定时，引入其从属专利权利要求的附加技术特征和专利说明书实施例的内容对其进行限缩性解释，即为典型例子。最高人民法院对此予以了纠正，认为独立权利要求的含义清楚时，不能引入其从属专利权利要求的附加技术特征和专利说明书实施例的内容对其进行限缩性解释。[1]

专利权利要求解释的正确做法是，一方面，要根据权利要求的上下文、说明书及附图等语境资料确定权利要求的含义；另一方面，对于权利要求中的术语，如果其在所属技术领域具有通常含义而说明书又没有限定（包括特别限定和隐含限定）的，则不能用说明书不当地限制其含义，尤其不能把说明书中的实施例读入权利要求，限制其保护范围。对此，美国联邦巡回上诉法院在 PHILLIPS v. AWH CORP 案中作出了深入的分析，认为应当结合权利要求的上下文、说明书及附图等内部证据（权利要求的语境资料）解释权利要求的含义，确定其保护范围。[2]

基于语境主义的认识论，在专利授权确权程序中解释专利权利要求，一般要作以下语境分析，确定权利要求的含义：

（1）根据权利要求本身的上下文语境确定其术语和语词的含义，此时确定的含义往往是权利要求的字面含义。

（2）根据其他权利要求，即联系整个权利要求书的上下文语境，进行解释。在这一阶段，应当考虑独立权利要求和从属权利要求的关系，确定权利要求中术语的含义和权利要求保护范围的大小。一般情况下，应当尽量作出从属权利要求的保护范围小于独立权利要求保护范围的解释。但亦不应当绝对化，如果根据说明书经过合理的解释，发现从属权利要求和独立权利要求的保护范围一致，则只能认为权利要求的撰写质量不高，而不能为了区分各个权利要求的保护范围，强行对各个权利要求作出不符合语境、不符合实际的解释。

（3）采用说明书及附图公开的信息对权利要求进行解释。权利要求的字面含义大于其语境限定含义的，如果发明人对权利要求没有修改机会，则应当严格用语境限缩字面含义；如果发明人有修改机会的，则审查员应当建议发明人尽量作出修改。

（七）对反对"语境论"者的几点回应

反对"语境论"者担心，适用"语境论"的解释规则，存在以下几个弊端：

---

[1]　最高人民法院（2014）行提字第 17 号行政判决书。

[2]　PHILLIPS v. AWH CORP. 415 F. 3d 1311 – 1327.

（1）"语境论"会架空《专利法》第 26 条第 4 款关于"权利要求书应当以说明书为依据"的规定；（2）"语境论"会降低专利申请文件撰写质量和专利授权质量；（3）"语境论"会破坏权利要求的公示作用；（4）"语境论"会提高权利要求的解释成本。上述担心是没有必要的。

1. 适用"语境论"的解释规则不会架空《专利法》第 26 条第 4 款关于"权利要求书应当以说明书为依据"的规定

专利行政机关和法院在判断"权利要求是否以说明书为依据"时，应当首先确定权利要求的含义及其所表达的技术方案，然后才能就"权利要求是否以说明书为依据"作出判断，而不是仅仅根据权利要求的文字记载来判断"权利要求是否以说明书为依据"。由于权利要求是在说明书公开的技术内容的基础上作出的提炼和概括，权利要求和说明书之间存在千丝万缕的联系，"说明书乃权利要求之母"，因此，要确定权利要求的含义及其所表达的技术方案，就必然要将权利要求置于权利要求书、说明书等语境下来进行合理的理解。只有结合具体的语境，确定权利要求所表达的真实含义和真正的技术方案之后，才能进一步就"权利要求是否以说明书为依据"作出判断。这是适用《专利法》第 26 条第 4 款规定的基本逻辑顺序。在权利要求的字面含义过于宽泛，既无通常含义又无说明书限定的含义的情况下，权利要求无法满足"以说明书为依据"的法定标准，《专利法》第 26 条第 4 款的规定仍然可以发挥作用。而且，在权利要求记载的技术方案超出说明书公开的技术方案时，《专利法》第 26 条第 4 款的规定也能发挥作用。因此，适用"语境论"的解释规则并不会架空《专利法》第 26 条第 4 款规定的作用。

2. 适用"语境论"的解释规则不会降低专利申请文件的撰写质量和专利授权质量

（1）发明人主观上都希望撰写高质量的专利申请文件，而不希望撰写低质量的专利申请文件，甘冒被审查员驳回的风险。即使其权利要求撰写得不太好，也是能力所限或者无心之举。因此，坚持"语境论"的解释规则，不会鼓励发明人降低专利申请文件撰写质量，掌握好"语境论"的适用尺度，就不会降低专利授权质量。

（2）试图用"时机论"的权利要求解释规则来提升专利申请文件的撰写质量，既不合理，也不切实际。一方面，说明书是发明人定义其发明的技术词典，发明人有权利在说明书中定义其权利要求中的术语。因此，权利要求的解释，本来就应当适用"语境论"的解释规则。但是，为了提升专利申请文件撰写质量，违背"语境论"的解释规则，对权利要求孤立地作出宽泛的理解，并以此认定权利要求不符合授权条件，这是用不合理的解释规则来惩罚无辜的发明人，既不合法，也不合理。

另一方面，由于专利发明人不可能将说明书中的所有限定条件都写入权利要求书中，因此，试图通过"时机论"的解释规则来督促专利发明人提升专利申请文件的撰写质量，也不切实际。

（3）采用"语境论"的解释规则，并不影响专利审查员针对权利要求书的缺陷发出审查通知书、提出修改的建议。通常情况下，如果说明书中的限定能够写入权利要求中，专利审查员当然可以而且应当建议专利申请人作出修改。专利申请人如果认为审查员的建议有道理，通常也会接受建议，作出修改。因此，采用"语境论"的解释规则，并不意味着专利审查员将毫无作为，他仍然可以通过审查程序中与专利申请人之间的互动，帮助专利申请人修改、完善专利申请文件。

3. 适用"语境论"的解释规则不会破坏权利要求的公示作用

专利理论界和实务界都公认专利权利要求具有划定专利权边界的公示作用。❶ 专利权利要求就像草地上的一个篱笆，划定了社会公众与专利权人之间的边界。社会公众信赖专利权利要求的划界作用，据此从事生产、经营等活动，此种信赖利益应当予以保护，不得随意破坏，否则专利制度无法维系。因此，在解释权利要求时，应当遵循的根本原则是确保专利权利要求的公示作用免遭破坏和社会公众的信赖利益得到保护。

反对"语境论"者认为，当权利要求的文字含义清楚时，无须借助说明书来解释权利要求，否则会破坏权利要求的公示作用，损害社会公众的信赖利益。这种观点值得商榷。

（1）专利权利要求的本质不是文字，而是文字所表达的技术方案。因此，发挥公示作用的不是权利要求的文字记载本身，社会公众信赖的对象也不是权利要求的文字记载本身，而是专利文件语境下权利要求所表达的技术方案。说明书是发明人定义其发明的技术词典，是权利要求之母，因此，理解权利要求所表达的技术方案，不仅要结合权利要求的文字记载本身，还要结合其具体的语境——权利要求书的上下文、说明书及附图等。

（2）所谓权利要求的公示作用，是指权利要求授权公告后，具有公示专利权的保护范围的作用。权利要求一旦被授权公告，社会公众信赖其公示作用，相信其权利边界不会扩大，据此开展生产经营活动，由此形成信赖利益。只要授权公告后的权利要求所表达的权利边界不扩大，就不会损害权利要求的公示作用和社会公众的信赖利益。由于《专利法》第64条第1款规定，"说明书及附图可以用于解释权利

---

❶ 闫文军. 专利权的保护范围——权利要求解释和等同原则适用 [M]. 北京：法律出版社，2007：23.

要求的内容"，专利权利要求被授权后，所属领域的技术人员在解读权利要求时，也会采用"语境论"的解释规则，结合说明书及附图解释权利要求的内容。也就是说，在专利授权阶段，我们采用"语境论"的解释规则确定权利要求的保护范围；在专利授权后，由于我们仍然采用"语境论"的解释规则，从而使权利要求在授权后并不会扩大保护范围。因此，在专利授权程序中采用"语境论"的解释规则，并不会破坏权利要求的公示作用和损害社会公众对权利要求的信赖利益。

（3）专利权利要求公示所面向的社会公众，并不是宽泛意义上的社会公众，而是该专利所属技术领域的普通技术人员，即"本领域普通技术人员"❶。所属技术领域技术人员在生产经营活动中要避让在先的专利技术时，是从所属技术领域技术人员的视角来解读在先的专利技术方案，理所当然会结合在先专利的权利要求的上下文、说明书及附图等语境资料来解读专利权利要求，而不会仅仅根据其权利要求的文字记载来理解权利要求的技术方案。

综上，所属技术领域技术人员在理解权利要求记载的技术方案时，会结合权利要求的上下文、说明书及附图进行，而不会仅根据权利要求文字的表面含义确定其保护范围。因此，采用"语境论"解释权利要求，并不会破坏权利要求的公示作用，损害社会公众对权利要求的信赖利益。

4. 适用"语境论"的解释规则不会额外增加权利要求的解释成本

说明书是发明人定义其发明的技术词典，是权利要求之母。发明人通常在说明书中公开其发明技术方案、实施例等技术内容，再将其中的发明内容提炼和概括出来，写入权利要求书中。基于权利要求与说明书之间的关系，所属技术领域普通技术人员在解读权利要求的含义时，不可能孤立地进行解读，而是结合权利要求书的上下文和说明书、附图等内容进行合理的解读。因此，阅读权利要求书、说明书、附图等内容所承担的时间成本，原本就是所属技术领域技术人员在理解权利要求时所应当承担的成本。采用"语境论"的解释规则，并没有额外增加成本。

第四节 我国专利授权确权行政案件中
权利要求解释规则的发展

我国专利授权确权行政案件中的权利要求解释规则，历经了各种争论和变化，

---

❶ 《专利审查指南 2010》第二部分第四章第 2.4 节。

先后有"时机论"解释规则、"语境论"解释规则、"最大合理解释"原则和"符合发明目的"解释规则，直到最高人民法院发布《专利授权确权规定一》，其中第2—4条才基本确定行政案件中解释权利要求的规则。

一、"时机论"解释规则

"时机论"解释规则，是指在专利授权确权行政案件中对权利要求的理解通常应当采其字面的含义，对权利要求的解释应当限定时机（条件），只有对权利要求的理解有争议时，才运用说明书和附图等对权利要求进行解释。

早些年，"时机论"在专利授权确权行政案件中司空见惯。如前文所述，在精工爱普生株式会社诉国家知识产权局专利复审委员会、郑某俐、佛山凯德利办公用品有限公司、深圳市易彩实业发展有限公司发明专利权无效行政纠纷案中，专利复审委员会向最高人民法院提交的再审答辩意见中明确提出："权利要求保护范围的解释应该严格把握解释时机，以权利要求不清楚或者没有明确的唯一含义为前提。本领域对于'记忆装置'具有通常的理解，其含义明确，因此精工爱普生对'记忆装置'的解释不符合解释时机的要求。"❶

北京法院采"时机论"的判决亦不少见。例如，在"带液晶显示驱动器的8位微控制器"实用新型专利无效行政纠纷案中，北京市高级人民法院认为：权利要求是用来限定专利权的权利边界的，只有当权利要求不清楚时，才允许用说明书对权利要求进行解释，但不允许对权利要求进行限缩，以防止专利权人获得不当利益。涉案专利权利要求1保护的是一种带液晶显示驱动器的微控制器，本领域技术人员对"控制器"术语的理解不会产生歧义，因此不存在用说明书对权利要求进行解释的时机，同时，涉案专利权利要求1并未限定"控制器"的功能与公知的"控制器"有何区别，对比文件2已经披露了"LCD控制器"，故原审法院认定对比文件2中"LCD控制器"相当于涉案专利权利要求1的"控制器"是正确的。❷ 这段判决理由明确采纳了权利要求解释"时机论"的观点。

二、"语境论"解释规则

"语境论"解释规则，是指权利要求书、说明书及附图构成权利要求的语境，在

---

❶　最高人民法院（2010）知行字第53-1号行政裁定书。
❷　北京市高级人民法院（2014）高行（知）终字第1545号行政判决书。

确定专利权利要求中的术语或者词语的含义时，应当结合权利要求书、说明书及附图等语境资料对其权利要求的含义作出合理的解读，必要时也应当参考所属领域的教科书、词典等外部证据进行解释。

最高人民法院在"墨盒案第二季"中明确表达了"语境论"的观点，认为：

说明书的内容构成权利要求所处的语境或者上下文，只有结合说明书的记载，才能正确理解权利要求的含义。在这一意义上，说明书乃权利要求之母，不参考说明书及其附图，仅仅通过阅读权利要求书即可正确理解权利要求及其用语的含义，在通常情况下是不可能的。权利要求的解释就是理解和确定权利要求含义的过程。在这个过程中，必须结合说明书及其附图才能正确解释权利要求。专利复审委员会关于权利要求的解释应严格把握解释时机，以权利要求不清楚或者没有明确的唯一含义为前提的主张，既违背文本解释的逻辑，又不符合权利要求解释的实践，无法赞同。❶

在该案中，最高人民法院对专利复审委员会提出的专利权利要求解释"时机论"明确予以否定。

北京市高级人民法院在 2016 年审结的纳幕尔杜邦公司诉专利复审委员会发明专利申请驳回复审行政纠纷案中，也非常明确地表达了"语境论"的观点。该判决认为：

在专利授权程序中，对于权利要求中术语，应当结合权利要求书、说明书及附图等内部证据和所属技术领域的教科书、技术词典等外部证据，作出合理的解释，确定其真实的含义，并坚持内部证据优先于外部证据的解释规则。具体按照下列规则进行解释：当权利要求中的术语在所述技术领域有通常含义，在说明书中也有特别限定，如果该特别限定是清楚的，所属技术领域人员能够明白其特别限定的含义的，则应当采用说明书中的特别限定来确定该术语的含义；如果说明书中没有特别限定，或者特别限定不清楚，所属领域技术人员无法明白其特别限定的具体含义的，则应当采用所述技术领域的通常含义。如果该术语在所属技术领域没有通常含义，在说明书中也没有特别限定，或者特别限定不清楚的，则可以对该术语作"最宽泛的解释"，并认定权利要求得不到说明书的支持。❷

该段判决理由显然是"语境论"的观点。

尽管早些年有一些专利授权确权行政判决书采纳"语境论"解释规则，但当时"语境论"处于弱势，并没有被广泛接受。

---

❶　最高人民法院（2010）知行字第 53 – 1 号行政裁定书。

❷　北京市高级人民法院（2016）京行终 5347 号行政判决书；北京知识产权法院（2015）京知行初字第 4944 号行政判决书。

三、"最大合理解释"原则

(一) 最高人民法院适用"最大合理解释"原则第一案

我国的"最大合理解释"原则为最高人民法院首倡,与美国的"最宽合理解释"标准相似。

在李某乐诉国家知识产权局专利复审委员会、郭某、沈阳天正输变电设备制造有限责任公司发明专利权无效行政纠纷案中,最高人民法院首次提出"最大合理解释"原则,认为:

专利授权确权程序中,权利要求解释的目的在于通过明确权利要求的含义及其保护范围,对权利要求是否符合专利授权条件或者其效力如何作出判断。基于此目的,在解释权利要求用语的含义时,必须顾及专利法关于说明书应该充分公开发明的技术方案、权利要求书应当得到说明书支持、专利申请文件的修改不得超出原说明书和权利要求书记载的范围等法定要求。通常情况下,在专利授权确权程序中,对权利要求的解释采取最大合理解释原则,即基于权利要求的文字记载,结合对说明书的理解,对权利要求作出最广义的合理解释。如果说明书未对权利要求用语的含义作出特别界定,原则上应采取本领域普通技术人员在阅读权利要求书、说明书和附图之后对该术语所能理解的通常含义,尽量避免利用说明书或者审查档案对该术语作不适当的限制,以便对权利要求是否符合授权条件和效力问题作出更清晰的结论,从而促使申请人修改和完善专利申请文件,提高专利授权确权质量。本案中,本专利权利要求1中记载全光纤电流互感器至少由光电单元和光纤电流感应单元连接构成,并没有记载"反射膜"的技术特征,"反射膜"的技术特征出现在权利要求1的从属权利要求10的附加技术特征中。说明书中既没有将具有"反射膜"的技术方案作为背景技术描述,也没有用"反射膜"这一技术特征对权利要求1所述的"全光纤电流互感器"作出特别界定,说明书中的相关内容仅能说明本专利在对应于从属权利要求10的进一步的优选实施例中,采用了光纤端面镀反射膜的方式,并不是指本专利权利要求1中的"全光纤电流互感器"具有此处描述的特定含义。第14794号决定在对权利要求1中的"全光纤电流互感器"进行界定时,引入其从属权利要求的附加技术特征和说明书的内容对其进行限缩性解释,适用法律错误,本院予以纠正。❶

---

❶　最高人民法院(2014)行提字第17号行政判决书。

1. 最高人民法院提出的"最大合理解释"原则的具体含义不易把握

一方面，最高人民法院强调"原则上应采取本领域普通技术人员在阅读权利要求书、说明书和附图之后对该术语所能理解的通常含义"；另一方面，又强调"尽量避免利用说明书或者审查档案对该术语作不适当的限制，以便对权利要求是否符合授权条件和效力问题作出更清晰的结论，从而促使申请人修改和完善专利申请文件，提高专利授权确权质量"。

上述两个方面并不十分和谐。对于前者而言，"本领域普通技术人员在阅读权利要求书、说明书和附图之后对该术语所能理解的通常含义"，是用权利要求书、说明书和附图限定权利要求后的含义，说明书中的特别界定、隐含限定以及发明目的均有限定作用。对于后者而言，"尽量避免利用说明书或者审查档案对该术语作不适当的限制，以便对权利要求是否符合授权条件和效力问题作出更清晰的结论，从而促使申请人修改和完善专利申请文件，提高专利授权确权质量"则意味着尽量对权利要求作宽泛的理解，不用说明书限定权利要求的含义，以此督促专利申请人修改权利要求，提高授权确权的质量。

正是上面两个方面的表述并不完全和谐，使得"最大合理解释"原则的具体含义在实践中很难准确把握。不少判决书对权利要求的解释尺度偏大，对"合理解释"重视不足。

2. 我国专利确权案件中借鉴美国的"最宽合理解释"标准，合理性存疑

最高人民法院提出的"最大合理解释"原则似乎是借鉴自美国权利要求解释的"最宽合理解释"标准。美国专利商标局确实未区分专利授权程序以及授权后的确权程序，一概适用"最宽合理解释"标准。美国联邦最高法院在 Cuozzo 案中也认定美国专利商标局在专利授权后的多方复审程序（IPR）中适用"最宽合理解释"标准是正确的，主要理由之一是专利权人在 IPR 程序中享有的修改权利要求的自由和机会比较充分。但是，在我国专利确权程序中，专利权人享有的修改权利要求的自由和机会比授权程序中要小得多，比美国 IPR 程序中专利权人享有的修改自由也小得多，因此，我国的专利确权程序中借鉴美国的"最宽合理解释"标准，合理性存疑。

（1）我国专利确权程序中对专利权人修改权利要求的限制比美国 IPR 程序严格得多。

《美国专利法》关于 IPR 程序中权利要求的修改规则体现于第 316 条（d）项，具体如下：

（d）对专利的修改

（1）一般地，在根据本章启动的多方复审程序中，专利权人可以采用以下一种或多种方式提出一次动议来修改权利要求：

（A）删除任何受挑战的专利权利要求。

（B）对于任一受挑战的权利要求，提出一定合理数量的替代权利要求。

（2）额外的动议——当专利无效请求人和专利权人为了实质性推进第317条项下的争议程序而共同提出要求，或者专利局长签发的规则允许专利权人还享有额外的动议机会以修改权利要求。

（3）权利要求的保护范围——本节项下的修改不得扩大权利要求的保护范围或引入新的内容。❶

由上面的规定可以看出，在IPR程序中，专利权人享有的修改权利要求的机会虽然受到一定的限制，但修改自由还是较大的，并非像我国那样严格。诚如美国联邦最高法院在Cuozzo案中所言：在IPR程序中，专利权人拥有至少一次修改权利要求的机会，并且在此前的行政程序（专利申请审查程序）中拥有多次的修改机会，适用"最宽合理解释"标准对专利权人并非不公平。

与美国相比，在我国的专利确权程序中，专利权人享有的修改权利要求的机会和自由受到严格的限制。

《专利审查指南2010》第四部分第三章之"4.6.1修改原则"规定："发明或者实用新型专利文件的修改仅限于权利要求书，其原则是：（1）不得改变原权利要求的主题名称。（2）与授权的权利要求相比，不得扩大原专利的保护范围。（3）不得超出原说明书和权利要求书记载的范围。（4）一般不得增加未包含在授权的权利要求书中的技术特征。"

由上可见，在我国的专利确权程序中，修改权利要求书的具体方式受到了严格的限制，比美国IPR程序中权利要求修改方式的限制严格多了。在此情况下，借鉴美国IPR程序中的"最宽合理解释"标准，正当性存疑，对专利权人并不公平。

（2）我国专利确权程序中权利要求解释标准的适用应当考虑专利权人修改权利要求的自由度。

适用"最宽合理解释"原则的一项重要的正当性依据是，专利权人对权利要求享有比较充分的修改机会。美国联邦最高法院赞成在IPR程序中适用"最宽合理解释"标准的重要理由之一，即是认为专利权人在IPR程序中享有比较充分的修改权利要求的机会。如果专利权人没有修改权利要求的机会，或者修改机会受到严格的限制，不允许对权利要求中文字的字面含义进行限缩性修改，适用"最宽合理解释"

---

❶ 35 U. S. C. A. § 316.

标准就缺乏正当性。因此，整体上而言，我国专利确权程序中应当适用何种权利要求解释规则，取决于专利权人享有的修改权利要求的自由度。

根据《专利审查指南 2010》和《国家知识产权局关于修改〈专利审查指南〉的决定》（2017）的有关规定，在专利确权程序中，修改权利要求书的具体方式一般限于权利要求的删除、技术方案的删除、权利要求的进一步限定、明显错误的修正。修改的自由度较小，因此，适用"最宽合理解释"标准的正当性依据并不充分。

（二）最高人民法院对"最大合理解释"原则的最新态度

"最大合理解释"原则出现后，颇受欢迎，一些案件的当事人纷纷主张对专利权利要求作"最大合理解释"。但是，最高人民法院近年来对该规则作了新的阐释，不再采宽泛的含义，而更加强调"合理解释"。

例如，在（2019）最高法知行终 61 号行政纠纷案中，某公司主张："根据'最大合理解释'原则，涉案专利权利要求 1 中的'计算'应解释为本领域技术人员所理解的通常含义，即由已知量算出未知量，而不应限制其具体中间过程。对比文件 1 与本专利权利要求 1 均是对采集的三个参考回波信号进行计算以得出校正参数，故本专利权利要求 1 不具备新颖性。"对此，最高人民法院认为："本专利权利要求 1 中'计算'一词的解释，不应当简单以其字面含义为准，而应当以本领域技术人员阅读权利要求书和说明书及附图后的理解为准。即便在适用所谓的最大合理原则解释权利要求时，亦应当在权利要求用语最大含义范围内，以'合理'解释为出发点和落脚点。结合本专利发明目的、说明书及附图对'计算'的解释与说明可知，本专利中的'计算'并不包括所有可能的计算方式，而是有其特定含义。"

从以上论述来看，最高人民法院对"最大合理解释"原则进行了重新阐述，强调以"合理"解释为出发点和落脚点，并结合涉案专利发明目的、说明书及附图对"计算"的解释与说明，认为涉案专利中的"计算"并不包括所有可能的计算方式，而是有其特定含义。这实际从根本上扭转了"最大合理解释"原则的适用标准，更加强调说明书的限定作用，强调专利发明目的的限定作用。这个意义上的"最大合理解释"已经不是原来意义上的"最大合理解释"。最高人民法院之所以重新阐述"最大合理解释"的含义，大概是因为最高人民法院《专利授权确权规定（一）》第 2 条的精神与最高人民法院（2014）行提字第 17 号行政判决书首次提出的"最大合理解释"原则有所不同。目前应当适用最新的司法解释，不应再适用原来意义上的"最大合理解释"原则。

四、"符合发明目的"解释规则

"符合发明目的"解释，是指对专利权利要求中的用语，应当作出符合说明书记载的专利要实现的发明目的的解释，凡是不能实现发明目的的技术内容，应当排除出权利要求的保护范围。

在侵权案件中对权利要求作"符合发明目的"的解释，早已成为定论。但是，在专利授权确权案件中是否对权利要求作"符合发明目的"的解释，早些年争议很大，反对声音很多。

2019年12月9日，最高人民法院知识产权法庭公开宣判了两起涉及同一专利的民事、行政案件，分别为（2019）最高法知行终142号实用新型专利权无效行政纠纷案和（2019）最高法知民终366号侵害实用新型专利权纠纷案。

这两个案件有三点值得特别关注：（1）行政案件和民事案件合并审理，最高人民法院知识产权法庭首次探索同步审理涉及同一专利的专利权无效行政案件和侵权民事案件；（2）专利权无效行政案件和侵权案件中的权利要求解释规则基本一致；（3）最高人民法院在专利权无效行政案件中正式表态：说明书中描述的发明目的对权利要求的解释有重要作用，这表明最高人民法院在专利权无效行政案件中正式确立了符合发明目的的权利要求解释原则。

两案涉及同一实用新型专利，其中一个共同争议焦点是如何解释涉案专利权利要求。

对于权利要求1中的"过温保护点位于所述桥堆散热器与所述印板配合处的反面"，实正公司主张应解释为桥堆散热器的装配区域的反面，即桥堆散热器整体在印板上的投影区域的反面；乐金公司主张应解释为散热器与印板接触处的反面。实正公司还主张涉案专利通过温度叠加效应实现温度监控。

最高人民法院对两案中涉及的权利要求解释问题一并作出认定，并在两案判决中进行了基本一致的论述。最高人民法院指出：

在进行权利要求解释时，应以权利要求的文义为基础，结合说明书及其附图对权利要求中的技术术语进行合理的解释。其中，当用说明书及其附图解释权利要求时，说明书中描述的发明目的对权利要求的解释有重要作用。

对于涉案专利权利要求1中的"过温保护点位于所述桥堆散热器与所述印板配合处的反面"，其应解释为过温保护点位于散热器与印板的接触面的反面，具体理由如下：

第一，从权利要求的文义来看，权利要求使用了"配合处"这一表述，即表明桥堆散热器与印板之间有相互配合的具体位置，而过温保护点位于该位置的反面。

实正公司主张"配合处"应理解为桥堆散热器整体在印板上的投影区域，其范围超出了桥堆散热器与印板之间相互配合的具体位置，脱离了权利要求的文义。

第二，从涉案专利说明书记载的内容来看，根据涉案专利说明书附图 2 以及说明书的相关记载可以确定，桥堆设置在散热器上，由桥堆及散热器这两个元件所组成的组件整体为涉案专利所述的桥堆散热器，散热器与印板配合接触，桥堆不与印板接触，桥堆散热器与印板发生配合的配合处应为散热器与印板为了配合而接触的配合接触面。

第三，从涉案专利的发明目的来看，涉案专利旨在通过设置具有两条完整稳定的热传导通道，对散热器和桥堆同时进行温度控制。对于第二条完整稳定的热传导路径而言，只有过温保护点设置在散热器与印板的接触面的反面，才能稳定地获取散热器穿过印板传导来的热量，实现热敏元件的过温检测灵敏的技术效果。否则，散热器的热量需要在到达印板反面后继续通过印板扩散到过温保护点，热量的扩散会导致热量的耗散，这样就会导致过温保护点处采集的热量不能准确反映散热器的热量，从而使热敏元件不能准确地进行过温检测，即不能实现第二条完整稳定的热传导路径。涉案专利权利要求 2 记载的优选实施例将过温保护点尽量设置于靠近螺钉锁定位置的附近，亦可佐证将过温保护点设置于散热器与印板的配合接触面的反面，才能够实现第二条完整稳定的热传导路径。因此，过温保护点位于散热器与印板的接触面的反面是本发明为了解决其所要解决的技术问题而旨在保护的技术方案。

第四，从实正公司作为权利人的陈述来看，实正公司在无效宣告程序的口审中明确陈述"配合处就是连接处"，进一步说明了本领域技术人员对"配合处"的通常理解。权利人在无效宣告程序中放弃的技术方案亦不能在侵犯专利权纠纷案件中纳入专利权的保护范围。

基于上述认定，最高人民法院最终认定涉案专利权利要求 1 相对于现有技术具备创造性，同时认定被诉侵权技术方案不落入涉案专利权利要求的保护范围。

这是最高人民法院在专利无效行政诉讼案件中首次作"符合发明目的"的解释，具有重大的开创性意义。此后，最高人民法院在专利无效案件中均贯彻了"符合发明目的"的解释规则。

五、《专利授权确权规定（一）》确定的解释规则

2020 年 9 月 10 日，最高人民法院发布《专利授权确权规定（一）》，自 2020 年 9 月 12 日起施行。

《专利授权确权规定（一）》第 2 条规定：

人民法院应当以所属技术领域的技术人员在阅读权利要求书、说明书及附图后

所理解的通常含义，界定权利要求的用语。权利要求的用语在说明书及附图中有明确定义或者说明的，按照其界定。

依照前款规定不能界定的，可以结合所属技术领域的技术人员通常采用的技术词典、技术手册、工具书、教科书、国家或者行业技术标准等界定。

上述规定确定了我国专利授权确权行政案件中解释权利要求的规则。

（一）授权确权案件和侵权案件中解释规则的对比

下面结合《专利授权确权规定（一）》和《最高人民法院关于审理侵犯专利权纠纷案件应用法律若干问题的解释》（法释〔2009〕21号，以下简称《侵犯专利权司法解释》）的有关规定进行对比和分析（见表2）。

表2　授权确权案件和侵权案件中解释规则对比

授权确权案件中的解释规则	侵权案件中的解释规则
《专利授权确权规定（一）》 **第二条**　人民法院应当以所属技术领域的技术人员在阅读权利要求书、说明书及附图后所理解的通常含义，界定权利要求的用语。权利要求的用语在说明书及附图中有明确定义或者说明的，按照其界定。 依照前款规定不能界定的，可以结合所属技术领域的技术人员通常采用的技术词典、技术手册、工具书、教科书、国家或者行业技术标准等界定。	《侵犯专利权司法解释》 **第二条**　人民法院应当根据权利要求的记载，结合本领域普通技术人员阅读说明书及附图后对权利要求的理解，确定专利法第五十九条第一款规定的权利要求的内容。 **第三条**　人民法院对于权利要求，可以运用说明书及附图、权利要求书中的相关权利要求、专利审查档案进行解释。说明书对权利要求用语有特别界定的，从其特别界定。 以上述方法仍不能明确权利要求含义的，可以结合工具书、教科书等公知文献以及本领域普通技术人员的通常理解进行解释。

从表2来看，二者虽然措辞略有不同，但是含义基本是一样的，可以说专利授权确权案件和侵权案件中的解释规则基本趋于一致。

具体来讲，《专利授权确权规定（一）》第2条之"人民法院应当以所属技术领域的技术人员在阅读权利要求书、说明书及附图后所理解的通常含义，界定权利要求的用语"，等同于《侵犯专利权司法解释》第2条之"人民法院应当根据权利要求的记载，结合本领域普通技术人员阅读说明书及附图后对权利要求的理解，确定专利法第五十九条第一款规定的权利要求的内容"。二者只是措辞表达不同，实质含义完全一样——应当以所属技术领域的技术人员在阅读权利要求书、说明书及附图后所理解的通常含义界定权利要求的内容。

《专利授权确权规定（一）》第2条之"权利要求的用语在说明书及附图中有明

确定义或者说明的，按照其界定"与《侵犯专利权司法解释》第 3 条第 1 款之"说明书对权利要求用语有特别界定的，从其特别界定"表达的含义完全一样，都强调以说明书特定界定的含义为准。

《专利授权确权规定（一）》第 2 条之"依照前款规定不能界定的，可以结合所属技术领域的技术人员通常采用的技术词典、技术手册、工具书、教科书、国家或者行业技术标准等界定"与《侵犯专利权司法解释》第 3 条第 2 款之"以上述方法仍不能明确权利要求含义的，可以结合工具书、教科书等公知文献以及本领域普通技术人员的通常理解进行解释"表达的含义完全一样，即依据内部证据无法确定权利要求的含义的，可以依据外部证据确定权利要求的含义。

唯一的不同是，《专利授权确权规定（一）》第 2 条之"人民法院应当以所属技术领域的技术人员在阅读权利要求书、说明书及附图后所理解的通常含义，界定权利要求的用语"与《侵犯专利权司法解释》第 3 条之"人民法院对于权利要求，可以运用说明书及附图、权利要求书中的相关权利要求、专利审查档案进行解释"略有不同。前者解释权利要求所依据的内部证据中没有明确包括专利审查档案，而后者则包括专利审查档案。但是，最高人民法院民事审判第三庭林广海、李剑等法官撰写的代表官方意见的《〈最高人民法院关于审理专利授权确权行政案件适用法律若干问题的规定（一）〉的理解与适用》❶ 明确认为司法实践中可以根据具体情况将专利审查档案作为参考因素之一。

综合来看，《专利授权确权规定（一）》和《侵犯专利权司法解释》都强调内部证据（权利要求书、说明书及附图）优先原则，要根据本领域技术人员阅读权利要求书、说明书及附图后所理解的含义确定权利要求的内容，不能脱离权利要求书、说明书及附图对权利要求进行孤立的解读；根据内部证据无法确定权利要求的含义的，再依据外部证据（公知常识性证据）确定其含义。

（二）《专利授权确权规定（一）》第 2 条确定的解释规则

1. 内部证据优先于外部证据

《专利授权确权规定（一）》第 2 条第 1 款表达的含义是要依据权利要求书、说明书及附图来界定权利要求的用语，说明书有特别界定的，从其界定。第 2 款表达的含义是依据内部证据不能界定权利要求的用语的，可以依据外部证据。即解释权

---

❶ 林广海，李剑，杜微科，等.《最高人民法院关于审理专利授权确权行政案件适用法律若干问题的规定（一）》的理解与适用［J］. 法律适用，2021（4）.

利要求的用语，要遵循内部证据优先于外部证据的原则。对此，《〈最高人民法院关于审理专利授权确权行政案件适用法律若干问题的规定（一）〉的理解与适用》作了明确的阐述。

2. 发明目的对于权利要求具有限定作用

《〈最高人民法院关于审理专利授权确权行政案件适用法律若干问题的规定（一）〉的理解与适用》明确认为，原征求意见稿中的"发明目的"被《专利授权确权规定（一）》第 2 条"所属技术领域的技术人员阅读权利要求书、说明书"所涵盖，故不再单独作出规定。据此，依据《专利授权确权规定（一）》第 2 条解释权利要求的用语时，应当作出符合发明目的的解释。

3. 说明书的隐含限定对权利要求有限定作用

根据《专利授权确权规定（一）》第 2 条的规定，人民法院应当以所属技术领域的技术人员在阅读权利要求书、说明书及附图后所理解的通常含义，界定权利要求的用语。"阅读权利要求书、说明书及附图后所理解的通常含义"，并非由公知常识性外部证据证明的宽泛含义，而是由本领域技术人员基于其知识水平在阅读权利要求书、说明书及附图后所理解的含义。据此，说明书中的隐含限定对权利要求有限定作用。当然，隐含限定不同于实施例。隐含限定是结合专利说明书的背景技术、发明目的、发明内容、技术效果等读出来的隐含之义，用它来限定权利要求的含义，具有合理性。用实施例来限定权利要求，则缺乏合理性。

4. 内部证据不包括专利审查档案并不表明其对权利要求的解释没有任何作用

《专利授权确权规定（一）》第 2 条列举的内部证据包括权利要求书、说明书及附图，没有专利审查档案。根据《〈最高人民法院关于审理专利授权确权行政案件适用法律若干问题的规定（一）〉的理解与适用》一文，没有列举专利审查档案，主要有两点原因：（1）从社会征求意见的反馈情况看，对于界定权利要求的用语是否要考虑专利审查档案，争议较大；（2）专利授权确权行政案件的核心争议在于被诉决定的合法性以及涉案专利（申请）的合法性，而被诉决定以及当事人在行政程序中提交的修改、意见陈述等，本身即构成涉案专利（申请）的审查档案的一部分。为发挥权利要求书以及专利（申请）文件本身的公示作用，应引导权利人（申请人）尽量通过修改专利（申请）文件以符合《专利法》的相关规定。没有被国务院专利行政部门接受的修改，以及权利人（申请人）单方作出的意见陈述，均具有较强的主观性且未向社会公众公示。司法实践中，可根据具体案情将其作为参考因素之一。据此，在专利授权确权案件中，界定权利要求的用语并不必然排斥专利审查档案，可以视情况参考。

5. 小　结

《专利授权确权规定（一）》实施后，专利授权确权行政案件中解释权利要求和侵权案件中解释权利要求采取基本相同的规则，都以所属领域普通技术人员阅读权利要求书、说明书及附图后理解的含义为准，说明书中的特别界定和隐含限定对权利要求都有限定作用，说明书中记载的发明目的对权利要求有限定作用；当根据权利要求书、说明书及附图等内部证据不足以确定权利要求中用语的含义的，可以依据所属领域的公知常识性证据确定其含义。唯一的区别是侵权案件中解释权利要求时还要参考专利审查档案，而专利授权确权案件中解释权利要求时可以酌情决定是否参考专利审查档案。

（三）其他规则

《专利授权确权规定（一）》第 3 条规定："人民法院在专利确权行政案件中界定权利要求的用语时，可以参考已被专利侵权民事案件生效裁判采纳的专利权人的相关陈述。"这是反向禁止反悔。该条规定与专利侵权案件中的禁止反悔规则组合在一起，构成双向禁止反悔规则，对专利权人（申请人）来说是一个比较大的考验。这要求专利权人（申请人）在专利授权确权和侵权案件中都要谨言慎行，要尽可能保持一致的解释，不能为了一时之利而随意解读权利要求。

《专利授权确权规定（一）》第 4 条规定："权利要求书、说明书及附图中的语法、文字、数字、标点、图形、符号等有明显错误或者歧义，但所属技术领域的技术人员通过阅读权利要求书、说明书及附图可以得出唯一理解的，人民法院应当根据该唯一理解作出认定。"这和《最高人民法院关于审理侵犯专利权纠纷案件应用法律若干问题的解释（二）（2020 修正）》第 4 条的规定几乎一样，表明专利授权确权程序和侵权程序的解释规则保持了一致。

六、《专利授权确权规定（一）》实施后的案例及其解释规则

笔者以 Alpha 商业数据库为检索工具，对最高人民法院适用《专利授权确权规定（一）》第 2 条的案例进行检索和分析，现将截至 2023 年 4 月 24 日有代表性的案例及解释规则归纳如下。

（一）在专利授权确权程序中，无论适用哪个法律条款均应当对权利要求作同一解释，且均应当作符合发明目的的解释

在（2021）最高法知行终 987 号行政纠纷案中，最高人民法院认为：

在判断独立权利要求是否缺少必要技术特征时，仍应考虑说明书中记载的发明目的等内容，基于对权利要求的合理解释得出结论。第一，不论适用哪一法律条款判断专利权利要求是否应当授权或者维持有效，权利要求的解释应当保持一致。换言之，在专利授权确权程序中应当基于对权利要求的同一解释，判断专利权利要求是否符合专利法和专利法实施细则有关条款的规定。第二，结合说明书对权利要求作出合理解释，其关键在于"合理"。这意味着在解释时既要以权利要求的内容为准，又不能脱离说明书和附图，包括发明目的等内容在内的说明书及附图均可以用于解释权利要求。在此标准下，不会因权利要求的解释问题架空专利法实施细则第二十条第二款的规定。

以前有一种观点认为，适用《专利法》第 26 条、2010 年《专利法实施细则》第 20 条第 2 款等法律条款时应当尽量对权利要求作字面意义上的理解，不应采用说明书对权利要求进行解释，尤其不能进行限缩性解释，否则就会架空《专利法》第 26 条、2010 年《专利法实施细则》第 20 条第 2 款等条款，不利于提升专利文件撰写质量。上述（2021）最高法知行终 987 号判决否定了这种观点，强调无论适用哪个法律条款均应当对权利要求作相同的合理的解释。这是《专利授权确权规定（一）》实施以来最高人民法院就此类争议作出的最新判决，阐述了最新的解释规则，值得关注。

（二）"最大合理解释"原则应受发明目的的限定，以"合理"解释为出发点和落脚点

在（2019）最高法知行终 61 号行政纠纷案中，涉案专利权利要求 1 如下：

1. 一种平面回波成像序列的图像重建方法，其特征在于，包括如下步骤：

获取平面回波成像数据 Si，并同时采集三条没有经过相位编码的参考回波信号 R1、R2、R3，所述三条参考回波信号分别为偶信号、奇信号以及偶信号；

通过所述参考回波信号计算出需要对所述平面回波成像数据进行校正的参数；

将所述平面回波成像数据沿读出方向进行一维傅里叶变换得变换结果 FSi，并用所述校正参数校正 FSi，计算出校正后的平面回波成像数据；

对校正后的平面回波成像数据沿相位编码方向做一维傅里叶变换得到图像。

关于涉案专利权利要求 1 是否具备新颖性，各方争议集中于如何解释涉案专利权利要求 1 中的"计算"。被诉决定将"计算"限缩解释为"直接进行计算"。一审法院不同意被诉决定的认定，认为：

首先，"计算"一词对于本领域技术人员而言是具有明确清晰含义的，即根据已知量算出未知量，这与专利权人自创的技术术语不同，通常并不需要借助说明书中的相关界定来理解其含义。

其次，即便需要对权利要求进行解释，也应遵循一定的原则，且其目的在于明确权利要求中相关用语的含义，并合理界定专利权的保护范围。最高人民法院在 (2014) 行提字第 17 号行政判决中针对专利授权确权程序中权利要求解释方法所提出的"最大合理解释原则"也同样适用于本案。

最后，遵循"最大合理解释原则"并具体到本案情形，涉案专利说明书中既未针对权利要求 1 中的"计算"进行专门界定，也没有与"直接进行计算"相关的任何表述，在此情况下，应当对"计算"作出最广义的解释，且此种广义解释也未超出合理范围。被诉决定将"计算"限缩解释为"直接进行计算"，实质上是先将说明书中记载的具体实施方式进行归纳总结，再将其与对比文件 1 中计算校正数据的方法进行比较后得出的结论。这种解释权利要求的方法将带来极大的不确定性，而且何为"直接"本身就是模糊的，权利要求 1 的保护范围反而将因此变得不清楚，不符合对权利要求进行解释的目的。

国家知识产权局上诉认为：

一审法院用最大合理解释原则来解释权利要求 1 中"计算"系法律适用不当，导致对新颖性的认定错误。"最大合理解释"原则必须满足"合理"这一条件。"计算"不能进行最广义的解释，权利要求 1 中"通过所述参考回波信号计算出需要对所述平面回波成像数据进行校正的参数"应指不损失其相位以及其他信息的直接计算方式，而不包括对比文件 1 中将 S1 + S3 平均后损失某些信息的间接计算。原审法院对"计算"的解释会导致权利要求 1 的保护范围中包含明显不合理的属于涉案专利排除在外的现有技术方案。被诉决定根据说明书的记载将"计算"解释为"直接进行计算"既符合涉案专利申请文件中的客观记载，亦符合专利权人的主观保护意图，是对权利要求 1 保护范围的正确认定。

对此，最高人民法院认为：

涉案专利权利要求 1 中"计算"一词的解释，不应当简单以其字面含义为准，而应当以本领域技术人员阅读权利要求书和说明书及附图后的理解为准。即便在适用所谓的最大合理原则解释权利要求时，亦应当在权利要求用语最大含义范围内，以"合理"解释为出发点和落脚点。结合涉案专利发明目的、说明书及附图对"计算"的解释与说明可知，涉案专利中的"计算"并不包括所有可能的计算方式，而是有其特定含义。首先，涉案专利在背景技术及发明内容部分指出，现有技术通过第一个和第二个回波信号计算出相位差异，把这些相位差作为校正量来校正采集到的图像数据，并不能有效消除 N/2 伪影；二维相位校正法消除 N/2 伪影的效果虽比较好，但序列采集时间延长，平面回波成像序列失去了快速成像的优点。正因如此，涉案专利为了克服上述缺陷，意在提供一种更为精准的平面回波成像序列的图像重建方法。可见，涉案专利的发明目的已经明确排除了两个回波信号计算相位差异因而损失相位信息的计算方法。其次，本领域技术人员通过阅读说明书及附图能够理解，涉案专利权利要求 1 中的"计算"是不损失相位以及其他信息情况下的直接计算，不应当将"计算"一词根据字面含义进行解释。对比文件 1 虽也采集三个参考回波信号，即第一参考回波 S1＋、第二参考回波 S2－和第三参考回波 S3＋，但其所公开的计算过程为：先将第一参考回波 S1＋和第三参考回波 S3＋计算得到一个插值回波 S2＋，再利用该插值回波 S2＋和第二参考回波 S2－计算出校正参数。这种计算方式将损失第一参考回波 S1＋和第三参考回波 S3＋中的部分信息，导致校正的精准度有所欠缺，而这正是涉案专利所要避免的。可见，对比文件 1 中的"计算"与涉案专利权利要求 1 中的"计算"并不相同。对比文件 1 并没有公开涉案专利权利要求 1 中不损失相位信息及其他信息情况下的直接计算方式。因此，涉案专利权利要求 1 未被对比文件 1 公开，应当认定具备新颖性。原审法院的有关认定，不予认可。国家知识产权局及联影公司的相关上诉请求成立，予以支持。

从上述表述来看，最高人民法院分三个层次来论述：

（1）最高人民法院认为，对涉案专利权利要求 1 中"计算"一词的解释，不应当简单以其字面含义为准，而应当以本领域技术人员阅读权利要求书和说明书及附图后的理解为准。

（2）最高人民法院对一审判决援引的"最大合理解释"原则进行了阐述，认为即便适用"最大合理解释"原则解释，亦应当在权利要求用语最大含义范围内，以"合理"解释为出发点和落脚点。

（3）最高人民法院结合涉案专利发明目的、说明书及附图对"计算"的解释与说明，认为涉案专利中的"计算"并不包括所有可能的计算方式，而是有其特定含义。

最高人民法院（2014）行提字第 17 号行政判决书首倡"最大合理解释"原则，认为"尽量避免利用说明书或者审查档案对该术语作不适当的限制，以便对权利要求是否符合授权条件和效力问题作出更清晰的结论，从而促使申请人修改和完善专利申请文件，提高专利授权确权质量"。其后，"最大合理解释"原则经常得到援引，而且往往强调作广义的解释，而对"合理"解释重视不足。

（2019）最高法知行终 61 号行政纠纷中，最高人民法院对"最大合理解释"原则进行了重新论述，强调以"合理"解释为出发点和落脚点，并结合涉案专利发明目的、说明书及附图对"计算"的解释与说明，认为涉案专利中的"计算"并不包括所有可能的计算方式，而是有其特定含义。这实际从根本上扭转了"最大合理解释"原则的适用标准，更加强调说明书的限定作用，强调专利发明目的的限定作用。这个意义上的"最大合理解释"已经不是原来意义上的"最大合理解释"。

第五章 专利申请文件和专利文件的修改

第一节 专利申请文件的修改

一、《专利法》第33条的基本文义

《专利法》第33条规定："申请人可以对其专利申请文件进行修改，但是，对发明和实用新型专利申请文件的修改不得超出原说明书和权利要求书记载的范围，对外观设计专利申请文件的修改不得超出原图片或者照片表示的范围。"根据《专利审查指南2010》的规定，对专利申请文件的修改不得超出原说明书和权利要求书记载的范围，原说明书和权利要求书记载的范围包括原说明书和权利要求书文字记载的内容和根据原说明书和权利要求书文字记载的内容以及说明书附图能直接地、毫无疑义地确定的内容。❶ 以上是关于专利申请文件修改的实证法律规范。

从法理上进行解读，《专利法》第33条包括以下两层含义。

（一）《专利法》第33条允许专利申请人对专利申请文件进行修改

（1）专利申请人有修改专利申请文件的现实需要。专利申请文件的撰写难免存在缺陷，为了使专利申请文件更加精确、完美，修改是十分正常的。比如，对说明书作一些局部的调整、完善，对权利要求重新进行调整、概括，这些都是显而易见的需要。

（2）专利申请人的修改自由应当受到保障。修改专利申请文件，既是专利申请人的现实需要，也是其基本的权利。专利申请文件是专利申请人的作品，专利申请

---

❶ 《专利审查指南2010》第二部分第八章"5.2.1.1修改的内容和范围"。

人对此享有修改的自由和权利，这一点毋庸置疑，应当受到保障，只要专利申请人对专利申请文件的修改不损害社会公众的利益、不过度拖延专利审查程序，就应当受到尊重和保障。

（3）允许专利申请人修改专利申请文件，有利于完善和提高我国的专利质量。我国《专利法》实施刚满40年，实践经验尚不够丰富，专利文件的撰写水平、专利的质量都有待提升。赋予专利申请人修改专利申请文件的自由，可以有效提升专利申请文件的质量和授权专利的质量，具有积极的现实意义。

（二）《专利法》第33条对专利申请文件的修改进行了限制

《专利法》第33条赋予专利申请人修改专利申请文件自由的同时，也对修改自由进行了限制，即"对发明和实用新型专利申请文件的修改不得超出原说明书和权利要求书记载的范围，对外观设计专利申请文件的修改不得超出原图片或者照片表示的范围"。限制修改自由的目的在于：（1）维系我国的专利先申请制度；（2）避免专利申请人滥用修改权利，损害社会公众的信赖利益。下文详细阐述，此处暂且不论。

二、《专利法》第33条的立法目的

尽管《专利法》和《专利审查指南2010》对专利申请文件的修改作出了具体的规定，但是实践中对上述法条的适用标准存在极大的争议。何谓"原说明书和权利要求书记载的范围"？如何理解"根据原说明书和权利要求书文字记载的内容以及说明书附图能直接地、毫无疑义地确定的内容"？对这些问题的理解，争议较大。

为了准确适用上述法律规定，理解《专利法》第33条的立法目的，极为重要。概括起来，《专利法》第33条旨在实现以下立法目标：

（1）维护先申请制度，防止专利申请人抢占申请日，然后在申请日后补入新的发明内容，获得不当利益。根据《专利法》第9条的规定，我国实行专利先申请制度，当两个以上的申请人分别就同样的发明创造申请专利的，专利权授予最先申请的人。先申请制度与先发明制度相比，其优点在于制度实施成本低、效率高，容易操作。这是因为证明谁是先申请人相比于证明谁是先发明人，要容易得多。但是，先申请制度也可能会导致专利申请人急于将尚未完成的发明向国家知识产权局提出专利申请，抢占专利申请日，然后再补充完善技术方案，并通过修改的方式将申请日后完成的技术内容补入专利申请文件。为了消除先申请制度可能带来的弊端，从根本上维护先申请制度，有必要防止专利申请人抢占申请日并将申请日后完成的技术内容补入专利申请文件;《专利法》第 33 条旨在实现这一制度目标。因此,适用《专利法》第 33 条,就要防止专利申请人将申请日后完成的技术内容补入专利申请文件,只要对专利申请文件的修改不引入新的技术内容,就符合《专利法》第 33 条的规定。

(2)维护信赖利益保护原则,避免损害社会公众信赖专利申请文件所产生的信赖利益。专利申请文件一经公开,社会公众就信赖专利申请文件记载的技术内容,并据此展开生产经营活动。如果专利申请人补入新的技术内容,则意味着其变更了技术方案,这样必然会损害社会公众对原专利申请文件的信赖利益。因此,《专利法》第 33 条的又一个立法目的是要维护信赖利益保护原则。

(3)实现专利申请人的利益与社会公众利益之间的平衡。《专利法》第 33 条一方面允许专利申请人修改专利申请文件,保护专利申请人的利益;另一方面又对专利申请文件的修改进行限制,保护社会公众信赖专利申请文件所产生的信赖利益,实现专利申请人的利益和社会公众信赖利益的平衡。

三、《专利法》第 33 条的适用标准

(一)实践中的情况

专利授权确权实践中,国家知识产权局贯彻《专利审查指南》的规定,坚持《专利法》第 33 条的适用标准是"对专利申请文件的修改不得超出原说明书和权利要求书记载的范围,原说明书和权利要求书记载的范围包括原说明书和权利要求书文字记载的内容和根据原说明书和权利要求书文字记载的内容以及说明书附图能直接地、毫无疑义地确定的内容"。判断方法是确定修改后的内容在原说明书和权利要求书中有没有明确的文字记载,或者能否根据原说明书和权利要求书直接地、毫无疑义地确定。所谓"直接地、毫无疑义地确定",就是判断原说明书和权利要求书是否明确表达了修改后的内容。

最高人民法院相继审理的几个比较典型的涉及《专利法》第 33 条的案件,表述并不完全相同。

在"墨盒案第一季"中,最高人民法院认为:

对于"原说明书和权利要求书记载的范围",应该从所属领域普通技术人员角度出发,以原说明书和权利要求书所公开的技术内容来确定……原说明书和权利要求书记载的范围应该包括如下内容:一是原说明书及其附图和权利要求书以文字或者图形等明确表达的内容;二是所属领域普通技术人员通过综合原说明书及其附图和

权利要求书可以直接、明确推导出的内容。只要所推导出的内容对于所属领域普通技术人员是显而易见的，就可认定该内容属于原说明书和权利要求书记载的范围。与上述内容相比，如果修改后的专利申请文件未引入新的技术内容，则可以认定对该专利申请文件的修改未超出原说明书和权利要求书记载的范围。❶

从上述表述来看，"原说明书和权利要求书记载的范围" = "原说明书和权利要求书明确表达的内容" + "从原说明书和权利要求书可以直接、明确推导出的内容"。

在"墨盒案第二季"中，最高人民法院继续坚持"墨盒案第一季"的适用标准。❷

然而，在"后换挡器支架"案中，最高人民法院的表述有所变化，认为：

"原说明书和权利要求书记载的范围"具体可以表现为：原说明书及其附图和权利要求书以文字和图形直接记载的内容，以及所属领域普通技术人员根据原说明书及其附图和权利要求书能够确定的内容。审查专利申请文件的修改是否超出原说明书和权利要求书记载的范围，应当考虑所属技术领域的技术特点和惯常表达、所属领域普通技术人员的知识水平和认知能力、技术方案本身在技术上的内在必然要求等因素，以正确确定原说明书和权利要求书记载的范围。❸

从该判决的表述来看，"原说明书和权利要求书记载的范围" = "原说明书和权利要求书直接记载的内容" + "根据原说明书和权利要求书能够确定的内容"。

"墨盒案"和"后换挡器支架"案法律适用标准的差异在于，前者为"根据原说明书和权利要求书能够直接、明确推导出的内容"，后者为"根据原说明书和权利要求书能够确定的内容"，前者的范围似乎大于后者的范围。

最高人民法院知识产权法庭作出的（2021）最高法知行终 440 号行政判决书则又回到了最高人民法院"墨盒案"中提出的标准。该案中，最高人民法院认为：

根据专利法第三十三条的规定，对发明和实用新型专利申请文件的修改不得超出原说明书和权利要求书记载的范围。对于"原说明书和权利要求书记载的范围"，应该从所属领域技术人员角度出发，以原说明书和权利要求书所公开的技术内容来确定。原说明书和权利要求书记载的范围应该包括如下内容：一是原说明书及其附图和权利要求书以文字或者图形等明确表达的内容；二是所属领域技术人员通过综合原说明书及其附图和权利要求书可以直接、明确地推导出的内容。虽然申请人在权利要求中增加的内容在原专利申请文件中并未明确记载，但是，如果该增加的内容已为原专利申请文件所隐含公开，属于所属领域技术人员通过阅读原专利申请文

---

❶ 最高人民法院（2010）知行字第 53 号行政裁定书。
❷ 最高人民法院（2010）知行字第 53 – 1 号行政裁定书。
❸ 最高人民法院（2013）行提字第 21 号行政裁定书。

件，结合发明目的，能够直接、明确地推导出的内容，则该修改应该得到允许。

（二）《专利法》第33条适用标准解析

实践中对于如何适用《专利法》第33条存在很多争议，并未达成共识。笔者认为，为了妥善适用《专利法》第33条，应当回归该条的立法目的，只有符合立法目的的适用标准，才合法、妥当。前文已述，《专利法》第33条的立法目的在于维护专利先申请制度、保护社会公众的信赖利益、维护专利申请人利益和社会公众信赖利益的平衡。为了实现《专利法》第33条的上述立法目的，应当将《专利法》第33条的适用标准确定为修改后的专利申请文本（或专利文本）未引入原说明书及权利要求书中未公开的技术内容。

（1）《专利法》第33条规定中"原说明书和权利要求书记载的范围"应当理解为"原说明书和权利要求书公开的范围"，"记载的范围"即为"公开的范围"。对"记载的范围"不应当作机械的理解，不能狭隘地理解为原说明书和权利要求书文字明确记载的范围，而应当理解为原说明书和权利要求书公开的内容。专利申请人向社会公开的技术信息范围，即为社会公众信赖的范围。只要修改后的内容不超出原说明书和权利要求书公开的范围，就不会损害社会公众的信赖利益。这是其一。其二，只要修改后的内容不超出原说明书和权利要求书公开的范围，也就不会冲击我国的专利先申请制度。为了维护专利先申请制度，专利申请人不得将申请日后作出的发明内容写入原专利申请文件。如果修改后的内容未超出原说明书和权利要求书公开的范围，则意味着专利申请人未将申请日后做出的未记载在原申请文件中的发明内容写入原专利申请文件，也就意味着专利先申请制度得到了维护。其三，坚持"修改后的内容不超出原说明书和权利要求书公开的范围"，也能较好地实现专利申请人的利益和社会公众利益之间的平衡。一方面，确保专利申请人在原说明书和权利要求书公开的范围内享有修改专利申请文件的自由，可以较好地保障专利申请人的利益。另一方面，确保专利申请人对专利申请文件的修改不超出原说明书和权利要求书公开的范围，也能保障社会公众对原专利申请文件产生的信赖利益。总之，将《专利法》第33条规定中"原说明书和权利要求书记载的范围"解释为"原说明书和权利要求书公开的范围"，符合《专利法》第33条的立法目的。

（2）"公开的范围"不仅包括原专利申请文件中明确公开的范围，也包括隐含公开的范围。❶ 看一篇专利说明书公开了什么内容，不仅要看其文字明确公开了什么

---

❶ 最高人民法院（2021）最高法知行终440号行政判决书即采该观点，认为授权程序中在权利要求中增加的内容为原专利申请文件所隐含公开，属于所属领域技术人员通过阅读原专利申请文件，结合发明目的，能够直接、明确地推导出的内容，则该修改应该得到允许。

内容，还要看其字里行间隐含公开了什么内容。例如，对于涉案专利申请所属领域的公知常识，即使说明书未明确记载，但已隐含其间，所属技术领域通过阅读说明书能够知道其间隐含这一公知常识的，应当认定该公知常识被说明书公开了。在撰写专利申请文件时，专利申请人没有必要、也不可能将每一个技术信息都交代得十分详细，这样既无必要，也浪费时间和精力。所属技术领域的公知常识即使不写入专利文件，也隐含在专利文件中，所属领域技术人员完全可以解读出来。比如，涉案专利申请的发明客体为自行车，由于车轮是自行车的常规部件，此乃公知常识，即使权利要求书和说明书未明确记载车轮，也应当认为该专利申请隐含公开了车轮这一部件。专利申请人事后通过修改加入车轮部件，符合《专利法》第 33 条的规定。又如，涉案专利申请的客体为一个无线电子通信装置，原专利申请文件记载了收发信号的接收机和发射机，没有记载天线部件。由于接收机和发射机之间通过天线完成信号收发是不言自明的公知常识，因此，即使专利申请文件未记载天线部件，该无线电子通信装置也当然公开了天线这一部件。专利申请人在专利申请日后通过修改的方式将天线加入原专利申请文件，符合《专利法》第 33 条的规定。最高人民法院（2021）最高法知行终 440 号行政判决书即明确表达了该观点，认为：

> 专利法第三十三条规定，申请人可以对其专利申请文件进行修改，但是，对发明和实用新型专利申请文件的修改不得超出原说明书和权利要求书记载的范围……虽然申请人在权利要求中增加的内容在原专利申请文件中并未明确记载，但是，如果该增加的内容已为原专利申请文件所隐含公开，属于所属领域技术人员通过阅读原专利申请文件，结合发明目的，能够直接、明确地推导出的内容，则该修改应该得到允许。

（3）只要修改的内容未超出原专利说明书和权利要求书公开或隐含公开的技术信息的范围，就符合《专利法》第 33 条的规定。换句话说，与原专利说明书和权利要求书公开（包括隐含公开）的技术信息相比，申请日后通过修改方式补入的技术信息不属于新的技术信息，这种修改方式就符合《专利法》第 33 条的规定。

（4）判断修改是否符合《专利法》第 33 条的规定，应当站在所属技术领域技术人员的视角进行。所属技术领域的技术人员，是指一种假设的"人"，假定他知晓申请日或者优先权日之前发明所属技术领域所有的普通技术知识，能够获知该领域中所有的现有技术，并且具有应用该日期之前常规实验手段的能力，但他不具有创造能力。统一判断主体，对于认定原专利说明书和权利要求书公开的技术信息的范围，对于认定修改是否符合《专利法》第 33 条的规定，具有重要意义。

四、说明书和权利要求书的具体修改规则

根据《专利法》第 33 条的规定，说明书的修改，只要不超出原说明书及权利要求书记载的范围（公开的技术信息的范围），即符合法定要求。权利要求书的修改亦如此。但是，在不超出原说明书及权利要求书记载范围的前提下，修改后的权利要求是否可以扩大保护范围？对此还有必要作进一步的讨论。目前，实务界存在两种观点。

观点一：以专利申请文件是否向社会公众公开为标准作出区分，对于实用新型专利申请以及尚未公开的发明专利申请，修改后的权利要求能够以说明书为依据的，即认定该修改没有超出原说明书和权利要求书记载的范围；对于已经公告的发明专利申请，专利申请人以原说明书、附图中记载的技术内容为依据，在原权利要求限定的保护范围内进行修改，并且修改后的权利要求能够以说明书为依据的，即认定该修改没有超出原说明书和权利要求书记载的范围。

该观点认为，一旦专利申请文件通过国家知识产权局向社会公众公开，原权利要求就为社会公众所知晓，社会公众对该权利要求的保护范围产生信赖，形成信赖利益。如果专利申请人事后通过修改的方式扩大了权利要求的保护范围，就会损害社会公众信赖原权利要求所产生的信赖利益。因此，基于信赖利益保护原则，公开后的权利要求不得通过修改的方式扩大其保护范围。对于实用新型专利申请以及尚未公开的发明专利申请，由于尚未向社会公众公开，社会公众对之并未产生信赖利益，修改后的权利要求即使扩大保护范围，也不会对社会公众造成任何损害，因此，只要能够得到说明书的支持，即为合法。

观点二：不区分专利申请文件是否向社会公众公开，只要修改后的权利要求能够得到原说明书和权利要求书的支持，即认定该修改没有超出原说明书和权利要求书记载的范围。这种观点也被称为"支持论"，即修改后的权利要求得到原说明书和权利要求书的支持。

贯彻"支持论"的观点会损害社会公众的信赖利益吗？假设专利申请文本公开后，修改后的权利要求虽然能够得到说明书的支持，但是扩大了保护范围，这会损害社会公众的信赖利益吗？如果社会公众信赖的对象仅仅是原专利申请文件的权利要求，则贯彻"支持论"的观点会损害社会公众的信赖利益。否则，即不会损害社会公众的信赖利益。因此，关键是要确定发明专利申请公开后、授权前社会公众的信赖对象和预期是什么。对此，应当结合《专利法》第 33 条的规定进行分析。《专利法》第 33 条已明文规定，专利申请人可以修改原权利要求书和说明书。因此，社

会公众应当预见，专利申请人在申请日后极有可能修改权利要求书，其既可能扩大原权利要求的保护范围，也可能缩小原权利要求的保护范围，两种修改方式只要不超出原说明书和权利要求书公开的范围，都是合法的。专利申请文件公开后，社会公众信赖的对象是原说明书和权利要求书，而不仅仅是原权利要求书。因此，只要修改后的权利要求不超出原说明书和权利要求书公开的范围，能够得到说明书支持的，就符合《专利法》第 33 条的规定。贯彻"支持论"的观点并不会损害社会公众的信赖利益。

在"计算机监控防误装置专用电磁锁"实用新型专利权无效行政纠纷案中，北京市高级人民法院表达了"支持论"的观点，认为："权利要求书的修改，只要能够得到原说明书和权利要求书的支持，表明其意图获得的保护范围与其在原说明书和权利要求书中的技术贡献是匹配的，既不会获得不正当的利益，也不会损害他人合法权益，因此应当予以允许。"❶

欧洲专利局也采纳上述第二种观点。根据《欧洲专利公约》第 123 条第 2 款的规定，修改后的专利申请文件不得包含任何超越原申请内容的客体。实践中，在遵循该项规定的前提下，扩大权利要求保护范围的修改方式是允许的，只要修改后的权利要求没有超出原申请文件公开的内容。❷

五、典型案例及规则

（一）专利授权程序中申请人修改权利要求时增加的内容为原专利申请文件隐含公开的，应当允许

在成都植源机械科技有限公司（以下简称植源公司）与国家知识产权局发明专利申请驳回复审行政纠纷案❸中，涉案专利申请系名称为"一种高压自紧式法兰"的发明专利申请，申请人为植源公司，申请日为 2016 年 11 月 24 日。驳回决定所针对的权利要求 1 如下所示：

1. 一种高压自紧式法兰，主要由套节、卡套、T 型密封环和球型螺母、螺栓组成，其特征在于：T 型密封环由筋部和唇部组成，套节为两个，两套节夹紧 T 型密封环的筋部，卡套为上下两个，两卡套夹紧套节，在卡套作用下，与管道形成整体；

---

❶ 北京市高级人民法院（2014）高行终字第 66 号行政判决书。

❷ 汉斯·高德，克里斯·阿贝尔特，王志伟. 欧洲专利公约手册［M］. 北京：知识产权出版社，2008：66－68.

❸ 最高人民法院（2021）最高法知行终 440 号行政判决书。

两卡套夹紧套节后，两卡套之间的间隙为 δ，δ≥3mm；两套节的密封锥面与 T 型密封环的两唇部分别形成密封。

2018 年 11 月 5 日，国家知识产权局经其原审查部门审查，决定驳回涉案专利申请。

2019 年 2 月 15 日，植源公司向国家知识产权局提出复审请求，并提交了权利要求书的修改文本，将权利要求 3、4 以及说明书中的部分内容并入权利要求 1，修改后的权利要求 1 如下：

1. 一种高压自紧式法兰，主要由套节、卡套、T 型密封环和球型螺母、螺栓组成，其特征在于：T 型密封环由筋部和唇部组成，套节为两个，两套节夹紧 T 型密封环的筋部，卡套为上下两个，两卡套夹紧套节，在卡套作用下，与管道形成整体；两套节的密封锥面与 T 型密封环的两唇部分别形成密封；两卡套夹紧套节后，两卡套之间的间隙为 δ，δ≥3mm；T 型密封环的唇部为斜面结构，斜面的倾斜角度为 β，β≥5°；套节与 T 型密封环的唇部外斜面接触过盈配合而存在的过盈角度为 α，5°≤α≤12°，β<α；T 型密封环套于套节中时，T 型密封环的筋部与套节之间存在间隙 h，h>0；安装完成后两套节的端面与密封环的筋部紧密接触。

2019 年 7 月 25 日，国家知识产权局向植源公司发出复审通知书，指出：植源公司在提出复审请求时对涉案专利申请权利要求 1 增加的技术特征"β<α"并未记载在原说明书和权利要求书中，也不能由原说明书和权利要求书所记载的内容直接地、毫无疑义地确定，上述修改超出了原说明书和权利要求书记载的范围，不符合《专利法》第 33 条的规定。

2020 年 2 月 13 日，植源公司向国家知识产权局提交意见陈述书，但未修改申请文件，其认为：（1）从说明书第［0031］－［0032］段的记载内容可以看出，α=8°，β=6°，因此可以得出 β<α 的结论；（2）由说明书第［0013］段"由于密封环与法兰端面通过锥面接触，形成一种几何弹性接触"可以看出，套节与密封环之间产生挤压，从而形成弹性接触。因此，从说明书文字描述和具体实施例可以得出"β<α"的技术特征，上述修改并未超出原说明书和权利要求书记载的范围。

2020 年 3 月 17 日，国家知识产权局作出被诉决定认为：涉案专利申请在权利要求 1 中增加了技术特征"β<α"，然而上述增加的技术特征并未记载在原说明书和权利要求书中，也不能由原说明书和权利要求书所记载的内容直接地、毫无疑义地确定，即上述修改超出了原说明书和权利要求书记载的范围，不符合《专利法》第 33 条的规定。国家知识产权局据此决定：维持其于 2018 年 11 月 5 日对涉案专利申请作出的驳回决定。

植源公司不服，向一审法院提起诉讼，认为涉案专利申请的修改未超出原说明书和权利要求书记载的范围，符合《专利法》第 33 条的规定。植源公司在涉案专利申请权利要求 1 中增加的技术特征 "$\beta < \alpha$"，可以从涉案专利申请说明书第［0013］段、第［0036］段、第［0059］段得出，只有在该种情形下才能够实现涉案专利申请说明书记载的密封原理。而当 $\beta > \alpha$ 时，加大螺栓的预紧力之后，套节的斜面不会与密封环唇部进行线接触，当管道承压后，套节斜面下面向上挤压，此时该斜面距离密封环唇部更远，不会实现密封与自紧的作用，也不会形成几何弹性接触，即无法实现涉案专利申请的密封原理。同时，涉案专利申请说明书第［0031］和第［0032］段记载了 $\alpha = 8°$，$\beta = 6°$，即公开的一个实施例也印证了 $\beta < \alpha$ 的角度大小关系。因此，本领域技术人员结合涉案专利申请说明书记载的工作原理以及相应实施例的角度数据，可以毫无疑义地得出涉案专利申请中 $\beta < \alpha$ 的角度关系。

一审法院认为，只有当 "$\beta < \alpha$" 时，才能实现涉案专利申请说明书记载的技术效果，本领域技术人员对于 "$\beta < \alpha$" 这一修改时增加的技术特征，可以由原说明书和权利要求书所记载的内容直接地、毫无疑义地确定，该修改符合《专利法》第 33 条的规定，国家知识产权局对此认定错误。

国家知识产权局不服一审判决，提起上诉。

最高人民法院认为：

根据专利法第三十三条的规定，对发明和实用新型专利申请文件的修改不得超出原说明书和权利要求书记载的范围。对于"原说明书和权利要求书记载的范围"，应该从所属领域技术人员角度出发，以原说明书和权利要求书所公开的技术内容来确定。原说明书和权利要求书记载的范围应该包括如下内容：一是原说明书及其附图和权利要求书以文字或者图形等明确表达的内容；二是所属领域技术人员通过综合原说明书及其附图和权利要求书可以直接、明确地推导出的内容。虽然申请人在权利要求中增加的内容在原专利申请文件中并未明确记载，但是，如果该增加的内容已为原专利申请文件所隐含公开，属于所属领域技术人员通过阅读原专利申请文件，结合发明目的，能够直接、明确地推导出的内容，则该修改应该得到允许。

涉案专利申请要求保护一种高压自紧式法兰。说明书第［0013］段记载，涉案专利申请的有益技术效果是由于密封环与法兰端面通过锥面接触，形成一种几何弹性接触，压力越高，自紧密封性能越好。第［0036］段记载，继续加大螺栓预紧力，使套节与密封环产生适当线接触力，形成密封，这个过程称作"预紧"；当管道承压后，密封环出现自紧作用，形成有效的自紧密封。第［0059］段记载，随管道内压的增加，T 型环的唇部与套节的密封锥面越贴越紧，即是说，密封面的密封比压增大，形成自紧而无泄漏。结合本专利说明书公开的内容可知，只有在 T 型密封环的唇部斜面倾斜角度 β 大于套节与 T 型密封环的唇部外斜面接触过盈配合而存在的过

盈角度 α 的情况下，才能使套节与密封环产生适当线接触力，形成密封，并实现压力越高，自紧密封性能越好的技术效果。具体而言：

在 $\beta < \alpha$ 的情况下，T 型密封环的唇部外斜面与套节密封锥面呈线接触状态，产生线接触力。当高压介质通过管道时，高压介质会给 T 型密封环唇部的内面一个向外的压力，T 型密封环的唇部外斜面受到高压作用发生向外的弹性形变，其与套节密封锥面的密封比压随着管道内压力的增强而增大，T 型密封环的唇部与套节密封锥面越贴越紧，从而实现涉案专利申请说明书所记载的压力越高，自紧密封性能越好的技术效果。

而在 $\beta > \alpha$ 的情况下，当管道内部通过高压介质时，T 型密封环的唇部内外两侧均受压，套节密封锥面与密封环的唇部外斜面无法形成接触压强，无法实现涉案专利申请说明书所记载的压力越高，自紧密封性能越好的技术效果。

在 $\beta = \alpha$ 的情况下，T 型密封环的唇部外斜面与套节斜面即法兰端面完全贴合，无法形成线接触力，只能形成面接触力。当管道内部通过高压介质时，T 型密封环的唇部形成强度整体，无法实现涉案专利申请说明书所记载的压力越高，自紧密封性能越好的技术效果。

可见，虽然 $\beta < \alpha$ 没有记载在原专利申请文件中，但本领域技术人员从原说明书和权利要求书中可以直接、明确地推导出，只有在 $\beta < \alpha$ 的情况下，才能实现涉案专利申请说明书所记载的技术效果，实现涉案专利申请的发明目的，$\beta < \alpha$ 已被原专利申请文件所隐含公开。故植源公司对涉案专利申请的修改未超出原说明书和权利要求书记载的范围，符合专利法第三十三条的规定。

评述

在上述案件中，最高人民法院重申了"墨盒案第一季"（2010）知行字第 53 号行政裁定书中的观点，认为原说明书和权利要求书记载的范围包括原说明书及其附图和权利要求书以文字或者图形等明确表达的内容，也包括所属领域技术人员通过综合原说明书及其附图和权利要求书可以直接、明确地推导出的内容。

最高人民法院进一步认为，虽然申请人在权利要求中增加的内容在原专利申请文件中并未明确记载，但是如果该增加的内容已为原专利申请文件所隐含公开，属于所属领域技术人员通过阅读原专利申请文件，结合发明目的，能够直接、明确地推导出的内容，则该修改应该得到允许。

从以上表述来看，最高人民法院认为"所属领域技术人员通过原说明书及其附图和权利要求书可以直接、明确地推导出的内容"就是原专利申请文件隐含公开的内容。因此，最高人民法院通过该案阐述了《专利法》第 33 条的适用标准：对发明和实用新型专利申请文件的修改不得超出原专利申请文件公开的范围和隐含公开的范围。至于什么是原专利申请文件隐含公开的范围，这需要本领域技术人员结合专利申请文件记载的背景技术、发明目的、发明内容、技术效果和本领域的公知常识作出判断，只要是从原专利申请文件中可以直接、明确地推导出来的内容，均属于隐含公开的内容。这一裁判标准值得关注。

（二）专利授权程序中申请人修改的权利要求能够得到原说明书和权利要求书支持的，应当允许

在南京胜太电力工程有限公司与专利复审委员会及珠海优特电力科技股份有限公司实用新型专利权无效行政纠纷案❶中，涉案专利名称为"计算机监控防误装置专用电磁锁"的实用新型专利，申请号为 200620126279.9，申请日为 2006 年 10 月 30 日，授权公告日为 2008 年 2 月 6 日。涉案专利申请时的权利要求书如下：

1. 一种电磁锁，在锁的动作点设置一对常闭常开双接点的微开关，微开关接入计算机监控系统回路，其特征是锁的不同动作使微开关状态发生变化，通过微开关把锁的状态信号准确传送给计算机监控系统。

2007 年 6 月 29 日，国家知识产权局向南京胜太电力工程有限公司（以下简称胜太公司）发出补正通知书，指出涉案专利的原始申请文献存在缺陷。胜太公司收到国家知识产权局发出的上述补正通知书后，对涉案专利文献进行了相应的修改。胜太公司对涉案专利文献进行第一次修改后，国家知识产权局于 2007 年 8 月 17 日向胜太公司发出《著录项目变更通知书》和《第二次补正通知书》，上述通知书指出涉案专利说明书附图的说明部分不完整，缺少对附图 4 的说明，不符合《专利法实施细则》第 18 条第 1 款第（四）项的规定，胜太公司应该对其进行修改。胜太公司收到国家知识产权局的上述通知书后，再次对涉案专利的申请文献进行了修改。修改之后，国家知识产权局于 2008 年 2 月 6 日对涉案专利授予了实用新型专利权。

涉案专利授权公告的权利要求书如下："1. 计算机监控防误装置专用电磁锁，其特征是线圈与行程开关相接，锁芯设置在线圈的一侧，指示钉与行程开关相接；接地插孔、微开关装在锁体上，接地棒通过接地插孔与微开关在工作状态下相接，解锁孔安装在锁芯的一侧。"

相对于原说明书，授权的说明书第 1 页第 3 段增加"提供一种计算机监控防误装置专用电磁锁"，第 1 页第 4 段增加"其特征是线圈与行程开关相接，锁芯设置在线圈的一侧，指示钉与行程开关相接；接地插孔、微开关装在锁体上，接地棒通过接地插孔与微开关在工作状态下相接，解锁孔安装在锁芯的一侧"，第 2 页倒数第 2

---

❶　北京市高级人民法院（2014）高行终字第 66 号行政判决书。

段增加"对照附图，其结构是线圈 2 与行程开关 3 相接，由行程开关 3 控制线圈电源的通断，锁芯 4 设置在线圈 2 的一侧，工作时，它将锁芯 4 吸合，指示钉 5 与行程开关 3 相接，工作时指示灯亮；接地插孔 6、微开关 7 装在锁体上，接地棒 9 通过接地插孔 6 与微开关 7 在工作状态下相接，通过微开关 7 的通断显示接地棒 9 是否插入接地插孔 6；解锁孔 8 安装在锁芯 4 的一侧，接地线接入孔 10 装在接地棒 9 内，用于装入接地线"。

原说明书记载的"由于接地棒 9 的插入而改变了微开关 7 的触片 12 的位置，从而向计算机监控系统发出状态信号"，在授权的说明书中被修改为"微开关 7 由于接地棒的插入而改变状态，从而向计算机监控系统发出状态信号"。

2012 年 4 月 23 日，珠海优特电力科技股份有限公司（以下简称优特公司）针对涉案专利向专利复审委员会提出无效宣告请求，其理由包括涉案专利授权程序中说明书及权利要求 1 的修改不符合《专利法》第 33 条的规定。

2012 年 7 月 18 日，专利复审委员会举行了口头审理。2012 年 7 月 20 日，专利复审委员会作出第 19033 号决定，认为：

（1）关于微开关。原说明书及权利要求书记载的"微开关"为：在锁的动作点设置一对常闭常开双接点的微开关，微开关接入计算机监控系统回路，通过微开关把锁的动作信号准确输送到计算机监控系统。授权的权利要求 1 中除限定"微开关装在锁体上"之外未对"微开关"的数量、结构类型以及信号传递途径进行任何限定。不再限制微开关的数量使得其保护范围由原来的一对变成涵盖多对或者不成对，而且现实中也常常会担心一对微开关的接点不可靠或需要提供多对接点的情况，而采用多对接点；不再限制微开关的结构类型使得其保护范围由原来的常闭常开双接点开关变成涵盖仅有常开，或者仅有常闭，或者单接点开关等各种类型；此外，原申请文件中仅记载了微开关接入计算机监控系统回路这样唯一一种信号传递途径的工作方式，而不再限制上述计算机监控系统的信号采集途径同样会导致权利要求 1 保护范围的扩大。因此，对于"微开关"的修改客观导致了授权的权利要求 1 不当地扩大了保护范围，而且该保护范围的扩大不能根据原说明书和权利要求书记载的范围无法直接地、毫无疑义地确定，因此超出了原说明书和权利要求书记载的范围，不符合《专利法》第 33 条的规定。

（2）关于接地棒。授权的权利要求 1 及说明书第 1 页倒数第 4 行、第 2 页倒数第 4 行中的"接地棒通过接地插孔与微开关在工作状态下相接"并未在原申请文件记载，而且，原说明书第 1 页最后 1 段具体实施方式部分记载的"由于接地棒 9 的插入而改变了微开关 7 的触片 12 的位置，从而向计算机监控系统发出状态信号"，在授权的说明书第 3 页具体实施方式中被修改为"微开关 7 由于接地棒的插入而改变状态，从而向计算机监控系统发出状态信号"。一方面，原申请文件对微开关有特定限定；另一方面，上述修改将原带有触片的微开关扩大为任意形式的微开关，涵盖了不在原申请范围内的"触点式微开关""点帽微开关"等各种微开关形式，不当地扩大了保护范围；再者，原始公开的技术内容"接地棒改变微开关的触片的位置"变为"接地棒与微开关在工作状态下相接"，上述技术内容的改变并不能从原说明书和权利要求书记载的范围中直接地、毫无疑义地确定，因此上述对说明书和权利要求书的修改不符合《专利法》第33条的规定。

（3）关于接地插孔、微开关、锁体，解锁孔、锁芯、线圈之间的位置关系。授权的权利要求1及说明书中增加了"接地插孔、微开关装在锁体上"的技术特征，但"锁体"这一措辞并未在原申请文件记载，虽然原说明书附图1中标示出"接地插孔6"和"微开关7"，但现有技术中电磁锁整体、电磁锁外壳或者锁的固定件都可以称为锁体，对于具有立体结构的电磁锁来说，上述增加的特征是无法从原说明书和权利要求书记载的范围中直接地、毫无疑义地确定的。

授权的权利要求1及说明书中增加了"解锁孔安装在锁芯的一侧"的技术特征。原说明书附图1中附图标记8（解锁孔）分别出现在线圈2之上以及线圈2与微开关7之间的位置。因此根据原说明书和权利要求书记载的范围，尤其包括说明书附图均无法直接地、毫无疑义地确定上述增加的技术特征。

综上所述，以上列出的各处修改要么直接导致了权利要求1修改超范围；要么由于对说明书的修改影响到对应的权利要求1的保护范围，因此应当宣告权利要求1无效。由于涉案专利全部权利要求不符合《专利法》第33条的规定，因此专利复审委员会对于提出的其他无效宣告请求理由及证据本决定不再涉及。

综上，专利复审委员会作出第19033号决定，宣告涉案专利全部无效。

胜太公司不服第19033号决定提起行政诉讼。

北京市第一中级人民法院认为：

涉案专利的授权文本将原始申请文本权利要求书中对"微开关"的具体限定全部删除，使得修改后权利要求的保护范围扩大至所有类型的微开关，而涉案专利原始说明书除了对"常开常闭两副接点"微开关可以适用于涉案专利产品有明确记载外，对其他类型的微开关是否适用于涉案专利产品均未予以记载，从该说明书中也无法直接地、毫无疑义地推导出全部类型的微开关均适用于涉案专利产品的结论。因此，涉案专利授权文本中对于"微开关"的记载亦缺乏相应的修改依据，属于修改超范围。

涉案专利原始授权文本说明书中记载有"由于接地棒（9）的插入而改变了微开关（7）触片（12）的位置，从而向计算机监控系统发出状态信号"的内容。从该内容可知，原始申请文本中对于接地棒和微开关之间如何配合进行了描述，其详细指出两个部件之间的配合是通过"改变触片位置"这一具体动作实现的。涉案专利授权文本将上述配合关系修改为"接地棒通过接地插孔与微开关在工作状态下相接"，上述修改使得两个部件之间通过何种动作实现配合的技术内容被删除，从而使得接地棒和微开关之间还存在其他多种工作配合方式或动作，而其他方式的配合方式或动作方式在涉案专利原始申请文本中并未记载。因此，涉案专利授权公告文本的上述修改超出了原始文本的记载范围，亦无法从原始文本中直接地、毫无疑义地推导出，属于修改超范围。

涉案专利原始申请文本中的附图 1 已经明确显示了"解锁孔（8）安装在锁芯（4）的一侧"的技术特征，在涉案专利授权文本中所补充加入的上述信息是本领域技术人员从涉案专利原始申请文本中可以直接推导出的技术内容，第 19033 号决定中关于在涉案专利授权公告文本中增加了上述技术特征属于修改超范围的认定错误，应当予以纠正。

第 19033 号决定的事实认定虽然存在部分错误，但该决定中关于涉案专利授权文本中"微开关"和"接地棒"的修改不符合《专利法》第 33 条规定的认定正确，涉案专利授权文本仍存在修改超范围的缺陷，要求撤销第 19033 号决定的诉讼请求应当不予支持。

北京市第一中级人民法院依照《行政诉讼法》第 54 条第（一）项之规定，判决：维持第 19033 号决定。

胜太公司不服一审判决，向北京市高级人民法院提起上诉，请求撤销一审判决和第 19033 号决定，判令专利复审委员会重新作出无效宣告请求审查决定。其上诉理由是：（1）一审法院以机械行业标准对微开关进行定义解释，从而认为对微开关的修改超出原申请文件保护范围，不符合《专利法》的规定，应当予以撤销。涉案专利原说明书和涉案专利说明书中均出现"微开关"、"一对常闭常开双接点的微开关"和"常开常闭两副接点"，三组词在同一含义上交替使用。"微开关"就是指"一对常闭常开双接点的微开关"，这种修改在原说明书中有依据，并未产生新的内容，未超出原说明书和权利要求书记载的范围。（2）"电磁锁通过何种方式向计算机监控系统传递信号"的技术特征并未从原权利要求书中删除，涉案专利说明书第 3 页第 3－5 行已经对电磁锁通过何种方式向计算机监控系统传递信号进行了清楚说明和限定，因而涉案专利权利要求书这样修改只是改变了表述方式，计算机监控系统的信号采集方式仍是唯一确定的，既未超出原说明书和权利要求书记载的范围，也未导致权利要求保护范围的扩大。一审判决对此事实认定错误。（3）"由于接地棒 9 的插入而改变了微开关 7 的触片 12 的位置"与"微开关由于接地棒的插入而改变状态"表述的是同一个意义，这种修改是能够直接地、毫无疑义地确定的，没有超范围。(4) 优特公司在一审庭前提交的证据即 JB/T3022 - 2004 机械行业标准，在法庭上并未质证，不能作为定案依据。一审判决将此作为定案依据，违反法定程序。

北京市高级人民法院认为：

1. 关于专利申请文件的修改规则

《专利法》第 33 条的立法目的：(1) 保护专利申请人的修改权利。一方面，在程序上，应当给予修改的机会；另一方面，在实体上，只要是原说明书和权利要求书公开的技术贡献，只要程序上符合要求，原则上应当允许专利申请人通过修改将原说明书和权利要求书公开的技术贡献纳入保护范围。(2) 限制专利申请人的修改。一方面，应当维护先申请原则，不允许增加原说明书和权利要求书没有公开的技术信息，架空先申请原则，获得不正当利益；另一方面，应当防止修改专利申请文件而损害他人合法权益。

在授权之前，影响专利申请文件修改是否超范围的主要因素有：(1) 修改对象，权利要求书和说明书的作用不同，法律地位不同，修改规则也不完全相同。在授权之前，说明书的修改应当严格遵守先申请原则，不允许增加原说明书和权利要求书没有公开的技术信息，架空先申请原则。说明书的修改，如果产生了本领域技术人员不能从原说明书和权利要求书中直接地、毫无疑义地确定的技术内容，这样的修改应当被认定为超范围。权利要求书的修改，只要能够得到原说明书和权利要求书的支持，表明其意图获得的保护范围与其在原说明书和权利要求书中的技术贡献是匹配的，既不会获得不正当的利益，也不会损害他人合法权益，因此应当予以允许。(2) 修改时机，主动修改和被动修改的规则也不相同，如果是主动修改，只要符合先申请原则，没有增加与原说明书和权利要求公开的技术内容之外的技术信息，而且符合技术贡献匹配原则，能够得到原说明书和权利要求书公开的技术内容的支持，就不会获得不正当的利益，又不会损害社会公众的利益，应当予以准许。如果是被动修改，除上述限制外，应当遵守国家知识产权局的相关要求。如果不遵守国家知识产权局规定的限制条件，可能导致专利审查程序的不适当拖延，浪费审查成本。

2. 关于微开关的修改

一审法院没有对优特公司提交的 JB/T 3022—2004 机械行业标准进行质证即予以采信，确属程序违法。虽然有关微开关的证据没有经过质证，但是该证据系用于确定本领域技术人员的知识水平，即使没有该证据，本领域技术人员也能够知晓微开关的类型。胜太公司也认可关于微开关类型的相关认定。因此，一审法院的程序瑕疵，并不影响相关事实认定，不足以支持胜太公司的上诉主张。胜太公司的相关上诉主张，应当不予支持。

在本案中，争议的关键在于权利要求书关于"微开关"的修改是否符合《专利法》第33条的规定。涉案专利权利要求书对"微开关"的修改，相对于原说明书和权利要求书公开的技术信息而言，有两方面的影响：

（1）扩大了保护范围，将所有微开关均纳入修改后的权利要求保护范围。对本领域技术人员而言，使用其他微开关或者多对微开关，是否能够实现涉案专利权利要求1所要解决的技术问题，是判断权利要求书修改是否得到原说明书和权利要求书的支持的关键。如果能够得到支持，表明权利要求书的修改并没有使专利申请人获得与其在原说明书和权利要求书中公开的技术贡献不匹配的保护范围，也不会损害他人合法权益；如果不能得到支持，表明修改后的权利要求书使专利申请人获得了与其在原说明书和权利要求书中公开的技术贡献不匹配的保护范围，专利申请人获得了不正当的利益，也可能会损害他人合法权益。

原说明书只是公开了使用一双常闭常开微开关能够实现技术方案所要解决的技术问题，没有公开本领域技术人员使用其他微开关或多对微开关是否能够实现技术方案、解决相应技术问题，因此根据本案现有证据应当认定修改后涵盖各种类型和数量的微开关得不到原说明书和权利要求书的支持，与其在原说明书和权利要求公开的技术贡献不匹配，超出了原说明书和权利要求书记载的范围。

（2）扩大了信号传递路径的具体方式。本领域技术人员在原说明书和权利要求书基础上，可以根据需要来确定信号传递路径，从而解决相应技术问题，实现相应技术效果。这种修改，虽然相对于原权利要求书扩大了保护范围，但是修改之后的保护范围能够得到原说明书和权利要求书的支持，因此这个修改并不超范围。

3. 关于接地棒的修改

关于接地棒与微开关的连接方式，说明书和权利要求书均有修改，正如前面所述，对权利要求书和说明书的修改规则不完全相同，因此应当分别予以评述。

对授权公告前的说明书的修改，应当严格遵守先申请原则，不得增加本领域技术人员依据原说明书和权利要求书不能直接地、毫无疑义地确定的技术信息。原说明书中只是公开了"接地棒改变微开关的触片的位置"，而修改以后的说明书却变为"接地棒与微开关在工作状态下相接"，很明显，修改以后的说明书相应部分将"接地棒改变微开关的触片的位置"以外的其他具体连接方式也增加进来，这些增加的技术信息，是本领域技术人员依据原说明书和权利要求书并不能直接地、毫无疑义地确定的技术信息。如果允许这样的修改，将会架空先申请原则，因此，这样的修改不应当允许，应当认定为超出了原说明书和权利要求书公开的技术信息的范围，不符合《专利法》第33条的规定。

对于授权公告前的权利要求的修改，需要判断其是否能够得到原说明书和权利要求书的支持。修改后的权利要求 1 在原说明书只是公开了"接地棒改变微开关的触片的位置"的基础上限定"接地棒与微开关在工作状态下相接",相对于原说明书记载的内容而言,明显扩大了保护范围,涵盖了接地棒与微开关的其他具体连接方式。与此同时,"微开关"也修改为不仅仅限于原说明书公开的"常闭常开两副接点"微开关,而包括所有类型的微开关。在涉案专利权利要求 1 没有具体限定微开关的类型,而且说明书没有公开其他类型和数量的微开关如何与接地棒具体连接、是否能够解决相应技术问题并取得相应技术效果的情况下,根据在案证据不能认定本领域技术人员能够根据原说明书和权利要求书的公开内容能够实现修改后权利要求书要求保护的全部技术方案,因此,应当认定修改以后的权利要求 1 不能得到原说明书和权利要求书的支持。

综上,专利复审委员会和一审法院认为说明书和权利要求中关于"接地棒与微开关在工作状态下相接"的此项修改超出了原说明书和权利要求书记载的范围,不符合《专利法》第 33 条的规定,结论正确。胜太公司的相应上诉主张,无事实和法律依据,应当不予支持。

北京市高级人民法院遂判决驳回上诉,维持原判。

 评述

该案中,二审判决认为权利要求书和说明书的作用不同,法律地位不同,修改规则也不完全相同。在授权之前,说明书的修改应当严格遵守先申请原则,不允许增加原说明书和权利要求书没有公开的技术信息,架空先申请原则。权利要求书的修改,只要能够得到原说明书和权利要求书的支持,即应当予以允许。这一裁判标准是非常正确的,其关于权利要求书的修改规则,体现了"支持论"的观点,既不会损害社会公众的信赖利益,也有利于保护专利申请人的技术贡献,在专利申请人和社会公众之间取得了较好的利益平衡,值得提倡。理由如下:

根据《专利法》第 33 条的规定,说明书的修改,只要不超出原说明书及权利要求书记载的范围(公开的技术信息的范围),即符合法定要求。权利要求书的修改亦如此。但是,在不超出原说明书及权利要求书记载范围的前提下,修改后的权利要求是否可以扩大保护范围?对此,业界存在两种观点。

第一种观点认为,应当以专利申请文件是否向社会公众公开为标准作出区分,对于实用新型专利申请以及尚未公开的发明专利申请,修改后的权利要求能够以说明书为依据的,即认定该修改没有超出原说明书和权利要求书记载的范围;对于已经公告的发明专利申请,专利申请人以原说明书、附图中记载的技术内容为依据,在原权利要求限定的保护范围内进行修改,并且修改后的权利要求能够以说明书为依据的,即认定该修改没有超出原说明书和权利要求书记载的范围。

该观点认为，一旦专利申请文件通过国家知识产权局向社会公众公开，原权利要求就为社会公众所知晓，社会公众对该权利要求的保护范围产生信赖，形成信赖利益。如果事后专利申请人通过修改的方式扩大了权利要求的保护范围，就会损害社会公众信赖原权利要求所产生的信赖利益。因此，基于信赖利益保护原则，公开后的权利要求不得通过修改的方式扩大其保护范围。对于实用新型专利申请以及尚未公开的发明专利申请，由于尚未向社会公众公开，社会公众对之并未产生信赖利益，修改后的权利要求即使扩大保护范围，也不会对社会公众造成任何损害，因此，只要能够得到说明书的支持，即为合法。

第二种观点认为，不应当区分专利申请文件是否向社会公众公开，只要修改后的权利要求能够得到原说明书和权利要求书的支持，即认定该修改没有超出原说明书和权利要求书记载的范围。这种观点也被称为"支持论"，即修改后的权利要求得到原说明书和权利要求书的支持。

质疑者认为贯彻"支持论"的观点是否会损害社会公众的信赖利益。笔者认为，这种担心是没有必要的。《专利法》第 33 条已明文规定，专利申请人可以修改原权利要求书和说明书。因此，社会公众应当预见，专利申请人在申请日后极有可能修改权利要求书，其既可能扩大原权利要求的保护范围，也可能缩小原权利要求的保护范围，两种修改方式只要不超出原说明书和权利要求书公开的范围，都是合法的。专利申请文件公开后，社会公众信赖的对象是原说明书和权利要求书，而不仅仅是原权利要求书。因此，只要修改后的权利要求不超出原说明书和权利要求书公开的范围，能够得到说明书支持的，就符合《专利法》第 33 条的规定。贯彻"支持论"的观点并不会损害社会公众的信赖利益。

第二节　专利文件的修改

一、对现行法律规范的分析

2010 年《专利法实施细则》第 69 条规定："在无效宣告请求的审查过程中，发明或者实用新型专利的专利权人可以修改其权利要求书，但是不得扩大原专利的保护范围。发明或者实用新型专利的专利权人不得修改专利说明书和附图，外观设计专利的专利权人不得修改图片、照片和简要说明。"据此，在专利确权程序中，专利权人可以修改权利要求，但是不得扩大保护范围，而说明书及附图则不得修改。这一规定是合理的。第一，说明书及附图的内容不得修改。这是因为专利经过授权程序，社会公众对说明书及附图的内容产生信赖，如果允许专利权人再进行修改，会影响社会公众的信赖。而且，在专利授权程序中，专利权人享有充分的修改说明书的机会，如需修改在专利授权程序中就可进行，不必等到专利确权程序中再修改。第二，权利要求的修改不得扩大保护范围。一旦专利获得授权并公开后，社会公众信赖权利要求的保护范围，并据此开展生产经营活动。如果专利权人事后修改权利要求，扩大其保护范围，就会使得社会公众原本未侵入专利权保护范围的行为因专利权保护范围扩大而落入其保护范围，从而损害社会公众的信赖利益。因此，对权利要求的修改只能缩小保护范围，而不能扩大其保护范围。

那么，凡是缩小权利要求保护范围的修改都合法吗？并不一定。这还涉及《专利法》第 33 条的适用，取决于缩小保护范围后的权利要求是否能够得到说明书的支持。在专利授权阶段，对权利要求的修改不得超出原说明书和权利要求书记载的范围。"举重以明轻"，在专利确权阶段对权利要求的修改当然不得超出原说明书和权利要求书记载的范围，这是不言自明的道理。《专利法》第 33 条的规定虽然是适用于专利授权阶段的规范，但在专利确权阶段亦应当参照适用。《专利法》对专利确权阶段是否应当适用《专利法》第 33 条未作明确规定，构成法律漏洞，我们在专利确权程序中适用法律时应当填补这一漏洞，参照《专利法》第 33 条的规定。因此，即使修改后的权利要求缩小了保护范围，但是如果引入了原说明书和权利要求书未公开的技术内容，得不到原说明书和权利要求书的支持，则参照《专利法》第 33 条的规定，也是不允许的。

总的来说，在专利确权程序中，专利权人只能修改权利要求书，而不能修改说明书，对权利要求的修改只能缩小保护范围，而不能扩大保护范围，而且参照《专利法》第 33 条的规定，对权利要求的修改不得超出原说明书和权利要求书记载的范围。这就是《专利法》和 2010 年《专利法实施细则》对于专利确权程序中专利文件修改的限制。

但是，《专利审查指南 2010》对权利要求的修改作出了严格的限制，其第四部分第三章"4.6 无效宣告程序中专利文件的修改"之"4.6.1 修改原则"明确规定：

发明或者实用新型专利文件的修改仅限于权利要求书，其原则是：

（1）不得改变原权利要求的主题名称。

（2）与授权的权利要求相比，不得扩大原专利的保护范围。

（3）不得超出原说明书和权利要求书记载的范围。

（4）一般不得增加未包含在授权的权利要求书中的技术特征。

根据《国家知识产权局关于修改〈专利审查指南〉的决定》（2017），在专利确权程序中，"修改权利要求书的具体方式一般限于权利要求的删除、技术方案的删除、权利要求的进一步限定、明显错误的修正"。权利要求的删除是指从权利要求书中去掉某项或者某些项权利要求，例如独立权利要求或者从属权利要求。技术方案的删除是指从同一权利要求中并列的两种以上技术方案中删除一种或者一种以上技术方案。权利要求的进一步限定是指在权利要求中补入其他权利要求中记载的一个或者多个技术特征，以缩小保护范围。

《专利审查指南 2023》的有关规定与上述规定基本相同。

应当说，根据《专利法》和 2010 年《专利法实施细则》的有关规定，专利确权程序中专利权人修改权利要求的自由度还是比较大的，只要不扩大保护范围、不超出原说明书及权利要求书记载的范围即可。在这一限度内，专利权人既可以删除权利要求、合并权利要求、删除技术方案，还可以从说明书中提取技术特征补入权利要求，也可以重新组合原若干权利要求中的若干技术特征，形成一个新的权利要求。但是，根据《专利审查指南 2010》的上述规定，专利权人的修改自由受到了限制，2017 年修订的《专利审查指南》进一步限制了专利权人修改权利要求书的自由和权利。

支持《专利审查指南》上述规定的观点认为，上述规定一方面可以降低审查难度，提高审查效率，另一方面是保护社会公众对原权利要求书的信赖利益所需。首先，如果允许专利权人基于原权利要求书和说明书重新概括和提炼权利要求，则会形成新的技术方案，该新的技术方案是否符合《专利法》《专利法实施细则》的有关规定，无效请求人提出的无效理由是否仍然成立，审查和判断起来更加复杂，这无疑会增加审查难度，降低审查效率。其次，专利授权后，社会公众对权利要求书记载的技术方案和保护范围产生信赖利益，如果允许专利权人重新概括和提炼权利要求，产生新的技术方案，则会超出社会公众的预期，损害其信赖利益。

从另一角度而言，《专利审查指南》的上述规定是否完全符合《专利法》和2010 年《专利法实施细则》有关规定的精神，也可以进一步讨论。

二、典型案例及规则

（一）专利无效宣告程序中对修改权利要求的具体方式作出严格的限制是否合法、合理

在阿尔法拉瓦尔公司与国家知识产权局及 SWEP 国际公司发明专利权纠纷案[1]

---

[1]　最高人民法院（2019）最高法知行终 19 号行政判决书。

中，阿尔法拉瓦尔公司系专利号为 ZL200680018368.4、名称为"钎焊不锈钢制品的方法和由此方法获得的不锈钢钎焊制品"的发明专利的权利人。该专利申请日为 2006 年 5 月 24 日，优先权日为 2005 年 5 月 26 日，授权公告日为 2010 年 6 月 16 日。涉案专利的权利要求 1、2、18、19、20 内容如下：

1. 一种钎焊不锈钢制品的方法，包含：

（i）将铁基钎焊填料物质施加至不锈钢部件；

（ii）任选地组装部件；

（iii）在非氧化性气氛、还原性气氛、真空或者它们组合中，加热来自步骤（i）或（ii）的部件至少 1000℃，且在至少 1000℃ 的温度加热该部件至少 15 分钟；

（iv）提供所得的钎焊区域平均硬度小于 600HV1 的制品；和；

（v）任选地重复步骤（i）、步骤（ii）和步骤（iii）的一步或多步。

2. 权利要求 1 的方法，其中通过该方法密封或填充大于 76μm 的接头、孔、间隙、裂纹或裂缝。

18. 根据权利要求 1 或 2 的方法，其中，铁基钎焊填料物质含有 Si、B、P、Mn、C 或者 Hf 的一种或者多种。

19. 根据权利要求 18 的方法，其中，铁基钎焊填料物质含有 9～30wt% 的 Cr、5～25wt% 的 Ni，以及 0～25wt% 的 Si、0～6wt% 的 B、0～15wt% 的 P、0～8wt% 的 Mn、0～2wt% 的 C 和 0～15wt% 的 Hf 中的至少一种。

20. 根据权利要求 19 的方法，其中，铁基钎焊填料物质至少包含 40wt% 的 Fe、14～21wt% 的 Cr、5～21wt% 的 Ni、6～15wt% 的 Si 和 0.2～1.5wt% 的 B。

2014 年 5 月，SWEP 国际公司针对涉案专利向国家知识产权局提出无效宣告请求，主要理由包括权利要求不符合《专利法》第 26 条第 4 款、第 33 条等。在无效程序中，阿尔法拉瓦尔公司提交了经过修改的权利要求书，将从属权利要求 2 和 20 的附加技术特征加入权利要求 1，删除权利要求 18-22 并调整了引用关系。修改后的权利要求 1 为：

1. 一种钎焊不锈钢制品的方法，包含：

（i）将铁基钎焊填料物质施加至不锈钢部件，其中，铁基钎焊填料物质至少包含 40wt% 的 Fe，14～21wt% 的 Cr、5～21wt% 的 Ni、6～15wt% 的 Si 和 0.2～1.5wt% 的 B；

（ii）任选地组装部件；

（iii）在非氧化性气氛、还原性气氛、真空或者它们组合中，加热来自步骤（i）或（ii）的部件至少 1000℃，且在至少 1000℃ 的温度加热该部件至少 15 分钟；

（iv）提供所得的钎焊区域平均硬度小于 600HV1 的制品；和

（ v ） 任选地重复步骤（ i ）、步骤（ ii ）和步骤（ iii ）的一步或多步，其中通过该方法密封或填充大于76μm的接头、孔、间隙、裂纹或裂缝。

针对阿尔法拉瓦尔公司的修改，SWEP 国际公司认为，修改后的权利要求 1 扩大了原专利保护范围，不应被接受。

国家知识产权局于 2016 年 8 月 3 日作出第 29765 号无效宣告请求审查决定（被诉决定），宣告涉案专利全部无效。国家知识产权局认为，阿尔法拉瓦尔公司提交的修改后的权利要求书，将原从属权利要求 2 和从属权利要求 20 的特征加入原权利要求 1 中作为新的独立权利要求。由于权利要求 2 为权利要求 1 的从属权利要求，权利要求 20 为权利要求 19 的从属权利要求，权利要求 19 为权利要求 18 的从属权利要求，权利要求 18 为权利要求 1 或 2 的从属权利要求，即当权利要求 18 引用权利要求 1 时，权利要求 20 的技术方案应该包括权利要求 1、18、19、20 的全部技术特征，而当权利要求 18 引用权利要求 2 时，权利要求 20 的技术方案应当包括权利要求 1、2、18、19、20 的全部技术特征。鉴于阿尔法拉瓦尔公司仅将权利要求 20 的附加技术特征加入权利要求 1 或权利要求 2 中，故上述修改不符合 2002 年《专利法实施细则》第 68 条以及《专利审查指南 2010》第四部分第三章第 4.6.2 节的规定，不应被接受。

阿尔法拉瓦尔公司不服被诉决定，向北京知识产权法院起诉，请求撤销被诉决定，并责令国家知识产权局重新作出无效宣告请求审查决定。其主要理由为：无效宣告程序中权利要求 1 的修改方式属于删除并列技术方案，应予接受。修改后的权利要求 1 没有超出原始申请的范围，也没有扩大专利权的保护范围，应予接受。

北京知识产权法院经审理维持了被诉决定，驳回了阿尔法拉瓦尔公司的诉讼请求。

阿尔法拉瓦尔公司不服，向最高人民法院提起上诉，请求为撤销一审判决和被诉决定，并判令国家知识产权局重新作出无效宣告请求审查决定。其事实和理由为：

（一）阿尔法拉瓦尔公司对权利要求的修改方式属于删除并列技术方案，应予接受。1. 在专利无效行政程序中，对权利要求的修改方式并不限于《专利审查指南2010》中规定的三种方式，该指南并未完全排除存在其他修改方式的可能性。修改后的权利要求是对授权权利要求 1 的进一步限定，修改方式应予接受。2.《专利审查指南 2017》对无效宣告程序中权利要求的修改方式进行了修改，根据该指南，权利要求修改的方式包括对权利要求的删除、技术方案的删除、权利要求的进一步限定、明显错误的修正。本案中，修改后的权利要求 1 可以视为将授权权利要求 2 和 20 的技术特征补入权利要求 1 以缩小保护范围，属于对权利要求的进一步限定，应予接受。

（二）阿尔法拉瓦尔公司对权利要求 1 的修改没有扩大原专利的保护范围。1. 在权利要求 20 中，当满足"0～25% 的 Si""0～6wt% 的 B"时，即满足了"至少一种"的要求，此时，即使含有 16wt% 的 P，也符合权利要求的记载。2. 说明书和附图可以用于解释权利要求的内容。本专利说明书第［0047］段记载了专利权人意图披露的钎焊填料组分和含量，其中公开了"至少包含以重量计 40% 的 Fe、14～21% 的 Cr、5～21% 的 Ni、6～15% 的 Si、0.2～1.5% 的 B，和作为替代物的余量的其他元素"。可见，说明书明确记载了包含一定含量的 Fe、Cr、Ni、Si、B 的钎焊填料，其他元素可以存在或不存在；当存在时，含量没有限制。上述内容表明说明书并不要求包含 P、Mn、C、Hf 四种元素时，每种元素的含量应符合所述数值限制。3. 最高法院（2014）行提字第 17 号行政判决确立了对权利要求的解释采取最大合理解释原则，即基于权利要求的文字记载，结合对说明书的理解，对权利要求作出最广义的合理解释，本案应遵循这一原则。

综上，本专利的修改方式应予接受，修改的权利要求没有扩大原专利的保护范围。

最高人民法院认为：

（一）关于修改方式。虽然被诉决定依据的《专利审查指南 2010》规定无效宣告程序中对权利要求的修改方式一般限于对权利要求的删除、合并和技术方案的删除三种方式，但是并未完全排除存在其他修改方式的可能性。无效宣告程序中，修改方式作为手段，应当着眼于实现对权利要求书的修改满足不得超出原说明书和权利要求书记载的范围以及不得扩大原专利的保护范围两大法律标准的立法目的，兼顾行政审查行为的效率与公平保护专利权人的贡献，而不宜对具体修改方式作出过于严格的限制，否则将使得对修改方式的限制纯粹成为对专利权人权利要求撰写不当的惩罚。特别是，《专利审查指南 2017》已经将无效宣告程序中的修改方式扩展到四种基本修改方式，包括对权利要求的删除、技术方案的删除、权利要求的进一步限定、明显错误的修正。在对权利要求书的修改满足不得超出原说明书和权利要求书记载的范围以及不得扩大原专利的保护范围两大法律标准的前提下，对修改方式的适度放宽，既有助于专利确权程序聚焦发明创造核心，又不会影响社会公众对已授权专利文件的信赖利益。本案中，阿尔法拉瓦尔公司的修改方式，系将从属权利要求 2、20 的技术特征进一步限定至授权权利要求 1 中，属于对权利要求的进一步限定，该修改方式应被接受。

（二）关于修改范围。专利无效宣告程序中，当权利要求的修改系将从属权利要求的全部或部分附加技术特征补入其所引用的独立权利要求时，判断修改后的独立权利要求是否扩大了原专利的保护范围，应以作为修改对象的原专利的独立权利要求的保护范围为基准。即，应当将修改后的独立权利要求与原专利保护范围最大的独立权利要求进行比较，而非与原专利保护范围较小的从属权利要求进行比较。这是因为，专利授权后对社会公众具有公示作用，社会公众的信赖利益通常建立在保护范围最大的独立权利要求上，并据此预测和评价自身行为的合法性。将从属权利要求的附加技术特征加入到独立权利要求中，系对独立权利要求的进一步限定，并未扩大原独立权利要求的保护范围，相反还会缩小原独立权利要求的保护范围。在此基础上，不会损害原专利的公示效力，也不会损害社会公众基于原专利而产生的信赖利益。本案中，阿尔法拉瓦尔公司在无效宣告程序中修改了本专利权利要求书，将从属权利要求 2、20 的附加技术特征补入至授权权利要求 1 中，是对授权权利要求 1 的进一步限定，并未扩大授权权利要求 1 的保护范围。

据此，最高人民法院判决：撤销原审判决和被诉决定，由国家知识产权局重新作出无效宣告请求审查决定。

 评述

该案中，国家知识产权局于 2016 年 8 月 3 日作出被诉决定，适用的是《专利审查指南 2010》。该指南规定"修改权利要求书的具体方式一般限于权利要求的删除、合并和技术方案的删除"，国家知识产权局根据该项规定，认为阿尔法拉瓦尔公司将权利要求 20 的附加技术特征加入权利要求 1 或权利要求 2 中，不符合 2002 年《专利法实施细则》第 68 条以及《专利审查指南 2010》第四部分第三章第 4.6.2 节的规定，不应被接受。从严格执行《专利审查指南》的角度来说，国家知识产权局的认定似乎没有问题。

但是，最高人民法院认为《专利审查指南 2010》并未完全排除存在其他修改方式的可能性，不宜对具体修改方式作出过于严格的限制，否则将使得对修改方式的限制纯粹成为对专利权人权利要求撰写不当的惩罚。尤其是《专利审查指南 2017》已经将无效宣告程序中的修改方式扩展到四种基本修改方式，包括对权利要求的删除、技术方案的删除、权利要求的进一步限定、明显错误的修正。据此，阿尔法拉瓦尔公司将从属权利要求 2、20 的技术特征进一步限定至权利要求 1 中，属于对权利要求的进一步限定，该修改方式应被接受。可见，最高人民法院对于权利要求的修改方式采取相对宽松的立场，并不完全局限于《专利审查指南》明确规定的情形。

从最高人民法院的上述裁判中，我们可以归纳出以下裁判要旨：专利无效宣告程序中，修改方式作为手段，应当着眼于实现对权利要求书的修改满足不得超出原说明书和权利要求书记载的范围以及不得扩大原专利的保护范围两大法律标准的立法目的，兼顾行政审查行为的效率与公平保护专利权人的贡献，而不宜对具体修改方式作出过于严格的限制，否则将使得对修改方式的限制纯粹成为对专利权人权利要求撰写不当的惩罚。当权利要求的修改系将从属权利要求的全部或部分附加技术特征补入其所引用的独立权利要求时，判断修改后的独立权利要求是否扩大了原专利的保护范围，应以作为修改对象的原专利的独立权利要求的保护范围为基准。

最高人民法院的这一裁判很好地诠释了2010年《专利法实施细则》第68条第1款规定的精神，对专利确权案件中的机械司法（执法）行为进行了纠正，有利地保护了专利权人的合法权益，值得称赞。

（二）如何判断专利确权程序中对"权利要求的进一步限定"是否合法

在北京某森科技有限公司（以下简称某森公司）与国家知识产权局、某电脑上海公司发明专利权无效行政纠纷案❶中，涉及专利权人为某森公司、专利号为ZL200480036270.2、名称为"一种获取人脸图像的方法及人脸识别方法与系统"的发明专利（涉案专利）。2018年10月8日，某电脑上海公司请求国家知识产权局宣告涉案专利权全部无效，理由主要包括：说明书公开不充分、权利要求未以说明书为依据、权利要求保护范围不清楚、权利要求不具备新颖性、权利要求不具备创造性。

某森公司在指定期限内于2019年1月18日提交了涉案专利权利要求书的修改文本。

国家知识产权局认为：修改后的权利要求1-3、5、6以及权利要求8-10中引用权利要求1、5的技术方案符合相关规定，但修改后的权利要求4、7、11、12及引用权利要求4、7的权利要求8-10不符合规定。因此，被诉决定以某森公司于2019年5月9日提交的权利要求书中的权利要求1-3、5、6以及权利要求8-10中引用权利要求1、5的技术方案作为审查基础。其中，国家知识产权局不接受修改后的权利要求4、7、11、12及引用权利要求4、7的权利要求8-10的具体理由为：修改后的权利要求1系将原权利要求2、4、6、7合并到原独立权利要求1中，修改后的权利要求4系将原权利要求3合并到原独立权利要求1中。即此次修改中对同一项权利要求（原权利要求1）分别补入不同的技术特征，同时形成多项新的独立权利要求（新权利要求1、4）。但是原权利要求1在经过进一步限定式的修改之后，已经成为一项技术特征增多、保护范围缩小的新权利要求1，此时原权利要求1已经不再存在，因此新权利要求4的修改不再被接受。修改后的权利要求7、11、12及引用权利要求4、7的权利要求8-10存在上述同样的缺陷，因此同样不被接受。

对此，最高人民法院认为：

1. 关于专利确权程序中权利要求修改的审查维度

对于专利确权程序中的权利要求修改既不应过于宽纵，以致信赖利益严重受损

---

❶ 最高人民法院（2021）最高法知行终556号行政判决书。

或者法律秩序持续波动；也不宜过于机械和严苛，若基于制度成本的考虑对修改限制过严，将大大减损制度效果，甚至导致制度目标无法实现，得不偿失。

对于权利要求的修改是否应当予以接受，至少涉及以下几个方面的问题：

（1）关于修改幅度的要求。专利确权程序中权利要求的修改幅度最大不得超出《专利法》第33条所规定的"信息范围"和2010年《专利法实施细则》第69条第1款规定的"保护范围"。从"信息范围"和"保护范围"两个维度划定专利确权程序中权利要求修改幅度的法定限度，不仅有利于维护以公开换保护的专利法基本制度逻辑，也有利于平衡确有技术贡献者获得专利授权和社会公众信赖授权专利文本两个方面利益。

（2）关于修改方式的要求。《专利审查指南》将进一步限定式修改定义为"在权利要求中补入其他权利要求中记载的一个或多个技术特征，以缩小保护范围"，故判断某一权利要求的修改方式是否属于"进一步限定"时，国家知识产权局仅需审查：①修改后的权利要求是否完整包含了被修改的权利要求的所有技术特征；②修改后的权利要求相比被修改的权利要求是否新增了技术特征；③新增的技术特征是否均源于其他原权利要求。如果修改后的权利要求并未完整包含任一原权利要求或者其相比被修改的权利要求新增的技术特征并非来源于其他原权利要求，则该修改方式可能是对权利要求的"重新撰写"或者"二次概括"而非"进一步限定"。

（3）关于修改目的的要求。对于专利确权程序中的权利要求修改，一般应当以回应无效宣告理由（包括针对无效宣告请求人提出的无效宣告理由或者补充的证据和国家知识产权局引入的无效宣告请求人未提及的无效宣告理由或者证据）为限。以克服无效宣告理由所指缺陷为名，而行优化权利要求撰写之实的修改，即非回应性的修改，因其不符合专利确权程序的制度定位，可以不予接受。例如，权利要求的修改缺乏与修改相对应的无效宣告请求和理由的，一般可以不必再审查其修改范围和修改方式，径行不予接受。又如，在同一行政审查程序中，针对一项权利要求的无效宣告理由已通过对该权利要求的修改给予了回应，且修改后的权利要求已被接受时，对该原权利要求的另行修改及相应获得的更多新权利要求，因一般已不再具有回应对象，故可不予接受。

值得注意的是，专利确权程序中，未经修改的权利要求是当然的审查基础，其不构成对于权利要求修改的法定或者其他限制的评价对象，故确认审查基础时，应当首先明确有关权利要求是原权利要求还是经修改形成的新权利要求。对于权利要求修改与否，应当作实质审查，以修改前后的权利要求保护范围是否发生实质变化为基本依据。一般而言，单纯的权利要求序号变化、从属权利要求和独立权利要求撰写方式的简单转换、含有并列技术方案权利要求的简单拆分等不实质影响保护范围的撰写调整，不构成对权利要求的修改。

2. 关于被诉决定未予接受修改后的权利要求 4、7、11、12 及权利要求 8 - 10 中引用权利要求 4、7 的技术方案是否正确

（1）关于应否接受修改后的权利要求 4、7。

修改后的权利要求 4、7 即为原权利要求 3、13，其实质上并非分别由原权利要求 1 和 3、原权利要求 9 和 13 合并而来。首先，从属权利要求通常采用"引用部分 + 限定部分"的撰写方式，特别是引用部分仅明确被引用权利要求的编号而不作全文引述，目的在于精炼文字表述、澄清从属关系。专利权人不欲修改原从属权利要求，但该原从属权利要求所引用的权利要求（独立权利要求或者其他在先从属权利要求）已因修改而不复存在时，既不再有编号指代的对象条件，也不再有澄清从属关系的需要，原从属权利要求中引用部分的表达方式，必然需要由编号指代改为全文引述，但该权利要求的实质内容和保护范围并不因上述表达方式的变化而发生变化。换言之，新的形式上的独立权利要求即为原从属权利要求本身，而非由原从属权利要求修改得来。其次，所谓权利要求的合并，是将被合并的多项权利要求的所有技术特征并入一项权利要求中，属于权利要求的进一步限定的方式之一，修改后的权利要求包含且仅包含被合并各项权利要求的所有技术特征，此时修改后的权利要求的保护范围原则上应当小于而不能大于或等于任一被合并的权利要求的保护范围。从属权利要求本身即包含且仅包含其所引用的权利要求的全部技术特征及其附加技术特征。所谓将从属权利要求与其所引用的权利要求合并而来的所谓新的权利要求，其实质内容和保护范围均与原从属权利要求并无二致，该合并既无必要，也无效果，不符合权利要求合并的基本内涵。本案中，修改后的权利要求 4 与原权利要求 3 的实质内容和保护范围完全一致，二者的区别仅在于修改后的权利要求 4 对原权利要求 1 对应内容采用了全文表述，而原权利要求 3 则是采用编号指代的方式表达，故修改后的权利要求 4 即为原权利要求 3，而非由原权利要求 1、3 合并而来。同理，修改后的权利要求 7 也即为原权利要求 13，而非由原权利要求 9、13 合并而来。

（2）关于应否接受修改后的权利要求 8 - 10 中引用修改后的权利要求 4、7 的技术方案。

如前所述，修改后的权利要求 4、7 即分别为原权利要求 3、13，是当然的审查基础。被诉决定以修改后的权利要求 4、7 不应被接受为由，认定修改后的权利要求 8 - 10 中引用权利要求 4、7 的技术方案不应被接受，缺乏依据。

（3）关于应否接受修改后的权利要求 11、12。

被诉决定不接受修改后的权利要求 4 的理由为"原权利要求 1 在经过了进一步限定式的修改之后，已经成为一项技术特征增多、保护范围缩小的新权利要求 1，此

时原权利要求 1 已经不再存在，因此新权利要求 4 的修改不再被接受"；其不接受修改后的权利要求 11、12 的理由与之相同。由此可以推知，被诉决定不接受权利要求 11 的理由为，原权利要求 15 已经进一步限定式的修改后，形成修改后的权利要求 8，此时原独立权利要求 15 已不复存在，不存在对其再次作进一步限定形成修改后的权利要求 11 的基础；修改后的权利要求 12 作为权利要求 11 的从属权利要求也不应被接受。根据前述专利确权程序中的权利要求修改应当以回应无效宣告理由为限的审查理念，被诉决定对修改后的权利要求 11、12 的处理并无不妥。

评述

这是最高人民法院 2023 年 12 月 12 日作出判决的案例，入选《最高人民法院知识产权法庭裁判要旨摘要（2023）》，可见其重要性。该案中，最高人民法院运用法律解释学，对专利确权程序中权利要求修改的问题作了深入的论述，并从修改幅度的要求、修改方式的要求、修改目的的要求等多个角度阐述了权利要求修改的合法性问题，提出了新的裁判观点，值得特别关注。

（三）马库什权利要求中取代基的删除是否属于技术方案的删除

在第一三共株式会社与国家知识产权局专利复审委员会（以下简称专利复审委员会）及北京万生药业有限责任公司（以下简称万生公司）发明专利权无效行政纠纷案[1]中，第一三共株式会社系名称为"用于治疗或预防高血压症的药物组合物的制备方法"、专利号为 ZL97126347.7 的发明专利（涉案专利）的权利人。涉案专利授权公告的权利要求书如下：

1. 一种制备用于治疗或预防高血压的药物组合物的方法，该方法包括将抗高血压剂与药物上的可接受的载体或稀释剂混合，其中抗高血压剂为至少一种如下所示的式（Ⅰ）化合物或其可用作药用的盐或酯，

（Ⅰ）

---

[1] 最高人民法院（2016）最高法行再 41 号行政判决书。

其中：

R1 代表具有 1 至 6 个碳原子的烷基；

R2 和 R3 相同或不同，且各自代表具有 1 至 6 个碳原子的烷基；

R4 代表：氢原子；或具有 1 至 6 个碳原子的烷基；

R5 代表羧基、式 COOR5a 基团或式 – CONR8R9 基团，其中 R8R9 相同或不同并各自代表：氢原子；含有 1 至 6 个碳原子的未被取代的烷基；含有 1 至 6 个碳原的被取代的烷基，该烷基被羧基取代或被其烷基部分含有 1 至 6 个碳原子的烷氧羰基取代；

或 R8 和 R9 一起代表含有 2 至 6 个碳原子的被取代的亚烷基，该亚烷基被一个其烷基部分含有 1 至 6 个碳原子的烷氧羰基取代；

以及其中的 R5a 代表：含有 1 至 6 个碳原子的烷基；烷酰氧烷基，其中的烷酰基部分和烷基部分各自含有 1 至 6 个碳原子；

烷氧羰基氧烷基，其中的烷氧基部分和烷基部分各自含有 1 至 6 个碳原子；（5 – 甲基 – 2 – 氧代 – 1，3 – 二氧杂环戊烯 – 4 – 基）甲基；或 2 – 苯并［c］呋喃酮基；

R6 代表氢原子；

R7 代表羧基或四唑 – 5 – 基。

2010 年 4 月 23 日，万生公司针对涉案专利权向专利复审委员会提出无效宣告请求并提交了相关证据，其理由为涉案专利权利要求 1 不符合《专利法》第 22 条第 3 款、第 26 条第 4 款和 2010 年《专利法实施细则》第 20 条第 1 款的规定。

第一三共株式会社针对该无效宣告请求陈述了意见，同时对其权利要求书进行了修改，其中包括：删除权利要求 1 中"或其可作药用的盐或酯"中的"或酯"两字；删除权利要求 1 中 R4 定义下的"具有 1 至 6 个碳原子的烷基"；删除权利要求 1 中 R5 定义下除羧基和式 COOR5a ［其中 R5a （5 – 甲基 – 2 – 氧代 – 1，3 – 二氧杂环戊烯 – 4 – 基）为甲基］外的其他技术方案。

专利复审委员会告知第一三共株式会社，对于删除权利要求 1 中"或酯"的修改予以认可，但其余修改不符合 2010 年《专利法实施细则》第 68 条的相关规定，修改文本不予接受。2011 年 4 月 1 日，专利复审委员会作出第 16266 号无效宣告请求审查决定（以下简称第 16266 号决定），维持涉案专利权全部有效。

万生公司不服第 16266 号决定，向北京市第一中级人民法院提起行政诉讼。

北京市第一中级人民法院认为：

专利复审委员会对涉案专利修改文本和修改方式的认定正确。涉案专利权利要求 1 相对于证据 1 实施例 329 与实施例 265C 而言，其区别在于实施例 329、265C 的化合物在咪唑 4 – 位上的取代基分别为 C2F5、COOH 基团，而涉案专利权利要求 1 化合物在咪唑 4 – 位上的取代基为权利要求 1 中所定义的 R2R3（OR4），二者明显不同，因此，证据 1 并未给出咪唑 4 – 位上的取代基是羟基支链烷基或烷氧基支链烷基的技术启示。同时，万生公司也未提供现有技术证据证明实施例 329、265C 的化合物在咪唑 4 – 位上的取代基可以被羟基支链烷基或烷氧基支链烷基替代且替代之后具有相似的活性或作用。因此，涉案专利权利要求 1 相对于证据 1 是非显而易见的，具备《专利法》第 22 条第 3 款规定的创造性。

万生公司不服一审判决，向北京市高级人民法院提起上诉，请求撤销一审判决及第 16266 号决定，并重新作出审查决定。

北京市高级人民法院认为：

马库什权利要求是在一项权利要求中限定多个并列的可选择要素，具体而言，是指在一个权利要求中包括多个变量，每一个变量又包括多个不同选择项的以并列可选项的罗列为主要特征来表达权利要求保护范围的一种权利要求类型。因此，当马库什权利要求涉及化合物时，这些化合物之间是并列选择关系，每个化合物是一个独立的技术方案，该权利要求所概括的是多个技术方案的集合，各要素间都可以相互替代而达到相同的效果。既然认为马库什权利要求属于并列技术方案的特殊类型，而且这种删除缩小了专利权的保护范围，符合《专利法实施细则》第 68 条第 1 款规定，并未损害公众利益，即应当允许专利权人删除相关的选择项。但是，鉴于马库什权利要求授权时该权利要求所涵盖的化合物并非均被合成出来，因此，允许修改的界限在于不得使修改后的权利要求成为说明书中未载明的具体化合物，否则，就会使针对马库什权利要求的选择发明失去存在的基础。一审法院及专利复审委员会均认为马库什权利要求中马库什要素的删除并不直接等同于并列技术方案的删除，不符合《专利法实施细则》第 68 条的规定。另外，涉案专利权利要求 1 相比于证据 1 中实施例 329 中 ID50 数据未取得预料不到的技术效果，不具备创造性，据此判决：(1) 撤销一审判决；(2) 撤销专利复审委员会第 16266 号无效宣告决定；(3) 专利复审委员会重新作出无效宣告审查决定。

专利复审委员会申请再审称：二审判决关于马库什权利要求法律属性的认定错误，就通式化合物而言，以马库什方式撰写的化合物权利要求属于概括的技术方案，而不能简单地将其视为众多化合物的集合；马库什通式中众多变量及其大量可选项的罗列表征并不能等同于马库什权利要求可以视同是明晰并列的具体化合物技术方案。马库什权利要求任一变量和任一选项的任意删除必然产生"全新"的"缩小"的中间保护范围，不符合专利法的相关规定，二审判决关于涉案申请创造性的认定错误。在创造性的判断中，是否产生预料不到的技术效果不应当是创造性判断的单独因素，而应当通过发明实际解决的技术问题和技术启示的确定，蕴含于非显而易见性的判断过程中，或在非显而易见性的初步判断后，用作衡量发明人所做出的技术贡献与所获得的保护是否相称的辅助考虑因素，权利要求 1 相对于证据 1 是非显而易见的。

最高人民法院认为：

马库什权利要求不管包含多少变量和组合，都应该视为一种概括性的组合方案。马库什权利要求应当被视为马库什要素的集合，而不是众多化合物的集合，马库什要素只有在特定情况下才会表现为单个化合物，但通常而言，马库什要素应当理解为具有共同性能和作用的一类化合物。鉴于化学发明创造的特殊性，同时考虑到在马库什权利要求撰写之初，专利申请人为了获得最大的权利保护范围而将所有结构方式尽可能写入一项权利要求，因此在无效阶段对马库什权利要求进行修改必须给予严格限制，允许对马库什权利要求进行修改的原则应当是不能因为修改而产生新性能和作用的一类或单个化合物，但是同时也要充分考量个案因素，比如：允许专利申请人或专利权人删除任一变量的任一选项，即使该删除使得权利要求保护范围缩小，且不会损伤社会公众的权益，但由于"是否会因此产生新的权利保护范围"存在不确定性，无法给予社会公众稳定的预期，也不利于维护专利确权制度稳定，这种情况下，就要个案考量。专利复审委员会关于涉案专利具备创造性的理由成立，涉案专利相对于证据 1 是非显而易见的。

据此，最高人民法院判决撤销二审判决，维持一审判决。

评述

本案的争议焦点是马库什权利要求中取代基的删除是否符合《专利法》和《专利审查指南 2010》的有关规定。

1924 年，美国化学家尤金·马库西（Eugene A. Markush）在向美国专利商标局提出的一份专利申请中，使用了"从含有……的基团中选择"这一语句来描述其要求保护的产品发明。美国专利商标局于次年批准了这一专利，从而确认了这种以化学通式来表征化合物的权利要求表述形式，这就是所谓的马库什权利要求，此种形式的权利要求深受医药、化学领域的专利发明人的喜爱，沿用至今。❶ 概言之，马库什权利要求是在一项权利要求中限定多个并列的可选择要素，具体而言，是指在一个权利要求中包括多个变量，每一个变量又包括多个不同选择项的以并列可选项的罗列为主要特征来表达权利要求保护范围的一种权利要求类型。❷

---

❶ 周雨沁. 论化学领域发明专利中的马库什权利要求［D］. 武汉：华中科技大学，2013：5.
❷ 北京市高级人民法院（2012）高行终字第 833 号行政判决书。

马库什权利要求表达的是一个整体的技术方案还是并列的技术方案？对此，争议较大。

专利复审委员会认为，马库什权利要求是在具体实施的技术方案基础上根据一定的构效关系进行概括而形成的一个整体技术方案。

北京市高级人民法院认为，马库什权利要求的化合物要素之间是并列选择关系，每个化合物是一个独立的技术方案，马库什权利要求所概括的是多个技术方案的集合。

最高人民法院赞同专利复审委员会的观点，认为马库什权利要求总体上是一种概括性的组合方案，对无效阶段马库什权利要求的修改必须给予严格限制，允许修改的原则是不能因为修改而产生新性能和作用的一类或单个化合物，但是同时也要充分考量个案因素。

上述两种观点都有一定的道理。虽然说最高人民法院作为最高裁判机关已经定调，但也不能说北京市高级人民法院的观点就完全没有道理。

（1）从定义上看，马库什权利要求是在一项权利要求中限定多个并列的可选择要素，这些并列的可选择要素构成的化合物都是马库什权利要求中独立的技术方案，马库什权利要求即为系列化合物的集合体，是系列技术方案的集合体。

（2）《专利审查指南2010》对马库什权利要求提出了"单一性"的要求。❶ 所谓"单一性"，是指一件发明或者实用新型专利申请应当限于一项发明或者实用新型，属于一个总的发明构思的两项以上发明或者实用新型，可以作为一件申请提出。也就是说，如果一件申请包括几项发明或者实用新型，则只有在所有这几项发明或者实用新型之间有一个总的发明构思使之相互关联的情况下才被允许。这是专利申请的单一性要求。❷ 如果马库什权利要求是一个技术方案，那么自然就不存在也不需要强调"单一性"的问题。《专利审查指南》特别强调马库什权利要求的"单一性"问题，也说明马库什权利要求不是一个技术方案。

（3）从马库什权利要求的产生和命名来看，它是为了表征上的便利，而以化学通式来表征一系列化合物。在马库什权利要求产生之前，专利申请人要在权利要求中逐个列举具有类似属性的具体化合物。但是，当具有类似属性的具体化合物数量巨大时，要在一个专利权利要求中逐个列举，显然是不方便的。因此，将这些数量巨大的具有类似属性的具体化合物抽象为一个通式化合物予以保护，是实践的需要使然。这就是马库什权利要求产生的由来。马库什权利要求是对一系列化合物的提炼和概括，本质上是一系列并列技术方案的集合体。

（4）对马库什要素的删除缩小了专利权的保护范围，符合《专利法实施细则》

---

❶ 《专利审查指南2010》第二部分第十章之"8.1 马库什权利要求的单一性"。
❷ 《专利审查指南2010》第二部分第六章之"2.1 单一性的基本概念"。

第 68 条第 1 款规定，并未损害公众利益，即应当允许专利权人删除相关的选择项。但是，鉴于马库什权利要求授权时该权利要求所涵盖的化合物并非均被合成出来，因此，允许修改的界限在于不得使修改后的权利要求成为说明书中未记载的具体化合物，否则，就会使针对马库什权利要求的选择发明失去存在的基础。

（四）对含有一定数值范围的权利要求的数值范围的缩小是否属于技术方案的删除

在江苏先声药物研究有限公司、南京先声药物研究有限公司与专利复审委员会及李某发明专利权无效行政纠纷案❶中，涉案专利名称为"氨氯地平、厄贝沙坦复方制剂"，原专利权人为上海家化医药科技有限公司，后变更为江苏先声药物研究有限公司、南京先声药物研究有限公司。权利要求 1 为"一种复方制剂，其特征在于该制剂是以重量比组成为 1 : 10 ~ 30 的氨氯地平或氨氯地平生理上可接受的盐和厄贝沙坦为活性成分组成的药物组合物"。

李某针对涉案专利权向专利复审委员会提出无效宣告请求。在专利无效程序中，专利权人将涉案专利权利要求 1 中的比例"1 : 10 ~ 30"修改为"1 : 30"。专利复审委员会认为该修改方式不属于技术方案的删除，不予接受。

2009 年 12 月 14 日，专利复审委员会作出第 14275 号无效宣告请求审查决定（以下简称第 14275 号决定）。该决定认定：专利权人将涉案专利权利要求 1 中的比例"1 : 10 ~ 30"修改为"1 : 30"，该修改从连续的比例范围中选择了一个特定的比例请求保护，而原权利要求书和说明书中均未明确记载过该比例关系，也没有教导要在原有的比例范围之中进行这样的选择，尽管涉案专利的说明书中记载了氨氯地平 1mg/kg 与厄贝沙坦 30mg/kg 的组合，但这仅表示药物具体剂量的组合，不能反映整个比例关系，此外，涉案专利说明书第 10 页曾对药物具体剂量作出明确限定"本发明可应用的氨氯地平与厄贝沙坦复方剂量范围为：氨氯地平 : 厄贝沙坦 = 2 ~ 10mg : 50 ~ 300mg"，故无法确定是否任意满足 1 : 30 这个比例的组合均能达到与该组合相同的效果，因此，修改后的技术方案超出原权利要求书和说明书记载的范围，也不能从原权利要求书和说明书中毫无疑义地确定，并且对该反映比例关系的技术特征进行修改也不属于无效宣告程序中允许的修改方式。故对该修改文本不予接受。本无效宣告请求审查决定依据的文本为涉案专利的授权公告文本。涉案专利不符合《专利法》第 26 条第 4 款的规定，应予以无效。综上，专利复审委员会决定：宣告涉案专利权无效。

❶ 最高人民法院（2011）知行字第 17 号行政裁决书。

北京市第一中级人民法院基本同意专利复审委员会的认定，判决维持第14275号决定。

北京市高级人民法院认为：

专利权人在无效宣告程序的口头审理中曾提交涉案专利权利要求的修改文本，将涉案专利权利要求1中的"1：10～30"修改为"1：30"。这种修改没有扩大涉案专利的保护范围，也没有超出原权利要求书记载的范围，更没有增加未包含在涉案专利授权的权利要求中的技术特征。专利复审委员会和一审法院关于原说明书中没有记载所有符合"1：30"比例关系的氨氯地平和厄贝沙坦的组合都能达到相同的技术效果的认定，属于修改后的权利要求能否得到说明书支持的问题，即是否符合《专利法》第26条第4款的问题，而非专利权人关于涉案专利权利要求的修改是否扩大原专利保护范围的问题，因此，专利复审委员会第14275号决定和一审判决对专利权人关于涉案专利权利要求的修改不予接受的认定，缺乏依据。

最高人民法院认为：

涉案专利授权文本记载的比值范围为1：10～30，无效程序中修改为1：30，所涉及的问题是1：30的比值是否在原说明书中有记载，这样的修改是否超出了原说明书和权利要求书记载的范围。根据查明的事实，涉案专利说明书中明确公开了氨氯地平1mg与厄贝沙坦30mg的组合，并将氨氯地平1mg/kg与厄贝沙坦30mg/kg作为最佳剂量比，在片剂制备实施例中也有相应符合1：30比例关系的组合，可见1：30的比值在说明书中已经公开。对于比值关系的权利要求而言，说明书中具体实施例只能记载具体的数值，而无法公开一个抽象的比值关系，而且涉案专利说明书中披露的是在大鼠身上进行试验所得到的结果，涉案专利说明书明确记载可应用的剂量范围是氨氯地平2～10mg，厄贝沙坦50～300mg，如果认定其披露的最佳组方仅为1mg：30mg这一具体剂量而非比值，则该最佳组方根本不包含在上述可应用的范围内，显然不符合常理。对于本领域普通技术人员来说，1mg/kg和30mg/kg表明的是两种成分的比值而非一个固定的剂量，故本案中应认为1：30的比值关系在说明书已有记载，该修改没有超出原说明书和权利要求书的范围。

关于修改方式，尽管原权利要求中1：10～30的技术方案不属于典型的并列技术方案，但鉴于1：30这一具体比值在原说明书中有明确记载，且是其推荐的最佳剂量比，本领域普通技术人员在阅读原说明书后会得出涉案专利包含1：30的技术方案这一结论，且涉案专利权利要求仅有该一个变量，此种修改使涉案专利保护范围更加明确，不会造成其他诸如有若干变量的情况下修改可能造成的保护范围模糊不清等不利后果，允许其进行修改更加公平。《专利法实施细则》及《专利审查指南》对无效过程中权利要求的修改进行限制，其原因一方面在于维护专利保护范围的稳定性，保证专利权利要求的公示作用；另一方面在于防止专利权人通过事后修改的方式把申请日时尚未发现、至少从说明书中无法体现的技术方案纳入涉案专利的权利要求，从而为在后发明抢占一个在先的申请日。本案中显然不存在上述情况，1∶30 的比值是专利权人在原说明书中明确推荐的最佳剂量比，将权利要求修改为1∶30 既未超出原说明书和权利要求书记载的范围，更未扩大原专利的保护范围，不属于相关法律对于修改进行限制所考虑的要避免的情况。如果按照专利复审委员会的观点，仅以不符合修改方式的要求而不允许此种修改，使得在本案中对修改的限制纯粹成为对专利权人权利要求撰写不当的惩罚，缺乏合理性。而且，《专利审查指南》并未绝对排除其他修改方式。因此，二审判决认定修改符合《专利审查指南》的规定并无不当，专利复审委员会对《专利审查指南》中关于无效过程中修改的要求解释过于严格。

评述

本案的争议焦点是专利权人将涉案权利要求 1 中记载的比值范围 1∶10～30 修改为 1∶30，是否符合法律的规定。

2010 年《专利法实施细则》第 69 条第 1 款规定，在无效宣告请求的审查过程中，发明或者实用新型专利的专利权人可以修改其权利要求书，但是不得扩大原专利的保护范围。而根据《专利法》第 33 条的规定，对权利要求的修改不得超出原说明书和权利要求书记载的范围。

在专利确权程序中，专利权人将涉案专利权利要求 1 中的"1∶10～30"修改为"1∶30"，这种修改没有扩大涉案专利的保护范围，符合《专利法实施细则》第 69 条第 1 款规定；也没有超出原说明书和权利要求书记载的范围，也符合《专利法》第 33 条的规定。既然完全符合《专利法》和 2010 年《专利法实施细则》关于修改权利要求的规定，为什么不能接受呢？专利复审委员会关于原说明书中没有记载所有符合"1∶30"比例关系的氨氯地平和厄贝沙坦的组合都能达到相同的技术效果的认定，属于修改后的权利要求能否得到说明书支持的问题，即是否符合《专利法》第 26 条第 4 款的问题，而非专利权人关于涉案专利权利要求的修改是否符合《专利法》第 33 条和 2010 年版《专利法实施细则》第 69 条第 1 款规定的问题。

但是，《专利审查指南 2010》对专利确权程序中权利要求书的修改提出了非常严格的限制。《专利审查指南 2010》第四部分第三章"4.6 无效宣告程序中专利文件的修改"规定，发明或者实用新型专利文件的修改仅限于权利要求书，其原则是：（1）不得改变原权利要求的主题名称；（2）与授权的权利要求相比，不得扩大原专利的保护范围；（3）不得超出原说明书和权利要求书记载的范围；（4）一般不得增加未包含在授权的权利要求书中的技术特征。在满足上述修改原则的前提下，修改权利要求书的具体方式一般限于权利要求的删除、技术方案的删除、权利要求的进一步限定、明显错误的修正。权利要求的删除是指从权利要求书中去掉某项或者某些项权利要求，例如独立权利要求或者从属权利要求。技术方案的删除是指从同一权利要求中并列的两种以上技术方案中删除一种或者一种以上技术方案。权利要求的进一步限定，是指在权利要求中补入其他权利要求中记载的一个或者多个技术特征，以缩小保护范围。

专利复审委员会认为涉案权利要求的修改方式不属于技术方案的删除，不符合《专利审查指南》的有关规定，故不予接受。笔者认为，对专利权人修改专利文件的限制，属于影响专利权人重要利益的制度安排，应当由法律、法规作出规定，不应由行政规章进行规定，而且行政规章也不得在法律、法规的基础上作出进一步限制、剥夺专利权人权利和自由的制度安排，否则就不符合法治的根本要求。《专利审查指南》的上述规定，在《专利法》和2010年《专利法实施细则》的相关规定的基础上，对专利权人修改权利要求的自由作出进一步的限制，剥夺了专利权人依据《专利法》和2010年《专利法实施细则》享有的权利和自由，是不合理的。根据《行政诉讼法》第63条的规定，"人民法院审理行政案件，参照规章"。参照的前提是行政规章符合上位法的基本精神，凡是不违背上位法精神的行政规章，人民法院可以参照，而对于不符合上位法精神的行政规章，人民法院当然可以不参照。《专利审查指南》的上述规定对专利权人修改权利要求的自由作出了严格的限制，与《专利法》和2010年《专利法实施细则》赋予专利权人较大修改自由的基本精神不符，人民法院在行使司法审查权力时，不应当参照。因此，专利复审委员会拒绝接受专利权人的修改文本，缺乏法律依据。

本案中，北京市高级人民法院即没有参照《专利审查指南》中的有关规定，而是认为"这种修改没有扩大涉案专利的保护范围，也没有超出原权利要求书记载的范围"，这实际上是依据《专利法》和2010年《专利法实施细则》的有关规定，直接否定了专利复审委员会和一审法院的认定结论。

最高人民法院则参照《专利审查指南》的有关规定，只是认为《专利审查指南》规定的权利要求修改方式一般情况下限于权利要求的合并、删除和技术方案的删除三种方式，但并未绝对排除其他修改方式，因此本案的修改方式并无不当。

第六章　说明书和权利要求书

第一节　说明书的合法性

一、说明书概述

如果说发明创造是发明人的"产品"，则说明书是发明人的"产品"说明书。发明人制造了一个"产品"，应当向世人公布"产品"说明书，告诉世人如何使用"产品"。因此，尽管在学理上可以把专利说明书说得玄之又玄，但是，最通俗的理解就是把专利说明书视为发明创造的"产品"说明书。

为什么要公布发明创造的"产品"说明书？这是基于"公开换保护"的专利法原理。设立专利制度的目的是鼓励发明人公开发明信息，增进社会公共知识，促进科技和经济发展。发明人要想获得专利权，必须向社会公开发明创造，告诉社会公众如何实施发明。发明人获得专利权的对价是公开其发明创造。如果发明人不向社会公开发明创造，又要获得专利权保护，则违背了"公开换保护"的法理。

根据《专利审查指南》的规定，专利说明书一般应当包括以下组成部分：[1]

（一）技术领域：写明要求保护的技术方案所属的技术领域；

（二）背景技术：写明对发明或者实用新型的理解、检索、审查有用的背景技术；有可能的，并引证反映这些背景技术的文件；

（三）发明或者实用新型内容：写明发明或者实用新型所要解决的技术问题以及解决其技术问题采用的技术方案，并对照现有技术写明发明或者实用新型的有益效果；

---

[1]　《专利审查指南 2010》第二部分第二章之"2.2 说明书的撰写方式和顺序"。

（四）附图说明：说明书有附图的，对各幅附图作简略说明；

（五）具体实施方式：详细写明申请人认为实现发明或者实用新型的优选方式；必要时，举例说明；有附图的，对照附图说明。

发明或者实用新型的说明书应当按照上述方式和顺序撰写，并在每一部分前面写明标题，除非其发明或者实用新型的性质用其他方式或者顺序撰写能够节约说明书的篇幅并使他人能够准确理解其发明或者实用新型。

二、说明书的合法性判断

（一）法律规定

我国《专利法》第 26 条第 3 款规定："说明书应当对发明或者实用新型作出清楚、完整的说明，以所属技术领域的技术人员能够实现为准；必要的时候，应当有附图。摘要应当简要说明发明或者实用新型的技术要点。"从法条来看，说明书必须"清楚、完整"，达到"所属技术领域的技术人员能够实现"的标准。什么是"能够实现"呢？对此，《专利审查指南 2010》规定，"所属技术领域的技术人员能够实现，是指所属技术领域的技术人员按照说明书记载的内容，就能够实现该发明或者实用新型的技术方案，解决其技术问题，并且产生预期的技术效果。[1]"据此，判断一份专利说明书是否符合《专利法》第 26 条第 3 款的规定，就要看所属领域的技术人员根据说明书的记载，是否能够实现发明创造，解决其技术问题，并且产生预期的技术效果。

为了确保实现上述立法目的，《专利审查指南 2010》对说明书的撰写方式提出了基本的要求，即说明书应当包括五个部分：技术领域、背景技术、发明或者实用新型内容、附图说明、具体实施方式。在"背景技术"部分，发明人应当对发明或者实用新型的技术研发起点——背景技术作出交代。在"发明或者实用新型内容"部分，发明人应当写明发明或者实用新型所要解决的技术问题以及解决其技术问题采用的技术方案，并对照现有技术写明发明或者实用新型的有益效果。为了确保发明创造的可实施性，发明人还应当附上发明创造的"具体实施方式"，告知所属领域的技术人员如何具体地实施发明创造。"具体实施方式"基本上相当于实验操作手册，告诉技术人员如何进行实验操作、如何实施发明创造。另外，说明书还应当有"附图说明"。在有些情况下，附图是表达技术思想的最佳方式，一页附图也许能抵

---

[1] 《专利审查指南 2010》第二部分第二章之 "2.1.3 能够实现"。

得上十页文字说明，因此，附图是说明书中非常必要的组成部分。

（二）判断标准

（1）主体标准。是否能够实现发明创造，必须以所属技术领域的技术人员的主体身份来判断。所属技术领域的技术人员不同于普通的社会公众，是一种假设的"人"，假定他知晓申请日或者优先权日之前发明所属技术领域所有的普通技术知识，能够获知该领域所有的现有技术，并且具有应用该日期之前常规实验手段的能力，但他不具有创造能力。如果所属技术领域的技术人员基于其知识和能力，根据说明书的记载，不需要付出创造性劳动，能够实现发明创造，则说明书达到了法定要求；否则，说明书未达到法定要求。

（2）客观标准。根据《专利法》和《专利审查指南2010》的有关规定，说明书公开充分的客观标准是：所属技术领域的技术人员按照说明书记载的内容，能够实现发明或者实用新型的技术方案，解决其技术问题，并且产生预期的技术效果。如果所属领域的技术人员根据说明书的记载，不能够完整地实现发明或者实用新型的技术方案，解决其技术问题，并且产生预期的技术效果，则说明书未达到法定要求。①发明或者实用新型的技术方案对于所属技术领域的普通技术人员应当是可实施的，如果不可实施，则说明书显然是不符合法定要求的。②所属技术领域的普通技术人员实施发明或者实用新型的技术方案后，解决了发明人在说明书中声称的该技术方案可以解决的技术问题，并且取得了说明书声称的该技术方案可以产生的技术效果……。如果所属领域的技术人员实施发明或者实用新型的技术方案后，无法解决说明书声称的技术问题，取得其声称的技术效果，则表明说明书不符合法定要求。

（三）判断方法

判断说明书公开是否充分，应当分两步进行：第一步是确定权利要求记载的技术方案的具体内容；第二步是以该技术方案的具体内容为准，判断说明书对该技术方案的公开是否充分。下面予以阐述。

第一步：确定权利要求记载的技术方案的具体内容。

《专利法》第26条第3款规定："说明书应当对发明或者实用新型作出清楚、完整的说明……"该项规定中的"发明或者实用新型"指的是什么？是指说明书中描述的发明或者实用新型技术方案还是权利要求书中记载的发明或者实用新型技术方案？结合《专利法》的上下文进行体系解释，可以确定上述规定中的"发明或者实用新型"是指权利要求书中记载的技术方案。若权利要求书包括多个权利要求，每个权利要求又包括多个技术方案的，则"发明或者实用新型"应当指向每一个权利要求中记载的每一个技术方案。综上，说明书公开是否充分指向的客体是权利要求中记载的每一个技术方案。

在判断说明书公开是否充分时，首先应当固定权利要求中的技术方案。固定权利要求中的技术方案后，还需要解释并确定该技术方案的具体内容，只有明确该技术方案的具体技术内容后，才能进一步判断该技术方案是否在说明书中作了充分的公开，本领域技术人员按照说明书的记载，是否能够实施该技术方案，解决其技术问题，实现其技术效果。如果不解释并确定权利要求中的具体技术方案，不明确技术方案的具体技术内容，就无法判断说明书对该技术方案的公开是否充分。在这一步骤中，我们应当按照上文"专利权利要求的解释"一章中阐述的权利要求解释规则，解释和确定权利要求中技术方案的具体内容。

第二步：以上述第一步中确定的技术方案的具体内容为准，判断说明书对该技术方案的公开是否充分。

在这一步中，应当按照《专利审查指南2010》的规定，判断所属技术领域的技术人员按照说明书记载的内容，是否能够实现上述技术方案，解决其技术问题，并且产生预期的技术效果。如果所属技术领域的技术人员按照说明书记载的内容，能够实现上述技术方案，解决其技术问题，并且产生预期的技术效果，则说明书对该技术方案的公开是充分的，否则说明书对该技术方案的公开不充分。

三、典型案例及规则

苹果电脑贸易（上海）有限公司与专利复审委员会、上海智臻网络科技有限公司发明专利权无效行政纠纷案❶是一个特别典型的案件，值得关注。

涉案专利为名称为"一种聊天机器人系统"、专利号为ZL200410053749.9的发明专利，专利权人为上海智臻网络科技有限公司（以下简称智臻公司）。

授权公告的权利要求1为："一种聊天机器人系统，至少包括：一个用户；和一个聊天机器人，该聊天机器人拥有一个具有人工智能和信息服务功能的人工智能服务器及其对应的数据库，该聊天机器人还拥有通讯模块，所述的用户通过即时通讯平台或短信平台与聊天机器人进行各种对话，其特征在于，该聊天机器人还拥有查询服务器及其对应的数据库和游戏服务器，并且该聊天机器人设置有一个过滤器，以用来区分所述通讯模块接收到的用户语句是否为格式化语句或自然语言，并根据区分结果将该用户语句转发至相应的服务器，该相应的服务器包括人工智能服务器、

---

❶ 北京市高级人民法院（2014）高行（知）终字第2935号行政判决书。

查询服务器或游戏服务器。"

涉案专利说明书第 1 页第 22 – 24 行记载:"本发明的目的在于提供一种聊天机器人系统,用户可以和机器人聊天,但得到的是十分拟人化的对话,除了交互式的对话,更可以'命令'机器人为用户查询信息、做游戏等";第 3 页第 15 – 18 行记载:"用户 1 输入一句子在即时通信平台并通过网络传送给聊天机器人 9,经通信模块 21 接收后送到过滤器 22,进行是否为格式化命令语句的判断;如果是格式化命令语句,即送到查询模块 24 处理,如果是一个自然语句,则送到对话模块 23 处理";第 3 页第 20 行记载:"一般查询模块 24 连接到一个或多个查询服务器 4";第 3 页第 25 行记载:"对话模块 23 连接到人工智能服务器";第 4 页第 4 – 6 行记载:"这三种维护方式使得对话数据库十分丰富,建立了庞大的对话数据库,结合人工智能服务器 3 强大的辨识与语法分析功能,即结合人工智能和自然语言处理,机器人具有了一定的智能";第 4 页第 21 行到第 5 页第 3 行记载:"机器人的查询与传统的搜索引擎的广泛搜索不同,提供一种精确搜索(也可称为目标搜索 Target Searching),这样用户可以快速地通过机器人查询他们想要的信息,机器人甚至可以根据用户的爱好和习惯主动发送给他们喜欢看到的信息";第 5 页第 7 – 9 行分别记载:"在机器人中我们特别倡导互动性,机器人可以实现以下互动游戏(智力闯关、智力问答、24 点、猜数字等)"(见图 2)。

说明书

[0027]聊天机器人 9 本质上是一个或若干个机器人服务器 2,其中设置有通讯模块 21、过滤器 22、对话模块 23、查询模块 24,其一端连接用户 1,另端连接人工智能服务器 3 和/或查询服务器 4 和/或游戏服务器 5。

[0028]用户 1 输入一句子在即时通讯平台并通过网络传送给聊天机器人 9,经通讯模块 21 接收后送到过滤器 22,进行是否为格式化命令语句的判断;如果是格式化命令语句,即送到查询模块 24 处理,如果是一个自然语句,则送到对话模块 23 处理。

[0031]对话模块 23 连接到人工智能服务器 3,进行一系列的辨识与语法分析以后,进行转化为格式化语句的尝试,若能转化成功,则返回转化后的格式化命令语句给过滤器 22;若不能转化,则送到该人工智能服务器 3 的对话系统处理,该对话系统会访问对话数据库 6,选出最合适的应答语句到聊天机器人 9,由他的通讯模块 21 发送给用户 1。一般查询模块 24 连接到一个或多个查询服务器 4。

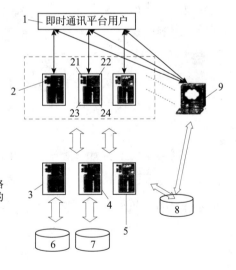

图 2 涉案专利说明书

2012 年 11 月 19 日,苹果电脑贸易(上海)有限公司(以下简称苹果公司)针对涉案专利权向专利复审委员会提出无效宣告请求,理由之一是涉案专利说明书公开不充分,不符合《专利法》第 26 条第 3 款的规定。

专利复审委员会作出的被诉决定认定:涉案专利说明书第 3 页第 11－14 行记载了"聊天机器人 9 本质上是一个或若干个机器人服务器 2,其中设置有通讯模块 21、过滤器 22、对话模块 23、查询模块 24,其一端连接用户 1,另一端连接人工智能服务器 3 和/或查询服务器 4 和/或游戏服务器 5",如涉案专利附图 1 所示,即实施例中公开了用户通过机器人服务器 2 连接到游戏服务器 5。另外,涉案专利说明书第 5 页第 7－9 行记载了"在机器人中我们特别倡导互动性,机器人可以实现以下互动游戏(智力闯关、智力问答、24 点、猜数字等)"。本领域技术人员由上述记载内容能够实现,用户通过即时通信平台与聊天机器人进行对话,该聊天机器人的另一端连接游戏服务器,根据聊天机器人识别的对话内容,用户就可以利用游戏服务器实现以文字互动为基础的游戏功能,因此本领域技术人员根据说明书的上述记载能够实现本发明利用聊天机器人系统的游戏服务器互动游戏的功能。

一审法院判决维持被诉决定。

二审法院认为:

根据涉案专利说明书的记载,涉案专利的发明目的是"提供一种聊天机器人系统,用户可以和机器人聊天,但得到的是十分拟人化的对话,除了交互式的对话,更可以'命令'机器人为用户查询信息、做游戏等"。由此可知,实现游戏功能是涉案专利实现拟人化的一种表现形式,并非拟人化的附加功能。相应地,游戏功能也应当是涉案专利权利要求 1 所记载的必要技术特征。独立权利要求应当表述一个针对发明所要解决的技术问题的完整的技术方案。根据涉案专利说明书的记载,实现游戏功能也是涉案专利权利要求 1 的技术方案所要实现的功能。此外,需要指出的是,在专利授权阶段的审查中,智臻公司也认为游戏功能是使涉案专利具备创造性的技术特征。例如,根据涉案专利审查文档的记载,智臻公司认为,因为游戏服务器的存在使权利要求 1 相对于对比文件 1 具有实质性特点,从而导致涉案专利具备创造性。由此可见,国家知识产权局也是基于智臻公司的上述陈述才对涉案专利进行了授权。因此,如何实现游戏功能是实现涉案专利必不可少的技术特征。然而,说明书仅记载了具有一个游戏服务器以及提到实现互动游戏的设想,而对于游戏服务器与聊天机器人的其他部件如何连接,例如,对什么样的用户输入的什么内容传送到游戏服务器以及如何将用户的指令传送到游戏服务器中,完全没有记载。此外,根据说明书的记载和教导,过滤器对用户输入语句进行判断,判断为格式化语句的则通过查询模块 24 输出到查询服务器 4,而判断为自然语句的则通过对话模块 23 输出到人工智能服务器 3。因此,根据涉案专利说明书的记载,涉案专利的聊天机器人系统中，如果用户输入的是和游戏相关的语句，即使其能够由过滤器分析处理，其也只是被过滤器判断为自然语句或格式化语句，送到人工智能服务器3或查询服务器4中，而根本不可能送到游戏服务器5中。由此可见，涉案专利说明书未充分公开如何实现权利要求1所限定的游戏功能，违反了《专利法》第26条第3款的内容，涉案专利权应当被宣告无效。

二审法院遂判决撤销一审判决和被诉决定。

智臻公司不服二审判决，向最高人民法院申请再审。

最高人民法院再审认为：

从整体上考量涉案专利的三次审查意见通知书及涉案专利申请人的意见陈述可知，涉案专利与对比文件相比具有游戏服务器并非涉案专利获得授权的原因，游戏服务器并非涉案专利区别于现有技术的特征。在游戏服务器不是涉案专利与现有技术的区别技术特征的情况下，根据《专利审查指南》的相关规定，对于涉及游戏服务器的技术方案可以不作详细描述。本案中，本领域普通技术人员根据涉案专利说明书的相关记载内容可以实现，聊天机器人的一端连接用户，另一端连接游戏服务器，用户通过即时通讯平台或短信平台与聊天机器人进行对话，可以使用格式化的命令语句与机器人做互动游戏。因此，涉案专利涉及游戏服务器的技术方案符合《专利法》第26条第3款规定。

对于二审判决的意见，最高人民法院认为，在涉案专利申请日前，在聊天服务系统中设置游戏服务器是本领域常规设置，包括美国专利在内的现有技术也已经公开了在聊天服务系统中设置游戏服务器的技术内容。本领域技术人员具有获知本领域现有技术的能力，即通过检索现有技术可以实现在聊天机器人系统连接游戏服务器并进行游戏，无须由说明书给出如何连接游戏服务器并进行游戏的具体指引。因此，涉案专利涉及游戏服务器的技术方案符合《专利法》第26条第3款的规定。

 评述

涉案专利技术方案有三个服务器，分别为游戏服务器、人工智能服务器和查询服务器。用户的对话语句分为自然语句和格式化语句，由过滤器可以进行判断。如果是格式化语句，则机器会将其送到查询服务器进行处理；如果是自然语言，则机器会将其送到人工智能服务器进行处理。但是，过滤器与游戏服务器之间如何进行交互操作，涉案专利说明书并未进行说明，因此，如何实现游戏的功能，说明书未进行披露。图3为笔者根据发明技术方案绘制的简单示意图。

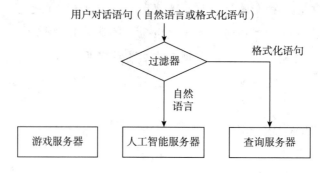

图3　涉案专利技术示意

从图3可以清晰地看出来，过滤器与游戏服务器之间如何互动，说明书并未记载，未作说明，这一点事实，各方当事人都予以认可。因此，问题在于，在说明书未记载过滤器与游戏服务器如何互动的情况下，本领域技术人员是否能够实现过滤器与游戏服务器之间的互动，是否能够实现互动游戏的功能。这取决于本领域的公知常识。假定如何实现过滤器与游戏服务器之间的互动，如何实现互动游戏功能是所属领域的公知常识，则即使说明书未作记载，并不影响本领域技术人员实现涉案专利的互动游戏功能；否则，就应当认定说明书不符合《专利法》第26条第3款的规定。

第二节　权利要求书的合法性

一、权利要求书概述

专利权利要求是在说明书公开的技术方案的基础上提炼的要求保护的技术方案，它确定专利权的保护范围。最初的专利文件并不包括权利要求书，仅包括专利说明书，专利的保护范围由说明书确定，即所谓的"中心限定原则"，由法官根据说明书记载的发明的实质性内容确定。什么是发明的实质性内容？如何解释和确定发明的实质性内容？标准不易掌握，具有一定的弹性，不同的法官会作出不同的解释，由此导致专利权的边界范围不清晰。因此，这种保护方法的缺陷是明显的。为了克服"中心限定原则"的缺陷，各国专利法相继引入了权利要求书，由权利要求确定专利权的保护范围，即所谓的"周边限定原则"。在"周边限定原则"下，权利要求中的全部技术特征就像一个个篱笆桩，围成一个圈，界定专利权的保护范围。这一原则具有很大的优势，权利要求公示效果好，权利边界清晰，一旦权利要求被公告授权，昭告天下，社会公众就知道权利要求的保护范围，可以据此避开专利权的保护范围，开展生产经营活动。

权利要求一般采取前序部分和特征部分构成的撰写方式。当然，这只是通常情况，并非绝对如此，一些化学、医疗领域的专利权利要求往往并不按此方式撰写。前序部分记载权利要求的技术方案与现有技术共同拥有的技术特征。特征部分记载发明的创新部分的技术特征。权利要求的保护范围由前序部分和特征部分共同限定。

权利要求书可以由一个权利要求构成，也可以由若干个权利要求构成。当由若干个权利要求构成的时候，通常又分为独立权利要求和从属权利要求。独立权利要求，顾名思义，是指不依赖其他权利要求而仅由其自身的技术特征构成的权利要求，其保护范围由其自身的技术特征限定。从属权利要求则从属于独立权利要求，通过引用独立权利要求的方式存在，其保护范围由独立权利要求中的技术特征和从属权利要求附加的技术特征共同限定。从属权利要求的保护范围小于独立权利要求。

权利要求书由独立权利要求和若干个从属权利要求构成，对专利权人而言，相当于构筑了一个层层递进的权利保护体系，其作用是不言而喻的。当独立权利要求被宣告无效之后，还有从属权利要求；当第一个从属权利要求被宣告无效之后，还有第二个从属权利要求。面对无效请求人的进攻，专利权人可以一步步退缩，而不至于一下子全部丧失自己的权利范围。

二、权利要求书的合法性判断

由于权利要求书是在说明书中公开的技术方案的基础上概括的界定专利保护范围的技术方案，因此，基于"公开换保护"的专利法原理，发明人申请记载在权利要求中的技术方案应当是其作出贡献的技术方案。在说明书中未公开的技术方案，不是发明人的发明内容，当然不应当列入保护范围，否则就与发明人的技术贡献不匹配。因此，权利要求书与说明书之间必须满足一定的关系，才合法。

我国《专利法》第26条第4款规定："权利要求书应当以说明书为依据，清楚、简要地限定要求专利保护的范围。"这一规定提出了两个要求：（1）权利要求书应当以说明书为依据，通常也被称为"权利要求书应当得到说明书支持"；（2）权利要求书应当清楚、简要地限定要求专利保护的范围。下面分别论述。

（一）权利要求书应当以说明书为依据

权利要求书应当以说明书为依据，即权利要求书记载的技术方案应当得到说明书的支持。发明人作出的发明创造的详细技术信息应当记载在说明书中，发明人可以将说明书中记载的发明技术方案写入权利要求书中，作为专利权的保护范围。但是，未记载在说明书中的技术方案，不得写入权利要求书。这种要求源于"公开换保护"的专利法法理。该法理意味着，发明人在说明书中公开了多少技术方案，就只能在权利要求中保护多少技术方案，说明书中未公开的技术方案，不得列入权利要求的保护范围。这一法理是容易理解的。专利制度的设立目的是鼓励发明人公开发明创造，促进技术信息的传播，从而更好地服务于经济社会的发展。为了达到该目的，就为发明人创设一个专利权，允许他将公开的发明创造列入权利要求的保护范围，赋予排他权的效力，从而获得一定的经济回报。如果允许发明人将未在说明书中公开的技术方案列入权利要求的保护范围，显然就违背了专利制度设立的初衷。

1. 判断标准

《专利法》第 26 条第 4 款规定："权利要求书应当以说明书为依据。"这一规定确定的标准可以从两个方面来理解。

（1）主体标准。判断"权利要求书是否以说明书为依据"，要站在本领域的普通技术人员的视角进行。根据《专利审查指南 2010》的规定，"本领域技术人员"可理解为是一种理想状态下的特殊的"人"，这个"人"具有这样的知识和能力：①知晓申请日或优先权日之前该技术领域中所有的普通技术知识；②能够获知该领域中所有的现有技术；③具有应用该日期之前的常规实验手段；④从其他领域获知上述三种知识的能力；⑤不具备创造能力。我们在判断"权利要求书是否以说明书为依据"时，应当结合本领域技术人员的知识和能力进行，否则就会出现判断失误。

（2）客观标准。《专利法》第 26 条第 4 款规定的标准是"权利要求书应当以说明书为依据"。但是，这一标准仍然显得抽象。对此，《专利审查指南 2010》作出了进一步的解释性规定。该指南第二部分第二章"3.2.1"节规定：权利要求书中的每一项权利要求所要求保护的技术方案应当是所属技术领域的技术人员能够从说明书充分公开的内容中得到或概括得出的技术方案，并且不得超出说明书公开的范围。如果所属技术领域的技术人员可以合理预测说明书给出的实施方式的所有等同替代方式或明显变型方式都具备相同的性能或用途，则应当允许专利申请人将权利要求的保护范围概括至覆盖其所有的等同替代或明显变型的方式。对于用上位概念概括或用并列选择方式概括的权利要求，应当审查这种概括是否得到说明书的支持。如果权利要求的概括包括专利申请人推测的内容，而其效果又难于预先确定和评价，应当认为这种概括超出了说明书公开的范围。如果权利要求的概括使所属技术领域的技术人员有理由怀疑该上位概括或并列概括所包含的一种或多种下位概念或选择方式不能解决发明或者实用新型所要解决的技术问题，并达到相同的技术效果，则应当认为该权利要求没有得到说明书的支持。《专利审查指南2010》的上述规定更加细化，更具操作性。目前实践中，基本上都按照上述规定进行认定。

2. 判断方法

判断权利要求书是否以说明书为依据，应当分两步进行：第一步确定权利要求书中的技术方案的具体技术内容；第二步确定权利要求书中的每一个技术方案是否都满足"以说明书为依据"的法定标准。下面分别阐述。

第一步：确定权利要求书中的技术方案的具体技术内容。

权利要求书可以包括多个权利要求，每个权利要求又可以包括多个并列的技术方案，在判断权利要求书是否以说明书为依据时，应当判断权利要求书中的每一个权利要求中的每一个技术方案是否都以说明书为依据。只有权利要求书中的每一个技术方案都以说明书为依据，才能认定权利要求书达到了"以说明书为依据"的法定标准。因此，在适用《专利法》第26条第4款时，应当首先确定判断的客体——权利要求书中的每一个技术方案，然后再判断其中每一个技术方案是否满足"以说明书为依据"的法定标准。在固定权利要求中的技术方案后，我们要确定该技术方案的具体技术内容。对此，我们要按照上文"专利权利要求的解释"一章中确定的权利要求解释规则，解释并确定权利要求中的技术方案的客观含义。

有一种观点认为，在适用"权利要求书应当以说明书为依据"的法律规定时，不应当解释权利要求，尤其不应当采用说明书解释权利要求，而只需要对权利要求作出通常含义上的理解即可。这里所说的通常含义应当是指公知常识所证明的通常含义，而不是本领域技术人员阅读权利要求书、说明书及附图后理解的含义。笔者不赞同这种观点。这种观点的实质是，在理解和确定权利要求所表达的技术方案时，不需要考虑说明书及附图等内部证据，而应当依据所属技术领域的教科书、词典等外部证据所确定的通常含义来理解权利要求的技术方案，这实际上就是外部证据优先内部证据的权利要求解释方法。

权利要求是用文字表达的技术方案，在理解和确定其技术方案的过程中必然要解释权利要求中的文字，以确定其真正表达的含义，而且对权利要求的解读必须在说明书的语境下进行，必须作出符合发明目的的解释，否则就割裂了权利要求书和说明书的关系。诚如最高人民法院（2021）最高法知行终987号行政判决书所言，不论适用哪一法律条款判断专利权利要求是否应当授权或者维持有效，权利要求的解释应当保持一致。在解释时既要以权利要求的内容为准，又不能脱离说明书和附图，包括发明目的等内容在内的说明书及附图均可以用于解释权利要求。

综上，在适用《专利法》第 26 条第 4 款时，应当首先固定权利要求的技术方案，解释并确定技术方案的真正含义，然后再判断权利要求是否得到说明书的支持。

第二步：以上述第一步中确定的技术方案的具体内容为基准，判断该技术方案是否满足"以说明书为依据"的法定标准。

在这一步中，应当按照《专利审查指南 2010》第二部分第二章"3.2.1"节的具体规定，判断上述第一步中确定的技术方案是否是所属技术领域的技术人员能够从说明书充分公开的内容中得到或概括得出的技术方案。

3. 具体问题与规则

"权利要求书应当以说明书为依据"，这一法律规定虽然是明确的，但在实践操作中仍有很多具体问题需要探讨。

（1）判断"权利要求书是否以说明书为依据"的过程中是否需要解释权利要求？

这是实践中争议很大的问题。概括起来，主要有两种观点：一种观点认为在适用"权利要求书应当以说明书为依据"的法律规定时，不应当解释权利要求，尤其不应当采用说明书解释权利要求，而只需要对权利要求作出通常含义上的理解即可。笔者则持另一种观点，即在适用上述规定时，应当首先按照专利权利要求的解释规则，解释并确定权利要求书中每一个技术方案的具体内容，然后再判断其中的每一个技术方案是否满足"以说明书为依据"的法定标准。具体理由，上文已详细阐述，此处不再赘述。具体而言，我们必须将权利要求放在整个专利文件的语境下解读权利要求所表达的技术方案的真正内容，然后再进一步判断该技术方案是否满足"以说明书为依据"的法定标准。

（2）权利要求书应当以说明书为依据，应当坚持形式的标准还是实质的标准？

有的发明人为了隐藏发明技术信息，将说明书撰写得非常简略，说明书中记载的发明技术方案和权利要求书的内容几乎一样，实施例也不作详细的披露。这种情况满足"权利要求书应当以说明书为依据"的要求吗？从形式上看，权利要求书的内容在说明书中都有原样的记载，看似得到了说明书的支持，但实际上并未得到说明书的支持，是形式意义上的支持。在这种情形中，权利要求记载的技术方案，其发明目的、技术效果、如何实施等技术信息都未记载在说明书中，本领域技术人员根本无法实现相关的技术方案。"权利要求书应当以说明书为依据"，必须坚持实质的标准，即权利要求中记载的技术方案必须在说明书中进行实质意义上的详细记载，包括技术目的、技术手段、技术效果、实施方式等，唯有如此，权利要求书才能实质意义上得到说明书的支持。

（3）权利要求中记载的技术方案是否应当仅限于实施例公开的技术方案？

实施例是说明书的组成部分，一般而言，说明书必须记载至少一个实施例，告诉本领域技术人员如何实施专利技术。披露实施例的目的即在于告诉本领域技术人员如何具体地实施专利技术，实施例应当记载技术手段、技术效果等必要技术信息，便于本领域技术人员能够顺利实施。实施例并不是发明创造本身，而是发明创造的实施方式，发明创造可以有许多实施方式。用实施例来限制发明创造的保护范围，对专利权人是不公平的，专利权人的专利保护范围是发明创造本身，而不是实施例。因此，权利要求中记载的技术方案不应当仅限于实施例公开的技术方案。

（4）权利要求对说明书披露的技术方案可以概括到何种程度？

权利要求并不仅仅限于保护说明书中公开的实施例，而是可以对说明书公开的技术内容进行概括。但是，概括到何种程度才算合理呢？这是一个有争议的话题。根据《专利审查指南 2010》第二部分第二章"3.2.1"节的规定，权利要求书中的每一项权利要求所要求保护的技术方案应当是所属技术领域的技术人员能够从说明书充分公开的内容中得到或概括得出的技术方案，并且不得超出说明书公开的范围。如果所属技术领域的技术人员可以合理预测说明书给出的实施方式的所有等同替代方式或明显变型方式都具备相同的性能或用途，则应当允许专利申请人将权利要求的保护范围概括至覆盖其所有的等同替代或明显变型的方式。对于用上位概念概括或用并列选择方式概括的权利要求，应当审查这种概括是否得到说明书的支持。如果权利要求的概括包括专利申请人推测的内容，而其效果又难于预先确定和评价，应当认为这种概括超出了说明书公开的范围。如果权利要求的概括使所属技术领域的技术人员有理由怀疑该上位概括或并列概括所包含的一种或多种下位概念或选择方式不能解决发明或者实用新型所要解决的技术问题，并达到相同的技术效果，则应当认为该权利要求没有得到说明书的支持。

在吕某云与专利复审委员会、宜宾天原集团股份有限公司、南开大学、新晃新中化工有限责任公司发明专利权无效行政纠纷案❶中，涉案专利是专利号为ZL201110359617.9、名称为"一种用于合成氯乙烯的低汞复合催化剂及其制备方法"的发明专利，专利权人为宜宾天原集团股份有限公司（以下简称宜宾天原公司）、南开大学和新晃新中化工有限责任公司（以下简称新晃新中公司）。

涉案专利授权公告的权利要求 1 如下：

---

❶　北京市高级人民法院（2016）京行终 1428 号行政判决书；北京市第一中级人民法院（2014）一中行（知）初字第 10364 号行政判决书。

1. 一种用于合成氯乙烯的低汞复合催化剂，其特征在于：催化剂活性组分为氯化汞、氯化钡和FeCoP的复合物；其中氯化汞占催化剂总重量的3~6%，氯化钡占催化剂总重量的3~6%，FeCoP占催化剂总重量的5~10%，其中FeCoP的组成为$Fe_{2-x}Co_xP$，x的范围为0.5~1.5，载体为比表面积在700~1500m^2/g之间的改性处理后的煤质炭，所述的改性处理为将煤质炭在质量百分含量为10%的KH550硅烷偶联剂的水溶液中120℃搅拌回流3小时，然后将所得混合物抽滤分离，之后将滤饼在120℃烘干。

针对上述权利要求，吕某云于2013年11月12日向专利复审委员会提出无效宣告请求，其中一项理由是：涉案专利权利要求1中限定的氯化汞、氯化钡、FeCoP的含量范围，x的数值范围得不到实施例具体数值的支持，不符合《专利法》第26条第4款的规定。据此请求宣告涉案专利权利要求1无效。

专利复审委员会作出的被诉决定认定：涉案专利说明书的四个实施例中采用了不同的氯化汞、氯化钡、FeCoP、硅烷改性剂的含量组合和FeCoP的配比，本领域技术人员在此基础上可以概括出要求保护的范围，并且能够合理预测该范围能够解决涉案专利发明要解决的技术问题。据此维持涉案专利有效。

一审法院认为，涉案专利符合《专利法》第26条第4款的规定，判决驳回吕某云的诉讼请求。

二审法院认为：

首先，涉案专利旨在解决现有技术中高汞催化剂存在的问题，找到一种能够保持高活性、稳定性的低汞催化剂。涉案专利说明书的四个实施例中采用了不同的氯化汞、氯化钡、FeCoP、硅烷改性剂的含量组合和FeCoP的配比，本领域技术人员在此基础上可以概括出要求保护的范围，并且能够合理预测该范围能够解决涉案专利发明要解决的技术问题。其次，关于涉案专利说明书及其实施例公开的$Fe_{15}Co_{05}P/C$所占比例为5%，而权利要求1记载"FeCoP占催化剂总重量的5%~10%"，二者不完全相符的问题。本领域技术人员知道，$Fe_{15}Co_{05}P/C$是作为助剂组分起到提高催化剂的活性和稳定性的作用，实施例公开的$Fe_{15}Co_{05}P/C$的比例为5%，亦即5%的$Fe_{15}Co_{05}P/C$能起到提高催化剂的活性和稳定性的作用。通常情况下，作为催化剂的助剂，只要控制在一定的范围内，适当提高其所占比例，也能起到基本相同甚至更好的作用，本领域技术人员对此能够预期。因此，本领域技术人员能够明确认知，10%的$Fe_{15}Co_{05}P/C$可以起到5%的$Fe_{15}Co_{05}P/C$的作用。涉案权利要求1记载"FeCoP占催化剂总重量的5%~10%"，是在涉案专利说明书公开的"$Fe_{15}Co_{05}P/C$所占比例为5%"的基础上的合理概括，可以得到说明书的支持。综上，权利要求1能够得到说明书的支持，符合《专利法》第26条第4款规定的认定。二审法院遂判决维持原判。

该案的判决贯彻了上述《专利审查指南 2010》第二部分第二章 "3.2.1" 节规定的基本精神。该案确立的规则是：专利权利要求涵盖说明书中公开的实施方式的等同替代方式的，如果所属技术领域的技术人员能够知道等同替代方式具备与说明书给出的实施方式相同的性能或用途，则应当认定权利要求得到说明书的支持。

（5）本领域技术人员无须通过过度劳动即可排除不能实现发明目的的技术方案的，应当认为该权利要求能够得到说明书支持。

在任某平、孙某与国家知识产权局及苹果电子产品商贸（北京）有限公司、苹果电脑贸易（上海）有限公司发明专利权无效行政纠纷案[1]中，最高人民法院表达了以下裁判观点：以两组以上不同类型的数值范围技术特征共同限定保护范围的权利要求，如果本领域普通技术人员通过阅读说明书可以确定各数值范围技术特征之间存在相互对应关系，能够通过有限次实验得到符合发明目的的具体实施方式，且无须通过过度劳动即可排除不能实现发明目的的技术方案的，应当认为该权利要求能够得到说明书支持。

涉案专利权利要求 1、5 如下：

1. 提高二次锂离子电池或电池组的容量、平均工作电压和比能量的方法，其特征在于对该单体锂离子电池的充电限制电压大于 4.2V，但不超过 5.8V，单体锂离子电池的正、负极的配比按充电限制电压为 4.2V 时的理论克容量计算在 1 : 1.0 ~ 1 : 2.5。

……

5. 二次锂离子电池或电池组，其特征在于该单体锂离子电池的充电限制电压大于 4.2V，但不超过 5.8V；其单体锂离子电池的正、负极的配比按充电限制电压为 4.2V 时的理论克容量计算在 1 : 1.0 ~ 1 : 2.5。

争议焦点之一是权利要求 1、5 能否得到说明书的支持。

对此，最高人民法院认为：

以两组以上不同的数值范围技术特征所限定保护范围的权利要求，如果本领域技术人员通过阅读说明书可以确定各数值范围技术特征之间存在相互对应关系，能够通过有限次实验得到符合发明目的的具体实施方式，而且无须通过过度劳动，即可排除不能实现发明目的的技术方案的，应当认为该权利要求能够得到说明书支持。涉案权利要求 1 包含了 "充电限制电压大于 4.2V，但不超过 5.8V" 及 "正负极配比按充电限制电压为 4.2V 时的理论克容量计算在 1 : 1.0 ~ 1 : 2.5" 两组不同的数值范围技术特征。虽然权利要求 1 未就该两组数值范围技术特征之间的关系予以明

---

[1]　最高人民法院（2020）最高法知行终 406 行政判决书。

确说明，但本领域技术人员通过阅读本专利说明书中"发明内容"部分关于实现本专利发明目的的手段系"通过提高充电限制电压，并适当调整单体锂离子电池的正、负极的配比"的记载，以及本专利说明书给出的实施例和实施例给出的"当充电限制电压提高到 4.45V 以上后，随着该电压和正负极配比值的提高，可继续提高电池容量、工作电压和重量比能量"启示等内容，可以明确得出权利要求 1 所包含的两组数值范围技术特征之间具有以下对应关系：充电限制电压提高到 4.2V 以上但不超过 5.8V，正负极配比按充电限制电压为 4.2V 时的理论克容量计算限制在 1：1.0 ～ 1：2.5，且当充电限制电压大于 4.45V 时正负极配比要随着充电限制电压的升高而升高。

在此基础上，本领域技术人员结合本发明申请时"电池循环 300 次容量保持在 60% 即可满足相关行业对电池循环性能的要求"的公知常识，根据本专利说明书及实施例给出的上述指引和启示，判断出符合本发明目的的具体实施方式，并在采取常规的实验手段及有限次的试验情况下便可排除不能实现本发明目的的技术方案，即无需通过过度劳动便可清楚认识到权利要求 1 包含的两组数值范围技术特征在上述对应关系之外的其他数值范围并非权利要求 1 所要保护的内容。因此，权利要求 1 能够得到说明书的支持。同理，权利要求 5 亦能够得到说明书的支持。

该案例告诉我们，本领域技术人员是有知识和能力，有主观能动性的，如果其通过有限次试验即可知晓实现发明目的的具体实施方式且无需过度劳动即可排除权利要求中无法实现发明目的的技术方案的，可以认定权利要求得到说明书的支持。

（6）功能性特征是否得到说明书支持的判断。

功能性特征，是指对于结构、组分、步骤、条件或其之间的关系等，通过其在发明创造中所起的功能或者效果进行限定的技术特征，但本领域普通技术人员仅通过阅读权利要求即可直接、明确地确定实现上述功能或者效果的具体实施方式的除外。

国家知识产权局在行政案件中通常将功能性限定的技术特征理解为覆盖所有能够实现所述功能的实施方式，并在此基础上判断权利要求是否得到说明书的支持。早些年，北京市高级人民法院在这个问题上有摇摆，在有的案件中采取上述国家知识产权局的立场，❶ 在有的案件中又采取侵权案件中的解释规则，即将功能性特征解释为说明书中记载的实施例及其等同方式。❷

最高人民法院采上述国家知识产权局的立场。在特洛伊之海伦有限公司（以下简称特洛伊公司）与国家知识产权局、深圳市安扣科技有限公司（以下简称安扣公

---

❶ 北京市高级人民法院（2014）高行（知）终字第 1978 号行政判决书。
❷ 北京市高级人民法院（2016）京行终 3679 号行政判决书。

司）发明专利权无效行政纠纷案❶中，最高人民法院认为：

本专利权利要求 1 限定了"肘节机构，该肘节机构与所述按钮和所述密封件配合，使所述密封件根据所述按钮的作用分别移动至所述压缩状态和未压缩状态"。该技术特征仅描述了所述机构在技术方案中所起的作用，并未作出具体结构上的限定，属于功能性限定的技术特征，因该技术特征可理解为覆盖了该功能的所有实现方式，故说明书所公开的内容应能使所属技术领域普通技术人员明了此功能还可以采用未提及的其他替代方式来完成。然而，本专利说明书只公开了肘节机构的两种实现方式。除此以外，特洛伊公司提出的其他实现方式，即控制圆珠笔笔芯伸缩的按键、老式电视机的开关按钮，与本专利中在一个点施加较小力量就能在其他地方作用出较大力（即单手按动密封容器的按钮就能实现密封件锁止或解锁）的肘节机构明显不同。因为前者是按动按钮使笔芯从笔管中间向前推送，几乎不会受到阻力限制、需要的力量很小，后者只是通过触动按钮来实现推送以触碰电源的开机效果。因此，本领域技术人员阅读本专利说明书关于肘节机构实施方式的记载后，并不能明了除说明书记载的实施例外，还可以采取未提到的其他哪些替代方式来实现该肘节机构所要达到的功能。

同时，本专利说明书所公开的肘节机构的两种实施例，也未在权利要求 2 - 11 中记载其完整的技术方案。特洛伊公司当庭陈述了本专利说明书中两个实施例的工作原理：实施例一的工作原理在于按钮拉动挂钩，挂钩沿心形结构移动；按一下按钮，因挂钩与弹簧组成杠杆，挂钩拉住底部件，顶部件与底部件共同挤压密封圈使其外胀于容器中，锁止；再按一下按钮，挂钩移动至不能挂住底部件的位置，底部件被释放，密封圈不再受挤压，解锁。实施例二的工作原理如前所述，只是将挂钩替换为滑块，即在肘节机构的外壳上开有豁口，可与底部件连接；滑块左右滑动，与导向作左右往复运动，实现锁止与释放状态之间的切换。然而，从本专利说明书 0052 至 0074 段和附图 2 仅能看出在实现肘节机构功能的过程中，"顶部组件""臂""卡扣板""底部组件""挂钩""滑块"等部件缺一不可。但关于上述部件如何与"按钮""密封件"相互配合，权利要求 1 未予记载，对应的说明书内容中也未予公开。

因此，本专利权利要求 1 只是提出了将肘节机构运用于密封容器领域这一构思，其记载的技术方案仍停留在表述工作原理阶段；引用权利要求 1 的 2 - 11 也未能给出实现肘节机构功能的完整技术方案。与权利要求 1 - 11 相对应的说明书内容既未能囊括肘节机构的所有实施方式，也未就已提出的两个实施方式公开与密封容器其

---

❶　最高人民法院（2019）最高法知行终 147 号行政判决书。

他部件如何配合的完整技术方案，导致权利要求 1 - 11 得不到说明书的支持，不符合专利法第二十六条第四款的规定。

（二）权利要求书应当清楚、简要地限定要求专利保护的范围

权利要求书与说明书有各自的功能，说明书用于公开发明的技术方案，告诉所述技术领域的人员如何实施发明技术方案，而权利要求书则界定专利权的保护范围。一般认为，权利要求书具有两个功能：一为权利保护范围的界定功能，权利要求好比一个篱笆桩，划定权利人和社会公众之间的界限；二为权利公示的功能，向社会公众宣示发明人的专利权。权利要求书的上述两个功能决定了权利要求书必须满足一定的条件，即必须清楚、简要地限定要求专利保护的范围。

（1）权利要求书必须清楚。权利要求书必须清晰地告诉社会公众发明人的技术方案和专利权的边界。唯有如此，社会公众才能明白专利技术方案和专利权的边界，才能避让；否则，权利要求不清楚，权利边界不清晰，社会公众就无法知道专利权的边界，这显然会妨害社会公众的行为自由。

（2）权利要求书还应当简要，即简练地限定要求专利保护的范围。权利要求书不是说明书，不要求事无巨细，面面俱到，而只需要将发明的主题名称和技术特征组合在一起，简要地限定要求保护的技术方案（专利的保护范围）。下面举例予以说明。

在柏某清与专利复审委员会、济宁为开妇幼用品有限公司、上海防电磁辐射协会、上海添吉纺织科技有限公司实用新型专利权无效行政纠纷案❶中，涉案专利是名称为"防电磁污染服"、专利号为 ZL200420091540.7 的实用新型专利，其申请日为 2002 年 5 月 8 日，授权公告日为 2006 年 12 月 20 日，专利权人为柏某清。涉案专利授权公告时的权利要求书如下：

一种防电磁污染服，它包括上装和下装，其特征在于所述服装在面料里设有由导磁率高而无剩磁的金属细丝或者金属粉末构成的起屏蔽作用的金属网或膜。

涉案专利说明书载明：

本实用新型的目的在于克服已有技术的上述不足而提供一种成本低、保护范围宽和效果好的防电磁污染服。本实用新型的目的是这样实现的，其特征在于所述服装在面料里设有由导磁率高而无剩磁的金属细丝或者金属粉末构成的起屏蔽保护作用的金属网或膜。所述的金属细丝可用市售 5 到 8 丝的钢丝等；所述的金属粉末可

---

❶ 北京市高级人民法院（2015）高行（知）终字第 1549 号行政判决书；最高人民法院（2016）最高法行申 3044 号行政裁定书。

用如软铁粉末等。这种服装，由于能屏蔽各种电磁辐射，使人体免受危害，故实现了上述目的。这种防护服是在不改变已有服装样式和面料性能的基础上，通过在面料里织进导电金属细丝或者以喷、涂、扩散、浸泡和印染等任一方式的加工方法将导电金属粉末与面料复合，构成如图1、2的带网眼2的网状结构1即可。

2013年4月25日，济宁为开妇幼用品有限公司（以下简称为开公司）、上海防电磁辐射协会（以下简称防辐射协会）、上海添吉纺织科技有限公司（以下简称添吉公司）针对涉案专利分别向专利复审委员会提出无效宣告请求，请求宣告涉案专利权全部无效，其中一项理由是：涉案专利权利要求1中采用了含义不确定的技术术语"导磁率高"，并且在其权利要求书的其他部分以及说明书中均未对这种金属材料导磁率的具体数值范围进行限定，也未对影响导磁率的其他参数进行限定，本领域技术人员无法根据说明书和权利要求书的记载直接而毫无疑义地确定何为导磁率高，导致该权利要求1的保护范围不清楚，不符合2002年《专利法实施细则》第20条第1款（《专利法》第26条第4款）的规定。

柏某清认为，"导磁率高"属于本领域的公知常识，其含义与保护范围是清楚的。

专利复审委员会作出的被诉决定认定：

导磁率也可称为磁导率，且磁导率有绝对磁导率与相对磁导率之分，根据具体条件的不同还涉及起始磁导率、最大磁导率等概念。不同概念的含义不同，计算方式也不尽相同。磁导率并非常数，磁场强度H发生变化时，磁导率即会发生相应变化。涉案专利说明书中，既没有记载导磁率在涉案专利技术方案中是指相对磁导率还是绝对磁导率或者其他概念，也没有记载导磁率高的具体范围，也没有记载包括磁场强度H等在内的计算导磁率的客观条件。本领域技术人员根据涉案专利说明书，难以确定涉案专利中所称的导磁率高的具体含义，从而难以界定权利要求的保护范围。尽管柏某清提交了诸多附件意图证明"导磁率高"或"磁导率高"属于本领域公知常识或者现有技术，但是这些附件均因为各种原因不能被接受，且即使接受上述附件，其上记载的内容也不能说明导磁率高在本领域中统一的、确切的含义或范围是什么。综上所述，涉案专利权利要求1保护范围不清楚，不符合2002年《专利法实施细则》第20条第1款的规定。

基于上述理由，专利复审委员会作出被诉决定，宣告涉案专利权全部无效。

一审、二审法院均认为：专利权的保护范围由权利要求来限定，如果权利要求中包括含义不确定的词语，且结合该专利的说明书、本领域公知常识以及相关的现有技术，仍不能确定权利要求中该词语的具体含义，则应认为该权利要求保护范围不清楚。涉案专利权利要求1请求保护一种防电磁污染服，它包括上装和下装，其特征在于所述服装在面料里设有由导磁率高而无剩磁的金属细丝或者金属粉末构成的起屏蔽保护作用的金属网或膜。最高人民法院于 2012 年 12 月 28 日作出的已经发生法律效力的（2012）民申字第 1544 号民事裁定书明确认定：根据涉案专利说明书以及柏某清提供的有关证据，本领域技术人员难以确定权利要求 1 中技术特征"导磁率高"的具体范围或者具体含义，不能准确确定涉案专利权利要求 1 的保护范围。本案中，柏某清亦未能提交相关证据证明在涉案专利所属技术领域中，本领域技术人员对于高导磁率的含义或者范围有着相对统一的认识。因此，涉案专利权利要求 1 保护范围不清楚，不符合 2002 年《专利法实施细则》第 20 条第 1 款的规定。

最高人民法院认为：

导磁率亦称磁导率。磁导率有绝对磁导率与相对磁导率之分，根据具体条件的不同还涉及起始磁导率 μi、最大磁导率 μm 等概念。不同概念的含义不同，计算方式也不尽相同。磁导率非常数，磁场强度 H 发生变化时，可观察到磁导率的变化。在涉案专利说明书中，既没有记载导磁率在涉案专利技术方案中是指相对磁导率还是绝对磁导率或者其他概念，也没有记载导磁率高的具体范围以及磁场强度 H 等在内的计算导磁率的客观条件。本领域的普通技术人员根据涉案专利说明书，难以确定涉案专利中所称的导磁率高的具体含义。虽然部分现有技术中采用了高磁导率或高导磁率等表述，但根据技术领域以及磁场强度的不同，关于高导磁率的含义仍较宽泛。因此，柏某清提供的证据不能证明涉案专利所属技术领域的普通技术人员对于高导磁率的含义或者范围有一致的认识，或者根据涉案专利说明书足以确定涉案专利所称的导磁率高的具体含义。涉案专利权利要求的保护范围不清楚，不符合《专利法实施细则》第 20 条第 1 款的规定。二审判决的相关认定正确，予以支持，据此驳回柏某清的再审申请。

该案中，权利要求 1 的一个特征是"导磁率高而无剩磁的金属细丝或者金属粉末"，"导磁率高"用于修饰金属细丝或者金属粉末。但是，"导磁率高"在所述技术领域并无通常含义，涉案专利说明书亦未予以界定，因此，这一术语表达的含义并不清楚。如此一来，"导磁率高而无剩磁的金属细丝或者金属粉末"的保护范围多大，就不清楚，权利要求 1 就没有清楚、简要地限定专利要求保护的范围。该案启示我们，在撰写权利要求时，对权利要求中的术语一定要进行合理的取舍，选定的术语要么在所述技术领域应当有通常含义，所述技术领域的技术人员一看就知道其含义，要么在专利权利要求或者说明书中予以特别的限定，告诉社会公众其具体的含义。

第七章　独立权利要求的必要技术特征

2010 年《专利法实施细则》第 20 条第 2 款规定："独立权利要求应当从整体上反映发明或者实用新型的技术方案，记载解决技术问题的必要技术特征。"2023 年修订的《专利法实施细则》第 23 条第 2 款的规定与此相同。如何理解这一规定的含义？它是倡导性法律条款还是专利授权的实质性条款？它和《专利法》第 26 条第 3—4 款是什么关系？具体如何适用"必要技术特征"条款？本章对此进行阐述。

第一节　"必要技术特征"条款解读

一、什么是"必要技术特征"

2010 年《专利法实施细则》第 20 条第 2 款规定："独立权利要求应当从整体上反映发明或者实用新型的技术方案，记载解决技术问题的必要技术特征。"根据《专利审查指南》的规定，必要技术特征是指发明或者实用新型为解决其技术问题所不可缺少的技术特征，其总和足以构成发明或者实用新型的技术方案，使之区别于背景技术中所述的其他技术方案。判断某一技术特征是否为必要技术特征，应当从所要解决的技术问题出发并考虑说明书描述的整体内容，不应简单地将实施例中的技术特征直接认定为必要技术特征。❶

在一件发明或实用新型技术方案中，发明人针对背景技术中的技术问题作出技术改进，取得某种技术效果，解决背景技术中的技术问题所必不可少的全部技术特征构成的技术方案是发明人作出的区别于背景技术的新的技术方案，该技术方案之所以区别于背景技术中的技术方案，就在于其采用了解决背景技术中的技术问题的

---

❶ 《专利审查指南 2010》第二部分第二章"3.1.2 独立权利要求和从属权利要求"。

技术特征。为了表达这一新的技术方案，发明人应当将解决背景技术中的技术问题的全部技术特征都写入独立权利要求，这些技术特征，就是必要技术特征。如果不将这些技术特征写入独立权利要求，独立权利要求反映的技术方案就无法区别于背景技术中的技术方案，就无法体现发明人的技术改进，同时也意味着发明人将与背景技术无异的技术方案纳入独立权利要求的保护范围，这显然背离了专利制度。因此，凡是解决背景技术中的技术问题的全部技术特征，作为必要技术特征，都应当写入独立权利要求。

二、"必要技术特征"条款是专利实质性要件条款

作为"必要技术特征"条款的 2010 年《专利法实施细则》第 20 条第 2 款位于第二章"专利的申请"中，该章的基本条款如下：

第十五条　以书面形式申请专利的，应当向国务院专利行政部门提交申请文件一式两份……

第十六条　发明、实用新型或者外观设计专利申请的请求书应当写明下列事项……

第十七条　发明或者实用新型专利申请的说明书应当写明发明或者实用新型的名称，该名称应当与请求书中的名称一致……

第十八条　发明或者实用新型的几幅附图应当按照"图1，图2，……"顺序编号排列……

第十九条　权利要求书应当记载发明或者实用新型的技术特征……

第二十条　权利要求书应当有独立权利要求，也可以有从属权利要求。

独立权利要求应当从整体上反映发明或者实用新型的技术方案，记载解决技术问题的必要技术特征。

从属权利要求应当用附加的技术特征，对引用的权利要求作进一步限定。

第二十一条　发明或者实用新型的独立权利要求应当包括前序部分和特征部分，按照下列规定撰写……

第二十二条　发明或者实用新型的从属权利要求应当包括引用部分和限定部分，按照下列规定撰写……

上述条款几乎都包含"应当"二字，但是欠缺法律效果要件。从文义来看，上述条款似乎旨在告诉专利申请人应当如何撰写专利申请文件。因此，有观点认为这些条款属于法律中的倡导性规范，即提倡和引导行为人如何为一定行为的法律条款。

对于法条的解读，不应当仅仅基于法条本身。执法者在适用法律时不是适用某

个单独的法条，而是适用法律规范，即适用具有构成要件和法律效果的法律规范。法条与法律规范有区别。法条有完全法条和不完全法条之分，完全法条是法律规范；不完全法条不是法律规范，必须与其他法条结合在一起才能构成可供适用的法律规范。❶ 由于上述条款缺少法律效果要件，如果专利申请人未遵照执行，法律效果如何，应当结合其他条款予以确定。因此，我们还需要寻找其他的法条，以确定缺少"必要技术特征"的专利申请的法律后果。

2010 年《专利法实施细则》第 44 条规定：

《专利法》第三十四条和第四十条所称初步审查，是指审查专利申请是否具备《专利法》第二十六条或者第二十七条规定的文件和其他必要的文件，这些文件是否符合规定的格式，并审查下列各项：

（一）发明专利申请是否明显属于《专利法》第五条、第二十五条规定的情形，是否不符合《专利法》第十八条、第十九条第一款、第二十条第一款或者本细则第十六条、第二十六条第二款的规定，是否明显不符合《专利法》第二条第二款、第二十六条第五款、第三十一条第一款、第三十三条或者本细则第十七条至第二十一条的规定；

（二）实用新型专利申请是否明显属于《专利法》第五条、第二十五条规定的情形，是否不符合《专利法》第十八条、第十九条第一款、第二十条第一款或者本细则第十六条至第十九条、第二十一条至第二十三条的规定，是否明显不符合《专利法》第二条第三款、第二十二条第二款、第四款、第二十六条第三款、第四款、第三十一条第一款、第三十三条或者本细则第二十条、第四十三条第一款的规定，是否依照《专利法》第九条规定不能取得专利权；

（三）外观设计专利申请是否明显属于《专利法》第五条、第二十五条第一款第（六）项规定的情形，是否不符合《专利法》第十八条、第十九条第一款或者本细则第十六条、第二十七条、第二十八条的规定，是否明显不符合《专利法》第二条第四款、第二十三条第一款、第二十七条第二款、第三十一条第二款、第三十三条或者本细则第四十三条第一款的规定，是否依照《专利法》第九条规定不能取得专利权；

（四）申请文件是否符合本细则第二条、第三条第一款的规定。

国务院专利行政部门应当将审查意见通知申请人，要求其在指定期限内陈述意见或者补正；申请人期满未答复的，其申请视为撤回。申请人陈述意见或者补正后，国务院专利行政部门仍然认为不符合前款所列各项规定的，应当予以驳回。

---

❶ 龙卫球. 民法总论 [M]. 2 版. 北京：中国法制出版社，2002：36 - 47.

2010 年《专利法实施细则》第 53 条规定：

依照《专利法》第三十八条的规定，发明专利申请经实质审查应当予以驳回的情形是指：（一）申请属于《专利法》第五条、第二十五条规定的情形，或者依照《专利法》第九条规定不能取得专利权的；（二）申请不符合《专利法》第二条第二款、第二十条第一款、第二十二条、第二十六条第三款、第四款、第五款、第三十一条第一款或者本细则第二十条第二款规定的；（三）申请的修改不符合《专利法》第三十三条规定，或者分案的申请不符合本细则第四十三条第一款的规定的。

由上述规定可知，在专利申请的初步审查程序中，专利复审委员会并不审查专利申请是否符合 2010 年《专利法实施细则》第 20 条第 2 款规定。但是，在发明专利申请的实质审查程序中，专利复审委员会要对专利申请是否符合 2010 年《专利法实施细则》第 20 条第 2 款的规定进行审查，如果不符合，则应当予以驳回。因此，2010 年《专利法实施细则》第 20 条第 2 款规定和第 53 条规定结合起来，才构成具有法律后果要件的完整的法律规范，即发明专利申请的独立权利要求应当从整体上反映发明或者实用新型的技术方案，记载解决技术问题的必要技术特征，否则专利行政机构在实审程序中对该专利申请应当驳回。由此可见，2010 年《专利法实施细则》第 20 条第 2 款规定是发明专利申请授权的实质性审查条款，如果发明专利申请不符合该款规定，则不应当获得授权。因此，具备"必要技术特征"是发明专利申请获得授权的实质性要件，是专利授权确权程序中的审查条款。

专利复审委员会对实用新型专利申请只进行初步审查，通过初步审查即授权。从上述规定来看，在专利授权程序中，专利复审委员会并不对实用新型专利申请是否符合"必要技术特征"条款进行审查。只有到了专利确权程序中，专利复审委员会才会对实用新型专利是否符合专利授权的实质性条件进行审查。因此，参照 2010 年《专利法实施细则》第 53 条的规定，具备"必要技术特征"是实用新型专利申请获得授权的实质性要件，"必要技术特征"条款可以成为实用新型专利确权程序中的审查条款。

综上，"必要技术特征"条款并不是倡导性规范，该款规定和 2010 年《专利法实施细则》第 53 条规定结合起来，构成完整的法律规范，是专利授权的实质性要件规范，可以成为专利确权程序中的审查条款。

三、"必要技术特征"条款和其他条款的关系

独立权利要求如果没有记载解决技术问题的必要技术特征，意味着独立权利要求没有真正反映说明书中记载的解决一定技术问题的发明技术方案，保护范围过宽，

得不到说明书的支持，不符合《专利法》第 26 条第 4 款的规定。同时，独立权利要求缺少必要技术特征，表明其保护范围过宽，说明书没有披露这一较宽保护范围的技术方案，不符合《专利法》第 26 条第 3 款的规定。总体来说，缺少必要技术特征的独立权利要求通常也不符合《专利法》第 26 条第 3—4 款的规定。没有"必要技术特征"条款，仅凭《专利法》第 26 条第 3—4 款的规定，似乎也能确保符合《专利法》第 26 条第 3—4 款规定的独立权利要求具备必要技术特征。

第二节　缺少必要技术特征的认定

一、"必要技术特征"是解决发明人声称的技术问题的技术特征

2010 年《专利法实施细则》第 20 条第 2 款规定："独立权利要求应当从整体上反映发明或者实用新型的技术方案，记载解决技术问题的必要技术特征。"根据上述规定，独立权利要求中记载的必要技术特征应当与发明或者实用新型专利所要解决的技术问题相对应。因此，要正确认定"必要技术特征"，应当首先正确认定 2010 年《专利法实施细则》第 20 条第 2 款所称的"技术问题"，只有准确地认定了技术问题，才能进一步认定解决该技术问题的必要技术特征。

专利法中提到的技术问题，有主观技术问题和客观技术问题之分。所谓主观的技术问题，是指专利说明书中记载的专利发明人主观声称的专利所要解决的技术问题。该技术问题与创造性判断中重新确定的技术问题并不相同，是专利发明人主观声称的技术问题。所谓客观的技术问题，是在专利创造性判断过程中，根据选定的最接近的现有技术重新确定的发明相对于该最接近的现有技术所要解决的技术问题。基于不同的最接近的现有技术确定的技术问题往往不同，因此，客观的技术问题并非如主观技术问题一样固定不变，而是动态变化的。

2010 年《专利法实施细则》第 20 条第 2 款所称的"技术问题"，是指专利说明书中记载的专利所要解决的技术问题，是专利申请人根据其对说明书中记载的背景技术的主观认识，在说明书中声称的其要解决的技术问题。考虑到说明书中的背景技术、技术问题、有益效果相互关联，相互印证，分别从不同角度对专利所要解决的技术问题进行说明。因此，在认定专利所要解决的技术问题时，应当以说明书中记载的技术问题为基本依据，并综合考虑说明书中有关背景技术及其存在的技术缺

陷、涉案专利相对于背景技术取得的有益效果等内容进行。

2010年《专利法实施细则》第20条第2款所称的"技术问题",不同于创造性判断过程中根据最接近的现有技术所重新确定的发明实际解决的技术问题。原因有三：（1）2010年《专利法实施细则》第20条第2款关于"必要技术特征"的规定与《专利法》第22条第3款关于创造性的规定，其功能不相同。前者是为了将解决背景技术中的技术问题所采用的全部技术特征都写入独立权利要求，使独立权利要求反映的技术方案可以区别于背景技术。后者是为了确保真正明显有别于现有技术的技术方案获得授权。因此，与"必要技术特征"相对应的技术问题是专利文件中记载的、发明人主观声称的技术问题，与创造性判断中重新确定的发明实际解决的技术问题不同。（2）在判断权利要求是否具有创造性时，重新确定技术问题的目的，是为了确保创造性判断"三步法"适用的客观性，确保现有技术中是否存在技术启示、专利是否具备创造性的认定更为客观。该目的与2010年《专利法实施细则》第20条第2款的立法目的存在本质区别。（3）在创造性判断中，选定的最接近的现有技术不同，认定的区别技术特征往往也不同，重新确定的技术问题也会随之改变。因此，根据最接近的现有技术重新确定的发明实际解决的技术问题是动态的、相对的，通常不同于发明人在说明书中声称的发明所要解决的技术问题。因此，在认定权利要求是否缺少必要技术特征时，不能以重新确定的技术问题为基础。对此，最高人民法院在埃利康亚洲股份公司与专利复审委员会及刘某阳、怡峰工业设备（深圳）有限公司发明专利权无效行政纠纷案中特别作了阐述："实施细则第二十一条第二款所称的技术问题，是指专利说明书中记载的专利所要解决的技术问题，是专利申请人根据其对说明书中记载的背景技术的主观认识，在说明书中主观声称的其要解决的技术问题……不同于在判断权利要求是否具有创造性时，根据权利要求与最接近的现有技术的区别技术特征，重新确定的专利实际解决的技术问题。"❶

二、认定是否缺少"必要技术特征"的方法和步骤

独立权利要求是否缺少必要技术特征的认定，应当遵循以下步骤。

第一步：确定独立权利要求的具体技术内容。

只有确定独立权利要求的具体技术内容后，才能判断独立权利要求是否缺少解决说明书中声称的技术问题的必要技术特征。确定独立权利要求的具体技术内容的

---

❶ 最高人民法院（2014）行提字第11号行政判决书。判决书中"实施细则第二十一条第二款"指2001《专利法实施细则》第21条第2款。

过程，就是解释权利要求的过程，这一步必然要运用权利要求书、说明书及附图解释权利要求，必要时也要运用公知常识性的证据来解释。有一种观点认为，依据说明书及附图对权利要求进行解释后，很可能把说明书中的限定读入权利要求，就很可能作出独立权利要求不缺少必要技术特征的错误认定，不利于纠正专利撰写中的问题和提升专利撰写质量。因此，在认定独立权利要求的过程中，没有必要依据说明书及附图对权利要求进行解释。这种观点是错误的。最高人民法院（2021）最高法知行终987号行政判决书对此专门进行了论述，认为应当先依据内部证据解释和确定独立权利要求的内容后，再判断其是否缺少解决说明书中声称的技术问题的必要技术特征。以下是该判决的说理，特此摘录如下，供大家研读。

最高人民法院认为：

在判断独立权利要求是否缺少必要技术特征时，仍应考虑说明书中记载的发明目的等内容，基于对权利要求的合理解释得出结论。理由如下：第一，不论适用哪一法律条款判断专利权利要求是否应当授权或者维持有效，权利要求的解释应当保持一致。换言之，在专利授权确权程序中应当基于对权利要求的同一解释，判断专利权利要求是否符合专利法和专利法实施细则有关条款的规定。第二，结合说明书对权利要求作出合理解释，其关键在于"合理"。这意味着在解释时既要以权利要求的内容为准，又不能脱离说明书和附图，包括发明目的等内容在内的说明书及附图均可以用于解释权利要求。在此标准下，不会因权利要求的解释问题架空专利法实施细则第二十条第二款的规定。第三，要求独立权利要求具备必要技术特征，本意在于规范权利要求的撰写。如果社会公众不能实现权利要求所确定的技术方案以解决技术问题，或者权利要求的保护范围与技术贡献不相符，可以通过专利法的其他条款解决。如果本领域技术人员根据对权利要求的合理解释可以得出其具备解决技术问题的全部必要技术特征的结论，社会公众的利益不会受到损害。相反，在本领域技术人员根据对权利要求的合理解释可以得出其具备解决技术问题的全部必要技术特征的情况下，仅因申请人在独立权利要求中没有进一步详细记载技术特征而不予授权，会导致对申请人撰写专利文件的要求与其创新程度不相适应，悖离专利法鼓励发明创造的立法目的。因此，只有当本领域技术人员通过阅读权利要求书、说明书和附图对独立权利要求进行合理解释后仍不能认为其可以解决发明所要解决的技术问题时，才能认定独立权利要求缺少必要技术特征。

第二步：确定独立权利要求是否缺少解决说明书中声称的技术问题的必要技术特征。

解释并确定独立权利要求的技术内容后，根据说明书中记载的专利声明要解决的技术问题，判断独立权利要求是否缺少解决该技术问题的必要技术手段。具体判断时，要注意必要技术特征与技术问题的对应关系。

一项专利技术方案既可能针对背景技术中的一个技术问题作出改进，也可能针对背景技术中的多个技术问题作出改进，还可能针对多项背景技术，从不同角度、不同方面分别进行技术改进，解决多个技术问题，取得若干技术效果。在专利发明人声称解决了多个技术问题的场合，应当如何认定必要技术特征，是一个应当特别注意的问题。在专利只解决一个技术问题的情况下，解决该技术问题的技术特征就是必要技术特征。在专利解决多个技术问题的情况下，如何认定是否缺少必要技术特征，应当区别对待。

根据最高人民法院（2014）行提字第11号行政判决书和（2021）最高法知行终987号行政判决书确定的裁判规则（案例附后），如果专利所要解决的各个技术问题彼此相对独立，解决各个技术问题的技术特征彼此也相对独立的情况下，独立权利要求中记载了解决一个或者部分技术问题的必要技术特征的，就应当认定其符合2010年《专利法实施细则》第20条第2款的规定，不应要求其记载解决各个技术问题的所有技术特征。否则，会导致独立权利要求中记载的技术特征过多，保护范围被过分限制，与其创新程度不相适应，背离《专利法》"鼓励发明创造"的立法目的。

如果专利说明书明确记载专利技术方案同时解决了多个技术问题，取得了多项技术效果，这就表明专利申请人已明示专利技术方案在多个方面同时作出了技术改进，此时独立权利要求中应当记载能够同时解决多个技术问题的必要技术特征。否则，独立权利要求所反映的技术方案就没有同时解决多个技术问题，就不是专利说明书中记载的专利技术方案。

三、典型案例及规则

案例1：埃利康公司与专利复审委员会及刘某阳、怡峰工业设备（深圳）有限公司发明专利无效行政纠纷案❶

涉案专利为专利号为ZL02803734.0，名称为"自动的机械停车场中用于机动车水平传送的托架"发明专利（以下简称涉案专利）。专利权人为埃利康公司。涉案专利授权公告的权利要求1如下：

1. 在轮子（3）上自行走的托架，该托架用于在沿托架纵轴线排列成一线的各

---

❶ 最高人民法院（2014）行提字第11号行政判决书。

分区之间通过抬升两个或多个车轮（22，22'，23，23'）而在单层或多层自动的机械停车场中水平地传送机动车，该停车场包括机动车的入口、出口、停车及操纵的多个固定的和/或可移动的分区，该托架包括：该机动车的任一个或者两个轴的车轮（22，22'，23，23'）的一对或两对支承装置（58，59），这些装置可对称地及垂直于该托架的该纵轴线移动并被构造成通过该车轮的水平运动来完成一定中心动作，该水平运动根据车辆的各对车轮的内侧轮距的测量值而变化，导致该车辆的纵轴线与该托架的纵轴线重合；所述支承装置（58，59）还被构成用来停止移动和从所述车轮（22，22'，23，23'）的下面进行抬升，所述自行走的托架（3）的特征在于：它是借助于垂直于该托架纵轴线的水平轴线的铰链（2）而连接的，以允许该托架（3）的两部分之间相对转动，在该铰链（2）的每侧各有一个部分，一个部分至少具有4个支承轮子（3）而另一个部分至少具有2个支承轮子（3），一个部分还具有一对装置（58），装置（58）可对称地垂直于该托架纵轴线移动并被构造用来支承、定中心、停止移动及抬升该机动车的一个轴的两个车轮，而另一部分具有一对装置（59），装置（59）可对称地垂直于该托架纵轴线移动并被构造用来支承、定中心、停止移动及抬升该机动车第二轴的两个车轮，这些对装置（58及59）以这样一种方法来成形和定位：不论机动车的轴距如何都能同时地支承该机动车的4个车轮（22，22'，23，23'）。

被诉决定认为，由权利要求1的记载可以看出，权利要求1的技术方案中采用了能同时完成支承、定中心、停止移动及抬升机动车的支承装置（58，59），该功能能够解决本发明所要解决的加快传送机动车速度和降低托架成本的技术问题。因此，在权利要求1中应记载完整的技术方案以解决该技术问题。但权利要求1中并没有详细描述支承装置（58，59）的结构，以及如何通过该装置同时完成支承、定中心、停止移动和抬升机动车的功能。权利要求1虽然记载了"并被构造成通过该车轮的水平运动来完成一定中心动作，该水平运动根据车辆的各对车轮的内侧轮距的测量值而变化，导致该车辆的纵轴线与该托架的纵轴线重合"，但根据所述内容，仅表述了通过水平运动完成定中心的目的，本领域技术人员不能得知该装置是如何通过车轮的水平运动来进行定中心的。也就是说，根据权利要求1的表述，不能实现同时完成支承、定中心、停止移动和抬升机动车的功能。权利要求1缺少有关支承装置（58，59）的结构以及通过该装置同时完成支承、定中心、停止移动和抬升机动车功能的方式的技术特征。

埃利康公司不服被诉决定，向北京市第一中级人民法院提起行政诉讼。北京市第一中级人民法院作出（2010）一中知行初字第2636号行政判决，驳回埃利康公司的诉讼请求。埃利康公司不服一审判决，向北京市高级人民法院提起上诉。

北京市高级人民法院二审认为：

关于权利要求 1 是否缺少必要技术特征。涉案专利权利要求 1 的技术方案中采用了能同时完成支承、定中心、停止移动及抬升机动车的支承装置（58，59），该功能能够解决涉案专利所要解决的加快传送机动车速度和降低托架成本的技术问题，因此，在权利要求 1 中应记载完整的技术方案以解决该技术问题。但是，权利要求 1 中并没有详细描述支承装置（58，59）的结构以及如何通过该装置实现同时完成支承、定中心、停止移动和抬升机动车的功能，本领域技术人员也无法得知该装置是如何通过车轮的水平运动来进行定中心的。以定中心为例，支承装置水平运动到何种程度停止，如何实现对车辆各对车轮的内侧轮距的测量值的变化进行测量，本领域技术人员并不清楚。因此，涉案专利的独立权利要求 1 缺少有关支承装置（58，59）的结构，以及通过该装置同时完成支承、定中心、停止移动和抬升机动车功能的方式的技术特征。

埃利康公司不服二审判决，向最高人民法院申请再审，理由之一是被诉决定、二审判决仅考虑独立权利要求的内容，未结合涉案专利说明书中记载的背景技术，对涉案专利所要解决的技术问题认定错误。根据涉案专利说明书，涉案专利所要解决的技术问题为"机动车的可靠性，传送的速度，减小传送及停泊机动车所需的空间，减小用于传送及停泊机动车托架及相关系统的综合成本"。

最高人民法院认为：

被诉决定、二审判决认定涉案专利所要解决的技术问题为加快传送机动车速度和降低托架成本，缺乏事实依据，适用法律错误。

首先，实施细则第二十一条第二款规定："独立权利要求应当从整体上反映发明或者实用新型的技术内容，记载解决技术问题的必要技术特征。"根据上述规定，独立权利要求中记载的必要技术特征应当与发明或者实用新型专利所要解决的技术问题相对应。正确认定实施细则第二十一条第二款所称的"技术问题"，是判断独立权利要求是否缺少必要技术特征的基础。

其次，在一项专利或者专利申请中，权利要求书与说明书是最为重要的两个部分，二者相互依存，形成紧密联系的有机整体。其中，权利要求书应当以说明书为依据，清楚、简要地限定专利权的保护范围；说明书应当为权利要求书提供支持，充分公开权利要求限定的技术方案，并可以用于解释权利要求的内容。实施细则第二十一条第二款的规定，旨在进一步规范说明书与权利要求书中保护范围最大的权利要求——独立权利要求的对应关系，使得独立权利要求限定的技术方案能够与说明书中记载的内容，尤其是背景技术、技术问题、有益效果等内容相适应。因此，实施细则第二十一条第二款所称的"技术问题"，是指专利说明书中记载的专利所要解决的技术问题，是专利申请人根据其对说明书中记载的背景技术的主观认识，在说明书中主观声称的其要解决的技术问题。考虑到说明书中的背景技术、技术问题、有益效果相互关联，相互印证，分别从不同角度对专利所要解决的技术问题进行说明。因此，在认定专利所要解决的技术问题时，应当以说明书中记载的技术问题为基本依据，并综合考虑说明书中有关背景技术及其存在的技术缺陷、涉案专利相对于背景技术取得的有益效果等内容。独立权利要求中记载的技术特征本身，并非认定专利所要解决的技术问题的依据。因此，对于一审第三人有关依据权利要求1中记载的技术特征，权利要求1解决的技术问题是"自行走"和实现支承装置的四个功能（支承、定中心、停止移动及抬升）的主张，最高人民法院不予支持。

再次，实施细则第二十一条第二款所称的"技术问题"，不同于在判断权利要求是否具有创造性时，根据权利要求与最接近的现有技术的区别技术特征，重新确定的专利实际解决的技术问题。其理由是：其一，在判断权利要求是否具有创造性时，重新确定技术问题的目的，是为了规范自由裁量权的行使，使得对现有技术中是否存在技术启示的认定更为客观，对专利是否具有创造性的认定更为客观。该目的与实施细则第二十一条第二款的立法目的存在本质区别。其二，在判断创造性时，随着与权利要求进行对比的最接近的现有技术不同，认定的区别技术特征往往也会有所差异，重新确定的技术问题也会随之改变。因此，重新确定的技术问题是动态的、相对的，并且通常不同于说明书中记载的专利所要解决的技术问题。因此，在认定权利要求是否缺少必要技术特征时，不能以重新确定的技术问题为基础。一审第三人有关 US2840248 号美国专利是最接近的现有技术的主张，与认定涉案专利所要解决的技术问题没有关联。

复次，专利权的保护范围应当与其创新程度相适应。在某些情况下，一项专利技术方案可以针对多项背景技术，从不同角度、不同方面分别进行技术改进，解决多个技术问题。这样的专利技术方案作出了较多的创新，理应予以充分保护和鼓励。专利权的保护范围与其独立权利要求中记载的技术特征的多寡密切相关。记载的技术特征越多，保护范围越窄；技术特征越少，保护范围越宽。因此，在专利所要解决的各个技术问题彼此相对独立，解决各个技术问题的技术特征彼此也相对独立的情况下，独立权利要求中记载了解决一个或者部分技术问题的必要技术特征的，即可认定其符合实施细则第二十一条第二款的规定，不应再要求其记载解决各个技术问题的所有技术特征。否则，会导致独立权利要求中记载的技术特征过多，保护范围被过分限制，与其创新程度不相适应，背离《专利法》"鼓励发明创造"的立法目的。但是，对于说明书中明确记载专利技术方案能够同时解决多个技术问题的，表明专利申请人已明示专利技术方案需要在多个方面同时做出技术改进。能够同时解决多个技术问题本身，构成专利技术方案的重要有益效果，会对专利授权、确权以及授权后的保护产生实质性的影响。因此，说明书中明确记载专利技术方案能够同时解决多个技术问题的，独立权利要求中应当记载能够同时解决各个技术问题的必要技术特征。

本案中，关于涉案专利所要解决的技术问题，涉案专利说明书中列举了 EP430892 等十一篇现有技术，针对这些现有技术，说明书中明确记载其解决的技术问题为："这些中没有一个令人满意地解决了涉及以下诸方面的所有问题：机动车的可靠传送，传送的速度，减小传送及停泊机动车所需的空间，和减小用于传送及停泊机动车的托架及相关系统的综合成本。"关于涉案专利的有益效果，说明书中相应地声称："本发明具有上面指出的所有最佳的特性，并且当与列举过的所有已知发明比较时是优越的。"针对背景技术 EP430892，说明书中亦记载涉案专利与 EP430892 相比，具有更高可靠性、较快传送、使停车分区变得较短和高度变低、综合成本较低等有益效果。说明书中记载的技术问题与有益效果相互呼应，彼此印证，并无矛盾之处。因此，根据涉案专利说明书中记载的技术问题、背景技术以及有益效果，涉案专利要同时解决可靠传送、传送速度、减小空间、减小成本四个方面的技术问题。独立权利要求 1 中应当记载能够同时解决上述四个方面的技术问题的必要技术特征。

被诉决定、二审判决未能以涉案专利说明书记载的内容为依据，而是依据权利要求 1 中记载的技术特征，以"采用了能同时完成支承、定中心、停止移动及抬升机动车的支承装置（58，59）"为由，认定涉案专利所要解决的技术问题为加快传送机动车速度和降低托架成本，认定事实与适用法律均有错误。

评述

该判决详细阐述了 2001 年《专利法实施细则》第 21 条第 2 款所称的"必要技术他特征"的认定方法，是十分重要的一份判决，对于指导专利法实践具有十分重要的意义。该判决认为 2001 年《专利法实施细则》第 21 条第 2 款所称的"技术问题"，是指专利说明书中记载的专利所要解决的技术问题，是专利申请人根据其对说明书中记载的背景技术的主观认识，在说明书中主观声称的其要解决的技术问题。该问题不同于在判断权利要求是否具有创造性时，根据权利要求记载的技术方案与最接近的现有技术的区别技术特征，重新确定的专利实际解决的技术问题。

该判决还阐述了在专利文件声称解决多个技术问题时"必要技术特征"的认定方法。判决认为，在专利所要解决的各个技术问题彼此相对独立，解决各个技术问题的技术特征彼此也相对独立的情况下，独立权利要求中记载了解决一个或者部分技术问题的必要技术特征的，即可认定其符合 2001 年《专利法实施细则》第 21 条第 2 款的规定，不应再要求其记载解决各个技术问题的所有技术特征。但是，对于说明书中明确记载专利技术方案能够同时解决多个技术问题的，表明专利申请人已明示专利技术方案需要在多个方面同时做出技术改进，独立权利要求中应当记载能够同时解决各个技术问题的必要技术特征。该判决确定的判断规则和方法十分正确，对于指导专利审查实践具有十分重要的意义。

案例2：原田株式会社与国家知识产权局、友华公司发明专利权无效行政纠纷案❶

涉案专利系名称为"天线装置"的发明专利，专利权人为原田株式会社，专利号为201510121116.5，专利申请日为2012年1月30日，优先权日为2011年3月24日，授权公告日为2017年4月12日。独立权利要求1的内容为：

1. 一种天线装置，其特征在于包括：

绝缘性的天线罩，其下表面开口且在内部形成有收纳空间；

天线底座，包括供该天线罩嵌入的绝缘件；

绝缘性的振子支架，其竖立设置于所述天线底座上；

伞形振子，其通过所述振子支架配置在所述天线底座的上方，包括顶部和自顶部向两侧倾斜的屋脊状的倾斜部，该伞形振子设有前侧部和后侧部，前侧部的顶部的倾斜角比后侧部的顶部的倾斜角大；

放大器基板，其设有使所述伞形振子的接收信号增幅的放大器；以及

线圈，其插入在所述伞形振子的输出端和所述放大器的输入端之间，用于使所述伞形振子在规定的频率产生共振，该线圈配置于所述伞形振子的前侧部的下方。

所述天线底座包括供所述天线罩嵌入的绝缘底座和比绝缘底座小且固定于所述绝缘底座的导电底座。

本专利说明书第［0007］—［0022］段"背景技术"记载："以往，公知的天线装置有例如具备天线罩的车用天线装置这样只具有受限空间的天线装置……该天线装置100的形状是越向前端去越细的流线型，下表面嵌装有橡胶制或弹性体制的柔软的底垫，可水密地安装于车辆。以往的天线装置100包括树脂制天线罩110、在该天线罩110下部嵌装的金属制天线底座120、垂直地安装于天线底座120的天线基板130以及平行地安装于天线底座120的放大器基板134、剖面形状形成为山形且以跨过天线基板130的方式配置的顶部131以及安装于天线底座120上的GPS天线132；天线基板130上部形成有天线方向图，上部连接有金属件136并与顶部131内表面电气性地连接，从而通过天线方向图和顶部131构成天线振子；天线基板130上设有

---

❶ 最高人民法院（2021）最高法知行终987号行政判决书。

线圈 135，用于使天线振子共振……（背景技术）这些图所示的天线底座 120 采用金属制成……嵌装于天线罩 110……载置放大器基板 134，天线基板 130 以竖立放置的方式安装于天线底座 120。底座 124 采用橡胶制成或弹性体制成，固定于天线底座。"

第［0026］—［0037］段"发明内容"记载："以往的天线装置 100 中，通过天线罩 110 下部设置的周壁部 110d 和天线底座之间夹入底垫 124 构成水密结构；天线底座 120 在作为功能部件和保持天线罩 110 的强度部件的同时，还兼有放大器基板 134 的接地电极的作用，放大器基板 134 的接地线电气性地连接于车体；公知的以往的天线装置 100 的灵敏度由顶部 131 与和该顶部 131 相向的电气性连接的地面之间的间隔决定，间隔越大，顶部 131 的面积越大，灵敏度更加稳定。由此，为确保接收性能，需要将顶部 131 配置于高的位置，或者增加宽度而扩大接收面积……为进一步提高灵敏度，将与顶部 131 相向的天线底座 120 的厚度变薄的做法是有效的。然而，天线底座 120 为兼作接地电极的强度部件，且为防止向天线罩 110 内部浸水，需要在该天线底座 120 与天线罩 110 之间以很大的轴力夹持底垫 124，存在不能变薄且大型化的问题……在本发明的天线装置中，通过将天线罩的下表面以焊接或者粘接的方式固定于绝缘底座上而形成为防水结构。因此，可以无需用于形成防水结构的大型的底垫，天线底座也无需用很大的轴力夹持底垫，所以无需将天线底座设计为金属制成的强度部件而能够采用绝缘底座形成……由于天线底座通过绝缘底座和导电底座形成，因此能够使绝缘底座上的伞形振子的接地面为车体且使实质的高度变高，能够提高接收信号的灵敏度……"

第［0092］［0104］［0120］—［0122］段"具体实施方式"及附图 6、22、39 等记载："天线底座 11 采用树脂制成的绝缘底座 20 与金属制成的导电底座 21 形成；在天线底座 11，导电底座 21 形成为比绝缘底座 20 小一圈且长度较短的形状，且配置于在绝缘底座 20 上的自前侧至中央的稍后侧之间的位置，导电底座 21 的后端以相对于绝缘底座 20 能够向前后稍微移动的方式被固定；如图 22 所示，在绝缘底座 20 上配置有导电底座 21，再将导电底座 21 载置于绝缘底座 20 上。在以往的天线装置中，作为通过天线罩和天线底座形成的刚性结构，通过以大的轴向力夹持底垫而形成防水结构。在本发明的天线装置 1 中，由于是通过将天线罩 10 和绝缘底座 20 熔接或者粘接来构成防水结构，所以，无需将导电底座 21 形成为强度部件，能够将导电底座 21 小型化，只要将导电底座 21 的大小小型化到能够按压环状密封圈 17 的大小即可。此外，导电底座 21 还作为放大器基板 16 的接地线发挥功能。在天线组件 2 中，伞形振子 13 的第一倾斜部 13b 位于导电底座 21 的上方，第一倾斜部 13b 的距离接地面的高度相当于其距离导电底座 21 的高度。另外，伞形振子 13 的第二倾斜部 13c 大致位于绝缘底座 20 的上方，第二倾斜部 13c 的距离接地面的高度实质上相当于其距离安装天线装置 1 的车体的高度。因此，即使降低天线装置 1 的高度，也能够使第二倾斜部 13c 的距离接地面的实际高度变大，能够通过增加高度来提高天线装置 1 的工作增益。"其中第 ［0094］［0121］段及附图 39 还公开了："在该绝缘底座 20 的周侧面卷绕有采用橡胶制成或者弹性体制成的形成为绳状的缝隙罩 18；在天线底座 11 的外周安装有缝隙罩 18。"

2018 年 5 月 18 日，友华公司请求专利复审委员会宣告涉案专利权利要求全部无效，理由之一是权利要求 1 缺少必要技术特征。

2018 年 11 月 21 日，专利复审委员会作出被诉决定，认定涉案专利权利要求 1 不缺少必要技术特征。

友华公司不服被诉决定，提起行政诉讼，其中一个起诉理由是权利要求 1 未限定与"使得绝缘底座上的伞形振子的接地面为车体"有关的必要技术特征，即"伞形振子以将其后部位于所述绝缘底座的上方的方式固定于所述振子支架的上部"。当前权利要求 1 的技术方案只限定了"导电底座比绝缘底座小"，而伞形振子与绝缘底座的位置关系不明确，无法确保伞形振子的一部分必然位于绝缘底座的上方，将无法实现涉案专利所声称的发明目的。

北京知识产权法院认为：

由本专利说明书背景技术、发明内容及具体实施部分的记载可知，本专利所要解决的一个技术问题是：如何通过改变以往常规天线装置的结构来增加天线装置的灵敏度，进而提升天线装置的工作增益。其所采用的解决方法是：将以往的金属制天线底座替换成由绝缘底座和导电底座组成的天线底座，导电底座比绝缘底座小，绝缘性的天线罩嵌入绝缘底座形成为防水结构，再配合天线底座上方的包括顶部和自顶部向两侧倾斜的屋脊状的倾斜部的伞形振子，进而使得绝缘底座上的伞形振子的接地面为车体且使实质的高度变高，能够提高接收信号的灵敏度从而增大天线装置的增益。而本专利权利要求 1 记载的天线装置包括：天线底座，包括供天线罩嵌入的绝缘底座以及比绝缘底座小且固定于所述绝缘底座的导电底座；伞形振子，通过所述振子支架配置在所述天线底座的上方。因此，依据权利要求 1 的上述限定，本领域技术人员仅能确定伞形振子配置于天线底座上方，而由于天线底座又包括绝缘底座和导电底座，导电底座固定于绝缘底座且小于绝缘底座，因此无法排除存在友华公司所述伞形振子仅配置于导电底座上方的情形。国家知识产权局对此抗辩称，友华公司所述伞形振子仅配置于导电底座上方的情形系极端特例，不符合技术常理，属于本领域技术人员能够明显排除的情形。然而，本专利说明书背景技术部分即记载了一种天线底座为金属制导电底座因而其天线振子全部位于导电底座上方的技术方案，可见天线振子仅位于导电底座上方亦是完全可以实现的技术方案，并不违背技术常理。

专利权的保护范围以其权利要求的内容为准。虽然说明书和附图可以用于解释权利要求的内容，但一般不得把仅记载在说明书中而在权利要求中未予记载的技术特征解释进权利要求。尤其是在判断一项权利要求是否缺少解决技术问题的必要技术特征时，当权利要求记载的技术特征本身并不存在歧义时，不宜径直按照发明目的（即发明要解决的技术问题）对该技术特征作出限缩性理解和解释，否则将使权利要求是否缺少必要技术特征这一条款形同虚设。回到本案，权利要求1记载的技术方案囊括了伞形振子全部配置于导电底座上方而不位于绝缘底座上方的情形，而该情形下是无法实现本专利说明书中所述"使绝缘底座上的伞形振子的接地面为车体且使实质的高度变高，进而能够提高接收信号的灵敏度"的发明目的。故"伞形振子的一部分位于绝缘底座上方"系本专利权利要求1的必要技术特征。至于究竟是后侧部还是其他部分位于绝缘底座上方，则并非本专利解决其所述技术问题的必要技术特征。综上，本专利权利要求1缺少"伞形振子的一部分位于绝缘底座上方"的必要技术特征。

国家知识产权局不服一审判决，提起上诉。

最高人民法院认为：

发明所要解决的技术问题，是指专利申请人基于其对说明书中记载的背景技术的主观认识，在说明书中声称要解决的技术问题，其不同于在判断权利要求是否具备创造性时，根据权利要求与最接近的现有技术的区别特征重新确定的发明实际解决的技术问题。独立权利要求应具备解决技术问题的必要技术特征，是对权利要求的撰写提出的要求。由于权利要求限定的技术方案相对于不同的现有技术可能解决不同的技术问题，如果脱离本专利说明书中记载的相对于背景技术所要解决的技术问题，以本专利相对于其他现有技术解决的技术问题判断独立权利要求是否缺少必要技术特征，则既无实际意义，亦因现有技术难以遍寻而不可操作。因此，判断独立权利要求是否缺少必要技术特征，原则上只能基于说明书中记载的发明所要解决的技术问题进行判断。为解决发明所要解决的技术问题所必不可少的技术手段，属于必要技术特征。

......

在判断独立权利要求是否缺少必要技术特征时，仍应考虑说明书中记载的发明目的等内容，基于对权利要求的合理解释得出结论。理由如下：第一，不论适用哪一法律条款判断专利权利要求是否应当授权或者维持有效，权利要求的解释应当保持一致。换言之，在专利授权确权程序中应当基于对权利要求的同一解释，判断专利权利要求是否符合专利法和专利法实施细则有关条款的规定。第二，结合说明书对权利要求作出合理解释，其关键在于"合理"。这意味着在解释时既要以权利要求的内容为准，又不能脱离说明书和附图，包括发明目的等内容在内的说明书及附图均可以用于解释权利要求。在此标准下，不会因权利要求的解释问题架空专利法实施细则第二十条第二款的规定。第三，要求独立权利要求具备必要技术特征，本意在于规范权利要求的撰写。如果社会公众不能实现权利要求所确定的技术方案以解决技术问题，或者权利要求的保护范围与技术贡献不相符，可以通过专利法的其他条款解决。如果本领域技术人员根据对权利要求的合理解释可以得出其具备解决技术问题的全部必要技术特征的结论，社会公众的利益不会受到损害。相反，在本领域技术人员根据对权利要求的合理解释可以得出其具备解决技术问题的全部必要技术特征的情况下，仅因申请人在独立权利要求中没有进一步详细记载技术特征而不予授权，会导致对申请人撰写专利文件的要求与其创新程度不相适应，悖离专利法鼓励发明创造的立法目的。因此，只有当本领域技术人员通过阅读权利要求书、说明书和附图对独立权利要求进行合理解释后仍不能认为其可以解决发明所要解决的技术问题时，才能认定独立权利要求缺少必要技术特征。

本案中，首先，本专利权利要求1既限定了天线底座由绝缘底座和导电底座构成且导电底座比绝缘底座小，又限定了伞形振子配置在天线底座的上方。按照本领域技术人员的通常理解，上述限定已经表达了伞形振子的一部分位于绝缘底座上方的含义。其次，根据本专利说明书的记载，本专利之所以要设置天线底座由绝缘底座和导电底座构成，就是为了使绝缘底座上的伞形振子的接地面为车体，从而通过其高度的实质变高提高接收信号的灵敏度。本领域技术人员通过阅读说明书和权利要求书能够合理地确定伞形振子的一部分必然位于绝缘底座上方。再次，本专利说明书中的实施例在记载"导电底座形成为比绝缘底座小一圈"的同时，还记载了"且长度较短""且配置于在绝缘底座上的自前侧至中央的稍后侧之间的位置"，该内容与发明目的相符，而友华公司所举之示例为脱离本领域技术人员对技术方案合理理解的极端示例。最后，由于本专利权利要求限定了"天线底座由绝缘底座和导电底座构成"，一审判决以本专利背景技术中的"天线底座为金属制导电底座因而其天线振子全部位于导电底座上方"论证"天线振子仅位于导电底座上方是完全可以实现的"，对本案并无意义。

综上，根据本领域技术人员对本专利权利要求1限定内容的合理解释，本专利独立权利要求不缺少"伞形振子的一部分位于绝缘底座上方"的必要技术特征。因权利要求1已具备能解决至少一个本专利所要解决技术问题的技术特征，故其不缺少必要技术特征。

评述

本案二审判决是最高人民法院知识产权法庭 2022 年 8 月 10 日作出的最新判决，代表了法庭的最新裁判意见。

最高人民法院知识产权法庭在判决中提出了两项裁判规则：

（1）判断独立权利要求是否缺少必要技术特征，原则上只能基于说明书中记载的发明所要解决的技术问题进行判断，为解决发明所要解决的技术问题所必不可少的技术手段，属于必要技术特征。

（2）在专利授权确权程序中，不论适用《专利法》的哪个条款，均应当基于对权利要求的同一解释，判断专利权利要求是否符合《专利法》和《专利法实施细则》有关条款的规定。在解释时既要以权利要求的内容为准，又不能脱离说明书和附图，包括发明目的等内容在内的说明书及附图均可以用于解释权利要求。

第一项裁判规则和上述最高人民法院（2014）行提字第 11 号行政判决书提出的规则相同，鉴于前面已经多次阐述该项规则，故不再赘述。

第二项裁判规则是最高人民法院知识产权法庭提出的一项全新的规则，特别值得关注。以前有观点认为，在判断"权利要求书是否以说明书为依据""独立权利要求是否缺少必要技术特征"等问题时，不应当对权利要求进行解释，如果依据说明书解释权利要求，会把说明书中的内容读入权利要求，从而使上述问题的判断失去意义。这种观点曾经非常流行。本案中，最高人民法院明确否定了这种观点，认为不论适用《专利法》《专利法实施细则》的哪项规定判断权利要求的合法性，都应当对权利要求进行解释，而且应当采用相同的解释标准和方法作出一致的解释。在解释时既要以权利要求的内容为准，又不能脱离说明书和附图，包括发明目的等内容在内的说明书及附图均可以用于解释权利要求。

第八章　创造性

第一节　创造性的概念

一、创造性要件

各国专利法对专利都提出了创造性的要求，只不过提法不一样，我国称为"创造性"，美国和欧洲的一些国家称为"非显而易见性"（Non – obviousness），其实都是一个意思，即专利权利要求与现有技术相比必须具有明显的区别，才能获得专利权。

《美国专利法》第 103 条规定："尽管要求保护的发明不是和第 102 条（新颖性）所规定的那样与已经披露的内容完全一致，但是，如果该要求保护的发明和现有技术之间的区别使得所属客体作为一个整体在发明创造作出之时，对于所在领域的普通技术人员而言是显而易见的，则该要求保护的发明不能获得专利权。"❶ 由此可知，要求保护的发明和现有技术之间的区别不能是显而易见的，始能获得专利权，如果二者之间的区别对于所属领域的普通技术人员而言是显而易见的，则无法获得专利权。

与美国和欧洲一些国家的提法不同，我国则要求专利必须具备创造性。我国《专利法》第 22 条第 1 款规定："授予专利权的发明和实用新型，应当具备新颖性、

---

❶ 35 U. S. C. A. § 103，"A patent for a claimed invention may not be obtained，notwithstanding that the claimed invention is not identically disclosed as set forth in section 102，if the differences between the claimed invention and the prior art are such that the claimed invention as a whole would have been obvious before the effective filing date of the claimed invention to a person having ordinary skill in the art to which the claimed invention pertains. Patentability shall not be negated by the manner in which the invention was made."

创造性和实用性。"第 3 款规定："创造性，是指与现有技术相比，该发明具有突出的实质性特点和显著的进步，该实用新型具有实质性特点和进步。"根据上述条款的文字，所谓"创造性"，对于发明专利而言，必须满足"突出的实质性特点"和"显著的进步"两个要件；对于实用新型专利而言，则必须满足"实质性特点"和"进步"两个要件。

根据《专利审查指南》的规定，所谓"突出的实质性特点"，是指对所属技术领域的技术人员来说，发明相对于现有技术是非显而易见的，是否显而易见的判断则适用"三步法"。所谓"显著的进步"，是指发明与现有技术相比能够产生有益的技术效果。以下情况，通常应当认为发明具有有益的技术效果，具有显著的进步：（1）发明与现有技术相比具有更好的技术效果，例如，质量改善、产量提高、节约能源、防治环境污染等；（2）发明提供了一种技术构思不同的技术方案，其技术效果能够基本上达到现有技术的水平；（3）发明代表某种新技术发展趋势；（4）尽管发明在某些方面有负面效果，但在其他方面具有明显积极的技术效果。

但是，在实践中，国家知识产权局和法院在很多案件中对于创造性的判断往往只就"突出的实质性特点"要件作判断，而很少对"显著的进步"要件进行认定，即使审查"显著的进步"要件，也是一笔带过，简单地表述为"该技术方案具有有益的技术效果"，不再详细阐述具体的理由。

实践中的做法具有合理性。发明专利的创造性判断中，只就第一个要件"突出的实质性特点"进行判断，第二个要件"显著的进步"实际上隐含在"突出的实质性特点"要件中，因为任何一个发明技术方案都必定具有一定的技术效果，而只要该发明技术方案不违反法律、公序良俗，其效果必定是有益的，而不是有害的。也就是说，一项技术方案，只要不违反法律、公序良俗，而且具有"突出的实质性特点"，当然就具有一定的有益技术效果，符合"显著的进步"要件。基于此，实践中，国家知识产权局和法院在审查有关技术方案时，在对发明技术方案的"突出的实质性特点"作出判断后，对于"显著的进步"要件，基本不做实质审查，简单地一笔带过。

二、发明专利和实用新型专利创造性高度的区别

根据我国《专利法》第 22 条第 3 款的规定，与现有技术相比，发明应当具有突出的实质性特点和显著的进步，实用新型应当具有实质性特点和进步。二者的创造性高度有区别。问题的关键是如何落实《专利法》对二者提出的不同要求。根据

《专利审查指南》的规定❶，二者的区别通常体现在下述两个方面：

（1）现有技术的领域。对于发明专利而言，不仅要考虑该发明专利所属的技术领域，还要考虑其相近或相关的技术领域，以及该发明所要解决的技术问题能够促使本领域的技术人员到其中去寻找技术手段的其他技术领域。对于实用新型专利而言，一般着重于考虑该实用新型专利所属的技术领域；但是，现有技术中给出明确的启示，例如现有技术中有明确的记载，促使本领域的技术人员到相近或者相关的技术领域寻找相关技术手段的，可以考虑其相近或者相关的技术领域。

（2）现有技术的数量。对于发明专利而言，可以引用一项、两项或者多项现有技术评价其创造性。对于实用新型专利而言，一般情况下可以引用一项或者两项现有技术评价其创造性，对于由现有技术通过"简单的叠加"而成的实用新型专利，可以根据情况引用多项现有技术评价其创造性。

根据文义解释，"一般情况"之情形是相对于后文的"拼凑"之情形而言，即非由现有技术通过"简单的叠加"而成的实用新型专利，可以引用一项或者两项现有技术评价其创造性，由现有技术通过"简单叠加"而成的实用新型专利，可以根据情况引用多项现有技术评价其创造性。

为了区别发明专利和实用新型专利的创造性高度，对现有技术的领域作不同对待是科学的，也是可行的；但是从现有技术的数量上进行区分，则可能略显武断，并不十分合理。实践中，专利复审委员会在有些案件中也并非按此操作，法院也予以支持。例如，在上海多环油烟净化设备有限公司（以下简称多环公司）与国家知识产权局专利复审委员会及周某涛实用新型专利权无效行政纠纷案❷中，涉案专利为"一种侧吸式双风道油烟净化机"的实用新型专利，专利权人为多环公司。授权公告的权利要求书如下：

1. 一种侧吸式双风道油烟净化机，包含排风机芯和装有吸风网罩的外壳，其特征是：排风机机芯是一个装有双风轮（11）的，离心式双蜗壳烟槽（9），中间嵌装一个偏平电机（10）所构成；吸风过滤网夹罩（6），安装于垂直锅灶平台的机壳迎油面上；过滤网罩（6）是由间隔平行分布的半圆瓦片状长条连接于长方形框边所构成；两框上下凹面相对，错位安排，互相包容，平行边框两端各有可调节分开度的二螺钉（7）。

周某涛针对涉案专利提出了无效宣告请求，理由之一是涉案专利权利要求1相对于对比文件1、6、4记载的技术方案的结合不具备创造性。专利复审委员会认定，

---

❶ 《专利审查指南 2010》第四部分第六章之 "4. 实用新型专利创造性的审查"，《专利审查指南 2023》亦有相同的规定。

❷ 北京市高级人民法院（2014）高行（知）终字第 3588 号行政判决书。

"在对比文件 1、对比文件 6 和对比文件 4 的基础上，本领域的技术人员得到涉案专利权利要求 1 请求保护的技术方案是显而易见的，所以权利要求 1 不具有实质性特点"，据此宣告涉案专利权无效。由该案可知，专利复审委员会针对涉案实用新型专利，引用了三项现有技术否定其创造性，但是，专利复审委员会并未论证涉案专利是对比文件 1、6、4 三篇对比文件记载的现有技术方案的"简单的叠加"。可见，专利复审委员会并未严格执行《专利审查指南》的有关规定。多环公司的起诉理由之一是专利复审委员会引用了三项现有技术评价涉案专利的创造性，违反了《专利审查指南》的有关规定。对此，一审法院认为，《专利审查指南》的前述规定并未明确禁止使用三项以上的现有技术评价实用新型专利的创造性；二审法院认为，《专利审查指南》的上述规定并未明确禁止使用三项以上的现有技术评价实用新型专利的创造性，引用多少项现有技术，应当根据个案情况予以确定。

就该案的创造性判断而言，专利复审委员会及一审、二审法院的认定是正确的。根据查明的事实，涉案专利权利要求 1 与对比文件 1 相比，两者的区别特征为：①权利要求 1 是一种侧吸式双风道油烟净化机，吸风过滤网夹罩（6）安装于垂直锅灶平台的机壳迎油面上；②权利要求 1 中过滤网罩（6）是由间隔平行分布的半圆瓦片状长条连接于长方形框边所构成；两框上下凹面相对，错位安排，互相包容，平行边框两端各有可调节分开度的二螺钉（7）。

关于区别特征①，对比文件 6 公开了一种吸油烟机，机体正面有两个进风口，两条风道 5 一端分别固定连接两个进风口，另一端同时与出风口 4 由风道密封圈 12 密封连接，两个风轮 17 分别在风道内靠近进风口一端，各套接在一个电机轴上，两只电机分别固定安装在机体内，两个进风口均安装网罩 18。这种结构的吸油烟机由于在机体的正面和顶部均设置了吸烟机构，既发挥了侧吸式油烟机近距离吸油烟的特点，也避免了侧吸式油烟机漏烟的缺点（见对比文件 6 第 1 页倒数第 2 行至第 2 页第 17 行以及图 1、2）。即对比文件 6 给出了当采用侧吸式油烟机时，网罩安装在垂直于锅灶平台的机壳迎油面上的技术启示，对比文件 6 与对比文件 1 属于相同的技术领域，为了近距离吸油烟，本领域的技术人员容易想到将对比文件 1 公开的机芯用于侧吸式油烟机，并将网罩安装在垂直于锅灶平台的机壳迎油面上。

关于区别特征②，对比文件 4 公开了多个过滤罩 3 纵向、并列地排列在顶罩或顶盖上，过滤罩作为一个整体，包括一对可伸缩的边框 4 和 5，每个边框呈类长方形，边框 5 与边框 4 结构类似，边框 4 具有相互平行顶部和底部 6、7，以及在拐角处与该顶部和底部分别连接的两端部 8、9，并且，边框 4 的顶部 10 和侧面 11 之间、边框 5 的顶部 12 和侧面 13 之间均有一定的角度。边框 4 和边框 5 之间的深度较浅。每个边框固定在同样的上下角杆 20、21 上。边框 4 和 5 作为整体，分别设置有挡板

30 和 31，该挡板具有横截面为等腰梯形的开口通道。挡板包括底部 35 和侧部或腿部 36 和 37，底部 35 和侧部之间具有基角。在每个框架 5 上设置有横向延伸的挡板，挡板底部 35 固定在上下角杆 20、21 上。每个边框的挡板间隔平行分布，如挡板 40 和 41。各边框 4 和 5 的挡板的侧部由通道包容，这些挡板中，边框 4 上挡板的腿部与边框 5 上挡板的腿部相互平行。调节伸缩边框 4 和 5 之间的间隙，使得两侧挡板腿部之间的重叠大小或者相对挡板之间的通道大小产生变化。这一调整的实现方法如图 6 所示，其中，螺钉 50 穿过边框 4、角杆 20 的腿部和角杆 21 上的洞与边框 5 连接，螺旋压缩弹簧 51 环绕螺钉 50，其轴向的一端与一个挡板的底部相对，另一端与角杆 21 相对。旋转螺钉使得边框 4 一侧设置的挡板与边框 5 一侧设置的挡板接近或远离。因此，在通过旋转螺钉 50 使得相对挡板的腿部之间，或者挡板 30 与图 5 中虚线所示的挡板 31 之间的空间变大或变小时，挡板 30 的腿部 36、37 与边框 5 上设置的两个相应挡板 31 的腿部 36 和 37 间隔重叠。这一路径通过改变相对挡板之间的空间变化进行控制。只要在过滤罩的静态压力允许下，能够在烤鸡时根据需求调整气流，或者能够根据建筑规范调整气流（见对比文件 4 中文译文第 1 页以及说明书附图 1、3－7）。对比文件 4 的附图 3、4 中示出了挡板为长条形，两边框的挡板上下凹面相对，错位安排，互相包容。对比文件 4 与对比文件 1 属于相同的技术领域，本领域的技术人员很容易将二者相结合。并且，通过对比文件 4 给出的挡板具有横截面为等腰梯形的开口通道的技术启示，在此基础上，本领域的技术人员想到将挡板的横截面设计成半圆瓦片状是不需要花费创造性劳动的。而且，在对比文件 4 公开的每个边框固定在同样的上下角杆 20、21 上，挡板底部 35 固定在上下角杆 20、21 上的基础上，根据具体的安装情况，本领域的技术人员可以选择将挡板固定在边框边上，以及将二螺钉设置在平行边框两端。

因此，在对比文件 1、对比文件 6 和对比文件 4 的基础上，本领域的技术人员得到涉案专利权利要求 1 请求保护的技术方案是显而易见的，权利要求 1 不具有实质性特点，不符合《专利法》第 22 条第 3 款有关创造性的规定。

实际上，从技术方案来看，涉案实用新型专利的创造性高度较低，如果不允许引用上述对比文件 1、6、4 三项现有技术来评价其创造性，则无法宣告涉案专利权无效，这不太合理。因此，专利复审委员会和法院的认定结论是合理的。但是，专利复审委员会和一审、二审法院都没有遵守《专利审查指南 2010》关于"一般情况下可以引用一项或者两项现有技术评价实用新型专利的创造性"的规定。这种做法在实践中也引发了争议。

第二节 创造性的判断方法

一、美国的专利创造性判断方法

《美国专利法》对于发明的创造性要求体现于第103条，美国联邦最高法院在Graham案中对第103条的适用作出了解释，认为非显而易见性的判断根本上是一个法律问题，答案取决于几个相关事实的调查，这些事实后来被总结为"Graham因素"，包括：（1）本领域普通技术人员的水平；（2）现有技术的范围和内容；（3）所要求保护的发明创造和现有技术之间的区别；（4）次要考虑因素（非显而易见性的客观表征）。❶

美国MPEP根据联邦最高法院在Graham案中的判决要旨，确定了专利创造性的判断方法，即在调查下述事实的基础上作出认定：（1）确定现有技术的范围和内容；（2）确定发明和现有技术范围之间的区别；（3）考虑相关领域普通技术人员的水平。在认定过程中，也需要考虑商业上的成果、长期未解决的技术需要、他人的失败、预料不到的结果等客观证据。❷

二、欧洲专利局的专利创造性判断方法

《欧洲专利局审查指南》规定了创造性的判断方法，即"问题和解决方案法"（problem – and – solution approach）。通常按照下列三个步骤进行：（1）确定最接近的现有技术；（2）确定要解决的技术问题；（3）从最接近的现有技术和技术问题出发，考量涉案发明对所属技术领域人员是否是显而易见的。❸ 这种判断方法的基本思想可以概括如下：在所有现有技术中选出一个与涉案发明最接近的现有技术；列出涉案发明技术与最接近的现有技术的所有区别技术特征；根据区别技术特征所能达到的技术效果确定涉案发明所实际要解决的技术问题；考量现有技术是否给出技术启示，促使所属领域技术人员在面对涉案发明所要实际解决的技术问题时有动机对

---

❶ J. M. 穆勒. 专利法 [M]. 3版. 沈超，等译. 北京：知识产权出版社，2013：182 – 216.

❷ MPEP 2141 – Examination Guidelines for Determing Obviousness Under 35 U. S. C. Rev. 07. 2015，November 2015.

❸ Guidelines For Examination in the European Patent Office，PART C CHAPTER IV 11. 7.

最接近的现有技术进行改进以得到涉案发明技术方案。由上可知，欧洲专利局的创造性判断方法实际上和我国的"三步法"是一致的。

三、我国的专利创造性判断方法

（一）"三步法"

我国在专利创造性判断方法上采用"三步法"。根据《专利审查指南2010》的规定，判断要求保护的发明相对于现有技术是否显而易见，通常可按照以下三个步骤进行。●

1. 确定最接近的现有技术

最接近的现有技术，是指现有技术中与要求保护的发明最密切相关的一个技术方案，它是判断发明是否具有突出的实质性特点的基础。最接近的现有技术，例如可以是，与要求保护的发明技术领域相同，所要解决的技术问题、技术效果或者用途最接近和/或公开了发明的技术特征最多的现有技术，或者虽然与要求保护的发明技术领域不同，但能够实现发明的功能，并且公开发明的技术特征最多的现有技术。应当注意的是，在确定最接近的现有技术时，应首先考虑技术领域相同或相近的现有技术。

2. 确定发明的区别特征和发明实际解决的技术问题

在审查中应当客观分析并确定发明实际解决的技术问题。为此，首先应当分析要求保护的发明与最接近的现有技术相比有哪些区别特征，然后根据该区别特征所能达到的技术效果确定发明实际解决的技术问题。从这个意义上说，发明实际解决的技术问题，是指为获得更好的技术效果而需对最接近的现有技术进行改进的技术任务。

审查过程中，由于审查员所认定的最接近的现有技术可能不同于申请人在说明书中所描述的现有技术，因此，基于最接近的现有技术重新确定的该发明实际解决的技术问题，可能不同于说明书中所描述的技术问题；在这种情况下，应当根据审查员所认定的最接近的现有技术重新确定发明实际解决的技术问题。

重新确定的技术问题可能要依据每项发明的具体情况而定。作为一个原则，发

● 《专利审查指南2010》第二部分第四章"3.2.1.1 判断方法"。

明的任何技术效果都可以作为重新确定技术问题的基础，只要本领域的技术人员从该申请说明书中所记载的内容能够得知该技术效果即可。

3. 判断要求保护的发明对本领域的技术人员来说是否显而易见

在该步骤中，要从最接近的现有技术和发明实际解决的技术问题出发，判断要求保护的发明对本领域的技术人员来说是否显而易见。判断过程中，要确定的是现有技术整体上是否存在某种技术启示，即现有技术中是否给出将上述区别特征应用到该最接近的现有技术以解决其存在的技术问题（即发明实际解决的技术问题）的启示，这种启示会使本领域的技术人员在面对所述技术问题时，有动机改进该最接近的现有技术并获得要求保护的发明。如果现有技术存在这种技术启示，则发明是显而易见的，不具有突出的实质性特点。

下述情况，通常认为现有技术中存在上述技术启示：

（1）所述区别特征为公知常识，例如，本领域中解决该重新确定的技术问题的惯用手段，或教科书或者工具书等中披露的解决该重新确定的技术问题的技术手段。

（2）所述区别特征为与最接近的现有技术相关的技术手段，例如，同一份对比文件其他部分披露的技术手段，该技术手段在该其他部分所起的作用与该区别特征在要求保护的发明中为解决该重新确定的技术问题所起的作用相同。

（3）所述区别特征为另一份对比文件中披露的相关技术手段，该技术手段在该对比文件中所起的作用与该区别特征在要求保护的发明中为解决该重新确定的技术问题所起的作用相同。

《专利审查指南2023》对"三步法"的规定大致相同，但有所调整，具体体现在如下几个方面：

（1）确定最接近的现有技术：要优先考虑与发明要解决的技术问题相关联的现有技术。

（2）确定发明的区别特征和发明实际解决的技术问题：对于功能上彼此相互支持、存在相互作用关系的技术特征，应整体上考虑所述技术特征和它们之间的关系在要求保护的发明中所达到的技术效果。重新确定的技术问题应当与区别特征在发明中所能达到的技术效果相匹配，不应当被确定为区别特征本身，也不应当包含对区别特征的指引或者暗示。

现在一般认为，"三步法"是专利创造性判断的通用方法，但并不一定是唯一可靠的方法。工作方法是达成工作目标的手段，手段不可能唯一，随着认识的深入，人们完全可能发现、发明实现工作目标的新的手段。因此，断言"三步法"是判断创造性的唯一可靠方法，在哲学认识论上是错误的。但是，在尚未发现其他更好的、更客观的判断方法之前，"三步法"是目前最实用、最可靠的判断方法，我们应当坚守"三步法"。

（二）"发明构思法"是否可以取代"三步法"

发明构思是指在发明创造的完成过程中，发明人为了解决所面临的技术问题在谋求解决方案的过程中所提出的技术改进思路。发明构思是一件发明创造的"灵魂"。

由于实践中对"三步法"的运用时有出错的情况发生，于是有人质疑"三步法"，提出以"发明构思法"取代"三步法"。"发明构思法"，是从技术方案的实质来分析和判断涉案发明创造是否具备创造性。

"发明构思法"的适用，通常也分为三步：第一步，分析涉案发明创造的技术实质；第二步，分析最接近的现有技术方案的技术实质；第三步，将涉案发明创造与最接近的现有技术进行对比分析，判断涉案发明是否具备创造性。"发明构思法"的精髓，是对最接近的现有技术和涉案发明创造两个技术方案进行整体上的实质比较，判断两个技术方案是否在相同或者相近的技术研发路线上。如果两个技术方案的技术研发路线既不相同也不相近，本领域技术人员必须付出创造性劳动才可能在该最接近的现有技术的基础上结合其他技术手段得到新的发明创造。

"发明构思法"符合技术研发的逻辑思路，对于校正和检验"三步法"的结论具有重要意义。但是，"发明构思法"是否可以取代现行"三步法"，担当创造性判断的大任，值得怀疑。合理的做法是在"三步法"中融入"发明构思法"的分析思路，确保"三步法"的运用不出错；而且可以在适用"三步法"得出结论后，再用"发明构思法"来检验"三步法"的结论是否正确。

准确地说，"三步法"本身并没有问题，是具体的适用过程中出现了问题。实践中，一些人没有准确适用"三步法"，而是简单机械地肢解和对待技术方案，导致判断结论错误，出现所谓的"三步法"失灵现象。其实，这不是"三步法"本身失灵，而是"三步法"的运用失灵，没有掌握好"三步法"的精髓，由此导致结论失灵。

把"发明构思法"的分析思路融入"三步法"，并且运用"发明构思法"来检验"三步法"的结论是否正确，是确保"三步法"运用得当的有效措施。面对"三步法"中选定的最接近的现有技术，我们要追问，该技术方案和涉案发明创造在整体思路上是否相同、相近，是否在同一个技术路线上。如果整体思路不同，技术路线不同，则本领域技术人员在该最接近的现有技术上不付出创造性劳动就无法作出涉案发明创造，即现有技术未给出针对最接近的现有技术进行改进以得到涉案发明创造的技术启示。只有两个技术方案在技术构思、技术路线上相同或者接近，本领域技术人员才可能无需付出创造性劳动即在该最接近的现有技术的基础上作出涉案"发明创造"。

最高人民法院（2022）最高法知行终316号行政判决书是在"三步法"适用过程中借鉴"发明构思法"进行分析的典型案例，值得关注。

该案中，最高人民法院采用"三步法"判断涉案专利申请是否具有创造性，认定了区别技术特征、发明实际要解决的技术问题，然后评述技术启示。

针对现有技术中是否存在技术启示，被诉决定认为，在对比文件1的基础上结合对比文件2和本领域的常用技术手段得出权利要求1所要求保护的技术方案，对本领域的技术人员来说是显而易见的。

泽正公司（专利申请人）上诉主张：涉案专利申请的发明构思与对比文件1不同，在对比文件1中固定轴（底座5）无法替换成尖嘴钳。因此，本领域技术人员不会产生"将对比文件1中的折弯底座5替换成尖嘴钳，利用尖嘴钳进行克氏针夹持"这一改进动机。对比文件2的触头没有绕尖嘴钳长度方向的中心轴旋转的客观可能，进而对比文件2也就不会给出"将对比文件1中折弯底座5替换成尖嘴钳，利用尖嘴钳进行克氏针夹持"的技术启示。

对此，最高人民法院认为：

发明构思是指在发明创造的完成过程中，发明人为了解决所面临的技术问题在谋求解决方案的过程中所提出的技术改进思路，决定了发明进行技术改进的途径和最终形成的技术方案的构成。采用"三步法"判断发明是否具有创造性过程中，在判断本领域技术人员是否会对最接近的现有技术产生改进动机以及是否有将作为现有技术的对比文件进行结合的技术启示时，如果发明与最接近的现有技术之间在发明构思上存在较大差异，则本领域技术人员通常不会有改进最接近的现有技术以得到本发明的动机；如果作为现有技术的对比文件之间在发明构思上存在较大差异，则本领域技术人员通常也难以产生将两个发明构思不同的对比文件进行结合以得到本发明的技术启示。

本申请说明书背景技术记载：目前常应用持针器或钳头来完成折弯工作，往往比较费时费力，公开号为CN87212315U专利中的手柄必须旋转180度才能够将克氏针折弯，在折弯过程中，压针块的侧平面始终与克氏针接触，使得整个折弯器长度太长，使用起来非常不方便，所以，目前没有能够将克氏针一次折为所需角度的折弯器，更不敢想使用折弯器继续进行对克氏针截断。本申请说明书发明内容记载：本发明解决克氏针折弯和刮断过程中，对克氏针持续施加夹持力的技术问题。对比文件1说明书背景技术记载：目前常应用持针器或钳头来完成折弯工作，往往比较费时费力，公开号为CN87212315U专利中的手柄必须旋转90度才能够将克氏针折弯，在折弯过程中，压针块的侧平面始终与克氏针接触。对比文件1说明书发明内容记载：本发明的目的就在于提供一种骨科克氏针折弯器，以解决现有技术中采用持针器或钳头完成折弯工作存在的费时费力的问题。由上可见，本申请与对比文件1均是以CN87212315U专利为基础说明现有技术中存在的问题，二者面对需要解决的技术问题相同。

但是，本申请的技术构思为：一种克氏针折弯装置，包括尖嘴钳，所述尖嘴钳头部的钳口两个夹持片夹持克氏针，钳口两个夹持片之一为成形芯块，尖嘴钳的头部作为旋转轴，外套向克氏针施加折弯力的触头围绕旋转轴转动，触头向成形芯块方向旋转将两个夹持片夹持的克氏针绕成形芯块折弯。本发明首先采用钳头将克氏针夹紧，然后采用折弯刮切机构由绕转轴转动的拨块拨动克氏针绕成型芯块弯曲形成所需的钩状弯头；如果克氏针折弯之后长度合适，那么就取下折弯装置，如果克氏针折弯之后长度长，继续旋转将克氏针刮断，刮切过程中，始终将克氏针夹紧；夹持件单侧设置限位槽，方便折弯刮断后脱出；设置棘轮扳手，折弯刮断过程省力。可见，本申请的具体结构组成，触头的旋转平面垂直于尖嘴钳的头部，但平行于钳子转轴轴线方向。由此，触头能够围绕尖嘴钳的头部旋四周旋转。

而对比文件1的技术构思为：一种骨科克氏针折弯器，其特征在于：成型芯块固定在底座上，底座设限位柱，限位柱与成型芯块共同对克氏针定位，拨块通过连接件转动连接在底座上。绕转轴转动的拨块拨动克氏针绕成型芯块弯曲形成标准的钩状弯头，由此避免了采用钳头折弯时，先钳住克氏针，然后在钳住状态下再用力将其折弯，费时费力的缺点。但由于是固定槽对克氏针进行限位，在折弯刮断过程中，克氏针容易脱出；当固定槽作为旋转轴时，固定槽两侧体积很小，很难继续在固定槽上设置附加夹持件，不敢想使用折弯器继续进行对克氏针截断。可见，对比文件1的具体结构组成，拨块的旋转平面平行于固定轴的轴线方向，但垂直于钳子转轴轴线方向。拨块只能在固定轴的一面旋转。

由上分析可见，本申请与对比文件1二者使克氏针弯曲的部件，在具体结构组成、相互位置关系设置、技术效果方面存在明显差异。基于对比文件1给出的技术教导，本领域技术人员不会想到将固定轴（底座5）替换成尖嘴钳，进而也不会想到将"对比文件1中折弯底座5替换成尖嘴钳，利用尖嘴钳进行克氏针夹持"，也即本领域技术人员不会将对比文件1产生改进为本申请的动机。

同时，对比文件2中的尖嘴钳的头部作为旋转轴就是尖嘴钳长度方向的中心轴，尖嘴钳长度方向的中心轴垂直于钳子转轴，而触头绕钳子转轴转动，触头的旋转平面也轴垂直于钳子转轴，尖嘴钳长度方向的中心轴和触头的旋转平面平行，所以触头不可能绕尖嘴钳长度方向的中心轴旋转。所以，对比文件2的触头没有绕尖嘴钳长度方向的中心轴旋转的可能，所以对比文件2没有给出将"对比文件1中折弯底座5替换成尖嘴钳，利用尖嘴钳进行克氏针夹持"的技术启示。

因此，被诉决定及一审判决有关"对比文件2给出了利用钳头对克氏针进行固定和夹持，并将其中一钳头设置为成形芯块的技术启示。且尖嘴钳亦是本领域的常用固定钳型，本领域技术人员基于对比文件1公开的折弯器结构及对比文件2的技术启示，将对比文件1中折弯底座5替换成尖嘴钳，利用尖嘴钳进行克氏针夹持，从而尖嘴钳的头部作为旋转轴是本领域技术人员容易想到的技术方案"认定，缺乏事实依据，本院予以纠正。

由该案判决可知，最高人民法院并没有抛弃"三步法"，改用"发明构思法"，而是把"发明构思法"融入"三步法"，从技术构思、改进动机的角度否定技术启示。这个思路是非常好的。"三步法"中的第三步，技术启示的认定是要判断现有技术整体上是否给出了针对最接近的现有技术进行改进以得到发明创造的技术启示。既然发明创造和最接近的现有技术在技术构思上存在不同，那么也就不存在针对最接近的现有技术进行改进以得到发明创造的动机和启示。在"三步法"中嵌入"发明构思法"，会使得创造性判断的思路更加清晰，结论更加可靠。所以，我们在坚守"三步法"的同时，要善用"发明构思法"，把"发明构思法"有效地融入"三步法"，使分析思路更加清晰，结论更加准确。

（三）"预料不到的技术效果"之判断是独立的创造性判断方法吗

《专利审查指南2010》在第二部分第十章6.1节"化合物的创造性"中，就结构上与已知化合物接近的化合物的创造性判断，作出特别的规定：结构上与已知化合物接近的化合物，必须要有预料不到的用途或者效果，才具备创造性。据此，对于结构上与已知化合物接近的化合物，如果其具有预料不到的用途或者效果，就可以认定其具备创造性；如果其没有预料不到的用途或者效果，就可以认定其不具备创造性。显然，这是判断结构上与已知化合物接近的化合物是否具备创造性的简易方法。根据该项规则，就足以作出创造性的判断，而没有必要再适用"三步法"进行详细的分析和论述。因此，这是一种简易的独立判断方法。

但是，上述判断规则仍然有一些疑问需要回答。根据《专利审查指南2010》关于创造性的判断规则，"预料不到的用途或者效果"本来是一项辅助判断因素，[1] 但是，对于结构上与已知化合物接近的化合物，"预料不到的用途或者效果"却成为充分必要条件。为什么？适用"三步法"能得出同样的结论吗？对此，在北山雅也与

---

[1] 《专利审查指南2010》第二部分第四章"5. 判断发明创造性时需考虑的其他因素"。

专利复审委员会、衢州英特高分子材料有限公司专利权无效行政纠纷案❶中，二审法院给出了相应的见解。该案案情如下：

涉案专利系国家知识产权局于 2009 年 7 月 29 日公告授予的专利号为 00802360.3、名称为"6－羟基－2－萘甲酸柱状晶体及其制备方法"的发明专利，其申请日为 2000 年 8 月 18 日，优先权日为 1999 年 8 月 24 日，原专利权人为上野制药株式会社（以下简称上野会社），现专利权人为北山雅也。涉案专利授权公告时的权利要求 6 为"6－羟基－2－萘甲酸柱状晶体，其 X 射线衍射结果图具有图 1、2、4、6 或 9 所示的峰。"

对于涉案专利权利要求 6 的化学产品的用途或效果，说明书中有如下相关描述：

6－羟基－2－萘甲酸可以用作各种工业原料，特别是染料、颜料、树脂等的原料。这种化合物通常是将科尔伯－施密特（Kolbe－Schmitt）反应得到物质用水或水/醇类溶剂重结晶得到产品。这样得到的晶体呈薄鳞片状，表观比重小，休止角大，而且流动性低。因此，存在产品的操作性，特别是搬运性、填充性、贮藏性差的问题。涉案专利发明提供一种得到表观比重高，流动性优良的 6－羟基－2－萘甲酸的方法"。"按照涉案专利发明的方法，得到了柱状晶体，结果表观比重变高，相应地可以减少贮存和搬运体积，其流动性变高，因此可以减少装料斗内的搭桥阻塞、输送管道的附着故障，容易用输送机搬运。因此，填充操作容易。

衢州英特高分子材料有限公司（以下简称英特高分子公司）于 2013 年 5 月 2 日向专利复审委员会提出无效宣告请求，理由之一是涉案专利权利要求 6 分别相对于证据 9、10 记载的技术方案不具备创造性。

证据 9：英国专利 GB2174706A，公开日为 1986 年 11 月 12 日，复印件共 6 页，及其部分中文译文共 1 页。证据 9 公开了经过从乙腈中重结晶获得的粗品 BON－6（6－羟基－2－萘甲酸），制得纯度高于 99% 的精制 BON－6。

证据 10：美国专利 US4345095，公开日为 1982 年 8 月 17 日，复印件共 4 页，及其部分中文译文共 1 页。证据 10 涉及一种制备 6－羟基－2－萘甲酸的方法，其实施例 1 具体公开了"……将所得滤饼用水洗涤并干燥，从而获得 27.4 克（理论上的 54%）的 6－羟基－2－萘甲酸"，但该证据中未明确指明所制备固体产物的形态。

专利复审委员会作出的被诉决定认定涉案专利权利要求 6 要求保护的化学产品分别相对于证据 9、10 公开的化学产品，未取得预料不到的技术效果，不具备创造性，据此宣告涉案专利权利要求 6 无效。

一审法院认为：

---

❶ 北京市高级人民法院（2016）京行终 5301 号行政判决书；北京市第一中级人民法院（2014）一中行（知）初字第 9058 号行政判决书。

涉案专利权利要求6要求保护的产品为化合物6－羟基－2－萘甲酸的晶体形式，证据9公开的化学产品亦为化合物6－羟基－2－萘甲酸的晶体形式，证据10所公开的化学产品亦为化合物6－羟基－2－萘甲酸的某种存在形式，三者均属于结构上接近的化学产品。涉案专利说明书记载了其相较于该化合物薄鳞片状晶体具有表观比重高、流动性高、操作性好的优点，北山雅也认为上述优点为权利要求6记载的化学产品相对于证据9、10所具有的预料不到的技术效果。但是，本领域技术人员普遍知晓同一化合物的晶体与非晶体，以及不同晶体形式下会具有不同的产品操作性特点，并且已经形成通过制备和选择化合物的不同晶体形式以获得具备适当操作性特点化学产品的一般技术思路，而表观比重、流动性等操作性特点是本领域技术人员根据化合物晶体的外观形态可以预期且易于测定的，因此，化合物某一特定晶体形式的上述操作性特点无法构成其相对于该化合物之非晶体形式或其他晶体形式的预料不到的技术效果。即权利要求6的化学产品相对于证据9、10所公开化学产品未取得预料不到的用途或效果。因此，权利要求6不具备创造性。

一审法院遂判决驳回北山雅也的诉讼请求。

北山雅也不服一审判决，提出上诉，认为专利复审委员会和一审法院的创造性判断方法错误、结论错误，经不起"三步法"的检验，本案应当适用"三步法"并认定涉案专利权利要求6具有创造性。

二审法院认为：

根据《专利审查指南》的规定，判断要求保护的发明相对于现有技术是否显而易见，通常可以适用"三步法"：（1）确定最接近的现有技术；（2）确定发明的区别特征和发明实际解决的技术问题；（3）判断要求保护的发明对本领域的技术人员来说是否显而易见。但是，《专利审查指南》对于化学发明的创造性的判断，又规定了特别的方法，即"结构上与已知化合物接近的化合物，必须要有预料不到的用途或效果"（以下简称"预料不到的技术效果"判断法）。本案中，专利复审委员会和一审法院选择适用"预料不到的技术效果"判断法并无不当。

首先，无论是"三步法"和"预料不到的技术效果"判断法，都是判断专利创造性的一种具体的方法。它们仅仅是判断方法，而不是判断标准，两者可以并行不悖，并无孰优孰劣之分。"三步法"并不是唯一的判断方法，不具有普适性。审查员完全可以根据不同的技术领域和个案的需要，选择合适的判断方法。

其次，《专利审查指南》关于"三步法"的规定是判断创造性的一般规定，而关于"预料不到的技术效果"判断法的规定是特殊规定。根据法律适用的一般规则，特殊规定优先于一般规定，因此，对于结构上与已知化合物接近的化合物的创造性的判断，"预料不到的技术效果"判断法应当优先于"三步法"。

再次，"预料不到的技术效果"的判断法与"三步法"在本质上是一致的，二者得出的结论也应当一致。对此，结合本案事实，可以分为两种情况进行讨论。

第一种情况，对于与已知化合物结构近似的具有预料不到的技术效果的化合物，适用"预料不到的技术效果"的判断法，可以得出该化合物具有创造性的结论。适用"三步法"，同样可以得出该化合物具有创造性的结论，第一步，确定最接近的现有技术是已知的结构近似的化合物。第二步，确定发明的区别特征和发明实际解决的技术问题。发明的区别特征是化学结构近似但有一些区别，该区别特征带来了预料不到的技术效果，由此确定发明实际解决的技术问题是在该已知化合物的基础上提供一种具有明显不同的技术效果的化合物。第三步，判断要求保护的发明对本领域的技术人员来说是否显而易见。由于对于发明创造性的判断应当坚持技术问题、技术方案、技术效果的综合判断原则，其中任何一项非显而易见，都足以证明发明是非显而易见的。在发明的化合物具有预料不到的技术效果的情况下，由于现有技术中并未给出在已知化合物的基础上去研发一种具有预料不到的技术效果的化合物的启示，故研发出某种具有预料不到的技术效果的化合物是非显而易见的。综上，对于与已知化合物结构近似的具有预料不到的技术效果的化合物，适用"三步法"同样可以得出该化合物具有创造性的结论。

第二种情况，对于与已知化合物结构近似的没有预料不到的技术效果的化合物，适用"预料不到的技术效果"的判断法，可以得出该化合物不具有创造性的结论。适用"三步法"，同样可以得出该化合物不具有创造性的结论，如下所示：适用"三步法"，第一步，确定最接近的现有技术是已知的结构近似的化合物。第二步，确定发明的区别特征和发明实际解决的技术问题。发明的区别特征是化学结构近似但有一些区别，该区别特征并未带来预料不到的技术效果，由此确定发明实际解决的技术问题是在该已知化合物的基础上提供一种与该化合物结构近似的具有类似技术效果的化合物。第三步，判断要求保护的发明对本领域的技术人员来说是否显而易见。通常情况下，结构近似的化合物，具有相似的技术效果。因此，本领域技术人员为了获得具有相似技术效果的化合物，有动机在已知化合物的基础上进行实验、开发，以获得化学结构近似、技术效果近似的化合物，而且进行有限次的实验即可以获得这种化合物。即此种情况下，研发化学结构近似、技术效果近似的化合物是显而易见的。综上，对于与已知化合物结构近似的具有类似技术效果的化合物，适用"三步法"同样可以得出该化合物不具有创造性的结论。

综合上述分析，对于化合物的创造性的判断，本领域技术人员基于相同的现有技术，无论适用"预料不到的技术效果"的判断法，还是"三步法"，得出的结论应当一致。对于与已知化合物结构近似的具有类似技术效果的化合物，适用前述任何一种判断方法，都应当得出不具有创造性的结论。

最后，虽然晶体化合物基于不同的分子排列，其物理化学参数可能存在差异，但其仍属于化合物范畴，故《专利审查指南》关于化合物创造性判断的规定可以适用于新晶型化合物的创造性判断。

综上所述，被诉决定和原审判决在本案中适用"预料不到的技术效果"判断法并无不当。

据此，二审法院维持原判。

上面讨论的是《专利审查指南2010》关于化合物创造性判断的有关特殊规定。除了化合物发明之外，对于其他发明创造，"预料不到的技术效果"是否可以成为独立的创造性判断方法？在一些涉及选择发明的案例中，有的判决认为，"三步法"有时候会失灵，当"三步法"无法适用时，应当适用"技术方案是否具有预料不到的技术效果"的判断法。由此引发一个问题，"技术方案是否具有预料不到的技术效果"是否是与"三步法"并列的一个独立的创造性判断方法？答案是否定的。就选择发明专利的创造性判断而言，"三步法"仍然可以适用，可以将发明技术方案的预料不到的技术效果放到"三步法"中予以考察，仍然可以得出正确的结论。"预料不到的技术效果"之判断法不应当成为独立的判断方法，但可以用于验证"三步法"的适用结论，如果发明具有预料不到的技术效果，一般不必怀疑发明技术方案的创造性，此时适用"三步法"应当得出技术方案具有创造性的结论，否则就应当怀疑和检讨"三步法"适用的正确性。

第三节 "三步法"的适用

根据《专利审查指南》的规定，创造性的判断一般适用"三步法"：第一步，确定最接近的现有技术；第二步，确定发明的区别技术特征和发明实际解决的技术问题；第三步，判断要求保护的发明对本领域技术人员来说是否显而易见，即现有技术中是否给出将上述区别特征应用到该最接近的现有技术以解决其存在的技术问题（即发明实际解决的技术问题）的启示，这种启示会使本领域的技术人员在面对所述技术问题时，有动机改进改最接近的现有技术并获得要求保护的发明。下面分别论述。

一、确定最接近的现有技术

（一）高度关注最接近的现有技术是否适格

在"三步法"的判断过程中，大家最关心的是第三步"技术启示"的认定，纠缠最多的也是"技术启示"的认定，一般很少关注第一步：最接近的现有技术的选择。

但是，实际上，"最接近的现有技术"的选择，在"三步法"的适用中是非常重要的一步。"三步法"结论是否趋于正确，关键在于所选取的"最接近的现有技术"是否真的是"最接近于"涉案专利（专利申请）的技术方案。如果该被选定的"最接近的现有技术"的确与涉案的专利（专利申请）技术方案非常接近，则经过"三步法"第二步、第三步分析后的结论才更可能趋于正确。反之，如果选定的"最接近的现有技术"与涉案的专利（专利申请）技术方案相差较远，甚至技术构思完全不同，适用"三步法"第二步、第三步不严谨的话，结论极可能失灵，就会演变成"事后诸葛亮"。实践中，这样的例子不胜枚举。

在专利审查和司法实践中，人们常将注意力放在"三步法"的第二步和第三步，很少关注"三步法"中第一步确定的"最接近的现有技术"是否适格。这种做法应当反思。正确的做法是，从第一步开始就要高度重视，要确保选定的"最接近的现有技术"比较合适，唯有如此，才能确保后续第二步、第三步的判断正确，避免陷入"事后诸葛亮"的思维错误。如果选定的"最接近的现有技术"不合适，则要高度警惕"三步法"的第二步、第三步，避免陷入"事后诸葛亮"的错误。

有人强烈反对"最接近的现有技术适格"这样的概念，认为"三步法"中选定的最接近的现有技术都是适格的，都应当进行后续第二步、第三步的评述，过多强调"最接近的现有技术是否适格"会颠覆"三步法"规则。

上述观点值得商榷。引入"最接近的现有技术适格"的概念，并不是要颠覆"三步法"规则，而是要确保"三步法"正确适用。引入"最接近的现有技术适格"概念，并非在认定最接近的现有技术不适格后就直接认定涉案发明具备创造性。正确的做法是，假定我们认为最接近的现有技术不适格，我们仍然要进行"三步法"中第二步、第三步的判断，但是要保持高度的警惕，在第三步通常应当得出"现有技术没有给出技术启示"的结论。如果最接近的现有技术的适格性存疑，甚至根本不适格，后面又得出"现有技术给出了技术启示"的结论，则后面的结论极可能是错误的，是"事后诸葛亮"式的错误，我们必须回过头来反思第二步、第三步，纠正第二步、第三步中的认定。也就是说，"最接近的现有技术适格"这个概念可以帮助我们很好地把握"三步法"的适用过程和结论，避免陷入"事后诸葛亮"的错误。所以，引入这样的概念和思维是有益的。

（二）如何确定最接近的现有技术是否适格？

《专利审查指南2010》规定："最接近的现有技术，例如可以是，与要求保护的发明技术领域相同，所要解决的技术问题、技术效果或者用途最接近和/或公开了发明的技术特征最多的现有技术，或者虽然与要求保护的发明技术领域不同，但能够实现发明的功能，并且公开发明的技术特征最多的现有技术。应当注意的是，在确定最接近的现有技术时，应首先考虑技术领域相同或相近的现有技术。"❶《专利审查指南2023》进一步强调"要优先考虑与发明要解决的技术问题相关联的现有技术"。可见，最接近的现有技术是否适格，可以从技术领域、技术问题、技术方案和技术效果四个方面进行分析。

（1）技术领域要相同或者相近。如果技术领域既不相同也不相近，则选定的"最接近的现有技术"是不适格的。对此，我们可以结合技术研发的过程进行分析。技术人员从事技术研发，首先要分析现有技术中存在的技术缺陷，然后再去寻找解决该缺陷的技术手段，并将该技术手段结合到前述现有技术中，以得到新的发明创造。从技术研发的过程来看，每一项新的技术方案都是在现有技术的基础上作出的改进，因此和现有技术必然属于相同或相近的技术领域。以电话机的发明为例，工程技术人员首先要分析现有的电话机存在的技术缺陷，然后针对该技术缺陷作出技术改进，得到新的性能更多更好的电话机。技术人员对一台电话机进行改进一般只能得到一台新的电话机，而不可能得到一台洗衣机。因此，如果我们要评价一台洗衣机是否具备创造性，只能选择现有技术中的洗衣机（或者相近的产品技术）作为最接近的现有技术，而不能选择一台电话机作为最接近的现有技术。综上，选定的"最接近的现有技术"与要求保护的发明创造应当属于相同或相近的技术领域，否则就不是适格的"最接近的现有技术"，根据"三步法"的第二步、第三步应当得出要求保护的发明具有创造性的结论。如果选定了不适格的最接近的现有技术，还得出要求保护的发明不具备创造性的结论，那就是"事后诸葛亮"。对此，要特别警惕。

（2）技术问题。我们要注意"最接近的现有技术"和要求保护的发明的说明书中描述的技术问题，如果二者声称解决的技术问题不同，则意味着二者的关注点不

---

❶ 《专利审查指南2010》第二部分第四章之"3.2.1.1判断方法"。

同，发明构思和技术路线也很可能不同，该"最接近的现有技术"很可能是不适格的。

（3）技术方案。技术方案由技术特征构成，如果选定的"最接近的现有技术"公开了要求保护的发明中大部分的技术特征，二者的技术领域又相同或相近，则所述的"最接近的现有技术"是适格的；相反，如果公开的技术特征很少，则要对选定的"最接近的现有技术"是否适格提出怀疑，并在"三步法"的后续判断中保持足够的警惕。

（4）技术效果。一项发明创造是在一项"最接近的现有技术"的基础上作出改进得到的，因此，该发明创造与所述"最接近的现有技术"在技术效果上必然有相同或相似的地方，如果技术效果差之千里，甚至毫不相关，则选定的"最接近的现有技术"很可能不适格。

2023 年 3 月 30 日，最高人民法院知识产权法庭发布《最高人民法院知识产权法庭裁判要旨摘要 （2022）》，其中有一条裁判要旨涉及 "最接近现有技术的选取"，涉及的案例是最高人民法院（2019）最高法知行终 235 号行政判决书，值得特别关注。该判决书指出："原则上，选取最接近现有技术的核心考虑因素是，该现有技术与发明创造是否针对相同或者近似的技术问题、拥有相同或者近似的技术目标。在此基础上，进一步的优选考虑因素是，该现有技术与发明创造的技术方案是否足够接近……如果所谓最接近的现有技术明显不具有可行性，本领域技术人员通常不会基于该不具有可行性的现有技术研发完成发明创造，故该不具有可行性的现有技术原则上不适宜作为评价专利创造性的最接近现有技术。"

上述判决对于最接近的现有技术的适格性的考察，强调了两个方面：

（1）技术问题、技术目标和技术方案是否足够接近。这一点切中了要害，技术问题、技术目标和技术方案是选取最接近现有技术的核心考虑因素，如果三个方面差距甚远，则最接近的现有技术是不适格的，根据"三步法"中的第三步应当得出涉案发明具有创造性的结论。

（2）最接近的现有技术是否可以实施。如果最接近的现有技术不可以实施，那么本领域技术人员就不可能基于该技术完成发明创造，该最接近现有技术就是不适格的。

（三）"发明构思法"是分析"最接近的现有技术"适格性的利器

"发明构思法"强调要从整体上理解发明和最接近的现有技术在发明构思上的异同，要看二者面临的技术问题是否相同或相似，技术路线是否相同或者相似，技术效果是否相同或者相似，如果二者在面临的技术问题、采用的技术路线、取得的技术效果有差异甚至重大的差异，则认为二者的发明构思不同。

在"三步法"的第一步选取"最接近的现有技术"时，运用"发明构思法"分析"最接近的现有技术"是否适格，是一个非常有效的方法。如果采用"发明构思法"进行分析，得到的结论是发明与"最接近的现有技术"的技术构思不同，则可以确定该"最接近的现有技术"并不适格。由于发明构思不同，由最接近的现有技术出发不付出创造性劳动肯定不可能得到涉案发明，因此，运用"三步法"的第二步、第三步也必然得出涉案发明"非显而易见"的结论。如果得出了涉案发明"显而易见"的结论，则第二步、第三步的运用和分析必定错了。

（四）拼凑的"最接近的现有技术"不适格

"最接近的现有技术"指的是一项现有技术，而不是一份对比文件。一份对比文件可能披露一个现有技术，也可能披露若干个现有技术。我们在选定一份对比文件中披露的技术方案时，一定注意要选定一个独立的技术方案，而不能将对比文件中的不同技术方案中的技术内容拼凑成一个技术方案。

现实中的难题是如何判断被选定的最接近的现有技术是否拼凑而成。有时候，无效请求人或者审查员选取的最接近的现有技术的具体内容散落在对比文件的不同段落中，它到底是一个技术方案中的内容，还是不同技术方案中的内容？这需要我们根据说明书的上下文和行文逻辑去理解。这实际上是一项阅读理解的作业，考验我们阅读和理解的能力与水平。下面举一案例说明。

在天津市四友精细化学品有限公司（以下简称四友公司）与专利复审委员会及迈图化工企业管理（上海）有限公司（以下简称迈图公司）"叔碳酸缩水甘油酯的制备方法"发明专利权无效行政纠纷案❶中，涉案专利授权公告的权利要求如下：

1. 一种叔碳酸缩水甘油醋的制备方法：

催化剂是以下的一种或凡种：烷基取代澳化按盐或氯化按盐；

催化剂含量以 mol/mol 比范围计：0.1% ~5%；

在安装有机械搅拌的 1 升四口烧瓶中，将 152.6g、1.65moI 环氧氯丙烷与 2.6g、0.008mol 催化剂加热至 90℃后，滴加 258g、1.5mol 新癸酸，控制滴加速度使温度保持在 90℃，约半小时滴加完毕，继续反应半小时后酯化反应完成；

通过测定酸值 <0.1；

将配好的含有 66g、1.65mol 的 40%NaOH 溶液滴加到反应瓶中，产生白色固体，这时开启水泵使真空度慢慢增大，使反应瓶中的残余的环氧氯丙烷和水份共沸蒸出，

---

❶ 北京市高级人民法院（2014）高行终字第 240 号行政判决书。

此过程约需 1 小时；将产物减压抽滤除 NaCl 固体物质后，滤液经减压蒸馏；在 90～92℃/140Pa 条件下，得 294g、含量 96% 以环氧为基准的叔碳酸缩水甘油酯，收率 86%。

2. 根据权利要求 1 所述的叔碳酸缩水甘油酯的制备方法：催化剂是四正丁基溴化铵，其含量以 mol/mol 比范围计：0.5%～1%。

专利复审委员会认定：涉案专利权利要求 2 的技术方案与证据 1 公开的内容相比，其区别特征为：

(1) 权利要求 2 限定了新癸酸加入量为 1.5mol，环氧氯丙烷为 1.65mol，环氧氯丙烷与新癸酸的摩尔比为 1.1∶1，而证据 1 中优选 9～11 个碳原子的 α，α-二烷基一元羧酸而没有具体公开新癸酸，且一元羧酸和环氧卤代烷以化学计量的比例混合、或环氧卤代烷过量存在，即环氧卤代烷与一元羧酸的摩尔比≥1∶1；权利要求 2 限定了向环氧氯丙烷和催化剂的混合物中滴加新癸酸，约半小时滴加完毕，证据 1 中则为一元羧酸溶解于环氧卤代烷中，或二者均溶解于惰性溶剂中；

(2) 权利要求 2 限定了催化剂为四正丁基溴化铵，加入量为 2.6g、0.008mol，经计算，其加入量相对于酸为 2.6g/258g，约 1% 重量，酯化反应的温度为 90℃；而证据 1 中催化剂为含氮有机碱、含氮杂环化合物以及这些含氮碱的盐，并没有公开四正丁基溴化铵，且其加入量基于酸为约 0.01%～10% 重量，反应温度为 50～180℃；

(3) 权利要求 2 具体限定了 "在安装有机械搅拌的 1 升四口烧瓶中，继续反应半小时后酯化反应完成，通过测定酸值 <0.1，将配好的含有 66g、1.65mol 的 40% NaOH 溶液滴加到反应瓶中，产生白色固体，这时开启水泵使真空度慢慢增大，使反应瓶中的残余的环氧氯丙烷和水分共沸蒸出，此过程约需 1 小时，将产物减压抽滤除 NaCl 固体物质后，滤液经减压蒸馏，在 90～92℃/140Pa 条件下，得 294g、含量 96% 以环氧为基准的叔碳酸缩水甘油酯，收率 86%"；证据 1 公开了共沸蒸馏除水，其同时必然也会将残余的环氧氯丙烷一起蒸出，但没强调是否在减压下进行，证据 1 没有具体公开其他内容。

对于区别特征 (1)，证据 1 公开了环氧卤代烷与一元羧酸的摩尔比≥1∶1，优选 9～11 个碳原子的 α，α-二烷基一元羧酸，权利要求 2 中限定的相应技术特征均只是在证据 1 公开的有限范围内进行的具体选择，本领域技术人员可通过有限次的实验、常规的实验手段来调整得出。同时，滴加混合与直接混合均是本领域原料混合的常规方式，本领域技术人员可通过有限次的实验、常规的实验手段来调整得出滴加酸时所需的时间。同时与证据 1 相比，这些具体的选择并没有带来任何预料不到的技术效果。

对于区别特征 (2)，证据 2 中催化剂的加入量基于酸为约 0.01%～10% 重量，反应温度为 50 ~ 180℃；与之相比，权利要求 2 中限定的相应技术特征只是在证据 1 公开的有限范围内进行的具体选择，本领域技术人员可通过有限次的实验、常规的实验手段来调整得出；同理，这样的选择并没有带来任何预料不到的技术效果。由于证据 1 [016] 段中环氧卤代烷与一元羧酸的摩尔比为 ≥1∶1，[018] 段中环氧卤代烷是一元羧酸的至少两倍（以摩尔表示），即后者是前者的环氧卤代烷与一元羧酸摩尔比进一步增大时的情况，因此证据 1 中 [015]—[017] 段与 [018] 段实质上是相同的反应。同时，专利复审委员会查明，证据 3 [005] 段公开了：在少量的由叔胺和季铵盐组成的组的物质的存在下，加热所需要的酸和至少两倍化学当量的环氧卤代化合物（例如环氧氯丙烷），然后，优选通过蒸馏从反应混合物中回收所需要的环氧酯；证据 3 [016] 段公开了：该方法的操作中，关键是将羧酸与至少两倍化学当量的环氧卤代化合物混合，在环氧卤代化合物为例如环氧氯丙烷时，酸与环氧卤代化合物优选以 1∶4 ~ 1∶8 的化学当量比反应。可以看出，证据 3 属于证据 1 [018] 段所述的情况，同理可知，证据 3 与证据 1 [015]—[017] 段的内容也是实质相同的反应。而证据 3 [013] 段还公开了：季铵盐催化剂例如是四丁基氯化铵等。可见证据 3 给出了四丁基氯化铵等季铵盐同样能够作为催化剂用于证据 1 [015]—[017] 段所述反应的启示，而权利要求 2 中限定的四正丁基溴化铵与四丁基氯化铵均是常用的季铵盐类催化剂，二者的结构非常接近，并且如上所述，这种催化剂的替换也并没有带来任何预料不到的技术效果。

对于区别特征（3），安装有机械搅拌的 1 升四口烧瓶是本领域常使用的反应装置。本领域技术人员可通过有限次的实验、常规的实验手段来调整得出酯化反应的时间，且酸值 <0.1 也是本领域衡量反应完成的常规标准。证据 1 实施例 Ⅱ 中还公开了使用 50% 重量的氢氧化钠水溶液，所加氢氧化钠的量基本与一元羧酸的化学计量的量相等；尽管其氢氧化钠的浓度及使用量与权利要求 2 略有不同，但无论使用什么浓度的氢氧化钠水溶液，均是为了达到同样的目的，且本领域技术人员很容易选择出合适的浓度；而为了使氢氧化钠充分发挥作用，加入如权利要求 2 所限定的相对于羧酸略过量的氢氧化钠也是本领域技术人员采用的常规技术手段，并且没有产生任何预料不到的技术效果。涉案专利所得产物的形态及颜色由其自身固有的性质决定。证据 1 公开了共沸蒸馏，但没强调是否在减压下进行，而减压下进行共沸蒸馏是本领域技术人员采用的常规技术手段，且无论是否减压、共沸蒸馏所起的作用均是相同的，"开启水泵使真空度慢慢增大"也属于产生真空的常规方式，且本领域技术人员很容易通过常规的实验手段来调整得出共沸蒸馏所需的时间。权利要求 2 中限定的"将产物减压抽滤除 NaCl 固体物质后，滤液经减压蒸馏"是本领域技术人员为了提高产物纯度所必然采用的常规后处理步骤，且本领域技术人员通过有限次的

实验、常规的实验手段即可调整得出合适的减压蒸馏条件。权利要求 2 还限定了产物的纯度和收率，然而，其与证据 1 实施例且相比纯度和收率更低，综上所述，上述这些反应条件、后处理步骤等的具体选择并没有产生任何预料不到的技术效果。

综上所述，权利要求 2 相对于证据 1 和证据 3 的结合是显而易见的，不具备创造性。据此，宣告涉案权利要求 2 无效。

四友公司不服，提起诉讼，并主张证据 1 的［004］—［006］、［015］—［018］、［021］段与实施例Ⅱ是三个化学反应机理实质不同的技术方案，因此，不能作为对比文件进行创造性的比对。

二审法院查明，证据 1 中［第 15 段—17 段］为两步法，即羧酸和环氧氯丙烷进行反应，发生了酯化的反应，得到中间产物卤代醇；然后第二步滴碱，将氢氧化钠水溶液滴到前面得到的中间产物卤代醇中，脱去氯化氢，生成副产物氯化钠、水和缩水甘油酯。而证据 1 中［18］描述了将羧酸、至少 2 倍过量的环氧氯丙烷和催化剂一起加热反应，生成的中间产物卤代醇与过量的环氧氯丙烷继续反应，脱去氯化氢，生副产物 1，3－二氯－2－丙醇、水和缩水甘油酯，这是一步法反应。而实施例Ⅱ支持的是另一种反应，即将羧酸盐的水溶液与环氧卤代烷反应，先将碱金属氢氧化物的浓度水溶液逐渐滴到羧酸和环氧卤代烷溶液中，由于酸碱反应是一个迅速的反应，虽然开始的是羧酸，但是进行反应的是羧酸盐，也就是加入的羧酸先转化为相应的碱金属盐，这个碱金属盐随后再和环氧卤代烷反应生成缩水甘油酯。二审法院认为，证据 1［015］—［018］段与实施例Ⅱ是三个化学反应机理实质不同的技术方案，这三个技术方案不能拼凑成为一项现有技术，用于评述涉案专利权利要求 2 的创造性，因此，第 18799 号决定关于涉案专利权利要求 2 的创造性评价错误，应予撤销。

二审法院的裁判逻辑是，创造性判断中的最接近的现有技术必须是一项独立的现有技术，而不能将不同的现有技术拼凑为一项最接近的现有技术，与涉案发明技术方案进行技术特征比对。专利复审委员会将证据 1 中的不同技术方案拼凑为一项现有技术，并以此作为最接近的现有技术与涉案权利要求 2 进行对比，进而归纳区别技术特征，这种做法是错误的。

这一案件非常典型，应当引起足够的重视。实践中拼凑最接近的现有技术的做法并不鲜见，对此，我们要保持足够的警惕性，心中始终要牢记，"三步法"中第一步选定的"最接近的现有技术"必须是一项单独的完整的现有技术，而不能是多项不同的技术拼凑而成的技术方案。

二、确定发明的区别技术特征和实际解决的技术问题

"三步法"的第二步是确定发明的区别技术特征和发明实际解决的技术问题，下面分别论述。

（一）确定发明的区别技术特征

1. 确定区别技术特征的一般方法

"三步法"的第二步是确定发明的区别技术特征和发明实际解决的技术问题，其中，区别技术特征的认定非常关键。

（1）要准确把握技术特征的概念。专利权利要求表达的是一个（或者若干个）技术方案，技术方案由技术特征构成，将一个技术方案划分为若干个技术特征，也是一项技术性的工作，把握技术特征的概念有助于正确确定区别技术特征。技术特征，是指在权利要求所限定的技术方案中，能够相对独立地执行一定的技术功能，并能产生相对独立的技术效果的最小技术单元或者单元组合。

（2）要合理划分"最接近的现有技术"和发明创造各自的技术特征，找出二者的本质区别。对此，可以借鉴专利侵权案件中技术特征的划分、比对法。在专利侵权案件中，一般是先分解涉案专利技术方案，将其划分为若干个技术特征；再分解被诉侵权的技术方案，将其划分为若干个技术特征；然后再对二者进行对比。如果被诉侵权技术方案完全覆盖了涉案专利发明的全部技术特征，则侵权成立，否则侵权不成立。在创造性判断中，我们也可以借鉴这一思路，首先将最接近的现有技术方案进行分解，划分为若干个技术特征；然后将涉案发明创造的技术方案进行分解，划分为若干个技术特征；再将后者的全部技术特征与前者的全部技术特征进行对比，归纳出区别技术特征。对于涉案发明创造中的某个技术特征，如果最接近的现有技术中没有，则该技术特征为区别技术特征。最简单的办法是，分别对两个技术方案列出技术特征清单，分为两列，左列为最接近的现有技术方案的技术特征，右列为涉案发明创造的技术特征，将左右两列均具备的技术特征扣除掉，右列剩余的技术特征即为区别技术特征。

以上说的是确定区别技术特征的一般方法，对于简单的技术方案通常是适用的，但是对于复杂的技术方案很可能无法适用。因此，还必须进一步强调，划分技术特征和归纳区别技术特征一定要科学合理，不能简单、机械。正如（2022）最高法知行终316号行政判决书指出的，"要合理划分权利要求的技术特征，将权利要求中记

载的各部分内容与其在技术方案中所起的作用、解决的技术问题、产生的技术效果等内容结合起来综合考虑，而非简单地依据权利要求的文字表述以及标点、段落等对权利要求进行机械分割。如果技术方案中的多处内容之间相互依存、紧密联系，通过协同作用共同解决同一技术问题、产生关联技术效果，则原则上应作为一个技术特征整体考虑。"这点一定要牢记，如果简单、机械划分技术特征，则适用"三步法"得出的结论极可能是错误的。

2. 考虑技术特征之间的协同作用，避免机械切割技术特征

在划分和比对技术特征时，不能过于机械，要考虑不同的技术特征之间是否有协同作用，避免机械切割技术特征。有时候，发明创造中多个技术特征相互配合，共同解决某个技术问题，实现一定的技术效果。这时，就不应把这些相互配合、具有协同作用的技术特征强行切割开，而应当把它们视作一个整体，与最接近的现有技术进行比对。

最高人民法院在（2020）最高法知行终 155 号行政纠纷案中就此作过专门的论述。该案中，涉案专利是名称为"光源装置、投影装置及投影方法"的发明专利，其专利号是 201010293730.7，专利权人是卡西欧计算机株式会社。涉案专利的独立权利要求 1 的内容如下：

1. 一种光源装置，其特征在于具备：光源，在规定的波段发光；光源光发生部件，利用上述光源的发光，以分时的方式发生发光效率不同的多种颜色的光源光；以及**光源控制部件，其控制上述光源和上述光源光发生部件的驱动定时，使得由上述光源光发生部件发生的多种颜色的光源光中，将发光效率较高的至少 1 种颜色的光源光的发光期间设定得比其他颜色的光源光的发光期间短**，并且将已把该发光期间设定得较短的颜色的光源光发生时的上述光源的驱动电力设定得比其他颜色的光源光发生时的上述光源的驱动电力大，由上述光源光发生部件发生的多种颜色的光源光循环发生，上述光源光发生部件是具备涂覆了发出规定波段光的荧光体的区域的色轮。

为了下文论述方便，将上述黑体部分称为技术特征①，带下划线的部分称为技术特征②。

下面结合涉案专利的附图 1 来理解独立权利要求 1 的技术方案（见图 4）。数据投影仪装置 10a 具有以分时的方式循环射出 R、G、B 的原色光的光源部 17a，光源部 17a 具有发出蓝色激光的半导体激光器 20（对应于"光源"），色轮 24（对应于"光源光发生部件"）通过电动机 25 基本上以固定速度旋转，通过色轮 24 的旋转，来自半导体激光器 20 的蓝色光照射到的位置按照红色荧光体反射部 24R、绿色荧光体反射部24G及蓝色扩散反射部24B的顺序在圆周上循环移动；投影光处理部31a（对应于"光源控制部件"）控制与光源部17a的半导体激光器20的发光定时及发光强度、由电动机25进行的色轮24的旋转，从投影图像处理部15向该投影光处理部31a给予图像数据的定时信号。在涉案专利中，光源控制部件（投影光处理部31a）能够协同控制光源和光源光发生部件的驱动定时，使得光源光发生部件在某一规定时间段（例如一帧）发出发光效率较高的至少一种颜色的光过程中，设置为发光时间较短而又设置光源在发出这种颜色光时其驱动电力要比光源发出其他颜色的光时的驱动电力更大。显然，涉案专利是在同时调节产生某种颜色的光的发光时间和该发光时间内光源的驱动电力，以提高光源和荧光体组合的整体发光效率。

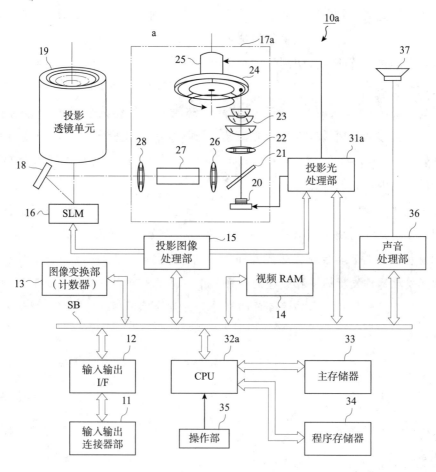

图4　涉案专利附图1

对比文件1（JP2007156270A，见图5）中，投影仪1的光源装置12具有光源2、反射器3和色盘4；光源2（相当于涉案专利的"光源"）为超高压水银灯，产生的光包括可见光和紫外光，反射器3用于反射来自光源2的射出光，从光源2射出的光及从光源 2 射出且由反射器 3 反射的光被入射到色盘 4；色盘 4（相当于涉案专利的"色轮"）具备由荧光玻璃构成的荧光体层 41 和由多层膜构成的滤光片 42，R 色荧光体层 43、G 色荧光体层 44、B 色荧光体层 45 沿色盘 4 圆周方向具有适当的占有角度成扇形排列设置，分别用于将光源 2 生成的紫外光转换成 R 色、G 色和 B 色的可见光，其中 R 色荧光体层 43 的占有角度大于 G 色荧光体层 44 的占有角度，G 色荧光体层 44 的占有角度大于 B 色荧光体层 45 的占有角度。由于驱动色盘的转速是恒定的，因此 R、G、B 三色的荧光体层在色盘转一圈（即一帧）的时间长度内，其各自的发光时间长短因占有角度的不同而不同，依次为 R 色荧光体层 43 的发光时间长于 G 色荧光体层 44 的发光时间，G 色荧光体层 44 的发光时间长于 B 色荧光体层 45 的发光时间。这样一来，占有角度更大的红色荧光体层能够相对提供更多的红光，从而来改善色彩平衡，由此解决了超高压水银灯发出的白光中红色分量不足的问题。然而，对比文件 1 中虽然对色盘发出不同颜色的光的发光时间进行了调整，但这种调整与不同颜色的荧光体的发光效率差异无关，也不涉及对应光源的驱动电力的调整。

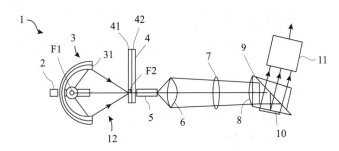

图 5 对比文件 1

国家知识产权局第 34530 号无效宣告请求审查决定（被诉决定）维持涉案专利有效，但是该决定随后被一审判决撤销，后最高人民法院（2020）最高法知行终 155 号行政判决书（二审判决）又撤销一审判决。

被诉决定、二审判决与一审判决对涉案独立权利要求 1 与对比文件 1 的区别技术特征认定存在分歧，即在有关"光源控制部件"的整个限定特征是否应当被作为一个技术特征存在分歧。

一审法院将权利要求 1 中有关光源控制部件的技术特征①和技术特征②拆开，与对比文件 1 进行比对，认为对比文件 1 中前述三种荧光体层占有角度的关系相当于公开了技术特征①中的"将发光效率较高的至少 1 种颜色的光源光的发光期间设定得比其他颜色的光源光的发光期间短"，由此得出的结论为二者的区别仅在于技术特征②（"将已把该发光期间设定得较短的颜色的光源光发生时的上述光源的驱动电力设定得比其他颜色的光源光发生时的上述光源的驱动电力大"）。

　　二审判决认为在区别技术特征的认定过程中，应当综合考虑权利要求中记载的各部分内容与其在技术方案中所起的作用、解决的技术问题、产生的技术效果的关系，注意技术特征之间的协调配合关系，及其与整体技术方案之间的关联性，通过准确把握发明构思，准确界定技术方案各部分内容与发明为解决技术问题采用的发明构思以及产生的技术效果之间的关系，不应机械地将构成整个技术手段中的不同技术特征割裂评述，据此认为应当将技术特征①和技术特征②作为一个整体特征来比对。

　　具体而言，二审判决从涉案专利权利要求1与对比文件1在技术构思和解决技术问题的相应技术手段上的不同，说明了技术特征①和技术特征②应当整体考虑的理由。

　　涉案专利要解决的技术问题是，既要避免因荧光体饱和而出现发光效率恶化，又要防止因荧光体不饱和导致的绝对光量不足。为解决上述问题，涉案专利在发明构思上考虑将光源和荧光体组合来共同提高各种颜色光的发光效率，在考虑避免荧光体饱和的同时，也保证绝对光量充足，使得图像尽可能明亮且颜色再现性高。在权利要求1中，通过上述有关光源控制部件的技术特征①和技术特征②的协调配合、协同发挥作用，同时实现对发光时间和光源驱动电力的调整，在光源照射容易饱和的荧光材料时，使照射时间长一些，但驱动电力小一些，从而既提高出光量又避免荧光材料发生饱和的情况，反之在光源照射不容易饱和的荧光材料或者没有涂覆荧光材料的色轮部分时，设置光源的驱动电力大一些，相应的照射时间设置得短一些，从而提高光源和荧光体组合的整体发光效率。由此可见，技术特征①和技术特征②共同解决上述荧光体饱和及绝对光量不足的技术问题，产生图像尽可能明亮且颜色再现性高的关联技术效果，应当作为一个或一组技术特征整体予以考虑。相比之下，对比文件1针对的是超高压水银灯发出的白光中红色分量不足的问题，其通过对发光时间的调整来实现对整个单位时间段内三种颜色的出光量的调整，其调整的目的与涉案专利不同，也不涉及光源的驱动电力大小的调整。因此，对比文件1没有公开前述协调配合的技术特征。

　　综上，最高人民法院认为光源控制部件的整个限定特征（包含技术特征①和技术特征②）应当被作为一个技术特征考虑，构成涉案专利的权利要求1与对比文件1的区别技术特征，最终得出涉案专利具有创造性的结论。

3. 发明构思体现在各个技术手段的结合且现有技术未公开这种结合教导的，将这些技术手段作为一个整体对待更合理

　　如果涉案发明的技术构思体现在将各个技术手段有机结合起来实现一定的技术

效果，而现有技术未公开这种结合教导的，把这些技术手段作为一个整体对待更为合理。如果把这些技术手段拆开来，很容易各个击破，得出的结论很可能是错误的。对此，最高人民法院（2020）最高法知行终 279 号行政判决书确定的裁判规则值得特别关注。该判决书指出："在判断要求保护的发明相对于最接近的现有技术的区别技术特征时，要从该发明的发明构思出发，确定该发明与最接近的现有技术之间所存在的技术差异。如果该发明的发明构思就在于所对应的各个技术手段的结合，并且现有技术既没有直接或者隐含公开这种结合的教导，也没有公开这种结合所能产生的技术效果，则在确定区别技术特征时，应当将该发明保护的这种技术手段的结合予以整体性对待，不宜以其中的单个技术手段作为判断是否构成区别技术特征的基本对象。"

（二）确定发明实际解决的技术问题

1. 确定发明实际解决的技术问题是必不可少的步骤

"三步法"的第二步中还有一个重要的内容是根据发明与最接近的现有技术的区别特征确定发明实际解决的技术问题。技术问题的认定是创造性认定的"牛鼻子"，这是因为"三步法"中的第三步是要从最接近的现有技术和发明实际解决的技术问题出发，判断要求保护的发明对本领域的技术人员来说是否显而易见。技术方案是否显而易见的认定，必须结合技术问题进行判断，脱离技术问题进行技术启示的认定，极可能陷入"事后诸葛亮"的错误思维。技术问题的认定之所以如此重要，是因为发明创造的过程就是从现有技术的技术问题出发进行技术改进的。发明人从事技术研发的基本逻辑是，熟悉现有技术的状况，分析其存在的技术缺陷（即技术问题），然后去研究和探索解决该技术问题的技术方案。因此，为了确保"三步法"判断结论的客观化，必须从技术问题出发去判断现有技术中是否存在解决该技术问题的启示。脱离技术问题，就脱离了发明创造的技术研发思路，技术启示的认定就无法客观化。

虽然技术问题的认定非常重要，但是，实践中有的审查决定书和法院判决对技术问题的认定并未给予足够的重视。例如，有的审查决定书在"三步法"的第二步中没有认定技术问题，在第三步中也没有从技术问题出发进行分析，而是在归纳区别技术特征后，直接认定区别技术特征已在其他地方公开，并据此认定涉案发明不具备创造性。例如，在肖某礼与专利复审委员会、龙岩市万腾车桥制造有限公司

（以下简称万腾公司）实用新型专利权无效行政纠纷案❶中，专利复审委员会认定："涉案专利独立权利要求1与作为最接近现有技术的证据1存在如下区别技术特征：A. 涉案专利是转向驱动前桥，而证据1为转向前桥；B. 涉案专利的制动鼓内表面紧密贴合有摩擦片，而证据1没有摩擦片；C. 涉案专利的凸轮轴的轴心线是以两蹄片平台的对称中心为原点沿制动底板径向外倾斜，与制动底板轴心线成一个小角度，此小角度以8~15度为宜，而证据1的凸轮轴没有倾斜。证据2公开了上述区别技术特征B，给出了将该区别特征应用到证据1的技术启示。证据3给出了将区别技术特征A、C应用到证据1以解决转向驱动前桥中凸轮轴与转向节壳体边缘相干涉的问题的启示。因此，本领域技术人员有动机在证据1的基础上结合证据2、3以及本领域的公知常识得到涉案专利权利要求1的技术方案。"❷可见，专利复审委员会在判断涉案专利是否具备创造性时运用了"三步法"，但是并没有严格遵循"三步法"认定发明实际解决的技术问题并从该技术问题出发判断现有技术整体上是否存在技术启示，而是在归纳区别技术特征后直接认定证据2、3公开了相应的区别技术特征，给出了技术启示。这种做法是不严谨的，极可能导致后面有关技术启示的认定出现不当。

2. 在创造性判断中确定的发明实际解决的技术问题不同于专利说明书中声称要解决的技术问题

发明人通常是在发现现有技术中的技术问题后，再寻求技术改进，作出发明创造。因此，发明人在作出发明创造之后，撰写专利申请文件时，通常都会在专利申请文件的背景技术部分陈述现有技术的缺陷和问题。该技术问题就是发明人主观声称的技术问题。

发明人在专利申请文件中主观声称的技术问题与"三步法"判断中确定的发明实际要解决的技术问题可能相同，也很可能不同。这是因为，"三步法"判断中选定的"最接近的现有技术"与发明人在专利申请文件中引用的作为其发明改进起点的背景技术往往并不相同。

由于发明人的知识背景、认知能力有限等原因，其作为发明改进起点的背景技术可能早已落伍，更先进的现有技术早已存在，发明人本应该站在该更先进的现有技术的基础上进行技术改进，而不是站在一个陈旧落后的现有技术的基础上进行技术改进。在"三步法"适用中，我们应当选择适格的"最接近的现有技术"进行创造性判断，而不是选择发明人在专利申请文件背景技术部分陈述的现有技术进行创

---

❶ 北京市高级人民法院（2014）高行终字第884号行政判决书。

❷ 专利复审委员会于2012年11月20日作出第19621号无效宣告请求审查决定。

造性判断。而且，即使是针对同一项发明创造，在不同的创造性判断程序中选择的"最接近的现有技术"可能是不同的。例如，在专利申请实质审查程序中，审查员选择的"最接近的现有技术"是 A 技术；但是，在无效宣告程序中，无效宣告请求人选择的"最接近的现有技术"可能是 B 技术。将 A、B 技术分别作为"最接近的现有技术"，区别技术特征不同，重新确定的技术问题很可能也不同。因此，在创造性判断过程中，由于选择的"最接近的现有技术"不同，重新确定的发明实际解决的技术问题亦不同。

综上，根据不同的"最接近的现有技术"重新确定的发明实际解决的技术问题，与发明人在专利申请文件中主观声称的作为发明起点的背景技术中存在的技术问题，是两回事。

3. 要根据涉案专利说明书中公开的区别技术特征在发明中达到的技术效果确定发明实际解决的技术问题

根据《专利审查指南 2010》的有关规定，审查时应当分析涉案发明与最接近的现有技术相比有哪些区别特征，然后根据该区别特征所能达到的技术效果确定发明实际解决的技术问题。原则上，发明的任何技术效果都可以作为重新确定技术问题的基础，只要本领域的技术人员从该说明书中记载的内容能够确定该技术效果即可。

这里需要强调两点：

（1）"区别特征在发明中达到的技术效果"，不是指该区别特征本身独自具有的技术效果，而是指涉案发明引入了该区别特征后实现的技术效果。该区别特征被引入涉案发明后，不是孤立存在的，而是和其他技术特征一起共同存在于涉案发明的整体技术环境下，区别特征不仅本身会产生一定的效果，还可能和其他特征协同产生一定的技术效果。因此，不能对区别特征及其技术效果进行孤立的分析，而是要分析和确认涉案发明引入区别特征后整体上产生的新的技术效果。

（2）"区别特征所能达到的技术效果"不仅限于说明书中明确记载的技术效果，也包括说明书中隐含的技术效果，只要本领域技术人员基于公知常识能够确认涉案发明引入区别特征后具有该技术效果即可。对此，《专利授权确权规定（一）》第 13条明确规定："说明书及附图未明确记载区别技术特征在权利要求限定的技术方案中所能达到的技术效果的，人民法院可以结合所属技术领域的公知常识，根据区别技术特征与权利要求中其他技术特征的关系，区别技术特征在权利要求限定的技术方案中的作用等，认定所属技术领域的技术人员所能确定的该权利要求实际解决的技术问题。"该条规定为如何确定"区别特征所能达到的技术效果"提供了明确的指引。

4. "三步法"中确定的发明实际解决的技术问题应当是最接近的现有技术中客观存在的技术问题

发明实际解决的技术问题，是根据发明创造与最接近的现有技术的区别所带来的技术效果总结出来的，因此，毫无疑问，发明实际解决的技术问题必然是据以确定该技术问题的最接近的现有技术中客观存在的技术问题。如果最接近的现有技术中客观上不存在"三步法"中确定的发明实际解决的技术问题，则"三步法"的第二步分析出现了偏差，此时应当进行检讨。实践中，"三步法"中确定的发明实际解决的技术问题并不是最接近的现有技术中客观存在的技术问题，这种情形并不鲜见，但是，这一情形并未引起足够重视。即技术问题的确定是否准确，并没有引起足够的重视。

5. 技术问题的认定既不能过于抽象，又不能等同于区别特征的功能、作用或效果

认定的技术问题过于上位、抽象，则解决这一技术问题会比较容易，往往会低估技术方案的创造性高度；如果认定的技术问题过于下位、具体，甚至等同于区别特征的功能、作用或效果，则寻求解决这一技术问题的技术手段往往较难，会高估技术方案的创造性高度。对此，最高人民法院（2019）最高法知行终32号行政判决书特别指出：

在创造性判断中确定发明实际解决的技术问题时，要针对区别技术特征在本专利技术方案中所产生的作用、功能或者技术效果等来确定。在确定发明实际解决的技术问题时，既不能概括归纳得过于上位，从而低估了本专利的创造性，也不能简单将区别技术特征在本专利技术方案中实际所产生的作用、功能或者技术效果作为发明实际解决的技术问题，从而高估了本专利的创造性。确定发明实际所要解决的技术问题，应当在区别技术特征在本专利技术方案中实际所产生的作用、功能或者技术效果的基础上，进行适当的概括。本案中，区别技术特征（2）为"设置在框架另一端的支撑轮与光伏面板的下侧边具有预定的间隙"。根据本专利说明书第0054段的记载，该间隙使得自动清扫装置既能够顺着清扫光伏面板移动，又不会由于边沿参差而被卡。由此可见，由于光伏面板边沿上有参差不齐的现象，本专利通过区别技术特征（2）的设置能够解决这一问题，使清扫装置能够正常前行。因此，在确定本专利权利要求1所解决的技术问题时，需要从区别技术特征（2）所直接解决的避免边沿参差而被卡导致清扫装置不能正常前行这一技术问题出发，将本专利权利要求1相对于对比文件1所解决的技术问题确定为如何使自动清扫装置能够适应光伏面板宽度在一定范围内的变化而正常前行。

最后，还想强调一下，《专利审查指南 2023》对此做了特别的规定："重新确定的技术问题应当与区别特征在发明中所能达到的技术效果相匹配，不应当被确定为区别特征本身，也不应当包含对区别特征的指引或者暗示。"❶ 该项新的规定，具有特别的意义，应当引起足够的重视。

三、技术启示的认定

"三步法"的第三步是从最接近的现有技术和发明实际解决的技术问题出发，判断要求保护的发明对本领域的技术人员来说是否显而易见。判断过程中，要确定的是现有技术整体上是否存在某种技术启示，即现有技术中是否给出将上述区别特征应用到该最接近的现有技术以解决其存在的技术问题（发明实际解决的技术问题）的启示，这种启示会使本领域的技术人员在面对所述技术问题时，有动机改进该最接近的现有技术并获得要求保护的发明。如果现有技术存在这种技术启示，则发明是显而易见的，不具有突出的实质性特点。

根据《专利审查指南 2010》的有关规定❷，下述情况，通常认为现有技术中存在技术启示：

（1）所述区别特征为公知常识，例如，本领域中解决该重新确定的技术问题的惯用手段，或教科书或者工具书等中披露的解决该重新确定的技术问题的技术手段。

（2）所述区别特征为与最接近的现有技术相关的技术手段，例如，同一份对比文件其他部分披露的技术手段，该技术手段在该其他部分所起的作用与该区别特征在要求保护的发明中为解决该重新确定的技术问题所起的作用相同。

（3）所述区别特征为另一份对比文件中披露的相关技术手段，该技术手段在该对比文件中所起的作用与该区别特征在要求保护的发明中为解决该重新确定的技术问题所起的作用相同。

从上述规定的文义上看，上述三种情形是列举而非穷举，即具有技术启示的情形不能局限于上述三种情形。上述规定的意义在于，提示判断者在遇到上述三种情形时，通常可以认定现有技术中存在技术启示。另外，上述规定中的"通常"二字也表明其只是一般性的原则，并非绝对如此。有原则即有例外。即使存在上述三种情形之一，是否当然就存在技术启示，亦有必要谨慎对待，还应当考察是否存在例外。例如，在上述"所述区别特征为公知常识"的情形中，可能存在一种例外——所述区

---

❶ 《专利审查指南 2023》第二部分第四章 "3.2.1.1 判断方法"。

❷ 《专利审查指南 2010》第二部分第四章 "3.2.1.1 判断方法"，《专利审查指南 2023》亦有基本相同的规定。

别特征虽为公知常识，但将该公知常识结合到最接近的现有技术中并获得改进的技术方案，可能并不是显而易见的，某种技术偏见的存在可能导致二者的结合并不简单。这方面的案例亦不少见，如可参见北京市高级人民法院（2010）高行终字第1102号行政判决书。

（一）技术启示的认定应当坚持整体性原则

《专利审查指南2010》规定："在评价发明是否具备创造性时，审查员不仅要考虑发明的技术方案本身，而且还要考虑发明所属技术领域、所解决的技术问题和所产生的技术效果，将发明作为一个整体来看待。"[1] 据此，在评价发明是否具有创造性时，应当考虑发明解决的技术问题、采用的技术方案及所取得的技术效果，将发明作为一个整体对待。所谓专利创造性判断的整体性原则，是指在创造性判断过程中，要整体考虑技术方案所解决的技术问题、技术方案本身以及技术方案所产生的技术效果，将其作为一个整体来看待。按照专利创造性判断整体性原则，发明创造所解决的技术问题、技术方案本身或者其产生的技术效果中只要有一项非显而易见，则发明创造是非显而易见的。如果发明创造所要解决的技术问题是本领域技术人员容易想到的，解决该技术问题所采用的技术手段也是本领域技术人员容易想到的，而且没有取得意料不到的技术效果，则发明创造在整体上是显而易见的，不具备创造性。

1. 发现技术问题和认识到技术问题产生的原因，足以使发明具有创造性

发现技术问题，认识到技术问题产生的原因，在创造性判断中具有非常重要的作用。一个经常提到的例子是解决了纸张跑偏问题的印刷设备。该专利权利要求是：一种印刷设备，其特征是部件A采用不易变形的材料B。说明书背景技术部分说明了现有印刷设备的缺陷是印刷时纸张跑偏，发明人发现纸张跑偏的原因是印刷机使用一段时间后其中的部件A变形。对比文件1公开了类似的设备，具有部件A。专利权利要求记载的技术方案与现有技术的区别在于部件A使用材料B制造。使用材料B制造的零部件具有更好的刚性或不易变形是公知常识。现有技术中没有公开或暗示印刷机使用一段时间后其中部件A产生变形会造成纸张跑偏。发明所要解决的技术问题是"印刷时纸张跑偏"的问题，引起"印刷时纸张跑偏"的根本原因是"部件A的变形问题"。虽然解决"部件A的变形问题"的技术手段非常简单，但认识到纸张跑偏的根本原因是"部件A的变形"非常不容易，也就不可能提出解决

---

[1] 《专利审查指南2010》第二部分第四章"3.1 审查原则"，《专利审查指南2023》亦有基本相同的规定。

"部件 A 的变形问题"的技术手段。因此，权利要求记载的技术方案具备创造性。这个例子足以说明发现技术问题和认识到技术问题产生的原因，对于创造性评价的重要性。

关于发现和提出技术问题的重要性，最高人民法院在（2020）最高法知行终 183 号行政判决书中进行了专门论述，指出：

提出新的技术问题或者发现现有技术中存在的技术缺陷本身是否应该在创造性判断中予以考量，需要根据案件具体情况确定。多数情况下，提出技术问题和发现技术问题是发明创造的动因和起点，发明创造技术方案的形成与"问题的提出"之间存在直接因果关系。大多数情况下，"提出问题"和"发现问题"比较容易，找到解决问题的技术方案相对困难。但是，不排除在特定情况下，"提出问题""发现问题"可能比"解决问题"更重要。有时候，技术进步的难点在于寻找问题，一旦要解决的问题被确定，则可以通过本领域常规技术手段的组合、相近技术领域之间的技术转用、合乎逻辑的技术推理、有限次试验等获得解决技术问题的技术方案。在这种特定情况下，如果在创造性判断过程中缺乏关于"'问题的提出'对本领域技术人员来说是否显而易见"的考量，可能导致创造性判断陷入后见之明的误区。

鉴于发现技术问题和认识到技术问题产生的原因非常重要，在技术启示的认定中应当注意：

（1）要考虑本领域技术人员是否能够容易发现"三步法"中第二步所确定的技术问题。如果本领域技术人员基于其普通技术知识无法发现最接近的现有技术中的技术问题，而发明人发现了该技术问题，作出技术改进，则他完成的技术方案具有创造性。

（2）要考虑本领域技术人员能否认识到技术问题产生的原因。如上例所述，本领域技术人员只知道现有印刷设备存在纸张跑偏的问题，但不知道纸张跑偏的原因所在，发明人认识了纸张跑偏这一技术问题产生的原因，并采用技术手段解决了这一技术问题，其发明具有创造性的原因就是他认识到了本领域其他技术人员没有认识到的所述技术问题产生的原因。

2. 对于技术方案应当整体对待，评价标准是技术方案整体上是否显而易见，而不是各个区别技术特征是否显而易见

任何一个技术方案都是由多个技术特征互相支撑的整体构成的，技术特征之间往往具有协同作用，共同实现一定的技术效果。因此，在考虑技术特征时，应当有整体性的观念，不能"只见树木，不见森林"，割裂各个技术特征之间的关系。有的审查决定书认定区别特征 A 被证据 1 公开了，区别特征 B 被证据 2 公开了，区别特征 C 被证据 3 公开了，因此涉案专利权利要求 1 不具备创造性。我们对这种认定一定要保持足够的警惕性。区别特征 A、B、C 具有各自独立的作用，但它们之间往往也可能具有协同作用，在这种情况下，割裂对待区别特征 A、B、C，仅以三个区别特征分别被证据 1、2、3 公开了，就认定权利要求不具有创造性，这种结论往往不可靠。

我们在认定技术启示时，应当判断发明创造的技术方案整体上相对于现有技术是否显而易见，由现有技术是否可以显而易见地组合得到发明创造，而不是判断各个技术特征是否显而易见。实践中，有的无效决定书或者判决书认定区别特征 1 是显而易见的，区别特征 2 是显而易见的，区别特征 3 是显而易见的，所以技术方案是显而易见的。这种割裂对待和评价区别特征的方法是错误的。正确的方法是判断将区别特征 1、2、3 结合到最接近的现有技术中是否显而易见，即发明创造整体上相对于现有技术是否显而易见。

3. 技术效果在技术启示的认定中也具有重要作用

创造性的评价要结合区别技术特征引入后获得的技术效果来确定技术问题，再从技术问题出发判断现有技术中是否存在技术启示。因此，技术效果在创造性评价中的作用毋庸置疑。而且，如果技术效果本身是预料不到的，则往往不必怀疑技术方案的创造性。

（二）技术启示应当是具体、明确的，而不能是抽象的想法或者一般的研究方向

在"三步法"第三步中认定的现有技术给出的技术启示一定是具体、明确的技术手段，而不能是抽象的想法或者一般的研究方向。抽象的想法或者一般的研究方向无法给本领域技术人员足够的启示，不足以使人容易作出发明创造。对此，最高人民法院（2019）最高法知行终 127 号行政判决书指出：

面对所要解决的客观的技术问题，本领域普通技术人员从现有技术中可以获知的启示原则上应该是具体、明确的技术手段，而不是抽象的想法或者一般的研究方向。仅仅依据研究方向的一致性和本领域的抽象、普遍需求来认定现有技术给出的启示，隐含着后见之明的危险，容易低估发明的创造性。那些表面上看似显而易见的发明事实上也可能具有创造性。发明的技术方案一旦形成，其可能经常被发现可以从某些已知事物出发，经由一系列非常简单的步骤推导出来。为避免这种后见之明，必须全面、谨慎、现实地评估，面对本申请所要解决的问题，本领域普通技术人员基于其所认知的全部现有技术，是否能够容易地得出本申请的技术方案。

（三）技术启示的认定应当考虑本领域技术人员对最接近的现有技术的整体认知和改进动机

"三步法"中选定的对比文件可能公开了很多实施例，选定的最接近的现有技术是其中的一个实施例。适用"三步法"时应当如何对待该实施例？是孤立分析该实施例呈现的技术信息，还是结合对比文件中的全部信息对该实施例进行解读，分析其给出的技术教导？

下面以阿斯利康公司的"替格瑞洛"化合物专利权无效纠纷案❶进行分析。

该案中，涉案专利是名称为"新的三唑并（4，5-D）嘧啶化合物"、申请号为99815926.3 的发明专利。修改后的权利要求 1 所保护的是化学名为"[1S-[1α，2α，3β（1S*，2R*），5β]]-3-[7-[[2（3，4-二氟代苯基）环丙基] 氨基]-5-（丙基硫代）-3H-1，2，3-三唑并 [4，5-d] 嘧啶-3-基]-5-（2-羟基乙氧基）-环戊烷-1，2-二醇"的化合物（俗称"ticagrelor"或"替格瑞洛"）。

"三步法"中选取的最接近的现有技术是证据 1（WO98/28300A1，公开日为1998 年 7 月 2 日）中的实施例 86。实施例 86 是名称为"[1S-[1α，2β，3β，4α（1S*，2R*）]-4-[7-[[2-（4-氯苯基）环丙基] 氨基]-5-（丙基硫代）-3H-1，2，3-三唑并 [4，5-d] 嘧啶-3-基]-2，3-二羟基环戊烷甲酰胺"的化合物。

表 3 示出涉案专利权利要求 1 和证据 1 实施例 86 的结构式。

表 3　涉案专利权利要求 1 和证据 1 实施例 86 的结构式

涉案专利权利要求 1 的化合物	证据 1 中的实施例 86

专利复审委员会作出的无效审查决定（被诉决定）认定，涉案专利权利要求 1 的化合物与实施例 86 的化合物具有相近的母核结构，仅有两点区别（分别为最右边和最左边的部分）：（1）苯基上的取代基不同，涉案专利权利要求 1 的最右侧苯基上

---

❶　北京市高级人民法院京行终（2018）6345 号行政判决书。

的取代基为 3, 4 - 二氟, 而实施例 86 的相应苯基上的取代基为 4 - 氯; (2) 最左侧环戊烷上的 R 取代基不同, 涉案专利权利要求 1 的最左侧环戊烷上的 R 取代基为羟基乙氧基 (—OCH$_2$CH$_2$OH), 而证据 1 实施例 86 的相应的 R 取代基为伯酰胺基 (—C(O)NH$_2$)。基于上述两个区别特征, 被诉决定认定涉案专利相对于证据 1 实施例 86 实际要解决的技术问题仅仅是 "提供具有不同取代基的三唑并 [4, 5 - D] 嘧啶化合物", 并进一步认定两个区别特征 (即取代基的替换) 是常规技术手段的替换, 最终认定涉案专利权利要求 1 相对于证据 1 实施例 86 和公知常识的结合不具备创造性。

从被诉决定的上述内容可知, 专利复审委员会没有把实施例 86 放在证据 1 的整体背景下进行解读和分析, 而是孤立地分析其呈现的技术信息。

事实上, 证据 1 总共公开了包括实施例 86 在内的 93 个实施例的化学名称和结构式, 所有 93 个实施例均包括羰基—(C═O)—结构。发明人在大量的实验数据的基础上, 对 93 个实施例的结构和效果的关系进行归纳总结, 得出权利要求 1 的通式结构, 该通式结构包括母体结构: 羰基—(C═O)—、环戊烷、三唑并嘧啶; 及 3 个可取代基团: X、R1、R2。也就是说, 证据 1 中权利要求 1 的通式结构、所有 93 个实施例都包括羰基—(C═O)—结构。在本领域技术人员看来, 证据 1 整体上给出的技术信息是: 只有包括羰基的通式结构 (包括所有 93 个实施例) 才会有证据 1 中所描述的 P2T 受体拮抗效果。因此, 本领域技术人员根据证据 1 的整体教导, 不会认为实施例 86 中的羰基—(C═O)—被替换后还能有 P2T 受体拮抗效果, 也就没有动机去替换其中的羰基—(C═O)—。被诉决定孤立看待实施例 86, 脱离了本领域技术人员对证据 1 的整体认知。

对此, 二审判决给出了非常精准的评述, 认为证据 1 公开的实施例 86 化合物应当在证据 1 整体技术方案中进行理解, 根据证据 1 的整体教导, 本领域技术人员会认为证据 1 中包括羰基在内的骨架部分是产生药理活性的化学结构片段。一旦改变了骨架部分中的任何一个部分, 无论是环结构这样的较大部分, 还是如羰基这样的较小部分, 均无法预期是否还能够产生同样的药物活性, 从而无法预期是否能够实现证据 1 所得到的技术效果。在此情况下, 本领域技术人员根本没有动机去除证据 1 实施例 86 中的羰基并替换为其他基团。被诉决定关于将证据 1 实施例 86 化合物的相应 R 取代基为—C(O)NH$_2$ 替换为—OCH$_2$CH$_2$OH 属于本领技术人员的常规技术手段的认定有误。

二审判决的上述认定非常正确。遗憾的是, 该判决后来被最高人民法院撤销了。业界很多人都坚定地认为二审判决是正确的。

总结一下, 技术改进的动机来自技术人员对现有技术的整体认知, 对最接近的现有技术的解读不应当孤立进行，而要把它放在对比文件的整体背景下进行分析，要考虑本领域技术人员对最接近的现有技术所在的对比文件的整体认知，来确定本领域技术人员是否有动机改进该最接近的现有技术。如果对最接近的现有技术进行孤立的解读和分析，无异于盲人摸象。

（四）技术启示并不一定限于《专利审查指南 2010》列举的三种情形

上文已述，《专利审查指南 2010》列举的三种具有技术启示的情形仅仅是一项不完全的列举，并非穷尽式的列举，其他不属于上述三种情形的，是否就不存在技术启示，不能一概而论，应当在个案中结合具体情况认定。

在哈药集团制药总厂（以下简称哈药总厂）与专利复审委员会、浙江永宁药业股份有限公司（以下简称永宁公司）发明专利专利权无效行政纠纷一案❶中，涉案专利为"一种制备头孢替安盐酸盐的方法及设备"的发明专利，专利权人为哈药总厂。永宁公司针对涉案专利提出无效宣告请求。哈药总厂在无效程序中修改了专利权利要求，修改后的权利要求 1 如下：

1. 一种制备头孢替安盐酸盐的方法，包括：

（1）原料 2 -（2 - 氨基噻唑 - 4 - 基）乙酰氯盐酸盐的合成

将原料 2 -（2 - 氨基噻唑 - 4 - 基）乙酸盐酸盐投料于密闭容器中，加入溶剂后，降温至 - 10 ~ 10℃，向其中滴入二氯亚砜，然后加入催化剂，于 - 15 ~ 0℃反应 2 ~ 4h，反应结束后滤出 2 -（2 - 氨基噻唑 - 4 - 基）乙酰氯盐酸盐结晶；

其中，2 -（2 - 氨基噻唑 - 4 - 基）乙酸盐酸盐与溶剂的质量比为 1 : 5 ~ 8；2 -（2 - 氨基噻唑 - 4 - 基）乙酸盐酸盐与二氯亚砜的摩尔比为 1 : 1 ~ 3；2 -（2 - 氨基噻唑 - 4 - 基）乙酸盐酸盐与催化剂的摩尔比为 1 : 1 ~ 2；

（2）原料 7 - 氨基 - 3 -（1 -（2 - 二甲基氨基乙基）- 1H - 四唑 - 5 - 基）- 硫甲基 - 3 头孢 - 4 羧酸氟硼酸盐的合成

将 7 - 氨基头孢霉烷酸与 1 -（2 - 二甲胺乙基）- 1、2、3、4——四氨唑 - 5 - 硫醇按摩尔比 1 : 1 ~ 1.5 混合于溶剂中，加入三氟化硼络合物，于 0 ~ 65℃反应 1 ~ 2h，反应结束后降温 20 ~ 25℃加水水解，加入抗氧化剂，然后滴碱调节 pH 至 2.5 ~ 3.0，降温 10 ~ 15℃，搅拌养晶 2 ~ 3h，过滤，洗涤，得到 7 - 氨基 - 3 -（1 -（2 - 二甲基氨基乙基）- 1H - 四唑 - 5 - 基）- 硫甲基 - 3 头孢 - 4 羧酸氟硼酸盐；

其中，7 - 氨基头孢霉烷酸与溶剂的质量比为 1 : 1.5 ~ 2.5；三氟化硼络合物与 7 - 氨基头孢霉烷酸的质量比 3 ~ 5 : 1；7 - 氨基头孢霉烷酸与抗氧化剂的质量比为

---

❶ 北京市高级人民法院（2014）高行（知）终字第 2704 号行政判决书。

45～70：1；

（3）头孢替安盐酸盐的合成

将上述7－氨基－3－（1－（2－二甲基氨基乙基）－1H－四唑－5－基）－硫甲基－3头孢－4羧酸氟硼酸盐加碱溶于含水溶剂中，加入2－（2－氨基噻唑－4－基）乙酰氯盐酸盐进行酰化反应，于－30～－10℃反应1～2h，反应结束后分出有机相，在水相中加入浓盐酸，加入亲水溶剂，析出头孢替安盐酸盐结晶；

其中，7－氨基－3－（1－（2－二甲基氨基乙基）－1H－四唑－5－基）－硫甲基－3头孢－4羧酸与碱的质量比为1.5～4：1；碱与含水溶剂的质量比为1：10～15；7－氨基－3－（1－（2－二甲基氨基乙基）－1H－四唑－5－基）－硫甲基－3头孢－4羧酸与2－（2－氨基噻唑－4－基）乙酰氯盐酸盐的质量比为1：0.6～1.5。

概括起来，涉案专利权利要求1记载的制药方法包括三个步骤：

（1）原料2－（2－氨基噻唑－4－基）乙酰氯盐酸盐的合成；

（2）原料7－氨基－3－（1－（2－二甲基氨基乙基）－1H－四唑－5－基）－硫甲基－3头孢－4羧酸氟硼酸盐的合成；

（3）头孢替安盐酸盐的合成。

附件4公开了由ATA制备ATC. HCl以及进一步由7－ACMT氟硼酸盐和ATC. HCl制备头孢替胺二盐酸盐的方法。涉案专利权利要求1的技术方案与附件4公开的技术方案相比的实质性区别在于：涉案专利权利要求1步骤（2）涉及制备7－ACMT氟硼酸盐的具体工艺步骤及参数，而附件4仅提及7－ACMT氟硼酸盐，未公开制备7－ACMT氟硼酸盐的具体工艺步骤及参数。❶

附件8实施例1公开了7－ACMT盐酸盐的具体制备工艺，也是7－ACA与DMMT在溶剂中反应，加入三氟化硼络合物，滴加碱调节pH至3，降温至10℃搅拌，然后抽滤得到产品。涉案专利权利要求1步骤（2）的工艺与附件8实施例1的工艺相比，二者所使用的原料基本相同，反应原理完全相同，反应步骤也基本相同。

据此，专利复审委员会认定附件8总体上已经给出了制备7－ACMT氟硼酸盐的技术启示，在附件8的基础上，本领域技术人员能够制备得到7－ACMT氟硼酸盐。由附件4记载的技术方案结合附件8实施例1记载的技术方案得到涉案权利要求1的技术方案是显而易见的。

一审、二审法院对专利复审委员会作出的上述认定均予以支持，即均认为附件8

---

❶ 专利复审委员会于2014年1月24日作出的第22060号无效宣告请求审查决定。虽然专利复审委员会认定了三个区别特征，但是，第（一）、（三）区别特征都不是实质性的区别，各方当事人对此没有异议，二者的实质性区别特征仅有一个，即涉案专利权利要求1步骤（2）涉及制备7－ACMT氟硼酸盐的具体工艺步骤及参数，而附件4仅提及7－ACMT氟硼酸盐，未公开制备7－ACMT氟硼酸盐的具体工艺步骤及参数。

给出了技术启示。

如上所述，涉案权利要求 1 与附件 4 记载的实质性的区别特征是涉案专利权利要求 1 步骤（2）涉及制备 7 – ACMT 氟硼酸盐的具体工艺步骤及参数，而附件 4 仅提及 7 – ACMT 氟硼酸盐，未公开制备 7 – ACMT 氟硼酸盐的具体工艺步骤及参数。附件 8 实施例 1 并未公开该区别特征即 7 – ACMT 氟硼酸盐的制备工艺，而是公开了 7 – ACMT 盐酸盐的具体制备工艺。也就是说，附件 8 实施例 1 并未完全公开区别特征，但是公开了与区别特征相关的技术特征。简单地说，区别技术特征 = 附件 8 实施例 1 公开的技术特征 + 公知常识。即本领域技术人员需要对附件 8 实施例 1 中公开的技术特征进行适当的变换（结合公知常识）才能得到区别技术特征。这一情形并不属于《专利审查指南》规定的现有技术中具有技术启示的任何一种情形。但是，专利复审委员会及一审、二审法院均认为附件 4、8 结合得到涉案专利权利要求 1 的技术方案是显而易见的，表面上看，这一认定似乎突破了《专利审查指南》的规定。这一认定是否正确？附件 8 实施例 1 虽然并未完全公开区别特征，但是公开了与区别特征相关的技术特征。本领域技术人员有一定的普通技术知识，有能力对附件 8 实施例 1 中公开的技术特征进行适当的变换（即结合公知常识）就能得到区别技术特征；而且，本领域技术人员在面对制备 7 – ACMT 氟硼酸盐的技术需求时，有动机到相同或相关技术领域去寻求相同或相关的技术手段，附件 8 实施例 1 公开的 7 – ACMT 盐酸盐的具体制备工艺即为相关的技术手段。本领域技术人员有能力也有动机将 7 – ACMT 盐酸盐的具体制备工艺进行适当改造以得到 7 – ACMT 氟硼酸盐的制备工艺。因此，附件 8 给出了技术启示。

从上述案例可以总结一点：虽然另一份对比文件未公开区别技术特征，但是公开了与该区别技术特征相关的技术特征，本领域技术人员有能力、有动机对该技术特征进行适当改变以得到区别技术特征，并将该特征结合到最接近的现有技术中，则可以认定现有技术给出了技术启示。

四、公知常识

（一）依职权引入公知常识是否构成创造性评价理由的变更

公知常识，是指本领域技术人员普遍知晓的技术知识，是本领域众所周知的技术知识。专利复审部门在专利复审或无效程序中，经常会主动引入公知常识。对于这种情形，我们是否可以认为专利复审部门改变了创造性评价的理由？如果专利复审部门未将依职权引入的公知常识事先告知行政行为相对人，并给予答辩的机会，就作出审查决定，是否违反法定程序？这类问题在实践中争议较大。

一种观点认为，公知常识的引入构成创造性评价理由的变更，专利复审部门主动引入公知常识的，应当事先通知当事人并给予陈述意见的机会，否则构成程序违法，对此类审查决定可以直接撤销。例如，在 G.D 西尔有限公司（以下简称西尔公司）与专利复审委员会、肖某及北京普禄德医药科技有限公司（以下简称普禄德公司）发明专利权无效行政纠纷案中，无效请求人提出的用于评价涉案专利权利要求 1 是否具备创造性的证据组合方式为"证据Ⅲ－1＋证据Ⅲ－2"，但是，专利复审委员会依据"证据Ⅲ－1＋证据Ⅲ－2＋常规技术手段"的证据组合方式作出第 22576 号决定，认定涉案权利要求 1 不具备创造性。西尔公司认为专利复审委员会的这一做法改变了无效宣告请求的证据组合方式，违反了请求原则，也没有给予西尔公司陈述意见的机会，违反了听证原则。❶

另一种观点则认为，公知常识的引入不构成典型的创造性评价理由的变更，专利复审部门事先未给予当事人陈述意见的机会，但是在审查决定中进行了充分的举证或者合理说明的，并不构成程序违法，不能因此而撤销审查决定。在前述西尔公司与专利复审委员会、肖某及普禄德公司发明专利权无效行政纠纷案中，针对西尔公司提出的上诉理由，二审法院认为：

专利领域的常规技术手段和公知常识，是该领域的普通技术人员应当具备的知识和能力，专利创造性的判断应当依赖这些知识和能力作出。引入本领域技术人员应当具备的知识和能力作出创造性判断，通常并不属于证据的引入，除非各方当事人对于本领域技术人员是否具备相关知识和能力存在争议，需要证据予以佐证。因此，专利复审委员会在无效请求人提出的用于评价创造性的证据组合方式之外，可以依职权引入涉案专利领域的常规技术手段和公知常识来判断涉案专利是否具备创造性，《专利审查指南》对此亦有规定。而且，专利复审委员会认定区别技术特征为涉案专利领域的常规技术手段或者公知常识，往往是站在本领域技术人员的角度，在口头审理程序之后作出的事实认定，只要专利复审委员会进行了充分的合理说明或者举证说明，即为已足。要求专利复审委员会必须就此听取各方当事人的意见，既非必要，亦不合理。各方当事人若对专利复审委员会的相关认定有不同意见，可以在诉讼程序中提出，并未丧失陈述意见和救济的机会。因此，西尔公司认为专利复审委员会在本案中的做法违反请求原则和听证原则的上诉理由，缺乏依据，不予支持。

北京市高级人民法院的很多判决支持上述第二种观点。例如，在通用汽车有限

---

❶ 北京市高级人民法院（2015）高行（知）终字第 3501 号行政判决书。

责任公司与专利复审委员会发明专利申请驳回复审行政纠纷案❶中，涉案专利申请的申请号为200810169780.7、名称为"被捕获测试车队"的发明专利申请，是申请号为200480029514.4的发明专利申请的分案申请。该申请的申请人为通用汽车有限责任公司（以下简称通用公司），申请日为2004年7月28日，优先权日为2003年10月8日，公开日为2009年4月15日，分案申请递交日为2008年10月17日。

专利复审委员会作出的被诉决定认定：涉案专利申请权利要求1请求保护的技术方案与对比文件1公开的内容相比区别在于：（1）确定具有对应于该请求的被捕获测试车队标识符的车辆，基于该确定将数据检索请求发送到车辆，并且所述被捕获测试车队标识符是车辆模型数据。（2）数据存储于控制器内。因此权利要求1请求保护的技术方案实际要解决的技术问题是如何快速有效地确定被测试车辆以及提高数据处理效率。

一审法院认为：

涉案专利申请权利要求1与对比文件1相比有三个区别特征：（1）确定具有对应于该请求的被捕获测试车队标识符的车辆，基于该确定将数据检索请求发送到车辆，并且所述被捕获测试车队标识符是车辆模型数据，而对比文件1中被测试车辆标识符是车辆识别号VIN；（2）权利要求1中将数据第一存储在车辆中的控制器内，而对比文件1中COMO车载系统（包括系统控制单元130和数据存储器110）将监测数据存储在其数据存储器110；（3）权利要求1中将第二存储的数据提供给至少一个能够影响该至少一种车辆设计和该至少一个车辆系统的人；和响应于读第二存储的数据修改读设计车辆的至少一个车辆系统或部件，而对比文件1中将数据反馈给对车辆性能数据具有需求的客户，未限定客户的具体范围和对数据的用途。

将一审判决与被诉决定的认定相比，可以看出，一审判决比被诉决定多认定了一个区别特征（3）并认为该特征系公知常识。

通用公司提出上诉，理由之一是：原审判决除认定了被诉决定认定的2个区别特征外，还认定了第3个区别特征，并认为该区别特征为公知常识。这一做法引入了新的事实，未给予通用公司陈述意见的机会就作出不利于通用公司的判决，违反了"听证原则"。

二审法院认为：

评价涉案专利申请是否具备创造性的主体是本领域技术人员，而本领域的公知常识是本领域技术人员都应当具有的知识。因此，法院站在本领域技术人员的角度，运用本领域技术人员都应当具备的知识即公知常识来评价涉案专利申请是否具备创

---

❶ 北京市高级人民法院（2016）京行终第212号行政判决书。

造性，符合我国专利法及审查指南有关规定的精神。公知常识不同于一般的证据事实，公知常识的引入不属于专利法意义上的新证据事实的引入。一审法院在庭审程序之后，归纳出新的区别特征并认定为公知常识，这一做法并无不当，程序上并未违法。

最高人民法院也曾经支持上述第二种观点。在申请再审人福建多棱钢业集团有限公司（以下简称多棱钢业集团）与被申请人厦门市集美区联捷铸钢厂（以下简称联捷铸钢厂）、二审上诉人国家知识产权局专利复审委员会（以下简称专利复审委员会）、原审第三人福建泉州市金星钢丸有限公司（以下简称金星钢丸公司）发明专利权无效行政纠纷案❶中，最高人民法院认为：

在专利权无效行政诉讼程序中，法院在无效宣告请求人自主决定的对比文件结合方式的基础上，依职权主动引入公知常识以评价专利权的有效性，并未改变无效宣告请求理由，有助于避免专利无效程序的循环往复，并不违反法定程序；法院在依职权主动引入公知常识时，应当在程序上给予当事人就此发表意见的机会。

该案的基本案情是：多棱钢业集团是名称为"一种钢砂生产方法"、专利号为01127387.9 的发明专利（涉案专利）的权利人。针对涉案专利，联捷铸钢厂、金星钢丸公司分别向专利复审委员会提出无效宣告请求（一）和（二），请求宣告涉案专利全部无效。专利复审委员会将两次无效宣告请求并合并审理，于 2006 年 8 月 7日作出第 8585 号无效宣告请求审查决定（以下简称第 8585 号决定），宣告涉案专利权全部无效。多棱钢业集团不服，提起行政诉讼。北京市第一中级人民法院一审判决撤销第 8585 号决定，责令专利复审委员会重新就涉案专利作出无效宣告请求审查决定。北京市高级人民法院二审维持了一审判决。专利复审委员会随后重新成立合议组对上述两个无效宣告请求案进行审查。联捷铸钢厂针对涉案专利再次提出无效宣告请求（三），请求宣告涉案专利权全部无效。在专利复审委员会的审查程序中，关于无效宣告请求（一）和（二），联捷铸钢厂明确表示，使用附件 1 结合附件 3，附件 1 结合附件 16，附件 1 结合常规技术手段（包括技术手册、本领域的常规技术手段）来评价涉案专利权利要求 1 和 2 的创造性。专利复审委员会经审查作出第11978 号无效宣告请求审查决定（以下简称第 11978 号决定），维持涉案专利权有效。联捷铸钢厂不服，提起行政诉讼。北京市第一中级人民法院一审判决撤销第11978 号决定。专利复审委员会、多棱钢业集团不服，提起上诉。在二审庭审中，联捷铸钢厂明确其请求宣告涉案专利权无效中争议的主要内容为：涉案专利相对于附件 1 和附件 3 的结合不具备创造性；涉案专利相对于附件 1 和附件 16 的结合不具备

---

❶ 最高人民法院（2010）知行字第 6 号驳回再审申请通知书。

创造性;涉案专利相对于附件 1 结合公知常识证据（附件 6）不具备创造性。北京市高级人民法院二审认为，专利复审委员会在第 11978 号决定中作出的涉案专利相对于附件 1 和附件 3 的结合具备创造性的认定事实不清，判决驳回上诉，维持一审判决。该判决在论述涉案专利相对于附件 1 和附件 3 的结合是否具备创造性的问题时引用了附件 6 的内容。多棱钢业集团不服，向最高人民法院申请再审，其主要理由之一是，二审判决在评判附件 1 和附件 3 的结合对涉案专利的创造性影响时引入了附件 6，明显违反了审查规则，破坏了无效宣告请求人联捷铸钢厂自主决定的证据结合方式，剥夺了多棱钢业集团针对附件 1、附件 3 和附件 6 的组合进行答辩的权利。最高人民法院审查查明，联捷铸钢厂和金星钢丸公司在无效宣告审查程序中提供附件 5、附件 6 和附件 7 用于证明钢砂产品本身是已知技术，轴承钢的技术性能和热处理工艺都是本领域公知的，多棱钢业集团对附件 5、附件 6 和附件 7 真实性没有异议。最高人民法院审查认为：无效宣告请求人联捷铸钢厂和金星钢丸公司在无效宣告请求审查程序中提出了附件 1 和附件 3 的结合方式，而附件 6 本身属于公知常识的证据。多棱钢业集团的再审理由涉及法院在专利无效案件审理中，在无效宣告请求人自主决定的对比文件结合的基础上，是否可以依职权主动引入公知常识以评价专利权有效性的问题。由于公知常识是本领域技术人员均知悉和了解的，因此在专利无效案件行政诉讼程序中，法院在无效宣告请求人自主决定的对比文件结合方式的基础上，依职权主动引入公知常识以评价专利权的有效性，并未改变无效宣告请求理由，对双方当事人来说亦无不公，且有助于避免专利无效程序的循环往复，并不违反程序。当然，法院在依职权主动引入公知常识时，应当在程序上给予当事人就此发表意见的机会。本案中，联捷铸钢厂在一、二审程序中即主张使用附件 6 中公开的内容，且多棱钢业集团对附件 6 的真实性没有异议，在此情况下，原审法院引入附件 6 评价涉案专利的效力并不违反法定程序。

以上介绍了早年一些判决的裁判观点，这些判决都认为专利复审部门依职权主动引入公知常识并不违反法定程序。

但是，2020 年 9 月 10 日发布的《专利授权确权的规定（一）》不再支持上述观点，其第 23 条规定：

当事人主张专利复审、无效宣告请求审查程序中的下列情形属于行政诉讼法第七十条第三项规定的"违反法定程序的"，人民法院应予支持：

......

（五）主动引入当事人未主张的公知常识或者惯常设计，未听取当事人意见且对当事人权利产生实质性影响的；

根据上述规定，如果国家知识产权局在审查过程中，主动引入当事人未主张过的公知常识，未听取当事人意见就作出对当事人不利的决定的，属于《行政诉讼法》第 70 条第 3 项规定的"违反法定程序的"情形，依法应当撤销。该项规定值得特别注意。

（二）公知常识的证明

公知常识是本领域技术人员普遍知晓的技术知识。既然如此，为什么还要举证证明或者充分合理说明呢？

在专利创造性判断中，专利法拟定的判断主体是本领域技术人员，他是一种假设的"人"，假定他知晓申请日或者优先权日之前发明所属技术领域所有的普通技术知识，能够获知该领域所有的现有技术，并且具有应用该日期之前常规实验手段的能力。本领域技术人员理所当然应当知道本领域的普通技术知识。但是，本领域技术人员毕竟是一种假设的"人"，假设他知晓本领域的全部普通技术知识。现实中从事发明创造的人未必像该假设的"人"一样，知晓本领域的全部普通技术知识，很可能存在知识上的盲点、认知上的缺陷，未必知道某一公知常识。打一个比方，当一个小孩不知道"太阳从东方升起来"这一众所周知的事实时，我们不能只陈述"太阳从东方升起来"的事实，还应当向他讲清楚为什么"太阳从东方升起来"。同样的道理，当我们主张某一技术为公知常识，我们也应当向对方讲清楚为什么该技术是公知常识，因为对方极可能是一个不知道本领域公知常识的"小孩"。这就是公知常识需要举证证明或者充分合理说明的原因。

公知常识的载体通常有所属技术领域的技术词典、技术手册、教科书等。因此，主张者在举证时通常应当提交技术词典、技术手册、教科书等证据。但是，这只是一个原则，应当允许存在例外。在一些技术更新非常迅速的领域，如电子通信领域，技术革新非常快，但技术词典、技术手册、教科书的更新速度跟不上，很多知识已经是公知常识，但是还没有编入技术词典、技术手册、教科书。在此情况下，如果仅仅因为相关知识尚未编入技术词典、技术手册、教科书，就否定其为公知常识，可能并不妥当。

在（2020）最高法知行终 35 号行政纠纷案中，争议焦点之一是《肿瘤研究前沿》第 8 卷是否是公知常识性证据。

一审判决认定《肿瘤研究前沿》第 8 卷的出版发行日早于涉案申请的申请日两年多，但其仅为肿瘤医学研究方面的期刊杂志，虽然该书版权页的"内容简介"记载了"本书可作为相关专业研究人员的参考用书，也可供高校、医院的相关人员阅读使用"，但是该书"序"亦明确记载，"《肿瘤研究前沿》将会适应这种需求，结合著者自己的科研成果，将目前世界上肿瘤研究的最新进展尽力以最通俗的语言介绍给同行及相关研究人员",表明该书着重介绍肿瘤研究的重大进展。在医学这一知识更新速度较为迟缓的领域,此类期刊杂志并不能当然被视为医学领域的公知常识证据。只有在多篇专利文献、期刊杂志等均能够证明《肿瘤研究前沿》第8卷记载的相关技术知识属于本领域技术人员知晓的普遍技术知识或惯用技术手段等,该技术知识才可被认定为本领域的公知常识。

国家知识产权局上诉认为,《肿瘤研究前沿》第8卷并非期刊,而是图书,该书版权页的内容简介明确指出其可作为相关专业研究人员的参考用书,也可供高校、医院的相关人员阅读使用,故可以作为所属技术领域的公知常识性证据。

对此,最高人民法院认为:

第一,关于公知常识及其证明方法。首先,相关技术领域公知常识的认定,直接决定了该领域普通技术人员所应具备的技术知识和认知能力,进而对创造性判断具有重要影响。因此,对于公知常识的认定应该以确凿无疑为标准,应该有充分的证据或者理由支持,不应过于随意化。一般而言,对于相关技术知识是否属于公知常识,原则上可以通过技术词典、技术手册、教科书等所属技术领域中的公知常识性证据加以证明;在难以通过技术词典、技术手册、教科书等公知常识性证据予以证明的情况下,也可以通过所属领域的多份非公知常识性证据例如多篇专利文献、期刊杂志等相互印证以充分证明该技术知识属于公知常识,但这种证明方式应遵循更严格的证明标准。其次,公知常识性证据是指技术词典、技术手册、教科书等记载本领域基本技术知识的文献。如无相反证据,技术词典、技术手册、教科书记载的技术知识可以推定为公知常识。对于技术词典、技术手册、教科书之外的文献,判断其是否属于记载本领域基本技术知识的公知常识性证据,则需要结合该文献的载体形式、内容及其特点、受众、传播范围等具体认定。

第二,关于涉案《肿瘤研究前沿》第8卷是否属于公知常识性证据的具体判断。首先,从载体形式看,《肿瘤研究前沿》第8卷属于图书。《肿瘤研究前沿》第8卷的图书在版编目(CIP)显示其书号为ISBN978-7-81086-559-3,ISBN是国际标准书号的代称,在我国已使用多年,故应当认定《肿瘤研究前沿》第8卷属于图书。原审判决认定其属于期刊杂志,有失准确,本院予以纠正。其次,从内容及其特点看,《肿瘤研究前沿》第8卷虽然属于图书,却并不属于一般性教科书。该书序言指出,其尽力以最通俗的语言将目前世界上肿瘤研究的最新进展介绍给同行及相关研究人员,具有专著、综述、述评、科普读物等诸种文献的特点,以包容性、先进性、焦点争论为特色。这表明,该书旨在介绍世界肿瘤研究的最新进展,并非讲述肿瘤研究领域一般性技术知识,不属于通常意义上教科书。最后,从受众、传播范围方面看,亦难以认定《肿瘤研究前沿》第8卷属于教科书。该书版权页"内容简介"

记载，"本书可作为相关专业研究人员的参考用书，也可供高校、医院的相关人员阅读使用"，同样表明其并非通常意义上的教科书，而是专业研究人员的参考用书。此外，本案并未有其他证据表明，该书在相关领域已经成为研究人员的普遍参考用书。

综合上述因素，可以认定《肿瘤研究前沿》第 8 卷虽然属于图书，但并非通常意义上的教科书，尚不足以认定属于公知常识性证据。被诉决定以《肿瘤研究前沿》第 8 卷作为公知常识性证据予以使用，依据不足。国家知识产权局关于《肿瘤研究前沿》第 8 卷可以作为所属技术领域中的公知常识性证据的上诉理由不能成立，不予支持。

五、"三步法"结论的反思与检验

"三步法"是一个力求创造性判断客观化的判断方法，但是，如果"三步法"运用不当，很可能导致判断结论主观化，即出现"事后诸葛亮"式的错误。因此，对于"三步法"的判断结论，我们仍然有必要从以下几个方面来进行反思和检验。

（一）反思和确认本领域普通技术人员是否有动机改进"三步法"中确定的最接近的现有技术

在创造性评价中，不能脱离技术研发的实际过程。通常来讲，一项发明创造的产生必定是建立在现有技术及其所面临的技术问题的基础上。因此，在评价创造性的过程中，实事求是的做法就是还原当时的真实研发场景，避免受到"事后诸葛亮"的干扰和误导，进而实质上低估某项技术方案的创造性。

面对"三步法"中选定的最接近的现有技术，我们应当反思和确认本领域技术人员是否有改进该最接近的现有技术的动机。如果没有改进动机，则以该最接近的现有技术作为改进起点得到涉案专利是需要付出创造性劳动的。

我们可以从以下方面来追问和思考改进动机的问题。

（1）最接近的现有技术是否存在技术缺陷？如果最接近的现有技术非常好，不存在明显的技术缺陷，则从该最接近的现有技术到涉案专利很可能不存在改进的动机。

例如，在笔者代理的南京圣和药业股份有限公司诉国家知识产权局及长沙市华美医药科技有限公司发明专利权无效行政纠纷案 [（2020）最高法知行终 475 号]中，最接近的现有技术证据 1 公开了"奥硝唑具有抗厌氧菌作用（参见第 303 页 1.1段），抗阴道滴虫作用（参见第 303 页 1.2 段），抗阿米巴原虫作用（参见第 303 页1.3 段），给予大鼠 ONZ 400mg/（kg·d），连续给药 2y 对寿命无影响，没有引起严重的功能和形态损害。狗摄入 ONZ 700 ~ 100mg（kg·d），连续给药 ly 具有较好的耐受性。高剂量（250mg/（kgd））连续给药导致神经中毒症状，同剂量长期给予 ONZ 引起狗神经中毒症状较 MNZ 晚，其神经毒性为暂时现象，停药后很快消失"（参见第 303 页 2.2 段）。

根据证据 1 记载的上述内容可知，在治疗效果方面，奥硝唑在抗厌氧菌、抗阴道滴虫以及抗阿米巴原虫均表现出很好的效果。在长期毒性方面，奥硝唑没有长期毒性，只会出现短暂的神经毒性并且停药后很快消失。由此可见，奥硝唑在治疗效果和毒性方面均不存在缺陷。在此基础上，本领域技术人员是否有动机在证据 1 的基础上进行改进并得到涉案专利技术？这是非常值得怀疑的。笔者在代理中突出强调了这一点，认为证据 1 中不存在改进动机。

最高人民法院基本采纳了该代理意见，认为证据 1 特别指出奥硝唑正常用量比较安全，副作用轻微，口服和静脉注射其急性和亚急性毒性均较低。其临床疗效确切，适用人群广，依从性好，毒副作用低，有较好的应用前景。本领域技术人员在阅读证据 1 公开的信息时，没有动机去改进现有技术、进一步降低奥硝唑的毒性。❶

通常情况下，如果最接近的现有技术中不存在技术缺陷，则从该最接近的现有技术到涉案专利很可能不存在改进的动机。但是，也有例外。虽然最接近的现有技术很完美，没有明显的技术缺陷，但是，如果本领域还有普遍的替代性技术方案的需求时，则提供替代性的技术方案也是合理的技术研发动机。比如，最接近的现有技术中使用的是气缸驱动方式，用电机齿轮齿条等其他替代性的驱动方式，是所属领域普遍运用的替代性技术，则本领域技术人员有动机寻找电机齿轮齿条的驱动技术以替代气缸驱动技术。

（2）本领域技术人员是否能够认识和发现最接近的现有技术中的技术缺陷？如果本领域技术人员无法认识和发现最接近的现有技术中的问题和缺陷，则不存在改进动机。

还以前文所述的解决纸张跑偏问题的印刷设备专利为例进行说明。该专利权利要求是：一种印刷设备，其特征是部件 A 采用不易变形的材料 B。说明书背景技术部分说明了现有印刷设备的缺陷是印刷时纸张跑偏，发明人发现纸张跑偏的原因是印刷机使用一段时间后其中的部件 A 变形。对比文件 1 公开了类似的设备，具有部件 A。专利权利要求记载的技术方案与现有技术的区别在于部件 A 使用材料 B 制造。使用材料 B 制造的零部件具有更好的刚性或不易变形是公知常识。现有技术中没有公开或暗示印刷机使用一段时间后其中部件 A 产生变形会造成纸张跑偏。发明所要

---

❶ 最高人民法院（2020）最高法知行终 475 号行政判决书。

解决的技术问题是"印刷时纸张跑偏"的问题，引起"印刷时纸张跑偏"的根本原因是"部件 A 的变形问题"。虽然解决"部件 A 的变形问题"的技术手段非常简单，但认识到纸张跑偏的根本原因是"部件 A 的变形"非常不容易，也就不可能提出解决"部件 A 变形问题"的技术手段。也就是说，在无法认识和发现纸张跑偏原因的情况下，不可能产生"部件 A 使用材料 B 制造"的技术改进动机。

（3）最接近的现有技术整体上是否给出了作出某种技术改进的动机？还以前述阿斯利康公司的"替格瑞洛"化合物专利权无效纠纷案❶进行分析。该案中，最接近的现有技术是证据 1 中的实施例 86，而证据 1 总共公开了包括实施例 86 在内的 93 个实施例的化学名称和结构式，所有 93 个实施例均包括羰基—（C＝O）—结构。发明人在大量的实验数据的基础上，对 93 个实施例的结构和效果的关系进行归纳总结，得出权利要求 1 的通式结构，该通式结构包括母体结构：羰基—（C＝O）—、环戊烷、三唑并嘧啶；及 3 个可取代基团：X、R1、R2。也就是说，证据 1 中权利要求 1 的通式结构、所有 93 个实施例都包括羰基—（C＝O）—结构。在本领域技术人员看来，证据 1 整体上给出的技术信息是：只有包括羰基的通式结构（包括所有 93 个实施例）才会有证据 1 中所描述的 P2T 受体拮抗效果。因此，本领域技术人员根据证据 1 的整体教导，不会认为实施例 86 中的羰基—（C＝O）—被替换后还能有 P2T 受体拮抗效果，也就没有动机去替换其中的羰基—（C＝O）—。对此，二审判决给出了非常精准的评述，认为证据 1 公开的实施例 86 化合物应当在证据 1 整体技术方案中进行理解，根据证据 1 的整体教导，本领域技术人员会认为证据 1 中包括羰基在内的骨架部分是产生药理活性的化学结构片段。一旦改变了骨架部分中的任何一个部分，无论是环结构这样的较大部分，还是如羰基这样的较小部分，均无法预期是否还能够产生同样的药物活性，从而无法预期是否能够实现证据 1 所得到的技术效果。在此情况下，本领域技术人员根本没有动机去除证据 1 实施例 86 中的羰基并替换为其他基团。被诉决定关于将证据 1 实施例 86 化合物的相应 R 取代基为 —C(O)NH$_2$ 替换为—OCH$_2$CH$_2$OH 属于本领技术人员的常规技术手段的认定有误。

（二）反思和确认现有技术是否有结合的动机

被诉决定或法院判决认定将证据 2 中的有关技术手段结合到证据 1 中得到了涉案专利的技术方案是显而易见的。我们有必要追问，将证据 2 中的有关技术手段结合到证据 1 中，是否有结合的动机？有没有结合的障碍？有的情况下，证据 1 的技术环境很可能无法接受证据 2 中的某技术手段。这时候就不存在结合动机，或者说

---

❶ 北京市高级人民法院京行终（2018）6345 号行政判决书。

存在结合障碍。又比如，证据 1 强调其背景技术相对复杂，其技术改进的目的和结果是要实现部件及连接关系相对简单的技术方案，证据 2 中的有关技术手段却非常复杂，那么用证据 2 中复杂的技术手段替换证据 1 中某个相对简单的技术手段的动机很可能不存在。我们一定要避免生搬硬套，避免粗暴地"拉郎配"。

（三）运用"发明构思法"检验"三步法"的结论

"发明构思法"是检验"三步法"结论的利器。"发明构思法"是从技术方案的实质来分析和判断涉案发明创造是否具备创造性，其精髓是对最接近的现有技术和涉案发明创造两个技术方案进行整体上的实质比较，判断两个技术方案是否在相同或者相近的技术研发路线上。如果两个技术方案的技术研发路线相同或者相近，本领域技术人员才有可能不需要付出创造性劳动就在该最接近的现有技术的基础上，结合其他技术手段得到新的"发明创造"。

运用"发明构思法"对涉案发明创造和最接近的现有技术进行整体的实质比较分析，来检验"三步法"的结论是否正确，是确保"三步法"运用得当的有效措施。面对"三步法"中选定的最接近的现有技术，我们要追问，该技术方案和发明创造的技术方案在整体思路上是否相同、相近，是否在同一个技术路线上。如果整体思路不同，努力方向不一致，则该最接近的现有技术无法给本领域技术人员提供技术启示供他作出涉案发明创造；只有两个技术方案在努力方向上相同或者接近，该最接近的现有技术才可能给本领域技术人员提供技术启示供他作出涉案发明创造。

下编 专利侵权诉讼

第九章　专利侵权诉讼制度概述

专利侵权诉讼中占比最大的是发明、实用新型专利侵权诉讼，外观设计专利侵权诉讼相对较少，鉴于此，本书仅限于论述发明、实用新型专利侵权诉讼。

在中国进行专利侵权诉讼，必须了解中国的专利侵权诉讼制度。中国的专利侵权诉讼制度是由一系列的法律规范、法律原则及实践惯例构建起来的一套复杂的制度。本章无意从头到尾，事无巨细，将侵权诉讼制度的全部内容完整讲述一遍，只是摘其要者，就审判制度、案件管辖制度、技术事实查明机制三个最基础、最根本和最重要的制度进行阐述。

第一节　审判制度

一、两审终审制度

《民事诉讼法》第 182 条规定："第二审人民法院的判决、裁定，是终审的判决、裁定。"据此，我国专利侵权案件实行两审终审制度，通常情况下，一个专利侵权案件经过一审、二审，即告完结。这不同于西方国家的三审终审制度。在西方国家的三审终审制度下，一审法院通常就案件的事实认定和法律适用进行全面的审理，但是二审法院、三审法院并不进行全面审理，重点审理法律问题，其好处是有利于统一法律适用标准。我国的两审终审既有优点，也有弊端。优点在于能及时地审结案件，定分止争，恢复正常的社会秩序；弊端在于法律问题的审级偏低，终审法院遍布全国各地，在最高人民法院成立知识产权法庭、统一受理二审专利案件之前，各地司法裁判标准难以统一。

我国的两审终审制度具有鲜明的特色。（1）一审、二审法院都要对事实问题和法律问题进行审理。一审法院认定的事实，如果当事人提出异议，二审法院认为一审认定错误的，完全可以纠正、推翻，这一点明显不同于美国等西方国家的诉讼制度。（2）一审法院对案件要进行全面审理，二审法院通常只对上诉请求的有关事实和适用法律进行审查。但是，在特殊情况下，二审法院也可以进行全面审查，这一点在《最高人民法院关于适用〈中华人民共和国民事诉讼法〉的解释》（以下简称《民事诉讼法司法解释》）第321条中有明确的规定。根据该条的规定，一审判决违反法律禁止性规定，或者损害国家利益、社会公共利益、他人合法权益的，即使当事人的上诉理由中未涉及，二审法院也可以依职权进行审查。不过，在侵犯专利权案件中，一审判决违反法律禁止性规定，或者损害国家利益、社会公共利益、他人合法权益的情形极其罕见，因此，二审法院通常只针对当事人的上诉理由进行审查，并不进行全面审查。

二、申请再审制度

我国实行两审终审制度，但并不意味着一个案件经历一审、二审就真的结束了。除了一审、二审，我国还有申诉再审制度，不过这只是例外情况下的特殊救济程序，并不是普通救济程序。根据《民事诉讼法》第205条的规定，各级人民法院院长对本院已经发生法律效力的判决、裁定、调解书，发现确有错误，认为需要再审的，应当提交审判委员会讨论决定是否再审。最高人民法院对地方各级人民法院已经发生法律效力的判决、裁定、调解书，上级人民法院对下级人民法院已经发生法律效力的判决、裁定、调解书，发现确有错误的，有权提审或者指令下级人民法院再审。根据该法第206条的规定，当事人对已经发生法律效力的判决、裁定，认为有错误的，可以向上一级人民法院申请再审；当事人一方人数众多或者当事人双方为公民的案件，也可以向原审人民法院申请再审。

当事人申请再审的专利侵权案件，称为申请再审案件，或者称为申诉案件。申诉与起诉、上诉相对，因此将当事人申请再审的诉讼行为称为申诉。申请再审案件即为申诉案件。根据我国《民事诉讼法》的有关规定和司法实践，只要是当事人申请再审的案件，法院都应当立案并予以审查。立案一般由立案部门进行，审查既可能由专门的申诉审查庭负责，也可能由知识产权庭负责，各地法院的做法不一。审查之后通常有三种处理方式：一为驳回申请人的再审申请；二为提审；三为指令下级人民法院再审。当事人的再审申请没有事实和法律依据的，法院就驳回申请人的再审申请。当事人的再审申请具有事实或者法律依据的，则法院可以裁定由该院提审，也可以指令某下级人民法院（通常是作出原生效裁判的法院）再审。

案件进入再审程序应当符合一定的条件。根据《民事诉讼法》第207条的规定，当事人的申请符合下列情形之一的，人民法院应当再审：（1）有新的证据，足以推翻原判决、裁定的；（2）原判决、裁定认定的基本事实缺乏证据证明的；（3）原判决、裁定认定事实的主要证据是伪造的；（4）原判决、裁定认定事实的主要证据未经质证的；（5）对审理案件需要的主要证据，当事人因客观原因不能自行收集，书面申请人民法院调查收集，人民法院未调查收集的；（6）原判决、裁定适用法律确有错误的；（7）审判组织的组成不合法或者依法应当回避的审判人员没有回避的；（8）无诉讼行为能力人未经法定代理人代为诉讼或者应当参加诉讼的当事人，因不能归责于本人或者其诉讼代理人的事由，未参加诉讼的；（9）违反法律规定，剥夺当事人辩论权利的；（10）未经传票传唤，缺席判决的；（11）原判决、裁定遗漏或者超出诉讼请求的；（12）据以作出原判决、裁定的法律文书被撤销或者变更的；（13）审判人员审理该案件时有贪污受贿，徇私舞弊，枉法裁判行为的。上条列举的问题非常严重，为了确保案件得到公平公正的审理，符合上述情形之一的案件，法院应当再审。

一个申诉案件进入再审程序，再审法院作出改判的可能性很大，但并不必然改判，再审法院完全可能维持原审裁判。因此，当事人千万不要因为案件进入再审程序就认为再审法院一定会改判。例如，在株式会社岛野诉宁波市日骋工贸有限公司侵害"后换档器支架"的发明专利权纠纷案❶中，株式会社岛野不服浙江省高级人民法院作出的（2005）浙民三终字第 145 号民事判决（二审判决），向最高人民法院申请再审，最高人民法院作出（2008）民监字第 197 号民事裁定，指令浙江省高级人民法院再审。但是，浙江省高级人民法院经过再审后作出（2009）浙民再字第135 号民事判决，维持该院（2005）浙民三终字第 145 号民事判决。株式会社岛野不服该再审判决，又向最高人民法院申请再审。最高人民法院经审理最终作出了改判。该案经历了一审、二审、第一次再审申请审查、再审、第二次再审申请审查、提审，共六个程序。

三、抗诉及再审制度

一个专利侵权案件经过一审、二审、再审申请审查甚至再审，都不表明该案件已经彻底结束，后面还有检察院的抗诉程序。根据我国《宪法》的规定，我国的检察院不仅属于公诉机关，还属于法律监督机关，对法院负有监督职责，法院的裁判确有错误的，检察院可以提出抗诉，只要检察院提出抗诉，法院就必须启动再审程

---

❶　最高人民法院（2012）民提字第 1 号民事判决书。

序。当然，抗诉是极其罕见的救济程序，抗诉程序的启动有非常严格的条件。根据《民事诉讼法》第 216 条的规定，有下列情形之一的，当事人可以向人民检察院申请检察建议或者抗诉：（1）人民法院驳回再审申请的；（2）人民法院逾期未对再审申请作出裁定的；（3）再审判决、裁定有明显错误的。专利案件进入抗诉程序的非常罕见。

第二节　案件管辖制度

一、级别管辖

中国的法院分为四个级别：区县级人民法院，中级人民法院，省、自治区、直辖市高级人民法院，最高人民法院。一审案件由哪个级别的法院管辖，这是级别管辖问题。2014 年 11 月以前，一审知识产权技术类案件通常由中级人民法院管辖，二审相应地由高级人民法院审理；特殊情况下，一些诉讼标的额大、有重大影响的一审案件也可以由高级人民法院管辖，二审则由最高人民法院审理。近年来，由于司法改革的推进，知识产权法院、法庭的设置，使专利技术类案件的管辖发生重大的调整和变化。

2014 年 11 月以来，由于司法改革的推进，情况发生很大的变化，全国陆续成立知识产权法院和众多地方知识产权法庭，最高人民法院也于 2019 年 1 月 1 日成立知识产权法庭，专利案件❶的管辖发生重大调整和变化。

（一）一审专利案件的管辖

我国《民事诉讼法》《最高人民法院关于第一审知识产权民事、行政案件管辖的若干规定》《最高人民法院关于知识产权法庭若干问题的规定（2023 修正）》《最高人民法院关于贯彻执行修改后的〈最高人民法院关于知识产权法庭若干问题的规定〉的通知》都涉及专利技术类案件的管辖。

《民事诉讼法》第 19 条规定："中级人民法院管辖下列第一审民事案件：（一）重

---

❶　由于本编只论述发明、实用新型专利侵权诉讼，故对专利案件管辖的阐述也仅涉及发明、实用新型专利案件，不包括外观设计专利案件。

大涉外案件；（二）在本辖区有重大影响的案件；（三）最高人民法院确定由中级人民法院管辖的案件。"

第 20 条规定："高级人民法院管辖在本辖区有重大影响的第一审民事案件。"

第 21 条规定："最高人民法院管辖下列第一审民事案件：（一）在全国有重大影响的案件；（二）认为应当由本院审理的案件。"

2022 年 4 月 20 日公布的《最高人民法院关于第一审知识产权民事、行政案件管辖的若干规定》重新调整的知识产权案件的管辖，其中第 1 条规定："发明专利、实用新型专利、植物新品种、集成电路布图设计、技术秘密、计算机软件的权属、侵权纠纷以及垄断纠纷第一审民事、行政案件由知识产权法院，省、自治区、直辖市人民政府所在地的中级人民法院和最高人民法院确定的中级人民法院管辖。"

第 4 条规定："对新类型、疑难复杂或者具有法律适用指导意义等知识产权民事、行政案件，上级人民法院可以依照诉讼法有关规定，根据下级人民法院报请或者自行决定提级审理。"

2023 年 10 月 27 日发布的《最高人民法院关于知识产权法庭若干问题的规定（2023 修正）》《最高人民法院关于贯彻执行修改后的〈最高人民法院关于知识产权法庭若干问题的规定〉的通知》又对知识产权案件的管辖做了调整。

根据上述规定，最高人民法院、各高级人民法院、知识产权法院以及省、自治区、直辖市人民政府所在地的中级人民法院和最高人民法院确定的中级人民法院均可以管辖第一审发明、实用新型专利侵权纠纷案件。

（1）根据《最高人民法院关于第一审知识产权民事、行政案件管辖的若干规定》第 1 条的规定，第一审技术类专利案件主要由知识产权法院以及省、自治区、直辖市人民政府所在地的中级人民法院和最高人民法院确定的中级人民法院管辖。

（2）根据《民事诉讼法》第 20 条"高级人民法院管辖在本辖区有重大影响的第一审民事案件"之规定，各高级人民法院有权依据最高人民法院关于级别管辖标准的规定，受理标的较大的专利第一审案件。例如，根据北京市高级人民法院于 2017 年 11 月 2 日发布的《北京市高级人民法院关于调整本市法院知识产权民事案件管辖的规定》的精神，北京市高级人民法院管辖诉讼标的额在 2 亿元以上且当事人住所地均在本市的第一审知识产权民事案件，诉讼标的额在 1 亿元以上且当事人一方住所地不在本市或者涉外、涉港澳台的第一审知识产权民事案件，以及在本市有重大影响的其他第一审知识产权民事案件。据此，符合上述三类情形的第一审专利案件均由北京市高级人民法院管辖。另外，根据《最高人民法院关于第一审知识产权民事、行政案件管辖的若干规定》第 4 条的规定，对新类型、疑难复杂或者具有法律适用指导意义等专利侵权案件，各高级人民法院可以依照民事诉讼法有关规定，根据下级人民法院报请或者自行决定提级审理。

（3）根据《民事诉讼法》第21条和《最高人民法院关于知识产权法庭若干问题的规定（2023修正）》第2条第2款第三项的规定，最高人民法院知识产权法庭可以审理全国范围内重大、复杂的第一审专利案件。

根据最高人民法院知识产权法庭官网显示，截至2023年11月6日，一审专利案件的管辖，如表4❶所示：

表4 具有专利纠纷第一审案件管辖权法院/法庭

具有专利纠纷第一审案件管辖权法院/法庭		
最高人民法院知识产权法庭		
北京	北京市高级人民法院	北京知识产权法院
天津	天津市高级人民法院	天津知识产权法庭*
河北	河北省高级人民法院	石家庄市中级人民法院
山西	山西省高级人民法院	太原市中级人民法院
内蒙古	内蒙古自治区高级人民法院	呼和浩特市中级人民法院、包头市中级人民法院
辽宁	辽宁省高级人民法院	大连市中级人民法院、沈阳知识产权法庭*
吉林	吉林省高级人民法院	长春知识产权法庭*
黑龙江	黑龙江省高级人民法院	哈尔滨市中级人民法院、齐齐哈尔市中级人民法院
上海	上海市高级人民法院	上海知识产权法院
江苏	江苏省高级人民法院	南京知识产权法庭*、苏州知识产权法庭*、徐州知识产权法庭*、无锡知识产权法庭*
浙江	浙江省高级人民法院	杭州知识产权法庭*、宁波知识产权法庭*、温州知识产权法庭*
安徽	安徽省高级人民法院	合肥知识产权法庭*
福建	福建省高级人民法院	福州知识产权法庭*、厦门知识产权法庭*、泉州知识产权法庭*
江西	江西省高级人民法院	南昌知识产权法庭*、景德镇知识产权法庭*
山东	山东省高级人民法院	济南知识产权法庭*、青岛知识产权法庭*
河南	河南省高级人民法院	郑州知识产权法庭*
湖北	湖北省高级人民法院	武汉知识产权法庭*

❶ 该表转引自最高人民法院知识产权法庭官方网页（https：//ipc. court. gov. cn/zh－cn/news/more－2－27. html），访问时间2023年11月6日。

续表

具有专利纠纷第一审案件管辖权法院/法庭		
湖南	湖南省高级人民法院	长沙知识产权法庭 *
广东	广东省高级人民法院	广州知识产权法院、深圳知识产权法庭 *
广西	广西壮族自治区高级人民法院	南宁市中级人民法院、柳州市中级人民法院
海南	海南省高级人民法院	海南省自由贸易港知识产权法院
重庆	重庆市高级人民法院	重庆知识产权法庭 *
四川	四川省高级人民法院	成都知识产权法庭 *
贵州	贵州省高级人民法院	贵阳市中级人民法院、遵义市中级人民法院
云南	云南省高级人民法院	昆明市中级人民法院
西藏	西藏自治区高级人民法院	拉萨市中级人民法院
陕西	陕西省高级人民法院	西安知识产权法庭 *
甘肃	甘肃省高级人民法院	兰州知识产权法庭 *
青海	青海省高级人民法院	西宁市中级人民法院
宁夏	宁夏回族自治区高级人民法院	银川市中级人民法院
新疆	新疆维吾尔自治区高级人民法院	乌鲁木齐知识产权法庭 *
	新疆维吾尔自治区高级人民法院生产建设兵团分院	新疆生产建设兵团农八师中级人民法院、新疆生产建设兵团农十二师中级人民法院

注：标注 * 的知识产权法庭是中级人民法院的内设机构，有权跨行政区域审理专利等技术类案件。

（二）二审专利案件的管辖

二审专利案件原来主要由各省、自治区、直辖市高级人民法院审理，少部分由高级人民法院管辖的重大、疑难和复杂的一审案件，二审则由最高人民法院审理。但是，随着国家层面的知识产权案件上诉机制的建立，情况发生重大变化。

2018 年 10 月，中央批准《最高人民法院关于设立知识产权法庭的试点方案》，同意最高人民法院设立知识产权法庭。

2018 年 12 月 27 日，最高人民法院发布《最高人民法院关于知识产权法庭若干问题的规定》（法释〔2018〕22 号），自 2019 年 1 月 1 日起施行。2023 年 10 月 27日，最高人民法院又发布《最高人民法院关于知识产权法庭若干问题的规定（2023修正）》（法释〔2023〕10 号），自 2023 年 11 月 1 日起施行。

（1）根据《最高人民法院关于知识产权法庭若干问题的规定（2023 修正）》第

2 条的规定，下列专利上诉案件由最高人民法院知识产权法庭审理：专利授权确权行政上诉案件；发明专利权属、侵权民事和行政上诉案件；重大、复杂的实用新型专利权属、侵权民事和行政上诉案件。

（2）非重大、复杂的实用新型专利权属、侵权民事和行政上诉案件，由各高级人民法院审理。

二、地域管辖

地域管辖是指案件应当由什么地区的法院管辖。在侵犯专利权的案件中，当事人最关心的是地域管辖，其次是级别管辖。当事人为什么关心地域管辖？一个基本的原因是：中国地域广阔，每个省级行政区内的法院的司法水平、效率和观念都有不同。通常来说，发达地区法院的审判水平、效率可能会高一些，司法理念也可能更先进一些。因此，当事人通常都选择发达地区的法院进行诉讼。

（一）侵权案件地域管辖的一般规定

涉及案件地域管辖的法律规定，有《民事诉讼法》第 29 条、《民事诉讼法司法解释》第 24 条、《最高人民法院关于审理专利纠纷案件适用法律问题的若干规定》第 2 条等规定。

《民事诉讼法》第 29 条规定："因侵权行为提起的诉讼，由侵权行为地或者被告住所地人民法院管辖。"根据《民事诉讼法司法解释》第 24 条的规定，侵权行为地，包括侵权行为实施地、侵权结果发生地。据此，侵犯专利权的纠纷，由侵权行为实施地、侵权结果发生地或者被告住所地法院管辖。

根据 2020 年修正的《最高人民法院关于审理专利纠纷案件适用法律问题的若干规定》第 2 条的规定，因侵犯专利权行为提起的诉讼，由侵权行为地或者被告住所地人民法院管辖。侵权行为地包括：被诉侵犯发明、实用新型专利权的产品的制造、使用、许诺销售、销售、进口等行为的实施地；专利方法使用行为的实施地，依照该专利方法直接获得的产品的使用、许诺销售、销售、进口等行为的实施地；外观设计专利产品的制造、许诺销售、销售、进口等行为的实施地；假冒他人专利的行为实施地。侵权行为地还包括上述侵权行为的侵权结果发生地。

需要注意的是，侵权结果地应当理解为侵权行为直接产生的结果发生地，不能以权利人认为其所在地的市场受到损害就认定该所在地就是侵权结果发生地。对此，可参考最高人民法院（2020）最高法知民辖终 171 号民事裁定书。

（二）涉网络的侵权案件的地域管辖

《民事诉讼法司法解释》第 25 条规定："信息网络侵权行为实施地包括实施被诉侵权行为的计算机等信息设备所在地，侵权结果发生地包括被侵权人住所地。"什么是信息网络侵权行为？通过电子商务平台销售侵犯专利权的产品的行为是否属于信息网络侵权行为？被侵权人的住所地是否属于侵权结果地？收货地是否属于侵权结果地？这些问题在实践中争议较大。一种观点认为，上述规定中的信息网络侵权行为涵盖通过信息网络销售侵犯专利权的产品的行为，被控侵权产品的收货地、被侵权人的住所地属于侵权结果地，所在法院有管辖权。浙江、江苏、上海等地法院曾支持这种司法意见。另一种观点认为，信息网络侵权行为不包括通过信息网络销售侵犯专利权的产品的行为，不能依据上述规定将被控侵权产品的收货地、被侵权人的住所地确定为管辖连接点。北京地区法院持这种观点。❶ 两种观点争论不休，各地法院裁判标准也不统一。最后，最高人民法院在北京万象博众系统集成有限公司诉廊坊市德泰开关设备有限公司等侵害外观设计专利权纠纷案中支持了北京法院的观点，统一了裁判标准。该案中，北京万象博众系统集成有限公司（以下简称万象博众公司）以廊坊市德泰开关设备有限公司（以下简称德泰公司）、浙江淘宝网络有限公司（以下简称淘宝公司）为被告向一审法院提起侵害外观设计专利权纠纷诉讼，诉称：万象博众公司发现德泰公司未经其许可，生产、许诺销售、销售侵害万象博众公司外观设计专利权的产品（被控侵权产品），并通过淘宝网进行网络销售和许诺销售被控侵权产品。故其诉至法院，要求判令德泰公司停止被诉侵权行为、淘宝公司立即删除所有被控侵权产品信息，并要求二被告共同赔偿损失。

一审法院经审查认为：根据《民事诉讼法》第 28 条、《民事诉讼法司法解释》第 24 条的规定，因侵权行为提起的诉讼，由侵权行为地或者被告住所地人民法院管辖，侵权行为地包括侵权行为实施地、侵权结果发生地。对于侵权结果发生地，通常应理解为侵权行为直接产生的结果发生地。本案中，被起诉人德泰公司的住所地为河北省廊坊市，淘宝公司的住所地为浙江省杭州市，均非一审法院管辖范围；而起诉人提交的证据尚不足以确定被起诉人实施被诉侵权行为的实施地，且起诉人住所地并非所诉侵权行为直接产生的结果发生地。故本案不属于该院管辖。

万象博众公司认为被起诉人德泰公司通过淘宝网许诺销售、销售被控侵权产品的行为属于信息网络侵权行为，北京市作为万象博众公司住所地，是侵权结果发生地，故根据《民事诉讼法司法解释》第 25 条的规定，本案属于一审法院管辖。对

---

❶ 王艳芳. 信息网络环境下相关知识产权案件管辖法院的确定 ［J］. 知识产权，2017（7）.

此，一审法院认为：（1）《民事诉讼法司法解释》第 25 条规定："信息网络侵权行为实施地包括实施被诉侵权行为的计算机等信息设备所在地，侵权结果发生地包括被侵权人住所地。"该条所称信息网络侵权行为，是指侵权人利用互联网发布直接侵害他人合法权益的信息的行为，比如侵权人在互联网上发布的信息直接侵害权利人对作品享有的信息网络传播权等。可见，信息网络侵权行为具有特定含义和范围，而非凡是案件事实与网络有关的侵权行为均属于信息网络侵权行为。本案系专利侵权纠纷，是以被控侵权产品是否落入专利权的保护范围为判定基础，并不涉及网络上的信息本身与专利权项进行比对的问题。故被诉侵权行为并非信息网络侵权行为，本案不属于《民事诉讼法司法解释》第 25 条规制的范畴。（2）管辖权的确定对当事人而言至少应当具有确定性和可预期性。确定管辖权，主要依据"两便原则"以及为防止原告滥用诉权而规定的"原告就被告"原则。对专利侵权纠纷而言，无论是由生产地、实际销售地还是被告住所地确定管辖，都相较于起诉人住所地更有利于法院对侵权事实进行查明、对被控侵权产品进行比对以及相应判决的执行。倘若商家将其产品置于电商平台进行销售，就意味着其可能面临到全国各地法院应诉的局面，这显然不符合管辖权确定的基本原则，也可能使以"被告住所地"确定管辖的制度设计落空。据此，在涉网络销售的专利侵权纠纷案件中，不宜将信息网络侵权行为进行扩大解释，而将被侵权人住所地视为侵权结果发生地，进而以被侵权人住所地作为管辖连接点。起诉人前述主张缺乏法律依据，不予支持。综上所述，一审法院依法裁定对万象博众公司的起诉不予受理。

万象博众公司不服一审裁定，提起上诉。

二审法院经审查认为，被告德泰公司、淘宝公司的住所地分别位于河北省、浙江省，不属于一审法院管辖范围。万象博众公司起诉时提交了公证书等初步证据，以证明德泰公司通过淘宝网销售、许诺销售被控侵权产品，但上述证据无法证明北京市系侵权行为地或销售地，无法证明一审法院对本案具有管辖权。万象博众公司上诉主张本案应适用《民事诉讼法司法解释》第 25 条确定管辖，北京市作为万象博众公司住所地，是侵权结果发生地，一审法院作为侵权行为地法院对本案具有管辖权。对此，该院认为，《民事诉讼法司法解释》第 25 条规定中的"信息网络侵权行为"具有特定含义，主要指利用信息网络侵害人身权益、信息网络传播权等行为，其侵权对象，如作品、商标、宣传内容等往往存在于网络环境下，因下载、链接等网络行为而发生。本案系侵害外观设计专利权纠纷，相关被诉侵权行为并非上述规定所指的"信息网络侵权行为"，故本案不应适用上述规定。综上所述，万象博众公司的上诉理由不成立，不予支持。一审法院对本案不具有管辖权。遂驳回上诉，维持原裁定。

万象博众公司不服二审裁定，向最高人民法院申请再审。

最高人民法院经审查认为，根据申请人的主张，并结合已经查明的案件事实，本案的争议焦点为北京知识产权法院对万象博众公司的起诉不予受理的做法是否具备事实与法律依据。根据已经查明的事实，万象博众公司以德泰公司、淘宝公司侵害其外观设计专利权为由，向北京知识产权法院提起诉讼。根据《民事诉讼法》第28条及《民事诉讼法司法解释》第24条之规定，因侵权行为提起的诉讼，由侵权行为地或者被告住所地人民法院管辖。其中，侵权行为地包括侵权行为实施地和侵权结果发生地。本案中，德泰公司的住所地为河北省廊坊市，淘宝公司的住所地为浙江省杭州市，均非一审法院的管辖范围；而亦无证据表明，本案中的侵权行为实施地或侵权结果发生地位于一审法院地域管辖范围之内。在此基础上，一审法院以万象博众公司的起诉不符合原《民事诉讼法》第119条规定为由，对其不予受理的做法具备事实与法律依据，二审法院对该结果予以维持亦无不当，本院对此予以支持。对于万象博众公司在二审及本院再审审查过程中又称本案属"信息网络侵权行为"的主张，既与其向一审法院提起本案诉讼时明确的诉讼主张与侵权事由明显矛盾，亦与侵害信息网络传播权行为的内涵不符，其在此基础上所提万象博众公司的住所地为本案纠纷地域管辖连接点的主张缺乏事实与法律依据，对此不予支持。遂裁定驳回万象博众公司的再审申请。❶

本案中，一审、二审法院对信息网络侵权行为作出了精准的解释，值得称赞，也得到了最高人民法院的认可。最高人民法院在这个问题上的裁判终止了争议，统一了司法裁判标准。

（三）涉多名被告的侵权案件的地域管辖

1. 共同诉讼

涉多名被告的侵权案件，为共同诉讼案件。共同诉讼有普通共同诉讼和必要共同诉讼。普通共同诉讼，又称一般共同诉讼，是指当事人一方或者双方为两人以上，其诉讼的标的是同一种类，经当事人同意，人民法院认为可以合并审理而将其合并审理的共同诉讼。普通共同诉讼虽然可以合并审理，但需要分别裁判。❷ 必要共同诉讼，是指当事人一方或双方为两人以上，具有同一诉讼标的，法院必须合并审理并

❶ 北京市高级人民法院（2016）京民终47号民事裁定书；最高人民法院（2016）最高法民申731号民事裁定书。

❷ 江伟. 民事诉讼法学［M］. 上海：复旦大学出版社，2005：187-188.

在裁判中对诉讼标的合一确定的共同诉讼。❶ 对此，我国《民事诉讼法》第 55 条也有明确的规定："当事人一方或者双方为二人以上，其诉讼标的是共同的，或者诉讼标的是同一种类、人民法院认为可以合并审理并经当事人同意的，为共同诉讼。"

关于侵犯专利权的共同诉讼，2020 年修正的《最高人民法院关于审理专利纠纷案件适用法律问题的若干规定》也有涉及。第 3 条规定："原告仅对侵权产品制造者提起诉讼，未起诉销售者，侵权产品制造地与销售地不一致的，制造地人民法院有管辖权；以制造者与销售者为共同被告起诉的，销售地人民法院有管辖权。销售者是制造者分支机构，原告在销售地起诉侵权产品制造者制造、销售行为的，销售地人民法院有管辖权。"

根据我国《民法典》规定的责任体系，制造者实施制造行为，销售者实施销售行为，如果他们之间没有分工合作，没有意思联络，没有共同的过错，就不是共同侵权行为，按理来说不应在一个诉讼中合并审理。但是，根据《最高人民法院关于审理专利纠纷案件适用法律问题的若干规定》第 3 条的规定，原告以制造者和销售者为共同被告起诉的，销售地人民法院有管辖权，这与《民事诉讼法》第 55 条关于共同诉讼的规定并不十分相符，是为了便利权利人起诉制造者和销售者而作出的一个特别规定。如果没有这一规定，权利人只能去制造地或者制造者的住所地起诉制造者，再去销售地或者销售者的住所地起诉销售者，必须通过两个诉讼才能解决问题，这样分开进行的诉讼既不利于权利人维权，也不利于赔偿责任的确定。有了上述规定，对制造行为的起诉和对销售行为的起诉，就可以放在销售地法院一并审理，一并裁判，既方便了权利人维权，又有利于责任的确定，"一揽子"解决了问题，符合"便于当事人诉讼，便于人民法院依法独立、公正和高效行使审判权"的"两便"原则。

2. 数人实施侵权行为的案件管辖

我国《民法典》第 1168—1172 条规定了数人实施侵权行为的责任制度。其中，第 1168 条调整共同侵权行为的责任，第 1169 条调整教唆、帮助侵权行为的责任，第 1170 条调整共同危险行为的责任，第 1171 条调整数人分别实施侵权行为造成同一损害且每一侵权行为均足以造成该损害后果的责任，第 1172 条调整数人分别实施的侵权行为叠加在一起共同造成同一损害后果的责任。这几个条款均规定了连带责任。因此，原告依据上述 5 个条文的规定，提供一些初步的证据，向其中一名行为人的管辖法院起诉多个行为人的，法院应当受理。在这类案件中，被告往往会认为

---

❶ 江伟. 民事诉讼法学［M］. 上海：复旦大学出版社，2005：185 – 187.

该类诉讼为普通共同诉讼，不同意合并审理，而提出管辖权异议。比如，原告依据《民法典》第 1168 条的规定，向一个法院同时起诉若干个被告（行为人）的，被告提出管辖权异议，认为其未与其他被告共同实施侵权行为。对此，法院应当如何处理？原告是否必须提交充分的证据证明若干个被告确实共同实施了侵权行为？法院是否应当查明若干个被告确实共同实施了侵权行为的，才能行使管辖权？这就涉及管辖权审查的法律标准问题。

通常来说，案件管辖异议程序与实体审理程序有很大不同，在案件管辖争议阶段，要解决的问题是法院对案件有没有管辖权，只有确定管辖权之后，案件才进入实体审理程序，才能就案件如何定性、被告如何承担责任作出认定，管辖异议程序中不能也无法对案件的定性和责任的承担作出认定。就上面讨论的情形而言，几个被告之间到底是否构成《民法典》第 1168 条规定的共同侵权行为，是否应当承担连带责任，属于实体审理的问题，管辖权异议阶段不能也无法进行审理和认定。原告只要提供初步的证据，证成一个可争辩的管辖连接点事实，法院就有管辖权。至于几个被告到底有没有共同实施侵权行为，是否应当承担连带责任，这是实体审理程序中应当处理的问题，不是管辖权异议程序中应当认定的问题。

下面来看一个若干名被告涉嫌共同实施侵权行为的典型案例。

在高通股份有限公司（以下简称高通公司）诉苹果电子产品商贸（北京）有限公司（以下简称苹果电子北京公司）、苹果电脑贸易（上海）有限公司（以下简称苹果电脑上海公司）、苹果贸易（上海）有限公司（以下简称苹果贸易上海公司）侵害发明专利权纠纷管辖权异议案❶中，高通公司向北京市高级人民法院（一审法院）起诉称，被告苹果电脑上海公司进口并销售和许诺销售了美国苹果公司制造的产品，被告苹果电子北京公司和被告苹果贸易上海公司销售和许诺销售了美国苹果公司制造的产品。三被告进口、销售和许诺销售的美国苹果公司制造的产品落入了涉案专利的保护范围，侵害了高通公司的专利权，应当承担相应的侵权责任。

被告苹果电子北京公司、苹果电脑上海公司、苹果贸易上海公司均在提交答辩状期间，对管辖权提出异议。三被告认为，原告针对不同被告主张了相互独立且不同的侵权行为并主张高额赔偿，却未提交任何初步证据证明被诉侵权行为存在及高额赔偿的理由，因而原告未提交证据证明一审法院对本案有管辖权，请求确认一审法院对本案无管辖权，驳回原告的起诉。

一审法院经审查认为：三被告虽主张原告指控的是相互独立不同的侵权行为且未提交证据证明被诉侵权行为存在，但原告指控的侵权行为之间是否具有关联性属

---

❶　北京市高级人民法院（2017）京民初 143 号民事裁定书；最高人民法院（2018）最高法民辖终 77 号民事裁定书。

于实体审查内容，且原告在起诉时已经提交了证明侵权行为的初步证据，故三被告的上述异议理由不能成立。本案作为侵害发明专利权纠纷，本质上属于侵权之诉，原告指控三被告共同实施了侵害其专利权的行为，并请求判令三被告共同承担侵权民事责任，故被控侵权行为实施地、侵权结果发生地或被告住所地中只要有一个连接点在该院辖区，该院即依法对本案具有管辖权。被告一苹果电子北京公司的住所地位于北京市，属于该院管辖范围，该院即已对本案具有管辖权。况且，从原告的侵权指控来看，被告一实施的被控侵权行为发生在该院辖区，被告三苹果贸易上海公司实施的被控侵权行为虽未发生在该院辖区，但原告指控被告一为被告三销售的被控侵权产品提供技术服务，而被告二苹果电脑上海公司系被控侵权产品的总经销商并负责进口被控侵权产品，同时考虑到被告一和被告三实施的被控侵权行为在侵权产品、被控侵害的专利权相同等因素，本案的被控侵权行为可以一并由该院审理。一审法院遂裁定驳回苹果电子北京公司、苹果电脑上海公司、苹果贸易上海公司对本案管辖权提出的异议。

三被告不服，提起上诉，认为：（1）本案应在确定案件管辖权之前进行分案。根据原《民事诉讼法》第52条的规定，涉及普通共同诉讼的合并审理以法院的允许和当事人的同意为前提。根据有关普通共同诉讼的司法实践，本案应首先进行分案，然后再确定管辖权。因此，一审裁定关于"侵权行为之间是否具有关联性属于实体审查的内容"的认定错误。（2）本案中相互独立的被诉侵权行为属于普通共同诉讼，在上诉人明确反对的情况下不应合并审理。高通公司的证据显示其针对不同的主体主张了三起互相独立的被诉侵权行为。被诉侵权行为1系关于苹果电子北京公司和苹果电脑上海公司在北京通过三里屯苹果专卖店销售涉案产品。被诉侵权行为1产生的纠纷应由北京知识产权法院（或上海知识产权法院）行使管辖权。被诉侵权行为2系关于苹果贸易上海公司和苹果电脑上海公司在上海通过南京东路苹果专卖店销售涉案产品。一审法院对于被诉侵权行为2没有管辖权，该被诉侵权行为产生的纠纷应当移送至有管辖权的上海知识产权法院进行审理。被诉侵权行为3系关于苹果电子北京公司和苹果电脑上海公司通过苹果官方网站在线许诺销售涉案产品。被诉侵权行为3产生的纠纷应由北京知识产权法院（或上海知识产权法院）行使管辖权。此外，高通公司的证据还显示，在上海和北京分别进行购买时发票开具主体不同，这说明位于北京的苹果专卖店和位于上海的苹果专卖店由不同的主体所运营。具体来说，北京三里屯苹果专卖店由苹果电子北京公司运营，上海南京东路苹果专卖店由苹果贸易上海公司运营。即使一审裁定中关于苹果电子北京公司向苹果贸易上海公司销售的涉案产品提供技术支持的情况属实，也不足以使本案构成必要共同诉讼。无论苹果电子北京公司是否与发生在上海的被诉侵权行为2有关，作为苹产品在上海、江苏和浙江地区的经销商，苹果贸易上海公司不构成在北京的被诉侵权行为 1 和网上的被诉侵权行为 3 的共同侵权人。因此，基于被诉侵权行为 1 和侵权行为 3 而提起的针对苹果贸易上海公司的起诉应予驳回。(3) 如果合并审理的问题未在管辖权异议阶段得到解决，将严重损害当事人的程序性和实体性权利。本案中，被诉侵权行为是否构成必要共同诉讼的问题关系到管辖权的认定，有必要在管辖权异议程序中予以审查。对本案进行分案后，由于住所地位于上海的苹果贸易上海公司未单独或共同在北京实施销售以及实施在线许诺销售，一审法院是否对其有管辖权以及分案后案件的损害赔偿数额是否满足相关高级人民法院的受理标准等问题均存疑。因此，如果不顾上诉人明确反对而将本案进行合并审理，一审法院就可以通过苹果电子北京公司的两项与苹果贸易上海公司无关的被诉侵权行为对苹果贸易上海公司建立管辖。一审法院对于损害赔偿数额低于 1 亿元人民币的纠纷无管辖权。由于本案高通公司所主张的 1 亿元人民币的损害赔偿是基于上述三组被诉侵权行为得出的总赔偿额，通过对本案普通共同诉讼的合并审理，一审法院实际上绕开了高级人民法院在级别管辖上对于损害赔偿数额的要求，将其管辖范围扩大至损害赔偿低于 1 亿元人民币的案件。

高通公司答辩称：(1) 苹果电子北京公司的住所地和被诉侵权行为发生地，均位于北京市高级人民法院辖区内，且本案属于诉讼标的超过 1 亿元人民币的涉外案件，北京市高级人民法院对本案具有管辖权。(2) 高通公司在本案中已经提供初步证据，足以证明其主张的所有侵权行为均为苹果电子北京公司、苹果电脑上海公司、苹果贸易上海公司之间分工协作的共同侵权行为，因此，北京市高级人民法院对三上诉人均有管辖权。苹果电脑上海公司系本案所有被诉侵权产品在中国的进口商和总经销商，苹果电子北京公司和苹果贸易上海公司销售、许诺销售的被诉侵权产品均来自苹果电脑上海公司。苹果电子北京公司和苹果贸易上海公司在销售被诉侵权产品时均由同一主体收取货款，且苹果电子北京公司至少以网站形式对苹果贸易上海公司经营的苹果专卖店进行宣传并提供技术支持，故两者的销售行为存在共同的意思联络，构成共同侵权，进而具有必要共同诉讼的关联性。此外，三上诉人相互之间系关联企业，均由同一团队进行管理运营，其被诉侵权行为存在统一策划和分工实施，虽形式上独立，但实质上高度关联。对这些高度关联的被诉侵权行为进行统一审理，有利于查明事实，节约司法资源，提高诉讼效率，并且便利当事人诉讼。(3) 本案因苹果电子北京公司和苹果电脑上海公司在北京市高级人民法院辖区内发生被诉侵权行为而诉至北京市高级人民法院，北京市高级人民法院对苹果电子北京公司和苹果电脑上海公司具有管辖权，则必然对本案具有管辖权。三上诉人的上诉状中并未包含北京市高级人民法院对本案不具有管辖权的理由，而仅涉及各个被诉侵权行为是否应当在本案中一并审理的问题。在高通公司提交的证据足以初步证明本案各上诉人存在共同侵权的情况下，是否最终构成共同侵权属于本案实体审理范畴。综上所述，高通公司请求最高人民法院驳回上诉，维持原裁定。

最高人民法院认为：

（1）关于管辖权异议审查的法律标准。为解决上述争议，首先需要确定管辖权异议案件审查的法律标准。管辖权异议案件解决的是受诉法院对案件有无管辖权的问题，并未进入案件的实体审理。因此，在管辖权异议阶段，原则上只需审理与建立案件管辖连接点相关的事实。如果与建立管辖连接点相关的事实同时涉及案件实体争议内容的，只需审查案件初步证据是否能够证成一个可争辩的管辖连接点事实即可，一般不对案件实体争议内容作出明确认定。具体到本案，三上诉人苹果电子北京公司、苹果电脑上海公司、苹果贸易上海公司的被诉侵权行为是否可能构成共同侵权这一待证事实，是高通公司主张的与管辖连接点相关的事实，同时也涉及本案的侵权定性和民事责任划分，属于应在本案实体审理程序中最终确定的内容。在这种情况下，考虑到管辖权异议程序和实体审理程序不同的职能定位，在管辖权异议审理阶段，只需审查高通公司提供的三上诉人构成共同侵权的初步证据是否足以证成一个可争辩的共同侵权行为，至于是否最终构成共同侵权则应留待案件实体审理阶段解决。（2）关于高通公司提供的三上诉人构成共同侵权的初步证据是否足以证成一个可争辩的共同侵权行为。①关于三上诉人各自的业务分工。根据本案现有证据，苹果电脑上海公司系被诉侵权产品的总经销商并负责进口被诉侵权产品，苹果电子北京公司和苹果贸易上海公司销售的被诉侵权产品均来自苹果电脑上海公司。苹果电子北京公司和苹果贸易上海公司对于销售被诉侵权产品的区域有明确的分工，即苹果贸易上海公司负责在上海、江苏和浙江经营苹果专卖店，苹果电子北京公司负责在除上述地域之外的中国其他地区经营苹果专卖店。②关于被诉销售行为的关联性。根据高通公司一审提供的购买被诉侵权产品的公证书，高通公司向苹果电子北京公司和苹果贸易上海公司购买被诉侵权产品时，两公司出具的付款凭证上记载的银联商户号一致。虽然依据现有证据尚不能确定该银联商户号的具体主体，但至少可以证明两公司销售被诉侵权产品时所收款项的去向一致。③关于苹果中国官方网站与三上诉人的关联性。根据高通公司一审提供的证据，苹果电子北京公司为 www.apple.com/cn/ 网站的 ICP 备案主体，其应对网站内容负责。该网站为苹果中国官方网站，其在线销售和许诺销售被诉侵权产品，并提供技术支持信息。该网站还列明了中国境内苹果专卖店的名称、地址和联系方式，其中包括苹果贸易上海公司所属苹果专卖店的相关信息，且该网站也是苹果贸易上海公司的相关用户寻求技术支持信息的官方网站。④根据双方都认可的事实，三上诉人属于高层管理人员高度重合的关联公司。综合考虑上述证据和事实，可以初步证明，苹果北京电子公司、苹果电脑上海公司和苹果贸易上海公司对于进口、销售、许诺销售被诉侵权产品有相应的职责分工，苹果电脑上海公司为被诉侵权产品的进口商和总经销商，苹果电子北京公司和苹果贸易上海公司销售被诉侵权产品时所收款项去向一致，三上诉人共用同一官方网站且高层管理人员高度重合。可见，本案现有证据能够初步证明，三上诉人具有构成共同侵权的可能性，即高通公司提供的三上诉人构成共同侵权的初步证据已经足以证成一个可争辩的共同侵权行为，至于最终是否构成共同侵权则有待通过实体审理确定。综上所述，一审法院以苹果电子北京公司的住所地在北京，同时考虑三上诉人之间被诉侵权行为的关联性，认定其对本案具有管辖权正确。三上诉人相关上诉理由不能成立，不予支持。

第三节　技术事实查明机制

专利案件之所以复杂，关键在于技术事实比较复杂，查明技术事实难度较大。绝大多数法官都没有技术背景，即使有某一领域的技术背景，也不可能知晓所有领域的技术知识。因此，探索合适的技术事实查明机制，一直是审理专利案件的法院多年来的工作重点。经过近些年的探索实践，我国基本构建了一套以技术鉴定人、技术调查官、专家辅助人、专家陪审员为主体的多元化技术事实查明机制，技术事实认定的中立性、客观性和科学性不断增强。

一、司法鉴定

（一）作为查明案件事实重要方法的司法鉴定

司法鉴定是指在诉讼活动中鉴定人运用科学技术或者专门知识对诉讼涉及的专门性问题进行鉴别和判断并提供鉴定意见的活动。专利领域有些技术问题很复杂，要查清相关技术事实，难度非常大，借助司法鉴定的形式来查清技术事实，是常用的方法。

鉴定意见属于我国《民事诉讼法》明确规定的一种证据形式。作为证据的一种，它同样要经过质证才能作为认定事实的依据。根据《民事诉讼法》第81条的规定，当事人对鉴定意见有异议或者人民法院认为鉴定人有必要出庭的，鉴定人应当出庭作证。经人民法院通知，鉴定人拒不出庭作证的，鉴定意见不得作为认定事实的根据。但是，在专利诉讼领域，由于技术事实比较复杂，法院对司法鉴定机关出具的鉴定意见通常会比较信任，如果没有足够的证据推翻鉴定意见，或者对方当事人对鉴定意见提出的质疑并不十分有力，法院通常会采信鉴定意见。

（二）司法鉴定的范围

司法鉴定只能就事实问题进行鉴定，不能对法律问题进行鉴定。鉴定是查明案件事实的一种方法，鉴定机构只能就事实问题出具鉴定意见，法律适用是法官的职责，鉴定机构不得对法律问题出具意见。如果鉴定机构对法律问题出具意见，法院不应采信。在实务中，在鉴定时或者对鉴定意见进行质证时，要注意区分事实问题和法律问题。

如何区分事实问题和法律问题？事实问题与法律问题并非泾渭分明，二者时常交错在一起，区分起来非常困难。一般来说，可以采用两种方法来区分事实问题和法律问题。第一种方法是根据待定事实的结论是否随法律规定而变化来区分事实问题与法律问题。无论法律如何规定，一个待定事实的结论均不会发生变化的即为事实问题；如果对事实的认定涉及法律适用或必须通过适用法律的规定方能作出，即属于法律问题。例如，商标近似的认定，并非一个只与证据有关，而是与证据、与法律适用标准都相关的问题。第二种方法是根据争议问题是否专属于法官的权力范围来区分事实问题与法律问题。如果争议问题的认定只与证据有关，而与法律价值、政策无关，则属于事实问题。如果争议问题的认定夹杂了法律、政策和政治的要素，需要进行价值选择或利益平衡，需要考虑司法政策，则属于法官的权力范围，是法律问题。❶

专利侵权诉讼实践中，很多当事人甚至有的法院就被诉侵权技术方案的技术特征与权利要求中的技术特征是否等同进行鉴定，有的当事人甚至委托司法鉴定机构就两个技术方案是否等同进行鉴定。鉴定机构出具的报告通常表现为：被诉侵权技术方案的 A、B、C、D 特征分别与权利要求中的 A'、B'、C'、D' 特征构成相同特征，被诉侵权技术方案中的 E 特征与权利要求中的 E' 特征属于等同特征。有的鉴定报告甚至出具鉴定结论为：被诉侵权技术方案与权利要求的技术方案等同。下面来看一个典型案例。

在澳诺（中国）制药有限公司（以下简称澳诺公司）诉湖北午时药业股份有限

---

❶ 石必胜. 知识产权诉讼中的鉴定范围 [J]. 人民司法，2013（11）.

公司（以下简称午时药业公司）、王某社侵犯发明专利权纠纷案❶中，为了正确认定午时药业公司生产的"葡萄糖酸钙锌口服溶液"是否落入澳诺公司所主张的专利权保护范围，一审法院委托某鉴定机构进行技术鉴定。鉴定报告认为：午时药业公司产品含有葡萄糖酸钙，而涉案专利是活性钙，活性钙与葡萄糖酸钙同样都是可食用的能被人体吸收的钙剂，作为补钙药剂的原料两者是等同的，可供任意选择的；午时药业公司产品为盐酸赖氨酸，涉案专利为谷氨酰胺或谷氨酸，盐酸赖氨酸与专利的谷氨酸是不同的氨基酸，具有不同的营养价值，但在防治钙质缺损的药物中两者是与钙剂配伍使用，且均实现促进钙吸收的功能和效果，所以二者等同；除上述特征等同外，午时药业公司产品与涉案专利两者用途相同，其余原料相同，均为葡萄糖酸锌，各种原料的用量比例相同。鉴定结论为："湖北午时药业股份有限公司生产的'新钙特牌'葡萄糖酸钙锌口服溶液药品与涉案专利的技术方案相等同。"

一审法院认为，午时药业公司生产、销售的"葡萄糖酸钙锌口服溶液"，经委托鉴定机构鉴定，其产品的技术特征与澳诺公司主张的涉案专利构成等同，午时药业公司未经专利权人许可生产、销售上述产品，已构成侵权。

二审法院亦持相同见解。

最高人民法院以禁止反悔为由，认为不应当适用等同原则，侵权指控不成立。

本案的一个典型问题是鉴定机构能否就技术特征是否等同进行鉴定。如前所述，鉴定机构只能就事实问题进行鉴定，而不能就法律问题进行鉴定。假设技术特征是否等同属于纯事实问题，则鉴定机构可以进行鉴定。假设技术特征是否等同不纯粹是事实问题，则鉴定机构不能进行鉴定。

技术特征是否等同，这是纯粹的事实问题吗？对此，需要结合等同特征的基本概念来进行分析。

等同特征，是指与权利要求所记载的技术特征以基本相同的手段，实现基本相同的功能，达到基本相同的效果，并且本领域普通技术人员无需经过创造性劳动就能够想到的技术特征。基本相同的手段，是指被诉侵权技术方案中的技术特征与权利要求对应技术特征在技术内容上并无实质性差异。基本相同的功能，是指被诉侵权技术方案中的技术特征与权利要求对应技术特征在各自技术方案中所起的作用基本相同。被诉侵权技术方案中的技术特征与权利要求对应技术特征相比还有其他作用的，不予考虑。基本相同的效果，是指被诉侵权技术方案中的技术特征与权利要求对应技术特征在各自技术方案中所达到的技术效果基本相当。被诉侵权技术方案中的技术特征与权利要求对应技术特征相比还有其他技术效果的，不予考虑。无需

---

❶ 最高人民法院（2009）民提字第 20 号民事判决书。

经过创造性劳动就能够想到，是指对于本领域普通技术人员而言，被诉侵权技术方案中的技术特征与权利要求对应技术特征相互替换是容易想到的。❶

手段是否基本相同、功能是否基本相同、效果是否基本相同，属于事实判断问题。是否无需经过创造性劳动就能够想到，这恐怕不是一个纯粹的事实认定问题。什么是创造性劳动？什么是本领域技术人员容易想到的？这不是纯粹的事实问题，与法律适用的标准有关。当法律对创造性的判断设定不同的标准时，当法律对本领域技术人员的知识和能力设定不同的标准时，问题的答案都会不同。因此，技术特征是否等同并不是一个纯粹的事实问题，而是一个夹杂着法律适用标准的问题。技术特征是否等同的认定，属于法官的判断权限，不属于鉴定机构的鉴定权限，鉴定机构不应出具意见，即使出具意见，法官也不应采信。

二、技术调查官

技术调查官是专利、计算机软件等技术类案件中配备的专门帮助法官就特定技术问题出具参考意见的角色。日本等国家或地区的知识产权审判程序中早已配备技术调查官，帮助法官查明案件事实。我国在这方面的实践则是最近几年的事。

2014 年 12 月，最高人民法院发布《关于知识产权法院技术调查官参与诉讼活动若干问题的暂行规定》，就技术调查官制度的相关内容作出规范。该规定共设 10 条，其中第 1 条规定技术调查室及技术调查官岗位的设置，并明确规定技术调查官属于司法辅助人员。第 2 条规定技术调查官参加诉讼的案件类型，即专利、植物新品种、集成电路布图设计、技术秘密、计算机软件等专业技术性较强的民事和行政案件。第 3 条规定法官根据案件审理需要，可以书面通知技术调查室指派技术调查官参与诉讼活动。第 6 条规定了技术调查官的职责：（1）通过查阅诉讼文书和证据材料，明确技术事实的争议焦点；（2）对技术事实的调查范围、顺序、方法提出建议；（3）参与调查取证、勘验、保全，并对其方法、步骤等提出建议；（4）参与询问、听证、庭审活动；（5）提出技术审查意见，列席合议庭评议；（6）必要时，协助法官组织鉴定人、相关技术领域的专业人员提出鉴定意见、咨询意见；（7）完成法官指派的其他相关工作。第 7 条规定技术调查官可以实施的诉讼行为，即在诉讼程序中经法官许可，可以就案件有关技术问题向当事人、诉讼代理人、证人、鉴定人、勘验人、有专门知识的人发问。第 8 条规定技术调查官列席案件评议时，应当针对案件有关技术问题提出意见，接受法官对技术问题的询问。第 9 条规定技术调查官提出

---

❶ 北京市高级人民法院《专利侵权判定指南（2017）》第 45—49 条。

的技术审查意见可以作为法官认定技术事实的参考。

毫无疑问，技术调查官制度有助于法官查清案件事实。但是，这是一个新事物、新制度，还需要不断地实践探索和总结经验。就该规定来说，尚有一些问题需要探讨。

从该规定可见，技术调查官通过参加庭审诉讼活动，听取当事人的意见，并询问当事人，形成自己对案件技术事实的意见，然后在法官评议案件时向法官出具意见，接受法官的询问，其意见供法官参考。目前，各地法院都没有将技术调查官的意见向当事人公开并征询当事人意见的程序。法官听取技术调查官单方面的意见陈述，而没有听取当事人对技术调查官意见的反驳意见，难免出现错误。

为了克服上述弊端，一个可行的做法是向当事人公开技术调查官的意见，由当事人在一定期限内针对该意见提交意见陈述书。法官综合考虑技术调查官的意见和各方当事人针对技术调查官的意见提交的意见陈述书，审慎地作出事实认定。这样的安排在程序上虽然复杂一些，需要多花一些时间，但是，为了克服上述弊端，是一种值得尝试的做法。

三、专家辅助人

根据《民事诉讼法》第82条的规定，当事人可以申请人民法院通知有专门知识的人出庭，就鉴定人作出的鉴定意见或者专业问题提出意见。该条规定中的"有专门知识的人"，即为专家辅助人，其职责是辅助当事人一方进行诉讼，就专业问题向法庭提出意见。

我国专利诉讼中，很多人经常混用"专家辅助人"和"专家证人"两个概念，搞不清二者之间的区别。严格来讲，我国的法律体系中并没有"专家证人"的概念，只有"证人"的概念，并不将证人区分为专家证人和非专家证人。为了方便讨论问题，这里暂且接受"专家证人"的说法，特指具有专门知识并出庭作证的证人。

专家辅助人与专家证人存在区别。专家辅助人属于辅助某一方当事人进行诉讼的专家，其出庭时可以坐在当事人席上，其在法庭上的陈述视为当事人的陈述。专家证人属于证人，是立场中立的，仅就技术事实出庭作证，其出庭时坐在证人席上，其在法庭上的陈述属于证人证言。

根据《民事诉讼法司法解释》第122条的规定，当事人申请专家辅助人出庭的，应当在举证期限届满前提出，且只能申请一至二名。专家辅助人的职责是代表当事人对鉴定意见进行质证，或者对案件事实所涉及的专业问题提出意见。专家辅助人在法庭上就专业问题提出的意见，视为当事人的陈述。因此，专家辅助人在庭审中可以坐在申请该专家辅助人出庭的当事人一边。根据《民事诉讼法司法解释》第123 条的规定，法院可以对出庭的专家辅助人进行询问；经法庭准许，当事人可以对出庭的专家辅助人进行询问；当事人各自申请的专家辅助人可以就案件中的有关问题进行对质。由于专家辅助人只就案件的专业问题提出意见，接受询问和质询，因此，专家辅助人只参加与专业问题有关的庭审活动，不得参与专业问题之外的法庭审理活动。对此，各地法院掌握尺度不一。有的法院让专家辅助人只参加与专业问题有关的庭审活动，调查专业问题需要时将专家辅助人请进法庭，调查结束就将其请出法庭。但是，有的法院让专家辅助人从头到尾参加全部的庭审活动。这种做法当然是有问题的。专家辅助人从头到尾参加庭审活动，难免会受到庭审活动其他环节的影响，不利于其独立地就专业问题作出客观的判断和陈述。因此，法庭应当严格遵守《民事诉讼法司法解释》的上述规定，只让专家辅助人参加与其要陈述的技术事实相关的庭审活动。如果法官疏忽，当事人可以向法官提出工作建议。

四、专家陪审员

根据《民事诉讼法》第 40 条的规定，法院审理第一审民事案件，可以由审判员、陪审员共同组成合议庭进行。为了优化合议庭组成人员结构，方便查清技术事实，在确定合议庭的陪审员时，可以指定与案件技术背景相关的技术专家担任陪审员。陪审员在开庭、合议时可以就技术事实问题发表意见，这样就弥补了法官不懂技术事实的缺陷。

第十章　专利侵权诉讼的模块与流程

第一节　法官的视角

一、案件的基本模块

模块、模块化是工程设计、软件设计领域的常态思维。例如，软件设计师在开发软件时，通常要把一个目标软件分为若干个模块分别进行设计、开发，最后再把这些模块组装到一起进行调试，形成一个完整的软件。模块化可以使一项复杂的工作更合理、高效地展开。

在案件审判领域，也可以借鉴模块化的思维。一个发明或实用新型专利侵权案件，可能非常复杂，有时可能会让人无从下手。借鉴模块化的思维，将案件审理工作区分为若干个模块，既有利于审理的正常推进，也有利于学习、交流和研究。

大体而言，可以将一个发明或实用新型专利侵权案件的审理工作区分为七大模块：（1）确定原告据以起诉的专利权利要求并对其内容进行解释；（2）确定被告的行为类型；（3）确定被告实施的技术方案；（4）判断被告实施的技术方案与原告主张的专利权利要求的技术方案是否相同（"相同侵权"的认定）；（5）判断被告实施的技术方案与原告主张的专利权利要求的技术方案是否等同（"等同侵权"的认定）；（6）判断被告的抗辩是否成立；（7）确定侵权责任。为了方便学习和研究，本书的章节安排也基本按照上述模块展开。

上述七大模块的作业是相对独立的，法官审理案件，分别做好这七大模块的作业，然后就可以得到一个审理的结果。这七大模块的作业并不是毫无章法，通常要以一定的顺序展开，这就是下面要讲的审理思路。一个好的有经验的法官总是会按照一定审理思路，有条不紊地推进审判工作。

二、法官的审理思路

审理思路和裁判思路对于法官来说极为重要。一个好的审理思路能极大地提高审理效率，差的审理思路则可能要浪费很多时间。对此，上海市高级人民法院原副院长邹碧华在其《要件审判九步法》中有非常精准和详细的论述。❶ 欲了解更多的内容，可以详细阅读该书，笔者在此不再赘述。总之，掌握好的审理思路非常重要。

通常而言，法官审理发明和实用新型专利侵权案件，一般可以按照以下流程（见图 6）展开。

图 6　法官审理发明和实用新型专利侵权案件的流程

第一步，确定原告据以起诉的专利权利要求并解释其内容。首先，固定原告据以起诉的专利权利要求。专利权利要求是起诉的权利基础，法官必须要求原告予以明确，只有明确具体的权利要求，才能判断被控侵权的技术方案是否落入权利要求的保护范围。原告没有明确据以起诉的权利要求的，法官应当要求其明确，原告拒不明确的，法院可以依据 2020 年修正的《最高人民法院关于审理侵犯专利权纠纷案件应用法律若干问题的解释（二）》（法释〔2020〕19 号，以下简称《侵犯专利权司法解释二》）第 1 条的规定，裁定驳回原告的起诉。其次，解释专利权利要求的内容。要运用多种解释方法确定权利要求的内容，只有确定权利要求的内容及保护范围之后，才能判断被诉侵权的技术方案是否落入专利权利要求的保护范围（包括文义保护范围和等同保护范围）。如果经过解释，专利权利要求的内容和保护范围仍不

---

❶　邹碧华. 要件审判九步法［M］. 北京：法律出版社，2010：17 - 36.

清楚，就可以据此驳回原告诉讼请求。

第二步，确定被告的行为类型。原告应当明确被告的什么行为侵害了其哪一项或者哪几项专利权利要求。这些行为应当是《专利法》第 11 条规定的类型，比如制造、使用、许诺销售、销售、进口或者是对该类行为的故意的教唆或者帮助。如果经审理，确定被告的行为无法归入上述法定的类型，也不是对上述法定行为的故意的教唆和帮助，就可以驳回原告的诉讼请求。

第三步，确定被告实施的技术方案（被诉侵权的技术方案）。专利侵权的比对，就是将被诉侵权的技术方案与原告主张的权利要求的技术方案进行对比，因此，在固定原告主张的权利要求之后，还应当固定被诉侵权的技术方案。

第四步，判断"相同侵权"是否成立，即判断被诉侵权的技术方案是否落入专利权利要求的文义保护范围。如果权利要求的内容和文义保护范围是清楚的，接下来就要判断"相同侵权"是否成立，即判断被诉侵权的技术方案是否落入专利权利要求的文义保护范围。如果"相同侵权"成立，则直接转入第六步，判断被告的抗辩是否成立。如果"相同侵权"不成立，则要进一步判断"等同侵权"是否成立。

第五步，判断"等同侵权"是否成立，即判断被诉侵权的技术方案是否落入专利权利要求的等同保护范围。如果"等同侵权"成立，则进入第六步，判断被告的抗辩是否成立。如果"等同侵权"不成立，则驳回原告的诉讼请求。

第六步，判断被告的抗辩是否成立。如果"相同侵权"成立或者"等同侵权"成立，则要判断被告的抗辩是否成立。如果抗辩成立，则侵权不成立，驳回原告的诉讼请求，否则就认定侵权成立，确定责任。

第七步，确定被告的责任。这一步要根据原告的诉讼请求，确定具体的责任类型，包括停止侵害、赔偿损失等。

以上是法官审理专利侵权案件的基本思路，但也不是绝对机械地按照这个流程展开，实践中可以灵活掌握。例如，如果被告抗辩认为其实施的是现有技术，法官为了节约程序，可以直接判断被告实施的技术是不是现有技术，如果是，就可以直接驳回原告的诉讼请求，而没有必要按照上述七个步骤逐个展开。当然，一审法官这样审理，要冒一定的风险。假设一审法院认定现有技术抗辩成立，但是二审法院认定现有技术抗辩不成立，鉴于一审法院未就被诉侵权技术方案是否落入涉案专利权利要求的保护范围进行审理，二审法院为了确保当事人的审级利益，就很可能会将案件发回一审法院重审，要求一审法院就被诉侵权技术方案是否落入涉案专利权利要求的保护范围、侵权是否成立进行进一步的审理。发回重审对一审法官而言是一个较大的风险。

第二节 当事人的视角

法官是案件的主导者，一个案件的流程和进展基本上由法官主导。因此，当事人参与案件诉讼，应当听从法官的安排，按照法官的审理思路推进诉讼程序。但是，当事人也不是完全被动的。侵权案件的启动，诉讼程序的推进，需要当事人的积极参与。因此，从法官的视角讨论案件审理思路之后，还有必要从当事人的角度来讨论一下如何启动和推进专利侵权诉讼工作。

一、原告的视角

原告要启动和做好一个侵权案件，应当注意以下流程和环节：

（1）固定被告的行为。《专利法》禁止的行为就是该法第 11 条规定的制造、使用、许诺销售、销售、进口等行为。原告首先应当确认涉嫌侵权的行为基本可以归入上述行为类型，然后才向法院起诉涉嫌侵权的行为人。

（2）固定被告实施的技术方案。被告的行为是否违反《专利法》第 11 条的规定，关键看其实施的技术方案是否落入原告的专利权利要求的保护范围。这就涉及技术方案的比对。要进行技术方案的比对，前提之一是要固定被告实施的技术方案。对于产品专利而言，要固定被告实施的技术方案，通常要购买被告制造、使用、许诺销售、销售、进口的产品，然后分析该产品体现的技术方案。原告必须把技术方案搞清楚，才能确认该技术方案是否落入专利权利要求的保护范围。遇到复杂的产品和技术方案，可能还要通过技术鉴定的手段把技术方案搞清楚。对于方法专利而言，取证往往很困难，权利人可能需要通过一些隐蔽的手段去取证，获取被告实施的技术方案。当然，目前司法实践中对于方法专利的举证标准有所降低，原告只需要提交初步的证据证明被告很可能实施了原告的方法专利，然后可以申请法院调取被告实施的技术方案或者责令被告提交其实施的技术方案。

（3）确定据以起诉的专利权利要求。原告起诉，要有权利基础，因此，要确定据以起诉的专利权利要求。确定权利要求是有讲究的。原告起诉到法院去，只主张一项权利要求，还是同时主张若干项权利要求？这需要仔细斟酌。原告还需要注意，只要其提起侵权诉讼，被告就极有可能向国家知识产权局提出宣告原告据以提起诉讼的权利要求无效的请求。假设原告在提起侵权诉讼时，只主张了一项权利要求，而该项权利要求事后被国家知识产权局宣告无效，那么原告的起诉就丧失了权利基础，法院就会依据《侵犯专利权司法解释二》第 1 条的规定，裁定驳回原告依据该权利要求提起的诉讼。为了防范这种风险，原告应当多主张几项权利要求。这样的话，即使有一些权利要求被专利复审委员会宣告无效，也仍然有替补的权利要求作为起诉的权利基础。但是，主张的权利要求数目也不是越多越好。主张的权利要求越多，意味着工作量越大，就会耗费更多的诉讼成本。在考虑依据哪些权利要求提起诉讼时，原告应当对权利要求的稳定性以及被告实施的技术方案落入专利权利要求的保护范围的可能性进行评估，在权利要求的稳定性较好、侵权成立的可能性较大的情况下，才提起诉讼，而不是贸然行动。对于技术方案比较复杂的，可以先请有关鉴定机构进行鉴定，评估侵权的可能性。

（4）制作侵权比对表，英文名称为 Claim Chart，简称"CC 表"。该表将原告主张的权利要求的全部技术特征和被告实施技术方案的相应的技术特征列出，形象地展示出被告实施的技术方案全面覆盖了原告的权利要求的全部技术特征的事实。原告在诉讼中，应当主张并说明被告实施了侵权行为的事实。"CC 表"的作用就在于将原告主张的权利要求的技术方案与被告实施的技术方案以及两个技术方案的技术特征比对情况形象地展示给法官，帮助法官确认被告实施的技术方案是否落入原告主张的权利要求的保护范围。CC 表是在起诉阶段提交还是在庭审前提交，这需要根据具体情况灵活掌握。

（5）选择合适的管辖法院提起诉讼。法院的理念、风格及审判速度等都可能不同，选择合适的管辖法院无疑很重要。一旦选定了合适的管辖法院，就要注意收集和固定管辖连接点事实，确保管辖没有问题。

（6）根据法院的审判思路和进度，正常推进诉讼工作。待案件正式立案、进入实体审理程序后，配合法官并按照其审理思路和进度，正常推进诉讼程序。

二、被告的视角

被告收到原告的起诉状之后，能做的工作基本就是两项：

（1）向国家知识产权局提出宣告原告的专利无效的请求。如果原告据以提起诉讼的专利被宣告无效，则审理侵权案件的法院会依据《侵犯专利权司法解释二》第 1 条的规定，裁定驳回原告的起诉。所以，一旦被人起诉，向国家知识产权局提出宣告原告的专利无效的请求，几乎就是一项标准流程作业。

（2）积极进行不侵权、免责或减轻责任的抗辩。《专利法》规定了很多抗辩事由，例如不侵权抗辩、现有技术抗辩、先用权抗辩，等等。针对原告提起的侵权主张，被告可以根据情况采用合适的抗辩方法。

第十一章 起诉的权利基础：专利权利要求

根据《民事诉讼法》第 122 条第 3 项的规定，原告提起诉讼应当有具体的诉讼请求和事实、理由。"诉讼请求"通常就是停止侵害、赔偿损失等，"理由"是据以起诉的实体法律规范，"事实"是实体法律规范的要件事实。原告在起诉状中通常要列明诉讼请求，写明支持诉讼请求的实体法律规范，然后再列明该实体法律规范下的要件事实。

在侵犯专利权的诉讼中，据以起诉的实体法律依据主要是《专利法》第 11 条、第 64 条、第 71 条。

《专利法》第 11 条规定："发明和实用新型专利权被授予后，除本法另有规定的以外，任何单位或者个人未经专利权人许可，都不得实施其专利，即不得为生产经营目的制造、使用、许诺销售、销售、进口其专利产品，或者使用其专利方法以及使用、许诺销售、销售、进口依照该专利方法直接获得的产品。"该条规定了行为模式——未经专利权人许可，任何人不得为生产经营目的实施其专利。

如何判断他人是否实施了权利人的专利？仅依据《专利法》第 11 条尚无法作出判断，还得结合《专利法》第 64 条的规定来进行判断。《专利法》第 64 条规定："发明或者实用新型专利权的保护范围以其权利要求的内容为准，说明书及附图可以用于解释权利要求的内容。"该条规定了专利权的保护范围——以权利要求的内容为准。根据《专利法》第 11 条的规定，判断有关制造、使用、许诺销售、销售、进口产品的行为或者使用方法的行为等是否属于实施原告专利的行为，应当就该类行为的对象——产品或方法所体现的技术方案（简称被诉侵权技术方案）是否落入《专利法》第 64 条规定的权利要求的保护范围作出认定。如果被诉侵权技术方案落入权利要求的保护范围——文义保护范围及等同保护范围，就可以认定有关行为属于实施权利人的专利的行为。

《专利法》第 71 条是损害赔偿责任条款，规定了损害赔偿的计算方法。该条与《专利法》第 11 条一起构成了完整的法律规范——行为模式及其后果。如果一个被诉的行为符合《专利法》第 11 条规定的行为模式，则要根据该法第 71 条的规定，承担赔偿责任。

由于被诉行为是否构成《专利法》第 11 条规定的行为，要结合该法第 64 条规定的权利要求的保护范围来确定。因此，如何解释并确定权利要求的保护范围是一个既重要又基础的工作。本章主要阐述专利权利要求的基本概念、权利要求的保护范围、权利要求的解释等问题。

第一节　专利权与权利要求

一、专利权与权利要求的关系

要厘清专利权和权利要求的关系，应当结合《专利法》第 26 条、第 64 条，2010 年《专利法实施细则》第 19 条、第 20 条的规定来进行分析。

《专利法》第 26 条规定："申请发明或者实用新型专利的，应当提交请求书、说明书及其摘要和权利要求书等文件……权利要求书应当以说明书为依据，清楚、简要地限定要求专利保护的范围。"

《专利法》第 64 条规定："发明或者实用新型专利权的保护范围以其权利要求的内容为准，说明书及附图可以用于解释权利要求的内容。"

2010 年《专利法实施细则》第 19 条规定："权利要求书应当记载发明或者实用新型的技术特征。权利要求书有几项权利要求的，应当用阿拉伯数字顺序编号。"

2010 年《专利法实施细则》第 20 条规定："权利要求书应当有独立权利要求，也可以有从属权利要求。独立权利要求应当从整体上反映发明或者实用新型的技术方案，记载解决技术问题的必要技术特征。从属权利要求应当用附加的技术特征，对引用的权利要求作进一步限定。"

根据上述几个法条的规定，一个专利文件中必须有权利要求书，权利要求书可以有一项权利要求，也可以有多项权利要求。每项权利要求都独立地限定一个或多个技术方案，该技术方案也通常被称为专利技术方案，即发明或实用新型。举例说明如下。

一种名称为"一种软袋输液生产线"、专利号为 ZL200810183159.6 的专利权利要求书如下：❶

---

❶ 为了简便，仅选用了三个权利要求，而且对权利要求的引用关系作了适当改变。

1. 一种软袋输液生产线，包括：制袋工段，具有出袋工位（7），制造好的袋子位于所述出袋工位（7）中；灌装工段，具有进袋工位（9），待灌装的袋子位于所述进袋工位（9）中；机架（13）以及控制系统（19），其特征在于，所述软袋输液生产线进一步包括设置在所述制袋工段与所述灌装工段之间的袋转移机构（8），其中，所述制袋工段与灌装工段平行错位布置，并且所述出袋工位（7）与所述进袋工位（9）面对布置，所述袋转移机构（8）设置在所述出袋工位（7）与所述进袋工位（9）之间，以便将所述制袋工段制造好的袋子（201）取出并将其从水平状态翻转成垂直状态，并且将其转移至进袋工位（9）中。

2. 根据权利要求 1 所述的软袋输液生产线，其特征在于，所述出袋工位（7）与所述进袋工位（9）的中心线重合。

3. 根据权利要求 2 所述的软袋输液生产线，其特征在于，所述袋转移机构（8）包括：夹持装置（84，861），用于夹持所述袋子（201）；平移转动机构，包括平移单元和转动单元，所述平移单元带动所述夹持装置（84，861）在所述出袋工位（7）与所述进袋工位（9）之间移动，在此期间所述转动单元带动所述夹持装置（84，861）转动；取袋机构，将所述袋子（201）从所述出袋工位（7）中取出并送入所述夹持装置（84，861），以及将所述袋子（201）从所述夹持装置（84，861）中取出并送入所述进袋工位（9）；以及支架（85），所述平移转动机构设置在所述支架（85）上。

在上例中，专利的主题名称是"一种软袋输液生产线"，由三项权利要求构成，权利要求 1 是独立权利要求，权利要求 2 是引用权利要求 1 的从属权利要求，权利要求 3 是引用权利要求 2 的从属权利要求。权利要求 1、2、3 记载的对象均为技术方案，该技术方案就是专利保护对象。

根据《专利法》第 64 条的规定，发明或者实用新型专利权的保护范围以其权利要求的内容为准。由此可知，专利权和权利要求的关系是，专利权的保护范围由权利要求的内容确定。在上述例子中，名称为"一种软袋输液生产线"的专利，其保护范围分别由权利要求 1、2、3 所表达的技术方案限定。权利要求 1 是独立权利要求，记载的技术特征最少，保护范围最大。权利要求 2 引用了权利要求 1，即引用了权利要求 1 的全部技术特征，在此基础上又增加了技术特征"所述出袋工位（7）与所述进袋工位（9）的中心线重合"，构成权利要求 1 的从属权利要求，其保护范围相比权利要求 1 的保护范围更小。权利要求 3 引用权利要求 2，在权利要求 2 的全部技术特征的基础上，又增加了自己的技术特征，构成权利要求 2 的从属权利要求，保护范围比权利要求 2 的保护范围更小。

由上可知，专利权的保护范围是由一个或若干项权利要求所记载的技术方案限定的。

二、专利权的保护体系

一个专利既可以由一项权利要求构成，也可以由若干项权利要求构成，上述"一种软袋输液生产线"的专利即有三项权利要求。权利要求 1 是独立权利要求，其保护范围最大；权利要求 2 是权利要求 1 的从属权利要求，保护范围小于权利要求 1；权利要求 3 是权利要求 2 的从属权利要求，保护范围又小于权利要求 2。如果以圆圈来表示，其保护范围的构成关系如图 7 所示。

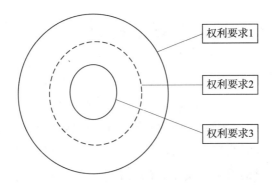

图 7　"一种软袋输液生产线"专利权的保护范围示意图

最外面的大圆圈是权利要求 1 的保护范围，中间的圆圈是权利要求 2 的保护范围，最里面的圆圈是权利要求 3 的保护范围。权利要求 1 全面覆盖了权利要求 2 和权利要求 3，保护范围最大；权利要求 2 覆盖了权利要求 3，保护范围比权利要求 3 大，但比权利要求 1 小；权利要求 3 的保护范围最小。当原告用权利要求 3 来主张权利时，其专利权的大小即为权利要求 3 的保护范围；当其用权利要求 2 来主张权利时，其专利权的大小即为权利要求 2 的保护范围；当其用权利要求 1 来主张权利时，其专利权的大小即为权利要求 1 的保护范围。

既然权利要求 1 的保护范围最大，足以保护专利权人的发明创造，为什么还要保护范围比权利要求 1 更小的权利要求 2～3？

这是因为，发明人在撰写权利要求时要合理布局权利要求的进攻及防守体系，既要考虑进攻，也要考虑防守。在侵犯专利权案件中，专利权人是进攻方，要求被控侵权人停止侵权、赔偿损失。面对专利权人的进攻，被控侵权人如果认为涉案专利权不符合专利授权条件，就会向国家知识产权局提出宣告涉案专利权无效的请求。在此情况下，假设涉案专利只有权利要求 1，而且国家知识产权局经审查认为权利要求 1 不符合授权条件，作出宣告权利要求 1 无效的决定。为了简化和讨论问题的方便，这里假定该决定后来生效。据此，专利权人的专利就彻底地不复存在。但是，假设涉案专利有三项权利要求，即使权利要求 1 被宣告无效，权利要求 2、3 还可能被维持有效，仍然可以作为专利权人实施专利权的阵地。进一步说，即使权利要求 1、2 被宣告无效，专利权人丧失了权利要求 1、2 这两块阵地，但是，权利要求 3 还可能被维持有效。尽管权利要求 3 的保护范围更小，但总比没有阵地强。专利权人通过权利要求 1、2、3 构建起一个兼顾进攻和防御的权利体系，能够最大限度地保护自己的发明创造，维护自身的利益。这就是构建多层次的专利权保护体系的原因所在。

第二节　据以起诉的权利要求及其效力

原告提起侵权诉讼，通常主张被告的行为侵害了其权利——物权、知识产权、人格权等，该物权、知识产权、人格权等即为原告据以提起诉讼的权利。如果原告没有这个权利，就会被法院裁定驳回起诉。同理，在侵犯专利权的诉讼中，原告必须有一个支持自己诉讼请求和事实主张的权利——专利权。如前所述，专利权既可能由一项权利要求构成，也可能由多项权利要求构成。因此，原告在提起侵犯专利权的诉讼案件中，必须明确主张被告的行为侵害了其哪一项或者哪几项权利要求。受诉法院在审理专利侵权案件中，必须首先固定原告据以提起诉讼的专利权利要求，然后确认该权利要求的效力，再判断被控侵权的技术方案是否落入该权利要求的保护范围。

一、固定原告据以起诉的权利要求

《侵犯专利权司法解释二》第 1 条规定："权利要求书有两项以上权利要求的，权利人应当在起诉状中载明据以起诉被诉侵权人侵犯其专利权的权利要求。起诉状对此未记载或者记载不明的，人民法院应当要求权利人明确。经释明，权利人仍不予明确的，人民法院可以裁定驳回起诉。"

（1）权利人必须在起诉状中载明据以起诉的权利要求，经法官释明，权利人仍然不予明确的，受诉法院可以裁定驳回起诉。有的当事人不太清楚专利权和权利要求的关系，只笼统地主张被告的行为侵害了其专利权，但并不明确指明侵害了其哪项权利要求。经过法官的反复释明，干脆就笼统地主张被诉行为侵害了其全部权利要求。这些都不是专业的做法。根据《侵犯专利权司法解释二》第 1 条的规定，权利人必须明确具体的权利要求，否则法院就可以裁定驳回起诉。因为权利要求是原告起诉的权利基础，如果原告不明确其起诉的权利基础，起诉就没有具体的事实和理由，根据《民事诉讼法》第122条的规定，法院就可以裁定驳回起诉。

（2）权利人应当如何主张权利要求也是有讲究的。权利人当然可以仅主张保护范围最大的权利要求，这样最有利于指控被控侵权行为，因为权利要求的保护范围最大，侵权成立的可能性最大。但是，如前所述，在权利人提起侵权诉讼之后，被控侵权人极有可能向国家知识产权局提起宣告权利要求无效的请求。权利要求的保护范围越大，被宣告无效的风险也越大。如果权利人在侵权案件中仅主张一项权利要求，一旦该权利要求被国家知识产权局宣告无效，专利权人就丧失了进攻的武器，其诉讼就会被法院裁定驳回。这是极大的风险，权利人应当尽力避免这种风险。因此，在侵权案件中，比较保险的做法是主张若干项权利要求。这样，即使有的权利要求被宣告无效，其他被维持有效的权利要求仍然可以作为起诉和进攻被控侵权人的武器，权利人不至于满盘皆输。那么，既然主张若干项权利要求比仅主张一项权利要求更加保险，是不是主张的权利要求越多越好？当然不是。主张的权利要求越多，技术方案的比对工作就越多，劳动量就越大，给法官造成的审理难度就越大。因此，权利人应当事先对权利要求的效力和侵权是否成立等因素做一个客观的评估，根据评估情况审慎选择几项权利要求，既不要仅主张一项权利要求（假定权利要求书有若干项权利要求），也不要轻易主张全部的权利要求。

二、确认权利要求的效力

当权利人固定权利要求之后，接下来法官就应当审查、确认权利要求的效力，即确认权利人主张的权利要求是否是合法有效的权利要求。法官对权利要求的效力的审查是有限度的。一方面，法官应当对权利要求的效力状态做一个基本的审查，确保权利人主张的权利要求在被控侵权行为发生时是合法有效的。另一方面，根据我国"民行分立"的双轨制，❶ 对已授权专利的权利要求是否符合授权条件、是否应当被宣告无效的审查，专属于国家知识产权局，审理侵权案件的法院并不能就专利是否符合授权条件、是否应当被宣告无效作出审理。

（1）法官应当审查、确认权利要求的效力。权利人提起诉讼，应当提交证据证

---

❶　"双轨制"是指审理侵权案件的法院只能就侵权是否成立作出审理，而不能就专利是否符合专利法规定的授权条件、是否应当被宣告无效作出审理；专利是否符合专利法规定的授权条件、是否应当被宣告无效的职责专属于国家知识产权局。这两项争议的审理，分由法院和国家知识产权局掌管，故称为"双轨制"。与之相比，美国的联邦法院在审理侵权的案件中可以一并就专利权是否符合专利法规定的授权条件作出审理。

明自己拥有有效的专利权。证明专利权的效力的证据有专利登记簿副本、专利证书和当年缴纳专利年费的收据等。通常情况下，权利人提交专利登记簿副本和当年缴纳专利年费的收据，或者专利证书和当年缴纳专利年费的收据，即可以初步证明自己的专利权效力状态。法官对这些证据作出审查后，即可初步确认专利权的效力。但是，上述证据并不能实时动态地反映权利要求的效力状态。因此，被告为了有效抗辩，应当更加主动地作为，查询权利人主张的每项权利要求的法律状态，如果该权利要求存在被宣告无效等情形的，应当提交有关证据进行抗辩。这些证据有专利公报、国家知识产权局作出的无效决定及相应的裁判文书等。国家知识产权局指定的官方网站会定期地更新专利的有关信息。被告通过这些网站，可以及时获得证明权利要求效力状态的证据。

（2）根据我国"民行分立"的双轨制，权利要求是否符合《专利法》规定的授权条件，是专属于国家知识产权局的审查事项，审理侵权案件的法院不得审理。因此，被控侵权人如果认为权利人主张的权利要求不符合《专利法》规定的授权条件因而应当被宣告无效的，应当向国家知识产权局提出，即使其在侵权诉讼中向受诉法院提出，受诉法院也不得审理。❶

三、权利要求的效力待定情形下的"先行裁驳"制度

（一）"先行裁驳"制度正式确立前的司法实践

"先行裁驳"是指专利权利要求的效力不稳定时，审理侵权案件的法院先行裁定驳回权利人依据该权利要求提起的诉讼。在最高人民法院通过司法解释正式规定"先行裁驳"制度之前，司法实践中即有法院在这方面先行先试，作出了大胆的探索。下面是一个典型的案例。

在第一三共株式会社诉北京万生药业有限责任公司侵害发明专利权纠纷案❷中，第一三共株式会社依据其拥有的名称为"用于治疗或预防高血压症的药物组合物的制备方法"的发明专利向北京市第三中级人民法院起诉北京万生药业有限责任公司（以下简称万生药业公司）侵害其专利权。

万生药业公司针对涉案专利向国家知识产权局专利复审委员会提出无效宣告请

---

❶ 北京市高级人民法院《专利侵权判定指南（2017）》第 1 条、第 125 条。
❷ 北京市第三中级人民法院（2014）三中民初字第 5884 号民事裁定书；北京市高级人民法院（2015）高民（知）终字第 3064 号民事裁定书。

求，专利复审委员会经审查作出第 16266 号无效宣告请求审查决定（以下简称第 16266 号决定）：在第一三共株式会社于 2011 年 1 月 14 日提交的修改文本的基础上，维持涉案专利权有效。北京市第一中级人民法院经审理作出（2011）一中知行初字第 2403 号行政判决：维持第 16266 号决定。但是，北京市高级人民法院认为涉案专利权利要求 1 未取得预料不到的技术效果，不具备创造性，遂作出（2012）高行终字第 833 号行政判决：撤销一审判决和第 16266 号决定，由专利复审委员会重新作出审查决定。

北京市第三中级人民法院认为：第一三共株式会社主张万生药业公司侵害其对涉案专利享有的专利权，但涉案专利已被生效的（2012）高行终字第 833 号行政判决认定为不具备创造性，故其目前尚处于权利不稳定的状态，第一三共株式会社的起诉不符合法律规定的条件。若涉案专利被生效法律文书认定为有效，第一三共株式会社可以重新起诉，遂裁定驳回第一三共株式会社的起诉。第一三共株式会社上诉后，北京市高级人民法院经审理于 2015 年 7 月 13 日作出终审裁定：驳回上诉，维持原裁定。

在该裁判作出前，最高人民法院并未对专利侵权案件中涉案专利权利要求效力待定情形下是否可以裁定驳回权利人依据该权利要求的起诉作出规定。因此，本案是一审、二审法院在司法实践中作出的积极探索，是司法能动性的体现。一审、二审之所以不选择中止诉讼，而勇于作出驳回原告起诉的裁定，部分原因可能是其认为认定涉案权利要求 1 不具备创造性的（2012）高行终字第 833 号行政判决被最高人民法院改判的可能性非常小。这可以分两种情形来讨论。

第一种情形：如果当事人服从（2012）高行终字第 833 号行政判决，专利复审委员会依据该判决重新作出宣告涉案权利要求 1 不具备创造性的决定，该决定一旦生效，涉案权利要求 1 就确定地失去效力。与其中止诉讼、等待专利复审委员会重新作出宣告涉案权利要求 1 无效的决定生效后，再裁定驳回第一三共株式会社的起诉，不如在（2012）高行终字第 833 号行政判决作出后直接裁定驳回第一三共株式会社的起诉。

第二种情形：如果当事人不服（2012）高行终字第 833 号行政判决，向最高人民法院提起再审申请。最高人民法院裁定驳回再审申请的可能性非常大，而提审、改判的可能性非常小。如果最高人民法院裁定驳回再审申请，此种情形和上述第一种情形一样，审理侵权案件的一审、二审法院在中止诉讼一定期限后，仍然会因涉案权利要求 1 最终被确认无效而裁定驳回第一三共株式会社的起诉。总之，无论在哪种情形下，审理侵权案件的一审、二审法院直接裁定驳回第一三共株式会社的起诉，是较好的选择。

但是，后来小概率事件真的发生了。前述认定涉案权利要求 1 不具备创造性的（2012）高行终字第 833 号行政判决后来被最高人民法院 2017 年 12 月 20 日作出的（2016）最高法行再 41 号行政判决书撤销，该院认定涉案权利要求 1 具有创造性。这样一来，第一三共株式会社只能另行起诉北京万生药业公司。从第一三共株式会社起诉，到因涉案权利要求 1 被认定为不具备创造性而被一审、二审法院裁定驳回起诉，又到涉案权利要求 1 被最高人民法院认定具备创造性，再到第一三共株式会社可以另行起诉。

（二）《侵犯专利权司法解释二》确立的"先行裁驳"制度

如前所述，我国对侵权案件的审理和专利权效力的审理实行"民行分立"的双轨制。在侵权案件中，被控侵权人极有可能向国家知识产权局请求宣告权利人主张的权利要求无效。根据 2020 年修正的《最高人民法院关于审理专利纠纷案件适用法律问题的若干规定》第 5 条的规定，被控侵权人向国家知识产权局提出无效宣告请求的，受理侵权案件的法院可以中止侵权案件的诉讼。涉案专利的无效案件经国家知识产权局审理并作出决定后，还可能进入司法程序，可能要历经一审、二审程序，整个过程可能持续一二年甚至更长时间，这会导致两个弊病：（1）在这么长的时间内，侵权案件悬而未决，不利于及时稳定法律关系；（2）受诉法院长期无法审结案件，导致案件积压。

为了解决上述问题，最高人民法院出台的《侵犯专利权司法解释二》第 2 条规定："权利人在专利侵权诉讼中主张的权利要求被国务院专利行政部门宣告无效的，审理侵犯专利权纠纷案件的人民法院可以裁定驳回权利人基于该无效权利要求的起诉。"这种制度简称"先行裁驳"制度。众所周知，国家知识产权局宣告权利要求无效的决定并不是立即生效的。根据《专利法》第 46 条的规定，专利权人对国家知识产权局作出的无效决定不服的，可以提起诉讼。一旦当事人提起诉讼，国家知识产权局的无效决定的效力就悬而未决，只有等法院作出维持国家知识产权局的无效决定的判决生效后，该无效决定才生效，被宣告无效的权利要求才确定地失去效力。也就是说，国家知识产权局宣告专利权利要求无效的，在该无效决定生效前，被宣告无效的权利要求的效力是待定的，其最终的效力状态取决于后续的司法审查程序。在权利要求的效力待定期间，受理侵权案件的法院就可以先行裁定驳回权利人基于该权利要求的起诉，这显然是《侵犯专利权司法解释二》第 2 条作出的一种特殊的制度安排。

《侵犯专利权司法解释二》作出这种特殊的"先行裁驳"制度安排，大抵有以下几点理由。

（1）"先行裁驳"出错的概率较小。国家知识产权局作出的无效决定，权利人不起诉的会直接生效；权利人起诉、进入司法审查程序的，被法院撤销的比例并不高，因此，一旦国家知识产权局作出宣告权利要求无效的决定，受理侵权案件的法院就裁定驳回权利人依据该权利要求的起诉，发生错误的概率会比较低。

（2）"先行裁驳"制度可以及时确认各方当事人之间的法律关系。如前所述，国家知识产权局作出的无效决定被撤销的概率并不高。在此情况下，裁定驳回权利人的起诉，有利于尽早确认各方当事人之间的法律关系，恢复原有的秩序。否则，让侵权案件一直中止下去，双方之间的法律关系长时间悬而未决，必然会引发很高的成本。

（3）"先行裁驳"制度是解决广受诟病的"久拖不决"的弊病的有效措施。以前，一旦涉案的专利被提起无效宣告请求，很多侵权案件就进入中止诉讼的状态，中止期间长达一两年甚至更长时间，当事人无法忍受。这种"久拖不决"的弊病引发的批评越来越多。上述"先行裁驳"的制度安排较好地解决了"久拖不决"的问题。

（4）"先行裁驳"即使出错，原告也可以另行起诉被告，其权益还可以得到救济。虽然"先行裁驳"出错会给原告造成一定的影响，但是，总体而言，"先行裁驳"制度的利大于弊。

四、"先行裁驳"制度带来的挑战及应对策略

《侵犯专利权司法解释二》第2条第1款规定了"先行裁驳"制度，第2款规定了"另行起诉"制度："有证据证明宣告权利要求无效的决定被生效的行政判决撤销的，权利人可以另行起诉。专利权人另行起诉的，诉讼时效期间从本条第二款所称行政判决书送达之日起计算。"这两个制度看似兼顾了权利人和被控侵权人，但是对权利人的影响还是非常大的。一旦权利要求被宣告无效，受理侵权案件的法院裁定驳回权利人的起诉，被控侵权人的生产经营活动恢复正常，其产品涌入市场。由于无效决定的司法审查程序耗时较长（一审、二审程序加起来至少需要一年时间），这一期间，被控侵权的产品涌入市场，挤占权利人的产品市场，可能极大地改变了市场格局，在这种情况下，即使该宣告权利要求无效的决定被生效的行政判决撤销，权利人另行起诉，也可能很难在短期内扭转市场格局。由此可见，"先行裁驳"制度对权利人的影响非常大。

为了防控"先行裁驳"制度给权利人带来的风险，权利人在起诉对方前，应当对自己的专利权利要求的稳定性进行大致的评估，做到心里有数。而且，权利人起

诉时最好多主张几个权利要求（当然也不是越多越好），毕竟若干个权利要求全部被国家知识产权局宣告无效的概率要小很多，即使其中部分权利要求被宣告无效，被维持有效的权利要求仍然可以作为主张权利的依据。

如果起诉之后，被告针对权利人据以起诉的权利要求提起了无效宣告请求，则权利人应当谨慎评估被提起无效宣告的权利要求的稳定性，在可能的情况下，尽量对权利要求作出修改，克服其在效力方面的缺陷，保住专利权。

第三节　权利要求的保护范围

《专利法》第64条规定："发明或者实用新型专利权的保护范围以其权利要求的内容为准，说明书及附图可以用于解释权利要求的内容。"这里提到的保护范围是指专利权的保护范围，而不是权利要求的保护范围。这种提法符合我们的惯例。当我们说到知识产权的权利范围时，一般都说著作权的保护范围、商标权的保护范围、专利权的保护范围。但是，权利要求的保护范围也是知识产权界的常用说法。这种说法也没有错。（1）专利权是由一项或若干项权利要求组成的，在实务中，专利权的保护范围最终要具体到某项权利要求的保护范围，才有意义。脱离具体的权利要求，笼统地讨论专利权的保护范围没有任何意义。（2）诚如《专利法》第64条所规定的，发明或者实用新型专利权的保护范围以其权利要求的内容为准，也就是说，专利权的保护范围就是权利要求的内容界定的保护范围。在这个意义上，权利要求的保护范围的提法当然是没有错的。

一、权利要求的文义保护范围

根据2020年修正的《最高人民法院关于审理专利纠纷案件适用法律问题的若干规定》第13条的规定，专利权的保护范围应当以权利要求记载的全部技术特征所确定的范围为准，也包括与该技术特征相等同的特征所确定的范围。前者一般被称为权利要求的文义保护范围，后者一般被称为权利要求的等同保护范围。当我们说到权利要求的保护范围时，一般应当注意将其区分为文义保护范围和等同保护范围。权利要求的文义保护范围就是权利要求的文字含义所界定的保护范围，其法律依据是《专利法》第64条：发明或者实用新型专利权的保护范围以其权利要求的内容为准。这里有两点必须加以说明。

（1）诚如《专利法》第 64 条所规定的，虽然发明或者实用新型专利权的保护范围以其权利要求的内容为准，但是，说明书及附图可以用于解释权利要求的内容。对此，《侵犯专利权司法解释一》第 3 条第 1 款也作了进一步的规定："人民法院对于权利要求，可以运用说明书及附图、权利要求书中的相关权利要求、专利审查档案进行解释。说明书对权利要求用语有特别界定的，从其特别界定。"根据前述规定，权利要求的保护范围并非仅仅由其文字的表面含义所限定，而是由采用说明书及附图解释的权利要求的文字内容所确定。❶ 在这个意义上，"权利要求的字面含义""权利要求的字面保护范围"等提法具有极大的误导性，容易让人误以为是指权利要求的文字表面上的含义、权利要求的文字表面上的保护范围。本书提倡使用"权利要求的文义""权利要求的文义保护范围"之类的提法，不赞同使用"权利要求的字面含义""权利要求的字面保护范围"等提法。"文义"虽然是指文字的含义，但文字的含义显然不是文字表面上的含义。"文义"的确定，不仅应当考虑文字本身，而且应当考虑文字所在的语境。文字表面上的含义与文字的具体语境所限定的含义可能是不同的。

（2）由于权利要求的文义不是指权利要求的文字表面上的含义，而是由权利要求的文字及其所在的语境共同限定的含义，权利要求的文义保护范围不是指权利要求的文字表面含义所确定的保护范围，而是由其语境所限定的含义确定的保护范围，因此，权利要求的文义保护范围必须借助权利要求解释方法来确定，不采用内部证据、外部证据对权利要求的文字含义作出解释，就不太可能正确地界定权利要求的文义保护范围。

（3）权利要求的文义保护范围，作为一个概念，其学理意义可能大于其实务中的意义。在实务中，这一概念的重要性不必过分强调。在具体的侵权案件中，判断侵权是否成立，通常采用"技术特征全面覆盖原则"，即只要被控侵权技术方案全面覆盖涉案权利要求的全部技术特征，就可以认定被控侵权人实施了权利人主张的权利要求所限定的技术方案。这个判断的过程中，要进行技术方案和技术特征的比对，因此，重要的是正确界定技术方案的实质，正确确定技术特征的含义，从而正确地判断涉案权利要求中的全部技术特征与被控侵权技术方案中的相应技术特征是否相同或者等同。在这个比对的过程中，我们并不考究权利要求的文义保护范围到底是多大。经过比对，认定涉案权利要求中的全部技术特征与被控侵权技术方案中的相应技术特征相同或者等同，而且两个技术方案并无实质性不同，就可以得出结论：被控侵权技术方案落入权利要求的文义保护范围或者等同保护范围，或者干脆不区分文义保护范围和等同保护范围，直接认定"被控侵权技术方案落入权利要求的保

---

❶　虽然《专利法》第 64 条的提法是"说明书及附图可以用于解释权利要求的内容"，笔者认为此处的"可以"理解为"应当"更合适，下文将详述。

护范围"。因此，从实务的角度来说，所谓的"被控侵权技术方案落入权利要求的文义保护范围""被控侵权技术方案落入权利要求的等同保护范围""被控侵权技术方案落入权利要求的保护范围"等提法，只是一种修辞表达，是为了论证侵权成立的一种结论性意见，其本身对于侵权是否成立的判断过程并没有实际意义。当然，笔者并不否定上述概念和提法，它们确实有助于我们思考和讨论问题，只是在实务中不必过分纠缠这些概念和提法。

二、权利要求的等同保护范围

《专利法》第 64 条规定："发明或者实用新型专利权的保护范围以其权利要求的内容为准。"仅从文义上来解释，"以权利要求的内容为准"，当然是指以权利要求的文字内容所限定的技术方案为准，非权利要求的文字内容所限定的技术方案不属于专利权的保护范围。据此，该条所称的"保护范围"是指文义保护范围，并不包括等同保护范围。

权利要求的等同保护范围，在《专利法》中缺乏明确的法律依据，其依据在于2020 年修正的《最高人民法院关于审理专利纠纷案件适用法律问题的若干规定》第13 条。❶ 因此，权利要求的保护范围从文义保护范围扩大到包括文义保护范围和等同保护范围，是最高人民法院以解释专利法的名义造法的结果，是为了有效保护发明创造、适当扩大权利要求的保护范围而由最高人民法院颁布的司法解释规定的。为什么要将权利要求的保护范围扩大到等同保护范围？对此，笔者将在"等同侵权"的认定部分详细展开论述，此处暂且不论。

三、权利要求的保护范围不清楚

根据《专利法》第 26 条第 4 款的规定，权利要求书应当清楚、简要地限定要求专利保护的范围。《专利法》之所以设定这样的要求，是为了给权利要求划定一条清晰的边界，进而告知社会公众专利权的边界线和社会公众的行为界限。

多数情况下，专利权利要求的保护范围是清楚的，即使文义上有一些模糊之处，

---

❶ 该条规定：专利法第五十九条第一款所称的"发明或者实用新型专利权的保护范围以其权利要求的内容为准，说明书及附图可以用于解释权利要求的内容"，是指专利权的保护范围应当以权利要求记载的全部技术特征所确定的范围为准，也包括与该技术特征相等同的特征所确定的范围。等同特征，是指与所记载的技术特征以基本相同的手段，实现基本相同的功能，达到基本相同的效果，并且本领域普通技术人员在被诉侵权行为发生时无需经过创造性劳动就能够联想到的特征。

经过解释也能澄清、消除模糊之处，呈现出清晰的保护范围。但是，有的权利要求采用一些含义模糊的字词，即使采用内部证据和外部证据进行解释，仍然无法明确其具体含义，这种情况下就无法确定保护范围。对于这种案件，法院应当如何处理？是应当中止诉讼，等待无效案件的结果，还是可以采取其他方式结案？

原告提起专利侵权诉讼，要想获得胜诉，必须举证证明被诉侵权技术方案落入其专利权利要求的保护范围，否则要承担败诉的不利后果。如果专利权利要求的保护范围不清晰，原告就无法证明被诉侵权技术方案落入权利要求的保护范围，进而要承担败诉的后果，法院可以权利要求保护范围不清楚为由驳回其诉讼请求。这种结案方式在司法实践中早有先例可循，具体见下面的案例。

在柏某清诉成都难寻物品营销服务中心等侵害实用新型专利权纠纷案❶中，原告柏某清系专利号 ZL200420091540.7、名称为"防电磁污染服"实用新型专利（涉案专利）的专利权人。涉案专利权利要求 1 的技术特征为："A. 一种防电磁污染服，包括上装和下装；B. 服装的面料里设有起屏蔽作用的金属网或膜；C. 起屏蔽作用的金属网或膜由导磁率高而无剩磁的金属细丝或者金属粉末构成。"该专利说明书载明，该专利的目的是提供一种成本低、保护范围宽和效果好的防电磁污染服。其特征在于所述服装在面料里设有由导磁率高而无剩磁的金属细丝或者金属粉末构成的起屏蔽保护作用的金属网或膜。所述金属细丝可用市售 5～8 丝的铜丝等，所述金属粉末可用如软铁粉末等。附图 1～2 表明，防护服是在不改变已有服装样式和面料功能的基础上，通过在面料里织进导电金属细丝或者以喷、涂、扩散、浸泡和印染等任一方式的加工方法将导电金属粉末与面料复合，构成带网眼的网状结构即可。

2010 年 5 月 28 日，成都难寻物品营销服务中心销售了由上海添香实业有限公司生产的添香牌防辐射服上装，该产品售价 490 元，其技术特征是：（1）一种防电磁污染服上装；（2）服装的面料里设有起屏蔽作用的金属防护网；（3）起屏蔽作用的金属防护网由不锈钢金属纤维构成。7 月 19 日，柏某清以成都难寻物品营销服务中心销售、上海添香实业有限公司生产的添香牌防辐射服上装（被诉侵权产品）侵犯涉案专利权为由，向四川省成都市中级人民法院提起民事诉讼，请求判令成都难寻物品营销服务中心立即停止销售被控侵权产品；上海添香实业有限公司停止生产、销售被控侵权产品，并赔偿经济损失 100 万元。

四川省成都市中级人民法院于 2011 年 2 月 18 日作出（2010）成民初字第 597 号民事判决，驳回柏某清的诉讼请求。宣判后，柏某清提起上诉。四川省高级人民法院于 2011 年 10 月 24 日作出（2011）川民终字第 391 号民事判决，驳回柏某清上

---

❶　最高人民法院（2012）民申字第 1544 号民事裁定书。

诉，维持原判。柏某清不服，向最高人民法院申请再审，最高人民法院于 2012 年 12 月 28 日作出（2012）民申字第 1544 号民事裁定书，驳回其再审申请。

最高人民法院认为：

本案争议焦点是上海添香实业有限公司生产、成都难寻物品营销服务中心销售的被控侵权产品是否侵犯柏某清的"防电磁污染服"实用新型专利权。准确界定专利权的保护范围，是认定被诉侵权技术方案是否构成侵权的前提条件。如果权利要求书的撰写存在明显瑕疵，结合涉案专利说明书、附图、本领域的公知常识以及相关现有技术等，仍然不能确定权利要求中技术术语的具体含义，无法准确确定专利权的保护范围的，则无法将被诉侵权技术方案与之进行有意义的侵权对比。因此，对于保护范围明显不清楚的专利权，不能认定被诉侵权技术方案构成侵权。本案中，涉案专利权利要求 1 的技术特征 C 中的"导磁率高"的具体范围难以确定。（1）根据柏某清提供的证据，虽然磁导率有时也被称为导磁率，但磁导率有绝对磁导率与相对磁导率之分，根据具体条件的不同还涉及起始磁导率 μ_i、最大磁导率 μ_m 等概念。不同概念的含义不同，计算方式也不尽相同。磁导率并非常数，磁场强度 H 发生变化时，即可观察到磁导率的变化。但是在涉案专利说明书中，既没有记载导磁率在涉案专利技术方案中是指相对磁导率还是绝对磁导率或者其他概念，又没有记载导磁率高的具体范围，也没有记载包括磁场强度 H 等在内的计算导磁率的客观条件。本领域技术人员根据涉案专利说明书，难以确定涉案专利中所称的导磁率高的具体含义。（2）从柏某清提交的相关证据来看，虽能证明有些现有技术中确实采用了高磁导率、高导磁率等表述，但根据技术领域以及磁场强度的不同，所谓高导磁率的含义十分宽泛，从 80 Gs/Oe 至 83.5×104 Gs/Oe 均被柏某清称为高导磁率。柏某清提供的证据并不能证明在涉案专利所属技术领域中，本领域技术人员对于高导磁率的含义或者范围有着相对统一的认识。（3）柏某清主张根据具体使用环境的不同，本领域技术人员可以确定具体的安全下限，从而确定所需的导磁率。该主张实际上是将能够实现防辐射目的的所有情形均纳入涉案专利权的保护范围，保护范围过于宽泛，亦缺乏事实和法律依据。

综上所述，根据涉案专利说明书以及柏某清提供的有关证据，本领域技术人员难以确定权利要求 1 技术特征 C 中"导磁率高"的具体范围或者具体含义，不能准确确定权利要求 1 的保护范围，无法将被诉侵权产品与之进行有实质意义的侵权对比。因此，二审判决认定柏某清未能举证证明被诉侵权产品落入涉案专利权的保护范围，并无不当。

第四节　权利要求的解释

在上编"专利行政诉讼"中，笔者详细阐述了专利权利要求解释的理论与规则，其中的理论部分对专利侵权诉讼也是适用的，因此，关于权利要求解释的理论，可以参考"专利行政诉讼"有关章节的内容。本节以下的内容主要针对侵权诉讼中权利要求的解释进行阐述。

一、如何理解和适用《专利法》第 64 条第 1 款

《专利法》第 64 条第 1 款规定："发明或者实用新型专利权的保护范围以其权利要求的内容为准，说明书及附图可以用于解释权利要求的内容。"与之相适应，《侵犯专利权司法解释一》第 3 条也用了"可以"二字，具体内容为："人民法院对于权利要求，可以运用说明书及附图、权利要求书中的相关权利要求、专利审查档案进行解释。说明书对权利要求用语有特别界定的，从其特别界定。以上述方法仍不能明确权利要求含义的，可以结合工具书、教科书等公知文献以及本领域普通技术人员的通常理解进行解释。"

如何理解上述条文中的"可以"二字？"可以"是否意味着法官既可以用也可以不用说明书及附图来解释权利要求？是否意味着法官有权在个案中根据具体的情况决定是否采用说明书及附图解释权利要求的内容？如果法官没有采用说明书及附图解释权利要求的内容，是否属于适用法律错误？对此，应当结合《侵犯专利权司法解释一》第 2 条的规定来理解。第 2 条规定："人民法院应当根据权利要求的记载，结合本领域普通技术人员阅读说明书及附图后对权利要求的理解，确定专利法第五十九条第一款规定的权利要求的内容。"从这一规定来看，确定权利要求的内容：（1）应当依据权利要求记载的内容；（2）要结合本领域普通技术人员阅读说明书及附图后对权利要求的理解。据此，我们应当得出结论：在确定权利要求的内容时，应当运用说明书及附图。即说明书及附图应当用于解释权利要求的内容。

尽管如此，司法实践中仍有一种观点认为，对权利要求的理解应当尽量遵照其字面上的含义，虽然说明书及附图可以用于解释权利要求的内容，但是不得用于对权利要求进行限缩性的解释，如果采用说明书及附图对权利要求进行限缩性的解释，相当于改写权利要求，会破坏权利要求的公示作用。这种观点颇有迷惑性，而且有

一定的市场。

鉴于此，还有必要进一步讨论如何正确理解和适用《专利法》第 64 条第 1 款规定中的"说明书及附图可以用于解释权利要求的内容"。

（一）比较法上的经验

（1）美国法适用"说明书及附图应当用于解释权利要求"的规则。美国联邦巡回上诉法院（CAFC）在 2005 年以前存在两种权利要求解释方法论：一种为内部证据优先；另一种为外部证据优先。各个合议庭的做法不一样，有的适用内部证据优先的解释方法，有的适用外部证据优先的解释方法，比较混乱。为了解决这一问题，CAFC 在第一次审结 PHILLIPS v. AWH 案之后决定全席重新审理该案。经全席审理后作出的判决，统一了权利要求解释规则，这一规则在美国适用至今。其中有两个重要的规则：①内部证据优先于外部证据（内部证据的权重高于外部证据），即权利要求书、说明书及审查历史档案对权利要求的解释作用优先于字典、教科书、专家证言等；②说明书及附图应当用于解释权利要求，但是不得不当地限制权利要求的保护范围。❶ 该判决反复强调，对权利要求的解读应当结合说明书进行，英文表述为"Claims must always be read in light of the specification"。当然，该判决也提到不能用说明书不当地限制权利要求的保护范围，这通常是指不得用实施例不当地限制权利要求的保护范围。

（2）欧洲主要国家适用"说明书及附图应当用于解释权利要求"的规则。《欧洲专利公约》第 69 条明确规定："欧洲专利或专利申请的保护范围由权利要求决定，说明书及附图应当用于解释权利要求。"《欧洲专利公约》生效后，英国法院提出了目的解释方法。采用目的解释方法，专利保护范围应当解释为与说明书及附图一致。❷ 据此，说明书及附图当然应当用于解释权利要求的内容。德国也是《欧洲专利公约》成员国，要贯彻该公约第 69 条的规定。德国解释权利要求的标准是，按照本领域普通技术人员根据专利说明书的全部内容并考虑到发明所涉及的问题及解决方案后的理解，对权利要求中的用语进行解释。❸

（3）日本适用"说明书及附图应当用于解释权利要求"的规则。《日本专利法》第 70 条第 2 款明确规定，在解释专利权利要求时，应当参考专利申请书附属的说明书及附图。日本学者指出，只从权利要求本身往往不能充分理解发明的内容，还要通过参考专利的说明书及附图，才可以更清楚地认识发明的内容，因此，理解权利

---

❶ PHILLIPS v. AWH CORP 415 F. 3d 1303（Fed. Cir. 2005）.

❷ 闫文军. 专利权的保护范围［M］. 2 版. 北京：法律出版社，2018：233 – 272.

❸ 闫文军. 专利权的保护范围［M］. 2 版. 北京：法律出版社，2018：291 – 308.

要求的内容时应当参考说明书及附图。❶

其他很多国家和地区也适用"说明书及附图应当用于解释权利要求"的规则，对此不再一一论述。

综上所述，在比较法上，主要发达国家和地区都适用"说明书及附图应当用于解释权利要求"的规则。

（二）法理上的分析

（1）权利要求和说明书之间的法定关系要求在解释权利要求的内容时应当运用说明书及附图。《专利法》第26条第3—4款规定："说明书应当对发明或者实用新型作出清楚、完整的说明……权利要求书应当以说明书为依据……。"基于该条规定的权利要求与说明书之间的法定关系，权利要求与说明书不能割裂看待，只有将权利要求放在说明书的上下文中解读，才可能对权利要求的技术方案作出符合客观实际的解读。在实际的个案中，说明书对权利要求中的术语既可能存在特别的界定，也可能存在隐含的限定。这些特别的界定或者隐含的限定，都应当解释到权利要求中去，唯有如此解释得到的技术方案才是专利权人真正作出的技术贡献，才应当给予专利保护。

（2）根据"符合发明目的"的解释规则，对权利要求的解释，应当结合说明书及附图作出符合发明目的、效果的解释。作"符合发明目的"的解释，是指在确定专利权保护范围时，不应将不能实现发明目的、效果的技术方案解释到权利要求的保护范围中，即不应当将本领域普通技术人员在结合本领域的技术背景的基础上，在阅读说明书及附图的全部内容之后，仍然认为不能解决专利的技术问题、实现专利的技术效果的技术方案解释到专利权的保护范围内。不符合发明目的、效果的技术方案不是发明人真正作出的技术贡献，根据"以发明换保护""保护范围与技术贡献大小一致"的基本专利法原理，不应当纳入专利保护范围。唯有符合发明目的、效果的技术方案才是发明人作出的技术贡献，才应当纳入保护范围。

（3）基于语境主义认识论，应当运用说明书及附图解释权利要求的内容。这一点前文已有详细论述，此处不再赘述。

综上所述，《专利法》第64条第1款的"说明书及附图可以用于解释权利要求的内容"应当理解为"说明书及附图应当用于解释权利要求的内容"。在任何情况下，都应当将权利要求放在说明书的语境下来进行客观的解读，运用说明书及附图解释权利要求的内容，将说明书中对权利要求的特别限定、隐含限定解释到权利要

---

❶ 闫文军. 专利权的保护范围 [M]. 2版. 北京：法律出版社，2018：342.

求中，对权利要求作出符合发明目的的解释，否则就属于适用法律错误。这样解释的结果，不可避免地会缩小权利要求的宽泛的字面含义。

二、解释权利要求的主体

在专利授权确权程序中，是专利审查员对权利要求进行解释。在专利授权确权行政诉讼案件以及专利侵权案件中，是法官对权利要求进行解释。因此，可以说解释权利要求的主体分别是专利审查员、法官。学者、研究人员、律师讨论案件中权利要求的含义时，当然也会对权利要求进行解释。此时，可以说学者、研究人员、律师是解释权利要求的主体。专利审查员、法官、学者、研究人员、律师都可能成为解释权利要求的主体。但是，这些人员的知识结构不同，解释能力不同。为了统一解释的标准，我们需要构建合适的解释主体。专利法理论研究和实务中将这一主体虚拟成"本领域普通技术人员"。

参照北京市高级人民法院《专利侵权判定指南（2017）》第 12 条的规定，解释权利要求应当从本领域普通技术人员的角度进行。本领域普通技术人员，是一种假设的"人"，他能够获知该领域中所有的现有技术，知晓申请日之前该技术领域所有的普通技术知识，并且具有运用该申请日之前常规实验手段的能力。所属本领域普通技术人员，不是指具体的某一个人或某一类人，不宜用文化程度、职称、级别等具体标准来参照套用。当事人对本领域普通技术人员是否知晓某项普通技术知识以及运用某种常规实验手段的能力有争议的，应当举证证明。

（1）解释的主体标准是本领域普通技术人员。无论是专利审查员，还是法官在个案中解释权利要求，抑或研究人员在学习、研究中讨论权利要求的含义，都应当把自己乔装打扮成本领域普通技术人员，以本领域普通技术人员的知识和能力对权利要求进行解读。

（2）本领域普通技术人员具有某种虚拟的知识和能力。他是一种假设的"人"，假定他能够获知该领域中所有的现有技术，知晓申请日之前该技术领域所有的普通技术知识，并且具有运用该申请日之前常规实验手段的能力。❶

（3）由于本领域普通技术人员是一种假设的"人"，当事人对其是否知晓某项普通技术知识以及运用某种常规实验手段的能力，难免会有争议，在此情况下，当事人应当举证证明。

---

❶ 专利审查指南 2010［M］．北京：知识产权出版社，2010：170 - 171；北京市高级人民法院《专利侵权判定指南（2017）》第 12 条。

三、解释权利要求所依据的资料

解释权利要求要依据一定的资料进行。对此，《侵犯专利权司法解释一》第3条有明确的规定："人民法院对于权利要求，可以运用说明书及附图、权利要求书中的相关权利要求、专利审查档案进行解释。说明书对权利要求用语有特别界定的，从其特别界定。以上述方法仍不能明确权利要求含义的，可以结合工具书、教科书等公知文献以及本领域普通技术人员的通常理解进行解释。"学理上，人们将上述规定中的解释资料分别称为内部证据和外部证据。内部证据包括权利要求书、说明书及附图、专利审查档案等；外部证据包括所述领域的工具书、教科书等。

（一）权利要求书

（1）在解释某项权利要求时，权利要求书的相关权利要求具有重要的参考作用。权利要求书可以由一项权利要求组成，也可以由若干项权利要求组成。在理解、解释某项权利要求的含义时，应当首先将其放在权利要求书的上下文语境下进行。对某项权利要求的解释，要与对其他有关的权利要求的解释协调起来，形成内部协调、自洽的解释。例如，根据权利要求的区别解释规则，从属权利要求的保护范围通常小于独立权利要求的保护范围。因此，在解释独立权利要求时，要顾及它与其从属权利要求的关系。同样，在解释从属权利要求时，也要顾及它与独立权利要求的关系。

（2）权利要求书中的同一术语通常应当采用相同的解释。比如，某通信方法专利中，权利要求1、2、3、4、5中都出现了同一术语"定位"，原则上这五个"定位"应当作相同的解释。

（二）说明书及附图

《专利法》第26条第3款规定："说明书应当对发明或者实用新型作出清楚、完整的说明，以所属技术领域的技术人员能够实现为准；必要的时候，应当有附图。"其中的"发明或者实用新型"是指权利要求的技术方案。说明书是如何实施权利要求的技术方案的说明书，附图是最佳实施例，关于权利要求的很多技术细节都记载在说明书和附图中。因此，解释权利要求的含义时，应当运用说明书及附图。

说明书对权利要求中的术语通常有以下三种限定作用：

（1）说明书对权利要求中的术语作出了特别的限定。说明书是发明人定义其发明创造的技术词典，发明人可以在说明书中对权利要求中的术语作出特别的界定。根据《侵犯专利权司法解释一》第3条的规定，在解释权利要求的含义时，说明书有特别界定的，从其特别界定的含义。

（2）说明书对权利要求的术语有隐含的限定。很多时候，说明书并未对权利要求中的术语作出特别的界定，但是字里行间会有隐含的限定。仍以"潜水面罩"案为例。❶ 涉案专利权利要求包括一技术特征"镜面：是由正向镜片与两侧的侧向镜片以粘合方式结合而成"。权利要求对"镜片"的形状并无明确限定，说明书亦未对"镜片"作出特别界定。但是，根据说明书的记载，涉案专利的背景技术中，既有采用平面镜片也有采用曲面镜片的，但要实现涉案专利的目的，克服背景技术中存在的缺陷，涉案专利的技术方案必然要采用平面镜片的技术特征，这一点能够从专利说明书及其附图中得到毫无疑义的确认。因此，我们在理解权利要求中的"镜片"的含义时，应当联系说明书的上下文，将说明书中的隐含限定读入权利要求中，而不应当割裂权利要求与说明书的关系，对权利要求进行孤立的解读。

（3）说明书对权利要求中的术语的外延进行了特别的排除。例如，说明书特别说到权利要求中的"金属"不包括铁，则在解释权利要求中的"金属"的含义时，应当把铁排除在外。

（三）专利审查档案

专利审查档案是重要的内部证据，包括专利审查、复审、无效程序中专利申请人或者专利权人提交的书面材料，国务院专利行政部门制作的审查意见通知书、会晤记录、口头审理记录、生效的专利复审请求审查决定书和专利权无效宣告请求审查决定书等。❷

专利审查档案对权利要求的解释作用体现为"禁止反悔"。对此，《侵犯专利权司法解释一》第6条有明确的规定："专利申请人、专利权人在专利授权或者无效宣告程序中，通过对权利要求、说明书的修改或者意见陈述而放弃的技术方案，权利人在侵犯专利权纠纷案件中又将其纳入专利权保护范围的，人民法院不予支持。"根据该条规定，只要在授权确权程序中放弃的技术方案，在侵权案件中就不得再纳入保护范围。可能是这种"禁止反悔"的力度太大，对专利权人不太公平，所以《侵犯专利权司法解释二》对此有所修正。其第13条规定："权利人证明专利申请人、专利权人在专利授权确权程序中对权利要求书、说明书及附图的限缩性修改或者陈

---

❶ 北京市第一中级人民法院（2002）一中行初字第523号行政判决书；北京市高级人民法院（2003）高行终字第38号行政判决书。该案件虽然是专利权无效司法审查案件，但其中的解释方法同样适用于侵权案件。

❷ 北京市高级人民法院《专利侵权判定指南（2017）》第15条。

述被明确否定的，人民法院应当认定该修改或者陈述未导致技术方案的放弃。"

鉴于专利审查档案在解释权利要求中的重要作用，被控侵权人在侵权案件中一定要积极调取涉案专利的审查档案，在权利人解释其权利要求的含义时，禁止其反悔，防止其两头得利。

（四）工具书、教科书等公知文献

所属领域的工具书、教科书等公知文献作为外部证据，可以用来解释权利要求，但是其地位不如权利要求书、说明书等内部证据。根据《侵犯专利权司法解释一》第 3 条的规定，在解释权利要求时，应当首先运用说明书及附图等内部证据，当内部证据不足以确定权利要求的含义时，还可以运用所属领域的工具书、教科书等公知文献。

（五）其他解释资料

除了以上通常列举的内部证据和外部证据，司法实践中也有根据 PCT 原始文本解释涉案权利要求的案例。

PCT 指《专利合作条约》（Patent Cooperation Treaty，PCT），优势在于其可以简化专利申请手续，提高效率，通过 PCT 途径仅提交一份国际专利申请，就可以在将近 200 个成员方产生效力。但是，当 PCT 申请进入某一国家或地区时，可能会出现文本翻译上的瑕疵甚至错误。如果所在国或地区的专利文本存在翻译上的瑕疵或者错误，与 PCT 原始文本有出入，是否可以根据 PCT 的原始文本对所在国或地区的权利要求文本进行更正性的解释，是一个值得讨论的问题。下面来看一个案例。

在原告埃斯科公司（ESCO Corporation）诉被告宁波市路坤国际贸易有限公司侵害发明专利权纠纷案❶中，原告是专利号为 ZL02813657.8、名称为"耐磨组件及耐磨构件"发明专利（涉案专利）的权利人。涉案专利申请日为 2002 年 7 月 3 日，于 2006 年 9 月 13 日获得专利授权。该专利共有 34 项权利要求，其中权利要求 1 和权利要求 20 为独立权利要求。被告未经原告许可，制造、销售了专利产品。原告遂诉至浙江省宁波市中级人民法院，要求判令被告停止侵权，销毁制造侵权产品的专用模具、设备、冶具以及侵权成品、半成品并赔偿损失及维权的合理费用。庭审中，原告明确要求保护涉案专利权利要求 1、3 - 9、13 - 17、19、20 - 26、29 - 34。关于权利要求 20，原告认为此处专利公告文本存在明显错误，其中所记载的"所述插口（53）包括一个形成在所述突出部（18）上的用于接收一凸轨（35）的凹槽（65）"，

---

❶ 浙江省宁波市中级人民法院（2015）浙甬知初字第 626 号民事判决书。

该处文本中突出部（18）与凹槽（65）部件位置关系存在错误，应当更正为"所述插口（53）包括一个用于接收一形成在所述突出部（18）上的凸轨的凹槽（65）"。原告请求法院在解释专利范围时予以修正。理由是：（1）通读专利文本上下文结合专利说明书，可以发现存在明显错误，并可以正确理解两者的位置关系；（2）原告在依据 PCT 提交的涉案专利国际申请的外文原文及译文是正确的表达。

宁波市中级人民法院经审理认为：经比对，被诉侵权技术方案包含与权利要求1、3、4、6－9、13－17、19、21－26、30－34 记载的全部技术特征相同的技术特征。关于权利要求 5 和权利要求 29 所述"平面"技术特征，被诉侵权技术方案对应为带有弧度的准平面，两者在手段、功能、效果上基本相同，并且所属技术领域的普通技术人员无需经过创造性劳动就能够想到该技术特征，故属于等同技术特征。关于权利要求 20，结合涉案专利说明书附图来看，此处专利公告文本对突出部（18）与凹槽（65）部件位置关系，与专利说明书附图等所标示位置关系存在矛盾。故此处对权利要求的解释，不属于权利要求技术内容不清楚时的澄清或者权利要求中的技术特征在理解上存在缺陷时的弥补，而是属于特定情况下对权利要求的修正，即当权利要求中的技术特征之间存在矛盾的特定情况时，修正该技术特征的定义。依据《侵犯专利权司法解释二》第 4 条的规定，权利要求书、说明书及附图中的语法、文字、标点、图形、符号等存有歧义，但本领域普通技术人员通过阅读权利要求书、说明书及附图可以得出唯一理解的，人民法院应当根据该唯一理解予以认定。本案中，本领域普通技术人员通过阅读专利权利要求书、说明书及附图，以及参考涉案专利 PCT 国际申请时提交的原始说明书（英文及译文），均能得出唯一解释，即"凸轨形成于突出部上，而插口包含凹槽用于接收凸轨"的技术特征，权利要求 20 的上述错误应当修正为"所述插口（53）包括一个用于接收一形成在所述突出部（18）上的凸轨的凹槽（65）"。经比对，被诉侵权技术方案亦包含于权利要求 20 经解释修正的技术特征。因而，被诉侵权技术方案已完全具备涉案专利权利要求记载的全部必要技术特征，落入涉案专利权的保护范围。一审法院据此认定侵权成立，判决被告停止侵权、赔偿损失。一审宣判后，当事人未提起上诉，本案一审判决已生效。

该案入选 2016 年中国法院 50 件典型知识产权案例。该案件能够通过最高人民法院的筛选并入选 2016 年中国法院 50 件典型知识产权案例，表明其确定的权利要求解释规则得到了最高人民法院的认可。

四、解释权利要求的步骤

根据《侵犯专利权司法解释一》第 3 条的规定，运用内部证据、外部证据解释权利要求，一般按照下列步骤进行。

（1）根据权利要求本身的上下文语境确定其术语和语词的含义，此时确定的含义往往是权利要求的字面含义。

（2）根据其他权利要求，即联系整个权利要求书的上下文语境，进行解释。在这一阶段，应当考虑独立权利要求和从属权利要求的关系，确定权利要求中术语的含义和权利要求保护范围的大小。一般情况下，应当按照权利要求区别解释的规则，尽量作出从属权利要求的保护范围小于独立权利要求保护范围的解释，但亦不应当绝对化。如果根据说明书经过合理的解释，发现从属权利要求和独立权利要求的保护范围一致，则应当实事求是，不能为了区分各个权利要求的保护范围，强行对各个权利要求作出不符合说明书的记载、违反常理的解释。

（3）采用说明书及附图对权利要求进行解释。对权利要求的解释应当根据本领域普通技术人员阅读说明书及附图之后的通常理解来进行。说明书中的限定，无论是特别界定，还是隐含限定，都应当对权利要求产生限定作用。

（4）采用专利审查档案对权利要求的含义进行限定。专利权人在专利授权确权程序中通过修改或者意见陈述放弃的技术方案，只要没有被审查员明确否定，在专利侵权案件中就不能纳入保护范围，要适用"禁止反悔"规则，禁止专利权人出尔反尔、两头得利。

（5）采用与涉案专利存在分案申请关系的其他专利文件对权利要求进行解释。与涉案专利存在分案申请关系的其他专利文件或者涉案专利的母案文件，或者与涉案专利来源于一个母案申请文件，与涉案专利存在紧密的同族关系，可以用来解释涉案专利权利要求的含义。

（6）当采用以上资料仍不足以确定权利要求的含义时，还可以采用所属领域的工具书、教科书等公知文献以及所属领域普通技术人员的通常理解对权利要求进行解释。

五、解释权利要求的主要原则

适用法律，首先应当适用具体的法律规则，当无具体的法律规则可供适用时，则适用法律原则。解释权利要求也一样，首先要适用具体的解释规则，当运用某种规则出现争议或者无规则可用时，则要运用解释原则。解释原则在解释权利要求的含义过程中可以发挥指导作用，可以帮助解释者合理运用解释方法对权利要求作出合理的解释。在一些疑难案件中，当解释权利要求陷入极大的困境时，合理运用解释原则，能有效地完成解释作业。因此，在实践中掌握好解释原则，具有重要的意义。

参照北京市高级人民法院《专利侵权判定指南 (2017)》第 1 - 4 条的规定,解释原则主要有专利权有效原则、公平原则、折衷原则、符合发明目的原则。

(一) 专利权有效原则

参照《专利侵权判定指南 (2017)》第 1 条的规定,专利权有效原则,是指在权利人据以主张的专利权未被宣告无效之前,应当推定该专利权有效,审理侵权案件的法院不得以该专利权不符合《专利法》的相关授权条件、应被宣告无效为由作出裁判。

在我国,专利侵权案件和专利确权案件实行"民行分立"的双轨制。专利侵权案件由法院进行审理。已授权的专利权的效力 (专利权是否符合授权条件),应当由国家知识产权局进行审查,然后才可能进行法院的司法审查程序。法院不得在审理侵权案件的程序中同时对专利权的效力进行审查。因此,如果被诉侵权人在侵权案件中质疑专利权的效力,进行专利权效力抗辩的,法院不得处理,只能告知其向国家知识产权局提出。法院应当按照专利权有效的原则,推定权利要求是合法有效的,并据此进行裁判。

笔者认为,专利权有效原则包括两重含义,上述《专利侵权判定指南 (2017)》第 1 条规定的含义为专利权有效原则的第一重含义。专利权有效原则的第二重含义,是指在解释权利要求的过程中,应当朝着专利权有效 (符合授权条件) 的方向去解释,而不是朝着专利权无效 (不符合授权条件) 的方面去解释。[1] 虽然我国法院在审理专利侵权案件中不得对专利是否符合授权条件 (有效性) 进行审查,不能在侵权案件中认定专利权无效,但是鉴于法院可以在权利要求的保护范围不清楚时驳回原告的诉讼请求,因此当权利要求的某一特征是否清楚有争议时,如果没有足够的证据、充分的理由认为该特征不清楚,则应当尽量将该特征解释清楚,而不是动辄认为该特征不清楚进而驳回原告的诉讼请求。

(二) 公平原则

参照《专利侵权判定指南 (2017)》第 2 条的规定,公平原则,是指在解释权利要求时,不仅要充分考虑专利对现有技术所作的贡献,合理界定专利权利要求限定的保护范围,保护权利人的利益,还要充分考虑权利要求的公示作用,兼顾社会公众的信赖利益,不能把不应纳入保护的内容解释到权利要求的范围当中。根据公平

---

[1] PHILLIPS v. AWH CORP 415 F. 3d 1303 (Fed. Cir. 2005).

原则，专利所要克服的技术缺陷的技术方案、整体上属于现有技术的技术方案不应纳入权利要求的保护范围。

贯彻公平原则，就是要在专利权人和社会公众之间保持利益平衡。专利权人作出了发明创造，对该发明创造当然要给予适当的保护；但是保护也不能过度，还要兼顾社会公众的行为自由，不能让专利权过分挤占社会公共空间，妨害社会公众的行为自由。因此，对专利权的保护应当维持在一个合理的尺度。这就要求在解释权利要求时要兼顾专利权人和社会公众的利益。根据公平原则，专利所要克服的技术缺陷的技术方案、整体上属于现有技术的技术方案都不是专利权人的发明创造，当然不应纳入权利要求的保护范围。

（三）折衷原则

参照《专利侵权判定指南（2017）》第 3 条的规定，折衷原则，是指在解释权利要求时，应当以权利要求记载的技术内容为准，根据说明书及附图、现有技术、专利对现有技术所作的贡献等因素合理确定专利权的保护范围。既不能将专利权的保护范围拘泥于权利要求书的字面含义，也不能将专利权的保护范围扩展到本领域普通技术人员在专利申请日前通过阅读说明书及附图后需要经过创造性劳动才能联想到的内容。

折衷原则要求在解释权利要求时，要合理界定权利要求的保护范围，既不能过大，也不能过小，要大小适当。

（四）符合发明目的原则

参照《专利侵权判定指南（2017）》第 4 条的规定，符合发明目的原则，是指在确定专利权保护范围时，不应将不能实现发明目的、效果的技术方案解释到权利要求的保护范围中，即不应当将本领域普通技术人员在结合本领域的技术背景的基础上，在阅读说明书及附图的全部内容之后，仍然认为不能解决专利的技术问题、实现专利的技术效果的技术方案解释到专利权的保护范围内。

符合发明目的、效果的技术方案才是发明人真正作出的技术贡献。不符合发明目的、效果的技术方案不是发明人作出的技术贡献。根据"以发明换保护""保护范围与技术贡献大小一致"的基本专利法原理，只有符合发明目的、效果的技术方案，才能作为发明人真正作出的技术贡献，纳入专利保护范围。

根据"符合发明目的原则"，在解释权利要求时，应当将权利要求置于说明书及附图的上下文语境下，参考说明书中对背景技术及其缺陷的描述、涉案专利要克服的技术缺陷和解决的技术问题、要实现的发明目的以及所取得的技术效果，对权利要求作出符合发明目的、效果的解释。发明目的和效果，属于说明书中对权利要求作出的"隐含限定"，只有将该"隐含限定"解释到权利要求中得到的技术方案，才是发明人真正做出的发明创造，才应当纳入专利的保护范围。因此，在解释和确定权利要求的内容时，必须考虑说明书中记载的发明的目的和效果，并将该目的和效果用于限制权利要求的内容。有的专利文件中，发明目的和效果的记载并不十分清晰，这就要求我们仔细研读说明书，解读出字里行间隐含的发明目的和效果，并将该目的和效果解释到权利要求中去。

"符合发明目的"的解释，实际上是将权利要求中未记载而在说明书中记载的发明目的和效果解释到权利要求中，解释的结果当然会限缩权利要求的宽泛含义，是一种限缩性的解释。以往有一种观点认为可以参考说明书及附图对权利要求进行理解，但是不能用说明书对权利要求作出限缩性的解释。这种观点明显抵触"符合发明目的"的解释原则，可以休矣。

存在疑问的是，有的专利说明书中会记载若干个发明目的，在此情况下如何根据发明目的来解释权利要求，确实是一个难题。例如，很多来自美国的专利申请的说明书中通常会记载："本发明的一个目的是……另一个目的是……又一个目的是……"权利要求也有若干项。对于这种情形，如何将发明目的解释到权利要求中，将哪一个（或者哪几个）发明目的解释到哪一项权利要求中，确实是一个难题。这实际上是一个如何将权利要求与发明目的正确对应起来的问题。只有首先将某项权利要求与某个或者某几个发明目的正确对应起来，才能将该发明目的解释到该权利要求中去。

下面来看最高人民法院审理的适用"符合发明目的"解释原则的典型案例。

案例：泰山体育产业集团有限公司（以下简称泰山公司）、国家体育总局武术运动管理中心诉福建省伟志兴体育用品有限公司（以下简称伟志兴公司）、福建体育职业技术学院侵犯实用新型专利权纠纷案❶

涉案专利是专利号为ZL200420028451.8、名称为"一种武术地毯"的实用新型专利，该专利于2005年9月14日获得授权，专利权人为泰山公司与国家体育总局武术运动管理中心。该专利的权利要求为："1. 一种武术地毯，其特征在于：由置于底层的弹力层、粘接在弹力层上起支撑作用的多层板层、粘接在多层板层上的缓冲层和粘接在缓冲层上的地毯层组成。"

泰山公司、国家体育总局武术运动管理中心向福建省福州市中级人民法院（一审法院）起诉称，伟志兴公司未经许可非法生产了被控侵权产品"武术地毯"，福建

---

❶ 最高人民法院（2012）民提字第4号民事判决书。

体育职业技术学院未经许可非法使用了被控侵权产品"武术地毯"，要求两被告停止侵权，赔偿损失及合理支出。

被诉侵权产品"武术地毯"由五层组成：（1）弹力层，底层为厚度约50mm且具有弹性的蓝色海绵层，该海绵层为均匀分布着2排7列镂空矩形的框架结构；（2）多层板层，在上述弹性海绵层上粘接有厚度约为12mm的七层层压板，其四周边沿粘接有蓝色薄海绵；（3）缓冲层1，在七层层压板上粘接有厚度约为6mm且具有弹性的蓝色海绵层；（4）缓冲层2，在上述6mm厚的海绵层上粘接有厚度为24mm的蓝色海绵层，该海绵层四周边沿均匀分布可相互啮合的搭边接口；（5）地毯层，放置于上述24mm厚的蓝色海绵层之上。

简言之，被诉侵权产品"武术地毯"由下而上共有5层，分别为弹力层、多层板层、缓冲层1、缓冲层2、地毯层，其中弹力层、多层板层、缓冲层相互之间粘接在一起，地毯层放置于缓冲层之上。

涉案专利和被诉侵权产品的技术方案如图7所示。

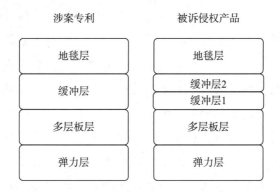

图7　涉案专利和被诉侵权产品的技术方案

涉案专利和被诉侵权产品存在两点区别：区别特征1是权利要求1中的缓冲层只有1个，被控侵权产品中缓冲层有2个；区别特征2是权利要求1中的地毯层粘接于缓冲层之上，被控侵权产品中的地毯层放置于缓冲层之上。

一审诉讼中，司法鉴定机构出具的《司法鉴定意见书》认为：被控侵权产品中的"缓冲层1、缓冲层2"与涉案专利权利要求1中的"缓冲层"构成等同特征；被控侵权产品中的"地毯层放置于上述24mm厚的蓝色海绵层之上"与涉案专利权利要求1中的"粘接在缓冲层上的地毯层"构成等同特征。一审法院根据该鉴定意见认定被诉侵权产品落入涉案专利权利要求1的保护范围。

二审法院认为：

虽然被诉侵权产品的地毯层是放置于缓冲层之上，但由于武术地毯的面积较大，其与缓冲层之间具有较大的摩擦作用，在使用中也不容易使地毯层和缓冲层产生明显的侧向相对位移，这对本领域的技术人员来说是显而易见的。故本案被诉侵权产品的该项特征与涉案专利权利要求1中"粘接在缓冲层上的地毯层"构成等同特征。被诉侵权产品落入涉案专利保护范围。

最高人民法院认为：

（一）关于专利权利要求1中"粘接在缓冲层上的地毯层"的解释。在解释权利要求的过程中，应当注意专利的发明目的对权利要求解释的作用，权利要求的解释应该符合专利的发明目的，不应把具有专利所要克服的现有技术缺陷或者不足的技术方案纳入保护范围。具体到本案中，首先，关于涉案专利所属的技术领域。"粘接"是胶粘剂工业领域的专业词汇，通常是指借助胶粘剂在固体表面上所产生的粘合力，将同种或不同种材料牢固地连接在一起的方法。但是，本案专利涉及一种武术地毯，应该从体育用品领域普通技术人员角度出发进行解释，而不宜将粘接限定为胶粘剂工业领域普通技术人员的理解。其次，关于涉案专利的发明目的。根据专利说明书的记载，涉案专利所要解决的技术问题是，现有武术地毯由于其单层结构而带来的滑而不稳、缺乏弹性、安全性差等缺陷。涉案专利解决该技术问题的技术方案是，将武术地毯由单层结构改为多层结构，即由下而上分别是弹力层、多层板层、缓冲层、地毯层，层与层之间均采用粘接方式连接，其达到的技术效果是弹性适中，具有良好阻燃、防滑作用。最后，关于"粘接"的具体解释。结合涉案专利的发明目的，由弹力层、多层板层、缓冲层、地毯层四层结构组成的武术地毯应该具有防滑作用，从而保证运动员在地毯上进行剧烈运动时的安全性。这里的防滑至少应该包括三个方面，一是地毯与地面之间的相对侧向位移，二是地毯各层之间的相对侧向位移，三是运动员躯体与地毯之间的相对侧向位移。专利技术方案要求各层之间采用"粘接"的方式连接，其目的就是防止地毯各层之间在承受剧烈运动时产生较大的相对侧向位移。基于此目的，从体育用品领域普通技术人员角度出发，"粘接"应该理解为地毯各层之间的表面密切结合在一起的状态，而且粘接点应该能够传递结构应力。只要在武术地毯各层之间存在密切结合能够传递结构应力的粘接点，能够防止其在承受剧烈运动时各层之间产生较大的相对侧向位移，即属于"粘接"所涵盖的范围。无论是利用化学力、物理力还是利用物理力和化学力的组合来实现这种"粘接"，都可以实现防止在承受剧烈运动时各层之间产生较大的相对侧向位移的发明目的。当然，如果武术地毯各层的表面之间不存在粘接点或者粘接点不传递结构应力，就无法起到防止各层之间在承受运动员剧烈的武术动作时所产生的较大相对侧向位移，也就无法解决本案专利要解决的技术问题，不能实现发明目的。因此，专利权利要求1中"粘接在缓冲层上的地毯层"，应该理解为缓冲层与其上的地毯层表面之间存在利用化学力、物理力或者两者兼有的力密切结合且存在能够传递结构应力的粘接点的状态。

（二）关于被诉侵权产品是否落入专利权利要求1的保护范围。如果被诉侵权产品因缺少某项技术特征而导致无法实现专利技术方案的发明目的，那么该项技术特征的缺少将导致被诉侵权产品的技术方案与专利技术方案存在本质差异，此时应认定被诉侵权产品不落入专利技术方案的保护范围，不应再通过不适当地适用等同原则将其纳入专利权利要求的保护范围。

本案专利技术方案不仅要求武术地毯由四层组成，而且要求各层之间采用的结合方式是粘接，地毯层和缓冲层之间也是采用粘接的方式紧密结合。被诉侵权产品的地毯层则是直接放置在缓冲层上，其"地毯层"与"缓冲层"是可分离、活动的，不存在密切结合且能够传递结构应力的粘接点。与专利权利要求1的技术方案相比，本案被诉侵权产品缺少"粘接在缓冲层上的地毯层"这一技术特征。这一技术特征的缺乏，导致被诉侵权产品的技术方案无法保证实现专利技术方案的防滑效果，也不能实现专利的发明目的。因此，本案被诉侵权产品不落入专利权利要求1的保护范围。

评述

本案是适用"等同原则"扩大专利保护范围是否应当受到发明目的限制的典型案例。争议焦点是如何理解涉案专利权利要求1中的技术特征"粘接在缓冲层上的地毯层"？是否可以认定被诉侵权产品中的"地毯层放置于上述24mm厚的蓝色海绵层之上"特征与专利权利要求1中的特征"粘接在缓冲层上的地毯层"构成等同特征？二审法院在理解该技术特征时未考虑涉案专利的发明目的，进而认定被控侵权产品中的"地毯层放置于上述24mm厚的蓝色海绵层之上"与涉案专利权利要求1中的"粘接在缓冲层上的地毯层"构成等同技术特征。应该说，在不考虑发明的目的和效果的情况下，二审法院作出这种等同的认定是有道理的。但是，最高人民法院认为在解释权利要求时应当考虑发明的目的和效果，不能将无法实现发明目的和效果的技术方案纳入权利要求的保护范围。如果被诉侵权产品因缺少某项技术特征而无法实现专利技术方案的发明目的，那么该项技术特征的缺少将导致被诉侵权产品的技术方案与专利技术方案存在本质差异，此时应认定被诉侵权产品不落入专利技术方案的保护范围，不应再通过等同原则将其纳入专利权利要求的保护范围。本案被诉侵权产品缺少"粘接在缓冲层上的地毯层"这一技术特征。这一技术特征的缺乏，导致被诉侵权产品的技术方案无法实现专利技术方案的防滑效果，也不能实现专利的发明目的。因此，不能通过等同原则，认定被诉侵权产品中的"地毯层放置于上述24mm厚的蓝色海绵层之上"特征等同于涉案专利权利要求1中的"粘接在缓冲层上的地毯层"特征，并将被诉侵权产品纳入涉案专利的保护范围。本案的典型意义在于，在解释权利要求的技术特征、认定技术特征是否等同时，应当考虑发明的目的和效果，不能通过等同原则，将不能实现发明目的和效果的技术方案纳入专利保护范围。

六、解释权利要求的具体规则

《侵犯专利权司法解释一》《侵犯专利权司法解释二》《专利侵权判定指南 (2017)》规定了很多解释规则、方法，以下阐述一些重要的规则。

（一）内部证据优先规则

1. 内部证据优先规则的基本含义

《侵犯专利权司法解释一》第 3 条规定："人民法院对于权利要求，可以运用说明书及附图、权利要求书中的相关权利要求、专利审查档案进行解释。说明书对权利要求用语有特别界定的，从其特别界定。以上述方法仍不能明确权利要求含义的，可以结合工具书、教科书等公知文献以及本领域普通技术人员的通常理解进行解释。"上述规则即为内部证据优先规则。该规则的含义是指，在解释权利要求时，权利要求书、说明书及附图等内部证据具有优先于所属领域的教科书、技术词典等外部证据的作用，即首先运用内部证据解释权利要求的内容，当内部证据不足以明确权利要求的含义时，还可以运用外部证据来解释权利要求的内容。

2. 为何要适用"内部证据优先规则"

（1）适用"内部证据优先规则"是由权利要求书与说明书之间的关系决定的。《专利法》第 26 条第 3—4 款规定："说明书应当对发明或者实用新型作出清楚、完整的说明……权利要求书应当以说明书为依据……"据此，对权利要求与说明书不能割裂看待，应当将权利要求放在说明书的上下文中来解读。在实际的个案中，说明书对权利要求中的术语既可能存在特别限定，也可能存在隐含限定。这些特别限定或者隐含限定，都应当解释到权利要求中去。

（2）只有适用"内部证据优先规则"，才可能对权利要求作出客观的解读。一方面，权利要求是在说明书公开的技术内容的基础上概括的技术方案，对权利要求的理解不可能脱离说明书。另一方面，说明书是发明人定义其发明方案的技术词典。说明书中既可能有特别限定，也可能有隐含限定。无论是特别限定还是隐含限定，对权利要求都有限定作用。再者，对于权利要求中的某一词语，所属领域的工具书、教科书、技术词典等外部证据阐明的含义可能比较抽象、宽泛，不够具体，不同于发明人在专利文件中表达的含义。与之相比，说明书语境下的含义是发明人真正表达的含义。在此情况下，当然应当优先采用说明书语境下的含义。

（3）适用"内部证据优先规则"是由语境主义认识论决定的。语境主义认识论的基本含义，前文已有详述，此处不再赘述。基于语境主义的认识论，专利权利要求表达的技术方案必须透过其所在的语境去理解，不能脱离其语境仅根据其文字表面上的含义确定。我们在解读权利要求的内容时，应当首先结合其具体的语境，即首先运用权利要求书、说明书及附图等内部证据来进行解读，当内部证据不足以确定权利要求的含义时，还可以运用外部证据。

（二）全部特征限定规则

通常而言，凡是写入权利要求中的技术内容通常具有限定作用，笔者将之简称为"全部特征限定规则"，即权利要求中的所有特征（技术内容）对权利要求的保护范围均有限定作用。这一规则明显区别于"多余指定原则"下的侵权判定规则。"多余指定原则"，是指在专利侵权判定中，在解释专利独立权利要求和确定专利权保护范围时，将记载在专利独立权利要求中的明显附加技术特征（多余特征）略去，仅以专利独立权利要求中的必要技术特征来确定专利权保护范围，判定被控侵权物（产品或方法）是否覆盖专利权保护范围的原则。❶ 根据"全部特征限定规则"，权利要求中记载的任何特征都不多余，都有限定作用。正确掌握这一规则，应当特别注意以下几点：

（1）独立权利要求的前序部分、特征部分以及从属权利要求的引用部分、限定部分记载的技术特征均有限定作用。

（2）方法专利中的步骤顺序具有限定作用。方法专利中既记载了步骤，也记载了步骤之间的顺序的，步骤以及步骤之间的顺序都有限定作用。如果被控侵权的技术方案有相关的步骤，但是步骤之间的顺序与专利的记载不同的，应当认定其未落入专利权的保护范围。

（3）以制备方法界定产品的技术特征对于确定专利权的保护范围具有限定作用。一般而言，产品权利要求不会包括制备方法，但有的发明人为了强调其特定的制备方法对技术方案产生的效果，会以制定方法限定产品权利要求。既然制备方法被写入了权利要求，当然就应当产生限定作用，否则就落入了"多余指定原则"的窠臼。

---

❶ 《北京市高级人民法院专利侵权判定若干问题的意见（试行）》（京高法发〔2001〕229 号文件）第47 条。

如果被诉侵权产品的制备方法与涉案权利要求记载的制备方法不相同也不等同，根据《侵犯专利权司法解释二》第10条的规定，法院应当认定被诉侵权技术方案未落入涉案专利权的保护范围。

（4）实用新型专利权利要求中的非形状、非构造技术特征具有限定作用。非形状、非构造技术特征，是指实用新型专利权利要求中记载的不属于产品的形状、构造或者其结合等的技术特征，如用途、制造工艺、使用方法、材料成分（组分、配比）等。根据《专利法》第2条的规定，实用新型，是指对产品的形状、构造或者其结合所提出的适于实用的新的技术方案。据此，实用新型通常应当只包括形状、构造或者形状与构造相结合的特征，而不包括非形状、非构造特征。但是，有的专利权利要求中确实记载了非形状、非构造特征，对于这种情形，非形状、非构造特征也应当产生限定作用。

（5）主题名称中的应用领域、用途或者结构等技术内容对权利要求所要保护的技术方案产生影响的，具有限定作用。主题名称对权利要求的技术方案有没有限定作用，是一个争议非常大的问题。通常情况下，在确定权利要求的保护范围时，权利要求中记载的主题名称应当予以考虑，而实际的限定作用应当取决于该主题名称对权利要求所要保护的技术方案产生了何种影响。

下面来看一个典型案例。

案例：哈尔滨工业大学星河实业有限公司诉江苏润德管业有限公司侵犯发明专利权纠纷案❶

哈尔滨工业大学星河实业有限公司（以下简称星河公司）于2005年7月7日申请、于2007年4月4日获得"一种钢带增强塑料排水管道及其制造方法和装置"发明专利权（涉案专利），发明人为何某良，专利号为ZL200510082911.4。

涉案专利权利要求1为："一种钢带增强塑料复合排水管道，包括一个塑料管体和与管体成一体的加强肋，加强肋内复合有增强钢带，其特征在于钢带上有若干矩形或圆形的通孔或钢带两侧轧制有纹路，两个加强肋之间塑料形状具有中间凸起，管体的端部具有一个连接用的承插接头，承插接头的连接部具有密封胶或橡胶圈。"

涉案专利权利要求2为："一种制造权利要求1所述的钢带增强塑料排水管道的方法，其特征在于包括如下步骤：A. 将挤出机与复合机头成直角布置，钢带从机头一端引入复合机头，并在机头内与塑料复合，经冷却、定型、牵引后成型为钢带增强塑料复合异型带材钢带；B. 将异型带材运送到安装现场；C. 缠绕并熔焊异型带材

---

❶ 江苏省高级人民法院（2012）苏知民终字第0021号民事判决书；最高人民法院（2013）民申字第790号民事裁定书。

形成钢带增强塑料排水管；D. 在排水管的端口设置塑料承插接头并将其熔焊连接形成连续的排水管道。"

涉案专利权利要求 6 为："一种实施权利要求 2 所述方法的制造钢带增强塑料排水管的装置，包括：A. 将钢带与塑料复合形成具有钢带加强肋的异型带材的复合装置；B. 缠绕并熔焊异型带材形成钢带增强塑料排水管的缠绕装置；C. 在钢带增强塑料排水管的端口设置承插接头的装置。"

星河公司向一审法院起诉江苏润德管业有限公司（以下简称润德公司）使用同涉案专利权利要求 2 记载的方法和涉案专利权利要求 6 记载的装置生产、销售涉案专利权利要求 1 保护的塑料钢带缠绕排水管。

润德公司认为，涉案专利权利要求 2 的主题中引用了权利要求 1，限定该技术方案是制造权利要求 1 所述的钢带增强塑料排水管道的方法，故其保护范围时应当受到被引用的权利要求 1 的全部技术特征的限定。权利要求 1 技术特征的限定作用体现在，权利要求 2 的方法包括相对应的特殊步骤，尽管步骤没有明确记载在权利要求 2 的具体方法步骤中，却因引用而必然隐含存在，形成对权利保护范围的限定。

该案的争议焦点是涉案专利权利要求 2 的主题名称"一种制造权利要求 1 所述的钢带增强塑料排水管道的方法"该权利要求的保护范围是否具有限定作用。

一审法院认为：

该主题名称没有限定作用，理由是：（1）以"一种制造权利要求 1 所述的钢带增强塑料排水管道的方法"这一主题名称作为技术特征没有法律依据；（2）本案专利属于一个总的发明构思的并列的不同类独立权利要求，不能因为名称的引用关系而构成对授权后专利权保护范围的限定；（3）权利要求 1 和权利要求 2 之间不是从属权利要求的关系，润德公司以权利要求 1 的技术特征来限定权利要求 2 的保护范围，明显违背法律规定；（4）若以润德公司所称的没有记载在权利要求书中所谓隐含存在的特殊步骤来确定权利要求 2 的保护范围，必将造成保护范围的不确定性，也与"以权利要求所记载的全部技术特征确定保护范围"的法律规定相违背。

对此，二审法院提出了完全不同的裁判观点。二审法院认为：

权利要求书中出现引用在先权利要求的情况是为了避免权利要求之间相同内容的不必要重复。权利要求 2 是一项方法权利要求，其在主题名称部分引用了在先的产品权利要求 1 的内容，即"一种制造权利要求 1 所述的钢带增强塑料排水管道的方法"，权利要求这样撰写的目的仅在于简化权利要求的撰写形式，权利要求 2 实际上相当于"一种制造包括一个塑料管体和与管体成一体的加强肋，加强肋内复合有增强钢带，其特征在于钢带上有若干矩形或圆形通孔或钢带两侧轧制有纹路，两个加强肋之间塑料形状具有中间凸起，管体的端部具有一个连接用的承接插头，承接插头的连接部具有密封胶或橡胶圈的一种钢带增强塑料复合排水管道的方法，其特征在于……"。权利要求中所记载的主题名称属于解决技术问题的必要技术特征，在确定专利权的保护范围时应当予以考虑。将被控侵权技术方案与权利要求2所记载的全部技术特征对比，可以明确，至少权利要求2中涉及的上述"钢带上有若干矩形或圆形通孔或钢带两侧轧制有纹路"和"两个加强肋之间塑料形状具有中间凸起"两个技术特征在被控侵权技术方案中都没有出现，故润德公司生产被控侵权产品的方法未落入引用在先权利要求的权利要求2的保护范围之内，不构成专利侵权。一审判决在确定权利要求2的保护范围时认定"一种制造权利要求1所述的钢带增强塑料排水管的方法"这一主题名称不属于技术特征，不具有限定作用，从而认定润德公司构成专利侵权，其对专利主题名称的性质及作用的理解有误，应予纠正。

最高人民法院认为：

通常情况下，在确定权利要求的保护范围时，权利要求中记载的主题名称应当予以考虑，而实际的限定作用应当取决于该主题名称对权利要求所要保护的主题本身产生了何种影响。本案中，确定权利要求2的保护范围时，应当考虑其主题名称对其所要求保护的主题本身实际上所起的限定作用，二审法院的相关认定正确。

 评述

本案中，三级法院对主题名称是否产生限定作用有截然不同的观点。一审法院认为权利要求2中的主题名称不同于技术特征，对该权利要求记载的技术方案没有限定作用。二审法院认为权利要求2中所记载的主题名称属于解决技术问题的必要技术特征，在确定专利权的保护范围时应当予以考虑。最高人民法院认为在确定权利要求的保护范围时，权利要求中记载的主题名称应当予以考虑，而实际的限定作用应当取决于该主题名称对权利要求所要保护的主题本身产生了何种影响。最高人民法院的观点既不同于一审法院，也有别于二审法院。最高人民法院认为，主题名称对于确定权利要求的保护范围应当予以考虑，此点不同于一审法院的意见。最高人民法院虽然未明确说主题名称不是必要技术特征，但其字里行间隐含的意思是主题名称不同于技术特征，此点不同于二审法院的观点。尽管主题名称不同于技术特征，但最高人民法院认为主题名称在确定权利要求的保护范围时应当予以考虑，实际的限定作用应当取决于该主题名称对权利要求所要保护的主题本身产生了何种影响。应当说，最高人民法院的观点更合理。

（三）权利要求区别解释规则

权利要求区别解释规则，是指在解释权利要求、确定权利要求书中记载的权利要求的保护范围时，通常应当推定独立权利要求与其从属权利要求所限定的保护范围互不相同，独立权利要求的保护范围大于其从属权利要求的保护范围，在前从属权利要求的保护范围大于在后引用该在前从属权利要求的保护范围，但本领域普通技术人员根据专利说明书及附图、专利审查档案等内部证据，可以作出不同解释的除外。

权利要求的保护范围与其技术特征的多寡呈反比例关系。技术特征越少的，保护范围越大；技术特征越多的，保护范围越小。独立权利要求的技术特征最少，故保护范围最大。从属权利要求在包括独立权利要求的全部技术特征的基础上，又加入了自己独有的技术特征，因此，其保护范围要小于其所从属于的独立权利要求。

但是，也存在独立权利要求的保护范围与其从属权利要求的保护范围相同的例外情形。这是因为在对权利要求作出符合发明目的的解释时，要将说明书中的隐含限定解释到权利要求中去，这时其保护范围可能会和其从属权利要求的保护范围一致。

因此，权利要求区别解释规则仅仅是一种推定规则，该推定是可以用说明书及附图等内部证据所证明的事实推翻的。下面来看一个典型案例。

案例：自由位移整装公司诉常州市英才金属制品有限公司、上海健达健身器材有限公司侵害发明专利权纠纷案❶

自由位移整装公司（以下简称自由位移公司）系专利号为 ZL00812017.X、名称为"锻炼装置"发明专利（涉案专利）的专利权人。涉案专利共有 20 项权利要求，其授权公告的权利要求 1 和 2 为：

1. 一种锻炼装置，包括：一个阻力部件；一个将第一延伸臂和第二延伸臂连接到阻力部件上的绳索，其中该绳索包括一个第一绳股和一个第二绳股；第一延伸臂，包括一个选择性地支撑在阻力部件的附近的第一端，以及一个自由的第二端，绳索的第一绳股经此第二端延伸以由使用者抓握；第二延伸臂，包括一个选择性地支撑在阻力部件的附近的第一端，以及一个自由的第二端，绳索的第一绳股经此第二端延伸以由使用者抓握；以及其中，第一延伸臂远离第二延伸臂延伸，移动第一延伸臂的第二端远离第二延伸臂的第二端以确定第一和第二绳股的相反的延伸空间，并且第一延伸臂的第一端在第一枢转点处枢转地支撑在阻力部件的附近以绕第一轴线转动，第一延伸臂的第一端包括一个滑轮，该滑轮有一个与第一枢转点偏置的转动轴线并且绕一个平行于第一轴线的轴线转动，从而当第一延伸臂选择性地转动时绳索张力不变；并且第二延伸臂的第一端在第二枢转点处枢转地支撑在阻力部件的附

---

❶ 最高人民法院（2014）民申字第 497 号民事裁定书。

近以绕第二轴线转动，第二延伸臂的第一端包括一个滑轮，该滑轮有一个与第二枢转点偏置的转动轴线并且绕一个平行于第二轴线的轴线转动，从而当第二延伸臂选择性地转动时绳索张力不变。

2. 如权利要求 1 所述的锻炼装置，其特征在于，绳索实质上由单根绳索组成。

2011 年 9 月 26 日，自由位移公司向上海市第二中级人民法院起诉称：由常州市英才金属制品有限公司（以下简称英才公司）生产、销售、许诺销售，上海健达健身器材有限公司（以下简称健达公司）销售、许诺销售的 gns－9000 复合大飞鸟训练机（被诉侵权产品），落入涉案专利权利要求 1、3、4、5、6 的保护范围。两公司的行为侵害了涉案专利权。请求判令英才公司、健达公司立即停止侵权行为，共同赔偿自由位移公司经济损失 100 万元。

上海市第二中级人民法院认为，涉案专利权利要求 1 的技术方案可分解为如下技术特征：

（1）技术特征 a：一个阻力部件；

（2）技术特征 b：一个将第一延伸臂和第二延伸臂连接到阻力部件上的绳索，其中该绳索包括一个第一绳股和一个第二绳股；

（3）技术特征 c：第一延伸臂，包括一个选择性地支撑在阻力部件的附近的第一端，以及一个自由的第二端，绳索的第一绳股经此第二端延伸以由使用者抓握；

（4）技术特征 d：第二延伸臂，包括一个选择性地支撑在阻力部件的附近的第一端，以及一个自由的第二端，绳索的第一绳股经此第二端延伸以由使用者抓握；

（5）技术特征 e：第一延伸臂远离第二延伸臂延伸，移动第一延伸臂的第二端远离第二延伸臂的第二端以确定第一和第二绳股的相反的延伸空间；

（6）技术特征 f：第一延伸臂的第一端在第一枢转点处枢转地支撑在阻力部件的附近以绕第一轴线转动；

（7）技术特征 g：第一延伸臂的第一端包括一个滑轮，该滑轮有一个与第一枢转点偏置的转动轴线并且绕一个平行于第一轴线的轴线转动，从而当第一延伸臂选择性地转动时绳索张力不变；

（8）技术特征 h：第二延伸臂的第一端在第二枢转点处枢转地支撑在阻力部件的附近以绕第二轴线转动；

（9）技术特征 i：第二延伸臂的第一端包括一个滑轮，该滑轮有一个与第二枢转点偏置的转动轴线并且绕一个平行于第二轴线的轴线转动，从而当第二延伸臂选择性地转动时绳索张力不变。

被诉侵权产品的技术特征 a、b、g、i 与权利要求 1 中的技术特征 a、b、g、i 分别相比，既不相同也不等同，因此，被诉侵权产品未落入涉案专利权利要求 1 的保护范围，也未落入从属权利要求 3、4、5、6 的保护范围。

自由位移公司不服，向上海市高级人民法院提起上诉。

上海市高级人民法院二审判决驳回上诉，维持原判。

自由位移公司不服二审判决，向最高人民法院申请再审称：（1）二审判决对权利要求 1 的保护范围认定错误，法律适用错误。①权利要求 1 为开放式权利要求，如果被诉侵权产品包含权利要求 1 中的技术特征 a、b、g、i，即被诉侵权产品包含一个阻力部件、一个绳索、一个滑轮，则应当认定其与技术特征 a、b、g、i 构成相同。②在对权利要求 1 中的相关技术术语进行解释时，涉案专利 PCT 国际申请的原文（以下简称国际申请原文）可以作为参考。在涉案专利的国际申请原文中，与特征 a、b、g、i 对应的原文分别是"a resistance assembly""a cable""a pulley"。美国联邦巡回上诉法院的相关判决认为，不定冠词"a"并非仅有一个或者单个（only one or single）。因此，技术特征 a、b、g、i 中的"包括……一个"，应解释为"包括……一个或者多个"。③从属于权利要求 1 的权利要求 2 限定："绳索实质上由单根绳索组成"。根据权利要求的区别解释原则，权利要求 2 的保护范围小于权利要求 1，因此，权利要求 1 中的"一个绳索"并未将绳索数量限定为"单根"，应当理解为单个或者多个。（2）二审判决认定权利要求 1 中的技术特征 a、b、g、i 与被诉侵权产品中的技术特征 a、b、g、i 分别不相同或者等同，认定事实错误。①关于技术特征 a。被诉侵权产品仅具有一个阻力部件，与权利要求 1 中的"包括一个阻力部件"相同，二审判决认定被诉侵权产品具有两个阻力部件错误。即使将被诉侵权产品理解为具有两个阻力部件，由于权利要求 1 中的"一个阻力部件"应当解释为"一个或者多个阻力部件"，二者也相同或者等同。②关于技术特征 b。首先，被诉侵权产品中技术特征 b 为"两根独立的绳索，第一根绳索将第一延伸臂连接到第一阻力部件上，第二根绳索将第二延伸臂连接到第二阻力部件上"。被诉侵权产品具有第一绳股和第二绳股，包含权利要求 1 中的技术特征 b 所述的"一个……绳索"。其次，权利要求 1 中的"包括……一个"应解释为"一个或者多个"，因此，技术特征 b 与 b 属于相同的技术特征。再次，即使将权利要求 1 中的"一个绳索"解释为"单根绳索"，被诉侵权产品中的两根绳索也与其构成等同。③关于技术特征 g、i。被诉侵权产品中的技术特征 g 为"第一延伸臂和第二延伸臂的第一端内设置有三个滑轮"，由于权利要求 1 中的"包括……一个"应解释为"一个或者多个"，因此，技术特征 g 与 g 相同。即使将涉案专利解释为"包括一个滑轮"，被诉侵权产品的三个滑轮也与一个滑轮构成等同。基于相同的理由，技术特征 i 与 i 相同或者等同。综上所述，自由位移公司请求撤销二审判决，对本案进行提审并支持其诉讼请求。

自由位移公司提交了如下证据，用于证明权利要求 1 中的"包括……一个"应当解释为一个或者多个：（1）涉案专利的国际申请 PCT/us00/20821 的英文原文；（2）美国联邦巡回上诉法院的判决书及其部分中文译文；（3）美国联邦巡回上诉法院针对 6238323 和 6458061 号美国专利做出的判决及其部分中文译文；（4）6458061 号美国专利的专利说明书；（5）6238323 号美国专利的专利说明书。

最高人民法院认为：

本案的争议焦点在于：1. 如何理解涉案专利权利要求 1 中的"包括……一个"。2. 是否应当对涉案专利权利要求 1、2 进行区别解释，将权利要求 1 中的"一个"解释为单个或者多个。3. 被诉侵权产品是否落入涉案专利权的保护范围。

1. 如何理解涉案专利权利要求 1 中的"包括……一个"。涉案专利权利要求 1 以"包括：……"进行限定，属于开放式权利要求，英才公司对此亦无异议。对于开放式权利要求，如果被诉侵权产品在具有权利要求限定的技术特征的基础上，还具有其他技术特征的，仍然落入专利权的保护范围，这一解释规则也与专利侵权判断中的"技术特征全面覆盖原则"相对应。然而，依据前述解释规则，并不意味着应当将权利要求 1 中的"包括……一个"解释为一个或者多个。事实上，权利要求 1 不仅限定了"一个阻力部件""一个……绳索"，还限定了"该绳索包括一个第一绳股和一个第二绳股"，"第一延伸臂，包括一个……第一端，以及一个自由的第二端"，以及"该滑轮有一个……转动轴线"等技术特征。如果按照自由位移公司的主张，将权利要求 1 中的"包括……一个"均解释为一个或者多个，会出现该绳索上包括多个第一、二绳股，延伸臂上包括多个第一端和自由的第二端，该滑轮上有多个转动轴线的技术方案，而这些技术方案不仅没有在涉案专利说明书、附图中公开，甚至会出现技术特征之间发生矛盾的情形。因此，对于自由位移公司有关依据涉案专利国际申请原文以及美国联邦巡回上诉法院的相关判决，应将权利要求 1 中的"包括……一个"解释为一个或者多个的主张，不予支持。

2. 是否应当对权利要求 1、2 进行区别解释，将权利要求 1 中的"一个"解释为单个或者多个。尽管我国现行的法律、法规以及司法解释中，尚未对权利要求的区别解释作出明确规定。但对不同权利要求进行区别解释，将不同的权利要求解释为具有不同的保护范围，在通常情形下是必要和合理的。《专利法实施细则》第二十条规定，权利要求书应当有独立权利要求，也可以有从属权利要求。考虑到权利人撰写不同权利要求的目的，尤其是在独立权利要求的基础上撰写从属权利要求，是为了限定出不同层次的保护范围，使得专利权的保护范围更为明确和立体。因此，通常情况下，应当推定不同的权利要求具有不同的保护范围。然而，语言文字本身存在一词多义，也可能存在多词同义的情形。加之申请人在撰写技巧、主观认识等方面的偏差，对于同一技术方案，有可能使用不同的技术术语，以不同的表述方式进行限定，从而出现不同的权利要求的保护范围相同，或者实质相同的情形。在此种情形下，机械地进行区别解释，无疑是有悖于客观事实的。本案中，对于本领域技术人员而言，权利要求 1 中的"一个绳索"与权利要求 2 中的"单根绳索"并无实质性的区别，二者仅仅是表述方式不同而已。因此，对于自由位移公司有关根据权利要求的区别解释原则，应当将权利要求 1 中的"一个"解释为一个或者多个的申请再审理由，不予支持。

基于上述以及其他理由，最高人民法院驳回了自由位移公司的再审申请。

 评述

本案是关于是否应当对独立权利要求及其从属权利要求作出区别解释的典型案例。自由位移公司主张，权利要求 2 的附加技术特征为"绳索实质上由单根绳索组成"，根据权利要求的区别解释规则，权利要求 1 中的"一个绳索"并非"单根"，而是应当理解为一个或者多个。通常情况下，我们确实应当对权利要求 1、2 作出保护范围不同的解释（区别解释）。权利要求 2 的附加技术特征为"绳索实质上由单根绳索组成"，说明专利撰写人意图将权利要求 2 中的绳索的数目设定为不同于权利要求 1 中的绳索的数目。既然如此，权利要求 1 中的"一个绳索"就应当区别于权利要求 2 的绳索的数目，并非"单根"，否则权利要求 1、2 对绳索的不同撰写方式就失去了意义。但是，这种解释仅仅是一种推定，是一种可推翻的推定。当根据案件的事实应当推翻这种推定时，就应当尊重案件事实，作出实事求是的解释，不能机械地遵守区别解释规则，作出违背基本客观事实的歪曲解释。本案中，权利要求 1 不仅限定了"一个阻力部件"、"一个……绳索"，还限定了"该绳索包括一个第一绳股和一个第二绳股"，"第一延伸臂，包括一个……第一端，以及一个自由的第二端"，以及"该滑轮有一个……转动轴线"等技术特征。如果按照自由位移公司的主张，将权利要求 1 中的"包括……一个"均解释为一个或者多个，会出现该绳索上包括多个第一、二绳股，延伸臂上包括多个第一端和自由的第二端，该滑轮上有多个转动轴线的技术方案，而这些技术方案不仅没有在涉案专利说明书、附图中公开，甚至会出现技术特征之间发生矛盾的情形。此外，对于本领域技术人员而言，权利要求 1 中的"一个绳索"与权利要求 2 中的"单根绳索"从文义上来理解，并无实质性的区别，二者仅仅是表述方式不同而已。因此，区别解释的规则在本案中不应当适用，权利要求 1 中的"一个绳索"等于权利要求 2 中的"单根绳索"，二者的保护范围发生了重叠。

（四）涉及使用环境特征的解释规则

使用环境特征，是指权利要求中用来描述发明或实用新型所使用的背景或者条件且与该技术方案存在连接或配合关系的技术特征。关于使用环境特征的限定作用，《侵犯专利权司法解释二》第9条规定："被诉侵权技术方案不能适用于权利要求中使用环境特征所限定的使用环境的，人民法院应当认定被诉侵权技术方案未落入专利权的保护范围。"但是，如果被诉侵权技术方案能够适用于权利要求中的使用环境特征所限定的使用环境的，其是否落入权利要求的保护范围呢？根据上述规定，我们无法得出明确的答案。对此，《专利侵权判定指南（2017）》第24条有进一步的规定："写入权利要求的使用环境特征对专利权的保护范围具有限定作用。被诉侵权技术方案能够适用于权利要求记载的使用环境的，应当认定被诉侵权技术方案具备权利要求记载的使用环境特征，而不以被诉侵权技术方案实际使用该环境特征为前提。但是，专利文件明确限定该技术方案仅能适用于该使用环境特征，有证据证明被诉侵权技术方案可以适用于其他使用环境的，则被诉侵权技术方案未落入专利权的保护范围。"根据该条的规定，原则上，被诉侵权技术方案能够适用于权利要求记载的使用环境的，应当认定被诉侵权技术方案具备权利要求记载的使用环境特征，而不以被诉侵权技术方案实际使用该环境特征为前提。例外情况是，专利文件明确限定该技术方案仅能适用于该使用环境特征，有证据证明被诉侵权技术方案可以适用于其他使用环境的，则被诉侵权技术方案未落入专利权的保护范围。这种情形类似于著作权法中的被控侵权物具有"实质性非侵权用途"的情形。被控侵权物既能用于侵权的，也具有"实质性非侵权用途"的，就不能认定其为侵权物。与此类似，被诉侵权技术方案既能用于使用环境特征限定的使用环境的，也可以用于其他环境的，如果专利文件明确规定专利技术方案只能用于使用环境特征限定的使用环境的，就应当认定被诉侵权技术方案未落入使用环境特征限定的权利要求的保护范围。

下面来看典型案例。

案例：原告 EMD 米利波尔公司诉被告上海瑞枫生物科技有限公司及第三人北京华大中生科技发展有限公司侵犯发明专利权纠纷案❶

涉案权利要求16为"一种流体处理模块（14，15），其包括与容纳流体处理装置的模块内部相通的流体入口和出口连接器（211-213），该模块的特征在于其还包括至少一个具有作用面（37）的横向延伸部（20），该作用面（37）被构造和布置为使得模块（14，15）能够可更换地安装在互补性的支持结构（12）上，并且在其上固定以防止平移地移动，并且还允许通过在模块（14，15）上施加限定为使其相对于支持结构（12）倾斜的动作而将其松开"。

---

❶ 北京市高级人民法院（2013）高民终字第763号民事判决书。

被告生产的被诉侵权产品亦为一种流体处理模块，可以安装在互补性的支持结构上。

争议的焦点是被诉侵权产品是否落入权利要求 16 的保护范围？

原告认为被控产品落入涉案专利要求 16 的保护范围。

被告认为权利要求 16 中的"互补性支持结构"是一项技术特征，而被诉侵权产品中不包括该互补性支持结构。

一审法院认为：

权利要求 16 中的"互补性的支持结构"属于模块的安装位置，而不是模块的一部分，不是单独的一项技术特征，对权利要求 16 的保护范围没有限定作用。被诉侵权产品具备权利要求 16 的全部技术特征，落入该权利要求的保护范围。

二审法院认为：

互补性支持结构系权利要求 16 中的使用环境特征，属于该权利要求中的必要技术特征。对于产品权利要求中的使用环境特征，根据被诉侵权技术方案的技术特征已经确定其可以适用于权利要求记载的使用环境的，应当认定被诉侵权技术方案具备权利要求记载的使用环境特征，而不以被诉侵权人实际使用该环境为前提。本案中，相关证据证明被诉侵权产品可以适用于权利要求 16 记载的使用环境，因此，被诉侵权产品具有互补性的支持结构这一使用环境特征。

评述

权利要求 16 看起来有些复杂，其简化后的内容为"一种流体处理模块，包括……，该模块安装在互补性的支持结构上……"。其中，"一种流体处理模块"为主题名称，"包括……"部分记载的是技术特征，"该模块安装在互补性的支持结构上……"是模块的使用环境特征。该使用环境特征并不是物理结构特征，不是所述模块的组成部分，但构成模块的使用环境。使用环境通常对权利要求的保护范围具有限定作用。因此，一审法院认为权利要求 16 中的使用环境特征不是模块的一部分，不是单独的一项技术特征，对权利要求 16 的保护范围没有限定作用的观点，是错误的。对此，二审法院予以了纠正，认为使用环境特征对权利要求 16 的保护范围具有限定作用，并基于被诉侵权产品可以适用于权利要求 16 记载的使用环境的事实，认定被诉侵权产品具有互补性的支持结构这一使用环境特征。二审判决的认定是合理的。

（五）涉及功能性特征的解释规则

对功能性特征的解释方法不同于对结构、步骤等特征的解释方法，应当进行专门的讨论。《侵犯专利权司法解释一》《侵犯专利权司法解释二》《专利侵权判定指南（2017）》均有相关条文涉及功能性特征。下面结合相关条文分别从功能性特征的识别、功能性特征的内容、功能性特征的保护范围等方面进行阐述。

1. 功能性特征的识别

《侵犯专利权司法解释一》第 4 条涉及功能性特征，但并未就功能性特征作出界定。《侵犯专利权司法解释二》第 8 条首次对功能性特征进行了明确的规定："功能性特征，是指对于结构、组分、步骤、条件或其之间的关系等，通过其在发明创造中所起的功能或者效果进行限定的技术特征，但本领域普通技术人员仅通过阅读权利要求即可直接、明确地确定实现上述功能或者效果的具体实施方式的除外。"根据该定义，凡是以功能或者效果进行限定的技术特征，又不符合"但书"情形的，都属于功能性特征。

《专利侵权判定指南（2017）》对功能性特征的定义与《侵犯专利权司法解释二》第 8 条的定义基本相同，同时列举了以下不属于功能性特征的特殊情形：（1）以功能或效果性语言表述且已经成为本领域普通技术人员普遍知晓的技术术语，或以功能或效果性语言表述且仅通过阅读权利要求即可直接、明确地确定实现上述功能或者效果的具体实施方式的技术特征；（2）使用功能性或效果性语言表述，但同时也用相应的结构、组分、材料、步骤、条件等特征进行描述的技术特征。

根据上述定义，判断某一技术特征是否属于功能性特征，可以按下述步骤进行：首先，对于凡是以功能或者效果进行限定的特征，如旋转装置、输送装置等，原则上都归入功能性特征。其次，再判断该技术特征是否可以归入上述（1）（2）两种例外情形；如果无法归入上述（1）（2）两种例外情形，就可以认定为功能性特征；如果可以归入上述（1）（2）两种例外情形，就不应当认定为功能性特征。

现以"放大器"为例予以说明。放大器属于以功能或者效果进行限定的技术特征，故初步可以归入功能性特征。但是，本领域普通技术人员普遍知晓"放大器"这一技术术语，也知道如何实现放大的功能或者效果。因此，放大器属于上述规定中的例外情形，不应认定为功能性特征。

下面结合典型案例来看看法院如何认定功能性特征。

案例：瓦莱奥清洗系统公司（以下简称瓦莱奥公司）与厦门卢卡斯汽车配件有限公司（以下简称卢卡斯公司）、厦门富可汽车配件有限公司、陈某强侵害发明专利权纠纷案❶

瓦莱奥公司是涉案"机动车辆的刮水器的连接器及相应的连接装置"发明专利

---

❶　最高人民法院（2019）最高法知民终 2 号民事判决书。

的专利权人，该专利权利要求为："1. 刮水器的连接器，其用于保证一刮水器臂和一刮水器刷体的一部件之间的连接与铰接，所述连接器从后向前纵向嵌在所述刮水器臂的向后纵向弯曲成 U 形的前端部内，并且包括至少一可弹性变形的元件——所述元件把所述连接器锁定在所述刮水器臂的前端部中的嵌入位置上，以及包括两个纵向垂直的侧边，所述侧边设置成容纳在所述刮水器刷体的部件的两个侧翼之间；所述连接器的特征在于，所述连接器通过一安全搭扣锁定在所述刮水器臂中的嵌入位置，所述安全搭扣活动安装在一关闭位置和一开放位置之间，在所述关闭位置，所述安全搭扣面对所述锁定元件延伸，用于防止所述锁定元件的弹性变形，并锁定所述连接器，而所述开放位置可以使所述连接器从所述刮水器臂中解脱出来。"

涉案专利说明书第［0006］段记载，"连接器的位置锁定一般通过一个可弹性变形的元件保证。然而，刮水器刷体可能在一个冲击的作用下被剧烈推动。锁定元件的强度不够，因此发生变形。它不能再保证它的锁定功能，因此可能使连接器意外脱出，并且由于同样的原因，刮水器刷体与刮水器臂脱开"。

第［0011］段记载，"因此本发明的目的是提出一种把连接器固定在刮水器刷体的一个部件上的装置，所述装置可以把连接器锁定在安装位置，并且可以把任何类型的刮水器安装在一标准的臂和一标准的连接器上"。

第［0055］段记载，"搭扣是一个罩子形状的塑料浇注空心元件。它绕部件的一个垂直轴转动，它还活动安装在一个关闭位置和一个开放位置之间，在开放位置把连接器锁定在图 2 所示的钩形端内的嵌入位置，在开放位置释放连接器"。

第［0056］段记载，"连接器的锁定由搭扣的垂直侧壁的内表面保证，内表面沿爪外侧表面延伸。因此，搭扣阻止爪向连接器外横向变形，因此连接器不能从钩形端解脱出来"。

本案被诉侵权产品为 S850、S851、S950 三个型号的机动车辆刮水器，由刮水器刷体、连接器以及安全搭扣组成。其中，连接器铰接安装在刮水器刷体的底座上，连接器可将刮水器臂和刮水器刷体进行连接，连接后，刮水器臂可随同连接器绕刮水器刷体底座上的水平轴线转动。连接器上有两个外伸或延伸的侧边构成一对可弹性变形的元件，该侧边位于刮水器刷体底座的两个侧翼之间。弹性元件端部向连接器内横向弯折（S850、S851 型号）或凸起（S950 型号），可将刮水器臂前弯曲部卡入、限定在装配连接位置即嵌入位置。连接器上方有一安全搭扣，其后部铰接安装在刮水器底座上，可绕铰接点所确定的水平轴线转动关闭或打开。连接器通过互补形状的弹性的嵌合结构保证把安全搭扣保持在关闭位置。安全搭扣两侧壁的内表面设有一对垂直于侧壁的凸起，当安全搭扣处于关闭位置时，安全搭扣的前部处于弹性元件的前方位置，包容并封闭了弹性元件，安全搭扣侧壁内的凸起对应弹性元件的外表面并限制其弹性张开，从而能够锁定弹性元件，防止刮水器臂从弹性元件中脱出。安全搭扣内前方还设置有一横向挡板（S950 型号）或一对中间连接的凸起（S850、S851 型号），在安全搭扣处于关闭位置时，横向挡板或凸起位于刮水器臂的前方。

争议的焦点之一是权利要求 1 中的技术特征"在所述关闭位置，所述安全搭扣面对所述锁定元件延伸，用于防止所述锁定元件的弹性变形，并锁定所述连接器"是否属于功能性特征。

一审法院认为：

该技术特征仅仅披露了安全搭扣与锁定元件之间的方向及位置关系，该方位关系并不足以防止锁定元件的弹性变形，本领域普通技术人员仅通过阅读权利要求不能直接、明确地确定实现"防止锁定元件的弹性变形，并锁定连接器"这一功能的具体实施方式，故该特征属于功能性特征。

对此，最高人民法院认为：

（1）功能性特征是指不直接限定发明技术方案的结构、组分、步骤、条件或其之间的关系等，而是通过其在发明创造中所起的功能或者效果对结构、组分、步骤、条件或其之间的关系等进行限定的技术特征。如果某个技术特征已经限定或者隐含了发明技术方案的特定结构、组分、步骤、条件或其之间的关系等，即使该技术特征还同时限定了其所实现的功能或者效果，原则上亦不属于上述司法解释所称的功能性特征，不应作为功能性特征进行侵权比对。

（2）上述技术特征实际上限定了安全搭扣与锁定元件之间的方位关系并隐含了特定结构——"安全搭扣面对所述锁定元件延伸"，该方位和结构所起到的作用是"防止所述锁定元件的弹性变形，并锁定所述连接器"。根据这一方位和结构关系，结合涉案专利说明书及其附图，特别是说明书第［0056］段关于"连接器的锁定由搭扣的垂直侧壁的内表面保证，内表面沿爪外侧表面延伸，因此，搭扣阻止爪向连接器外横向变形，因此连接器不能从钩形端解脱出来"的记载，本领域普通技术人员可以理解，"安全搭扣面对所述锁定元件延伸"，在延伸部分与锁定元件外表面的距离足够小的情况下，就可以起到防止锁定元件弹性变形并锁定连接器的效果。可见，"在所述关闭位置，所述安全搭扣面对所述锁定元件延伸，用于防止所述锁定元件的弹性变形，并锁定所述连接器"这一技术特征的特点是，既限定了特定的方位和结构，又限定了该方位和结构的功能，且只有将该方位和结构及其所起到的功能结合起来理解，才能清晰地确定该方位和结构的具体内容。这种"方位或者结构＋功能性描述"的技术特征虽有对功能的描述，但是本质上仍是方位或者结构特征，不是前述司法解释所称的功能性特征。

（3）需要说明的是，虽然当事人未对原审法院关于上述特征属于功能性特征的认定提出异议，但是权利要求的解释是法律问题，且功能性特征与其他类型的技术特征在侵权比对方法上有明显差异，可能影响侵权判定结果，故特予指出并予纠正。

评述

就本案的功能性特征认定问题，有两点值得关注：一是如何认定功能性特征；二是当事人对于一审法院作出功能性特征的认定没有争议的，二审法院能否主动认定其不是功能性特征。

（1）如何认定功能性特征。争议的焦点是权利要求 1 中的技术特征"在所述关闭位置，所述安全搭扣面对所述锁定元件延伸，用于防止所述锁定元件的弹性变形，并锁定所述连接器"是否属于功能性特征。简化一下，该技术特征的核心内容"安全搭扣……用于防止……并锁定所述连接器"从这段表述来看，其确实采用了功能效果的描述方式。但是，最高人民法院认为，如果某个技术特征已经限定或者隐含了发明技术方案的特定结构、组分、步骤、条件或其之间的关系等，即使该技术特征还同时限定了其所实现的功能或者效果，原则上亦不属于功能性特征；上述技术特征实际上限定了安全搭扣与锁定元件之间的方位关系并隐含了特定结构——"安全搭扣面对所述锁定元件延伸"，该方位和结构所起到的作用是"防止所述锁定元件的弹性变形，并锁定所述连接器"，即其既限定了特定的方位和结构，又限定了该方位和结构的功能，且只有将该方位和结构及其所起到的功能结合起来理解，才能清晰地确定该方位和结构的具体内容。这种"方位或者结构＋功能性描述"的技术特征虽有对功能的描述，但是本质上仍是方位或者结构特征，不是功能性特征。从最高人民法院的论述来说，似乎只有纯功能性的特征才是功能性特征，既有功能性描述又有结构、组分、材料、步骤、条件等描述的，不是功能性特征。

（2）当事人对于一审法院作出功能性特征的认定没有争议的，二审法院能否主动认定其不是功能性特征。本案中，一审法院认定诉争的技术特征为功能性特征，各方当事人都没有争议。但是，最高人民法院认为权利要求中的解释是法律问题，法院可以依职权作出认定。这一点特别重要，值得关注。

2. 功能性特征的内容

《侵犯专利权司法解释一》第 4 条规定："对于权利要求中以功能或者效果表述的技术特征，人民法院应当结合说明书和附图描述的该功能或者效果的具体实施方式及其等同的实施方式，确定该技术特征的内容"。据此，可以明确功能性特征的内容等于说明书中记载的实现所述功能或效果的具体实施方式及其等同的实施方式。简言之，功能性特征的内容＝具体实施例＋等同实施例，而等同特征的判断有一个时间基准的问题，以涉案专利申请日还是以被诉侵权行为发生日为基准，对等同特征的认定会有影响。同理，功能性特征的具体实施方式的等同实施方式的判断也有一个时间基准的问题，即以什么时间为基准判断某实施方式与说明书记载的实现某功能的具体实施方式是否构成等同方式。对此，《侵犯专利权司法解释一》并未明确。《侵犯专利权司法解释二》第 8 条第 2 款进行了明确，该款规定："与说明书及附图记载的实现前款所称功能或者效果不可缺少的技术特征相比，被诉侵权技术方案的相应技术特征是以基本相同的手段，实现相同的功能，达到相同的效果，且本领域普通技术人员在被诉侵权行为发生时无需经过创造性劳动就能够联想到的，人民法院应当认定该相应技术特征与功能性特征相同或者等同。"但是，该款规定并未区分何种情形下技术特征为"相同"，何种情形下技术特征为"等同"，二者混在一起，模糊不清。之所以这么模糊处理，是因为最高人民法院就该司法解释的原始条文征求意见时，有很多不同的意见，后来不得不模糊处理。尽管如此，但是这对于办案并无影响。不管是"相同"还是"等同"，只要落入这个口袋，就落入了专利的保护范围。

与《侵犯专利权司法解释二》的模糊规定相比，《专利侵权判定指南（2017）》的有关规定就比较精细。其第 42 条规定："对于包含功能性特征的权利要求，与本指南第 19 条所述的结构、步骤特征相比，被诉侵权技术方案的相应结构、步骤特征是以相同的手段，实现了相同的功能，产生了相同的效果，或者虽有区别，但是以基本相同的手段，实现了相同的功能，达到相同的效果，而且本领域普通技术人员在专利申请日时无需经过创造性劳动就能够联想到的，应当认定该相应结构、步骤特征与上述功能性特征相同。"第 56 条规定："对于包含功能性特征的权利要求，与本指南第 19 条所述的结构、步骤特征相比，被诉侵权技术方案的相应结构、步骤特征是以基本相同的手段，实现相同的功能，达到相同的效果，且本领域普通技术人员在涉案专利申请日后至被诉侵权行为发生时无需经过创造性劳动就能够联想到的，应当认定该相应结构、步骤特征与功能性特征等同。"

从学理上，我们通常将上述第 42 条规定的保护范围称为功能性特征的字面保护范围，将第 56 条规定的保护范围称为功能性特征的等同保护范围。就第 42 条规定的保护范围而言，其又可以具体分为相同技术特征和以涉案专利申请日为时间基准的等同技术特征。对于该等同技术特征，一般称为"一次等同"。而对于第 56 条规定的"等同"，则一般称为"二次等同"。

尽管《专利侵权判定指南（2017）》作了上述精细的区分，为学习和研究提供了很好的素材，也能使办案更加精细化，但是，就最终的办案效果而言，它和《侵犯专利权司法解释二》并无不同。打个形象的比喻，《侵犯专利权司法解释二》仅规定了一个大麻袋，"相同""等同"混在一起；《专利侵权判定指南（2017）》则将该大麻袋分成了"相同""等同"两个小麻袋。但是，由于大麻袋＝"相同"＋"等同"两个小麻袋，所以不管被控侵权技术方案落入"相同"麻袋还是"等同"麻袋，它总是要落入大麻袋的，最后的效果是一样的。

3. 功能性特征的保护范围

功能性特征的保护范围通常可以分为字面保护范围和等同保护范围。所谓字面保护范围，就是文义上的保护范围。所谓等同保护范围，就是文义保护范围之外的由等同实施方式确定的范围。

（1）功能性特征的字面保护范围。根据《侵犯专利权司法解释一》第 4 条的规定，功能性特征的内容是说明书和附图描述的实现该功能或者效果的具体实施方式及其等同实施方式。功能性特征的字面保护范围等于文义保护范围，而文义保护范围仅限于功能性特征的内容（实现该功能或者效果的具体实施方式及其等同方式），因此，功能性特征的字面保护范围限于实现该功能或者效果的具体实施方式及其等同方式。具体实施方式属于功能性特征的字面保护范围，对此我们容易理解。为什么等同实施方式也属于功能性特征的字面保护范围而不属于等同保护范围呢？这源于《侵犯专利权司法解释一》第 4 条的直接规定，该条明确规定功能性特征的内容根据具体实施方式及其等同实施方式确定。对此，《专利侵权判定指南（2017）》第 42 条也作出了明确的规定，"被诉侵权技术方案的相应结构、步骤特征……虽有区别，但是以基本相同的手段，实现了相同的功能，达到相同的效果，而且本领域普通技术人员在专利申请日时无需经过创造性劳动就能够联想到的，应当认定该相应结构、步骤特征与上述功能性特征相同"。以基本相同的手段，实现了相同的功能，达到相同的效果，而且本领域普通技术人员在专利申请日时无需经过创造性劳动就能够联想到的，即为等同实施方式。第 42 条明确规定等同实施方式与功能性特征相同，因此等同实施方式也是功能性特征的内容，属于功能性特征的字面保护范围。而且，该 42 条还明确等同实施方式的时间基准点是涉案专利申请日。

（2）功能性特征的等同保护范围。根据《专利侵权判定指南（2017）》第 56 条的规定，对于包含功能性特征的权利要求，与说明书及附图中记载的实现该功能的必不可少的结构、步骤特征相比，被诉侵权技术方案的相应结构、步骤特征是以基本相同的手段，实现相同的功能，达到相同的效果，且本领域普通技术人员在涉案专利申请日后至被诉侵权行为发生时无需经过创造性劳动就能够联想到的，应当认定该相应结构、步骤特征与功能性特征等同。涉案专利申请日后至被诉侵权行为发生时出现的等同实施方式，即属于功能性特征的等同保护范围。需要注意的是，参照《专利侵权判定指南（2017）》第 56 条第 2 款的规定，在判断被控侵权技术方案中的相应结构、步骤特征与专利说明书及附图记载的实现功能性特征之功能的结构、步骤特征是否构成等同特征时，应当将相关的结构、步骤特征作为一个技术特征，而不应将其区分为两个以上的技术特征。简单地说，就是应当将说明书记载的具体实施方式作为一个技术特征对待，而不应当将具体实施方式中的各个结构、步骤特征当作若干个技术特征。将具体实施方式中的所有结构、步骤特征当作一个技术特征，还是当作若干个技术特征，对于等同特征的判断，将产生重大的影响。因此，我们必须牢记这一细节。

另外，必须强调的是，根据《侵犯专利权司法解释二》第 8 条第 2 款的规定，功能性特征的内容限于说明书及附图记载的实现该功能的不可缺少的技术特征及其等同特征。请注意该款规定中的"不可缺少"四个字。有的专利说明书中记载的实现功能性特征之功能的结构、步骤特征很多，其中有的结构、步骤特征对于实现所述功能无关紧要，属于冗余特征。按照该款的规定，冗余特征无需考虑，只需要考虑"不可缺少"的技术特征。对此，《专利侵权判定指南（2017）》第 19 条也有明确的规定："在确定功能性特征的内容时，应当将功能性特征限定为说明书及附图中所对应的为实现所述功能、效果不可缺少的结构、步骤特征。"其中也提到了"不可缺少"四字。因此，在实践中应当注意正确区分具体实施方式中的哪些结构、步骤特征是实现所述功能、效果不可缺少的特征，哪些属于冗余特征。然后，在比对功能性特征与被控侵权技术方案的相应特征时，只比对不可缺少的特征。是否正确识别出"实现所述功能、效果的不可缺少的结构、步骤特征"，对于技术特征的比对结果会产生重要影响。这一点，在实践中必须引起注意。

下面来看一个重要案例。

案例：湖南千山制药机械股份有限公司诉山东新华医疗器械股份有限公司、华润双鹤药业股份有限公司侵害发明专利权纠纷案❶

湖南千山制药机械股份有限公司（以下简称千山公司）对专利名称为"一种软袋输液生产线"的发明专利（涉案专利）享有专利权。涉案专利权利要求 3 为"根据权利要求 1 或 2 所述的软袋输液生产线，其特征在于，所述袋转移机构（8）包括：夹持装置（84，861），用于夹持所述袋子（201）；平移转动机构，包括平移单元和转动单元，所述平移单元带动所述夹持装置（84，861）在所述出袋工位（7）与所述进袋工位（9）之间移动，在此期间所述转动单元带动所述夹持装置（84，

---

❶ 北京市高级人民法院（2014）高民终字第 723 号判决书。

861）转动；取袋机构，将所述袋子（201）从所述出袋工位（7）中取出并送入所述夹持装置（84，861），以及将所述袋子（201）从所述夹持装置（84，861）中取出并送入所述进袋工位（9）；以及支架（85），所述平移转动机构设置在所述支架（85）上。"

涉案专利说明书共披露了 6 个实施例。其中第四、第五、第六实施例中，平移转动机构为平移翻转机构，由下列部件组成：伺服电机或气动驱动的线性驱动器（871）、连接板（872）、翻转气缸（873）、滑块（817）、翻转梁（816）及直线导向装置（818）。其中，所述线性驱动器（871）、所述直线导向装置（818）固定在所述支架（85）上，所述翻转气缸（873）铰接安装在所述滑块（817）上，所述翻转气缸（873）的活塞杆与铰接安装在所述滑块（817）上的翻转梁（816）铰接连接，所述滑块（817）安装在所述直线导向装置（818）的滑动副上。

被诉侵权产品与涉案专利权利要求 3 的区别在于平移转动机构中的翻转机构存在区别：被诉侵权产品中的翻转机构为旋转气缸和翻转梁的组合，而涉案专利权利要求 3 的翻转机构为翻转气缸、铰接件及翻转梁的组合（见图 9）。

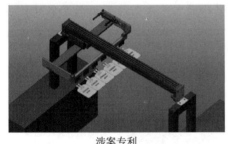

涉案专利　　　　　　　　　　　　被诉侵权产品

图 9　涉案专利与被诉侵权产品翻转机构

一审法院认为：

对于涉案专利权利要求 3 的附加技术特征，其对袋转移机构进行了进一步限定，记载了袋转移机构所包括的部件名称及夹持装置、平移转动机构和取袋机构各自的功能，虽然描述了平移转动机构的安装位置，但并未描述夹持装置、平移转动机构和取袋机构的结构、材料等特征。故就袋转移机构而言，仍属于以功能进行表述的技术特征，应当结合说明书和附图描述的该功能或者效果的具体实施方式及其等同的实施方式，确定该技术特征的内容。因此，权利要求 3 附加技术特征的内容应为涉案专利说明书和附图描述的 6 个实施例中实现袋转移机构功能的方式及其等同的方式。其中，翻转气缸是实现袋转移机构的功能所必需的结构，属于该功能性特征的内容。被诉侵权产品中的旋转气缸是专利申请日的现有技术，通过旋转气缸自身的驱动能够实现翻转功能，而翻转气缸需要通过铰接连接的方式使气缸由直线运动变为翻转运动。以专利申请日的标准，两者使用的并非基本相同的手段，故使用旋转气缸并非该功能性特征具体实施方式的等同实施方式，不属于该功能性特征的内容。

二审诉讼中，千山公司向二审法院补充提交了 2008 年 4 月出版的《机械设计手册》部分章节复印件（由国家图书馆科技查新中心盖章确认），用于作为公知常识性证据证明旋转气缸和翻转气缸是本领域技术人员公知的技术，二者的替换属于等同替换。

二审法院认为：

本案的争议焦点，一是涉案专利权利要求 3 中的袋转移机构、平移转动机构是否为功能限定性特征；二是如果袋转移机构、平移转动机构为功能限定性特征，被诉侵权产品中旋转气缸对涉案专利中翻转气缸及有关部件的替换是否为等同替换。涉案专利权利要求 3 的附加技术特征对袋转移机构进行了进一步限定，记载了袋转移机构所包括的部件名称及夹持装置、平移转动机构和取袋机构各自的功能，虽然描述了平移转动机构的安装位置，但并未描述夹持装置、平移转动机构和取袋机构的结构、材料等特征。故就袋转移机构和平移转动机构而言，仍属于以功能进行表述的技术特征，应当结合说明书和附图描述的该功能或者效果的具体实施方式及其等同的实施方式，确定该技术特征的内容。

鉴于涉案专利权利要求 3 中的袋转移机构和平移转动机构是功能性限定特征，故应当结合说明书披露的具体实施方式及其等同方式确定涉案专利权利要求 3 的保护范围。对于平移转动机构，说明书记载一种实施方式为平移翻转机构，故平移翻转机构及其等同实施方式属于涉案专利权利要求 3 的保护范围。

将被诉侵权产品与涉案专利权利要求 3 中含平移翻转机构的技术方案相比，两者的区别仅仅在于平移转动机构中的翻转机构存在区别，被诉侵权产品中的翻转机构为旋转气缸和翻转梁的组合，而涉案专利权利要求 3 的翻转机构为翻转气缸、铰接件及翻转梁的组合，各方当事人对此均予以认可。

判断被诉侵权产品是否落入涉案专利权利要求 3 的保护范围的关键是，被诉侵权产品中旋转气缸对涉案专利权利要求 3 中翻转气缸及铰接件的组合的替换是否构成等同替换。涉案专利中的翻转气缸是直线运动气缸，被诉侵权产品中的旋转气缸是摆动气缸，即自身就可以实现摆动的功能，各方当事人对此均予以认可。

根据《机械设计手册》，本领域的技术人员所公知，翻转气缸和旋转气缸本身均是涉案专利申请日前已有的气缸型式，其自身特性也已经为本领域的技术人员所熟知，即翻转气缸为通过活塞杆进行往复直线运动，旋转气缸为通过叶片输出驱动轴实现角度摆动转动，利用旋转气缸的角度摆动特性实现工件的翻转也早已经是专利申请日前本领域的技术人员所熟知的应用。在此情况下，对于本领域的普通技术人员来说，将涉案专利中的翻转气缸及铰接部件的组合替换为被诉侵权产品中的旋转气缸，可以说是一种仅仅利用了气缸的特性而进行的替换，两者的手段基本相同，实现的功能相同，达到的效果相同或基本相同，即都是通过气缸运动来实现翻转功能，而且这一技术手段的替换在涉案专利申请日前对于本领域的技术人员来说是无需经过创造性劳动就能够想到的。因此，以涉案专利申请日为准，二者构成等同实施方式。

评述

该案的争议焦点有两个：一是权利要求 3 中的袋转移机构、平移转动机构是否为功能限定性特征；二是如果袋转移机构、平移转动机构为功能限定性特征，被诉侵权产品中旋转气缸对涉案专利中翻转气缸及有关部件的替换是否为等同替换。一审、二审法院均认为袋转移机构、平移转动机构为功能性特征，应当结合说明书记载的实施方式及其等同实施方式确定该功能性特征的内容。

根据说明书的记载，涉案专利权利要求 3 中的平移转动机构为平移翻转机构，由下列部件组成：伺服电机或气动驱动的线性驱动器（871）、连接板（872）、翻转气缸（873）、滑块（817）、翻转梁（816）及直线导向装置（818）。其中，所述线性驱动器（871）、所述直线导向装置（818）固定在所述支架（85）上，所述翻转气缸（873）铰接安装在所述滑块（817）上，所述翻转气缸（873）的活塞杆与铰接安装在所述滑块（817）上的翻转梁（816）铰接连接，所述滑块（817）安装在所述直线导向装置（818）的滑动副上。

被诉侵权产品中也有平移翻转结构（见图9）。由于法院认定涉案专利权利要求 3 中的平移转动机构为功能性特征，因此本案的关键是被诉侵权产品中的平移转动机构与涉案专利说明书中记载的实现"平移转动"功能的具体实施方式是否相同或者等同。被诉侵权产品的平移翻转机构与涉案专利权利要求 3 中的平移翻转机构均由若干个部件连接而成，但是二者的区别仅仅在于翻转机构不同。被诉侵权产品中的翻转机构为旋转气缸和翻转梁的组合，而涉案专利权利要求 3 的翻转机构为翻转气缸、铰接件及翻转梁的组合。因此，二审法院最后将问题简化为被诉侵权产品中的旋转气缸与涉案专利权利要求 3 中的翻转机构中的翻转气缸与铰接件的组合是否属于等同实施方式。二审法院基于《机械设计手册》中记载的翻转气缸和旋转气缸均是涉案专利申请日前公知的气缸型式，认定旋转气缸等同于翻转气缸与铰接件的组合，从而认定被控侵权产品中的平移翻转机构与涉案专利权利要求 3 中的平移翻转结构的具体实施方式构成等同实施方式，最后认定被控侵权的技术方案落入涉案专利权利要求 3 的保护范围。

从该判决来看，对于含有功能性特征的权利要求，在侵权认定过程中，应当首先识别出功能性特征，然后判断被控侵权技术方案的相应特征是否与涉案专利说明书中记载的实现所述功能或者效果的具体实施方式相同或者等同。

第十二章　被诉侵权行为

侵权诉讼中，固定被诉侵权行为是非常重要的一个环节。被诉侵权行为可能是直接侵犯专利权的行为，例如制造、许诺销售、销售、使用、进口专利产品的行为，也可能是间接侵犯专利权的行为，包括教唆行为、帮助行为。

第一节　直接侵权行为

一、直接侵权行为的类别

根据《专利法》第11条的规定，对于产品专利而言，《专利法》禁止的行为包括未经专利权人许可为生产经营目的实施的制造、使用、许诺销售、销售、进口专利产品的行为；对于方法专利而言，《专利法》禁止的行为包括未经专利权人许可为生产经营目的使用专利方法以及使用、许诺销售、销售、进口依照该专利方法直接获得的产品。这些行为直接作用于权利人的专利权，若未经权利人许可且无法定免责事由，则构成直接侵权行为。

（一）实施产品专利的行为

制造、使用、许诺销售、销售、进口专利产品的行为，一般容易把握。但是，有些处于"灰色地带"的行为，是否可以归入上述行为类型，需要个别考量。

（1）制造。制造发明或者实用新型专利产品，是指权利要求中所记载的产品技术方案被实现之后形成产品。该实现专利技术方案从而形成产品的过程即为制造行为。更简单地说，只要制造行为产生了专利保护的产品，就是落入专利权保护范围的制造行为。至于该制造行为采用了什么方法，在所不问，除非专利权利要求采用方法特征进行限定。制造行为可以是从零开始制造专利产品的完整行为，也可以是将零部件组装成专利产品的行为。

（2）使用。使用发明或者实用新型专利产品，是指权利要求所记载的产品技术方案的技术功能得到了应用或者效果得以实现。典型的例子是，将专利产品用于商业经营活动。特殊的例子，比如将专利产品作为零部件或者中间产品，制造另一产品的，也应当认定为对专利产品的使用。

（3）许诺销售，指以发布广告、展览、公开演示、寄送价目表、拍卖公告、招标公告等形式向特定或者不特定主体作出的销售专利产品的意思表示。许诺销售行为具有以下特征：第一，发生在实际销售之前，行为的目的是实际销售，要约邀请属于典型的许诺销售。第二，许诺销售的行为表示既可以是针对特定人的，也可以是针对非特定人的。第三，许诺销售的表示既可以是书面的，也可以口头的，还可以是通过实际行为进行的。

（4）销售。销售和买卖同义，是指一方交钱，另一方交货的交易行为。销售通常表现为一个过程，从签订销售合同到移转标的物所有权的整个过程都属于销售。为了更好地保护专利权人，显然不能要求具备完整销售过程的行为才属于销售行为。专利法应当为权利人提供充分的保护，从制造到许诺销售、销售、使用以及进口，应当全程覆盖。因此，许诺销售之后的销售意思表示（签订合同的行为）应当作为销售行为，纳入专利法的保护。对此，《侵犯专利权司法解释二》第19条规定，产品买卖合同依法成立的，人民法院应当认定属于《专利法》第11条规定的销售。

销售并不仅指销售专利产品本身的行为，将专利产品与其他产品一起搭售的行为、将专利产品制造成其他产品销售的行为、将专利产品作为商业活动的一部分予以赠送的行为，诸如此类，只要获得了商业利益上的回报，都应当认定为销售。

有疑问的是，出租专利产品的行为如何定性？一次次地出租专利产品进行牟利，属于使用还是销售？《专利侵权判定指南（2017）》第108条将其界定为销售，这是合理的。出租行为与使用行为区别较大，使用行为要利用专利技术方案的功能和效果，出租行为毕竟没有利用专利技术方案的功能和效果。出租行为虽然与销售行为有一定的区别，但从获取商业利益的角度来说相差不大。专利法不能对一次次出租专利产品的行为不管，因此将出租行为视为销售行为，纳入专利法的保护是合理的。

最高人民法院（2021）最高法知行终451号行政判决书对许诺销售作出了精准的论述：

第一，许诺销售行为既可以针对特定对象，又可以针对不特定对象。根据《最高人民法院关于审理专利纠纷案件适用法律问题的若干规定》第十八条的规定，专利法第十一条、第六十九条所称的许诺销售，是指以做广告、在商店橱窗中陈列或者在展销会上展出等方式作出销售商品的意思表示。将产品通过陈列或演示、列入销售征订单、列入推销广告或者以任何口头、书面或其他方式向特定或不特定对象明确表示销售意愿的行为即构成许诺销售。许诺销售既可以面向特定对象，也可以面向不特定对象，针对特定对象作出销售商品意思表示的定向投送亦属于许诺销售。第二，许诺销售行为既可以是提出要约，也可以是提出要约邀请。根据《最高人民法院关于审理侵犯专利权纠纷案件应用法律若干问题的解释（二）》第十九条的规定，产品买卖合同依法成立的，人民法院应当认定属于专利法第十一条规定的销售。许诺销售行为的目的指向销售行为，是一种法定的、独立的侵权行为方式，其民事责任承担不以销售是否实际发生为前提。许诺销售在性质上系销售者的单方意思表示，并非以产品处于能够销售的状态为基础，只要存在明确表示销售意愿的行为即可认定为许诺销售。当双方达成合意时，即不再属于许诺销售的范畴，而是属于销售。因此，当销售产品的意思表示内容明确、具体时，即可认定存在许诺销售行为。缺少有关价格、供货量以及产品批号等关于合同成立的条款，并不影响对许诺销售行为的认定。

（5）进口。未经专利权人许可，将专利产品进口到我国境内的行为，属于《专利法》第11条禁止的行为。特别提示一点，《专利法》第75条规定："有下列情形之一的，不视为侵犯专利权：（一）专利产品或者依照专利方法直接获得的产品，由专利权人或者经其许可的单位、个人售出后，使用、许诺销售、销售、进口该产品的"，据此，专利法上的平行进口行为不属于侵权行为。

（二）实施方法专利的行为

对于方法专利，《专利法》禁止的行为包括未经专利权人许可为生产经营目的使用专利方法以及使用、许诺销售、销售、进口依照该专利方法直接获得的产品，即《专利法》禁止5类行为：（1）使用专利方法；（2）使用依照该专利方法直接获得的产品；（3）许诺销售依照该专利方法直接获得的产品；（4）销售依照该专利方法直接获得的产品；（5）进口依照该专利方法直接获得的产品。从法律上讲，依照专利方法直接获得的产品属于侵权产品，为了有效保护方法专利，就必须禁止使用、销售、许诺销售、进口侵权产品，否则对方法专利的保护将形同虚设。

对于方法专利，实践中主要有两点争议：

（1）如何界定"依照专利方法直接获得的产品"？对此，《侵犯专利权司法解释一》第13条规定："对于使用专利方法获得的原始产品，人民法院应当认定为专利法第十一条规定的依照专利方法直接获得的产品。对于将上述原始产品进一步加工、处理而获得后续产品的行为，人民法院应当认定属于专利法第十一条规定的使用依照该专利方法直接获得的产品。"这个条文写得非常清楚，容易理解。

（2）如何理解"依照专利方法直接获得的产品"中的"专利方法"？方法专利通常可以分为三种类型：第一种是制造方法专利，第二种是作业方法专利，第三种是使用方法专利。毫无疑问，只有依照制造方法专利才能制造出产品，依照作业方法专利和使用方法专利不可能制造出产品。因此，只有制造方法专利才能延及产品的保护，其他两种方法专利都不能延及产品的保护。对此，《北京市高级人民法院〈专利侵权判定指南（2017）〉理解与适用》关于第110条"方法专利延及产品"的解释部分，作出了非常明确的论述："'方法延及产品'的保护规定仅限于产品制造加工方法。"❶

二、直接侵权行为的构成要件

《专利法》第11条禁止的专利侵权行为，有四个要件：（1）行为本身，即制造、使用、许诺销售、销售、进口专利产品等行为；（2）有关行为以生产经营为目的；（3）有关行为的实施未经专利权人许可；（4）没有法定豁免事由。法官要确定一个行为是否构成专利法意义上的直接侵权行为，要注意从以上四个方面把握。第一、第二个要件可以称为积极要件，第三、第四个要件可以称为消极要件。

（一）积极要件

第一个积极要件是行为本身。哪些行为属于制造、使用、许诺销售、销售、进口专利产品的行为？哪些行为应当归入制造、使用、许诺销售、销售、进口专利产品的行为类型？对此，前文已有简要的阐述，此处不再赘述。司法实践中，关键要根据《专利法》保护专利权的基本精神以及利益平衡的基本法理，对有关行为是否可以归入制造、使用、许诺销售、销售、进口专利产品的行为类型作出合理的界定。

第二个积极要件是"以生产经营为目的"。《专利法》为什么要规定"生产经营目的"要件？如何理解"生产经营目的"？这些问题都需要搞清楚。

《专利法》为什么要规定"生产目的"要件？这需要用利益平衡的基本法理来作出解释。利益平衡是指在立法、执法和司法的过程中，要兼顾各方主体，平衡好各方面的利益。❷《专利法》的立法、执法和司法也一样。一方面要保护专利权人的利益，另一方面要适当兼顾社会公众的行为自由。（1）对专利权人利益的保护，主

---

❶ 北京市高级人民法院知识产权审判庭. 北京市高级人民法院《专利侵权判定指南（2017）》理解与适用［M］. 北京：知识产权出版社，2020：527.

❷ 冯晓青. 知识产权法利益平衡理论［M］. 北京：中国政法大学出版社，2006：11 - 21.

要是要保护专利权人的专利市场，确保其专利权获得足够的商业回报。（2）在保护专利权人利益的同时，也要兼顾社会公众的行为自由。普通公众在其日常生活中，没有义务去检索专利文献，没有义务回避他人的专利权，否则就会极大地失去行为自由。（3）针对个人的日常行为进行专利执法也是不现实的，会造成极高的制度成本。因此，《专利法》规定"生产经营目的"要件是合理的。

如何理解"生产经营目的"？这需要回归《专利法》的立法目的。《专利法》第1条开宗明义，明确规定立法目是"为了保护专利权人的合法权益，鼓励发明创造……"。从立法目的出发，对"生产经营目的"的理解不应过于狭窄，否则无法保护专利权人的合法权益、鼓励发明创造。（1）商业上的经营活动必然包括在内，不必多言。（2）事业单位、非营利单位在单位的事业目的范围内制造、使用、许诺销售、销售、进口专利产品的行为都应当界定为"以生产经营为目的"。比如，科研机构在科研活动过程中自行制造、使用他人专利产品的行为，即属于"以生产经营为目的"，因为科研活动就是科研机构的"生产经营"。可以这么说，除了个人学习、研究和生活以外的行为，大致都可以认定为生产经营行为。

下面来看一个最高人民法院的案例，该案很好地诠释了"以生产经营为目的"的含义。

该案中，焦某丽系涉案专利的权利人，中国农业科学院饲料研究所（以下简称饲料研究所）和大兴区农业局在第二期科技合作期间，通过政府提供资金、研究机构提供科技成果，双方共同实施了涉案专利方法，并制造了涉案专利产品，焦某丽为此提起诉讼。案涉的一个法律问题是饲料研究所和大兴区农业局实施涉案专利的行为是否"以生产经营为目的"。

对此，最高人民法院认为，专利法将"为生产经营目的"作为专利侵权构成的要件之一，系出于合理平衡专利权人和社会公众利益之目的。在专利侵权判定时，对"为生产经营目的"的理解，应着眼于具体的被诉侵权行为，综合考虑该行为是否属于参与市场活动、是否影响专利权人市场利益等因素综合判断，既不能将"为生产经营目的"简单等同于"实际获利"；又不能仅仅根据实施主体的性质认定其是否具有生产经营目的。即使政府机关、事业单位等主体具有公共服务、公益事业等属性，其自身不以生产经营为目的，但其实施了市场活动、损害了专利权人市场利益的，仍可认定具备"为生产经营目的"之要件。本案中，虽然在案证据表明饲料研究所、大兴区农业局开展科技合作旨在促进科研成果向生产力转化，引导和支持大兴区农业转型发展，带有一定的公共服务和公益事业属性，不直接以生产经营为目的。但是，根据查明的事实，饲料研究所和大兴区农业局在第二期科技合作中，通过大兴区政府提供资金资助、饲料研究所提供科技成果，形成"院区合作＋示范基地＋农户"的模式。饲料研究所、大兴区农业局生产出的奶牛天然物饲料添加剂产品已经在大兴区主要奶牛场、畜场进行示范和推广，取得很好的效果。涉案项目产生了一定经济效益，并使农民直接获利。饲料研究所、大兴区农业局制造、使用涉案专利产品和方法的行为不可避免会侵占焦某丽涉案专利的可能市场，损害专利权人的市场利益，故饲料研究所、大兴区农业局的相关行为具备"为生产经营目的"之要件。❶

（二）消极要件

（1）有关行为的实施未经专利权人许可。经过专利权人许可的行为当然不是侵害行为，只有未经专利权人许可的制造、使用等行为才具有违法性，这一点不必多言，容易理解。

（2）有关行为没有法定豁免事由。《专利法》第七章规定了若干抗辩条款，这些条款就是法定的豁免条款，例如现有技术抗辩、专利权用尽抗辩、先用权抗辩、科学实验抗辩、临时过境抗辩、Bolar 例外抗辩等。如果被告有抗辩事由，其相关行为属于正当合法的行为，当然就不构成侵权行为。

值得注意的是，近年来，除了法定豁免，司法个案中法院也会根据利益平衡的法理给予豁免，例如抵触申请抗辩。行为人虽然实施了《专利法》第 11 条规定的行为，但是鉴于存在抵触申请，其行为可以被豁免，对此，《专利侵权判定指南（2017）》第 142 条明确规定，可以参照现有技术抗辩进行处理。

三、共同侵权行为

传统民法上，共同侵权行为包含的类别非常广泛。例如，根据《德国民法典》第 830 条的规定，共同侵权行为包括二人以上共同实施的侵权行为、教唆侵权行为及帮助侵权行为。❷《日本民法典》第 719 条亦有基本相同的规定。❸ 在我国《民法通则》（已废止）体系下，共同侵权行为的含义也非常广泛。根据《民法通则》（2009 年修正）第 130 条的规定，二人以上共同侵权造成他人损害的，应当承担连带责任。何谓"共同侵权"？该法并未明确规定，在解释"共同侵权"时可以将其解释得非常宽泛。根据一些民法著作，共同侵权行为包括承担连带责任的多数人侵

---

❶ 最高人民法院（2020）最高法知民终 831 号民事判决书。
❷ 德国民法典［M］. 2 版. 陈卫佐，译注. 北京：法律出版社，2006：308.
❸ 于敏. 日本侵权行为法［M］. 2 版. 北京：法律出版社，2006：267 – 296.

权和承担按份责任的多数人侵权，具体包括共同加害行为、共同危险行为、教唆行为、帮助行为以及数人分别实施产生同一损害后果的行为。❶ 最高人民法院也将"共同侵权"解释得非常广泛。《最高人民法院关于贯彻执行〈中华人民共和国民法通则〉若干问题的意见（试行）》第 148 条规定："教唆、帮助他人实施侵权行为的人，为共同侵权人，应当承担连带民事责任。"据此，教唆行为、帮助行为也属于共同侵权行为。《最高人民法院关于审理人身损害赔偿案件适用法律若干问题的解释》（法释〔2003〕20 号）第 3 条规定："二人以上共同故意或者共同过失致人损害，或者虽无共同故意、共同过失，但其侵害行为直接结合发生同一损害后果的，构成共同侵权，应当依照民法通则第一百三十条规定承担连带责任。"据此，只要若干个行为直接结合发生同一损害后果，不论其主观认识、过错，都属于共同侵权行为。例如，甲对乙施暴时，丙驾车路过不小心撞上乙，甲、丙的行为共同导致乙受重伤，根据前述规定，甲、丙的行为构成共同侵权。该司法解释第 4 条规定："二人以上共同实施危及他人人身安全的行为并造成损害后果，不能确定实际侵害行为人的，应当依照民法通则第一百三十条规定承担连带责任。"据此，共同危险行为也属于共同侵权行为。

《侵权责任法》（已废止）对《民法通则》体系下的"共同侵权"制度进行了重构。《侵权责任法》第 8—12 条都是关于侵权连带责任的规定。其中，第 8 条是关于共同实施侵权行为承担连带责任的规定，第 9 条是关于教唆、帮助人承担连带责任的规定，第 10 条是关于共同危险行为人承担连带责任的规定，第 11 条是关于分别实施的侵权行为均足以造成同一损害的若干行为人承担连带责任的规定。由此可见，《侵权责任》将《民法通则》体系下的"共同侵权"做了非常精细的区分，分别作出了规定。在《侵权责任法》体系中，只有第 8 条规定的二人以上共同实施的行为才属于共同侵权行为，❷ 即二人以上基于共同过错而共同实施的共同侵权行为，包括故意与故意结合、故意与过失结合、过失与过失结合的共同侵权形态。❸ "共同实施"有别于第 11 条、第 12 条规定的"分别实施"，其主要形态为：（1）具有意思联络的数人共同实施的加害行为，包括分工合作的共同侵权行为；（2）虽然没有意思联络，但数人共同实施的加害行为构成一个不可分割的整体行为，该整体行为导致了损害后果，只能一体评价，不能分别评价。

《民法典》实施后，其第 1168 条取代了《侵权责任法》第 8 条，成为规制共同侵权行为的法律规范，所以现在应当适用《民法典》的有关规定。

---

❶　程啸. 侵权责任法［M］. 北京：法律出版社，2011：238 – 239.
❷　孔祥俊. 网络著作权保护法律理念与裁判方法［M］. 北京：中国法制出版社，2015：142 – 152.
❸　曹险峰. 数人侵权的体系构成——对侵权责任法第 8 条至第 12 条的解释［J］. 法学研究，2011（5）.

四、分工合作的共同侵权行为

分工合作的共同侵权行为属于《民法典》体系下共同侵权行为的典型形态，有必要单独进行探讨。

在分工合作的共同侵权情形中，所有的行为人分工合作，共同配合，致力于实现一个统一的目标，每个行为人的行为均是整体行为中的一部分，各自行为合并起来共同构成侵权损害的共同原因。❶ 以《专利法》第 11 条规定的"制造"行为为例，甲、乙、丙共同商定，甲负责制造 A 零部件，乙负责制造 B 零部件，丙负责将 A、B 零部件组装起来形成专利产品。假设甲、乙、丙的行为未经权利人许可，也没有豁免事由，则属于典型的分工合作的共同侵权行为。

分工合作，顾名思义，既要有分工，也要有合作。因此，毫无疑问，要构成分工合作的共同侵权行为，除共同的行为之外，还要有体现分工合作的主观意思的"故意"要件。若干造成同一损害的过失行为，由于不存在分工，也不存在合作，当然不可能构成分工合作的共同侵权行为。

故意，可以由明确的意思表示体现出来。例如，若干行为人，共同商定制造他人的专利产品，有的负责提供图纸，有的负责提供工具，有的负责组装专利产品。

故意，也可以由行为本身推断出来。有的案件中，虽然没有证据证明当事人之间有明确的共同侵害他人专利权的意思表示，但是，他们之间心照不宣，默契配合，有的负责提供图纸，有的负责提供工具，有的负责组装专利产品。对于这种情形，可以根据行为本身推定行为人具有共同侵害他人专利权的故意。

根据《民法典》第 1168 条的规定，二人以上共同实施侵权行为，造成他人损害的，应当承担连带责任。分工合作的共同侵权行为属于该条规定的典型情形，故各行为人应当承担连带责任。

第二节　间接侵权行为

"间接侵权行为"主要是英美法系的法律概念，相对于"直接侵权行为"而言，

---

❶　刘庆辉. 网络服务提供者间接侵害知识产权之责任制度研究［M］. 北京：知识产权出版社，2018：175.

其法律含义是指，即使行为人并未直接实施受专有权控制的行为，如果其行为与他人的"直接侵权行为"之间存在特定关系，也可基于公共政策原因而被法律规定为侵权行为。常见的"间接侵权行为"有教唆侵权行为、帮助侵权行为、"直接侵权行为"的预备行为和扩大侵权后果的行为。❶ 美国专利法甚至走得更远，将与美国境内"直接侵权行为"毫无关系的行为也规定为间接侵权行为，须承担侵权责任。例如，《美国专利法》第 271f（1）（2）条规定了间接侵权规则：对于提供专利的全部或者部分部件供他人在美国境外组装产品的，如果该组装行为发生在美国境内并且依美国专利法构成侵权行为，则部件提供商需承担（间接）侵权责任。

我国部分学者主张借鉴英美法系"间接侵权"的法律概念，在知识产权各部门法中直接规定"间接侵权行为"，以打击此类行为。但是，我国多数民法学者认为，我国是大陆法系国家，没有"间接侵权行为"的法律概念，与该概念相对应的概念即为"教唆侵权行为""帮助侵权行为"。尽管打击"间接侵权行为"有一定的必要性，但不宜直接在我国法律中引入此类概念，而应当通过教唆侵权、帮助侵权的连带责任方式予以处理。我国立法部门长久以来基本上都采纳上述第二种意见，并未在知识产权各部门法中规定"间接侵权"的法律概念，而是通过教唆、帮助等广义上的共同侵权概念处理"间接侵权"的问题。

法律研究可以分为立法论研究和解释论研究，立法论研究旨在讨论如何改进立法，解释论研究旨在探讨如何正确地理解和适用法律。❷ 本书是阐述如何理解和适用我国《专利法》的解释论著作，虽然会借鉴"间接侵权行为"的概念，但并不主张仿效英美法系构建间接侵权的责任制度，而是从我国现有法律制度、法律概念的体系出发，从教唆行为、帮助行为的角度来阐述"间接侵权行为"。我国专利法律体系下的"间接侵权行为"包括教唆行为、帮助行为，下面分别进行论述。

一、教唆行为

教唆，既是刑法上的概念，也是民法上的概念。刑法上，教唆犯罪是指故意教唆、引诱、指使他人犯罪，而应当承担刑事责任的犯罪行为。教唆犯罪以故意为要件。❸ 民法上，关于教唆侵权行为的记载，可以一直追溯至罗马法时代。在查士丁尼所著的《法学总论——法学阶梯》中就有这样的记载，"不仅可以对实施侵权行为的人，例如殴打者提起侵害之诉，而且可以对恶意怂恿或唆使打人嘴巴的人提起侵害

---

❶ 王迁. 知识产权法教程［M］. 北京：中国人民大学出版社，2011：237-239.
❷ 李扬. 知识产权法基本原理［M］. 北京：中国社会科学出版社，2010：169.
❸ 张明楷. 刑法学［M］. 4 版. 北京：法律出版社，2011：379-384.

之诉。"❶

我国民法上的教唆行为，是指故意教唆、引诱、指使他人实施侵权行为的间接侵权行为。具体而言，是指教唆人使用言语对他人进行开导、说服，或者通过刺激、利诱、怂恿等方法，促使被教唆人实施侵权行为。

传统大陆法系的民法，一般将教唆侵权行为视为"共同侵权行为"。例如，《德国民法典》第830条第2款规定，"教唆人和帮助人视为共同行为人。"《日本民法典》第719条第2款规定，"教唆行为人者及帮助行为人者看作共同行为人，适用前款规定。"《瑞士债务法》第50条规定，"如果数人共同造成损害，则不管是教唆者、主要侵权行为人或者辅助侵权行为人，均应当对受害人承担连带责任和单独责任。法院有权自由裁决责任人是否以及在多大程度上分担责任。教唆者的责任限于其获得的利益和由于其帮助造成的损失的范围"。我国《民法典》对教唆行为和帮助行为作出单独规定，第1169条规定："教唆、帮助他人实施侵权行为的，应当与行为人承担连带责任。"

《民法典》第1169条将教唆行为规定为单独的侵权形态，与该法第1168条调整的狭义共同侵权行为相区别。第1168条调整的狭义共同侵权行为，以行为人具有共同行为和共同过错为要件。狭义的共同侵权行为是行为人共同实施的侵权行为，所有行为人实施的行为累加起来构成整体的侵权行为，所有行为人的行为均是实行行为，均是整体侵权行为中不可分割的部分。教唆行为不是实行行为，而是引起实行行为的间接行为，并不是整体侵权行为的构成部分。

将教唆行为作为侵权行为对待，是法律政策选择的结果。由于教唆是引发侵权行为发生的原因，为了控制、减少直接侵权行为的数量，应当从根本上消除直接侵权行为发生的原因。另外，不惩罚教唆行为，也违背了公平正义的观念。因此，有必要将教唆行为作为侵权行为对待，令教唆人承担责任。

现在来讨论《专利法》意义上的教唆行为。根据《专利法》第11条的规定，未经专利权人许可、为生产经营目的实施的没有法定豁免事由的"制造""使用""许诺销售""销售""进口"等行为均为直接侵权行为。与之相对，《专利法》上的教唆行为是指教唆他人实施侵犯专利权的行为，即教唆他人实施上述"制造""使用""许诺销售""销售""进口"等行为的行为。对此，《侵犯专利权司法解释二》第21条第2款也作了明确规定："明知有关产品、方法被授予专利权，未经专利权人许可，为生产经营目的积极诱导他人实施了侵犯专利权的行为，权利人主张该诱导者的行为属于民法典第一千一百六十九条规定的教唆他人实施侵权行为的，人民

---

❶ 查士丁尼. 法学总论——法学阶梯 [M]. 张企泰，译. 北京：商务印书馆，1989：203.

法院应予支持。"

对教唆行为的把握，应当注意以下几点：

（1）在行为的形态上，教唆行为是积极主动的作为，是一种主动引发他人侵犯专利权的行为，消极的不作为无法构成教唆行为。教唆行为的具体手段多种多样，如劝说、利诱、授意、怂恿、刺激、威胁等。❶ 有学者将教唆行为分为五类：煽动型教唆行为、诱骗型教唆行为、威胁型教唆行为、授意型教唆行为和劝说型教唆行为。❷ 教唆的形式，可以是书面、口头或其他形式，可以直接教唆或通过他人间接教唆，可以是一人教唆，也可以是多人共同教唆。

（2）教唆是一种故意引发他人侵犯专利权的行为。教唆一定是故意的行为，而不能是过失的行为。有一种观点认为，民法上教唆不以故意为必要，亦得有过失的教唆。❸ 笔者认为，教唆的字义就包含故意的要素，教唆是故意诱使、怂恿他人实施侵权行为的行为，只能是故意的行为。过失的教唆，实在无法想象。

（3）在教唆行为与直接侵权行为之间具有因果关系，教唆行为导致了直接侵犯专利权的行为发生的情况下，教唆人才有责任。否则，教唆人没有责任。

二、帮助行为

帮助行为，即帮助侵权行为，是指故意为他人实施侵权行为提供物质技术条件或精神心理支持等帮助的行为。帮助既可以是物质性的，如提供侵权工具、便利条件等，也可以是精神性的，如鼓励、呐喊、助威等，其本质是为他人实施侵权行为起到帮助和促进作用。帮助行为的成立包括主、客观要件。客观上，帮助人为直接侵权人的侵权行为提供了帮助，起到了促进作用，这一点不存在争议。但是，帮助行为的主观要件是什么？一种观点认为，只有帮助人在故意的心理状态下为他人实施侵权行为提供帮助的，才能成立帮助行为。❹另一种观点认为，帮助行为在特殊情况下也可以是过失帮助侵权行为。❺ 本书赞同前一种观点。帮助人没有实施直接加害

---

❶ 姬新江. 论教唆、帮助行为——以《侵权责任法》为视角［J］. 河北法学，2013，31（6）.

❷ 魏东. 教唆犯研究［M］. 北京：中国人民公安大学出版社，2002：123.

❸ 史尚宽. 债法总论［M］. 北京：中国政法大学出版社，2000：175.

❹ 全国人大常委会法制工作委员会民法室. 中华人民共和国侵权责任法条文说明、立法理由及相关规定［M］. 北京：北京大学出版社，2010：38；最高人民法院侵权责任法研究小组. 《中华人民共和国侵权责任法》条文理解与适用［M］. 北京：人民法院出版社，2010：76；王泽鉴. 侵权行为［M］. 北京：北京大学出版社，2009：365.

❺ 史尚宽. 债法总论［M］. 北京：中国政法大学出版社，2000：175；姬新江. 论教唆、帮助行为——以《侵权责任法》为视角［J］. 河北法学，2013，31（6）.

行为，不是直接侵权行为人，传统民法将帮助人视为共同侵权人，❶ 令其与直接加害人承担连带责任，是基于法律政策的考量作出的法律拟制。因为不制裁帮助人的故意帮助行为，违背了社会正义观念，明显不合理，法律责难的是帮助人的故意行为。因此，只有帮助人认识到他人准备实施或正在实施侵权行为而为其提供帮助的，即在故意的心理状态下实施帮助行为，才能与直接侵权人承担连带责任。在过失状态即不知道他人的侵权行为的情况下，自然不能成立帮助行为。例如，甲有一把菜刀，当甲明知第三人正在实施侵权行为，仍然为其提供菜刀作为侵权工具之用，则甲的行为构成帮助行为，要承担帮助侵权责任。但是，在甲不知情的情况下，第三人拿了甲的菜刀去实施侵权行为，即使甲随意放置菜刀、未予妥善保管（具有过失），甲也没有为第三人的侵权行为提供帮助，不应当承担帮助侵权责任。总之，帮助侵权责任以帮助人的主观故意为要件，过失不能构成帮助侵权责任。如果过失也能构成帮助侵权责任，就会导致帮助侵权责任泛滥，过分限制社会公众的行为自由。

两大法系对于帮助（侵权）行为有不同的法律定位。英美法系，例如美国，将帮助侵权行为作为间接侵权行为对待。帮助人没有实施直接加害行为，而为直接加害行为提供帮助的，构成间接侵权行为，不是直接侵权行为。大陆法系，例如德国、日本及我国台湾地区，均将帮助侵权人视为共同侵权人，将帮助侵权行为作为共同侵权行为的一种类型，令帮助人与直接加害人承担连带责任。在《侵权责任法》实施之前，我国也将帮助侵权行为作为共同侵权行为的类型予以处理；但是，《侵权责任法》第9条将教唆、帮助行为单列出来，独立于第8条规定的狭义共同侵权行为。后来，《侵权责任法》的有关规定几乎被《民法典》完全吸收。因此，可以说帮助行为成为一种独立的间接侵权行为。

《专利法》意义上的帮助（侵权）行为，是指故意帮助他人实施侵犯专利权的行为，即故意帮助他人实施《专利法》第11条规定的"制造""使用""许诺销售""销售""进口"等行为的行为。《侵犯专利权司法解释二》第21条第1款规定的情形即属于帮助行为。

三、间接侵权行为的责任

（一）争议的问题

目前实务界争议较大的一个问题是，对于间接侵权行为应当如何确定责任。间

---

❶ 《德国民法典》第830条第2款、《日本民法典》第719条第2款及我国《最高人民法院关于贯彻执行〈中华人民共和国民法通则〉若干问题的意见（试行）》第148条。

接侵权行为是否可以独立于直接侵权行为？间接侵权行为责任的确定是否要以直接侵害行为为前提？一种观点认为，间接侵权行为以直接侵权行为的存在为前提，没有直接侵权行为，就没有间接侵权行为，也就没有间接侵权行为责任，这可以称为"从属说"。❶另一种观点认为，为了更好地保护专利权，尤其是保护通信领域的专利权，我国应当承认间接侵权行为及其责任的独立性，这可以称为"独立说"。"独立说"的观点在北京知识产权法院审理西安西电捷通无线网络通信股份有限公司（以下简称西电捷通公司）诉索尼移动通信产品（中国）有限公司（以下简称索尼公司）侵害发明专利权纠纷案❷中得到了体现。"从属说"与"独立说"的争锋具有很大的理论和现实意义，有必要予以进一步讨论。现举一例予以说明。

假设通信手机上的某方法专利有 ABCD 四个步骤。按照《专利法》的有关规定，只有为了生产经营目的，实施 ABCD 四个步骤的行为才构成侵害该方法专利的行为。一些手机生产商在生产手机的过程中只实施 ABC 三个步骤，然后在产品说明书中告知用户如何实施步骤 D 以实现手机的某种功能。在这种情况下，按照《专利法》的有关规定，手机生产商的行为未完全覆盖该方法专利的四个步骤，不属于侵权行为；用户的行为不以生产经营为目的，而且只实施了步骤 D，亦不属于侵权行为。在此情况下，即使手机生产商教唆或者帮助用户实施了步骤 D，但是按照《民法典》的有关规定，鉴于用户的行为不属于侵权行为，没有责任，故手机生产商也不用承担教唆或者帮助责任。总之，无论根据《专利法》还是《民法典》的有关规定，手机生产商和用户均无责任。但是，手机生产商和用户的行为叠加在一起，覆盖了该方法专利的 ABCD 四个步骤，属于实施该方法专利的行为，侵占了该方法专利的市场份额，损害了专利权人的利益。这种侵占专利权人的利益却得不到法律规制的现状，引发了实务界的诟病。

在上述案型中，手机生产商在产品说明书中告知用户如何实施步骤 D 的行为，属于教唆或者故意帮助的行为，手机生产商把用户当成了其实施侵权行为的"工具"。就立法论而言，可以考虑对这种行为予以规制。但是，是否可以扩大解释现行的法律对该教唆或者帮助行为予以规制，又是一个极有争议的问题。

（二）实证法的分析

我国法律上的间接侵权行为包括教唆行为、帮助行为。调整教唆行为、帮助行为的法律规范有《民法典》第 1169 条和《侵犯专利权司法解释二》第 21 条。以下，

---

❶ 孔祥俊. 网络著作权保护法律理念与裁判方法［M］. 北京：中国法制出版社，2015：145 – 147.
❷ 北京知识产权法院（2015）京知民初字第 1194 号民事判决书。

笔者结合该两个条文对间接侵权行为的地位和责任进行分析。

1.《民法典》第 1169 条

《民法典》第 1169 条规定："教唆、帮助他人实施侵权行为的，应当与行为人承担连带责任"。该条规定能不能用来调整上述案型？关键的问题是如何理解和适用该条规定。法律的解释需要考虑法律规范的文义、体系及立法目的等因素。综合考虑《民法典》第 1169 条的文义、体系及立法目的等因素，该条调整的教唆、帮助责任以行为人的行为构成侵权行为、行为人负有责任为前提。

（1）按照文义解释，《民法典》第 1169 条调整的教唆、帮助责任以行为人的行为构成侵权行为、行为人负有责任为前提。从该条的文义来分析，教唆人、帮助人承担连带责任至少需要满足三项条件：①行为人（被教唆人、被帮助人）实施了侵权行为。②行为人对其实施的侵权行为负有责任。在此情况下，教唆人、帮助人才应当与行为人承担连带责任。③教唆人、帮助人教唆、帮助行为人实施了侵权行为，即教唆人、帮助人的教唆行为、帮助行为对行为人的侵权行为起到了教唆、帮助的作用。如果行为人没有实施侵权行为，没有责任，教唆人、帮助人也就无从承担连带责任。

（2）从法律规范体系上来说，《民法典》第 1169 条调整的教唆、帮助责任以行为人的行为构成侵权行为、行为人负有责任为前提。对教唆、帮助行为是否追究责任，应当结合《民法典》第 1165—1166 条来进行分析。第 1165 条规定："行为人因过错侵害他人民事权益造成损害的，应当承担侵权责任。依照法律规定推定行为人有过错，其不能证明自己没有过错的，应当承担侵权责任。"第 1166 条规定："行为人造成他人民事权益损害，不论行为人有无过错，法律规定应当承担侵权责任的，依照其规定。"根据第 1165—1166 条的规定，只有侵害（损害）他人民事权益的行为，才需要承担责任，无侵害（损害），即不需要承担责任（赔偿责任）。结合《民法典》第 1165—1166 条来进行体系的解释，第 1169 条调整的行为当然也应当是侵害权利人的权益的行为，无侵害（损害），即无责任（赔偿责任）。假设行为人的行为未造成他人损害，不属于侵权行为，当然就没有赔偿责任。行为人未造成他人损害，没有赔偿责任，教唆人、帮助人的教唆、帮助行为当然也不可能造成他人损害，也就不需要承担赔偿责任。也就是说，教唆行为、帮助行为没有独立性，必须依附于行为人的侵权行为。只有行为人的行为构成侵权行为需要承担责任的情况下，教唆人、帮助人才需要就其故意的教唆、帮助行为与行为人承担连带责任。

（3）从立法目的上解释，《民法典》第 1169 条调整的教唆、帮助责任以行为人的行为构成侵权行为、行为人负有责任为前提。《民法典》惩罚的是侵权行为，教唆行为、帮助行为本身并非直接的侵权行为，但是鉴于教唆行为、帮助行为对直接侵权行为的发生起到了积极的作用，为了控制、减少直接侵权行为的发生，有必要将教唆行为、帮助行为纳入法律的调整范围。可见，规制教唆行为、帮助行为的目的，是减少直接侵权行为。假设没有直接侵权行为，规制教唆行为、帮助行为就走过了头，失去了正当性。

2. 《侵犯专利权司法解释二》第 21 条

《侵犯专利权司法解释二》第 21 条规定："明知有关产品系专门用于实施专利的材料、设备、零部件、中间物等，未经专利权人许可，为生产经营目的将该产品提供给他人实施了侵犯专利权的行为，权利人主张该提供者的行为属于民法典第一千一百六十九条规定的帮助他人实施侵权行为的，人民法院应予支持。明知有关产品、方法被授予专利权，未经专利权人许可，为生产经营目的积极诱导他人实施了侵犯专利权的行为，权利人主张该诱导者的行为属于民法典第一千一百六十九条规定的教唆他人实施侵权行为的，人民法院应予支持。"其文义非常清楚，只有"他人"实施了侵犯专利权的行为，对该"他人"的教唆、帮助行为才构成《民法典》第 1169 条规定的教唆、帮助行为，才需要承担连带责任。即没有直接侵权行为，就没有教唆、帮助责任，教唆、帮助责任具有依附性，依附于直接侵权行为责任。

（三）间接侵权行为责任的构成要件

经过上文的讨论，可以确定间接侵权行为责任的构成要件如下：

（1）行为人实施了直接侵犯专利权的行为，造成侵害后果。没有直接侵犯专利权的行为，没有侵害后果，就不需要对专利权人进行救济，就不存在直接侵权行为责任，当然也就没有间接侵权行为责任。

（2）教唆人、帮助人实施了教唆行为、帮助行为。没有行为就没有责任，无须多言。

（3）教唆行为、帮助行为和直接侵犯专利权的行为之间有因果关系，教唆行为诱发了直接侵害行为的发生，帮助行为促进了侵害行为的发生，如果没有这种因果关系，则教唆行为、帮助行为与侵害后果之间没有因果关系，就不应当对教唆行为、帮助行为追究责任。

（4）教唆人、帮助人具有教唆、帮助他人实施侵权行为的主观故意。前文已述，教唆侵权行为、帮助侵权行为都属于主观故意侵权行为，如果欠缺主观故意要素，则教唆人、帮助人不应当承担责任。

(四) 对上述争议问题的简要回答

在上述案型中，方法专利有 ABCD 四个步骤，手机生产商只实施了方法专利的 ABC 步骤，终端用户作为个体消费者实施了 D 步骤，任何一方均未完整实施方法专利的 ABCD 四个步骤。能适用《民法典》第 1169 条追究手机生产商的教唆或者帮助责任吗？

专利侵权的判定实行"技术特征全面覆盖原则"，即只有行为人实施的技术方案全面覆盖了他人专利权利要求的全部技术特征，才能认定为实施了他人的专利技术方案。根据这一原则，上述案型中的终端用户的行为不属于实施方法专利 ABCD 四个步骤的行为，不是侵权行为，而且终端用户的行为不以生产经营为目的，根据《专利法》第 11 条的规定，亦不属于侵权行为。因此，终端用户不需要为其行为承担责任。在终端用户没有责任的情况下，根据上文的分析，手机生产商也不需要承担教唆或者帮助责任。

(五) 司法实践

在"间接侵权责任"的争议问题上，最典型的案例当属西电捷通公司诉索尼公司侵害发明专利权案。[1] 下面简要介绍该案例，并稍作评述。

涉案专利名称为"一种无线局域网移动设备安全接入及数据保密通信的方法"、专利号为 ZL02139508. X，申请日为 2002 年 11 月 6 日，授权公告日为 2005 年 3 月 2 日，专利权人为西电捷通公司。涉案专利共有 14 项权利要求，西电捷通公司在本案中主张索尼公司未经许可为生产经营目的实施了权利要求 1、2、5、6，其中权利要求 1 为：

一种无线局域网移动设备安全接入及数据保密通信的方法，其特征在于，接入认证过程包括如下步骤：

步骤一，移动终端 MT 将移动终端 MT 的证书发往无线接入点 AP 提出接入认证请求；

步骤二，无线接入点 AP 将移动终端 MT 证书与无线接入点 AP 证书发往认证服务器 AS 提出证书认证请求；

步骤三，认证服务器 AS 对无线接入点 AP 以及移动终端 MT 的证书进行认证；

步骤四，认证服务器 AS 将对无线接入点 AP 的认证结果以及将对移动终端 MT

---

[1] 北京知识产权法院（2015）京知民初字第 1194 号民事判决书；北京市高级人民法院（2017）京民终 454 号民事判决书。

的认证结果通过证书认证响应发给无线接入点 AP，执行步骤五；若移动终端 MT 认证未通过，无线接入点 AP 拒绝移动终端 MT 接入；

步骤五，无线接入点 AP 将无线接入点 AP 证书认证结果以及移动终端 MT 证书认证结果通过接入认证响应返回给移动终端 MT；

步骤六，移动终端 MT 对接收到的无线接入点 AP 证书认证结果进行判断；若无线接入点 AP 认证通过，执行步骤七；否则，移动终端 MT 拒绝登录至无线接入点 AP；

步骤七，移动终端 MT 与无线接入点 AP 之间的接入认证过程完成，双方开始进行通信。

涉案专利需要通过终端 MT、接入点 AP 和认证服务器 AS 三个物理实体才能实施，西电捷通公司和索尼公司对此均不持异议。双方确认涉案专利为 GB 15629.11—2003/XG1—2006 标准的标准必要专利。该标准为国家强制实施的标准，但后经国家机关批准，其强制实施时间延后。索尼公司确认自 2009 年前后开始，智能手机只有通过 WAPI 检测才能获得工业和信息化部批准的电信设备型号和入网许可，故涉案标准已经事实上强制实施。

索尼公司生产、销售的若干型号的 SONY 品牌手机具备 WAPI 功能，且其实现 WAPI 功能的技术即为涉案标准。索尼公司还确认通过其 L50t、XM50t、S55t、L39H 型号的手机 WAPI 功能选项接入无线局域网的方法步骤与涉案专利权利要求 1、2、5、6 的技术方案相同。

西电捷通公司起诉的理由之一是索尼公司与他人共同实施了侵权行为，包括：(1) 在索尼公司生产的涉案手机接入 WAPI 网络的过程中，其作为终端（MT）单独一方，未经许可与接入点（AP）、鉴别服务器（AS）共同实施了涉案专利；(2) 索尼公司生产的涉案手机作为一种必不可少的工具，为他人实施涉案专利提供了帮助。

索尼公司答辩认为其行为不构成共同侵权行为。(1) 索尼公司与 AP 或 AS 的提供方没有意思联络，也没有分工协作，没有共同实施涉案专利。(2) 由于不存在直接侵权行为，故索尼公司向用户提供手机的行为不构成共同侵权行为。

关于索尼公司向用户销售手机的行为是否构成帮助侵权行为，一审法院认为：

一般而言，间接侵权行为应以直接侵权行为的存在为前提。但是，这并不意味着专利权人应该证明有另一主体实际实施了直接侵权行为，而仅需证明被控侵权产品的用户按照产品的预设方式使用产品将全面覆盖专利权的技术特征即可，至于该用户是否要承担侵权责任，与间接侵权行为的成立无关。之所以这样解释，是因为在一些使用方法专利中，实现"全面覆盖"涉案专利权利要求技术特征的主体多为用户，而用户因其"非生产经营目的"不构成专利侵权，此时如果机械适用"间接侵权行为应以直接侵权行为的存在为前提"，将导致涉及用户的使用方法专利不能获得法律保护，有违专利法针对该类使用方法授予专利权的制度初衷。索尼公司明知被控侵权产品中内置有 WAPI 功能模块组合，且该组合系专门用于实施涉案专利的设备，未经西电捷通公司许可，为生产经营目的将该产品提供给他人实施涉案专利的行为，已经构成帮助侵权行为。

二审法院认为：

根据《侵犯专利权司法解释二》第 21 条第 1 款的规定，单一主体未完整实施专利技术方案、未"全面覆盖"专利技术方案的不完全实施行为，即所谓"间接侵犯专利权行为"，构成帮助侵权需以直接侵犯专利权行为的存在为前提。这有助于提高专利撰写的质量，避免"多余指定原则"的适用。在符合该前提的情况下，"间接侵权"行为人的行为符合《侵权责任法》第 9 条第 1 款关于帮助侵权的构成要件，应当与直接侵权行为人承担连带责任。在特殊情况下，直接实施专利权的行为人为"非生产经营目的"的个人或直接实施专利权的行为属于《专利法》第 69 条第三、四、五项的情形。由于直接实施行为未侵犯专利权，如果不能判令"间接侵权"行为人承担民事责任，则相当一部分通信、软件使用方法专利不能获得法律有效或充分保护，不利于鼓励科技创新及保护权利人合法权益。但是，作为例外情况，由于直接实施人不侵犯专利权而由"间接侵权"行为人承担民事责任，应当符合下列要件：（1）行为人明知有关产品系专门用于实施涉案专利技术方案的原材料、中间产品、零部件或设备等专用产品，未经专利权人许可，为生产经营目的向直接实施人提供该专用产品；（2）该专用产品对涉案专利技术方案具有"实质性"作用，即原材料、中间产品、零部件或设备等有关产品对实现涉案专利技术方案而言，不但不可或缺，而且占有突出的重要地位，而不是任何细小的、占据很次要地位的产品；（3）该专用产品具有"实质性非侵权用途"，即原材料、中间产品、零部件或设备等有关产品并非通用产品或常用产品，除用于涉案专利技术方案外无其他合理的经济和商业用途；（4）有证据证明存在直接实施人且该实施人属于"非生产经营目的"的个人或《专利法》第 69 条第三、四、五项的情形。除第三个要件应当由"间接侵权"行为人承担举证责任外，其他要件的举证责任应当由专利权人承担。涉案专利系多主体实施的方法专利，在实施过程中需要多个主体参与，多个主体共同或交互作用方可完整实施专利技术方案。由于索尼公司仅提供内置 WAPI 功能模块的移动终端，并未提供 AP 和 AS 两个设备，而移动终端 MT 与无线接入点 AP 及认证服务器 AS 系三元对等安全架构，移动终端 MT 与无线接入点 AP 及认证服务器 AS 交互使用才可以实施涉案专利。因此，本案中，包括个人用户在内的任何实施人均不能独自完整实施涉案专利。同时，也不存在单一行为人指导或控制其他行为人的实施行为，或多个行为人共同协调实施涉案专利的情形。在没有直接实施人的前提下，仅认定其中一个部件的提供者构成帮助侵权，不符合上述帮助侵权的构成要件，而且也过分扩大对权利人的保护，不当损害了社会公众的利益。据此，根据《侵犯专利权司法解释二》第 21 条第 1 款的规定，索尼公司的行为不构成帮助侵权行为，一审判决关于索尼公司的行为构成帮助侵权行为的认定有误，予以纠正。

评述

从一审判决来看，其不是在解释和适用原《侵权责任法》第 9 条的规定，而是以解释法律的名义创设法律规范，根据《专利法》保护专利权的立法目的以及实务中保护使用方法专利的客观需要，创设了一条与《专利法》第 11 条、《侵权责任法》（已废止）第 9 条不同的法律规范：帮助侵权责任不以直接侵权行为的存在为前提，只要终端产品用户的行为及终端产品提供者的行为合在一起覆盖了专利权利要求的全面技术特征，则提供终端产品的行为构成帮助侵权行为，应当承担责任。一审判决的本意是解决多主体实施专利方法的责任问题，回应实务界的诉求，但是对帮助侵权责任作出如此大的突破，尺度过大，这不是在解释法律，而是在创设新的法律规范。

二审法院援引《侵犯专利权司法解释二》第 21 条第 1 款的规定，认为原则上帮助侵权责任的成立以直接侵害行为的成立为前提，在没有直接实施人的前提下，仅认定其中一个部件的提供者构成帮助侵权，不符合帮助侵权责任的构成要件，也过分扩大对权利人的保护，不当损害了社会公众的利益。实事求是地说，二审判决中规中矩，对法律的解释符合帮助侵权责任的构成要件。

第三节　拟制的侵权行为——腾达案及其规则

一、腾达案的背景

通信领域的不少方法专利是按照多主体实施的方式撰写的，既涉及通信产品提供端，也涉及用户端。产品提供端或者用户端实施的行为都不足以覆盖方法专利的全部步骤，只有二者的行为合起来才覆盖方法专利的全部步骤。由于任何一方主体的行为均未覆盖方法专利的全部方法步骤，不满足专利侵权判定的全面覆盖原则，按照司法惯例，都不构成侵权行为。如何规制此类行为、有效保护方法专利，成为实务界反复呼吁却一直无法解决的问题。在前述西电捷通公司诉索尼公司侵害发明专利权案中，北京知识产权法院对帮助侵权责任作出突破性的解释，意图规制此类行为，但是被北京市高级人民法院否定了。实务界对此问题的研究和探索并未停止。

二、腾达案

2015 年 7 月 2 日，敦骏公司取得专利号为"ZL02123502.3"、名称为"一种简易访问网络运营商门户网站的方法"的发明专利，专利权利要求书为：

1. 一种简易访问网络运营商门户网站的方法，其特征在于包括以下处理步骤：A. 接入服务器底层硬件对门户业务用户设备未通过认证前的第一个上行 HTTP 报文，直接提交给"虚拟 Web 服务器"，该"虚拟 Web 服务器"功能由接入服务器高层软件的"虚拟 Web 服务器"模块实现；B. 由该"虚拟 Web 服务器"虚拟成用户要访问的网站与门户业务用户设备建立 TCP 连接，"虚拟 Web 服务器"向接入服务器底层硬件返回含有重定向信息的报文，再由接入服务器底层硬件按正常的转发流程向门户业务用户设备发一个重定向到真正门户网站 Portal – Server 的报文；C. 收到重定向报文后的门户业务用户设备的浏览器自动发起对真正门户网站 Portal – Server 的访问。

2. 根据权利要求 1 所述的一种简易访问网络运营商门户网站的方法，其特征在于：所述的步骤 A，由门户业务用户在浏览器上输入任何正确的域名、IP 地址或任何的数字，形成上行 IP 报文；所述的步骤 B，由"虚拟 Web 服务器"虚拟成该 IP 报文的 IP 地址的网站。

原告敦骏公司认为被告腾达公司制造、销售的 W15E、W20E、G1 等多款商用无线路由器侵犯原告涉案专利权，被告弘康经营部、昊威经营部销售了有关产品，遂起诉至法院。

腾达公司确认，W15E、W20E 路由器的技术方案一致，G1 路由器与 W15E 路由器的工作原理一致。

腾达 W15E 路由器的强制 Portal 过程与涉案专利权利要求 1 所限定的 A、B、C 三个步骤完全一致。腾达 W20E 路由器、腾达 G1 路由器的强制 Portal 过程也与腾达 W15E 路由器相同，与涉案专利权利要求 1 所限定的 A、B、C 三个步骤完全一致。

最高人民法院作出的生效判决认为：

涉案专利技术属于网络通信领域，该领域具有互联互通、信息共享、多方协作、持续创新等特点，这就决定了该领域中的绝大多数发明创造的类型为方法专利，且往往只能撰写成为需要多个主体的参与才能实施的方法专利，或者采用此种撰写方式能更好地表达出发明的实质技术内容。然而这些方法专利在实际应用中，往往都是以软件的形式安装在某一硬件设备中，由终端用户在使用终端设备时触发软件在后台自动运行。因此，被诉侵权人完全可以采用上述方式，在未获得专利权人许可的情况下，将专利方法以软件的形式安装在其制造的被诉侵权产品中，甚至，还可以集成其他功能模块，成为非专用设备，并通过对外销售获得不当利益。从表面上看，终端用户是专利方法的实施者，但实质上，专利方法早已在被诉侵权产品的制造过程中得以固化，终端用户在使用终端设备时再现的专利方法过程，仅仅是此前固化在被诉侵权产品内的专利方法的机械重演。因此，应当认定被诉侵权人制造并销售被诉侵权产品的行为直接导致了专利方法被终端用户所实施。如果按照专利侵权判断的一般规则，即应当以被诉侵权人所实施的被诉侵权技术方案是否全面覆盖了专利权利要求记载的所有技术特征，作为专利侵权的必要条件，那么，仅仅是制造、销售具备可直接实施专利方法功能的被诉侵权产品的行为将难以被认定为侵害专利权的行为。同时，仅认定被诉侵权人在测试被诉侵权产品过程中实施专利方法构成侵权，不足以充分保护专利权人的利益，因为该测试行为既非被诉侵权人获得不当利益的根本和直接原因，也无法从责令停止测试行为来制止专利方法遭受更大规模的侵害，而专利权人更无权主张虽直接实施了专利方法、但并无生产经营目的的终端用户构成专利侵权。

在上述情形下，针对网络通信领域方法的专利侵权判定，应当充分考虑该领域的特点，充分尊重该领域的创新与发展规律，以确保专利权人的合法权利得到实质性保护，实现该行业的可持续创新和公平竞争。如果被诉侵权行为人以生产经营为目的，将专利方法的实质内容固化在被诉侵权产品中，该行为或者行为结果对专利权利要求的技术特征被全面覆盖起到了不可替代的实质性作用，也即终端用户在正常使用该被诉侵权产品时就能自然再现该专利方法过程的，则应认定被诉侵权行为人实施了该专利方法，侵害了专利权人的权利。对于本案，具体分析如下：

第一，腾达公司虽未实施涉案专利方法，但其以生产经营为目的制造、许诺销售、销售的被诉侵权产品，具备可直接实施专利方法的功能，在终端网络用户利用被诉侵权产品完整再现涉案专利方法的过程中，发挥着不可替代的实质性作用。首先，根据前述已认定的事实，被诉侵权产品是具备了可直接实施专利方法功能的路由器。网络用户只需要在正常网络环境下，利用具备上网功能的普通电脑，除了必须需要借助被诉侵权产品之外，无需再借助其他专用装置或依赖其他特殊网络条件，就能完整地实施涉案专利方法，故被诉侵权产品对于实施涉案专利要求保护的方法具有实质性作用。其次，根据涉案专利说明书的记载，实现强制 Portal 并非只能通过涉案专利方法来实现，涉案专利方法区别于其他方法的显著特征是在接入服务器内设置了具有重定向功能的虚拟 Web 服务器，通过该虚拟 Web 服务器实现强制 Portal

功能。而被诉侵权产品之所以能够用于实现与涉案专利方法相同的强制 Portal 过程，正是因为其内部也设置了与涉案专利完全相同的虚拟 Web 服务器，因此，除了专利权人授权的产品之外，被诉侵权产品在再现涉案专利方法的过程中不可替代。

第二，腾达公司从制造、许诺销售、销售被诉侵权产品的行为中获得不当利益与涉案专利存在密切关联。涉案专利方法并非实现强制 Portal 功能的唯一方法，但腾达公司大量制造并销售的涉案 3 款被诉侵权产品却采用了涉案专利方法来实现强制 Portal 功能，并且在其官网和大型电商网站的旗舰店上，针对被诉侵权产品的特点功能介绍中，对被诉侵权产品具有的 Web 认证功能（Web 认证过程涉及强制 Portal 技术）在多处予以公开宣传，本院据此认定腾达公司因涉案专利获得了原本应当属于专利权人的利益。

第三，因终端网络用户利用被诉侵权产品实施涉案专利方法的行为并不构成法律意义上的侵权行为，专利权人的创新投入无法从直接实施专利方法的终端网络用户处获得应有回报，如专利权人的利益无法得到补偿，必将导致研发创新活动难以为继。另一方面，如前所述，腾达公司却因涉案专利获得了原本属于专利权人的利益，利益分配严重失衡，有失公平。

综合以上因素，在本案的情形下，应当认定腾达公司制造、许诺销售、销售被诉侵权产品的行为构成专利侵权并应承担停止侵害、赔偿损失的民事责任。❶

三、对腾达案的认识

最高人民法院在腾达案中提出了以下裁判规则："如果被诉侵权行为人以生产经营为目的，将专利方法的实质内容固化在被诉侵权产品中，该行为或者行为结果对专利权利要求的技术特征被全面覆盖起到了不可替代的实质性作用，也即终端用户在正常使用该被诉侵权产品时就能自然再现该专利方法过程的，则应认定被诉侵权行为人实施了该专利方法，侵害了专利权人的权利"，并认定腾达公司以生产经营为目的制造、许诺销售、销售的被诉侵权产品具备可直接实施专利方法的功能，在终端网络用户利用被诉侵权产品完整再现涉案专利方法的过程中，发挥着不可替代的实质性作用，侵害了涉案专利权。

从表述来看，二审判决书并未否定专利侵权判定的技术特征全面覆盖原则，也没有认定腾达公司在生产、销售涉案路由器的过程中直接实施了涉案专利的方法步骤，但是强调"腾达公司将专利方法的实质内容固化在被诉侵权产品中，对专利权

❶ 最高人民法院（2019）最高法知民终 147 号民事判决书。

利要求的技术特征被全面覆盖起到了不可替代的实质性作用",据此认定腾达公司侵害了涉案专利权。这实际上是将腾达公司的行为扩大解释为专利实施行为,拟制为侵权行为。

　　按照专利侵权的传统认定思路,只有行为人实施了方法专利中的全部方法步骤,才能认定行为人实施了方法专利。本案中,腾达公司制造、销售被诉侵权产品的行为并没有实施涉案专利中的方法步骤,只是将涉案专利的方法步骤以软件的形式固化在被诉侵权产品中,终端用户只要运行被诉侵权产品,就必然会实施涉案专利中的方法步骤。对于这种情形,按照司法惯例,既不能认定腾达公司实施了涉案方法专利,又不能认定终端用户侵害了涉案方法专利权,专利权人的利益得不到保护。最高人民法院在本案中创造性地解释法律,将原本不属于实施方法专利的行为("将涉案专利的方法步骤以软件程序的形式固化在被诉侵权产品中"),基于其对涉案专利权利要求的技术特征被全面覆盖起到了不可替代的实质性作用,认定为实施方法专利的行为。这与法律上将 A' 行为视为 A 行为,令其具有 A 行为的法律效果,具有异曲同工之妙,是拟制技术的运用。

　　最高人民法院将腾达公司的行为扩大解释为直接侵权行为,拟制为直接侵权行为,体现了加大知识产权保护力度的司法政策。

第十三章　被诉侵权的技术方案

根据《专利法》第 11 条的规定，未经专利权人许可，不得为生产经营目的实施其专利。如何判定被告是否实施了专利权人的专利？实践中，对这一问题的判断就转化为被告实施的技术方案是否落入权利人的专利权利要求保护范围的判断，即"相同侵权的认定"和"等同侵权的认定"。因此，权利人在起诉被告之前，必须固定被告实施的技术方案，即被诉侵权的技术方案。只有固定被诉侵权的技术方案之后，才能制作侵权比对表（Claim Chart，CC 表），才能进行技术方案的比对，以进一步判断被诉侵权的技术方案是否落入专利权的保护范围。正是因为这一点，固定被诉侵权的技术方案非常重要。与产品专利和方法专利相对应，被诉侵权技术方案可以分为产品技术方案和方法技术方案。

第一节　被诉的产品技术方案

一、固定被诉侵权的产品

固定被诉侵权产品无论对于原告、被告还是法官都是非常重要的一个环节。只有先固定被诉侵权产品，才能从中概括、提炼被诉侵权的技术方案，然后才能与专利权利要求的技术方案进行比对，以确认被诉侵权的技术方案是否落入专利权的保护范围。

对于权利人（原告）而言，如果怀疑他人生产了侵权产品，准备起诉，第一步就是要固定涉嫌侵权的产品。通常情况下，可以先购买涉嫌侵权的产品，进行技术分析，以确定涉嫌侵权的产品技术方案与专利保护的技术方案是否相同或者等同。如果能得出肯定的结论，接下来就是正式取证，固定侵权证据，通常就是通过公证的方式购买涉嫌侵权的产品，并将该产品作为侵权证据提交给法院。有的涉嫌侵权的产品可能体积比较庞大，无法提交给法院，对于这种情况则可以对该产品进行拍照、录像。当然，考虑到《民事诉讼法》对证据形式上的要求，还应当对拍照、录像的过程以及结果进行公证，向法院提交经过公证的被诉侵权产品的照片、录像。等进入诉讼程序之后，再请求法院对侵权产品进行现场勘验，进一步确认被诉侵权技术方案的构成情况。

对于法官而言，应当确认原告提交的被诉侵权产品，作为证据是否符合法律的有关规定，主要考察被诉侵权产品的封装是否完好，公证手续是否完备。

二、提炼被诉侵权产品的技术方案

在进行"相同侵权""等同侵权"的认定程序中，通常是将被诉侵权的技术方案与权利人据以起诉的权利要求的技术方案进行比对。比对的对象是两个技术方案，而不是被诉侵权产品和专利产品。正因如此，权利人在固定被诉侵权产品之后，接下来的工作就是从被诉侵权产品中提炼技术方案。在提炼技术方案之后，与权利要求的技术方案进行对比分析，并制作侵权比对表（CC 表）。

例如，权利要求的技术方案为"一种保温杯，其特征在于由杯体、杯盖、杯把构成"。被诉侵权产品也是一种保温杯，在提炼该被诉侵权产品（保温杯）的技术方案时，就是要分析其构成部件。如果被诉侵权产品也由杯体、杯盖、杯把构成，则可以将其技术方案概括为"保温杯，由杯体、杯盖、杯把构成"。显然，这一技术方案和权利要求记载的技术方案完全相同。

法官在审理案件时，要确认原告提炼的技术方案是否准确，然后再将该技术方案与权利要求记载的技术方案进行比对，作出"相同侵权""等同侵权"是否成立的认定。

第二节　被诉的方法技术方案

一、固定被诉的方法技术方案

如果权利人发现他人未经许可涉嫌使用了其方法专利的技术方案，同样也要先固定该技术方案，然后进行初步的侵权比对分析，确认构成侵权技术方案的可能性较大之后，再采用公证摄像、录像的方式，将疑似侵权的方法步骤正式固定下来，随起诉状一并提交给法院。在实务中，权利人到侵权人的场所去固定其非法使用的技术方案，可能难度较大，有的甚至根本不可能。在此情况下，权利人如何收集侵权证据，如何使证据达到起诉、立案的标准，是一个较难处理的问题。一般来说，权利人可以尽力收集一些间接证据作为证明侵权人实施侵权行为的初步证据，提交给法院，等法院立案后再申请法院到侵权人的场所去调取证据或者勘验技术方案，并将技术方案完整固定下来。

二、如何证明被告实施了原告的方法专利

实践中，通常很难固定被告实施的方法技术方案，也就无法对被告实施的技术方案与原告的方法专利进行对比分析。这就涉及举证的问题。原告要举证到何种程度才视为尽到了举证责任？这在实践中争议很大。

为了加大对方法专利的保护力度，法院一直在探索合理的举证标准。2019 年 10 月 8 日，最高人民法院作出（2019）最高法知民终 157 号民事判决书，阐述了新的举证标准。该判决认为：

对于非新产品方法专利，原则上应当按照"谁主张，谁举证"的原则，由原告承担举证责任。但是，产品制造方法体现在产品的制造过程中，涉的生产步骤和工艺参数只有在生产现场或者查看原始生产记录才能得知，权利人通常无法进入被诉侵权人生产现场，无法亲临现场调查或者查看生产记录，难以证明被诉侵权人使用了其专利方法，而被诉侵权人对上述证据则处于完全控制的状态，容易销毁和隐匿相关证据……在权利人已经提供证据证明被诉侵权产品与专利方法直接获得的产品相同，对证明涉案产品制造方法与专利方法相同已尽最大合理努力的情况下，可适当减轻权利人的举证责任。如果权利人提供的证据能够证明被诉侵权人实施专利方法的可能性极大，被诉侵权人控制相关证据又妨碍法院调查取证的，可视为被诉侵权人未完成相应举证责任，推定权利人主张的事实成立。

上述判决显著降低了权利人的举证责任，其裁判要旨几乎为 2020 年 11 月 18 日发布的《最高人民法院关于知识产权民事诉讼证据的若干规定》第 3 条完全采纳，其规定如下：

专利方法制造的产品不属于新产品的，侵害专利权纠纷的原告应当举证证明下列事实：

（一）被告制造的产品与使用专利方法制造的产品属于相同产品；

（二）被告制造的产品经由专利方法制造的可能性较大；

（三）原告为证明被告使用了专利方法尽到合理努力。

原告完成前款举证后，人民法院可以要求被告举证证明其产品制造方法不同于专利方法。

上述规定确定了原告的举证责任，在原告和被告之间合理地分配了举证责任，对于方法专利的保护意义重大。

三、新产品的制造方法

《专利法》第 66 条规定："专利侵权纠纷涉及新产品制造方法的发明专利的，制造同样产品的单位或者个人应当提供其产品制造方法不同于专利方法的证明。"根据该条的规定，对于新产品的制造方法，实行举证责任倒置。权利人只需要证明自己的发明专利是新产品的制造方法专利，即可推定被告实施的方法技术方案为权利人的制造方法专利，被告反驳的，应当举证证明其制造方法不同于专利方法。这种情况下，实际上就不要求权利人固定被诉侵权的技术方案。

第十四章 "相同侵权"的认定

所谓"相同侵权",是指被诉侵权技术方案包含与权利要求限定的一项完整技术方案记载的全部技术特征相同的技术特征。简单地说,就是涉案专利权利要求中的全部技术特征在被诉侵权的技术方案中都有对应的技术特征,二者一一对应,完全相同或者基本相同,故名"相同侵权"。"相同侵权"认定,涉及技术特征的分解、比对和认定等环节,下面予以阐述。

第一节 权利要求技术特征的划分

一、技术特征

技术特征是指在专利权利要求所限定的技术方案中,能够相对独立地执行一定的技术功能并能产生相对独立的技术效果的最小技术单元。在产品技术方案中,该技术单元一般是产品的部件和/或部件之间的连接关系。在方法技术方案中,该技术单元一般是方法步骤或者步骤之间的关系。对此,需要把握三点:(1)技术特征是技术方案中的一个技术单元。若干个技术特征组合在一起,构成技术方案。(2)技术特征能够相对独立地执行一定的技术功能并产生相对独立的技术效果。(3)技术特征是具有前述功能或者效果的最小技术单元。

明确技术特征的含义,对于正确划分技术特征具有重要的意义。有的案件中,技术特征划分错误就是由于没有正确地掌握技术特征的含义造成的。

二、技术特征的划分

一个独立的技术方案是由若干个技术特征组合在一起的。在进行技术方案的比对时，实际上是逐个比对各个具体的技术特征，以确定被诉侵权技术方案是否全面覆盖权利人主张的权利要求的全部技术特征。因此，在进行技术方案的比对时，首先要划分权利要求的技术特征，也就是将权利要求的技术方案拆分成若干个相对独立的技术特征（技术单元）。

（一）为什么要划分技术特征

（1）技术方案往往比较复杂，将被诉侵权技术方案与涉案专利的技术方案放在一起笼统地比较，很难得出是否相同的结论。从技术操作的角度来讲，应当将被诉侵权技术方案与涉案专利的技术方案分别划分成若干个具体的技术特征，然后再进行比较，才是较好的方法。

（2）侵权的认定要贯彻"技术特征全面覆盖原则"，只有被诉侵权技术方案完全覆盖涉案专利的全部技术特征的情况下，才能认定被诉侵权技术方案落入涉案专利的保护范围。适用"技术特征原则覆盖"原则，就应当将被诉侵权技术方案与涉案专利的技术方案分别划分成若干个技术特征，然后再进行比较。

（3）专利权的保护实行"周边限定原则"，即由权利要求中的若干个技术特征围拢起来的"圈子"来确定保护范围。如何判定被诉侵权技术方案是否落入权利要求的"圈子"？这必须通过技术特征比较法，即比较被诉侵权技术方案中的技术特征与涉案专利中的技术特征。如果被诉侵权技术方案具备与涉案专利权利要求中记载的全部技术特征相同的技术特征，就可以认定被诉侵权技术方案落入权利要求的"圈子"。为此，应当将技术方案划分为若干个技术特征。

（二）如何划分技术特征

作为一个基本的原则，在划分技术特征的过程中，要根据技术特征的定义，按照功能和效果来划分技术特征。实践中，常常会制成一张表格，将权利要求的技术方案划分成技术特征1、技术特征2、技术特征3、技术特征4、技术特征5，等等。

技术特征的正确划分对于技术方案的比对具有重要的意义。如果技术特征划分错误，极有可能影响技术方案的比对和侵权事实的认定。为了正确地划分技术特征，应当注意以下几点：

（1）从整体上理解权利要求的技术方案。只有真正理解技术方案，知道技术方案的功能和效果，明晰技术方案是如何运行和实现的，才有可能正确地将其划分成若干个技术特征。因此，正确理解和解释权利要求的技术内容是非常关键的。

（2）按照技术特征的定义，划分技术特征。前文已述，技术特征是在一个技术方案中能够相对独立地执行一定的技术功能并能产生相对独立的技术效果的最小技术单元。划分技术特征，一定要按照技术特征的定义进行划分，否则可能会错误地将若干个技术特征划分为一个技术特征，或者错误地将一个技术特征划分为若干个技术特征。

（3）专利产品可以帮助理解技术方案和确定技术特征。有的权利要求非常抽象，理解起来非常费劲。为了更容易地掌握技术方案，划分技术特征，专利产品可以起到很好的帮助作用。尽管专利产品不是侵权比对的对象，但是它可以用来帮助理解权利要求的技术方案。

下面来看一个典型案例。

案例：张某诉烟台市栖霞大易工贸有限公司、魏某有侵犯专利权纠纷案❶

涉案实用新型专利为"多功能程控拳击训练器"，其权利要求1为："一种用于拳击运动训练的多功能程控拳击训练器，该训练器包含五个靶标，测力传感器，指示灯，显示器，语音处理芯片和音乐芯片，及放音部件，一个折叠键盘，一个遥控器和遥控接收器，一个或者几个步进电机和相应的驱动，上述电路有一个单片机控制。"

涉案专利权利要求1记载，涉案专利包含语音处理芯片、音乐芯片、放音部件。其说明书记载，语音系统可实时播报每次拳击的力度大小和伴奏音乐；语音系统由语音芯片、音乐芯片、音频功能输出极和喇叭构成，由单片机输出的寻址指令控制器实时参量（出拳的力度）的即时播报，而伴奏乐曲的选择和播放则是单片机在预置时根据键盘输入指令，寻址选通音乐芯片的某一曲目播放。双方当事人认可，被诉侵权产品具有语音处理芯片和放音部件，具备语音提示功能。

涉案专利权利要求1记载"该训练器包含五个靶标"，说明书记载"在面板上有按头、胸、腹部位排列的五个靶位，在每个靶位内装有靶标"。被诉侵权产品对应的技术特征为九个靶标，依照其产品说明书记载分为"左头击打部位、右头击打部位、左臂击打部位、右臂击打部位、左肋击打部位、右肋击打部位、腹部击打部位、左胯击打部位、右跨击打部位"。

一审法院认为：

涉案专利权利要求1的技术特征"该训练器包含五个靶标"与被诉侵权产品对应的技术特征"九个靶标"不同，张某在申请专利时应当知道靶标的数量是可以变动的，但仍将靶标限定为五个，现又主张被诉侵权产品"九个靶标"的技术特征与其专利权利要求中"五个靶标"的技术特征等同，不予支持，故判决驳回张某的诉

---

❶ 最高人民法院（2012）民申字第137号民事裁定书。

讼请求。

二审法院维持一审判决。

最高人民法院认为:

涉案专利和被诉侵权产品的靶标数量虽然不同,但是由于涉案专利的每一个靶标在击打时单独发挥作用,因此不能将五个靶标作为一个技术特征来考虑,应当将其分解为头部靶标、腹部靶标和腰部靶标来考虑。被诉侵权产品包含头部靶标和腹部靶标,其胯部靶标与涉案专利的腰部靶标在功能效果上是等同的,因此应当认定被诉侵权技术方案包含涉案专利五个靶标的相同或等同技术特征。一审法院认为涉案专利"五个靶标"的技术特征与被诉侵权产品"九个靶标"的技术特征不等同,属于适用法律错误,二审法院未予纠正,亦属不当。

本案的关键是涉案专利权利要求1中的"五个靶标"是一个技术特征,还是应当根据靶标数量分解为五个技术特征。前文已述,技术特征是指在专利权利要求所限定的技术方案中,能够相对独立地执行一定的技术功能并能产生相对独立的技术效果的最小技术单元。权利要求1记载"该训练器包含五个靶标",说明书记载"在面板上有按头、胸、腹部位排列的五个靶位,在每个靶位内装有靶标"。显然,五个靶位上的五个靶标是各自独立发挥作用的,即独立地执行一定的技术功能并能产生相对独立的技术效果。一审法院将涉案专利中的"五个靶标"作为一个技术特征对待,显然不妥,因此,最高人民法院予以纠正。

第二节 被控侵权技术方案技术特征的划分

一、技术特征的划分

划分被诉侵权技术方案的技术特征,按照下述步骤进行:第一步,确定被诉侵权物;第二步,从被诉侵权物中提炼出被诉侵权的技术方案;第三步,将被诉侵权的技术方案拆分为若干个技术特征。划分技术特征时,也是参照技术特征的定义进行,将能够独立地实现一定功能或者效果的最小技术单元划为一个技术特征。具体的划分方法,可参考上节的内容,此处不再赘述。

二、被诉侵权产品在技术特征划分中的作用

在专利侵权诉讼中，法官需要认定被诉侵权的技术方案是否落入权利要求的保护范围，因此，技术比对的对象是被诉侵权的技术方案和权利要求的技术方案。但是，被诉侵权的技术方案的载体是被诉侵权产品，法官很多时候就直接拿被诉侵权产品和权利要求的技术方案来做比对。在划分被诉侵权的技术方案的技术特征时，实际上也是直接将被诉侵权产品划分为一个个技术特征的。

第三节 "相同侵权"的具体认定方法与规则

一、技术特征全面覆盖原则

"技术特征全面覆盖原则"，是判断被诉侵权技术方案是否落入发明或者实用新型专利权的保护范围的基本原则。其具体含义是指，在判定被诉侵权技术方案是否落入专利权的保护范围时，应当审查权利人主张的权利要求所记载的全部技术特征，并以权利要求记载的全部技术特征与被诉侵权的技术方案的技术特征逐一进行比较。被诉侵权的技术方案包含与权利要求记载的全部技术特征相同的技术特征的，认定其落入专利权的文义保护范围，"相同侵权"成立。下面以表 5 中的例子来说明"技术特征全面覆盖原则"的适用。

表 5　技术方案比对

序号	专利权利要求	被诉侵权技术方案	结　论
例 1	技术特征 A、B、C	技术特征 A、B、C	全面覆盖
例 2	技术特征 A、B、C	技术特征 A、B、C、D	全面覆盖
例 3	技术特征 A、B、C	技术特征 A、B	未全面覆盖，缺少技术特征 C
例 4	技术特征 A、B、C	技术特征 A、B、D	未全面覆盖，缺少技术特征 C

在表 5 例 1 中，被诉侵权技术方案的技术特征和专利权利要求的技术特征完全相同，满足"技术特征全面覆盖原则"，被诉侵权技术方案落入专利权利要求的文义保护范围。

在例2中，被诉侵权技术方案不仅具有专利权利要求的全部技术特征，而且多出一个技术特征D，仍然满足"技术特征全面覆盖原则"，假设专利权利要求是开放式权利要求，则被诉侵权技术方案落入专利权利要求的文义保护范围。

在例3中，被诉侵权技术方案缺少专利权利要求的技术特征C，未满足"技术特征全面覆盖原则"，被诉侵权技术方案未落入专利权利要求的文义保护范围。

在例4中，被诉侵权技术方案缺少专利权利要求的技术特征C，但多出一个技术特征D，未满足"技术特征全面覆盖原则"，被诉侵权技术方案未落入专利权利要求的文义保护范围，还需进一步判断技术特征D与技术特征C是否构成等同技术特征，如果构成，则被诉侵权技术方案落入专利权利要求的等同保护范围。

为什么要实行"技术特征全面覆盖原则"？一个基本的解释是对专利权的保护实行周边限定原则，即专利权的保护范围由权利要求记载的全部技术特征确定。因此，要判断被诉侵权技术方案是否落入专利权的保护范围，就要看被诉侵权技术方案是否具备专利权利要求的全部技术特征，如果具备全部技术特征，就可以说被诉侵权技术方案落入专利权的保护范围，否则就是被诉侵权技术方案未落入专利权的保护范围。

与"技术特征全面覆盖原则"相对的是"多余指定原则"。所谓"多余指定原则"，是指在专利侵权判定中，在解释专利独立权利要求和确定专利权保护范围时，将记载在专利独立权利要求中的明显附加技术特征（多余特征）略去，仅以专利独立权利要求中的必要技术特征来确定专利权保护范围，判定被控侵权物（产品或方法）是否覆盖专利权保护范围的原则。❶ 早年有若干判决都适用了"多余指定原则"，例如周某诉北京奥美光机电联合开发公司、北京华奥电子医疗仪器有限公司侵权案、❷ 解放军空军总医院诉达轮公司案、❸ 太阳能研究所诉豪特公司案。❹ 但是，该原则后来被最高人民法院否定。在大连仁达新型墙体建材厂诉大连新益建材有限公司案中，最高人民法院认为：凡是专利权人写入独立权利要求的技术特征，都是必要技术特征，都不应当被忽略，都应当纳入技术特征对比之列，不应轻率地借鉴适用所谓的"多余指定原则"。❺ 2009年12月28日公布的《侵犯专利权司法解释一》第7条规定："人民法院判定被诉侵权技术方案是否落入专利权的保护范围，应当审查权利人主张的权利要求所记载的全部技术特征。被诉侵权技术方案包含与权利要求记载的全部技术特征相同或者等同的技术特征的，人民法院应当认定其落入

---

❶ 《北京市高级人民法院专利侵权判定若干问题的意见（试行）》（京高法发〔2001〕229号）第47条。
❷ 北京市中级人民法院（1993）中经知初字第704号民事判决书。
❸ 北京市中级人民法院（1993）中经知初字第390号民事判决书。
❹ 北京市中级人民法院（1994）中经知初字第1173号民事判决书。
❺ 最高人民法院（2005）民三提字第1号民事判决书。

专利权的保护范围；被诉侵权技术方案的技术特征与权利要求记载的全部技术特征相比，缺少权利要求记载的一个以上的技术特征，或者有一个以上技术特征不相同也不等同的，人民法院应当认定其没有落入专利权的保护范围。"该条规定正式终结了"多余指定原则"，建立了"技术特征全面覆盖原则"。

二、技术方案的比对

判断"相同侵权"是否成立，大致存在以下步骤：第一步，解释权利要求并划分权利要求的技术特征；第二步，固定被诉侵权技术方案并划分技术特征；第三步，将权利要求中的每项技术特征与被诉侵权技术方案的相应技术特征逐个进行比较，判断有关技术特征是否相同，如果相同而且满足"技术特征全面覆盖原则"，就可以认定被诉侵权技术方案落入权利要求的文义保护范围，即"相同侵权"成立。其中第三步就是技术方案的比对。

进行技术方案的比对，通常使用"查找法"：在被诉侵权技术方案中查找权利要求中的每个技术特征。如果被诉侵权技术方案具有与权利人主张的权利要求的每个技术特征相同的技术特征，就可以认定被诉侵权技术方案落入了权利要求的文义保护范围，即"相同侵权"成立。

判定技术特征是否相同，需要根据技术特征的内容及其在技术方案的功能、效果来确定。如果技术特征的内容相同，而且实现的功能和效果相同，就可以认定技术特征相同。在一些比较特殊的案例中，权利要求记载的技术特征采用上位概念，而被诉侵权技术方案的相应技术特征采用的是相应的下位概念，这种情形也应认定构成相同技术特征。例如，权利要求的某一技术特征为"金属"，被诉侵权技术方案中的相应技术特征为"铁"，"金属"属于上位概念，"铁"是"金属"的一种特定类别，属于下位概念。权利要求中的"金属"包括被诉侵权技术方案中的"铁"，因此，应当认定被诉侵权技术方案落入权利要求的文义保护范围。

必须说明的是，尽管在技术方案比对之前，已经对权利要求进行过解释，大致明确了权利要求的技术内容，但是在技术方案比对的过程中，各方当事人对相关技术特征是否相同可能仍然会有争议，这时不可避免地还需要对技术特征的含义进行解释。可以说，对技术特征的解释、对权利要求的解释，将贯穿侵权认定的整个流程。

三、权利要求对照表

权利要求对照表亦称为侵权比对表，实务人员通常将其简称为 CC 表。原告律师要做好 CC 表，呈现给合议庭法官，据此说服法官相信被诉侵权技术方案完全覆盖原告主张的权利要求的所有技术特征。被告也可以制作 CC 表，呈现给合议庭法官，据此反驳原告的主张，说服法官相信被诉侵权技术方案未完全覆盖原告主张的权利要求的所有技术特征。法官则要审查和认定原告或被告提交的 CC 表中所列的技术特征之间的对应关系是否成立。法官对权利要求记载的技术方案和被诉侵权技术方案的比对，实际上就是对 CC 表的审查和认定。

CC 表非常直观地体现了权利要求的所有技术特征和被诉侵权技术方案的相应技术特征的对应关系，是一张非常精确的图表，有助于法官对两个技术方案进行比对。CC 表的制作和审查是专利侵权诉讼精细化的表现，诉讼当事人及其代理人应当尽可能制作 CC 表，呈现给法官，供法官审查和判断。下面结合 CC 表示例（见表6）来进行分析。

表6 CC 表示例

编号	专利权利要求 1 的技术特征	被诉侵权技术方案的对应技术特征	说明与备注
1	权利要求 1 的主题名称	被控侵权物的名称	二者相同
2	技术特征 1	技术特征 1'	两个技术特征相同
3	技术特征 2	技术特征 2'	两个技术特征相同
4	技术特征 3	技术特征 3'	两个技术特征相同
5	技术特征 4	技术特征 4'	两个技术特征相同
6	技术特征 5	技术特征 5'	两个技术特征相同

表6 是一张示例的 "CC 表"。"专利权利要求 1 的技术特征"一栏列出权利要求 1 的主题名称和所有技术特征，一行列出一个技术特征，将权利要求 1 的 5 个技术特征全部列出；"被诉侵权技术方案的对应技术特征"一栏列出被诉侵权物的名称及其技术方案的所有技术特征，也是一行列出一个技术特征，列出该技术方案的全部 5 个技术特征；"说明与备注"一栏是对相关技术特征之间的对应关系所作的说明。通过这样的 CC 表，法官就能容易地确定被诉侵权技术方案中的技术特征与权利要求的技术特征之间的对应关系，并对相关技术特征是否相同、被诉侵权技术方案是否全面覆盖权利要求的技术特征作出审查和判断。

四、开放式权利要求的侵权认定规则

开放式权利要求是采用 "包含""包括""主要由……组成"等表达方式撰写的

权利要求。❶ 该类权利要求除了具有其所列举的要素之外，还可以有其他的组成部分。例如，涉案专利权利要求为"一种药剂，包括 A、B 两种组分"。该药剂除了 A、B 两种组成分，还可以有 C 组分，甚至更多的组分。

对于开放式权利要求，侵权的认定适用"技术特征全面覆盖原则"，只要被诉侵权技术方案包含开放式权利要求的全部技术特征，即可认定被诉侵权技术方案落入权利要求的保护范围。例如，假定涉案专利权利要求为"一种药剂，包括 A、B 两种组分"，无论被诉侵权的药剂是由 A、B 两种组分构成还是由 A、B、C 三种组分构成，都落入涉案专利的保护范围。

五、封闭式权利要求的侵权认定规则

封闭式权利要求是采用"由……组成""组成为"等表达方式撰写的权利要求，❷ 只含有其列举的要素，不能有额外的组成部分。

根据《侵犯专利权司法解释二》第 7 条第 1 款的规定，被诉侵权的技术方案在包含封闭式组合物权利要求全部技术特征的基础上增加其他技术特征的，人民法院应当认定被诉侵权技术方案未落入专利权的保护范围，但该增加的技术特征属于不可避免的常规数量杂质的除外。例如，涉案专利权利要求为"一种化合组合物，由 A、B 两种组分构成"，如果被诉侵权的组合物由 A、B、C 三种组分构成，且 C 组分不是常规数量的杂质，根据该规定，该组合物未落入权利要求的保护范围。

但是，《侵犯专利权司法解释二》第 7 条第 2 款对中药组合物权利要求采取了一种例外的立场。这是为了保护我国中药产业作出的一种例外规定。

---

❶ 国家知识产权局. 专利审查指南 2010 [M]. 北京：知识产权出版社，2010：278.
❷ 国家知识产权局. 专利审查指南 2010 [M]. 北京：知识产权出版社，2010：279.

第十五章 "等同侵权"的认定

第一节 "等同侵权"制度

一、"等同侵权"的概念

如果被诉侵权技术方案没有落入权利要求的文义保护范围，法官还应当审查其是否落入权利要求的等同保护范围。这就涉及"等同侵权"的认定。"等同侵权"，是指被诉侵权技术方案有一个或者一个以上技术特征与权利要求中的相应技术特征从字面上看不相同，但是属于等同特征，而且被诉侵权技术方案与权利要求的技术方案并无本质上的区别，据此认定被诉侵权技术方案落入专利权的保护范围的情形。其中，等同特征，是指被诉侵权技术方案中的某技术特征虽然与权利要求所记载的相关技术特征不相同，但是以基本相同的手段，实现基本相同的功能，达到基本相同的效果，并且本领域普通技术人员无需经过创造性劳动就能够想到的技术特征。对于等同特征的判断，通常适用"三基本"+"容易想到"的规则。"三基本"分别指"基本相同的手段""基本相同的功能""基本相同的效果"，"容易想到"是指本领域普通技术人员无需经过创造性劳动就能够想到。其中：

"基本相同的手段"，是指被诉侵权技术方案中的技术特征与权利要求对应技术特征在技术内容上并无实质性差异。

"基本相同的功能"，是指被诉侵权技术方案中的技术特征与权利要求对应技术特征在各自技术方案中所起的作用基本相同。被诉侵权技术方案中的技术特征与权利要求对应技术特征相比还有其他作用的，不予考虑。

"基本相同的效果"，是指被诉侵权技术方案中的技术特征与权利要求对应技术特征在各自技术方案中所达到的技术效果基本相当。被诉侵权技术方案中的技术特征与权利要求对应技术特征相比还有其他技术效果的，不予考虑。

"无需经过创造性劳动就能够想到"，是指对于本领域普通技术人员而言，被诉侵权技术方案中的技术特征与权利要求对应技术特征的相互替换是容易想到的。在具体判断时可考虑以下因素：两技术特征是否属于同一或相近的技术类别；两技术特征所利用的工作原理是否相同；两技术特征之间是否存在简单的直接替换关系，即两技术特征之间的替换是否需对其他部分作出重新设计，但简单的尺寸和接口位置的调整不属于重新设计。

二、"等同侵权"制度的由来

《专利法》及其实施细则中涉及专利权保护范围的规定仅有第 64 条（2008 年《专利法》第 59 条），即"发明或者实用新型专利权的保护范围以其权利要求的内容为准，说明书及附图可以用于解释权利要求的内容"，并不涉及"等同保护范围""等同侵权"的规定。因此，"等同侵权"制度在专利法及其实施细则中并没有规定。

2001 年 7 月 1 日施行的《最高人民法院关于审理专利纠纷案件适用法律问题的若干规定》（法释〔2001〕21 号）第 17 条规定："专利法第五十六条第一款所称的'发明或者实用新型专利权的保护范围以其权利要求的内容为准，说明书及附图可以用于解释权利要求'，是指专利权的保护范围应当以权利要求书中明确记载的必要技术特征所确定的范围为准，也包括与该必要技术特征相等同的特征所确定的范围。等同特征是指与所记载的技术特征以基本相同的手段，实现基本相同的功能，达到基本相同的效果，并且本领域的普通技术人员无需经过创造性劳动就能够联想到的特征。"该条对 2000 年《专利法》第 56 条第 1 款规定的"专利权的保护范围"进行了扩张性的解释，将"等同的特征所确定的范围"也纳入专利权的保护范围。这是我国司法解释中首次引入"等同特征"的概念，自此创设了"等同侵权"制度。因此，"等同侵权"制度是最高人民法院为了更好地保护专利权，以解释 2000 年《专利法》第 56 条的名义创设的一项制度。2020 年修正的《最高人民法院关于审理专利纠纷案件适用法律问题的若干规定》（法释〔2020〕19 号）保留了上述条文的内容，只是条文序号发生了变化，由第 17 条变更为第 13 条。

三、司法创设"等同侵权"制度的原因

（1）司法创设"等同侵权"制度，是为了加大对专利权的保护力度，阻止公众恶意模仿、规避专利技术方案的行为。专利技术方案是由若干个技术特征构成的，

专利权人不可能事先想到能够实现某功能、效果的所有技术特征，不太可能把所有的等同特征都写入权利要求中，如果社会公众在看到专利技术方案后，对其中的一个技术特征作出一点小小的改变，就可以绕过专利技术方案而不受制裁的话，对专利权人来说确实不公平。"等同侵权"制度制止这种恶意模仿、规避专利技术的行为，有利于保护专利权人。与专利权人相比，恶意模仿人的行为根本不值得鼓励，其要么得到权利人的许可，要么去开发其他不同的技术方案，而不应该恶意模仿、规避专利技术方案。

（2）司法创设"等同侵权"制度，也是为了弥补撰写专利文件时语言表达上的不足。专利是一项技术方案，将该技术方案用语言文字表达出来，往往有一定的难度和局限性，可能存在词不达意或者表达不周延的地方。专利保护制度基于保护发明创造的目的，应当顾及语言文字表达的局限性，运用"等同侵权"制度，适度加大对专利的保护力度。

（3）司法创设"等同侵权"制度，也是适应技术发展变化快、专利技术方案容易被规避而作出的司法政策选择。发明人作出一个发明创造往往难度较大，但是，该发明创造一旦公开之后，后人作出一些细微的技术手段改变，规避发明创造，却非常容易。我们不能苛求发明人事先预计到他人可能作出的所有的细微的技术手段变化，并将相关技术方案都写入权利要求书中。如果不将通过细微的技术手段变化而规避发明创造的行为纳入规制范围，对发明人是相当不公平的。通过"等同侵权"保护制度，可以有力地打击此类行为，保护发明人的利益。

四、"等同侵权"制度的弊端

"等同侵权"制度将专利权的保护范围由文义保护范围扩大到等同保护范围，较好地保护了专利权人的利益。但是，"等同侵权"制度也是一把"双刃剑"，削弱了权利要求的公示作用，打乱了权利要求的边界，破坏了社会公众对权利要求保护范围的合理预期。虽然司法解释规定等同保护范围是由等同特征确定的范围，但是，什么样的技术特征构成等同特征，很有争议；什么是"基本相同的手段""基本相同的功能""基本相同的效果"，见仁见智；而"本领域技术人员无需经过创造性劳动就能联想到"更是一个主观性强的问题。上述问题，不同法官会有不同的认识，也会有争议。将这些问题交给社会公众来判断，让其提前预见到等同保护范围的大小，规避等同保护范围，也是较为困难的事。

社会公众想方设法绕过专利技术方案，并无太大过错，不应当苛责。关键的问题是我们应当事先为专利权设定清晰的保护范围，明确告知社会公众专利权的边界。

唯有如此，社会公众才能较好地掌控自己行为的边界。如果权利要求的保护范围是模糊的，随着个案中等同特征的不同，权利要求的保护范围也随之变化，社会公众就可能无所适从，不知道要走多远才能绕开专利技术方案。

由于"等同侵权"制度存在上述弊端，等同保护范围并不是越大越好，而是应当对等同保护范围进行适当的限制，对此，后文将展开详细的论述。

第二节　"等同侵权"的认定

一、"等同侵权"的认定规则

"等同侵权"的认定，一般应当适用两步法：第一步，判断被控侵权的技术方案的某技术特征与专利权利要求中的某技术特征是否构成等同特征；第二步，如果相关技术特征构成等同特征，则还应当就被控侵权的技术方案与专利权利要求的技术方案是否属于实质性相同的技术方案作出认定，如果相关技术特征等同，两个技术方案在实质上也相同，就可以认定被控侵权的技术方案落入专利权利要求的"等同保护范围"，"等同侵权"成立。具体来说，在进行"等同侵权"认定中，应当注意以下几点：

（1）在认定是否构成等同特征时，对手段、功能、效果以及是否需要创造性劳动应当依次进行判断，但手段、功能、效果的判断起主要作用。手段是技术特征本身的技术内容，在判断时应当优先考虑；功能和效果是技术特征的外部特性，技术特征的功能和效果取决于该技术特征的手段，在判断时应当置于手段之后考虑。只有在确认手段、功能、效果基本相同之后，才能就手段是否需要创造性劳动联想到进行判断。

（2）"等同"应当是具体的、对应的技术特征之间的等同（"技术特征等同"），而不是整体技术方案的等同（"整体等同"）。1983 年，美国联邦巡回上诉法院在 Hughes Aircraft Co. v. United States 案[1]中明确提出了"整体等同"的说法。但是，美国联邦最高法院后来在 Hilton 案中明确否定了"整体等同说"，肯定了"技术特征等同"的方法。美国联邦最高法院在判决中指出：对于确定专利发明的范围来说，

---

[1]　717 F. 2d 1351219 U. S. P. Q. 473（Fed. Cir. 1983）.

权利要求中的每一个技术特征都是重要的,因此,必须将等同原则适用于权利要求中的每一个技术特征,而不是适用于整个发明。❶ 现在,美国以及其他很多国家都适用"技术特征等同"的方法。"技术特征等同说"比"整体等同说"显然更符合专利权利要求的本质。权利要求的保护范围是由若干个技术特征界定的,每一个技术特征对于权利要求的保护范围都有影响,因此不能忽视技术特征的作用,在进行等同判断时坚持"技术特征等同说"更加合理。如果适用"整体等同说",就会忽视技术特征对于权利要求保护范围的划界作用。我国的司法实践中适用"技术特征等同说"。例如,《专利侵权判定指南(2017)》第51条即明确规定:"等同特征的替换应当是具体的、对应的技术特征之间的替换,而不是完整技术方案之间的替换。"

(3)等同特征,既可以是权利要求中的若干技术特征对应于被诉侵权技术方案中的一个技术特征,也可以是权利要求中的一个技术特征对应于被诉侵权技术方案中的若干技术特征的组合。对此,司法实践中已有相应的案例。例如,在宁波市东方机芯总厂与江阴金制品有限公司侵犯专利权纠纷案❷中,涉案专利中的一项独立权利要求请求保护"一种机械奏鸣装置音板成键加工设备",具有以下五个技术特征:①一种机械奏鸣装置音板成键加工设备,它包括在平板型金属盲板上切割出梳状缝隙的割刀和将被加工的金属盲板夹持的固定装置;②所述的割刀是由多片圆形薄片状磨轮按半径自小到大的顺序平行同心地组成一塔状的割刀组;③所述的盲板固定装置是一个开有梳缝的导向板,它是一块厚实而耐磨的块板,其作为导向槽的每条梳缝相互平行、均布、等宽;④所述的塔状割刀组,其相邻刀片之间的间距距离与所述导向板相邻梳缝之间的导向板厚度大体相等;⑤所述的塔状割刀组的磨轮按其半径排列的梯度等于音板的音键按其长短排列的梯度。被控侵权产品与上述权利要求相对应的五个技术特征相比,与技术特征1、2、4、5完全相同,与技术特征3的区别在于:被控侵权设备的盲板不是固定在防震限位板(权利要求所说的导向板)上,而是另增加一个工件拖板,盲板固定在工件拖板上。最高人民法院认为:被控侵权产品将涉案专利中固定盲板和导向为一体的导向板(一个技术特征),分解并替换为分别进行固定盲板和导向的防震限位板和工件拖板(两个技术特征),二者的技术手段基本相同,功能和效果基本相同,做出这种替换也不需要付出创造性的劳动,故属于等同替换。这是用两个技术特征等同替换权利要求中的一个技术特征的典型案例。

(4)等同特征替换,既包括对权利要求中区别技术特征的替换,也包括对权利要求前序部分中的技术特征的替换。

---

❶ Warner - Jenkinson Co., Inc. v. Hilton Davis Chemical Co. 520 U. S. 17, 137 L. Ed. 2d 146 (1997).

❷ 最高人民法院(2001)民三提字第1号民事判决书。

（5）判定被诉侵权技术方案的技术特征与权利要求的技术特征是否等同的时间点，应当以被诉侵权行为发生日为基准。从规则上来说，等同判断的时间基准可以设定为专利申请日，也可以设定为被诉侵权行为发生日。首先，如果将该时间设定为专利申请日，无法杜绝人们利用申请日后出现的新技术恶意规避专利技术，不利于保护专利权人。其次，等同的判断主要涉及"基本相同的手段""基本相同的功能""基本相同的效果""容易想到"的判断，如果以专利申请日为基准来判断，要求法官以专利申请日的知识和能力作出判断，相当于要求法官穿越时光回到过去。这是不现实的，无法操作。因此，将等同判断的时间基准设定为专利申请日是不科学的。相反，将等同判断的时间基准设定为被诉侵权行为发生日，既有利于保护专利权，又便于作出等同判断。

（6）等同判断同样应当坚持"技术特征全面覆盖原则"。无论是被控侵权技术方案中的一个技术特征替换权利要求中的一个技术特征或多个技术特征，还是被诉侵权技术方案中的若干个技术特征替换权利要求中的一个或多个技术特征，都必须满足"技术特征全面覆盖原则"，权利要求中的每个技术特征在被诉侵权技术方案中必须有对应的技术内容，否则就应当认定被诉侵权技术方案未落入专利权的保护范围。

（7）当且仅当技术特征等同且被控侵权技术方案与专利技术方案构成实质性相同的技术方案的情形下，才能认定被诉侵权技术方案落入专利权的等同保护范围。技术方案是否实质性相同，不仅要考虑技术特征和技术方案的内容，还要考虑技术方案的效果。如果被诉侵权技术方案中存在与权利要求的多个技术特征等同的技术特征，该多个等同特征的叠加导致被诉侵权技术方案与权利要求的技术方案实质性不同，则不能认定被诉侵权技术方案落入专利权的保护范围。如果被诉侵权技术方案与涉案专利技术方案的技术效果不同，也不能适用等同原则，将被诉侵权技术方案纳入涉案专利的保护范围。❶

二、"等同侵权"认定的重要案例及探讨

案例：中誉电子（上海）有限公司诉上海九鹰电子科技有限公司侵害实用新型专利权纠纷案❷

田某、江某彦是名称为"一种舵机"的实用新型专利权（涉案专利）的专利权

---

❶ 最高人民法院（2012）民提字第 4 号民事判决书。
❷ 最高人民法院（2011）民提字第 306 号民事判决书。

人，专利号为 ZL200720069025.2，申请日是 2007 年 4 月 17 日，授权公告日是 2008 年 2 月 13 日。涉案专利授权公告的权利要求 1－3 为：

1. 一种模型舵机，其特征在于，包括支架、电机、丝杆和滑块，所述支架包括电机座和滑块座，所述电机设置于所述电机座内，在所述电机的一端设置有一主动齿轮，所述丝杆纵向穿过所述滑块座，在所述丝杆的一端设置有一从动齿轮，所述主动齿轮和所述从动齿轮相互啮合，所述滑块穿在所述丝杆上，并且所述滑块伸出所述滑块，在所述滑块底面设置有一电刷。2. 如权利要求 1 所述的舵机，其特征在于，在所述支架上，设置有固定到一舵机驱动电路板上的固定孔。3. 如权利要求 2 所述的舵机，其特征在于，在所述舵机驱动电路板上，印制有一条形的碳膜和银膜，所述支架通过其上的固定孔固定到所述舵机驱动电路板上，且所述滑块底面上的电刷与该碳膜和银膜相接触。

上海九鹰电子科技有限公司（以下简称九鹰公司）于 2009 年 4 月 20 日就涉案专利向专利复审委员会提出无效宣告请求。专利复审委员会于 2009 年 7 月 22 日作出第 13717 号无效宣告请求审查决定，宣告涉案专利的权利要求 1－2、4－6 无效，在权利要求 3 的基础上维持涉案专利权有效。该决定后被法院判决维持而生效。

2009 年 2 月 10 日，田某、江某彦与中誉电子（上海）有限公司（以下简称中誉公司）签订《专利实施许可合同》，授予中誉公司涉案专利在中国境内的独占实施许可权，该许可合同于 2009 年 3 月 24 日在国家知识产权局备案。2009 年 6 月 6 日，中誉公司的代理人在公证人员的监督下在上海展览中心的九鹰公司展台处购买了一架飞机模型。中誉公司指控该飞机模型为侵权产品，向上海市第二中级人民法院（一审法院）提起侵权诉讼。

一审诉讼中，根据九鹰公司申请，一审法院于 2009 年 11 月 11 日委托科学技术部知识产权事务中心（以下简称知产事务中心）就九鹰公司生产、销售的航模舵机的技术特征与涉案专利权利要求 3 中的技术特征是否相同或等同，以及九鹰公司生产、销售的航模舵机的技术特征是否属于现有技术进行鉴定。该中心出具的鉴定意见之一为被控侵权产品的技术特征 g "在所述含有舵机驱动电路的电路板上，印制有一条形的碳膜和镀金铜条，且所述滑块底面上的电刷与该碳膜和镀金铜条相接触"与涉案实用新型专利权利要求 3 所记载的技术特征 G "在所述舵机驱动电路板上，印制有一条形的碳膜和银膜，且所述滑块底面上的电刷与该碳膜和银膜相接触"等同。

一审法院认为：

被诉侵权产品的技术方案是一项现有技术与公知常识的简单组合，九鹰公司的现有技术抗辩成立，被诉侵权产品不构成对涉案专利权的侵权，判决：驳回中誉公司的诉讼请求。

上海市高级人民法院（二审法院）认为：

涉案权利要求1、2被宣告无效，在权利要求3的基础上专利权被维持有效。从属权利要求3的保护范围由权利要求3附加的技术特征"在所述舵机驱动电路板上，印制有一条形的碳膜和银膜，所述支架通过其上的固定孔固定到所述舵机驱动电路板上，且所述滑块底面上的电刷与该碳膜和银膜相接触"、权利要求3所从属的权利要求2附加的技术特征"在所述支架上，设置有固定到一舵机驱动电路板上的固定孔"，以及权利要求2所从属的权利要求1记载的全部技术特征共同限定。从属权利要求3被维持有效的原因，在于在权利要求1中增加了从属权利要求2以及从属权利要求3记载的附加技术特征，这在实质上就是修改权利要求1，在权利要求1记载的技术方案中增加了从属权利要求2以及从属权利要求3记载的附加技术特征。因此，在界定权利要求3保护范围的技术特征中，"在所述支架上，设置有固定到一舵机驱动电路板上的固定孔"与"在所述舵机驱动电路板上，印制有一条形的碳膜和银膜，所述支架通过其上的固定孔固定到所述舵机驱动电路板上，且所述滑块底面上的电刷与该碳膜和银膜相接触"，属于为维持专利权有效限制性修改权利要求而增加的技术特征。由此，可以认定涉案权利要求3中技术特征G属于为维持专利权有效限制性修改权利要求而增加的技术特征。技术特征G实质上是修改权利要求而增加的技术特征，该项技术特征将舵机驱动电路板上作为直线型电位器的导流条明确限定为"银膜"，该具体的限定应视为专利权人放弃了除"银膜"外以其他导电材料作为导流条的技术方案。被控侵权产品中技术特征g为"在所述含有舵机驱动电路的电路板上，印制有一条形碳膜和镀金铜条，且所述滑块底面上的电刷与该碳膜和镀金铜条相接触"，根据知产事务中心的鉴定意见，被控侵权产品中技术特征g与涉案专利权利要求3中的技术特征G等同，知产事务中心的该项认定双方当事人均予认可，且无足以推翻该项认定的事实与理由，予以采信。尽管技术特征g与技术特征G等同，但依据禁止反悔原则，由于除"银膜"外以其他导电材料为导流条的技术方案被视为专利权人放弃的技术方案，因此，以技术特征g与技术特征G等同为由，认为被控侵权产品构成等同侵权的结论不能成立。

最高人民法院认为：

（1）禁止反悔原则的法理基础。诚实信用原则作为民法基本原则之一，要求民事主体信守承诺，不得损害善意第三人对其的合理信赖或正当期待，以衡平权利自由行使所可能带来的失衡。在专利授权实践中，专利申请人往往通过对权利要求或说明书的限缩以便快速获得授权，但在侵权诉讼中又试图通过等同侵权将已放弃的技术方案重新纳入专利权的保护范围。为确保专利权保护范围的安定性，维护社会公众的信赖利益,专利制度通过禁止反悔原则防止专利权人上述"两头得利"情形的发生。故此,专利权人在专利授权或者无效宣告程序中,通过对权利要求、说明书的修改或者意见陈述而放弃的技术方案,权利人在侵犯专利权纠纷案件中又将其纳入专利权保护范围的,人民法院不应支持。

(2)禁止反悔原则的适用条件。一般情况下,只有权利要求、说明书修改或者意见陈述两种形式,才有可能产生技术方案的放弃,进而导致禁止反悔原则的适用。该案中,独立权利要求1及其从属权利要求2均被宣告无效,在权利要求2的从属权利要求3的基础上维持涉案专利有效。问题是,权利要求3是否仅仅因此构成对其所从属的权利要求1、2的限制性修改。独立权利要求被宣告无效,在其从属权利要求的基础上维持专利权有效,该从属权利要求即实际取代了原独立权利要求的地位。但是,该从属权利要求的内容或者所确定的保护范围并没有因为原独立权利要求的无效而改变。因为,每一项权利要求都是单独的、完整的技术方案,每一项权利要求都应准确、完整地概括申请人在原始申请中各自要求的保护范围,而不论其是否以独立权利要求的形式出现。正基于此,每一项权利要求可以被单独地维持有效或宣告无效。每一项权利要求的效力应当被推定为独立于其他权利要求项的效力。即使从属权利要求所从属的权利要求被宣告无效,该从属权利要求并不能因此被认为无效。所以,不应当以从属权利要求所从属的权利要求被无效而简单地认为该从属权利要求所确定的保护范围即受到限制。该案原二审判决认为,从属权利要求3被维持有效的原因在于,在权利要求1中增加了从属权利要求2以及从属权利要求3记载的附加技术特征,这实质上就是修改权利要求1,该认定有所不当。

(3)放弃的认定标准。专利权保护范围是由权利要求包含的技术特征所限定的,故专利权保护范围的变化,亦体现为权利要求中技术特征的变化。在专利授权或无效宣告程序中,专利权人主动或应审查员的要求,可以通过增加技术特征对某权利要求所确定的保护范围进行限制,也可以通过意见陈述对某权利要求进行限缩性解释。禁止反悔原则适用于导致专利权保护范围缩小的修改或者陈述,即由此所放弃的技术方案。该放弃,通常是专利权人通过修改或意见陈述进行的自我放弃。但是,若专利复审委员会认定独立权利要求无效、在其从属权利要求的基础上维持专利权有效,且专利权人未曾作上述自我放弃,则在判断是否构成禁止反悔原则中的"放弃"时,应充分注意专利权人未自我放弃的情形,严格把握放弃的认定条件。如果该从属权利要求中的附加技术特征未被该独立权利要求所概括,则因该附加技术特征没有原始的参照,故不能推定该附加技术特征之外的技术方案已被全部放弃。该案中,九鹰公司称,因为权利要求1、2被宣告无效,而权利要求3是对其进一步限定,故权利要求1、2与权利要求3之间的"领地"被推定已放弃。权利要求3中的

"银膜"并没有被权利要求1、2所提及，而且，中誉公司在专利授权和无效宣告程序中没有修改权利要求和说明书，在意见陈述中也没有放弃除"银膜"外其他导电材料作为导流条的技术方案。因此，不应当基于权利要求1、2被宣告无效，而认为权利要求3的附加技术特征"银膜"不能再适用等同原则。

综上，专利复审委员会宣告涉案专利权利要求1-2、4-6无效，在权利要求3的基础上维持专利权有效，二审法院认为涉案专利权利要求3中的技术特征G实质是修改权利要求而增加的技术特征，该技术特征将导流条明确限定为银膜，应视为专利权人放弃了除"银膜"外其他导电材料作为导流条的技术方案，从而认定被诉侵权产品不构成等同侵权，存在错误，应予纠正。

这是一个非常有意思的案例。二审法院和最高人民法院都从禁止反悔的角度来进行论述。二审法院认为权利要求3被维持有效，视为权利人放弃了银膜以外的技术方案，不能适用等同原则。最高人民法院认为中誉公司并没有明示放弃，不应当基于权利要求1、2被宣告无效，而认为权利要求3的附加技术特征"银膜"不能再适用等同原则。严格来说，该案确实不存在禁止反悔的问题，因为中誉公司根本就没有主动放弃过任何技术方案，是专利复审委员会宣告权利要求1、2无效的。就此而言，最高人民法院的论述似乎在理。但是，该案适用等同原则，尚值得探讨。专利复审委员会宣告权利要求1、2无效，维持权利要求3有效，就意味着权利要求1、2和权利要求3之间的"领地"进入了社会公共领域，不再由专利法提供保护。假设允许对权利要求3中的"银膜"适用等同原则，相当于把已经进入社会公共领地的原属于权利要求1、2中的被宣告无效的技术方案重新纳入专利法的保护范围，这是有失妥当的。该案中确实不存在禁止反悔的问题，二审法院和最高人民法院不应该在"是否应当禁止反悔"这个角度上进行论述，而是应当回归问题的本质——已被专利复审委员会宣告无效的技术方案、已经进入社会公共领域的"领地"，不得以任何理由（包括等同原则）重新纳入专利法的保护范围。

第三节 "等同侵权"的认定应当依申请或依职权进行

一、依申请认定

依申请认定"等同侵权"，是指当原告主张"等同侵权"时，法官才对"等同侵权"是否成立作出认定。原告不主张，法官就不审查。依职权认定"等同侵权"，是指"等同侵权"的认定无需原告主张，法官可以依职权主动审查"等同侵权"是否成立。"等同侵权"的认定，究竟应当依申请还是依职权进行，不同的国家做法不一。如美国实行依申请原则。❶

"等同侵权"认定中的"三基本"，即"基本相同的手段""基本相同的功能""基本相同的效果"，是事实问题，需要举证证明。"本领域技术人员无需经过创造性劳动就可以想到"要件中也有事实问题，需要举证证明。如果原告不提出这些事实主张，也不提供证据证明，法官很难审理。只有原告提出"等同侵权"的事实主张，并提供证据证明，法官才能就"基本相同的手段""基本相同的功能""基本相同的效果"和"本领域技术人员无需经过创造性劳动就可以想到"等要件作出认定。因此，依申请进行"等同侵权"的认定具有合理性。

但是，依申请原则也有一定的问题。首先，依申请原则对当事人的诉讼能力要求较高。实践中，很多当事人根本就没有这个意识，根本不懂什么是"相同侵权""等同侵权"，只是笼统地主张被告侵害了其专利权。其次，如果法官因"相同侵权"不成立，又因原告未主张"等同侵权"而不予审查就驳回原告的诉讼请求，该判决生效后，原告是否还可以再次提起专利侵权之诉，并主张"等同侵权"？这涉及生效判决的既判力和重复起诉的问题。根据《民事诉讼法司法解释》第247条的规定，符合以下三个要件的，构成重复起诉：（1）后诉与前诉的当事人相同；（2）后诉与前诉的诉讼标的相同；（3）后诉与前诉的诉讼请求相同，或者后诉的诉讼请求实质上否定前诉裁判结果。上述"相同侵权"之诉与"等同侵权"之诉，前后两个诉讼的当事人相同；诉讼标的相同，均为侵权法律关系；后诉与前诉的诉讼请求相同，或者后诉的诉讼请求实质上否定前诉裁判结果。因此，这种情形构成重复起诉，法院对于后诉应当裁定驳回。原告仅仅因为自己的诉讼能力弱，在前诉中未主张"等同侵权"就丧失了救济的机会，这多少有些不公平。

二、依职权认定

依职权认定的优势在于可以有效救济原告的权利。无论原告诉讼能力的大小，其是否主张"等同侵权"，法院都依职权审查，可以有效救济原告的权利，并彻底了结纠纷。但是，依职权认定的弊端也非常明显。如上所述，假设原告不主张"等同侵权"，也不积极提供证据证明，没有原告的配合，法官主动审查是非常困难的，很

---

❶ 张晓都. 专利民事诉讼法律问题与审判实践 [M]. 北京：法律出版社，2014：133－135.

可能没有能力进行审查。即使法官依职权审查，被告还有禁止反悔等抗辩的权利，禁止反悔的主张也需要证据支持，法官还要给被告必要的时间来提出"禁止反悔"的抗辩并提供证据证明，这就会导致审理程序变得非常复杂。

北京市高级人民法院在起草《专利侵权判定指南（2017）》时，贯彻了依申请认定的原则，后来在论证会上遭到很多专家反对，最终贯彻了依职权认定的原则。该指南第44条第1款规定："在专利侵权判定中，在相同侵权不成立的情况下，应当判断是否构成等同侵权。"显然，这要求法官在认定"相同侵权"不成立的情况下，应当依职权判断是否构成"等同侵权"。同时，鉴于"等同侵权"的认定需要当事人的配合，需要当事人举证，因此该条第2款同时规定："被诉侵权技术方案构成等同侵权应当有充分的证据支持，权利人应当举证或进行充分说明。"

对于原告而言，法院贯彻依职权认定的原则，并不表明原告可以高枕无忧。相反，原告应当积极作为，主动提出"等同侵权"的主张，并就"基本相同的手段""基本相同的功能""基本相同的效果""本领域技术人员不需要付出创造性劳动就可以想到"四个要件积极举证证明或者作出充分、合理的说明。即使未主动提出该项主张，在法官作出释明、主动审查"等同侵权"是否成立时，原告应当积极配合法官，积极举证或者进行充分说明。

对于被告而言，无论法院是否贯彻依职权认定的原则，被告都应当事先做好准备，应对原告提出的"等同侵权"的主张或者法院主动就"等同侵权"是否成立进行的审查，积极做好各项抗辩准备。这就要求被告事先调取涉案专利的专利审查档案，准备好抗辩的事实材料。

对于法官而言，贯彻依职权认定的原则，应当注意做好对原告、被告的释明工作，告知原告、被告法院可以依职权认定"等同侵权"是否成立，并告知原告积极配合法官，积极举证，或者充分陈述相关意见；同时，告知被告可以进行抗辩。尽管法官应当贯彻依职权认定原则，但是法官在原告、被告之间应当保持适当的中立立场，不能让当事人感觉法官有偏向性的立场。

第四节 "等同侵权"认定的限制

专利侵权的认定，一方面，通过等同原则的适用对专利权利要求文义保护范围进行适度扩张，可以有效保护专利权人的合法权益，激励社会创新；另一方面，也要防止等同原则的滥用导致权利要求保护范围不确定，损害社会公众的利益。因此，基于利益平衡的法理，在适用等同原则适当扩张专利权保护范围的同时，要对等同原则的适用予以限制。

总结目前的司法实践，限制等同原则适用的情形主要包括：数值特征等同的限制、禁止反悔、捐献原则的适用、明确排除规则的适用、可预见性规则的适用以及发明目的对等同原则的限制。下面逐一论述。

一、数值特征等同的限制

《侵犯专利权司法解释二》和《专利侵权判定指南（2017）》均有条文对数值特征的等同限制作出了规定。

《侵犯专利权司法解释二》第12条规定："权利要求采用'至少''不超过'等用语对数值特征进行界定，且本领域普通技术人员阅读权利要求书、说明书及附图后认为专利技术方案特别强调该用语对技术特征的限定作用，权利人主张与其不相同的数值特征属于等同特征的，人民法院不予支持。"之所以这么规定，根本原因在于维护权利要求的公示价值，保护社会公众对权利要求形成的信赖利益。权利要求一旦被授权公示，就向社会公众公示了其范围边界，社会公众信赖其公示作用，据此开展生产经营活动，并形成信赖利益。权利要求的公示价值和社会公众的信赖利益，应当优先得到保护。"等同侵权"的认定，不能损害权利要求的公示价值和社会公众的信赖利益，因此，对于含有数值特征的"等同"的认定，应当谨慎。

现举一例予以分析。假设专利权利要求中的某一特征表述为"木板的厚度至少为5cm"，说明书中也强调木板的厚度至少为5cm可以达到抗裂的效果。被控侵权物中的木板厚度为4cm。对于这种情况，鉴于权利要求强调木板的厚度至少为5cm，说明书又强调木板的厚度至少为5cm可以达到抗裂的效果，社会公众有理由相信"至少为5cm"对权利要求有严格的限定作用，权利要求只要求保护5cm以上厚度的木板构成的技术方案，因此，被告实施4cm的木板构成的技术方案未落入权利要求的保护范围。

《专利侵权判定指南（2017）》对数值特征等同的限制有更加详细的规定，其第57条规定："权利要求采用数值范围特征的，权利人主张与其不同的数值特征属于等同特征的，一般不予支持。但该不同的数值特征属于申请日后出现的技术内容的除外。权利要求采用'至少'、'不超过'等用语对数值特征进行界定，且本领域普通技术人员阅读权利要求书、说明书及附图后认为专利技术方案特别强调该用语对技术特征的严格限定作用，权利人主张与其不相同的数值特征属于等同特征的，不予支持。实用新型专利权利要求中具有数值特征，权利人主张被诉侵权技术方案相应数值特征为等同特征的，不予支持，但该不同的数值特征属于申请日后出现的技术内容的除外。"

首先，原则上该指南第57条对数值特征不适用等同原则，除非该数值特征是专利申请日后出现的技术内容。在专利申请日，发明人能预见的数值，如果要求纳入专利权保护范围，都应当写入权利要求，其能够预见到该数值却不写入权利要求，就应当视为不要求保护，在专利授权后不能对该数值主张等同保护。

其次，对于实用新型专利权利要求中的数值特征，原则上不给予等同保护。实用新型的创造性程度相对较低，保护力度不应过大，否则就违背了"保护范围与贡献大小相适应"的基本原则。因此，对于实用新型专利权利要求中的数值特征原则上不给予等同保护。

二、禁止反悔

根据《侵犯专利权司法解释一》第6条的规定，禁止反悔，是指专利申请人、专利权人在专利授权或者无效宣告程序中，通过对权利要求、说明书的修改或者意见陈述而放弃的技术方案，权利人在侵犯专利权纠纷案件中又将其纳入专利权保护范围的，人民法院不予支持。也就是说，专利权人在专利侵权程序中与专利授权程序、无效宣告程序中应当言行一致，不能出尔反尔，在专利授权程序、无效宣告程序中如何陈述的，在专利侵权程序中不得反悔，也应当作同样的陈述。

（一）禁止反悔的法理基础

禁止反悔的法理基础是民法上的诚实信用原则。诚实信用原则作为民法基本原则之一，要求民事主体信守承诺，不得损害善意第三人对其的合理信赖或正当期待，以衡平权利自由行使所可能带来的失衡。❶ 有的当事人，在专利授权或者无效宣告程序中，通过对权利要求或说明书的修改或者限缩性陈述，获得专利被授权或者维持有效的结果，但在侵权诉讼中又试图通过等同原则，将在专利授权或者无效宣告程序中通过对权利要求或说明书的修改或限缩性陈述而放弃的技术方案，重新纳入专利权的保护范围，这种行为违背了基本的诚实信用原则。为了确保专利权保护范围的安定性，维护社会公众的信赖利益，专利制度通过禁止反悔规则，防止专利权人出尔反尔、"两头得利"，禁止专利权人在专利授权或者无效宣告程序中，通过对权

---

❶ 徐国栋. 民法基本原则解释——以诚实信用原则的法理分析为中心 [M]. 北京：中国政法大学出版社，2004：59-159.

利要求、说明书的修改或者意见陈述而放弃的技术方案，在侵犯专利权纠纷案件中
又将其纳入专利权的保护范围。❶

（二）禁止反悔的具体规则

《侵犯专利权司法解释一》和《侵犯专利权司法解释二》对禁止反悔的规定有
所不同。《侵犯专利权司法解释一》第6条规定："专利申请人、专利权人在专利授
权或者无效宣告程序中，通过对权利要求、说明书的修改或者意见陈述而放弃的技
术方案，权利人在侵犯专利权纠纷案件中又将其纳入专利权保护范围的，人民法院
不予支持。"根据此条规定，只要专利申请人、专利权人在专利授权、无效宣告程序
中放弃的技术方案都不得在侵权程序中重新纳入专利权的保护范围，不管该"放弃"
对授权、确权是否产生影响。但是，《侵犯专利权司法解释二》第13条在《侵犯专
利权司法解释一》第6条规定的基础上往回走了一步，规定："权利人证明专利申请
人、专利权人在专利授权确权程序中对权利要求书、说明书及附图的限缩性修改或
者陈述被明确否定的，人民法院应当认定该修改或者陈述未导致技术方案的放弃。"
据此，只有专利申请人、专利权人放弃的技术方案，而且国家知识产权局也没有明
确否定该"放弃"的，才适用禁止反悔规则。假设国家知识产权局明确否定专利申
请人、专利权人作出的"放弃"表示的，则不适用禁止反悔的规则。

《专利侵权判定指南（2017）》的规定又有所不同。其中第62条规定："专利申
请人或专利权人限制或者部分放弃的保护范围，应当是基于克服缺乏新颖性或创造
性、缺少必要技术特征和权利要求得不到说明书的支持以及说明书未充分公开等不
能获得授权的实质性缺陷的需要。权利人不能说明专利申请人或专利权人修改专利
文件原因的，可以推定其修改是为克服不能获得授权的实质性缺陷。"该条特别强调
"放弃"的原因，不是任何"放弃"都可导致禁止反悔，只有为了克服权利要求的
实质性缺陷而作出的"放弃"才可以导致禁止反悔。只要权利人能证明"放弃"的
原因不是克服权利要求的实质性缺陷，就不适用禁止反悔规则。这和上述《侵犯专
利权司法解释一》第6条和《侵犯专利权司法解释二》第13条的规定有明显不同，
是亲专利权人的立场。但是，这一规定是否妥当，值得商榷。可以肯定的是，这一
规定和上述司法解释的有关规定有出入，当被告抗辩时引用前述司法解释的规定，
法官应当准确适用司法解释的规定，不论专利申请人、专利权人"放弃"的原因，
只要该"放弃"没有被国家知识产权局明确否定，就可以适用禁止反悔规则。

下面来看一个重要案例。

---

❶ 最高人民法院（2011）民提字第306号民事判决书。

案例：蒋某平诉南京九华山汽车销售服务有限责任公司（以下简称九华山公司）、重庆力帆汽车销售有限公司（以下简称力帆销售公司）、昆山骅盛电子有限公司（以下简称骅盛公司）、重庆力帆乘用车有限公司（以下简称力帆乘用车公司）、力帆实业（集团）股份有限公司（以下简称力帆股份公司）、杭州亚凡汽车有限公司（以下简称亚凡公司）侵害发明专利权纠纷案❶

涉案专利名称为"鲨鱼鳍式天线"，专利号为 ZL200710019425.7，现专利权人为蒋某平和泰州苏中天线集团有限公司（以下简称泰州苏中公司）。在涉案专利的实质审查程序中，国家知识产权局基于检索到的对比文件（CN1841843A）于 2010 年 9 月 29 日向蒋某平发出《第一次审查意见通知书》指出，涉案专利公开文本权利要求 1 相对于对比文件（CN1841843A）不具备新颖性、创造性的缺陷。审查意见认为，对于"天线信号输出端通过天线连接元件与天线放大器输入端相连接"这种情况下的技术方案，现有技术已公开"所述 AM 天线连接到 AM 放大电路 231（相当于天线放大器），连接处必然为 AM 天线的信号输出端及放大电路 231 的信号输入端"，故不具备新颖性；与之并列的另一种情况是"天线信号输出端直接与同轴电缆匹配相连"，当天线接收到的无线电信号足以实现较佳接收效果时则不需要连接至放大电路进行信号放大，此时直接连接至同轴电缆，这是本领域技术人员根据实际情况的需要而设定的，属于本领域的公知常识。同时还指出，权利要求 2 的附加技术特征是对无线电接收天线固定到天线外壳上的方式进行了限定，"注塑嵌装"及"固定卡装"都是本领域常用的锁固方式，属于本领域的公知常识。蒋某平于 2010 年 12 月 10 日提交了意见陈述书，称涉案专利与现有技术相比，在无线电接收天线以及天线信号输出连接方式等方面存在不同；同时，申请人将权利要求 2、4 并入权利要求 1，并提交了经过修改的申请文件。

国家知识产权局于 2011 年 12 月 23 日发出《第二次审查意见通知书》指出，涉案专利权利要求 1－5 不具备创造性。审查意见认为，权利要求 1 包含两个并列的技术方案，天线信号输出端通过天线连接元件与天线放大器信号输入端相连接；天线信号输出端直接与同轴电缆匹配连接。对于技术方案一与对比文件（CN1841843A）相比，区别在于天线信号输出端与天线放大器信号输入端之间通过天线连接元件相连，所述天线通过注塑嵌装或固定卡装在天线外壳内侧上部。然而，通过连接元件来进行阻抗匹配是本领域的惯用技术手段，属于本领域的公知常识。在该对比文件的基础上结合上述公知常识以获得该权利要求所要求保护的技术方案，对所属技术

---

❶ 最高人民法院（2017）最高法民申 1826 号民事裁定书；江苏省高级人民法院（2016）苏民终 161 号民事判决书。

领域的技术人员来说是显而易见的,该权利要求所要求保护的技术方案不具备突出的实质性特点和显著的进步,因而不具备创造性。对于技术方案二,当天线接收到的无线电讯号足以实现较佳接收效果时,不需要连接至放大电路进行信号放大,此时直接连接至同轴电缆,这是本领域技术人员根据实际情况的需要而设定的,属于本领域的公知常识,这种情况下,该权利要求也不具备创造性。针对"无线电接收天线通过注塑嵌装或固定卡装在天线外壳内侧上部"的技术方案,审查意见认为,对比文件公开了 AM 天线配设于鱼鳍状外盖 21 内侧的顶部,相当于涉案专利天线外壳内侧上部设置有无线电接收天线,而且"注塑嵌装"及"固定卡装"也都是本领域常用的锁固方式,属于本领域的公知常识。对蒋某平主张涉案专利的信号输出连接方式与对比文件不同,以及在天线外壳内侧上部的安装方式为非公知的陈述意见,审查意见予以了否定。蒋某平在 2012 年 1 月 9 日针对《第二次审查意见通知书》的答复意见中,申请将"所述无线电接收天线为 AM/FM 共用天线"补充入权利要求 1,主张该内容在原说明书和附图中均有记载并能毫无疑义地导出。2012 年 5 月 23 日,涉案专利被授权公告。

涉案专利授权公告的权利要求 1 为"一种鲨鱼鳍式天线,其特征在于具有天线外壳,天线外壳内侧上部设置有无线电接收天线,无线电接收天线一端设有天线信号输出端,天线信号输出端通过天线连接元件与天线放大器信号输入端相连接,或直接与同轴电缆匹配相连,天线外壳底部装有安装底板;所述无线电接收天线通过注塑嵌装或固定卡装在天线外壳内侧上部;在天线外壳内侧上部设置有无线电接收天线,所述无线电接收天线采用螺旋状弹簧天线或金属天线,增加了天线接收无线电信号的有效长度,实现 360 度全向性信号接收;所述无线电接收天线为 AM/FM 共用天线"。

在涉案专利的无效程序中,蒋某平提交给专利复审委员会的意见陈述书认可涉案专利权利要求 1 与对比文件(CN1841843A)存在的区别特征在于:a. 天线信号输出端通过天线连接元件与天线放大器信号输入端相连,或者直接与同轴电缆匹配相连;b. 所述无线电接收天线通过注塑嵌装或固定卡装在天线外壳内侧上部;c. 所述无线电接收天线为 AM/FM 共用天线。其中对于涉案争议的技术特征 a、b 的观点与授权阶段的意见陈述一致。

专利复审委员会作出的第 25637 号无效审查决定书,认定涉案专利权利要求 1 的技术方案与对比文件(CN1841843A)的技术方案相比,其区别特征在于:a. 天线信号输出端通过天线连接元件与天线放大器信号输入端相连,或者直接与同轴电缆匹配相连;b. 所述无线电接收天线通过注塑嵌装或固定卡装在天线外壳内侧上部;c. 所述无线电接收天线为 AM/FM 共用天线。该决定并没有对区别特征 a 和 b 是否使得涉案专利具有创造性进行具体评价，而仅就 c 特征使得涉案专利具备创造性作出了认定，并在此基础上维持涉案专利权有效。

江苏省高级人民法院认为

蒋某平就 a、b 区别特征所作限缩性意见陈述，涉及与专利创造性的实质性判断相关的内容，而专利复审委员会并没有对 a、b 特征是否使得涉案专利具有创造性作出明确评价，相当于"未予评述"，因而其无论是意思表示的形式还是法律效果均不符合《侵犯专利权司法解释二》第 13 条关于"明确否定"的要求。专利权人已将专利天线信号输出方式限定为"通过天线连接元件与天线放大器信号输入端相连接"或者"直接与同轴电缆匹配相连"，而被诉产品采取"天线引线与电子线路板相连"，其天线信号输出端既未与天线连接元件相连，又没有与同轴电缆匹配相连，两者技术特征并不相同。对比文件 1（CN1841843A）发明专利中已经公开了将天线设置在天线外壳内侧上部的技术特征，仅是未见具体的固定方式，专利权人已将无线电接收天线在天线外壳内侧上部的固定方式限定为"注塑嵌装或固定卡装"，应认定为放弃了其他固定方式。该案中，被诉产品采用"胶粘贴"的固定方式，直接将无线电接收天线的两端粘在外壳内侧，与专利相应技术特征并不相同。综上，根据禁止反悔原则，对于专利权人在无效程序中已经放弃的技术方案，在侵权诉讼中不能再以等同特征纳入专利权利要求的保护范围，因此，被诉产品未落入专利权利要求的保护范围，不构成侵犯专利权。

最高人民法院认为：

该案的焦点在于蒋某平对于技术特征 a、b 的陈述是否导致适用"禁止反悔"原则。《侵犯专利权司法解释二》第 13 条以是否存在"明确否定"作为"禁止反悔"原则适用的例外情形，当裁判者对权利人作出的意见陈述予以明确否定，不予认可时，则不导致技术方案的放弃，不适用禁止反悔。由于专利授权确权程序对于技术特征的认定存在连续性，权利人作出的陈述是否被"明确否定"，应当对专利授权和确权阶段技术特征的审查进行客观全面的判断，着重考察权利人对技术方案作出的限缩性陈述是否最终被裁判者认可，是否由此导致专利申请得以授权或者专利权得以维持。根据该案的上述相关事实，在授权程序中，国家知识产权局专利审查部门对蒋某平关于技术特征 a、b 的陈述意见不予认可，持明确否定意见，而且，涉案专利获得授权并非基于对特征 a、b 作出的限缩性陈述。在后续的无效审查程序，专利复审委员会并未推翻实质审查阶段所持的否定意见，不能得出专利复审委员会认为通过连接元件来进行阻抗匹配不是本领域的惯用技术手段，不属于本领域的公知常识的结论，也不能得出"注塑嵌装"及"固定卡装"不是本领域常用的锁固方式，不属于本领域的公知常识的结论。在评价涉案专利具有创造性时，尽管无效决定将技术特征 a、b 作为区别特征予以罗列，但技术特征 a、b 的存在并未影响专利复审委员会以现有技术存在相反的技术教导，本领域技术人员不存在结合特征 c "所述无线电接收天线为 AM/FM 共用天线" 的动机，而使得涉案专利具有创造性的审查评判。由于专利权人作出的限缩性陈述在实质审查中已被明确否定，而无效审查程序并未推翻该认定得出相反的结论，在这种情况下，应当认定存在专利权人的限缩性陈述已被明确否定的事实。这与所作的限缩性陈述并未带来专利权的获得和专利权的维持的事实相符，与"禁止反悔"原则防止权利人"两头得利"的目的不相悖。因此，蒋某平关于特征 a、b 的意见陈述，不发生技术方案被放弃的法律效果，该案侵权判定不应适用"禁止反悔"原则。该案二审法院脱离涉案专利获得授权的具体审查事实，忽略专利权人的意见陈述已在实质审查程序被"明确否定"的事实，割裂了审查程序中对技术特征认定的连续性，仅审查了确权程序的相关认定，认为对权利人的限缩性意见陈述并未明确评价，相当于"未予评述"，不符合司法解释规定的明确否定的要求，进而得出适用"禁止反悔"原则的错误结论。二审法院适用法律和认定事实均有错误，予以纠正。

虽然最高人民法院的判决是权威的生效判决，但是对该案作进一步的讨论仍有重要意义。该案的关键事实是：蒋某平在涉案专利授权程序中对权利要求作出限缩性陈述，但是该陈述被国家知识产权局实质审查部门明确否定。蒋某平在专利无效宣告程序中向专利复审委员会提交的意见陈述书中再次对权利要求作出同样的限缩性陈述，专利复审委员会对该限缩性陈述未予评述，即未明确否定。争议焦点是该无效宣告程序中的限缩性陈述所放弃的技术方案在该案侵权程序中是否可以适用等同原则纳入专利权的保护范围，即该案是否应当适用禁止反悔规则。江苏省高级人民法院认为蒋某平在无效宣告程序中的限缩性陈述并未被专利复审委员会明确否定，根据《侵犯专利权司法解释二》第 13 条的规定，该案应当适用禁止反悔规则。但是，最高人民法院认为，蒋某平在专利授权实审程序中作出的同样的限缩性陈述，已被专利审查部门明确否定，专利复审委员会在无效审查程序并未推翻该认定得出相反的结论，故应当认定存在专利权人的限缩性陈述已被明确否定的事实，该案不适用禁止反悔规则。

两级法院的裁判观点，到底哪个更合理？对此，可以从以下几个角度展开分析：

（1）应当结合《侵犯专利权司法解释一》和《侵犯专利权司法解释二》的有关规定来进行分析。根据《侵犯专利权司法解释一》第 6 条的规定，只要是专利申请人、专利权人在专利授权确认程序中放弃的技术方案，就应当适用禁止反悔规则。《侵犯专利权司法解释二》第 13 条的规定则对专利权人更加友好，只有专利申请人、专利权人作出的"放弃"表示没有被专利复审委员会明确否定的，才可以适用禁止反悔规则。如何认识这两个条文的关系？这就应当回到禁止反悔规则的基本法理上来。如前所述，禁止反悔的基本法理是诚实信用原则。诚实信用原则要求人们诚实守信，恪守诺言，在自由行使权利时不得损害善意第三人对其的合理信赖或正当期待。就此而言，禁止反悔是基本的原则，只有例外情况下才不禁止反悔。如果过度地压缩禁止反悔规则的适用空间，就会破坏诚实信用原则，鼓励出尔反尔的行为。从这个基本法理来考虑，《侵犯专利权司法解释一》第 6 条的规定是原则，《侵犯专利权司法解释二》第 13 条的规定是例外，即原则上应当贯彻诚实信用原则，适用禁止反悔规则，例外情况下可以不适用禁止反悔规则。因此，对《侵犯专利权司法解释二》第 13 条的规定，应当从严掌握，严格按条文的文义来适用，不能突破其文义，过度适用。

（2）虽然蒋某平在授权程序中的"放弃"被明确否定，但是其在无效宣告程序中再次作出同样的"放弃"，足以表明蒋某平确实有意放弃一部分技术方案，只要求保护较小的范围，而专利复审委员会对于该"放弃"未置可否。在此情况下，宜根据蒋某平在无效宣告程序中的意思表示，禁止其在该案侵权程序中出尔反尔。毕竟我们要鼓励诚实守信，而不是鼓励出尔反尔的行为。

（3）对于该案这种情况，我们应当考虑的是蒋某平在无效宣告程序中作出的"放弃"的意思表示有没有被专利复审委员会明确否定，而没有必要把实质审查程序中的事情再扯出来，毕竟这涉及两个程序、两个审查机关，不能混为一谈。

（三）禁止反悔规则是否仅用于限制等同原则的适用

《专利侵权判定指南（2017）》第 61 条第 2 款对禁止反悔下了一个定义："禁止反悔，是指在专利授权或者无效程序中，专利申请人或专利权人通过对权利要求、说明书的限缩性修改或者意见陈述的方式放弃的保护范围，在侵犯专利权诉讼中确定是否构成等同侵权时，禁止权利人将已放弃的内容重新纳入专利权的保护范围。"由此，禁止反悔规则只能用于限制等同原则的适用。这一规定似乎有探讨的余地。通常而言，禁止反悔规则确实是用于限制等同原则的适用。但是，在权利要求的文义解释程序中，似乎也不应完全杜绝禁止反悔规则的适用。权利要求的解释和法律的解释一样，既可以作扩张的解释，也可以作缩小的解释，专利权人完全可能根据具体情况作扩张或者缩小的解释。假设权利人在侵权程序中通过文义扩张的解释方法，扩大解释权利要求的文义，而不是适用等同原则，将专利申请人、专利权人在专利授权、无效宣告程序中放弃的技术方案重新解释到权利要求的保护范围中，法官难道不应适用禁止反悔规则，禁止其作这种扩大的解释吗？答案是显然的，同样应当适用禁止反悔规则。现举一例予以说明。假设专利权利要求中的一个技术特征是"镜片",在授权程序中,审查员认为"镜片"的范围过宽,专利申请人陈述认为,说明书中记载了发明的目的,而为了实现该发明目的,权利要求中的"镜片"只能是"平面镜片",不可能是其他类型的镜片。审查员接受了其意见陈述,对专利申请予以授权。现在,假设被告实施了"曲面镜片"的技术方案,被权利人起诉到法院。权利人认为权利要求未对"镜片"作出限定,故可指任意类型的镜片,包括平面镜片和曲面镜片,被告实施的"曲面镜片"的技术方案落入权利要求的保护范围。这种情况下,难道不可以适用禁止反悔规则,禁止权利人在侵权程序中作出不同于授权程序中的解释吗?当然可以。这种情况下的禁止反悔并不是对权利人主张的等同原则的限制,而是对权利人关于专利权利要求中"镜片"特征的含义作出出尔反尔的陈述的限制,是对权利要求解释方法的限制。

因此,尽管禁止反悔规则主要用于限制等同原则的适用,但是也可以适用于权利人对权利要求的文义解释,防止权利人在侵权程序中对权利要求作出不同于授权、确权程序中的陈述的扩张性解释。

(四)禁止反悔规则对实务的影响

禁止反悔规则对于各诉讼参与方的影响是不同的。

对于原告来说,在提起侵权诉讼之前,一定要认真检索专利审查档案,根据专利审查档案合理解释权利要求的保护范围,并有针对性地调整诉讼策略。如果不认真检索专利审查档案,在侵权诉讼中任意主张适用等同原则,被告依据专利审查档案要求适用禁止反悔规则,有可能陷入被动的局面。在提出侵权诉讼之后,被告极有可能针对涉案专利权提出无效宣告请求。在无效宣告程序中,原告要顾及禁止反悔规则对自己的限制,对权利要求作出修改或者意见陈述时,一定要顾及侵权程序,不能在无效程序中为了保住专利权而对权利要求作出过度限缩性的修改或者意见陈述,否则可能因侵权程序中禁止反悔规则的适用而使权利要求的保护范围过小,不利于侵权案件的诉讼。

对于被告来说,在原告提起侵权诉讼后,一定要认真检索专利审查档案,当原告主张适用等同原则时,可以依据专利审查档案适用禁止反悔规则。

对于法官来说,禁止反悔的适用以被告提出请求为前提,并由被告提供专利申请人或专利权人反悔的相应证据,法官没有义务也不能提示被告进行"禁止反悔"的抗辩。但是,在已经取得记载有专利申请人或专利权人反悔的证据的情况下,可以根据业已查明的事实,通过适用禁止反悔对权利要求的保护范围予以必要的限制,合理确定专利权的保护范围。❶ 另外，法官依职权主动适用等同原则的，为了平衡双方的利益，法官应当提示被告可以进行"禁止反悔"的抗辩。

三、捐献原则

确定专利权的保护范围不仅是为专利权人提供有效法律保护的需要，也是尊重权利要求的公示和划界作用、维护社会公众信赖利益的需要。在权利要求解释中确立捐献原则，就是对专利的保护功能和公示功能进行利益衡量的产物。

捐献原则，是指对于仅在说明书或者附图中描述而在权利要求中未记载的技术方案，应视为专利权人放弃了该技术方案。专利权人在专利侵权诉讼中主张适用等同原则，将该技术方案纳入专利权的保护范围的，不予支持。

对于在说明书中披露而未写入权利要求的技术方案，如果不适用捐献原则，虽然对专利权人的保护是较为充分的，但这一方面会给专利申请人规避审查员对较宽范围的权利要求的审查提供便利，另一方面会降低权利要求的划界作用，使专利权保护范围的确定成为一件过于灵活和不确定的事情，增加了公众预测专利权保护范围的难度，不利于专利公示作用的发挥以及公众利益的维护。因此，《侵犯专利权司法解释一》第 5 条规定："对于仅在说明书或者附图中描述而在权利要求中未记载的技术方案，权利人在侵犯专利权纠纷案件中将其纳入专利权保护范围的，人民法院不予支持。"《专利侵权判定指南（2017）》第 58 条也有类似的规定。

司法实践中有若干适用捐献原则的案例，下面来看一个典型案例。

在陈某弟诉浙江乐雪儿家居用品有限公司等侵害发明专利权纠纷案❷中，陈某弟于 2006 年 2 月 24 日向国家知识产权局申请了名为"布塑热水袋的加工方法"发明专利（涉案专利），2010 年 2 月 17 日获得专利权，专利号为 ZL200610049700.5。涉案专利权利要求为"1. 布塑热水袋的加工方法，布塑热水袋由袋体、袋口和袋塞所组成，所述的袋体有内层、外层和保温层，在袋体的边缘有粘合边，所述的袋塞是螺纹塞座和螺纹塞盖，螺纹塞座的外壁有复合层，螺纹塞盖有密封垫片，袋塞中的螺纹塞座是聚丙烯材料，复合层是聚氯乙烯材料，密封垫片是硅胶材料所制成，其特征在于：第一步：取内层、保温层以及外层材料；第二步：将内层、保温层、外层依次层叠，成为组合层；第三步：将两层组合层对应重叠，采用高频热合机按照热水袋的形状对两层组合层边缘进行高频热黏合；第四步：对高频热黏合的热水袋

---

❶ 最高人民法院（2009）民申字第 239 号民事裁定书；《专利侵权判定指南（2017）》第 64 条第 2 款。
❷ 最高人民法院（2013）民提字第 225 号民事判决书。

进行分只裁剪；第五步：取聚丙烯材料注塑螺纹塞座，再把螺纹塞座作为嵌件放入模具，另外取聚氯乙烯材料在螺纹塞座外二次注塑复合层；第六步：将有复合层的螺纹塞座安入袋口内，与内层接触，采用高频热合机对热水袋口部与螺纹塞座复合层进行热黏合；第七步：对热水袋袋体进行修边；第八步：取塑料材料注制螺纹塞盖；第九步：取硅胶材料注制密封垫片；第十步：将密封垫片和螺纹塞盖互相装配后旋入螺纹塞座中；第十一步：充气试压检验，向热水袋充入压缩空气进行耐压试验；第十二步：包装"（为表述方便，以下对上述步骤用对应的阿拉伯数字表示）。

涉案专利说明书在第3页中明确记载了涉案专利权利要求1中的第10、第11步的步骤可以调换。

浙江乐雪儿家居用品有限公司（以下简称乐雪儿公司）生产了被诉侵权产品。2010年9月17日，陈某弟以乐雪儿公司生产、销售的布塑热水袋侵犯了其"布塑热水袋的加工方法"发明专利权为由，向法院提起诉讼。

乐雪儿公司主张被诉侵权方法第8、第10步分别与涉案专利权利要求1的第11、第10步的内容相同，但顺序不同，本案应当适用捐献原则。

陈某弟认为被诉侵权方法第8、第10步与涉案专利权利要求1的第11、第10步的内容相同，虽然顺序不同，但是构成等同，而且涉案专利说明书已经记载了第10、第11的顺序可以调换，权利要求1并未排除说明书中记载的这一技术方案，因此调换步骤的技术方案应当纳入涉案专利权的保护范围，对本案不应适用捐献原则。

最高人民法院认为，涉案专利说明书在第3页中明确记载了第10、第11步的步骤可以调换，而这一调换后的步骤并未体现在权利要求中，因此调换后的步骤不能纳入涉案专利权的保护范围，乐雪儿公司关于第10、第11步的步骤调换方案应适用捐献原则的主张依法有据，予以支持。

四、明确排除规则

根据《专利侵权判定指南（2017）》第59条的规定："被诉侵权技术方案属于说明书中明确排除的技术方案，或者属于背景技术中的技术方案，权利人主张构成等同侵权的，不予支持。"这就是明确排除规则。

下面来看一个典型案例。

在大连仁达新型墙体建材厂（以下简称仁达厂）诉大连新益建材有限公司（以下简称新益公司）侵犯专利权纠纷案❶中，涉案专利为"混凝土薄壁筒体构件"实

❶ 最高人民法院（2005）民三提字第1号民事判决书。

用新型专利权，专利权人为王某淼，专利号为 ZL98231113.3。涉案专利权利要求为：

一种混凝土薄壁筒体构件，它由筒管和封闭筒管两端管口的筒底组成，其特征在于所述筒底以至少二层以上的玻璃纤维布叠合而成，各层玻璃纤维布之间由一层硫铝酸盐水泥无机胶凝材料或铁铝酸盐水泥无机胶凝材料相粘接，筒底两侧板面亦分别覆盖有一层硫铝酸盐水泥无机胶凝材料或铁铝酸盐水泥无机胶凝材料。同样，所述筒管以至少二层以上的玻璃纤维布筒叠套而成，各层玻璃纤维布筒之间由一层硫铝酸盐水泥无机胶凝材料或铁铝酸盐水泥无机胶凝材料相粘接，筒管内腔表面与外柱面亦分别覆盖有一层硫铝酸盐水泥无机胶凝材料或铁铝酸盐水泥无机胶凝材料。

与涉案专利权利要求中的技术特征"所述筒底以至少二层以上的玻璃纤维布叠合而成"相比，被控侵权产品的特征为"筒底的水泥无机胶凝材料中不夹玻璃纤维布"。专利权人主张二者构成等同替换。

一审法院认为：

被控侵权产品与涉案专利虽有不同，但不存在本质的区别。被控侵权产品在手段、功能和效果上，与涉案专利基本相同，构成等同侵权。

二审法院认为：

虽然被控侵权产品与专利权利要求书载明的必要技术特征存在玻璃纤维布层数的差别，但这种差别与化合物和组合物等数值范围的限定不同，它只是数量的替换，并没有引起产品本质的变化，故等同侵权成立。

最高人民法院认为：

首先，由于涉案专利权利要求书在叙述玻璃纤维布层数时，明确使用了"至少二层以上"这种界线非常清楚的限定词，说明书亦明确记载玻璃纤维布筒的套叠层"可以少到仅两层"，故在解释权利要求时，不应突破这一明确的限定条件。应当认为，本领域的普通技术人员通过阅读权利要求书和说明书，无法联想到仅含有一层玻璃纤维布或者不含玻璃纤维布仍然可以实现发明目的，故仅含有一层玻璃纤维布或者不含有玻璃纤维布的结构应被排除在专利权保护范围之外。否则，就等于从独立权利要求中删去了"至少二层以上"，导致专利权保护范围不合理地扩大，有损社会公众的利益。其次，本案专利中玻璃纤维布层数的不同，不能简单地认为只是数量的差别，而是对于筒体构件的抗压能力、内腔容积以及楼层重量具有不同的物理力学意义上的作用。筒管部分含有"至少二层以上"玻璃纤维布，在增强抗压能力、减轻楼层重量、增加内腔容积方面达到的技术效果应优于筒管部分仅含"一层"玻璃纤维布的效果。应当认为，仅含"一层"玻璃纤维布不能达到含有"至少二层以上"玻璃纤维布基本相同的效果，故被控侵权产品筒管部分在水泥无机胶凝材料中夹有一层玻璃纤维布不属于与专利相应技术特征的等同特征，更不是相同特征。因此，被控侵权产品没有落入涉案专利权的保护范围。

五、可预见性规则

可预见性规则，是指专利权人在撰写专利申请文件或者修改专利文件时明知或足以预见替代性技术特征而未将其纳入专利权的保护范围，在侵权判定中，权利人以构成等同特征为由主张将该替代性技术方案纳入专利权的保护范围的，不予支持。

可预见性规则是美国专利司法实践中发展出来的一项限制等同保护范围的规则。《专利侵权判定指南（2017）》引入了该项规则。但是，我国早些年的司法实践中适用该项规则的案例比较罕见。

2021 年和 2022 年，最高人民法院知识产权法庭连续作出两个适用可预见性规则的判决书：一份是最高人民法院 2021 年 7 月作出的（2021）最高法知民终 192 号民事判决书，适用了可预见性规则，入选《最高人民法院知识产权法庭裁判要旨摘要（2021）》；另一份是最高人民法院 2022 年 6 月作出的（2021）最高法知民终 1924 号民事判决书，也适用了可预见性规则。下面分别介绍：

在（2021）最高法知民终 192 号侵害发明专利权纠纷案中，中森公司于 2016 年 4 月 1 日向国家知识产权局申请"电动绿篱机"发明专利，并于 2018 年 7 月 24 日获得授权公告。权利要求 1 为："一种电动绿篱机，包括连杆、工作舱、电机和刀片，所述连杆一端设有所述工作舱，所述工作舱上设有所述刀片，所述电机设于所述连杆之上，所述电机带动所述刀片做往复移动，其特征在于，所述电动绿篱和第一连接件，所述弧形支架一端与所述刀片的末端连接，另一端通过所述第一连接件连接在所述工作舱上，所述弧形支架的弯曲朝向所述刀片方向；当所述弧形支架绕着所述第一连接件转动时，所述弧形支架的转动使所述刀片产生曲变形。"

专利说明书关于背景技术记载如下：

[0002] 随着人们对生活环境的要求日益提高，城市的绿化建设越来越多，很多绿篱植物需要经常被修剪，传统的修剪方式是使用简单的剪刀修剪，其工作强度高，工作效率差，且在修剪一些圆形形状时操作难度大。

[0003] 为了解决传统剪刀工作强度高，工作效率差的问题，现市面上推出了一些电动剪刀和燃油剪刀。电动剪刀和燃油剪刀虽然为自动剪刀，但在修剪圆形绿篱时，工作效率低，操作难度大的问题仍然悬而未决。

[0004] 因此为解决现有电动剪刀和燃油剪刀工作强度高、效率差、难度大等问题，有必要提供一种可用作平剪也可用作圆形剪的电动绿篱机。

专利说明书关于发明内容记载如下：

[0005] 有鉴于此，本发明的目的是为了克服现有技术中的不足，提供一种可用作平剪也可用作圆形剪的电动绿篱机，其具有工作强度低、工作效率高、工作难度低、环保无污染的特点。

[0018] 本发明与现有技术相比，其显著优点是：本发明的电动绿篱机结构简单、使用方便、工作效率高、环保无污染，是一种可用作平剪也可用作圆形剪的电动绿篱机。

格瑞德公司销售了燃油驱动的绿篱机，中森公司起诉认为格瑞德公司销售的燃油驱动的绿篱机落入涉案专利的保护范围。对此，格瑞德公司予以否认，认为发明专利的保护主题是电动绿篱机，限定的是用电驱动的绿篱机，说明书中对本发明的保护目的写得很清楚，是具有工作强度低、工作效率高、工作难度低、环保无污染的特点，专门提出来采用环保无污染的电机，因此电动绿篱机是本发明的一个重要技术特征。但格瑞德公司销售的不是电动绿篱机，是燃油驱动的修剪机，不落入该发明专利的保护范围。

争议的一个焦点是，涉案专利权利要求1要求保护的是一种电动绿篱机，被诉侵权产品是一种燃油机驱动的绿篱机，两种驱动方式是否构成等同特征。

对此，最高人民法院认为：

专利权保护范围的确定，既要严格保护专利权人的利益，又要维护权利要求书的公示作用和社会公众对专利文件的信赖，平衡专利权人与社会公众之间的利益。如果专利权人在撰写专利申请文件时已明确地知晓相关技术方案，但并未将其纳入权利要求保护范围之内的，则在侵权诉讼中不得再适用等同理论将该技术方案纳入保护范围。确定专利权人在专利申请时是否明确知晓并保护特定技术方案，可结合说明书及附图内容予以认定，并应将说明书及附图作为整体看待，判断的标准是本领域普通技术人员阅读权利要求书与说明书及附图之后的理解。

具体到本案，涉案专利说明书 [0003] 记载"为了解决传统剪刀工作强度高，工作效率差的问题，现市面上推出了一些电动剪刀和燃油剪刀。电动剪刀和燃油剪刀虽然为自动剪刀，但在修剪圆形绿篱时，工作效率低，操作难度大的问题仍然悬而未决"。[0004] 记载"为解决现有电动剪刀和燃油剪刀工作强度高、效率差、难度大等问题，有必要提供一种可用作平剪也可用作圆形剪的电动绿篱机"。[0005] 记载"有鉴于此，本发明的目的是克服现有技术中的不足，提供一种可用作平剪也可用作圆形剪的电动绿篱机，其具有工作强度低、工作效率高、工作难度低、环保无污染的特点。"

专利主题名称一般而言具有限定作用，它限定了技术方案所适用的技术领域。涉案专利权利要求前序部分的主题名称已载明为"一种电动绿篱机"，在前序的特征部分亦有关于"电机"的明确记载。通过前述记载可知,专利权人在撰写涉案专利权利要求书和说明书时,即已明确知晓现有技术中存在电机驱动和燃油发动机驱动两种方式,且"环保无污染"是本专利相较于现有技术新增的一个技术效果,但专利权人在涉案专利权利要求中仅强调电机驱动,即明确表示涉案专利的驱动方式仅限于电机驱动,而非燃油发动机驱动。从说明书的相关内容可以看出,专利申请人在撰写涉案专利权利要求时,基于对环保效果的追求,专利申请人并不寻求保护以燃油发动机作为动力源的绿篱机技术方案。换言之,本领域普通技术人员基于对权利要求所限定的"电动绿篱机"、说明书背景技术部分对存在电机驱动和燃油发动机驱动两种方式的介绍以及发明目的部分关于"环保无污染"效果的强调等,完全可以理解为专利申请人明确不寻求保护以燃油发动机作为动力源的绿篱机技术方案。在此情况下,若在判断被诉侵权产品是否落入涉案专利权保护范围时,将燃油发动机驱动与电机驱动认定构成技术特征等同,则不利于专利权利要求公示作用的发挥和社会公众信赖利益的保护。综上,原审法院对于被诉侵权产品和涉案专利的驱动方式技术特征构成等同的认定结论不当,本院依法予以纠正。

在(2021)最高法知民终 1924 号侵害发明专利权纠纷案中,涉案专利权利要求 1 为:

1. 一种带有蝴蝶卡扣的仪表壳体,其特征在于:包括一仪表主壳体,所述仪表主壳体的正面为一亚克力显示面框,所述仪表主壳体的两侧均设有至少一个卡齿轨道,所述仪表主壳体的上、下面均设有两组卡槽组;以及与仪表主壳体配合的至少两个软塑料蝴蝶卡扣,各所述软塑料蝴蝶卡扣的前侧设有两个触角,软塑料蝴蝶卡扣的后侧设有一手持部,各所述软塑料蝴蝶卡扣上下两端均设有两组与所述卡槽组相对应的挂钩组,各所述软塑料蝴蝶卡扣的背面设有至少一个与所述卡齿轨道相对应的卡勾,各所述软塑料蝴蝶卡扣上还设有至少一个散热孔;各所述软塑料蝴蝶卡扣的挂钩组与仪表主壳体上相对应的各卡槽组相扣合,同时卡勾与相对应的卡齿轨道相卡合。

涉案专利权利要求 1 中的显示面框是亚克力材质,而被诉侵权产品的面框材质是聚碳酸酯(PC)。争议焦点是被诉侵权产品的面框材质聚碳酸酯(PC)与涉案专利权利要求 1 中限定的亚克力材质是否构成等同特征。

对此,最高人民法院认为:

涉案专利技术方案中限定的亚克力化学名称为聚甲基丙烯酸甲酯,又名有机玻璃(PMMA),与聚碳酸酯(PC)为两种不同的材料,但二者在透明度和抗压性方面均具有较好的特性,因此均可被用于制造仪表表壳或仪表屏。聚碳酸酯早在 19 世纪末期已于实验室中合成,20 世纪 60 年代开始进行工业化生产,21 世纪初已被用于制造仪表屏。然而，PC 与亚克力相比，在抗碎性、抗磨性、抗热畸变性方面的优点更为突出，价格也高于亚克力。尤其在我国原有聚碳酸酯产量较低、难以满足国内多个应用领域需求的时期，由于国内消耗的聚碳酸酯多依赖进口，导致其被用于制造仪表屏的成本相应较高。

鉴于此，我国自 2004 年起开始通过自主研发或与国外企业合资建厂的方式加大聚碳酸酯的年产能力，极大降低了聚碳酸酯的使用成本，使其更为普遍地被应用于仪表屏制造领域。这并非技术进步带来的改变，而是得益于聚碳酸酯材料的来源从进口变成我国本地化生产。因此，被诉侵权产品的显示面框为聚碳酸酯材料，其相对于涉案专利限定的亚克力材质而言，不属于涉案专利申请日后因技术发展而出现的新材料。虹润公司在撰写涉案专利申请文件时，已明确知晓聚碳酸酯可用于制造仪表表壳的面框，但并未将其纳入权利要求的保护范围，那么在本案中进行侵权比对时，不能再适用等同规则将该技术特征纳入保护范围。

最高人民法院在上述两案中都适用了可预见性规则，将专利权人在申请日已明确知晓但未写入权利要求的技术特征排除在等同特征之外，限制了等同原则的适用。

六、发明目的对等同原则的限制

发明目的对等同原则的适用具有限制作用，在进行"等同侵权"认定时，不能将由发明所要克服的技术缺陷构成而无法实现发明目的的技术方案，通过等同原则的适用纳入专利权的保护范围。

最高人民法院在若干个案例中都强调发明目的对等同原则的适用具有限制作用。

在最高人民法院（2012）民提字第 4 号侵害实用新型专利权纠纷再审案中，涉案专利是专利号为 ZL200420028451.8、名称为"一种武术地毯"的实用新型专利。该专利的权利要求为："1. 一种武术地毯，其特征在于：由置于底层的弹力层、粘接在弹力层上起支撑作用的多层板层、粘接在多层板层上的缓冲层和粘接在缓冲层上的地毯层组成。"涉案专利所要解决的技术问题是，现有武术地毯由于其单层结构而带来的滑而不稳、缺乏弹性、安全性差等缺陷。采用的技术方案是，将武术地毯由单层结构改为多层结构，即由下而上分别是弹力层、多层板层、缓冲层、地毯层，层与层之间均采用粘接方式连接，其达到的技术效果是弹性适中，具有良好阻燃、防滑作用。

被控侵权产品为一种体育运动用地毯，由五层组成：（1）底层为厚度约 50mm 且具有弹性的蓝色海绵层，该海绵层为均匀分布着 2 排 7 列镂空矩形的框架结构；（2）在上述弹性海绵层上粘接有厚度约为 12mm 的七层层压板，其四周边沿粘接有蓝色薄海绵；（3）在七层层压板上粘接有厚度约为 6mm 且具有弹性的蓝色海绵层；（4）在上述 6mm 厚的海绵层上粘接有厚度为 24mm 的蓝色海绵层，该海绵层四周边沿均匀分布可相互啮合的搭边接口；（5）地毯层放置于上述 24mm 厚的蓝色海绵层之上。

涉案专利和被诉侵权产品的技术方案如图 10 所示。

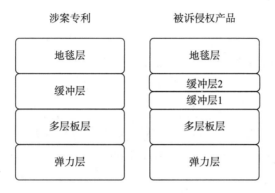

图 10　涉案专利和被诉侵权产品技术方案

涉案专利和被诉侵权产品存在两点区别：区别特征 1 是权利要求 1 中的缓冲层只有 1 个，被控侵权产品中缓冲层有 2 个；区别特征 2 是权利要求 1 中的地毯层粘接于缓冲层之上，被控侵权产品中的地毯层放置于缓冲层之上。

争议的焦点是被控侵权产品中的"缓冲层 1、缓冲层 2"与权利要求 1 中的"缓冲层"是否构成等同特征，被诉侵权产品中的"地毯层放置于缓冲层之上"与权利要求 1 中的"地毯层粘接于缓冲层之上"是否构成等同特征。

对此，最高人民法院认为：

解释权利要求时，应当注意专利的发明目的对权利要求解释的作用，权利要求的解释应该符合专利的发明目的，不应把具有专利所要克服的现有技术缺陷或者不足的技术方案纳入保护范围。根据专利说明书的记载，本专利所要解决的技术问题是，现有武术地毯由于其单层结构而带来的滑而不稳、缺乏弹性、安全性差等缺陷。本专利解决该技术问题的技术方案是，将武术地毯由单层结构改为多层结构，即由下而上分别是弹力层、多层板层、缓冲层、地毯层，层与层之间均采用粘接方式连接，其达到的技术效果是弹性适中，具有良好阻燃、防滑作用。结合本专利的发明目的，由弹力层、多层板层、缓冲层、地毯层四层结构组成的武术地毯应该具有防滑作用，从而保证运动员在地毯上进行剧烈运动时的安全性。专利技术方案要求各层之间采用"粘接"的方式连接，其目的就是防止地毯各层之间在承受剧烈运动时产生较大的相对侧向位移。基于此目的，从体育用品领域普通技术人员角度出发，"粘接"应该理解为地毯各层之间的表面密切结合在一起的状态，而且粘接点应该能够传递结构应力。如果被诉侵权产品因缺少某项技术特征而导致无法实现专利技术方案的发明目的，那么该项技术特征的缺少将导致被诉侵权产品的技术方案与专利技术方案存在本质差异，此时应认定被诉侵权产品不落入专利技术方案的保护范围，不应再通过等同原则将其纳入专利权利要求的保护范围。本案中，被诉侵权产品的地毯层直接放置在缓冲层上，其"地毯层"与"缓冲层"是可分离、活动的，不存在密切结合且能够传递结构应力的粘接点。与专利权利要求 1 的技术方案相比，本案被诉侵权产品缺少"粘接在缓冲层上的地毯层"这一技术特征。这一技术特征的缺乏，导致被诉侵权产品的技术方案无法保证实现专利技术方案的防滑效果，也不能实现专利的发明目的。因此，本案被诉侵权产品不落入专利权利要求 1 的保护范围。

在上述案例中，最高人民法院明确强调发明目的对等同原则的适用具有限制作用，不能通过等同原则将无法实现发明目的的技术方案纳入专利权利要求的保护范围。

在（2021）最高法知民终 860 号侵害实用新型专利权纠纷案中，宝索公司是涉案专利权人，涉案专利权利要求 1 为：以机械压合纸卷的封口装置，包括第一夹压件和第二夹压件，由第一夹压件和第二夹压件将纸卷圆周面的一部分纸材压合在一起，其特征还包括：用以将纸卷按压在第一夹压件的边缘处的挤压机构，挤压机构对纸卷的按压力，足以使得纸卷圆周面在第一夹压件的边缘处形成由凹陷部和未凹陷部组成的台阶状形变；第二夹压件与第一夹压件的相对位置，使得第二夹压件可将所述台阶状形变的未凹陷部按压到第一夹压件上，形成令纸张结合在一起的压合部。

宝索公司认为德昌誉公司生产的被诉侵权产品侵害其专利权，遂提起诉讼。

争议的一个焦点是被诉侵权产品是否具备权利要求 1 中的技术特征"用以将纸卷按压在第一夹压件的边缘处的挤压机构，挤压机构对纸卷的按压力，足以使得纸卷圆周面在第一夹压件的边缘处形成由凹陷部和未凹陷部组成的台阶状形变"（以下简称技术特征1）。

涉案专利限定的挤压机构是用以将纸卷按压在第一夹压件的边缘处，并使纸卷圆周面在第一夹压件的边缘处形成由凹陷部和未凹陷部组成的台阶状形变。被诉侵权产品的挤压机构是将纸卷按压在第一夹压件和第二夹压件的边缘处，并使得纸卷圆周面在第一夹压件和第二夹压件的边缘处形成类似台阶状的形变。宝索公司主张上述特征构成等同特征。

对此，最高人民法院认为：

在专利侵权判定中，一方面，通过适用等同原则对专利权利要求字面保护范围适度扩张,可以有效保护专利权人的合法权益,激励社会创新动力,另一方面,也要防止等同原则的滥用导致权利要求保护范围的不确定,从而损害社会公众的利益。本案中,首先,根据涉案专利说明书第[0002]、[0003]段记载可知,涉案专利的技术方案所要解决的技术问题正是在于对纸卷机械压合封口方式的改进,以期解决现有技术中封口质量不高的缺陷。特别地,其中明确指出,公开号为CN10529××××A的中国专利申请采用夹钳夹压封口的技术方案存在封口质量极不稳定的缺陷,该方法的封口质量依赖于夹具能否在纸卷圆周面上挤压出凸出于纸卷圆周面的压合部。尽管该背景技术中未明确是否存在挤压机构,但是根据本领域普通技术人员的常识,为了能在纸卷圆周面上挤压出凸出于纸卷圆周面的压合部,夹具与纸卷圆周面之间需存在一定挤压力以期形成形变以便压合,该形变显然是形成在夹具的两个夹钳的边缘处。而涉案专利目的是提供一种以机械压合纸卷的封口装置,以克服上述背景技术的缺陷,即涉案专利的技术方案正是针对该背景技术存在的技术缺陷而提出。涉案专利说明书具体实施方式第[0025]段对台阶状形变的具体形成方式和位置作了进一步的说明,其中明确记载挤压机构施加适当压力使得纸卷的圆周面在第一夹压件的边缘处形成由凹陷部和未凹陷部组成的台阶状形变。可见,涉案专利技术方案改进背景技术中在两个夹钳边缘处形成形变的技术手段,采用通过挤压机构施压在第一夹压件边缘处形成台阶状形变,即涉案专利技术方案的形成正是在该背景技术的基础上作出的改进。另一方面,被诉侵权产品的挤压机构是将纸卷按压在第一夹压件和第二夹压件的边缘处以形成形变,与背景技术在夹具的两个夹钳的边缘处形成形变的技术手段相比并无实质性差异,与涉案专利技术特征1相比,两者技术手段差异明显。因此,被诉侵权产品的该技术特征与涉案专利上述技术特征1相比,不构成等同特征。

最高人民法院将该案的裁判要旨概括为:如果本领域技术人员完整阅读权利要求书、说明书和附图后认为,涉案专利的发明目的之一是克服某项背景技术的技术缺陷,且其系以摒弃该背景技术方案的方式来克服该技术缺陷,则不应再通过认定等同侵权将含有该技术缺陷的技术方案纳入专利权保护范围。该案裁判要旨被列入《最高人民法院知识产权法庭裁判要旨摘要(2022)》。

由上述案例可见,专利的发明目的和要克服的技术缺陷对等同原则的适用具有限制作用,专利权人不得通过等同侵权的认定将含有涉案专利要克服技术缺陷的技术方案纳入专利权的保护范围。

第十六章　抗　　辩

第一节　抗辩概述

一、民法上的抗辩及其类型

一方当事人行使权利时，对方当事人所提出的对抗或异议，称为抗辩。[1] 抗辩可以分为实体法上的抗辩和程序法上的抗辩。实体法上的抗辩又可以分为事实抗辩和权利抗辩，德国民法分别称为不需要主张的抗辩和需要主张的抗辩。[2] 事实抗辩的作用在于阻却违法，抗辩事由的存在导致请求权不发生或者消灭。事实抗辩可以进一步区分为权利障碍抗辩和权利毁灭抗辩。权利障碍抗辩，在于主张请求权根本不发生。权利毁灭抗辩，在于主张请求权虽曾一度发生，但事后归于消灭。事实抗辩无须当事人主张，法院根据当事人陈述的事实可以主动援引。权利抗辩又称为抗辩权，是对抗原告请求权效力的权利。原告的请求权虽然产生，但由于抗辩权的存在，其效力受阻，利益无法实现。抗辩权需要当事人主张，在当事人没有主张的情况下，法院不得主动援引。[3] 程序上的抗辩则可以分为妨诉抗辩和证据抗辩。

抗辩体系如图 11 所示。

---

[1] 王泽鉴. 民法总则 [M]. 增订版. 北京：中国政法大学出版社，2001：95.

[2] 迪特尔·梅迪库斯. 德国民法总论 [M]. 邵建东，译. 北京：法律出版社，2001：81 - 85.

[3] 王泽鉴. 民法总则 [M]. 增订版. 北京：中国政法大学出版社，2001：95 - 96；王泽鉴. 法律思维与民法实例 [M]. 北京：中国政法大学出版社，2001：172 - 174；龙卫球. 民法总论 [M]. 2 版. 北京：中国法制出版社，2002：128 - 130；尹腊梅. 知识产权抗辩体系研究 [M]. 北京：知识产权出版社，2013：30 - 56.

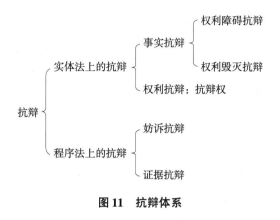

图 11 抗辩体系

二、专利法中抗辩类型的识别

前文已述，实体法上的抗辩可以分为事实抗辩和权利抗辩。事实抗辩，即使当事人未主张，法院亦得根据当事人陈述的事实主动援引。权利抗辩，须由当事人主张，法院才能审查。因此，正确识别一项抗辩究竟属于事实抗辩还是权利抗辩非常重要。

根据《专利法》及其司法解释并参照《专利侵权判定指南（2017）》的有关规定，专利法上的抗辩可以分为专利权效力抗辩、滥用专利权抗辩、不侵权抗辩、不视为侵权的抗辩、现有技术抗辩、合法来源抗辩、不停止侵权抗辩。

（一）专利权效力抗辩

专利权效力抗辩，是指被告提出的专利权未生效、失效、已被依法宣告无效的抗辩。如果专利权未生效、失效、已被依法宣告无效，则原告的请求权（请求被告给予损害赔偿的权利，下同）根本不发生。原告拥有合法有效的专利权，是其起诉的基础，法院应当主动审查专利权的效力。因此，专利权效力抗辩是事实抗辩，法院可以主动援引。

（二）滥用专利权抗辩

滥用专利权抗辩，是指被告针对权利人利用诉权恶意行使专利权的行为（通常是恶意取得专利后滥用诉讼行使专利权）提出的请求驳回权利人的诉讼请求的抗辩。对于这种情形，权利人的专利权已产生，对被告涉嫌侵权的行为享有请求权，可以提起诉讼。如果被告不主张并举证证明权利人恶意取得并行使专利权，法院不得主动审查，因此，滥用专利权抗辩是权利抗辩。

（三）不侵权抗辩

不侵权抗辩是指被诉侵权技术方案未全面覆盖专利权利要求的全部技术特征或者被告的行为不以生产经营为目的从而未构成侵权行为的抗辩。这属于侵权要件未成立的抗辩。侵权构成要件是法院应当主动审查的事项，因此，不侵权抗辩属于事实抗辩，即使当事人不主张，法院亦得依职权主动审查。

（四）不视为侵权的抗辩

不视为侵权的抗辩包括权利用尽抗辩、先用权抗辩、临时过境抗辩、科学研究抗辩、Bolar 例外抗辩。

对于权利用尽抗辩，权利人的专利权已合法存在，对被告涉嫌侵权的行为享有请求权，只是由于被告可以主张权利用尽抗辩，权利人的请求权因效力受到对抗而无法实现。而且，权利人的权利是否用尽，如果被告不主张、不举证，法院就无法审查。因此，权利用尽抗辩是权利抗辩，需由当事人主张，法院才能审查。

先用权抗辩是被告主张其享有先用权的抗辩，是对抗权利人的请求权的效力的抗辩。对于先用权抗辩，权利人的专利权已合法存在，对被告涉嫌侵权的行为享有请求权，只是由于被告享有先用权，权利人的请求权因其效力受到先用权的对抗而无法实现。因此，先用权抗辩是一项权利抗辩，以被告提出主张为前提，法院不得依职权主动审查，如果被告不主张、不证明其享有先用权，法院就不能也无法审查。

对于临时过境抗辩，权利人的专利权已合法存在，对被告涉嫌侵权的行为享有请求权，只是由于被告主张其系临时过境，权利人的请求权因效力受阻而无法实现。临时过境抗辩也是一项权利抗辩，被告是否是临时过境，应当由其提出主张并举证证明，否则法院不能也无法审查。

科学研究抗辩，是被告提出的其系专为科学研究和实验而使用有关专利的抗辩。对于科学研究抗辩，权利人的专利权已合法存在，对被告涉嫌侵权的行为享有请求权，只是由于被告主张其系专为科学研究和实验而使用有关专利，权利人的请求权因效力受阻而无法实现。因此，科学研究抗辩是一项权利抗辩，被告是否是专为科学研究和实验而使用有关专利，应当由其提出主张并举证证明，否则法院不能也无法审查。

Bolar 例外抗辩，是被告根据《专利法》第 75 条第 5 项的规定提出的其系为提供行政审批所需要的信息，制造、使用、进口专利药品或者专利医疗器械的抗辩，以及专门为其制造、进口专利药品或者专利医疗器械的抗辩。对于 Bolar 例外抗辩，权利人的专利权已合法存在，对被告涉嫌侵权的行为享有请求权，只是由于被告主张其实施被诉侵权技术方案的目的是提供行政审批所需的信息，权利人的请求权因效力受阻而无法实现。因此，Bolar 例外抗辩是一项权利抗辩，被告是否是专门为了提供行政审批所需的信息而制造、使用、进口专利药品或者专利医疗器械，应当由其提出主张并举证证明，否则法院不能也无法审查。

（五）现有技术抗辩

现有技术抗辩，是被告提出的被诉侵权技术方案系现有技术的抗辩。对于现有技术抗辩，权利人的专利权已合法存在，对被告涉嫌侵权的行为享有请求权，如果被告不提出现有技术抗辩的主张并举证证明，请求权的效力就产生。如果被告提出现有技术抗辩的主张并举证证明，权利人的请求权就会因效力受阻而无法实现。因此，现有技术抗辩是一项权利抗辩，被告实施的被诉侵权技术方案是否是现有技术，应当由被告提出并举证证明，否则法院不能也无法审查。

（六）合法来源抗辩

合法来源抗辩，是被告提出的其善意获得被诉侵权产品且提供合法来源证据的抗辩。对于合法来源抗辩，权利人的专利权已合法存在，对被告涉嫌侵权的行为享有请求权，如果被告不提出合法来源抗辩的主张并举证证明，请求权的效力就产生。如果被告提出合法来源抗辩并举证证明，权利人的请求权就会因效力受阻而无法实现。因此，合法来源抗辩是一项权利抗辩，以被告提出主张为前提，法院不得依职权主动审查。

（七）不停止侵权抗辩

不停止侵权抗辩，是指在原告向法院请求责令被告停止侵权行为的情况下，被告基于一定的事由向法院提出不停止有关行为的抗辩。

停止侵权或者停止侵害，在我国法律体系中是一项责任形式，但是在德国、日本民法体系下，是一项物权请求权，是权利人请求恢复物权的圆满效力的权利。停止侵害请求权，本质上是一项物权请求权（绝对权请求权），不是债权请求权。因此，不停止侵权抗辩，虽然名为"抗辩"，但并不是阻止权利人的债权请求权产生或者对抗债权请求权效力发生的抗辩，既不是事实抗辩，也不是权利抗辩。

在我国侵权法体系下，只要侵权行为成立，停止侵害是通常的责任形式。因此，被告要想不停止侵权行为，必须提出请求，然后法院对其请求是否成立作出审查和认定。从这个意义上说，不停止侵权抗辩有点像权利抗辩，以被告提出请求为前提，法院不得依职权进行审查。

第二节　抗辩的具体类型

一、专利权效力抗辩

原告提起诉讼应当依据被诉侵权行为发生时有效的专利权提出，如果被诉侵权行为发生时，原告没有有效的专利权，原告就没有诉的利益，起诉就不符合《民事诉讼法》第122条的规定。因此，被诉侵权行为发生时存在有效的专利权是原告提起诉讼的前提条件。如果原告没有有效的专利权，被告则可以提出相应的抗辩，这就是专利权效力抗辩，其类型包括涉案专利权未生效、失效、已被依法宣告无效。[1]

专利权未生效，是指专利权尚未产生，例如尚处于国务院专利行政部门审查程序中的专利申请，或者尚处于被国务院专利行政部门驳回后进入行政诉讼程序中的专利申请。在我国，专利申请必须经国务院专利行政部门审查批准并公告后，专利权才正式产生，专利权人才能正式实施专利权。原告不得依据一个专利申请中的权利要求去起诉被告。

专利失效，是指专利权已经过了保护期限而丧失效力。根据《专利法》的有关规定，发明专利权的期限为20年，实用新型专利权的期限为10年，外观设计专利权的期限为15年，均自申请日起计算。比如，一件发明专利，申请日为2000年1月1日，则该专利的到期日（失效日）为2019年12月31日，从2020年1月1日起，该专利失效。

专利权已被依法宣告无效，是指专利权利要求被国家知识产权局作出的已经生效的无效宣告请求审查决定书宣告无效。专利权利要求被宣告无效的，视为自始无效。这里需要注意的是，只有国家知识产权局的无效宣告请求审查决定书生效的，专利权利要求才真正丧失效力，而且视为自始无效。生效有两种情形：一是当事人在法定期限内未对无效宣告请求审查决定书提起诉讼；二是当事人虽然提起诉讼，

---

[1] 《专利侵权判定指南（2017）》第124条。

但是被法院依法驳回诉讼请求，或者法院维持无效宣告请求审查决定书。

针对原告提起的专利侵权诉讼，被告可以根据具体情况提出专利权未生效、已失效、已被宣告无效的抗辩。

专利权效力抗辩为事实抗辩，可以阻却原告请求权的发生，即使被告未提出专利权效力抗辩，法院亦得依职权主动查清专利权是否生效、已失效或者被宣告无效。如果发现确实存在专利权未生效、已生效或者被宣告无效情形的，法院可以裁定驳回原告的起诉。

另需注意，专利权效力抗辩是指依据专利权的事实上的"效力"状态提出的抗辩，专利权是否符合专利授权条件，是否应当被宣告无效，不是法院在侵权案件中的审查范围，如果被告提出此类抗辩，法院不应当审理，而应当告知其向国务院专利行政部门提出。❶

二、滥用专利权抗辩

（一）权利不得滥用的法理

我国《民法典》第 7 条规定了诚信原则，任何人从事民事活动，都应当遵守诚信原则。根据诚信原则，权利人应当正当行使民事权利，不得滥用权利，损害他人利益，损害社会公共利益，这就是从诚信原则中派生出来的"权利不得滥用"原则。关于构成权利滥用的标准，各国规定不一。根据《国际比较法百科全书》的概括，各国先后确立过故意损害、缺乏正当利益、选择有害的方式行使权利、损害大于所取得的利益、不顾权利存在的目的及违反侵权法的一般原则六项标准。❷

在知识产权领域，滥用专利权的行为日益多发，目前突出的表现形式为"恶人先告状"，权利人恶意取得知识产权，然后指控他人侵权、要求停止侵权、赔偿损失。

（二）滥用专利权的表现

专利权人正当取得专利权后，当然可以正当行使专利权。但是，实践中，有的人为了获得不正当利益，或者为了打击对手，获得不正当竞争的优势，采取不正当

---

❶ 《专利侵权判定指南（2017）》第 125 条。

❷ 徐国栋. 民法基本原则解释——以诚实信用原则的法理分析为中心 [M]. 北京：中国政法大学出版社，2004：164 - 168.

的手段获得专利权，然后指控他人侵权，严重干扰他人的生产经营活动，损害他人的利益。这属于典型的恶意行使专利权的表现。例如，某申请人明知某项技术是公知技术，但利用我国实用新型专利申请不进行实质审查的制度，将该项技术申请为实用新型专利，然后指控竞争对手侵害其专利权，这就属于典型的恶意取得、行使专利权的行为。

这里有必要区分正当行使专利权和滥用专利权的边界。如果专利权人通过正当手段取得专利权，然后根据法律的规定，实施专利权，原则上都是正当的，即使该专利权事后被宣告无效，也不宜轻易认定构成滥用专利权的情形。例如，张三将某项技术申请为实用新型专利，然后指控他人侵权、要求停止侵权。如果没有证据证明张三知道该项技术为现有技术，还将其申请为我国的实用新型专利，就不能说张三恶意取得专利权，那么他取得专利权、实施专利权的行为都应当被认定为正当的。被指控侵权的被告只能提出现有技术抗辩，或者向国家知识产权局请求宣告该专利权无效。但是，假设张三知道该项技术是现有技术，还利用我国实用新型专利不进行实质审查的制度，将其申请为实用新型专利，然后指控他人侵权、要求停止侵权，就属于典型的恶意取得专利权并滥用专利权的行为。被指控侵权的被告可以进行滥用专利权抗辩，法院可以判决驳回张三的诉讼请求。

由于实施专利权的行为很难被认定为滥用行为，因此实践中对实施专利权的行为是否构成滥用专利权的甄别主要放在专利权的取得是否恶意这一环节。如果专利权人恶意取得专利权，然后发动侵权诉讼，一般可以认定为滥用专利权，司法规制的重点应当放在此类情形上。

恶意取得专利权，是指将明知不应当获得专利保护的发明创造申请专利并获得专利权的行为。根据《专利侵权判定指南（2017）》第127条的规定，恶意取得专利权包括下述情形：（1）将申请日前专利权人明确知悉的国家标准、行业标准等技术标准中的技术方案申请专利并取得专利权的；（2）国家标准、行业标准等技术标准的制定参与人，将在上述标准的起草、制定等过程中明确知悉的他人技术方案申请专利并取得专利权的；（3）将明知为某一地区广为制造或使用的产品申请专利并取得专利权的；（4）采用编造实验数据、虚构技术效果等手段使涉案专利满足专利法的授权条件并取得专利权的；（5）将域外公开的专利申请文件所披露的技术方案在中国申请并获得专利权的。

关于第一类情形。国家标准是任何市场主体都应当遵循的标准，行业标准是相关行业的市场主体都应当遵循的标准。将一个标准中的技术申请为专利，并实施该专利，将对该标准的所有实施主体产生灾难性的影响，意味着所有的市场主体都要向专利权人交许可费，别无选择。如果某人明确知悉某项技术为国家标准、行业标准中的技术，仍然将其申请专利，则主观上显然是恶意的，其取得专利权后行使专利权的行为也是不正当的，被告可以进行滥用专利权抗辩。

关于第二类情形。国家标准、行业标准等技术标准的制定参与人，将在上述标准的起草、制定等过程中明确知悉的他人技术方案申请专利并取得专利权的，显然系恶意取得专利权，其事后实施专利权的行为，当然也是不正当的。被指控的被告可以进行滥用专利权抗辩。

关于第三类情形。将明知为某一地区广为制造或使用的产品申请专利并取得专利权的，属于恶意取得专利权，亦无争议。通过这种方式取得专利权后，指控他人侵权的，尤其是指控该地区的制造商、经销商侵权的，明显属于不正当的行为，被告可以进行滥用专利权抗辩。

关于第四类情形。采用编造实验数据、虚构技术效果等手段使涉案专利满足专利法的授权条件并取得专利权的，当然构成恶意取得专利权的情形。这种情形目前在实践中呈现多发趋势。很多专利申请人为了骗取财政补助，恶意编造大量的专利申请，甚至有的市场主体以此为业。这类行为严重扰乱了专利申请、审查秩序。对于以恶意取得专利权，然后进行维权的情形，被告当然可以进行滥用专利权抗辩。

关于第五类情形。将域外公开的专利申请文件所披露的技术方案在中国申请并获得专利权的，通常可以认定为构成恶意取得专利权的情形。专利申请人申请专利的技术方案与域外公开的专利申请文件所披露的技术方案相同或者实质相同的，很难说是巧合，因为不同的人作出同一发明创造，可能性极低。在此情况下，完全可以推定专利申请人事先知道了域外公开的专利申请文件所披露的技术方案，然后再将该技术方案在国内申请专利。如果其不能举证推翻这一推定，就可以认定其系恶意申请专利权。

三、不侵权抗辩

不侵权抗辩，是指被告提出的被控侵权行为不构成侵犯专利权的行为的抗辩。根据《专利法》第 11 条的规定，制造、使用、许诺销售、销售、进口专利产品的行为构成侵权行为，须满足四个要件：（1）行为本身，即制造、使用、许诺销售、销售、进口专利产品的行为；（2）有关行为以生产经营为目的；（3）有关行为的实施未经专利权人许可；（4）没有法定豁免事由。第一、第二个要件是积极要件，第三、第四个要件是消极要件。被告提出不侵权抗辩，即要否定该四个要件中的任何一个要件。

第一个要件，即被告实施了专利权利要求记载的技术方案。该要件的认定要贯彻"技术特征全面覆盖原则",即原告主张的权利要求的全部技术特征在被告实施的技术方案中都有相同或者等同的技术特征。

第二个要件是以生产经营为目的。非以生产经营为目的的私人制造、使用行为,不是侵权行为。

第三个要件是未经专利权人许可。被告证明其行为得到了专利权人许可的,当然不构成侵权行为。

第四个要件是没有法定豁免事由,豁免事由即抗辩事由。抗辩事由成立的,当然不构成侵权行为。

不侵权抗辩就是从上述四个要件的角度进行,只要其中一个要件不成立,侵权即不成立。

四、不视为侵权的抗辩

不视为侵权的抗辩,其法律依据是《专利法》第75条。根据该条规定,有五种情形不视为侵犯专利权。❶ 该条用了"不视为侵犯专利权"的措辞,其潜在逻辑是本来要"视为侵犯专利权"的,因为特殊原因就"不视为侵犯专利权"。按照这种逻辑来分析该条的规定,显然不太恰当。以第(一)项为例来说明。第(一)项规定为:专利产品或者依照专利方法直接获得的产品,由专利权人或者经其许可的单位、个人售出后,使用、许诺销售、销售、进口该产品的,不视为侵犯专利权。从《专利法》第11条的语义来进行分析,即使专利产品经专利权人许可后售出,后续的为商业目的的使用、许诺销售、销售、进口行为,如果未经专利权人许可,仍然属于"侵权行为",可以适用《专利法》第11条予以禁止。因此,对于这种本来属于"侵权行为",但要进行例外处理、不作为侵权行为对待的情形,法律语言上应当表述为"视为不侵犯专利权"。即本来是侵权行为,但基于某种法律政策的考量,将其拟制为非侵权行为——"视为不侵犯专利权"。这是第75条规定本来的逻辑。但是,第75条用了"不视为侵犯专利权"的语言表述,属于表达上的瑕疵,应当表述为"视为不侵犯专利权"。不过,这种立法语言的瑕疵,并不十分重要,虽然逻辑上

---

❶ 该五种情形为:(一)专利产品或者依照专利方法直接获得的产品,由专利权人或者经其许可的单位、个人售出后,使用、许诺销售、销售、进口该产品的;(二)在专利申请日前已经制造相同产品、使用相同方法或者已经作好制造、使用的必要准备,并且仅在原有范围内继续制造、使用的;(三)临时通过中国领陆、领水、领空的外国运输工具,依照其所属国同中国签订的协议或者共同参加的国际条约,或者依照互惠原则,为运输工具自身需要而在其装置和设备中使用有关专利的;(四)专为科学研究和实验而使用有关专利的;(五)为提供行政审批所需要的信息,制造、使用、进口专利药品或者专利医疗器械的,以及专门为其制造、进口专利药品或者专利医疗器械的。

有所不通，但并不影响法律的适用，所以也不必较真。

下面，笔者按照《专利法》第 75 条的规定，逐项进行阐述。

(一) 权利用尽抗辩

1. 权利用尽的基本含义

权利用尽，又称权利穷竭，是指权利人针对专利产品在行使专利权、获得收益之后，不得对该产品在市场上后续的流通、使用再次行使专利权。专利权一次用尽，不得反复行使。

权利用尽可以分为国内用尽和国际用尽。[1] 国内用尽，是指专利权在某一国法域内用尽后，在其他国家并未用尽。例如，一项专利产品经专利权人许可在某一国家上市之后，该产品在该国范围内的后续流通、使用，专利权人都不得干预，不得再次行使专利权，这被称为专利权国内用尽。根据国内用尽的规则，如果该产品被出口到其他国家，该专利权人在其他国家也有同样的专利权，则该产品在其他国家的流通仍然需要得到产品流通所在国的专利权人的许可，否则就侵害了该专利权人在产品流通所在国的专利权。国际用尽，是指专利产品一旦经过专利权人的许可上市，则该产品在全球任何国家、地区的再流通、再使用，专利权人都不得干预，不得再次行使专利权。根据《专利法》第 75 条第 1 项的规定，我国实行专利权的国际用尽规则。实行国际用尽规则，有两个好处：(1) 可以促进专利产品的流通和使用；(2) 有利于消除产品的差别定价。如果专利产品在国外定价低，在国内定价高，由于我国实行国际用尽规则，国外低价的产品就可以进口到我国，这样有利于降低国内的定价。

2. 权利用尽的基本法理

《专利法》为什么要作出权利用尽的规定？对此，可以从以下两个方面作出解释。

(1) 协调专利权与物权之间的冲突。对于一个专利产品，专利权人享有专利权，物权人享有物权。在专利权人和物权人不是同一主体的情况下，如果两个权利人分别行使专利权、物权，必然会发生冲突。专利权人行使专利权必然会影响专利产品的商业流通，如果不协调二者之间的矛盾，就会极大地降低专利产品的市场流通效

---

[1] 尹新天. 中国专利法详解 [M]. 北京：知识产权出版社，2011：790 – 804.

率。在专利权人的利益、物权人的利益和市场流通效率之间，必须进行妥善的处理。市场流通效率涉及数量不确定的市场主体，属于公共利益，专利权人利益是个人利益，在个人利益与公共利益发生冲突时，个人利益应当让步于公共利益。因此，专利权应当让步于物权及市场效率。从这个角度来说，权利用尽规则既是为了保护物权人的利益，更是为了保护专利产品的市场流通效率，保护交易安全。让专利权人作出让步，并非不合理，因为其从专利产品的第一次制造、销售行为中已经获得了利益和回报，已经行使了一次专利权，其正当合法的权益得到了实现。

（2）对专利权人利益的保护应当合理、适当。专利权人已经从专利产品的第一次制造、销售行为中获得了利益和回报，就没有理由再对该产品后续的流通和使用反复行使专利权，反复收取专利费，否则对专利权人的保护就过度了，会从根本上损害专利制度的运行。

3. 权利用尽的实证法分析

根据《专利法》第 75 条第 1 项的规定，专利产品或者依照专利方法直接获得的产品，由专利权人或者经其许可的单位、个人售出后，使用、许诺销售、销售、进口该产品的，不视为侵犯专利权。该条规定的含义是明确的。但是，司法实践中，有些案例的事实可能有所不同。面对事实有所不同的案例，法官能否扩大适用该条规定，或者能否基于该条的立法目的，进行类推适用？

《专利侵权判定指南（2017）》第 131 条规定"权利用尽"包括四种情形（共 4 项），其中第 3～4 项规定的情形明显超出了《专利法》第 75 条第 1 项规定的文义。第 3 项的规定为：专利权人或者其被许可人售出其专利产品的专用部件后，使用、许诺销售、销售该部件或将其组装制造专利产品的，不视为侵犯专利权。这里似乎运用了"当然解释"方法，既然专利产品经专利权人或者其被许可人售出后，专利权人不能干预该产品的后续流通、使用，那么专利产品的专用部件经专利权人或者其被许可人售出后，专利权人当然也不能干预该产品的后续流通、使用。

《专利侵权判定指南（2017）》第 131 条第 4 项的规定为：方法专利的专利权人或者其被许可人售出专门用于实施其专利方法的设备后，使用该设备实施该方法专利的，不视为侵犯专利权。从文义上来讲，权利用尽的规定无法涵盖第 4 项规定的情形。将该项规定纳入默示许可的范围，从文义上来讲，可能更加合适；纳入权利用尽的范围，明显突破了权利用尽的文义。

4. 司法案例：使用方法专利不适用权利用尽的规则

在前文所述的西电捷通案❶中，涉案专利权利要求 1 为方法专利，被告索尼公司明确表示认可其在研发阶段对部分型号的被控侵权产品进行了 WAPI 功能测试，但是其系采用由西电捷通公司生产、销售的实施涉案专利权利要求 1 的技术方案的专用设备进行测试，故西电捷通公司的涉案方法专利权用尽，索尼公司的行为未侵害涉案方法专利。

对此，一审法院认为：在我国现行法律框架下，方法专利的权利用尽仅适用于"依照专利方法直接获得的产品"的情形，即"制造方法专利"，单纯的"使用方法专利"不存在权利用尽的问题。此外，《专利法》第 11 条规定："发明和实用新型专利权被授予后，除本法另有规定的以外，任何单位或者个人未经专利权人许可，都不得实施其专利，即不得为生产经营目的制造、使用、许诺销售、销售、进口其专利产品，或者使用其专利方法以及使用、许诺销售、销售、进口依照该专利方法直接获得的产品。"可见，《专利法》第 11 条对于方法专利的权利范围明确规定为"使用其专利方法以及使用、许诺销售、销售、进口依照该专利方法直接获得的产品"，而"使用其专利方法"的表述未规定在《专利法》（2008）第 69 条第 1 项（现行《专利法》第 75 条第 1 项）中。这也进一步说明，在立法者看来，"使用方法专利"不存在权利用尽的问题或者没有规定权利用尽的必要，故"使用方法专利"不属于我国《专利法》规定的权利用尽的范畴。该案中，涉案专利为使用方法专利，而非制造方法专利，据此，索尼公司主张的 IWN A2410 设备为实现涉案专利的专用设备、由西电捷通公司合法销售进而专利权用尽等理由均缺乏适用的法律基础，故西电捷通公司销售检测设备的行为并不会导致其权利用尽。

二审法院认为：《专利法》（2008）第 69 条第 1 项（现行《专利法》第 75 条第 1 项）规定的专利权用尽原则只能使涉及合法售出的产品本身的专利权被权利用尽，而不能认为合法售出的实施专利方法或制造专利产品的专用设备或者专用元件、部件就导致产品或方法专利权也被权利用尽。只有专利产品或者依照专利方法直接获得的产品才存在专利权用尽的问题，而单纯的"使用方法专利"由于不涉及产品，故一般不存在权利用尽的问题。由于西电捷通公司出售的 IWN A2410 设备系实施涉案专利方法的专用设备，现有证据不能证明该设备本身系西电捷通公司的专利产品或其产品制备方法专利直接获得的产品，不涉及专利权用尽的问题。一审判决关于西电捷通公司销售检测设备的行为并不会导致其权利用尽认定并无不当，予以认可。

---

❶　北京知识产权法院（2015）京知民初字第 1194 号民事判决书；北京市高级人民法院（2017）京民终454 号民事判决书。

（二）先用权抗辩

1. 先用权抗辩的含义

根据《专利法》第 75 条第 2 项的规定，在专利申请日前已经制造相同产品、使用相同方法或者已经做好制造、使用的必要准备，并且仅在原有范围内继续制造、使用的，不视为侵犯专利权。这就是先用权抗辩。先用权抗辩是一项权利抗辩，是对抗原告请求权的权利。被告可以提出该项抗辩，也可以放弃该项权利。基于此，先用权抗辩以权利人提出抗辩为条件，法院不得依职权主动审查。

2. 先用权抗辩的条件

先用权人提出先用权抗辩，一般应当符合以下三项条件：

（1）先用权人在专利申请日前已经制造相同产品、使用相同方法或者已经作好制造、使用的必要准备。根据《侵犯专利权司法解释一》第 15 条第 2 款的规定，"已经作好制造、使用的必要准备"包括：①已经完成实施发明创造所必需的主要技术图纸或者工艺文件；②已经制造或者购买实施发明创造所必需的主要设备或者原材料。

（2）先用权人仅在原有范围内继续制造、使用。根据《侵犯专利权司法解释一》第 15 条第 3 款的规定，"原有范围"，包括专利申请日前已有的生产规模以及利用已有的生产设备或者根据已有的生产准备可以达到的生产规模。根据该司法解释第 15 条第 4 款的规定，先用权人在专利申请日后将其已经实施或作好实施必要准备的技术或设计转让或者许可他人实施，被诉侵权人主张该实施行为属于在原有范围内继续实施的，人民法院不予支持，但该技术或设计与原有企业一并转让或者承继的除外。

（3）在先制造产品或者在先使用的方法或设计，应是先用权人自己独立研究完成或者以合法手段从专利权人或其他独立研究完成者处取得的，而不是在专利申请日前抄袭、窃取或者以其他不正当手段获取的。被诉侵权人以非法手段获得的技术或者设计主张先用权抗辩的，不应予以支持，对此，《侵犯专利权司法解释一》第 15 条作出了明确的规定。

3. 先用权抗辩的扩大适用

根据《专利法》第 75 条第 2 项的规定，先用权人可以在原有的范围内继续制造、使用专利产品。接下来的问题是，对于被制造出来的产品，先用权人能许诺销售、销售吗？这个问题似乎不言自明。任何一个思维正常的人都能得出肯定的答案。如果先用权人不能许诺销售、销售，那么允许他制造出来就没有任何意义。既然允许他继续制造、使用，当然就应当允许其许诺销售、销售。再接下来的问题是，该产品进入市场后，其他人能继续使用、许诺销售、销售吗？这应当也是肯定的。因为先用权人制造出来的产品是合法的产品，后续的流通、使用当然也是合法的。《专利法》对此虽然没有规定，但是通过法律解释，能容易地得出肯定的答案。对此，《专利侵权判定指南（2017）》第132条第2款就作出了明确的规定：使用、许诺销售、销售先用权人制造的专利产品或者依照专利方法直接获得的产品的，也不视为侵犯专利权。

（三）临时过境抗辩

临时通过中国领陆、领水、领空的外国运输工具，依照其所属国同中国签订的协议或者共同参加的国际条约，或者依照互惠原则，为运输工具自身需要而在其装置和设备中使用有关专利的，不视为侵犯专利权。但是，临时过境不包括用交通运输工具对专利产品的"转运"，即从一个交通运输工具转到另一个交通运输工具的行为。

（四）科学研究抗辩

1. 科学研究抗辩的含义

根据《专利法》第75条第4项的规定，专为科学研究和实验而使用有关专利的，不视为侵犯专利权。什么是专为科学研究和实验而使用有关专利？对此，《专利侵权判定指南（2017）》第135条第2款进行了明确：专为科学研究和实验，是指专门针对专利技术方案本身进行的科学研究和实验，其目的是研究、验证和改进他人专利技术，在已有专利技术的基础上产生新的技术成果。据此，将他人的专利产品或者专利方法作为科学研究和实验手段的，不属于《专利法》第75条第4项规定的情形。例如，为了科研实验的需要，将实验室的温度保持在合适水平而使用他人享有专利的空调设备的，就不能援引《专利法》第75条第4项的规定进行抗辩。

2. 科学研究抗辩的扩大适用

根据《专利侵权判定指南（2017）》第135条第3款的规定，专为科学研究和实验而使用有关专利的行为，包括该研究实验者自行制造、使用、进口有关专利产品或使用专利方法的行为，也包括他人为该研究试验者制造、进口有关专利产品的行为。该项规定扩大了科学研究抗辩的适用范围。其中，如何界定"专为科学研究和实验而使用有关专利的行为，也包括他人为该研究试验者制造、进口有关专利产品的行为"，是一个争议较大的问题。如果科学研究、实验人员自己不亲自制造、进口有关专利产品，而特别委托他人代为制造、进口有关专利产品，事后也确实将该专利产品用于科学研究和实验，该他人代为制造、进口有关专利产品的特定行为，可以不视为侵犯专利权。但是，假设一种情景：某公司声称其制造的大量的专利产品是为科学研究机构、人员的科学研究而生产的。对此，应当如何处理？这既涉及行为定性的问题，也涉及如何举证证明的问题：（1）该公司如何证明其制造的大量产品是特别为科学研究机构、人员的科学研究而制造的？除非其事先一一签订了制造、销售产品的合同。而且，合同真实性的确认也是一个问题。（2）如何确保这些产品事后确实是被专门用于科学研究和实验，而不是用于其他用途？（3）即使该公司确实是为科学研究机构和人员的科学实验制造专利产品，其大规模制造、营利的行为应当被豁免责任吗？这些问题都不能轻易回答，因此，很难将科学研究抗辩扩大适用到这种情形。法律适用从来就不是黑白分明的理想情况，而是有很多"灰色地带"，个案中如何处理往往取决于个案的利益衡量，很难说有一个标准的裁判基准。对于科学研究抗辩，我们既不能掌握得过于机械、严苛，也不能无限地扩大适用，而是要根据《专利法》的立法精神，在保护专利权人的利益和保护社会公众的自由边界之间取得一个合理的平衡。

（五）Bolar 例外抗辩

根据《专利法》第 75 条第 5 项的规定，为提供行政审批所需要的信息，制造、使用、进口专利药品或者专利医疗器械的，以及专门为其制造、进口专利药品或者专利医疗器械的，不视为侵犯专利权。这就是 Bolar 例外抗辩，是 2008 年修正《专利法》时为了确保药品注册的顺利进行而增加的一项抗辩事由。[1] 药品通常可以分为原研药和仿制药，原研药就是创新药，通常是含有重大创新成果（专利）的药物。仿制药是等原研药的专利过期后而仿照原研药的组分、性能生产和上市的药品。由于药品生产和注册的程序比较复杂，若等原研药的专利过期后，仿制药厂商再利用原研药的信息去申请注册仿制药，会导致原研药的专利过期很长时间后，仿制药还无法生产和上市的结果。为了解决这一问题，2008 年修正的《专利法》特别增加了 Bolar 例外抗辩。据此，仿制药厂商可以在原研药的专利到期之前，为提供药品注册行政审批所需要的信息，而制造、使用、进口专利药品或者专利医疗器械，他人也

---

❶ 尹新天. 中国专利法详解 ［M］. 北京：知识产权出版社，2011：820－837.

可以专门为这些仿制药厂商的该项特定目的而制造、进口专利药品或者专利医疗器械，这些行为都不视为侵犯专利权。

行政审批所需要的信息，是指《中华人民共和国药品管理法》《中华人民共和国药品管理法实施条例》《药品注册管理办法》等相关药品管理法律法规、部门规章等规定的实验资料、研究报告、科技文献等相关材料。

五、现有技术抗辩及抵触申请抗辩

（一）现有技术抗辩

1. 现有技术抗辩制度及其由来

《专利法》第 67 条规定："在专利侵权纠纷中，被控侵权人有证据证明其实施的技术或者设计属于现有技术或者现有设计的，不构成侵犯专利权。"这是现有技术抗辩的法律依据。实施现有技术的，不属于侵犯专利权的行为。

现有技术是指申请日以前在国内外为公众所知的技术，包括在申请日（有优先权的，指优先权日）以前在国内外出版物上公开发表、在国内外公开使用或者以其他方式为公众所知的技术。现有技术应当是在申请日以前公众能够得知的技术内容。换言之，现有技术应当在申请日以前处于能够为公众获得的状态，并包含有能够使公众从中得知实质性技术知识的内容。需要注意的是，处于保密状态的技术内容不属于现有技术。所谓保密状态，不仅包括受保密规定或协议约束的情形，还包括社会观念或者商业习惯上被认为应当承担保密义务的情形，即默契保密的情形。然而，如果负有保密义务的人违反规定、协议或者默契泄露秘密，导致技术内容公开，使公众能够得知这些技术，这些技术也就构成现有技术的一部分。还有一点需要注意，根据《专利法》第 24 条的规定，享受新颖性宽限期的技术尽管事实上已经被公开，但鉴于《专利法》特别规定这种情形不丧失新颖性，故其不属于现有技术，被诉侵权人不得将其用于现有技术抗辩。

2008 年修改前的《专利法》未规定现有技术抗辩制度，2008 年修正的《专利法》为什么要增加现有技术抗辩制度？要回答这个问题，让我们先假设一种情景：被告实施的技术与原告的专利技术相同，同时也是现有技术。被告当然会认为自己实施的是现有技术，不侵犯原告的专利权。对此，法院应当如何裁判？在《专利法》正式规定现有技术抗辩制度之前，法官可能有两种选择：一种是保守的做法，中止案件，等被诉侵权人向国家知识产权局提出无效申请，待国家知识产权局宣告涉案专利无效之后，再恢复审理侵权案件并驳回原告的诉讼请求。另一种是能动司法，在个案中创设一条《专利法》没有规定的现有技术抗辩规范，驳回原告的诉讼请求。两种做法都有一定的合理性，但也会遭到一些诟病。

现有技术抗辩是司法造法的结果。早在 2008 年《专利法》增设现有技术抗辩制度之前，就有若干适用现有技术抗辩规则的司法案例。笔者检索到的最早的案例为广东省高级人民法院于 2002 年 12 月 17 日判决的鹤山市辉雅日用制品有限公司与南海市九江南方保温器皿厂专利权侵权纠纷案。❶

司法实践中积累的经验有必要通过立法固定下来。2008 年修正的《专利法》就此专门增设了现有技术抗辩制度。

2. 现有技术抗辩的判断标准

如何判断被告实施的技术属于现有技术？这涉及一个判断标准的问题。应当适用"完全相同"的标准还是新颖性的标准？如果适用"完全相同"的标准，则被告实施的技术的全部技术特征与其据以提出抗辩的现有技术的相应技术特征应当完全相同，现有技术抗辩才能成立。如果适用新颖性标准，则参照《专利审查指南 2010》关于新颖性判断的有关规定，被告实施的技术与现有技术相同或者其区别仅仅在于惯用手段的直接替换的，被告也可以进行现有技术抗辩。例如，现有技术采用螺钉固定的方式，被告实施的技术相应地采用螺栓固定的方式，二者之间属于惯用手段的直接替换，被告可以进行现有技术抗辩。司法实践中应当如何解释和适用现有技术抗辩规则，采用什么判断标准，这些问题主要涉及价值取向。如果我们认为原告的专利技术不值得保护，被告的行为自由更值得保护，我们就应当采用适度宽松的判断标准。

《侵犯专利权司法解释一》第 14 条规定："被诉落入专利权保护范围的全部技术特征，与一项现有技术方案中的相应技术特征相同或者无实质性差异的，人民法院应当认定被诉侵权人实施的技术属于专利法第六十二条规定的现有技术。"该项规定并未适用"完全相同"的判断标准，而是"相同或者无实质性差异"的标准。"相同或者无实质性差异"标准，本质上就是新颖性标准。什么是"无实质性差异"？司法解释也需要再解释，才能准确地适用。对此，笔者认为可以借鉴"等同特征"的概念来进行判断。如果二者之间属于以基本相同的手段，实现基本相同的功能，达到基本相同的效果，可以认为二者之间无实质性差异。

---

❶ 广东省高级人民法院（2002）粤高法民三终字第 121 号民事判决书。

3. 现有技术抗辩的扩大适用

《专利侵权判定指南（2017）》在《侵犯专利权司法解释一》的基础上，进一步扩大了现有技术抗辩的适用范围。根据其第 137 条的规定，所属技术领域的普通技术人员认为被诉侵权技术方案是一项现有技术与所属领域公知常识的简单组合的，应当认定被诉侵权人实施的技术属于现有技术，被诉侵权人的行为不构成侵犯专利权。该标准高于新颖性标准，接近于创造性标准。将现有技术抗辩的适用范围适度扩大，有利于处理侵权案件，减少诉讼时间，降低当事人诉讼成本。但是，过犹不及。如果将其适用范围扩大到创造性标准，既会将原本专属于国家知识产权局职责的专利创造性判断的工作间接转移给审理侵权案件的法院，冲击现有的专利无效制度，也会给各地法院的审判工作带来挑战。

司法实践中，也有扩大适用现有技术抗辩规则的案例。例如，在苏州工业园区新海宜电信发展股份有限公司（以下简称新海宜公司）诉南京普天通信股份有限公司（以下简称普天公司）、苏州工业园区华发科技有限公司（以下简称华发公司）侵害发明专利权纠纷案❶中，普天公司以 US6192181B1 号美国专利及《长途通信传输机房铁架槽道安装设计标准》两份证据为依据进行现有技术抗辩。

一审法院认为：

判断现有技术抗辩是否成立，应以一份对比文件所揭示的技术与被控侵权物使用的技术进行单独比对，而不能以组合而成的现有技术进行比对。将 US6192181B1 号美国专利与被控侵权产品比对，该专利文件缺少了在出纤口基体上设有活动式出纤口盖的技术特征，而《长途通信传输机房铁架槽道安装设计标准》一书中既没有揭示相同或等同于涉案专利权利要求 1 的技术方案，也没有公开权利要求 1 中描述的"包括便于多次出纤的活动式出纤口盖，该出纤口盖盖在出纤口基体上"技术特征，两份证据均不能完全揭示被控侵权物的全部技术特征。故普天公司以现有技术进行抗辩的理由不能成立。

二审法院认为：

通常情况下，进行现有技术抗辩，被控侵权人只能援引一份现有技术，而不能援引两份或者多份现有技术。因为将两份或者多份现有技术进行组合使用，对本领域普通技术人员而言，一般并非显而易见或无需经过创造性劳动就能够联想到的。因此，原则上不允许被控侵权人以两份或多份现有技术进行组合抗辩，但在被控侵权人提供充分证据证明其使用的技术属于一份现有技术与所属领域公知常识简单组

---

❶　江苏省高级人民法院（2007）苏民三终字第 0139 号民事判决书。

合的情形下，应当允许以该理由进行现有技术抗辩。该案中，普天公司以US6192181B1号美国专利和《长途通信传输机房铁架槽道安装设计标准》两份对比文件进行现有技术抗辩。将被控侵权产品与其中的US6192181B1号美国专利进行比对，被控侵权产品只是增加了在开放式的出纤口基体上设有活动式出纤口盖这一技术特征。而在裸露的结构上加盖，本身就属于一种公知常识。据此，普天公司提供的证据足以证明其主张的现有技术抗辩理由成立。

4. 现有技术抗辩案件的审理思路

在涉及现有技术抗辩的案件中，涉及三个技术方案：专利权利要求技术方案、被诉侵权的技术方案、现有技术方案。按照专利侵权案件的正常审理思路，通常先审理被诉侵权的技术方案是否落入专利权利要求的保护范围，然后再审理被告的抗辩事由。按照这一审理思路，对于涉及现有技术抗辩的案件，分两步进行审理：第一步，将被诉侵权的技术方案与专利权利要求技术方案进行对比，确定前者是否落入后者的保护范围，如果落入，则进行第二步——将被诉侵权的技术方案与被告据以提出抗辩的现有技术方案进行对比，确定二者是否相同或者实质相同，如果是，则现有技术抗辩成立，驳回原告的诉讼请求。按照这种思路审理，费时费力。为了简化审理程序，也可以省略第一步，直接进入第二步：判断被诉侵权的技术方案与被告据以提起抗辩的现有技术方案是否相同或者实质相同。如果是，则现有技术抗辩成立，直接驳回原告的诉讼请求。对于一审法院而言，采取第二种审理思路，可以极大地简化程序。但是，该做法也有一定的风险：如果二审法院认为一审判决认定错误，现有技术抗辩不成立，则会撤销原判，发回重审。这是因为一审法院没有对被诉侵权的技术方案是否落入涉案专利权利要求作出认定，考虑到对当事人的审级利益的保护，二审法院一般不会也不能直接对此作出认定，只能发回一审法院重审。这对于一审法官而言是一个重大的风险，因为这种案例可能会被法院内部评为重大差错案件。因此，保守的做法就是采取第一种审理思路。

（二）抵触申请抗辩

如果A专利申请的申请日在B专利申请的申请日之前，但是公布日或者授权公告日在B专利申请的申请日之后，则A构成B的抵触申请。抵触申请的技术方案虽然不属于现有技术，但是专利申请会由于抵触申请而缺乏新颖性，不得授予专利权。在这个意义上，抵触申请的法律地位类似于现有技术。现有技术抗辩的原理在于现有技术不应当获得专利权，即使获得了专利权，也不能阻止他人实施。按照这一原理进行类推，某专利申请由于抵触申请的存在，不应当获得专利权，即使获得了专利权，也不能阻止他人实施。被告实施的技术方案如果是抵触申请的技术方案，比照现有技术抗辩的逻辑，可以提出抵触申请抗辩。

《专利法》规定了现有技术抗辩规则，但未规定抵触申请抗辩规则，法院在司法个案中应当填补该法律漏洞。在司法实践中，当事人提出抵触申请抗辩的，法院都参照现有技术抗辩规则进行审理。例如，在清远市佳的美电子科技有限公司诉深圳市沃恒特电池有限公司侵害实用新型专利权纠纷案中，深圳市沃恒特电池有限公司提出了抵触申请抗辩的主张，但法院经审理认为其抵触申请抗辩不能成立。❶

最后说明一点，由于抵触申请抗辩系类推适用现有技术抗辩的规则，因此，法院在援引法律依据时应当表述为"参照《专利法》第六十七条的规定"。

六、合法来源抗辩

《专利法》第 77 条规定："为生产经营目的使用、许诺销售或者销售不知道是未经专利权人许可而制造并售出的专利侵权产品，能证明该产品合法来源的，不承担赔偿责任。"这是合法来源抗辩的法律依据。所谓合法来源，是指通过合法的销售渠道、通常的买卖合同等正常商业方式取得被诉侵权产品。

为了进一步阐述该条规则，有必要先说明知识产权损害赔偿责任的归责原则。我国知识产权损害赔偿责任适用过错责任原则，以行为人存在过错为要件。❷ 如果行为人没有过错，只需要停止侵害行为，不必承担损害赔偿责任。根据该归责原则，前述《专利法》第 77 条规定的"不承担赔偿责任"的前提是行为人没有过错。如何判定行为人没有过错？根据该条的规定，一是行为人不知道其使用、许诺销售或者销售的产品是未经专利权人许可而制造并售出的专利侵权产品，二是行为人能证明该产品有合法来源。这是两个并行的要件，行为人提出合法来源抗辩主张的，应当举证证明该两个要件。

（1）行为人"不知道"被诉侵权产品是侵权产品而进行使用、许诺销售或者销售的，表明行为人主观上是善意的。"不知道"是指实际不知道且不应当知道。行为人仅仅声称自己"不知道"是不够的，还必须切实地证明自己"不知道"。如何证明？最好的证明方式是提交合法来源的证据，即通过合法的销售渠道、通常的买卖合同等正常商业方式取得被诉侵权产品的证据，比如买卖合同、销售发票等，证明自己是通过合法手段获得被诉侵权产品的。《专利法》第 77 条在规定"不知道"要

❶ 广东省高级人民法院（2016）粤民终 1685 号民事判决书。
❷ 郑成思. 知识产权论［M］. 3 版. 北京：法律出版社，2003：272.

件之外，还规定"合法来源"要件，主要是让行为人交代其产品的来源，挖出真正的侵权人，追究其责任。

（2）行为人仅仅提交合法来源证据，就能免除赔偿责任吗？显然不是。虽然行为人提交了买卖合同、销售发票等合法来源证据，但是如果行为人知道是侵权产品还买入并进行使用或者转售的，或者买入后知道是侵权产品还使用、转售的，则其主观上缺乏善意，具有过错，当然也不能免除赔偿责任。因此，行为人仅仅提交合法来源证据，并不一定能够免除赔偿责任。但是，合法来源证据具有推定效力，能推定行为人不知道被诉侵权产品是侵权产品、主观上没有过错。行为人提交了合法来源的证据，通常就尽到了举证证明其主观上没有过错的义务。如果原告没有提交证明行为人具有过错的证据，法院根据合法来源证据通常就应当认定行为人主观上没有过错，不应当承担赔偿责任。因此，从诉讼实务来说，被诉侵权人只需提交合法来源的证据，就可以进行合法来源抗辩。原告要想获得胜诉，应当提交证明被诉侵权人具有过错的证据，比如被诉侵权人"知假买假""知假卖假"的证据。

七、不停止侵权抗辩

不停止侵权抗辩，是指在原告向法院请求责令被告停止侵权行为的情况下，被告基于一定的事由向法院提出不停止有关行为的抗辩。

停止侵权，在我国法律上的正式概念为"停止侵害"，美国称为"禁令"，我国的学术研究或者民间有时也简称为"禁令"。在停止侵害（禁令）的适用上，我国与美国存在很大的差异。

根据美国判例法确立的规则，法院是否发布永久禁令应当考虑四个因素：（1）原告是否受到了无法弥补的损害；（2）法律提供的其他救济方式如经济赔偿是否不足以补偿该损害；（3）权衡原告与被告各自面临的困境，颁布禁令这种衡平法上的救济方式是否适当；（4）颁布永久禁令是否损害公共利益。这就是著名的"四要素"检验标准。[1] 据此，禁令并不是专利侵权的当然结果，而是应当结合具体案情考虑上述四个因素后确定是否适用。在 eBay 案[2] 中，美国联邦最高法院明确阐述了这一意见，认为：《美国专利法》第 283 条赋予受诉法院可依照衡平法原则以合理的条件颁发禁令的自由裁量权，禁令作为衡平法救济措施，并不是在认定专利侵权后就必然签发，传统衡平法禁令遵循的"四要素检验标准"同样适用于专利侵权案件。

---

[1]　王迁. 知识产权法教程 [M]. 北京：中国人民大学出版社，2011：342 – 343.
[2]　eBay Inc. v. MercExchange, L. L. C. 126 S. Ct. 1837（2006）.

　　我国的情况则大不相同。根据《民法典》第 179 条的规定，承担民事责任的第一种方式是停止侵害。在我国的司法实务中，通常情况下，只要法院认定侵权行为成立，原则上都会适用"停止侵害"的责任形式。近年来，经过学者的呼吁、讨论和司法个案的探索，司法实践中出现了一些不适用"停止侵害"责任的例外情形，这些情形包括：（1）涉及国家利益、公共利益的情形；（2）支付合理对价、善意购买侵权产品后的使用行为；（3）涉及标准必要专利的情形。对此，笔者将在后续有关民事责任的篇章中重点论述，此处暂且从略。根据上述例外情形，被告可以相应地提出"不停止侵权的抗辩"。

第三节　抗辩的提出时间

一、一审提出抗辩主张和理由

　　原告起诉后，法院要向被告交换原告提交的起诉状及证据。被告收到法院的材料后，通常要进行答辩。针对原告的起诉理由，被告的答辩策略通常有否认、反驳、抗辩。抗辩分为事实抗辩和权利抗辩。无论是事实抗辩还是权利抗辩，抗辩中都包含抗辩人提出的事实主张。为了提高审判效率，尽早固定当事人之间的争议焦点，方便法院查清事实，通常情况下，被告最好在向法院答辩时就提出抗辩。当然，鉴于原告在一审辩论终结前可以增加诉讼请求和理由，被告当然也可以在一审辩论终结前提出抗辩主张或者增加、变更抗辩理由。特别要说明一点，事实抗辩无需当事人主张，法院根据当事人陈述的事实可以主动援引，作出认定。因此，被告在任何阶段（包括二审程序）都可以提出事实抗辩，法院应当审查。例如，对于专利权已失效的情形，即使被告在一审程序中未提出，其在二审程序中也可以提出，法院应当审查。

二、二审或再审程序中提出或变更抗辩主张

　　有的诉讼当事人或者代理人由于诉讼能力有限或者工作疏忽，一审时未提出抗辩，在二审程序中才提出抗辩主张。对此，法院应当如何处理？这是一个值得研究的问题。前文已述，被告在诉讼的任何阶段均可以提出事实抗辩，法院应当审查。

唯有争议的是权利抗辩的提出时间，当事人在二审、再审诉讼程序中是否可以提出、增加或者变更权利抗辩及其理由？假设当事人提出，法院应当如何处理？

笔者查遍《民事诉讼法》及有关司法解释，涉及法院如何处理当事人二审提出权利抗辩的，似乎仅有一条关于诉讼时效抗辩的规定。那就是2020年修正的《最高人民法院关于审理民事案件适用诉讼时效制度若干问题的规定》（法释〔2020〕17号）第2条。该条规定："当事人未提出诉讼时效抗辩，人民法院不应对诉讼时效问题进行释明。"由此可见，诉讼时效抗辩以当事人提出为前提，故属于权利抗辩。该司法解释第3条规定："当事人在一审期间未提出诉讼时效抗辩，在二审期间提出的，人民法院不予支持，但其基于新的证据能够证明对方当事人的请求权已过诉讼时效期间的情形除外。当事人未按照前款规定提出诉讼时效抗辩，以诉讼时效期间届满为由申请再审或者提出再审抗辩的，人民法院不予支持。"据此，当事人应当在一审期间提出诉讼时效抗辩，二审不得提出，除非有例外情况。

对于专利侵权案件中当事人在二审期间提出权利抗辩的，法院是否可以类推适用上述司法解释的规定不予支持？对此，需要分析上述司法解释的规定。诉讼时效抗辩是对抗债权人请求权的抗辩权。债权人应当在诉讼时效内向对方主张债权，超过诉讼时效的，对方享有并可以提出诉讼时效抗辩权，债权人要求对方履行债务的请求就无法得到法院的支持。因此，诉讼时效制度是不利于债权人、有利于债务人的。债权人本来享有债权，却因为债务人提出诉讼时效抗辩而得不到司法的保护。假设二审期间仍然允许债务人提出诉讼时效抗辩，则会更加不利于债权人，更加有利于债务人。上述司法解释之所以规定法院对当事人二审诉讼期间提出的诉讼时效抗辩不予支持，既是维护一审诉讼的程序价值，也有适当平衡债权人和债务人利益的考量。从这个法律价值出发，似乎不应当将这一规定简单类推适用于专利侵权案件中当事人提出的权利抗辩。现以现有技术抗辩为例来说明。对于现有技术抗辩，如果现有技术抗辩成立，就意味着权利人把现有技术或者对其进行简单变换后的技术申请为专利，这是他本来不应该享有的专利权。因此，作为倾向于保护社会公众的现有技术抗辩制度是合理的。这与诉讼时效制度的价值取向有根本的不同。对于专利权人本来不应当享有的专利权，当事人在二审期间提出现有技术抗辩，唯一的反对理由是维护一审诉讼的程序价值。因此，关键的问题在于，在诉讼程序价值与实体价值之间，我们倾向于保护前者还是后者？如果二审法院接受当事人二审期间提出的权利抗辩，则该权利抗辩事由未经一审法院审理，会造成审级损失。这是对程序价值的损害。如果二审法院不审理当事人二审期间提出的权利抗辩，则会损害该当事人的实体利益。到底哪一种利益更值得保护？这是一个见仁见智的问题。对此，《专利侵权判定指南（2017）》更加注重对当事人实体利益的保护，其第123条规定："被诉侵权人的抗辩理由一般应在一审辩论终结前提出，并提供相应的证据。被诉侵权人在二审期间变更或提出新的抗辩理由且被二审法院采信并据此作出不侵权认定的，应当负担诉讼费以及对方律师费、差旅费等相关费用。"据此，当事人原则上应当在一审辩论终结前提出抗辩事由，在二审程序中变更或提出新的抗辩理由造成案件结果发生变化的，应当承担一定的后果，即负担诉讼费以及对方律师费、差旅费等相关费用。

下面来看最高人民法院关于现有技术抗辩的两个案例。

在株式会社岛野与宁波市日骋工贸有限公司（以下简称日骋公司）侵害发明专利权纠纷案❶中，各方当事人经历了一审、二审、再审申请审查、指令再审、提审五个程序。日骋公司在一审、二审、再审申请审查、指令再审程序中均未提出现有技术抗辩，但是在最高人民法院的提审程序中提出了现有技术抗辩，包括两种类型：（1）其在无效宣告程序中提交的对比文件1（US4690663号美国专利）结合公知常识；（2）《中华人民共和国轻工业行业标准－自行车拨链器》（QB/T 1895—1993）图2、图6、图10与《中华人民共和国行业标准－自行车工业标准－自行车车架》（QB 1880—93）图10的组合。

最高人民法院认为：

关于第一种现有技术抗辩。由于US4690663号美国专利所述的悬挂构件是垂直下降组件的一部分，由垂直下降构件、悬挂构件以及用于将悬挂构件连接至下降构件上的装置等组合起来相当于涉案专利申请中的带后拨链器安装延伸部的后叉端的结构，因此该悬挂构件与涉案专利所保护的后换挡器支架不具有对应性。同时，即使认定该悬挂构件与涉案专利所保护的后换挡器支架具有对应性，该专利也没有公开关于支架体呈L形等技术特征，日骋公司提交的证据也不能证明在本专利申请日前将支架体设计为L形属于本领域普通技术人员公知常识。因此，该现有技术抗辩不能成立。

关于第二种现有技术抗辩。《中华人民共和国轻工业行业标准－自行车拨链器》（QB/T 1895—1993）图2、图6和图10公开了一款安装在不具有后叉端延伸部上的换挡器接片，该接片与涉案专利限定的使用环境不同，且没有公开涉案专利有关后换挡器支架呈L形以及支架上的定位结构的特征。《中华人民共和国行业标准－自行车工业标准－自行车车架》（QB 1880—93）图10公开了一款具有后叉端延伸部的自行车车架。因此，即使把两者结合起来，仍然没有公开涉案专利关于后换挡器支架

---

❶　最高人民法院（2012）民提字第1号民事判决书。

呈 L 形以及支架上的定位结构的特征。该现有技术抗辩亦不能成立。

在上述案例中，最高人民法院未限制当事人提出现有技术抗辩的时间，对当事人在再审程序中提出的现有技术抗辩进行了审理和认定。

但是，同样是由最高人民法院审理的案例，其确立的裁判规则却完全不同。

在天津长荣印刷设备股份有限公司（以下简称长荣公司）诉唐山先锋印刷机械有限公司（以下简称先锋公司）、常州市恒鑫包装彩印有限公司（以下简称恒鑫公司）侵害发明专利权纠纷案❶中，先锋公司在一审诉讼中提出了现有技术抗辩，并提交专利号为 ZL00226345.9、名称为"烫金模切机"的实用新型专利，用于证明被诉侵权产品系按照现有技术实施的。

一审、二审法院均认为先锋公司有关被控侵权产品系按现有技术实施的抗辩不能成立。

先锋公司向最高人民法院提起再审申请，仍然主张现有技术抗辩，并另行提交了证据，即公开号为 CN1302730A、申请号为 00134692.X、名称为"一种烫印模切联动机及其联动方法"的专利文件，用于证明被诉侵权产品是按照该专利文件记载的现有技术实施的。

最高人民法院认为：

该证据是先锋公司在一审、二审阶段可以取得的，其在不同诉讼程序中以不同的证据主张现有技术抗辩，表面上系以新证据为由申请再审，但实质上相当于另行提出新的现有技术抗辩。根据《最高人民法院关于审理侵犯专利权纠纷案件应用法律若干问题的解释》第 1 条关于"人民法院应当根据权利人主张的权利要求，依据专利法第五十九条第一款的规定确定专利权的保护范围。权利人在一审法庭辩论终结前变更其主张的权利要求的，人民法院应当准许"之规定，专利权人应当在一审法庭庭审辩论终结前固定其权利要求。如允许先锋公司无限制地提出新的现有技术抗辩，与专利权人应当在一审法庭庭审辩论终结前固定其主张的权利要求相比，对专利权人显失公平，且构成对专利权人长荣公司的诉讼突击，亦将架空一审、二审的诉讼程序，不利于引导当事人在法定的一审、二审程序中解决纠纷，故对其相关主张不予支持。

该案例的裁判要旨可以概括为：当事人应当在一审庭审辩论终结前提出现有技术抗辩并提交现有技术证据，后续程序中不得提出现有技术抗辩或者另行提交现有技术证据。

---

❶ 江苏省高级人民法院（2016）苏民终 682 号民事判决书；最高人民法院（2017）最高法民申 768 号裁定书。

　　上述第一个案例中，最高人民法院作出裁判的时间是 2012 年 12 月 11 日，而第二个案例中，最高人民法院作出裁判的时间是 2017 年 3 月 29 日。两个案例的裁判规则完全不同。哪个规则更加合理？是否可以认为最高人民法院以新的裁判规则取代了旧的裁判规则？这些问题都值得思考和研究。

第十七章　民事责任

根据《民法典》第179条的规定，承担民事责任的方式主要有：（1）停止侵害；（2）排除妨碍；（3）消除危险；（4）返还财产；（5）恢复原状；（6）修理、重作、更换；（7）继续履行；（8）赔偿损失；（9）支付违约金；（10）消除影响、恢复名誉；（11）赔礼道歉。以上承担侵权责任的方式，可以单独适用，也可以合并适用。适用于侵害专利权案件的责任方式有停止侵害、赔偿损失、消除影响，其中消除影响并不常用，在少量重复侵权、恶意侵权给权利人在市场上造成消极影响的案件中可以适用。本章主要阐述停止侵害、赔偿损失两种责任方式。

第一节　归　责

一、侵权责任

在德国、日本的民法体系中，侵害民事权利的后果，以物权为例，有两项：一为物权请求权，二为债权请求权。物权请求权，就是请求停止侵害、排除妨碍、消除危险。债权请求权，就是请求被告对物造成的损害赔偿损失。侵权责任，作为侵害民事权利的一种后果，是指损害赔偿之债。例如，《德国民法典》第823条第1项规定，故意或有过失地不法侵害他人的生命、身体、健康、自由、所有权或者其他权利的人，负有向该他人赔偿因此而发生的损害的义务。

我国《民法通则》（已废止）对传统民法的侵权责任进行了大幅度的改造，专章规定了"民事责任"，并将物权请求权、人格权请求权等绝对权请求权的内容，如停止侵害、排除妨碍、消除危险等，均规定为民事责任的方式，这是我国《民法通则》的首创。❶ 我国后续的《侵权责任法》（已废止）、《民法总则》（已废止）、《民法典》继续沿用了这一立法体例。

虽然我国的法律将停止侵害、排除妨害、消除危险等规定为侵权责任的承担方式，但我们仍然应当从物权请求权、人格权请求权、知识产权请求权等绝对权请求权的角度来理解停止侵害、排除妨害、消除危险的性质，否则就可能产生错误的认识。

二、归责原则

侵害民事权利，要承担责任。如何确定责任的归属？以什么原则确定责任的归属？这就是责任的归责。确定责任的归属需要依据一定的事由，这一事由就是归责事由。归责的事由通常有过错、危险、控制力等。❷ 我国现行《民法典》中规定了过错责任、过错推定责任、无过错责任及公平责任四种情形。其中，过错推定责任本质上仍然是过错责任，只不过是过错责任原则下的举证责任特殊分配规则，即推定行为人有过错，由行为人反证自己没有过错。

归责原则，是指以什么事由来确定责任归属的原则。以行为人的过错作为归责根据的原则，即为过错责任原则。原则与例外相对，原则只能有一个，例外可以有若干个。因此，归责原则也只能有一个，不可能有多个。如果有多个归责原则，那就等于没有归责原则。那些认为归责原则有过错责任原则、无过错责任原则、过错推定原则、公平责任原则的说法，都是错误的。根据我国《民法典》的归责体系，归责原则只能是过错责任原则，即原则上应当根据行为人有无过错来确定责任的承担（《民法典》第 1165 条）。有过错的，承担责任；无过错的，不承担责任。这是基本的原则。作为例外，如果无论行为人有无过错都要承担责任的，则应当由法律作出特别规定。

必须强调的是，德国、日本民法中的侵权责任，仅指侵权损害赔偿责任。因此，传统话语体系中的归责，特指侵权损害赔偿责任的归责。归责原则是指侵权损害赔偿责任的归责原则。❸

三、知识产权侵权责任的归责原则

关于知识产权侵权责任的归责原则，学术界存在两种观点：一种观点认为知识

---

❶ 魏振瀛.《民法通则》规定的民事责任——从物权法到民法典的规定 [J]. 现代法学, 2006 (3).

❷ 程啸. 侵权责任法 [M]. 北京：法律出版社, 2015: 87 - 89.

❸ 程啸. 侵权责任法 [M]. 北京：法律出版社, 2015: 84 - 86.

产权侵权责任的归责应当实行无过错责任，即只要行为人实施了有关行为，侵入了知识产权权利人的权利范围，即应当承担侵权责任，而不考虑其主观过错。只是在确定赔偿责任时，才应当考虑行为人的主观过错。❶ 另一种观点认为知识产权侵权责任并无特殊性，应当实行过错责任原则。❷ 但是，无论持何种观点的学者，均认为停止侵害的责任方式不需要考虑行为人的过错，而损害赔偿责任的承担需要考虑行为人的过错。

上述争议是由不同的语境造成的。郑成思认为，知识产权侵权责任不是特指侵权损害赔偿责任，归责原则也不是指侵权损害赔偿责任的归责原则；而另一些民法学者所说的侵权责任是指侵权损害赔偿责任，归责原则是指损害赔偿之债的归责原则。

为了消除争议，我们讨论问题时应当有相同的语境。在谈到知识产权侵权责任的归责原则时，最好具体地说侵权损害赔偿责任的归责原则。

停止侵害虽然是我国《民法典》中规定的一种责任形式，但其本质上是权利人享有的排除妨害请求权，是为了维护知识产权的圆满性而赋予权利人的绝对权请求权。停止侵害的适用，通常是无条件的，不需要归责事由，与归责原则无关。只要行为人实施了侵害行为，无论其有无过错，通常都应当停止侵害行为，除非法律另有规定或者个案中因为一些特殊情况需要排除停止侵害责任形式的适用。

损害赔偿是侵害知识产权最主要的责任形式。该责任的适用，通常应当有一定的事由，即依据何种事由确定由谁承担损害赔偿责任。侵害知识产权的损害赔偿责任并不存在像产品责任、环境污染责任、高度危险责任等情形的特殊性，没有适用无过错责任的正当理由，因此应当适用过错责任原则。

第二节　停止侵害

一、"停止侵害"：通常的责任形式

停止侵害，顾名思义，就是停止侵害行为，是法院责令被告停止涉案侵权行为的一种民事责任方式。根据我国的司法实践，法院认定专利侵权行为成立的，判决

---

❶ 郑成思. 知识产权论 [M]. 3 版. 北京：法律出版社，2003：272 – 295.

❷ 冯晓青. 知识产权侵权归责原则之探讨 [J]. 江淮论坛，2011 (2)；姚欢庆. 知识产权侵权行为归责原则研究 [J]. 浙江社会科学，2001 (4).

主文❶的第一项通常表述为：被告×××在于本判决生效之日起，立即停止实施侵犯原告×××公司专利号为×××、名称为"×××"的发明专利权的行为。该判项确定的责任方式即为"停止侵害"。

我国《民法典》规定承担侵权民事责任的第一种方式即为停止侵害。在我国长期的司法实践中，只要法院认定侵权行为成立，"停止侵害"几乎是理所当然的责任方式。但是，这种司法实践也造成一些不公平、不合理的现象。因此，很多学者呼吁应当对"停止侵害"的责任形式进行适当的限制，在个案中进行具体的考量，而不应当把"停止侵害"当成理所当然的责任方式。❷法院在司法实践中也逐步探索，积累了一些个案的经验。经过多年的司法实践，法院逐渐确立了不适用"停止侵害"责任形式的例外情形。总体上而言，目前司法实践中的主流做法是，适用"停止侵害"的责任方式是原则，不适用是例外。

二、不适用"停止侵害"责任形式的例外情形

司法实践中，法院不适用"停止侵害"责任形式的例外情形主要有以下三种。

（一）涉及国家利益、公共利益的情形

适用"停止侵害"的责任形式，可能损害国家利益、公共利益的，可以不予适用。这一规则最早由法院在司法实践中创设，后由《侵犯专利权司法解释二》专门作出规定。

以涉及公共利益为由未适用"停止侵害"责任形式的典型案例是广州新白云机场幕墙专利侵权纠纷案、烟气脱硫专利侵权纠纷案。

在广州新白云机场幕墙专利侵权纠纷案❸中，珠海市晶艺玻璃工程有限公司（以下简称晶艺公司）起诉广州白云国际机场股份有限公司（以下简称白云机场股份公司）、广东省机场管理集团公司（以下简称机场管理公司）、深圳市三鑫特种玻璃技术股份有限公司（以下简称三鑫公司），认为三被告侵害其专利号为 ZL97240594.1、名称为"一种幕墙活动连接装置"的实用新型专利权（涉案专利权）。广州市中级

---

❶　判决书中"判决如下："之后的具体判决内容被称为判决主文。

❷　梁志文. 反思知识产权请求权理论——知识产权要挟策略与知识产权请求权的限制 [J]. 清华法学, 2008 (4)；李扬. 知识产权请求权的限制 [J]. 法商研究, 2010 (4)；李扬, 许清. 知识产权人停止侵害请求权的限制 [J]. 法学家, 2012 (6).

❸　广东省广州市中级人民法院 (2004) 穗中法民三知初字第 581 号民事判决书；广东省高级人民法院 (2006) 粤高法民三终字第 391 号民事调解书。

人民法院认定三鑫公司未经晶艺公司许可，在广州新白云国际机场航站楼玻璃幕墙工程的设计、施工中制造、销售、使用晶艺公司的专利产品，已经侵犯晶艺公司的涉案专利权，应当停止侵权并承担相应的赔偿责任；白云机场有限公司作为工程的发包方，对三鑫公司设计、施工的工程内容有否侵犯他人专利权负有审查义务，因此，其应当对侵权后果承担共同赔偿责任。鉴于原白云机场有限公司现已被注销工商登记，其债权债务由机场管理公司承继，因此，机场管理公司应当承担该案的共同赔偿责任。由于在广州新白云国际机场建成并投入使用之后，该机场的地面服务设施实际上由白云机场股份公司经营使用，因此在认定三鑫公司制造、销售被控侵权产品构成侵权之后，白云机场股份公司本应停止使用被控侵权产品。但考虑到机场的特殊性，判令停止使用被控侵权产品不符合社会公共利益，因此白云机场股份公司可继续使用被控侵权产品，但应当适当支付使用费。一审判决作出后，白云机场股份公司、机场管理公司、三鑫公司均不服，提起上诉。二审中，各方达成调解协议，由三鑫公司支付晶艺公司一定经济补偿费用，晶艺公司允许白云机场股份公司继续使用涉案专利产品。该案非常经典，具有里程碑式的意义。

在烟气脱硫专利侵权纠纷案❶中，武汉晶源环境工程有限公司（以下简称晶源公司）是专利号为 ZL95119389.9、名称为"曝气法海水烟气脱硫方法及一种曝气装置"发明专利的专利权人。晶源公司起诉日本富士化水工业株式会社（以下简称富士化水株式会社）及华阳电业有限公司（以下简称华阳公司），认为富士化水株式会社未经许可生产了专利产品并使用了专利方法，华阳公司未经许可使用了专利产品和专利方法。福建省高级人民法院认定，富士化水株式会社未经许可提供给华阳公司脱硫技术的脱硫方法及装置的技术特征全面覆盖涉案专利要求 1 和权利要求 5 的技术特征，该提供行为构成侵权行为，应当承担相应的侵权民事责任。华阳公司的使用行为亦构成侵权行为。但是，由于火力发电厂配备烟气脱硫设施，符合环境保护的基本国策和国家产业政策，有利于建设环境友好型社会，具有很好的社会效益，且电厂供电情况将直接影响地方的经济和民生。如果华阳公司停止烟气脱硫设备的使用，将对当地经济和民生产生不良的效果。为平衡权利人利益及社会公众利益，晶源公司要求华阳公司停止使用行为的诉讼请求，不予支持，但华阳公司应当向晶源公司支付相应的使用费，直至涉案发明专利权期限终止。法院最后判决富士化水株式会社停止侵权行为并赔偿损失，华阳公司支付使用费，但未要求华阳公司停止使用行为。

最高人民法院亦认为，鉴于该案烟气脱硫系统已被安装在华阳公司的发电厂并

---

❶ 福建省高级人民法院（2001）闽知初字第 4 号民事判决书，最高人民法院（2008）民三终字第 8 号民事判决书。

已实际投入运行，若责令其停止行为，则会直接对当地的社会公众利益产生重大影响，故原审判决在充分考虑权利人利益与社会公众利益的前提下，未支持晶源公司关于责令停止行为的诉讼请求，而是判令华阳公司按实际使用年限向晶源公司支付使用费至涉案专利权期限届满为止，并无不妥。

这些司法个案探索形成的经验得到了普遍的认同，最高人民法院最终以司法解释的形式将其固定下来，形成普遍适用的规则——《侵犯专利权司法解释二》第26条的规定："被告构成对专利权的侵犯，权利人请求判令其停止侵权行为的，人民法院应予支持，但基于国家利益、公共利益的考量，人民法院可以不判令被告停止被诉行为，而判令其支付相应的合理费用。"

什么情形构成损害国家利益、公共利益？对此，可以参照《专利侵权判定指南（2017）》第148条的规定，将以下情形认定为有损国家利益或公共利益：（1）有损于我国政治、经济、军事等安全的；（2）可能导致公共安全事件发生的；（3）可能危及公共卫生的；（4）可能造成重大环境保护事件的；（5）可能导致社会资源严重浪费等利益严重失衡的其他情形。

（二）支付合理对价、善意购买侵权产品后的使用行为

在这种情形中，不适用"停止侵害"的责任形式，应当满足三个条件：（1）使用人通过合法途径获得侵权产品；（2）使用人获得侵权产品时支付了合理对价；（3）使用人获得和使用侵权产品，主观上是善意的，没有过错。在满足以上条件时，法院基于个案中的利益衡量，可以不适用"停止侵害"的责任形式。为什么可以不适用"停止侵害"的责任形式？主要理由是：首先，使用人不是侵权产品的制造者，在侵权产品的制造者被起诉且承担赔偿责任时，权利人的利益获得满足。其次，使用人购买侵权产品时主观上没有过错，而且支付了合理对价。既然使用人没有过错，权利人又获得了赔偿，使用人就不应当承担过重的责任——停止使用行为。最后，使用人停止使用会造成使用人利益和权利人利益的失衡。权利人获得损害赔偿，权利就得到了救济，恢复到了圆满状态。使用人获得专利侵权产品时没有过错，且支付了合理对价，再令其停止使用行为，对使用人就过于苛刻，会导致利益的严重失衡。

这种例外的规则也是先由司法个案探索出来的。在湖南千山制药机械股份有限公司（以下简称千山公司）诉山东新华医疗器械股份有限公司（以下简称新华公司）、华润双鹤药业股份有限公司（以下简称华润双鹤公司）侵害发明专利权纠纷

案❶中，北京市高级人民法院认为新华公司未经许可制造、销售被诉侵权产品以及华润双鹤公司未经许可使用被诉侵权产品的行为均侵害了千山公司对涉案专利享有的专利权；新华公司应当承担停止侵权和赔偿损失的责任；华润双鹤公司购买、使用被诉侵权产品主观上是善意的，不存在过错，也支付了合理对价。被诉侵权产品价格高昂，且早已投入生产运营，若责令华润双鹤公司停止使用该产品，将给其生产经营造成重大冲击和经济损失，亦会不当地增加后续处理所带来的成本，损害经济效率和社会整体利益。从利益平衡的角度考虑，对千山公司要求华润双鹤公司停止使用被诉侵权产品的诉讼请求不予支持。笔者作为该案的二审承办法官，亲历了当时审理、合议案件时法官之间的争议。有的法官认为既然侵权行为成立，当然就应当适用"停止侵害"的责任形式。该案经过反复讨论，最终采纳了笔者提出的意见。

经过司法个案的探索，最高人民法院后来也用司法解释的形式作出了专门规定，即《侵犯专利权司法解释二》第25条的规定："为生产经营目的使用、许诺销售或者销售不知道是未经专利权人许可而制造并售出的专利侵权产品，且举证证明该产品合法来源的，对于权利人请求停止上述使用、许诺销售、销售行为的主张，人民法院应予支持，但被诉侵权产品的使用者举证证明其已支付该产品的合理对价的除外。"

（三）涉及标准必要专利的情形

标准必要专利，是指为实施某一技术标准而必须使用的专利。❷ 标准必要专利不同于普通专利，由于被纳入了某一技术标准而具有一定的公共属性，该技术标准的实施者都必须实施标准必要专利，否则就无法满足技术标准的要求。标准必要专利类似于公共设施，标准实施者无法绕过去，都必须利用该公共设施。

由于标准必要专利具有一定的公共产品属性，故标准组织在将专利技术纳入推荐性国家、行业或者地方标准时，通常会要求专利权人作出公平、合理、无歧视许可实施人实施该专利的声明（FRAND声明）。

因为标准必要专利具有一定的公共属性，又由于标准必要专利权人作出了FRAND声明，因此，通常情况下，标准必要专利权人应当通过诚实的商业谈判去解决与专利实施人的专利许可费问题，而不能动辄要求实施人停止使用标准必要专利，否则就可能构成滥用市场支配地位的垄断行为。根据《侵犯专利权司法解释二》第24条第2款以及《专利侵权判定指南（2017）》第149条的规定，在涉及标准必要

---

❶ 北京市高级人民法院（2014）高民终字第723号民事判决书。
❷ 广东省高级人民法院2018年4月26日发布的《关于审理标准必要专利纠纷案件的工作指引（试行）》第1条。

专利的专利侵权案件中，是否适用"停止侵害"的责任形式，主要应当考察、比较标准必要专利权人和专利实施人在协商专利的实施许可条件时的过错大小。如果专利权人具有重大过错，专利实施人没有明显过错的，通常不适用"停止侵害"的责任形式。如果专利实施人具有重大过错，而专利权人没有明显过错，则可以适用"停止侵害"的责任形式。总之，在涉及标准必要专利的侵权案件中，主要应当解决许可费的问题，而不应当轻易适用"停止侵害"的责任形式。"停止侵害"的责任形式只有在专利实施人故意拖延谈判、没有诚意支付专利许可费的例外情况下才予以适用，否则不应当适用。

下面来看一个重要的司法案例。

在前述西电捷通公司诉索尼公司侵害发明专利权案❶中，涉案专利为 GB 15629.11—2003/XG1—2006 标准的标准必要专利，该标准为强制性国家标准。西电捷通公司和索尼公司自 2009 年 3 月至 2015 年 3 月就涉案专利许可的问题进行了协商。西电捷通公司向索尼公司提供了专利许可清单，但索尼公司就其被控侵权的手机产品是否侵权提出质疑，并且要求西电捷通公司提供详细的权利要求对照表。在双方协商的过程中，索尼公司始终坚持"要求西电捷通公司提供权利要求对照表"的主张，直到其 2015 年 3 月 13 日提出终止谈判止。其间，西电捷通公司表示在签署保密协议或者在 2009 年保密协议的基础上可以将权利要求对照表提供给索尼公司，但索尼公司坚持要求西电捷通公司提供没有任何保密信息的权利要求对照表。

一审法院认为：索尼公司侵害了西电捷通公司对涉案专利享有的专利权。关于索尼公司是否应当停止侵害行为，在双方协商未果的情形下，索尼公司实施涉案专利能否绝对排除西电捷通公司寻求停止侵害救济的权利，仍需要考虑双方在专利许可协商过程中的过错。具体来讲，在双方均无过错，或者专利权人有过错，实施人无过错的情况下，对于专利权人有关停止侵权的诉讼请求不应支持，否则可能造成专利权人滥用其标准必要专利权，不利于标准必要专利的推广实施；在专利权人无过错，实施人有过错的情况下，对于专利权人有关停止侵权的诉讼请求应予支持，否则可能造成实施人对专利权人的"反向劫持"，不利于标准必要专利权的保护；在双方均有过错的情况下，则应基于专利权人和实施人的过错大小平衡双方的利益，决定是否支持专利权人有关停止侵权的诉讼请求。具体到该案中，（1）索尼公司要求西电捷通公司提交权利要求对照表不合理。根据索尼公司的抗辩意见，索尼公司与西电捷通公司在沟通协商邮件中提到的"权利要求对照表"就是实务中的侵权比对表。在正式的许可谈判之前，标准必要专利的实施人有权获得与专利权人主张的

---

❶ 北京知识产权法院（2015）京知民初字第 1194 号民事判决书；北京市高级人民法院（2017）京民终 454 号民事判决书。

专利实施行为（或者侵权行为）相关的信息，包括涉案专利（或者专利清单）、实施专利的侵权产品、侵权产品与涉案专利、涉案标准的对应关系等，以便于作出侵权评估。甚至在某些协商情形下，专利权人还会向实施人提供详略程度不一的权利要求对照表。但是，需要注意的是，并不是说这种权利要求对照表是必须要提供的，尤其是在专利实施人基于已有的条件能够作出侵权评估的情形下。涉案专利为 WAPI 技术的核心专利，且为标准必要专利，涉案标准于 2009 年前后就已事实上强制实施，西电捷通公司在与索尼公司协商的过程中解释了 WAPI 相关技术、提供了专利清单和许可合同文本，在此基础上，索尼公司理应能够判断出其涉案手机中运行的 WAPI 功能软件是否落入涉案专利的权利要求保护范围，而非一定需要借助西电捷通公司提供的权利要求对照表。但是，索尼公司在协商过程中反复提及"不认同其现在或者计划中的产品用到了 WAPI 专利""没有发现索尼移动需要获得西电捷通公司专利授权许可的理由""我们还没有识别出这些专利和我们的产品是相关的"等内容，明显具有拖延谈判的故意。因此，索尼公司要求西电捷通公司提交权利要求对照表并非合理。（2）西电捷通公司要求签署保密协议合理。根据实务中的通常做法，权利要求对照表需要对专利权利要求覆盖的技术特征与被控侵权产品的技术特征进行比对，并且可能包含专利权人的相关观点和主张，在此情形下，专利权人要求双方签署保密协议的主张具有合理性。因此，西电捷通公司在同意提供权利要求对比表的基础上要求签署保密协议是合理的。据此，双方当事人迟迟未能进入正式的专利许可谈判程序，过错在索尼公司。在此基础上，西电捷通公司请求判令索尼公司停止侵权具有事实和法律依据，予以支持。

二审法院亦认定，在专利许可谈判程序中，索尼公司具有过错，西电捷通公司没有过错，索尼公司应当停止侵害行为。

第三节　赔偿损失

一、赔偿数额的确定方法

《专利法》第 71 条规定："侵犯专利权的赔偿数额按照权利人因被侵权所受到的实际损失或者侵权人因侵权所获得的利益确定；权利人的损失或者侵权人获得的利益难以确定的，参照该专利许可使用费的倍数合理确定。对故意侵犯专利权，情节严重的，可以在按照上述方法确定数额的一倍以上五倍以下确定赔偿数额。权利人的损失、侵权人获得的利益和专利许可使用费均难以确定的，人民法院可以根据专利权的类型、侵权行为的性质和情节等因素，确定给予三万元以上五百万元以下的赔偿。"

根据上述规定，确定赔偿数额的依据有专利权人的实际损失、侵权人因侵权获得的利益、专利许可使用费的合理倍数以及法定赔偿。

从条文的表述来看，上述四种确定赔偿数额的方法有先后的顺序，当根据前一个方法无法确定赔偿数额的，才适用后一个计算方法，以此类推。司法实践中，有的人质疑这一规定的合理性，认为可操作性差，常举的例子是：假设权利人无法证明其损失，而侵权人证明所因侵权获得的利益为零时，是否可以确定赔偿数额为零？这一举例确实非常贴切，说到了问题的要害。但是，法官的职责是适用法律，而不是改变法律。

（1）从上述条文的表述看，赔偿数额的确定方法有先后顺序，这是由法条的文义决定的，任何人，只要能看懂中文，即使没学过法律，也能做出这种解读。法官如果不按照条文规定的顺序确定赔偿数额，就不是适用法律，而是改变法律。

（2）上述条文规定的顺序符合我国侵权损害赔偿制度的基本功能。我国属于大陆民法体系，侵权损害赔偿制度的基本功能是填补权利人因侵权行为所遭受的损害，赔偿的基本原则是"填平原则"，有多少损失，就赔偿多少。《专利法》第71条规定，侵犯专利权的赔偿数额首先按照权利人因被侵权所受到的实际损失确定，符合"填平原则"。只有实际损失无法确定的情况下，才将侵权人因侵权所获得的利益视为权利人的实际损失，赔偿给权利人。当权利人的实际损失和侵权人因侵权所获得的利益均无法确定的情况下，才将专利许可费的合理倍数视为权利人的损失。当这三种方法均无法确定的情况下，才在《专利法》规定的幅度内酌情确定权利人的损失。

（3）参照《著作权法》规定的赔偿损失的计算方法及北京市高级人民法院相关的解释性规定，上述《专利法》规定的赔偿方法有先后顺序。2010年修正的《著作权法》第49条规定，侵犯著作权或者与著作权有关的权利的，侵权人应当按照权利人的实际损失给予赔偿；实际损失难以计算的，可以按照侵权人的违法所得给予赔偿；权利人的实际损失或者侵权人的违法所得不能确定的，由人民法院根据侵权行为的情节，判决给予50万元以下的赔偿。北京市高级人民法院2018年制定的《侵害著作权案件审理指南》第8.4条明确"确定损害赔偿数额应当遵循权利人的实际损失、侵权人的违法所得、法定赔偿的顺序"。《专利法》和《著作权法》虽然不是同一部法律，但在解释《专利法》的有关规定时，应当保持知识产权法律体系的一致性，不得作出相互矛盾的解释。因此，参照上述关于著作权损害赔偿的解释，专利损害赔偿的确定方法也有相应的顺序。

综上所述，确定专利权损害赔偿数额应当按照权利人的实际损失、侵权人因侵权所获得的利益、专利许可费的合理倍数、法定赔偿的顺序进行。接下来的问题是如何避免出现质疑者指出的弊端。还是以上述例子来做说明。假设权利人无法证明其损失，而侵权人证明所因侵权获得的利益为零时，是否可以确定赔偿数额为零？这显然是不可以的，凭常识我们也能知道侵权人不可能因为侵权行为没有获得任何利益。问题肯定在于侵权人提供的证据不可信，因此，法官可以从证据入手，分析侵权人的证据的问题，最终作出不予采信的认定。然后，就可以根据其他的计算方法来确定赔偿数额。

当前的司法实践中，权利人一般选择按照被告获利的方法来确定赔偿数额，这一做法基本都能得到法院的支持。因为按照权利人的损失来计算赔偿数额的方法通常无法实现，因此只能根据权利人的选择，按照侵权人的获利来计算赔偿额。其原因在于，权利人确实很难证明自己的实际损失。当权利人的产品利润下降时，证明权利人的损失可能容易一些，可以将利润下降的部分视为权利人的损失。但是，通常情况下，尽管有侵权产品的出现，权利人的产品销售数量是向上增长的，而且增长的幅度可能和往年基本相同甚至大于往年的增长幅度，当权利人无法证明自己的损失而选择按照侵权人的获利来计算赔偿数额时，法院应当尊重权利人的选择，不应认为权利人的选择违反了《专利法》第71条的规定。

下面按照《专利法》规定的赔偿数额的确定方法的先后顺序，再作进一步的分析。

二、权利人的损失

根据《专利法》第71条的规定，权利人的损失是确定侵权损害赔偿额的首选依据。但是，如何计算专利权人的损失，则是一个大问题。根据2020年修订的《最高人民法院关于审理专利纠纷案件适用法律问题的若干规定》第14条第1款的规定，权利人因被侵权所受到的实际损失可以根据专利权人的专利产品因侵权所造成销售量减少的总数乘以每件专利产品的合理利润所得之积计算。权利人销售量减少的总数难以确定的，侵权产品在市场上销售的总数乘以每件专利产品的合理利润所得之积可以视为权利人因被侵权所受到的实际损失。为了准确适用该项规定，我们对于权利人的损失应当有一个正确的认识。

（1）在计算权利人的损失时，应当考虑权利人的损失与侵权行为之间的因果关系。只有侵权行为导致的权利人的损失，才应当纳入赔偿的范围。比如，权利人的销售量减少，可能存在多种原因，有可能是侵权行为造成的，有可能是权利人自己经营不善造成的，有可能是消费市场萎缩造成的，还有可能是其他竞争性替代产品进入市场造成的。原告、被告可以从不同的角度进行分析和争辩，法官也应当尽可能全面地考察各种因素。

（2）由于侵权行为的介入，权利人的损失表现在多个方面：①因销售量流失而受到的利润损失。侵权产品流入市场后，权利人的专利产品的市场空间受到挤占，销售量可能会减少，从而造成利润损失。②因价格侵蚀而受到的利润损失。侵权产品流入市场后，权利人的专利产品的市场空间受到挤占，为了保持竞争力，权利人可能被迫下调专利产品的价格，从而造成利润损失。③因成本增加而受到的利润损失。侵权产品流入市场后，权利人的专利产品面临的竞争更加激烈，为了维持原有的市场格局，权利人可能被迫增加广告宣传等活动，从而增加管理成本，导致利润损失。❶

（3）根据上述规定，计算权利人损失的第一种方法为：权利人的损失＝权利人的产品因侵权行为造成销售量减少的总数×每件专利产品的合理利润。这两个参数都不太容易确定。第一个参数是权利人的产品因侵权行为造成销售量减少的总数。销售量减少的总数容易计算，关键问题在于，我们不容易分辨销售量的减少到底是侵权行为造成的还是其他原因造成的。当然，从保护专利权、有利于专利权人的角度出发，可以推定销售量的减少全部是由侵权行为造成的，而不考虑其他因素。但是，这种推定的合理性在个案中也可能面临挑战。第二个参数即每件专利产品的合理利润，也不太容易确定。确定专利产品的合理利润，需要考虑专利产品的销售价格、成本以及专利对产品的贡献度等诸多因素，要做到完全客观化，并不容易。例如，在罗地亚化学公司、罗地亚经营管理公司诉海赛（天津）特种材料有限公司侵犯发明专利权纠纷案中，两原告主张侵权产品的利润率为65%，被告主张侵权产品的利润率为13%，一审法院考虑涉案产品的价值并结合双方当事人主张的利润率，酌定侵权产品的合理利润率为30%，二审法院予以确认。❷ 为什么法院酌定利润率为30%？为什么该利润率就是合理的？这里除了法院考虑了一些客观的因素，仍然有法官的自由裁量权在里面。因此，完全的客观化只是理想的情形。

（4）根据上述规定，计算权利人损失的第二种方法为：权利人的损失＝侵权产品在市场上销售的总数×每件专利产品的合理利润。前述第一种方法是首选的方法，只有第一种方法不可用时，才用第二种方法。第二种方法假定市场上只有两种产品：

---

❶　朱玛. 侵害知识产权损害赔偿问题研究——以损害为中心［D］. 重庆：西南政法大学，2015：93.

❷　最高人民法院（2014）民三终字第2号民事判决书。

一种为经权利人许可制造、销售的专利产品（正规产品），另一种为未经权利人许可制造、销售的专利产品（侵权产品），两种产品为竞争关系。侵权产品的销售挤占了正规产品的销售市场，因此，侵权产品的销售数量就是正规产品的销售减少的数量。当第一种方法不可用时，我们就认定权利人的损失＝侵权产品在市场上销售的总数×每件专利产品的合理利润。这种假定虽然偏于理想化，不太接近市场上的真实情形，但是，从保护创新和发明创造的角度，按照这种假定来计算赔偿额，有利于制止侵权行为。

三、侵权人的获利

（一）确定侵权人获利的基本规则

根据 2020 年修订的《最高人民法院关于审理专利纠纷案件适用法律问题的若干规定》第 14 条第 2 款的规定，侵权人的获利可以根据该侵权产品在市场上销售的总数乘以每件侵权产品的合理利润所得之积计算，侵权人因侵权所获得的利益一般按照侵权人的营业利润计算，对于完全以侵权为业的侵权人，可以按照销售利润（亦称毛利率）计算。

另外，根据《侵犯专利权司法解释一》第 16 条的规定，人民法院确定侵权人因侵权所获得的利益，应当限于侵权人因侵犯专利权行为所获得的利益；因其他权利所产生的利益，应当合理扣除。侵犯发明、实用新型专利权的产品系另一产品的零部件的，人民法院应当根据该零部件本身的价值及其在实现成品利润中的作用等因素合理确定赔偿数额。这里有几点需要注意：

（1）侵权人的获利与侵犯专利权行为之间的因果关系。确定侵权人因侵权所获得的利益，应当限于侵权人因侵犯专利权行为所获得的利益，因其他权利所产生的利益，应当合理扣除。即以侵权人的获利计算损害赔偿额时，应当考虑侵权人的获利与侵犯专利权行为之间的因果关系，只有存在因果关系的获利才纳入赔偿额，没有因果关系的获利不应纳入赔偿额。这是由侵权损害赔偿的填平原则决定的。侵权人的获利可能有多种原因，既可能有侵犯他人专利权的因素，也可能有侵犯他人商业秘密、商标权的因素，在计算时应当对侵权人的获利原因作出区分。

（2）侵权人获利的计算基数。在美国法律实践中，计算侵权人获利的基数有两种：①终端产品的整体市场价值，即以对外销售的终端产品的整体市场价值为基础计算侵权人的获利；②最小可销售专利实施单元的价值，即以专利所在的最小可销售单元的价值为基础计算侵权人的获利。❶ 两种方法各有利弊。《侵犯专利权司法解释一》第 16 条规定，确定侵权人的获利，应当根据该零部件本身的价值及其在实现成品利润中的作用等因素合理确定。零部件相当于"最小可销售专利实施单元"，成品即终端产品。这种方法既不同于"终端产品的整体市场价值"法，也不同于"最小可销售专利实施单元的价值"法，而是综合考虑采用专利技术的零部件本身的价值及该零部件对于成品的贡献度，这种方法是合理的。①"终端产品的整体市场价值"法并不十分合理，因为专利产品不是终端产品，只是其中的零部件，按照"终端产品的整体市场价值"的方法来确定侵权人获利的计算基数，会高估专利的价值。②按照零部件本身的价值（"最小可销售专利实施单元"的价值）确定侵权人获利的计算基数也有问题。一件成品的对外销售价格并不是所有零部件价格的简单叠加，极有可能高于甚至远高于所有零部件的价格之和。这是因为各零部件组合在一起，存在一种协同和增值效应，产生了"1＋1＞2"的效果。在此情况下，零部件对于成品的价值贡献就大于其本身的价格，该增值效应也应当由专利权人参与分享。如果仅以零部件为基础来计算专利的价值，就有失公允。这实际上就是专利对产品的价值贡献度的问题。因此，在计算侵权人的获利时，既要考虑专利所在的零部件本身的价值，也要考虑零部件对于成品的增值效应。

（二）计算侵权人获利的常用方法

根据《专利法》和最高人民法院司法解释的相关规定，目前司法实践中法院在以侵权人的获利确定专利侵权赔偿数额时，一般按照以下公式进行：

赔偿数额（侵权人的获利）＝侵权产品的销售数量×侵权产品的销售单价×营业利润率×专利的技术贡献度

在计算赔偿额时，需要查明被控侵权产品销售数量、单价、利润率以及专利技术在整个被控侵权产品中的技术贡献度。其中，被控侵权产品的销售数量、单价，根据销售类的证据容易确定；被控侵权产品的营业利润率，根据财务报表等资料也比较容易确定；但是，专利在被控侵权产品中的技术贡献度则比较难以确定。

下面以江苏省高级人民法院审理的莱顿汽车部件（苏州）有限公司（以下简称莱顿苏州公司）诉盖茨优霓塔传动系统（上海）有限公司（以下简称盖茨上海公司）、奇瑞汽车股份有限公司（以下简称奇瑞公司）、苏州新世纪汽车贸易有限公司（以下简称新世纪公司）侵害发明专利权纠纷案❷为例进行说明。该案是近年来专利

---

❶ 朱理. 专利侵权损害赔偿计算分摊原则的经济分析［J］. 现代法学，2017，39（5）；David J. Kappos，Paul R. Michel. 最小可销售专利实施单元的起源、沿革及走向［J］. 竞争政策研究，2017（2）.

❷ 江苏省高级人民法院（2015）苏知民终字第 00172 号民事判决书.

侵权诉讼领域的重大、疑难、复杂案例，涉及的技术问题非常复杂，法律问题也很多。其中，赔偿问题也很复杂。该案中，莱顿苏州公司主张以侵权人的获利来计算赔偿额，提交了第三方机构出具的统计调研报告、被控侵权产品在互联网销售平台中的销售价格等证据用以证明被控侵权产品的销售数量、价格以及利润率。

关于被控侵权产品的销售数量。莱顿苏州公司提交的第三方报告中并不包含被诉侵权产品在被诉侵权期间完整的销售数量，为查明被控侵权产品准确的销售数量，且考虑到被诉侵权产品与其关键零部件非圆轮在数量上存在一致性，二审法院在诉讼中要求盖茨上海公司提交在被诉侵权期间其向奇瑞公司供应非圆轮的销售数量，用以确定被控侵权产品在被诉侵权期间的产销量。二审法院考虑到以下因素，最终采信了盖茨上海公司提交的上述证据，将其作为确定被控侵权产品数量的依据：莱顿苏州公司主张的被控侵权产品销售数量与盖茨上海公司提交非圆轮销售数据之间的差异不太大，如果通过审计精确地统计被诉侵权期间被诉侵权产品的生产销售数量，则需支出高昂的审计费用；除该案侵权技术方案之外，盖茨上海公司并未提供给奇瑞公司关于在发动机正时系统中运用非圆轮技术的其他备选技术方案；盖茨上海公司将整个查询、统计非圆轮销量的过程用公证方式予以固定，虽然属于单方提交的证据，但数据真实可信，对被诉侵权人根据法院的要求如实提供相关证据的行为应予充分肯定；莱顿苏州公司也基本认可将盖茨上海公司销售给奇瑞公司非圆轮数量作为侵权产品的销售数量，将盖茨上海公司提交的被诉侵权期间其向奇瑞公司供应的非圆轮数量作为在该段时间内的侵权产品的销售数量。

关于被诉侵权产品的单价及技术贡献度问题。二审法院认定涉案专利对于该案侵权产品的技术贡献度为100%，确定以侵权产品整体的价格作为计算赔偿额的依据，其依据在于：（1）被诉侵权产品是发动机上所安装的正时传动系统，与涉案专利的主题名称相对应。（2）体现发明点的关键零部件非圆轮并非独立工作就能够发挥减振降噪的功效，而是需要与正时传动系统中其他所有零部件共同工作，才能实现专利所要实现的技术效果，因此不存在发明主题名称相对于体现发明点的技术特征过于宽泛的问题。（3）该案中并无证据显示还有其他权利对实现侵权产品的价值具有重要贡献。（4）盖茨公司及盖茨上海公司曾针对涉案专利两次提起无效宣告请求，特别是在未发生侵权诉讼的德国，盖茨公司亦提起了针对涉案专利的同族专利的无效诉讼，说明涉案专利是汽车正时传动系统中的一项非常重要的技术，具有非常高的市场价值。

关于被诉侵权产品的利润率。由于盖茨上海公司、奇瑞公司并非只生产、销售被诉侵权产品，很难精确地计算被诉侵权产品的利润率。莱顿苏州公司根据第三方机构出具的报告，主张10%的利润率。第三方机构出具报告中所提到的各年度、各季度的汽车零部件供应商的平均利润率具有逐年、逐季度波动特点，二审法院最终以最接近被诉侵权期间的那一个年度中四个季度利润率的平均值作为被诉侵权产品的利润率，即 7%。

四、专利许可使用费的合理倍数

根据《专利法》第 71 条第 1 款的规定，如果权利人的损失或者侵权人的获利难以确定，可以参考专利许可使用费的倍数合理确定赔偿额。具体来讲，人民法院可以根据专利权的类别、侵权人侵权的性质和情节、专利许可使用费的数额、该专利许可的性质、范围、时间等因素，参考该专利许可使用费的倍数合理确定赔偿额。

参照专利许可使用费确定赔偿额时，法官应当注意审查专利许可使用费的合理性，要把好证据关。如果权利人仅提供了专利许可的合同，而合同并没有在国家知识产权局备案，也没有履行证据予以佐证，则要对专利许可合同的真实性及其中专利许可使用费的合理性进行审慎的审查，以排除权利人作假的可能性。

在好孩子儿童用品有限公司（以下简称好孩子公司）诉广州市上威贸易有限公司（以下简称上威公司）、广州市中威日用品企业有限公司（以下简称中威公司）、南京中央商场股份有限公司（以下简称中央商场）侵犯发明专利权纠纷案❶中，好孩子公司是"摇马三轮车"发明专利权人，上威公司、中威公司进口并销售"Fisher_Price"（费雪）牌三合一脚踏车，零售单价为 799 元。好孩子公司 2007 年公证购买了该产品。2002 年 3 月 2 日，好孩子公司以普通实施许可的方式许可小小恐龙公司实施该专利，许可期限为 2002 年 3 月 1 日至 2004 年 2 月 28 日，使用费为每年 50 万元人民币。双方签订的专利实施许可合同于 2002 年 6 月 18 日在国家知识产权局备案，该两年的许可费用 100 万元已实际支付完毕。一审法院认为：上威公司、中威公司进口并销售"Fisher_Price"（费雪）牌三合一脚踏车的行为构成侵权行为。专利实施许可合同签订于诉讼发生前，且在国家知识产权局办理了备案并已实际履行，其许可费用可以作为确定赔偿数额的依据。根据该案的实际情况，参考涉案发明专利的性质，专利许可的性质、时间，上威公司、中威公司的经营方式、规模、现状、侵权性质、情节、范围、时间以及涉案产品 799 元的较高价格等因素，综合确定赔偿数额为该专利每年度许可使用费 50 万元的 3 倍。二审法院经审理维持原判。

---

❶ 江苏省高级人民法院（2010）苏知民终字第 0032 号民事判决书。

五、裁量性赔偿

（一）裁量性赔偿的提出

裁量性赔偿，是指在当事人无法举证证明权利人的损失或侵权人违法所得的确切数额，但有证据证明上述数额明显超出法定赔偿限额的情况下，根据案件具体情况在法定赔偿限额之外确定赔偿数额的一种方法。裁量性赔偿是法院根据当事人的证据酌情确定赔偿数额的一种特定方式，本质上还是根据侵权损失或者侵权获利来确定损害赔偿数额的方法。

裁量性赔偿并不是法律规定的赔偿方法，是各地法院经过长期的司法实践探索并由最高人民法院通过司法政策文件的形式确定的一种方法。江苏省高级人民法院、浙江省高级人民法院和上海市高级人民法院在这方面都做出过有益的探索。最高人民法院则在 2009 年出台了司法政策文件，正式确立了裁量性赔偿方法的地位。以下是有关法院的具体规定：

江苏省高级人民法院 2005 年 11 月出台的《关于知识产权侵权损害适用定额赔偿办法若干问题的指导意见》第 23 条第 2 款规定："原告提供的证据虽不能准确计算出因侵权所受到的损失或被告因侵权所获得的利益，但足以证明其受到的损失或被告获得的利益超过定额赔偿最高限额，而原告非唯一请求适用定额赔偿办法的，可以参照其他赔偿原则在最高限额以上酌情确定赔偿数额。"

浙江省高级人民法院 2009 年 10 月出台的《关于审理侵犯专利权纠纷案件适用法定赔偿方法的若干意见》第 3 条第（4）项规定，权利人虽不能举证证明因被侵权所受到的实际损失或侵权人因侵权获得的利益的具体数额，但是根据产品数量、市场份额、广告宣传以及向工商、税务管理部门提供的财务报表资料等相关证据，可以确信因被侵权所受到的实际损失或侵权人因侵权获得的利益明显超过 100 万元的，不适用法定赔偿方法确定赔偿数额。

上海市高级人民法院 2010 年 8 月出台的《关于知识产权侵权纠纷中适用法定赔偿方法确定赔偿数额的若干问题的意见（试行）》第一章第 1 条第 2 款规定："对于难以证明权利人受损或者侵权人非法获利的具体数额，但有证据证明前述数额确已超过法定赔偿最高限额的，不应适用法定赔偿方法，而应综合全案的证据情况，在法定赔偿最高限额以上合理确定赔偿数额。"

2009 年 4 月 21 日，最高人民法院在其出台的《关于当前经济形势下知识产权审判服务大局若干问题的意见》（法发〔2009〕23 号）第 16 条指出："对于难以证明侵权受损或侵权获利的具体数额，但有证据证明前述数额明显超过法定赔偿最高限额的，应当综合全案的证据情况，在法定最高限额以上合理确定赔偿额。" 该项规定虽然不是司法解释，却是最高人民法院制定的司法政策。这就是裁量性赔偿的正式的司法政策依据。

（二）裁量性赔偿和法定赔偿的区别

法定赔偿是由法院在《专利法》第71条第2款规定的幅度范围内结合案件具体情况酌情确定赔偿数额的一种方法。"酌情确定"，当然也是一种裁量，这是法定赔偿和裁量性赔偿的共同之处。尽管如此，裁量性赔偿和法定赔偿还是截然不同的方法。对此，最高人民法院知识产权审判庭原庭长宋晓明在其一篇文章中说得非常清楚："裁量性赔偿方法……是一种根据损失或者获利确定损害赔偿数额的方法，不是法定赔偿，不受法定赔偿限额的限制。"❶

（1）裁量性赔偿是一种由原告举证证明被告获利或者原告损失的方法，尽管证据证明的数额不是十分确定，但具有较大的盖然性，可信度较高。而法定赔偿是在原告无法举证证明原告损失、被告获利和专利许可费的情况下由法官在《专利法》规定的幅度内酌情确定赔偿数额的方法。这是二者最大的不同。

（2）虽然二者都运用了裁量性因素，但二者裁量的事实基础完全不同，裁量性赔偿的客观性明显大于法定赔偿的客观性。裁量性赔偿有原告损失或者被告获利的证据支持，证据的可信度较高，法官行使裁量权有可靠的证据和事实基础。法定赔偿则没有原告损失或者被告获利的证据，法官根据专利权的类型、侵权行为的性质和情节等因素在法定幅度内酌情确定赔偿额。

（3）二者的法律效果也不同。法定赔偿是法官行使自由裁量权的结果，只要不是畸高畸低，二审法院通常没有理由改判。裁量性赔偿需要证据支持，如果二审法院认为一审的证据认定有问题，完全可以重新作出认定并改判。

既然裁量性赔偿不是法定赔偿，当然就不受法定赔偿幅度的限制，既可以在法定赔偿的上限100万元以上确定赔偿数额，也可以在法定赔偿的下限1万元以下确定赔偿数额。

（三）裁量性赔偿适用的条件

根据《专利法》第71条的规定，权利人的损失或侵权人的获利的具体数额不确定，又没有专利许可费可供参考的，通常就要适用法定赔偿方法，但是，当有证据

❶　宋晓明. 新形势下我国的知识产权司法政策［J］. 知识产权，2015（5）.

证明权利人的损失明显超过法定赔偿最高限额或者侵权人的获利明显低于法定赔偿的最低限额，如果适用法定赔偿方法，则会显失公平，在此情况下，从公平起见，法院应当结合在案的证据，在法定赔偿的最高限额以上或者最低限额以下合理确定赔偿数额。因此，突破法定赔偿的限额进行裁量性赔偿，通常应当满足以下几个条件：（1）在案证据难以证明权利人的损失或侵权人的获利的具体数额；（2）没有合理的专利许可费可供参考；（3）有证据证明权利人的损失或侵权人的获利的数额明显超过法定赔偿最高限额或者明显低于法定赔偿的最低限额；（4）适用法定赔偿显失公平。

（四）裁量性赔偿的举证

根据《民事诉讼法》的有关规定，"谁主张，谁举证"，即主张于己有利的事实的当事人应当对该事实的成立负担举证责任。原告（权利人）主张突破法定赔偿数额的上限进行裁量性赔偿的，应当举证证明权利人的损失或者侵权人的获利明显高于法定赔偿数额的上限。被告抗辩认为其获利明显低于法定赔偿数额的下限、不应适用法定赔偿方法的，应当举证证明其获利明显低于法定赔偿数额的下限。

裁量性赔偿是适用《专利法》第71条第1款规定的赔偿计算方法，原告虽然无法举证证明权利人的损失或者侵权人的获利的具体数额，但应当提交充分的证据证明权利人的损失或者侵权人的获利明显高于法定赔偿数额的上限，否则不能适用裁量性赔偿方法。因此，裁量性赔偿也应当有充足的证据作为基础，没有充足的证据，不能适用裁量性赔偿方法，只能适用法定赔偿方法。

（五）裁量性赔偿的司法案例

裁量性赔偿，经过多年司法实践，目前已成为实践中的常用方法。实践中，在法定赔偿数额以外裁量性确定赔偿数额，主要有以下一些常用的具体方法。

1. 根据审计机构的审计数据确定赔偿数额

在正泰集团股份有限公司（以下简称正泰公司）诉施耐德电气低压（天津）有限公司（以下简称施耐德公司）侵犯实用新型专利权纠纷案❶中，正泰公司起诉施耐德公司侵犯其"一种高分断小型断路器"的实用新型专利权，索赔334 869 872元。一审法院根据正泰公司的申请进行证据保全，封存了施耐德公司的销售发票及清单共计29本，并委托审计机构进行审计。审计结论为：施耐德公司自2004年8月

---

❶ 浙江省温州市中级人民法院（2006）温民三初字第135号民事判决书。

2 日起至 2006 年 7 月 31 日止有关 C65A、C65N、C65H、65L、EA9AN 型断路器产品的销售额为 883 670 662.03 元。施耐德公司就同样事项自行委托审计，审计结论是销售额为 864 289 419.84 元。一审法院根据施耐德公司提供给工商、税务部门的财务资料进行计算，得出施耐德公司销售全部产品的平均营业利润率。一审法院采用施耐德公司提供的数据确定施耐德公司各时间段销售侵权产品的销售额，将施耐德公司销售全部产品的平均营业利润率与正泰公司提交的施耐德公司因侵权所获得的营业利润计算表中数据相比后，以相对较小的数据作为最后定案的营业利润率进行计算，得出施耐德公司于 2004 年 8 月 2 日至 2006 年 7 月 31 日销售侵权产品所获得的营业利润为 355 939 206.25 元。但鉴于正泰公司对施耐德公司提出的诉讼请求金额低于该金额，遂确定施耐德公司的赔偿金额为正泰公司请求的 334 869 872 元。施耐德公司不服一审判决，提起上诉，后二审法院主持调解结案。

该案一审判决确定的赔偿数额并不是双方的证据能够证明的一个确切的数字，而是法官参考审计结论、保守计算得出的营业利润以及正泰公司提出的诉讼请求数额裁量确定的，是适用裁量性赔偿方法的一个典型案例，入选了最高人民法院评选的 2009 年中国法院知识产权司法保护十大案件。

2. 结合被告的宣传情况确定赔偿数额

在施特里克斯有限公司（以下简称施特里克斯公司）诉北京沃尔玛百货有限公司（以下简称沃尔玛公司）、北京沃尔玛百货有限公司知春路分店、广东省中山舜龙世纪电器有限公司（以下简称舜龙公司）、浙江省乐清市发达电器有限公司（以下简称发达公司）侵犯发明专利权纠纷案❶ 中，施特里克斯公司系专利号为 ZL95194418.5、名称为"用于煮沸水器皿的整体无线电器连接器和热敏控制器组件"的发明专利的专利权人，其以权利要求 1 和 18 为基础指控 4 名被告侵权，索赔 1000 万元。经施特里克斯公司申请，一审法院裁定查封、扣押发达公司生产、销售的 KSD169 系列温控器产品和自 2006 年 11 月 27 日起至裁定作出日的相关出入库单、记账凭证等财务账册、单据、资料；查封、扣押舜龙公司生产、销售的 SL－12X38B 电水壶产品和自 2006 年 11 月 27 日起至裁定作出日的相关出入库单、记账凭证等财务账册、单据、资料。但发达公司、舜龙公司拒绝向法院提交任何裁定保全的证据。施特里克斯公司提交的公证书显示：发达公司的网站在"公司介绍"中记载，该公司于 1999 年成立，并开始生产温控器，主营产品或服务为电水壶温控器，员工人数为 301～500 人，年营业额为每年人民币 5000 万元至 1 亿元，月产量为 60 万套。一

---

❶　北京市第一中级人民法院（2008）一中民初字第 16733 号民事判决书。

审法院在参照发达公司自身网站宣传的销售被控侵权产品的数量、施特里克斯公司产品售价与发达公司产品售价的差价等因素的基础上，确定最终的赔偿数额为 200 万元。

3. 根据第三方的数据确定赔偿数额

在松下电器产业株式会社（以下简称松下株式会社）诉珠海金稻电器有限公司（以下简称金稻公司）、北京丽康富雅商贸有限公司（以下简称丽康公司）侵害外观设计专利权纠纷案❶中，松下株式会社起诉金稻公司、丽康公司侵害"美容器"外观设计专利权（涉案专利权），认为金稻公司未经许可生产、销售、许诺销售了侵害涉案专利权的产品（被诉侵权产品），丽康公司销售了被诉侵权产品，索赔 300 万元损失及 20 万元合理费用支出。松下株式会社提交的公证书显示：（1）丽康公司在"京东网"销售了四种被诉侵权产品，价格分别为 289 元、299 元、299 元及 285 元。（2）www. taobao. com 网站上被诉侵权产品销售数量共计 140 918 件；http：／www. Alibaobao. com. cn 网站上被诉侵权产品销售数量共计 18 256 535 件；在http：／www. jd. com 网站上被诉侵权产品销售数量共计 13 897 件。

一审法院认为：松下株式会社通过公证的方式不仅证明金稻公司、丽康公司未经许可通过网络销售、许诺销售被诉侵权产品，还对淘宝网、京东网、阿里巴巴等主要电商平台销售被诉侵权产品的销售数据进行了固定，证据显示至 2015 年 1 月 7 日的销售数量共计 18 411 347 台。松下株式会社购买被诉侵权产品的发票以及网络商铺的标价亦可以初步证明被诉侵权产品平均价格约为 260 元的事实。现有证据可以证明金稻公司销售、许诺销售被诉侵权产品的获利，故松下株式会社依据网上显示销量及平均价格，按照上述数据主张 300 万元赔偿数额具有合理的理由。遂判决金稻公司、丽康公司停止侵权行为、赔偿损失和合理费用支出。

金稻公司和丽康公司均不服，提起上诉。其中，金稻公司的一项上诉理由是：一审法院以松下株式会社提供的网络销售数量及平均价格为依据判决人民币 300 万元的赔偿数额不恰当，松下株式会社所提供的证据不足以证明各大网站的销量均由金稻公司销售或许诺销售，一审法院在法定赔偿限额之上确定赔偿数额缺乏依据。

二审法院认为：对于《专利法》（2008）第 65 条第 1 款（现行《专利法》第 71 条第 1 款）规定的权利人的损失、侵权人获得的利益和专利许可使用费三个事项，权利人和侵权人均可以进行举证，权利人和侵权人不举证或所举证据不足以确定前述事项的，人民法院应当依照《专利法》第 65 条第 2 款（现行《专利法》第 71 条

---

❶ 北京市高级人民法院（2016）京民终 245 号民事判决书。

第 2 款）的规定在法定赔偿限额之内酌情确定赔偿数额。当事人就权利人的损失、侵权人获得的利益或专利许可使用费进行举证的，人民法院应当在全面、客观地审核证据的基础上，运用逻辑推理和日常生活经验法则，判断相关证据拟证明的损害赔偿事实是否达到相当程度的可能性。考虑到专利权损害举证难，与专利侵权行为相关的账簿、资料主要由侵权人掌握，如果权利人在其举证能力范围内就侵权人的获利情况进行了充分举证，且对其所请求经济损失数额的合理性进行了充分说明的情况下，侵权人不能提供相反证据推翻权利人赔偿主张的，人民法院可以根据权利人的主张和提供的证据认定侵权人因侵权所获得的利益。根据《最高人民法院关于当前经济形势下知识产权审判服务大局若干问题的意见》（法发〔2009〕23 号）第16 条的规定，对于有充分的证据证明权利人的损失或者侵权人的获利已经明显高于法定赔偿最高限额，尽管不能以一对一的证据精确计算出具体的金额，但如果权利人能够说明其请求的赔偿金额的计算过程，并有相应的证据佐证其合理性的，人民法院可以在法定最高限额以上支持权利人的赔偿请求。该案中，松下株式会社将其通过公证取证方式固定的在部分电商平台上检索得到的侵权产品同型号产品销售数量之和 18 411 347 台以及该产品的平均价格 260 元作为 300 万元赔偿请求的依据。根据《最高人民法院关于审理专利纠纷案件适用法律问题的若干规定》第 20 条的规定，《专利法》第 65 条规定的侵权人因侵权所获得的利益可以根据该侵权产品在市场上销售的总数乘以每件侵权产品的合理利润所得之积计算。按照松下株式会社主张的被诉侵权产品销售数量总数与产品平均售价的乘积，即便从低考虑每件侵权产品的合理利润，得出的计算结果仍远远高于 300 万元。因此，在上述证据的支持下，松下株式会社主张 300 万元的赔偿数额具有较高的合理性。一审法院全额支持松下株式会社关于经济损失的赔偿请求，具有事实和法律依据，予以确认。

4. 参考司法鉴定报告确定赔偿数额

在重庆川东化工（集团）有限公司（以下简称川东化工集团）诉绵阳启明星磷化工有限公司（以下简称启明星公司）、重庆市兆辉化工有限公司（以下简称兆辉化工公司）侵犯发明专利权纠纷案❶中，川东化工集团诉启明星公司等侵犯"用磷酸酸化甲酸钠生产甲酸联产各种磷酸钠盐的方法"发明专利权，索赔 300 万元。川东化工集团起诉前，以其商业秘密被侵犯向公安机关报了案。公安机关在侦查过程中先后委托重庆科学技术咨询中心司法鉴定所和四川兴瑞司法鉴定所，分别对川东化工集团与启明星公司的相关工艺是否相同以及 2008 年川东化工集团用磷酸酸化甲酸

---

❶ 最高人民法院（2010）民申字第 290 号民事裁定书。

钠生产甲酸联产各种磷酸钠盐的方法生产的甲酸和三聚磷酸钠每吨的平均利润进行鉴定。四川兴瑞司法鉴定所川兴司鉴（2009）鉴字第 03 号司法鉴定书的鉴定意见为：川东化工集团用磷酸酸化甲酸钠生产甲酸联产各种磷酸钠盐的方法，每产出一吨甲酸的同时相应产出 2.67 吨三聚磷酸钠（五钠）。2008 年度川东化工集团每吨甲酸的平均利润为 929.31 元，每吨三聚磷酸钠的平均利润为 1130.55 元。

一审法院认为：根据川兴司鉴（2009）鉴字第 03 号司法鉴定书确定的每产出一吨甲酸的同时相应产出 2.67 吨三聚磷酸钠来计算，启明星公司甲酸及其联产产品三聚磷酸钠分别乘以每件专利产品的合理利润所得之积的和，已经远高于川东化工集团主张的损失 300 万元。判决被告赔偿 300 万元。

二审法院认为：一审法院是以川兴司鉴（2009）字第 03 号司法鉴定书确认的甲酸及其联产品三聚磷酸钠的平均利润，计算出川东化工集团的总损失。该鉴定书经过庭审质证，启明星公司虽对 1 吨甲酸联产 2.67 吨三聚磷酸钠的鉴定结论及鉴定依据的基础财务资料提出异议，但是 1 吨甲酸联产 2.67 吨三聚磷酸钠的结论系通过计算化学反应方程式的分子量得出，有科学依据，经鉴定机构确认，且启明星公司二审中提交的司法鉴定书也是按此比例计算，故该异议不成立；同时，鉴定依据的基础财务资料经过鉴定机构审查认可，启明星公司并未提出反证，其对此提出的异议亦不成立。川兴司鉴（2009）鉴字第 03 号司法鉴定书系由公安机关委托，鉴定程序合法，内容客观、真实，可以作为计算川东化工集团经济损失的依据，对启明星公司提出的鉴定专利被侵权造成的损失的申请，二审法院不予准许。根据《最高人民法院关于审理专利纠纷案件适用法律问题的若干规定》第 20 条第 1 款的规定，在权利人提供计算依据，主张以其损失确定赔偿数额的情况下，应当计算权利人的损失作为确定赔偿数额的依据。虽然总损失中包含侵犯专利权和侵犯商业秘密两种行为造成的损失，但是两种行为造成的损失难以精确区分，法院可以认定合理的部分损失作为侵犯专利权造成的损失。川东化工集团请求赔偿 300 万元，只是部分损失且在合理幅度内，一审法院予以支持，并无不当。遂判决驳回上诉，维持原判。

启明星公司不服，申请再审。最高人民法院经审查驳回其再审申请。

5. 根据案件情况合理估算赔偿数额

在 VMI 荷兰公司诉揭阳市双骏橡胶机械有限公司（以下简称双骏公司）侵害"具有翻边装置的轮胎成型鼓"发明专利权纠纷案❶中，VMI 荷兰公司指控双骏公司未经许可生产、销售了侵害涉案专利权的"VMI 机械鼓"机器，索赔 300 万元。

---

❶ 广东省高级人民法院（2016）粤民终 1390 号民事判决书。

VMI 荷兰公司在公证人员的全程监督下，从双骏公司购买了 1 台 16 寸的 40 万元的 "VMI 机械鼓"。VMI 荷兰公司称双骏公司至少对两个轮胎企业大量销售被诉侵权产品，双骏公司的年销售规模至少在 20 对以上，销售单价以公证购买的价格 40 万元，两年时间来计，其销售规模至少是 1600 万元；VMI 荷兰公司专利产品一般售价约 55 万元一对，本行业中平均利润率为 20% 左右，依此计算，VMI 荷兰公司认为无论是双骏公司的侵权获利，还是 VMI 荷兰公司专利产品价格与双骏公司侵权价格之间的差额 15 万元乘以其销售数量，数额均远超过该案诉求的 300 万元。VMI 荷兰公司请求以双骏公司的侵权获利为赔偿依据，申请一审法院调取该双骏公司与被诉侵权产品盈利相关的财务账册等证据，但未就己方损失、双骏公司的侵权获利、专利许可使用费等情况进行举证。一审法院根据 VMI 荷兰公司申请，责令双骏公司限期内提供上述财务账册等证据，但双骏公司一直未提交。

双骏公司厂长蔡某某自称公司从 2013 年 12 月底开始生产 "半钢轮胎"，涉嫌侵权的轮胎鼓是其中一个品种；公司共生产过 2 对名称为 "VMI 机械鼓" 的产品，一对规格是 16 寸，已经卖出；另一对规格是 18 寸，两种机械鼓除了尺寸不同，其他均相同。

广州知识产权法院认为，双骏公司擅自实施的侵权行为包括生产、许诺销售和销售；侵权技术方案占据产品技术的核心，其价值主导了产品的市场价格；涉案发明专利用于成型轮胎的轮胎鼓，技术研发成本高，所涉行业技术门槛高，可合理推定该行业平均利润率相对高，故 VMI 荷兰公司关于该行业平均利润率为 20% 的陈述可予采信。以 VMI 荷兰公司购买侵权产品（16 寸）的过程和价格为例，从 VMI 荷兰公司 2 月 26 日订购至双骏公司同年 4 月 11 日按约交付产品，可估算 1 对（台）侵权产品的生产周期最多需时一个半月，以一条生产线为计算单位，双骏公司每年可生产 8 对（台）产品。双骏公司自述从 2013 年年末开始生产侵权系列产品，初算至 2016 年 6 月已有两年半的时间。上述因素的乘积：40 万元（单价）×8 对（台）×20% 平均利润率×2.5（年）=160 万元，可为双骏公司生产侵权产品至今获利的保守估算。广东省知识产权局在双骏公司经营场所现场勘验时还发现了双骏公司自认亦使用了侵权技术方案的另 1 对（台）18 寸的 "VMI 机械鼓" 产品。结合双骏公司的生产规模，假定双骏公司生产线为 2 条，则双骏公司至今获利至少 320 万元（160 万元×2），VMI 荷兰公司主张双骏公司因涉案侵权行为至今获利超过 300 万元亦属合理。根据上述合理推定，法定最高 100 万元的赔偿限额明显不能填平 VMI 荷兰公司的损失，VMI 荷兰公司请求双骏公司赔偿 300 万元合理，遂判决双骏公司赔偿 VMI 荷兰公司经济损失 300 万元。

双骏公司不服一审判决，提起上诉。广东省高级人民法院判决驳回上诉，维持原判。

6. 在法定赔偿的下限 1 万元以下酌情确定赔偿数额

实践中，在法定赔偿的下限 1 万元以下裁量性确定赔偿数额的做法亦不少见。如果原告没有证据能够证明原告的具体损失数额、被告的具体获利数额或者具体的许可费标准，法院考虑到被诉侵权人的过错不大、侵权行为的情节轻微、原告的专利价值低、被告的经营规模小或者获利能力弱等情况，可以在法定赔偿的下限 1 万元以下酌情确定赔偿数额。

例如，在贾某与刘某林侵害外观设计专利权纠纷案❶中，原告贾某是专利号为 ZL200530023586.5、名称为"卫生刷包装盒标贴、挂牌"外观设计专利（涉案专利）的专利权人。被告刘某林系天丰利市场的个体工商户，经营包括锅碗刷在内的日用杂货。2010 年 2 月 3 日，刘某林收到贾某寄来的一份《停止侵权通知书》，要求刘某林在接到通知后三日内停止销售侵权产品。2010 年 4 月 1 日，贾某的委托代理人在天丰利市场内刘某林经营的摊位上以每把 2 元的价格购买了不粘油锅碗刷 3 把。刘某林称其销售的被控侵权产品系从盛宏达商品交易城批发来，并提交了一份发货单，显示购进数量为 30 把，单价为 1.20 元。贾某为该案诉讼支出了公证费、律师费等相关费用。

北京市第二中级人民法院考虑到刘某林的主观过错程度、侵权产品的利润额、销售时间等因素，依据《专利法》（2008）第 65 条第 1 款的规定，酌情确定刘某林赔偿经济损失 1000 元、合理支出 1000 元。

北京市高级人民法院认为：虽然现有证据尚不能确切地认定刘某林获利的具体数额，但一审法院确定的赔偿数额有一定证据支持，属于《专利法》（2008）第 65 条第 1 款适用的范畴，一审法院适用法律并无不当。根据一审查明的事实，刘某林销售被控侵权产品的价格为 2 元，其进货的价格为 1.2 元，刘某林每销售一个被控侵权产品获利为 0.8 元。贾某对于刘某林提交的进货单及发票虽然不予认可，但是未提交相反证据加以否定。贾某主张刘某林系从事批发生意，销售数量巨大，但其未提供充分证据支持其主张。由于涉案专利为产品标贴、挂牌，而不是锅碗刷产品本身的外观设计，其在销售利润中所占份额不宜认定过高。因此，一审法院在综合考虑现有证据的前提下，判决刘某林赔偿贾某经济损失 1000 元及因该案诉讼支出的合理费用 1000 元有事实依据，处理适当。

这是一个在法定赔偿额的下限 1 万元以下裁量性确定赔偿数额的典型案例。该案没有证据证明具体的原告损失数额或者被告的获利数额，也没有专利许可费可供

---

❶ 北京市高级人民法院（2011）高民终字第 1989 号民事判决书。

参考，按照通常的做法，就要适用法定赔偿，在 1 万 ~ 100 万元确定赔偿数额。但是，贾某购买并提供给法院的被诉侵权产品为每把 2 元的不粘油锅碗刷，共 3 把，此外并没有提交其他证明原告损失或者被告获利的证据。刘某林称其销售的被控侵权产品系从盛宏达商品交易城批发来，并提交了一份发货单，显示购进数量为 30 把，单价为 1.20 元。显然，涉案的"卫生刷包装盒标贴、挂牌"专利的价值很低，被诉侵权行为的情节也很轻微，在案证据证明的销售量也非常少，在此情况下，若按法定赔偿的方法确定 1 万元以上的赔偿数额，对被告显然是不公平的，因此，一审法院考虑案件的实际情况，未适用法定赔偿的方法，而是适用《专利法》（2008）第 65 条第 1 款的规定，结合证据酌情确定赔偿额 1000 元，另外还支持了原告关于合理费用的主张。

六、法定赔偿

根据《专利法》第 71 条的规定，法定赔偿是最后一种赔偿方法。法院可以根据专利权的类型、侵权行为的性质和情节等因素，在 3 万元以上 500 万元以下的幅度内确定赔偿额。

（一）法定赔偿的上限与下限

2020 年修正的《专利法》第 71 条将法定赔偿的上限由原来的 100 万元提高到 500 万元，体现了加大知识产权保护力度的法律政策，也符合现行的物价水平，是合理的。

但是，将法定赔偿的下限设定为 3 万元，是不太合理的。在一些小的案例中，原告没有证据证明权利人的损失、侵权人的获利或者专利许可使用费，被告（如小商贩）虽然不能证明其具体的获利数额，但有证据证明其销量很小，获利很小，远低于 3 万元。对于这种情况，如果也要判赔 3 万元，就不太合理。对于这类案件，法院通常都不愿意判赔 3 万元，而是根据在案证据，适用裁量性赔偿的方法，在 3 万元以下酌情确定赔偿数额。

（二）确定赔偿额的考量因素

1. 专利权的类型

确定赔偿额要考虑专利权的类型。对专利的保护强度应当与专利的创新程度相适应。专利的创造性高的，保护强度应当大，确定的赔偿额度也应当高。例如，对于发明专利、核心专利和开拓性专利，就应当给予高赔偿额。专利的创造性低的，保护强度要相对低一些，确定的赔偿额也应当低一些。例如，对于实用新型专利、外观设计专利，给予的赔偿额应当低于发明专利。

2. 侵权行为的性质和情节

确定赔偿额也要考虑侵权行为的性质和情节。侵权人不知道其侵权行为性质的，首次实施侵权行为的，过错不大的，积极停止侵权行为的，可以考虑少赔。侵权人故意侵权的，反复侵权的，拒不停止侵权行为的，过错很大的，应当多赔。

七、惩罚性赔偿

《专利法》第71条规定："对故意侵犯专利权，情节严重的，可以在按照上述方法确定数额的一倍以上五倍以下确定赔偿数额。"这是专利案件中适用惩罚性赔偿的法律规定。

2021年3月3日，最高人民法院发布《关于审理侵害知识产权民事案件适用惩罚性赔偿的解释》（法释〔2021〕4号）（以下简称《惩罚性赔偿司法解释》），对知识产权民事案件中惩罚性赔偿的适用范围、故意与情节严重的认定、计算基数与倍数的确定等作出了具体规定。

（一）惩罚性赔偿的适用要件

根据《惩罚性赔偿司法解释》第1条的规定，适用惩罚性赔偿包括两个要件：（1）被告故意侵害原告的专利权；（2）被告侵权情节严重。

根据《惩罚性赔偿司法解释》第3条的规定，对于故意侵权的认定，应当综合考虑被侵害知识产权客体类型、权利状态和相关产品知名度、被告与原告或者利害关系人之间的关系等因素。如果具有下列情形，可以初步认定被告具有侵害知识产权的故意：

（1）被告经原告或者利害关系人通知、警告后，仍继续实施侵权行为的；

（2）被告或其法定代表人、管理人是原告或者利害关系人的法定代表人、管理人、实际控制人的；

（3）被告与原告或者利害关系人之间存在劳动、劳务、合作、许可、经销、代理、代表等关系，且接触过被侵害的知识产权的；

（4）被告与原告或者利害关系人之间有业务往来或者为达成合同等进行过磋商，

且接触过被侵害的知识产权的；

（5）被告实施盗版、假冒注册商标行为的；

（6）其他可以认定为故意的情形。

根据《惩罚性赔偿司法解释》第 4 条的规定，对于侵害专利权情节严重的认定，应当综合考虑侵权手段、次数，侵权行为的持续时间、地域范围、规模、后果，侵权人在诉讼中的行为等因素。有下列情形的，可以认定为情节严重：

（1）因侵权被行政处罚或者法院裁判承担责任后，再次实施相同或者类似侵权行为；

（2）以侵害知识产权为业；

（3）伪造、毁坏或者隐匿侵权证据；

（4）拒不履行保全裁定；

（5）侵权获利或者权利人受损巨大；

（6）侵权行为可能危害国家安全、公共利益或者人身健康；

（7）其他可以认定为情节严重的情形。

下面来看一个最高人民法院的案例。

在（2022）最高法知民终 871 号侵害发明专利权纠纷案中，最高人民法院认定金某海曾因百佳经营部销售被诉侵权产品向原审法院提起专利侵权诉讼，后双方达成和解协议，百佳经营部承诺停止侵权并赔偿经济损失及合理费用共计 3 万元。百佳经营部在经历前案诉讼后，已明知金某海系涉案专利权人，也明知其销售被诉侵权产品侵害涉案专利权，但在前案中作出停止侵权承诺并支付赔偿款后，仍然再次销售被诉侵权产品，具有侵权的故意，构成重复侵权，属于《惩罚性赔偿司法解释》第 4 条规定的"其他可以认定为情节严重的情形"。据此认定百佳经营部主观上存在侵权故意且侵权情节严重，应承担惩罚性赔偿责任。

（二）惩罚性赔偿的计算方法

惩罚性赔偿涉及基数和倍数的确定，还涉及赔偿数额的计算。

根据《惩罚性赔偿司法解释》第 5 条的规定，法院确定惩罚性赔偿数额时，应当以原告实际损失数额、被告违法所得数额或者因侵权所获得的利益作为计算基数。该基数不包括原告为制止侵权所支付的合理开支；法律另有规定的，依照其规定。实际损失数额、违法所得数额、因侵权所获得的利益均难以计算的，参照该权利许可使用费的倍数合理确定，并以此作为惩罚性赔偿数额的计算基数。

对于基数的确定，可以适用举证妨碍规则。法院依法责令被告提供其掌握的与侵权行为相关的账簿、资料，被告无正当理由拒不提供或者提供虚假账簿、资料的，法院可以参考原告的主张和证据确定惩罚性赔偿数额的计算基数。

根据《惩罚性赔偿司法解释》第 6 条的规定，法院确定惩罚性赔偿的倍数时，应当综合考虑被告主观过错程度、侵权行为的情节严重程度等因素。同时，根据《专利法》第 71 条的规定，倍数是基数的 1 ~ 5 倍。也就是说，法院应当根据被告的主观过错程度和侵权行为的情节严重程度等因素，在基数的 1 ~ 5 倍的范围内酌情确定倍数。

实践中有一个问题，值得关注。适用惩罚性赔偿的案件中最后如何确定赔偿数额？判决主文中确定的赔偿数额是倍数还是基数加倍数之和？比如，法院确定赔偿基数是 1000 万元，倍数是 5 倍即 5000 万元，那么最后的赔偿额是 5000 万元还是 6000 万元？司法实践中一度比较混乱，有的判决按照倍数确定最后的赔偿额，❶ 有的按照基数加倍数确定最后的赔偿额。❷

对此问题，《惩罚性赔偿司法解释》出台后，最高人民法院民事审判第三庭林广海庭长、李剑副庭长、秦元明审判长等法官撰写的代表官方意见的《〈关于审理侵害知识产权民事案件适用惩罚性赔偿的解释〉的理解和适用》给出过解答，该文特别指出，"填平性赔偿数额即基数和惩罚性赔偿数额应当分别单独计算。也就是说，如果惩罚性赔偿的倍数确定为 1 倍，那么被诉侵权人承担的赔偿总额应当为填平性赔偿数额加上惩罚性赔偿数额之和，即为基数的两倍❸。"这篇文章解释得非常清楚，即最后确定的赔偿数额应当是基数加倍数之和。

八、赔偿损失与诉讼时效

根据《专利法》第 74 条的规定，侵犯专利权的诉讼时效为三年。然而，如何理解诉讼时效，实践中争议不少。有人认为侵权行为发生三年之后，权利人或者利害关系人就丧失了诉权，不得起诉。有人认为，对于持续性的侵权行为，损害赔偿额只能自起诉之日起向前推算三年计算。这些认识似是而非，有必要予以厘清。

时效，是指一定的事实状态继续一定期间而产生一定法律效果的法律事实。❹ 传统民法上，时效可以分为消灭时效和取得时效。❺ 我国《民法典》及各民商部门法则稍有不同，规定的是诉讼时效制度。所谓诉讼时效，是指请求权持续不行使经过

❶ 杭州市中级人民法院（2019）浙 01 民初 412 号民事判决书。

❷ 浙江省高级人民法院（2021）浙民终 294 号民事判决书。

❸ 林广海，李剑，秦元明.《关于审理侵害知识产权民事案件适用惩罚性赔偿的解释》的理解和适用[J]. 人民司法，2021（10）.

❹ 王泽鉴. 民法总则 [M]. 北京：中国政法大学出版社，2001：516.

❺ 龙卫球. 民法总论 [M]. 2 版. 北京：中国法制出版社，2002：610 – 616.

法定期间后，请求权的义务人得以拒绝给付。❶ 具体来说，是指债权人在法定期限内未向债务人主张债权，导致债务人获得了对抗债权人的请求权的时效抗辩权，债务人行使该抗辩权就会使债权人的请求权无法获得司法支持的一项制度。诉讼时效届满，债权人虽然仍享有请求权，但债务人此时享有对抗债权人的请求权的时效抗辩权，并可以拒绝债权人的给付请求。由于诉讼时效是被告（债务人）的抗辩权，该项权利可以放弃，因此，当被告未行使该项权利时，法院不得主动适用诉讼时效，也不得对当事人进行释明。只有被告明确提出诉讼时效抗辩时，法院才予以审查。

根据诉讼时效制度的基本法理，应当对《专利法》第74条规定的三年诉讼时效作如下理解：

（1）只要发生了专利侵权行为，不管发生多久，权利人都可以提起诉讼，要求停止侵权行为、赔偿损失。不管法院是否支持，权利人的诉权不能被剥夺。

（2）诉讼时效抗辩是被告享有的权利，可以放弃，如果被告不提出诉讼时效抗辩，法院不得释明，也不得主动适用。

（3）如果被告提出了诉讼时效抗辩，该抗辩只能对抗原告关于损失赔偿的请求权，而不能对抗原告关于停止侵权的请求权。《专利法》第74条规定的"三年"时效，是指被告实施侵权行为、原告获得损害赔偿请求权以后，原告应当在其得知或者应当得知侵权行为之日起三年内向被告主张损害赔偿请求权（请求赔偿损失），否则被告就获得了诉讼时效抗辩权，如果被告行使该诉讼时效抗辩权，原告的该项请求权就无法得到法院的支持。

（4）对于持续性的侵权行为，无论持续多久，只要侵权行为还在持续，原告就可以请求侵权人停止侵权行为。关于损害赔偿，自权利人或利害关系人知道或者应当知道侵权行为之日起计算诉讼时效，并不是简单地从起诉之日起向前推算三年计算损害赔偿数额。如果权利人或者利害关系人在知道或者应当知道侵权行为之日起三年内提起诉讼，❷ 被告并未获得诉讼时效抗辩权，损害赔偿的计算可以一直向前推算，只要不超过权利受保护的最长期限20年。如果权利人或者利害关系人在知道或者应当知道侵权行为之日起三年后提起诉讼，由于被告对权利人或利害关系人起诉之日三年以前的损害赔偿请求权获得了诉讼时效抗辩权，在被告行使诉讼时效抗辩权的情况下，损害赔偿只能计算未超过诉讼时效的部分，即自起诉之日起向前推算三年计算。比如，侵权行为持续了6年，权利人在第5年知道了侵权行为，在第6年提起诉讼，则损害赔偿应当按6年计算；如果权利人在第2年知道了侵权行为，在第6年才提起诉讼，则损害赔偿额只能从起诉之日向前计算三年。

---

❶ 龙卫球. 民法总论［M］. 2版. 北京：中国法制出版社，2002：612.
❷ 为了简化问题，便于讨论，这里不考虑诉讼时效中止、中断的情形，下同。

九、维权的合理开支

（一）合理开支的项目

根据《专利法》第71条的规定，赔偿数额还应当包括权利人为制止侵权行为所支付的合理开支。通常而言，合理开支包括律师费、公证费及其他调查取证费、审计费、差旅费、诉讼材料印制费等。原告请求赔偿合理开支的，应当提交合同、票据等相应证据。如果可以确定相关支出已经实际发生且具有合理性和必要性的，原告虽未能提交充分证据予以证明，也可以纳入赔偿范围。对于律师费，法院通常会考虑实际支付的律师费数额、委托代理合同相关约定、案件专业性及难易程度、律师工作量、裁判结果等因素，在合理的范围内予以支持。例如，在申请再审人株式会社岛野与被申请人宁波市日骋工贸有限公司侵犯发明专利权纠纷案❶中，最高人民法院认为：株式会社岛野在一审过程中为该案已支出购买涉案侵权产品费用80元、证据保全费用1000元、查阅工商行政档案费592.5元、翻译费750元、差旅费1170.35元，共计3592.85元，该笔费用均为调查和制止该案侵权行为所必需。株式会社岛野在一审过程中还提交了律师服务费统计清单、律师代理费收费发票、中信银行出具的贷记通知等作为证据，以证明其为该案已经支付的律师费。根据株式会社岛野提交的律师服务费统计清单的记载，按照每位律师每小时3000元计收，截至2004年7月，合计律师费共计442 500元。该笔费用的数额与律师代理费收费发票、中信银行出具的贷记通知相符，可以相互印证。日骋公司虽对上述律师费的数额质疑，但并未提出充分的事实和理由，且律师费以每小时3000元计收并不违反有关法律、行政法规以及行政规章的规定，予以支持。

（二）合理开支的判决

维权的合理开支与损害赔偿数额，在判决主文中应当分列还是合并，司法实践中有不同的做法。早期，很多判决书都将两项费用合并；现在，主流的做法是将维权的合理开支单独列出。

---

❶ 最高人民法院（2012）民提字第1号民事判决书。

参考文献

一、中文著作

[1] 尹新天. 中国专利法详解 [M]. 北京：知识产权出版社，2011.

[2] 汤宗舜. 专利法教程 [M]. 北京：法律出版社，2003.

[3] 李扬. 知识产权法基本原理 [M]. 北京：中国社会科学出版社，2010.

[4] 文希凯. 专利法教程 [M]. 北京：知识产权出版社，2011.

[5] 梁慧星. 民法解释学 [M]. 北京：中国政法大学出版社，1995.

[6] 张晓都. 专利民事诉讼法律问题与审判实践 [M]. 北京：法律出版社，2014.

[7] 龙卫球. 民法总论 [M]. 2 版. 北京：中国法制出版社，2002.

[8] 王明达. 北京市高级人民法院《专利侵权判定指南》理解与适用 [M]. 北京：中国法制出版社，2014.

[9] 江伟. 民事诉讼法学 [M]. 上海：复旦大学出版社，2005.

[10] 邹碧华. 要件审判九步法 [M]. 北京：法律出版社，2010.

[11] 闫文军. 专利权的保护范围 [M]. 北京：法律出版社，2018.

[12] 黄茂荣. 法学方法与现代民法 [M]. 北京：法律出版社，2007.

[13] 冯晓青. 知识产权法利益平衡理论 [M]. 北京：中国政法大学出版社，2006.

[14] 于敏. 日本侵权行为法 [M]. 北京：法律出版社，2006.

[15] 程啸. 侵权责任法 [M]. 北京：法律出版社，2011.

[16] 孔祥俊. 网络著作权保护法律理念与裁判方法 [M]. 北京：中国法制出版社，2015.

[17] 王迁. 知识产权法教程 [M]. 北京：中国人民大学出版社，2011.

[18] 李扬. 知识产权法基本原理 [M]. 北京：中国社会科学出版社，2010.

[19] 张明楷. 刑法学 [M]. 4 版. 北京：法律出版社，2011.

[20] 魏东. 教唆犯研究 [M]. 北京：中国人民公安大学出版社，2002.

[21] 史尚宽. 债法总论 [M]. 北京：中国政法大学出版社，2000.

[22] 全国人大常委会法制工作委员会民法室. 中华人民共和国侵权责任法条文说明、立法理由及相关规定 [M]. 北京：北京大学出版社，2010.

[23] 最高人民法院侵权责任法研究小组.《中华人民共和国侵权责任法》条文理解与适用 [M]. 北京：人民法院出版社，2010.

[24] 王泽鉴. 侵权行为 [M]. 北京：北京大学出版社，2009.

［25］王泽鉴. 民法总则［M］. 增订版. 北京：中国政法大学出版社，2001.

［26］王泽鉴. 法律思维与民法实例［M］. 北京：中国政法大学出版社，2001.

［27］史尚宽. 债法总论［M］. 北京：中国政法大学出版社，2000.

［28］黄茂荣. 法学方法与现代民法［M］. 北京：法律出版社，2007.

［29］徐国栋. 民法基本原则解释——以诚实信用原则的法理分析为中心［M］. 北京：中国政法大学出版社，2004.

［30］尹腊梅. 知识产权抗辩体系研究［M］. 北京：知识产权出版社，2013.

［31］郑成思. 知识产权论［M］. 3 版. 北京：法律出版社，2003.

［32］陈文煊. 专利权的边界——权利要求的文义解释与保护范围的政策调整［M］. 北京：知识产权出版社，2014.

［33］刘庆辉. 网络服务提供者间接侵害知识产权之责任制度研究［M］. 北京：知识产权出版社，2018.

二、中文译著

［1］卡尔·拉伦茨. 德国民法通论：下册［M］. 王晓晔，邵建东，程建英，等译. 北京：法律出版社，2013.

［2］欧洲专利局上诉委员会. 欧洲专利局上诉委员会判例法［M］. 6 版. 北京同达信恒知识产权代理公司，主持翻译. 北京：知识产权出版社，2016.

［3］汉斯·高德，克里斯·阿贝尔特，王志伟. 欧洲专利公约手册［M］. 北京：知识产权出版社，2008.

［4］J. M. 穆勒. 专利法［M］. 3 版. 沈超，李华，吴晓辉，等译. 北京：知识产权出版社，2013.

［5］K. 茨威格特，H. 克茨. 比较法总论［M］. 潘汉典，米健，高鸿钧，等译. 北京：法律出版社，2003

［6］查士丁尼. 法学总论：法学阶梯［M］. 张企泰，译. 北京：商务印书馆，1989.

［7］迪特尔·梅迪库斯. 德国民法总论［M］. 邵建东，译. 北京：法律出版社，2001.

三、中文论文

［1］李越. 专利复审程序中依职权审查的理解与典型适用［N］. 中国知识产权报，2013 – 12 – 27（11）.

［2］崔哲勇. 对专利授权确权审查程序中权利要求的理解［J］. 知识产权，2016（10）.

［3］张鹏. 论权利要求保护范围解释的原则、时机和方法［M］//专利法研究（2009）. 北京：知识产权出版社，2010.

［4］刘庆辉. 基于语境主义的专利权利要求解释［J］. 电子知识产权，2016（7）.

［5］王娜. 语境主义知识观：一种新的可能［J］. 哲学研究，2010（5）.

［6］宫铭. "语言学转向"和"语境主义"：罗蒂新实用主义文学理论研究［J］. 曲靖师范学院学报，2011（2）.

[7] 邱国兵. 西方政治思想研究的方法论选择——文本中心主义与语境主义的争论：以马基雅维里为例 [J]. 上海行政学院学报，2006，7 (2).

[8] 王芳. 昆廷·斯金纳的"历史语境主义"探讨 [J]. 历史教学问题，2008 (5).

[9] 蔡琳. 裁判的合理性：语境主义还是普遍主义？[J]. 法律方法，2009，9 (2).

[10] 常俭. 浅论语境的功能 [J]. 逻辑与语言学习，1991 (4).

[11] 曾绪. 浅论语境理论 [J]. 西南科技大学学报（哲学社会科学版），2004，21 (2).

[12] 郎贵梅. 开放式与封闭式权利要求的区分适用于机械领域专利 [J]. 人民司法·案例，2014 (16).

[13] 罗霞. 专利授权确权中如何看待存在的明显错误 [J]. 电子知识产权，2012 (6).

[14] 周雨沁. 论化学领域发明专利中的马库什权利要求 [D]. 武汉：华中科技大学，2013.

[15] 朱玛. 侵害知识产权损害赔偿问题研究——以损害为中心 [D]. 重庆：西南政法大学，2015.

[16] 王艳芳. 信息网络环境下相关知识产权案件管辖法院的确定 [J]. 知识产权，2017 (7).

[17] 石必胜. 知识产权诉讼中的鉴定范围 [J]. 人民司法，2013 (11).

[18] 曹险峰. 数人侵权的体系构成——对侵权责任法第 8 条至第 12 条的解释 [J]. 法学研究，2011 (5).

[19] 姬新江. 论教唆、帮助行为——以《侵权责任法》为视角 [J]. 河北法学，2013，31 (6).

[20] 魏振瀛.《民法通则》规定的民事责任——从物权法到民法典的规定 [J]. 现代法学，2006 (3).

[21] 冯晓青. 知识产权侵权归责原则之探讨 [J]. 江淮论坛，2011 (2).

[22] 姚欢庆. 知识产权侵权行为归责原则研究 [J]. 浙江社会科学，2001 (4).

[23] 梁志文. 反思知识产权请求权理论——知识产权要挟策略与知识产权请求权的限制 [J]. 清华法学，2008 (4).

[24] 李扬. 知识产权请求权的限制 [J]. 法商研究，2010 (4).

[25] 李扬，许清. 知识产权人停止侵害请求权的限制 [J]. 法学家，2012 (6).

[26] 朱理. 专利侵权损害赔偿计算分摊原则的经济分析 [J]. 现代法学，2017，39 (5).

[27] KAPPOS D J, MICHEL P R. 最小可销售专利实施单元的起源、沿革及走向 [J]. 竞争政策研究，2017 (2).

[28] 宋晓明. 新形势下我国的知识产权司法政策 [J]. 知识产权，2015 (5).

四、外文论文

[1] MILLER J. Claim Construction at the PTO—The "Broadest Reasonable Interpretation [J]. J. Pat. & Trademark Off. Soc'y, 2006, 88：279 – 288.

[2] BEY D M, COTROPIA C A. The Unreasonableness of The Patent Office's "Broadest Reasonable Interpretation" Standard [J]. Aipla Q. J., 2009, 37.

[3] YONKER S A. Post – Phillips Claim Construction：Questions Unresolved [J]. Idea, 2006 – 2007, 47.

索　引